조선인들의 청일전쟁

조재곤 지음

조선인들의 청일전쟁 — 전쟁과 휴머니즘

역사는 평범한 사람들을 기억하지 않는다

푸른역사

* 이 저서는 2018년 대한민국 교육부와 한국연구재단의 지원을 받아 수행된 연구임 (NRF-2018S1A6A4A01034931).

책을 내면서

근대 한·중·일 동아시아 삼국의 공통분모는 '전쟁'이었다. 청일전쟁과 러일전쟁을 통해 세 나라는 만주와 조선이라는 인적·물적·공간적 토대를 공유하게 되었다. 더 나아가 러시아는 물론이고 미국·영국·독일·프랑스 등도 전쟁에 개입함으로써 국제 열강 대부분이 이 토대를 공유하게 되었다. 이러한 현상은 매우 모순적이지만 국가 간 평화와 공존보다 식민지와 자국의 배타적 이익을 추구하던 제국주의 시절이었다는 점을 떠올려 보면 어쩌면 당연한 귀결이었다.

그간 청일전쟁 관련 연구에서 한국은 타자의 입장에서 주체가 아닌 객체로서의 역할만이 부각되어 왔다. 일본인들 사이에서는 청일전쟁을 침략전쟁이라기보다는 조선이 청으로부터 독립하는 것을 돕기 위한 전쟁으로 보는 경향이 적지 않았다. '영원한 평화'를 목적으로 싸웠다는 일본의 수사적 표현과 더불어 자국의 승리를 찬양하는 거국일치의 '환희' 뒤에 침략의 본질은 은폐하였다. 또한 당시 그들이 청일전쟁을 수행해야 하는 이유 중 하나라고 주장했던 조선의 '내정개혁'이 필요한 이유도 밝히지 않았다.

이는 청일전쟁 관련 핵심 사료의 대부분이 일본과 중국에서 생산된 점이 크게 작용한 것으로 보인다. "역사는 평범한 사람들을 기억하지 않는다"는 언설처럼 국제전쟁의 소용돌이 속에서 조선인들은 단지 객체로서만 취급되었고 청일전쟁의 실상은 제대로 알려질 수 없었다. 그 결과 조선과 조선인의 목소리는 부각되기 힘들었고, 전쟁 수행을 위한 공간과 인력·물자를 제공하는 동원과 협력 대상으로서, 그것도 일부 내용만 알려져 있을 뿐이다. 청일전쟁 시기 조선인 대다수는 일본과 청국, 그들에 의해 좌우되었던 조선 정부에 의한 '3중의 쥐어짜기Triple Squeeze' 대상일 뿐이었다. 이는 이후 러일전쟁 시기도 마찬가지였다. '조선 사람들이 경험한 청일전쟁'이라는 새로운 연구방법론이 필요한 이유이다. 아울러 청일전쟁이 과연 조선의 독립을 위한 전쟁이었나, 일본의 조선 독립론은 당대의 유효한 담론이었나 등의 문제도 제기할 필요가 있다.

원래 필자의 구상은 19세기 말~20세기 초 한국 근대사의 이행 순서대로 청일전쟁–대한제국–러일전쟁과 관련한 한국 사회의 변화 과정을 차례로 정리하고 체계적으로 분석하여 각각 한 권의 책으로 완성하는 것이었다. 청일전쟁(1894)과 같은 시기 조선에서는 동학농민전쟁이 일어났고 갑오개혁이 시행되었지만 동시에 일제의 '보호국화' 대상이 되었다. 삼국간섭(1895)과 아관파천(1896) 이후 황제국을 선포(1897)하고 왕국에서 제국으로 변환한 대한제국은 러일전쟁(1904) 직전까지 자주적인 통치체제를 형성하고 운영해 나갔다. 그러나 러일전쟁 승리로 일본은 청일전쟁 시기 완성하지 못한 조선의 '보호국'화를 실현하게 되었고 그 최종 결론은 조선의 식민지 병탄(1910)이었다. 이상의 내용을 어느 정도 정리해야 한국 근대 사회의 구조적 틀과 변화의 모습을 제대로 이해할 수 있을 것으로 판단했다.

그렇지만 필자의 구상과는 달리 실제 작업 결과물은 정반대로 러일전쟁-대한제국-청일전쟁 순으로 나오게 되었다. 이는 청일전쟁 당시 한국 관련 자료를 수합하고 분석하는 과정이 예상보다 한참 길어졌기 때문이다. 세 나라에 걸친 방대한 자료를 수집하는 것도 문제였지만 이를 정확히 해독하여 핵심 내용을 추려 내고 실체적 진실을 규명하고 객관화하는 데 그만큼 많은 시간이 필요했다.

중국 자료의 경우는 접근 자체부터 큰 제약이 있었다. 베이징과 동북 3성 문서당안관에서는 이 모든 것이 쉽지 않았다. 다행히 김태국 교수(옌볜대 역사계)의 소개로 중국 국가도서관 왕리나王丽那 사서의 도움을 받아 많은 핵심 자료를 확보할 수 있었다. 박영재 교수(전 연세대 사학과)가 동학농민혁명기념재단에 기증한 청일전쟁 관련 청국 자료도 큰 도움이 되었다. 아시아역사자료센터 데이터베이스, 도쿄와 교토의 국회도서관 본관과 분관 소장 자료, 방위연구소 도서관 소장《진중일지》등 일본 자료도 주요 분석 대상이었다. 청일전쟁에 참여한 장교와 병사의 일기나 개인 문서들은 그들의 출신 지역 도서관 또는 문서관 등을 일일이 방문하여 확인하는 과정을 거쳐야만 했다. 시간과 노력을 투입한 결과 결실도 적지 않아 숨겨져 있던 중요한 원자료를 수집할 수 있었다.

그간 많은 분이 도움을 주셨다. 먼저 이 책에서 인용문으로 제시한 일본어 원문 대부분은 재작년 여름 작고하신 아버지(조주현)가 직접 번역해 주신 것이다. 3년 전 작고하신 '현대판 녹두장군' 이이화 선생님도 동학농민전쟁 연구와 실천 활동에 대해 가르침을 주셨다. 삼가 두 분의 극락왕생을 진심으로 기원한다. 신영우·신순철·이영호 선생 등 선배 학자들로부터도 많은 학문적 교감을 얻었다. 오랜 기간 주제 인식을 같이하고 있는 배항섭·김양식·왕현종·이병규·유바다 선생 등 동학들께도 감사를 드린다. 웨이하이 출신이자 청일전쟁 연구의 중국 최고 권위자인 고故 치치장戚其章 교수와 산둥성 지난에서 나눴던 격의 없는 대화, 고故 나카츠카 아키라中塚明·이노우에 가츠오井上勝生 교수와 함께했던 고창 선운사 도솔암 답사와 전주 무명 동학농민군 유골 봉환식도 기억에 남는다. 일본 내에서 '자학사관'이라는 악평을 들으면서도 역사의 진실 추구를 실천한 학자들이다. 난삽한 원고를 아담한 책으로 만들어 준 푸른역사 박혜숙 대표님과 편집부 여러분들께도 감사의 말씀을 전한다.

2024년 1월
경포 호해정에서
조재곤

차례

[1부]
은폐와 진실: 일본군의 왕궁 점령과 '보호국' 구상

[3부]
반성 없는 역사의 반복: 평양 전투와 평안도의 현실

1. 평양 전투 직전 청·일군의 동향

동아시아 삼국의 청일전쟁사

1894~1895년 청일전쟁은 한국·중국·일본 동아시아 삼국이 시간적·공간적으로 어우러진 계기이자 삼국의 근대화 과정에서 한 획을 그은 커다란 사건으로, 한국뿐 아니라 동아시아, 나아가 세계사를 이해하는 데 중요하다. 청일전쟁의 결과 일본의 군사적 제국주의와 자본주의는 진전되었다. 반면 중국의 경우 동시대를 대표하는 계몽운동가 량치차오梁啓超의 표현처럼 "중국 4,000년의 대몽大夢을 환기시킨"《무술정변기戊戌政變記》) 치욕의 사건이었다. 주요 전장이 되었던 조선은 막대한 재물과 인적 손실을 입었고, 일본의 영향력이 강화되었다.

일본과 중국은 오랫동안 각기 '환희'와 '좌절'의 변곡점으로서 청일전쟁을 바라보았다. 아직까지도 일본은 청일전쟁을 근대 최초의 대외전쟁이자 승전이라는 영광을 부각시키면서 미래세대의 교육에 적극 반영하고 있다. 2014년 12월 11일 방영된 NHK 고교강좌 일본사 '일청전쟁'에서는 청국군의 조선 출병에 일본이 대항해 출병했고, 일본의 승리에 따라 조선은 청국으로부터 '독립국'이 되어 1897년에 대한제국으로 국명을 개칭하게 되었다는 시각을 제시했다.[1] 또한 청일전쟁 결과 '아시아에서 구미 열강에 대항해 근대화하기 위해서는 일본을 모델로 해야 한다는 기운이 높아졌다'는 점을 강조했다.

이러한 논의의 배경에는 일본 문부과학성의 '학습지도 요령', 즉 청일전쟁·러일전쟁 등이 '우리나라(일본)의 국제적 지위를 향상시켰다'는 새로운 지침이 놓여 있다.[2] 심지어 한 일본 초등학교 사회교과서는 청일전쟁과 러일전쟁을 두고 "중국과 러시아에 대한 일본의 승리는 구미 국가에 일본의 힘을 인정하도록 해, 구미의 지배로 고통받는 아시아 나라들에게 용기를 주었다"[3]면서 제국주의 침략전쟁에 정당성을 부여하기도 한다.

중국의 경우는 청일전쟁을 역사상 '미증유의 국가적 수치'로 여겨 이를 잊지 말자는 이른바 '물망국치勿忘國恥'론이 대세였다. 그러나 당시보다 국력이 신장된 최근에는 청일전쟁이 민족 각성의 계기가 되었고 미래 도약과 발전을 마련하는 계기가 되었다는 해석으로 바뀌고 있는 것으로 보인다. 예컨대 중국 제1의 언론《런민리바오人民日報》2014년 8월 20일 자 사설은 청일전쟁이 시작된 갑오년을 중국인들이 주목해야 할 하나의 부호이자 중요한 매듭이라고 강조하였다. 사설은 청일전쟁 참패 원인으로 청 왕조의 부패, 흩어진 민심, 군대의 전력 저하, 통치의 사분오열 등을 거론하는 한편[4] 청 정부가 민중의 동화와 지지를 얻지 못했다고 지적하면서, 근본적 패인은 청국 정부·청국군 자신에 있었다고 평가했다.

청일전쟁 재구성을 위하여

청일전쟁은 분명 근대 동아시아 삼국의 흥망성쇠와 미래를 결정한 가장 중요한 분기점이었다. 이런 관점은 일본과 중국에서는 지금까지도 별다른 이견 없이 인정되고 있다. 이에 따라 그간 청일전쟁 관련 연구는 대부분 청국과 일본 양자 간의 전투 과정을 서술하는 데 초점을 맞추거나, 일본 자본주의 발달사 또는 국제정치학의 측면에서 열강을 중심으로 한 세력·동맹관계 등에 대한 이해에 치중되었다.

이러한 이해 방식은 객관적으로는 타당하지만 다른 중요한 측면을 간과할 가능성이 크다. 이 시기 조선 지배권을 둘러싸고 전개된 청·일군의 출병 시기부터 전개된 제반 현상이 조선인 모두에게는 국가적 위기로 작용했기 때문이다. 특히 평양 전투 이후 일본의 '보호국화' 정책은 조선에 심각한 위기로 작용했다. 미군정기인 1949년 출간된 《주한미군사》에서도 "(청일)전쟁에서 가장 중요한 전투들은 한국 영토와 그 근처에서 일어났다The most important battles of the war were fought in and near Korea"[5]라고 지적한 바 있다.

중국과 일본의 연구는 일국사적 시각 또는 일국을 중심으로 한 양국 간의 비교사적 시각에서만 청일전쟁을 이해하고 있다. 한국에서는 같은 시기 활동했던 동학농민군에 관한 연구는 많지만 청일전쟁에 대한 이해는 상대적으로 매우 부족하다. 때문에 전체상을 객관적으로 이해하기 어려웠다. 이러한 현실에서 그간 연구의 사각지대에 있었던 청일전쟁의 전 과정을 조명하고, 보다 보편적·객관적 시각과 사료에 근거해 청일전쟁을 연구할 필요가 있다. 당시 조선인들은 청국과 일본 양국가의 전쟁을 어떻게 인식했고, 전쟁이 조선의 사회경제 현실에 어떤 영향을 미쳤는가 등의 문제를 체계적으로 정리해야 한다.

한국의 관점에서 청일전쟁 전체 상황과 과정을 당시 한·중·일 삼국의 원자료와 비교 분석하여 종합적으로 정리하는 것은 처음 시도하는 의미 있는 일이다. 청일전쟁을 올바르게 이해하기 위해서는 '타자의 눈이 아닌 우리의 시각'으로 '부분이 아닌 전체'를 조망할 단계에 와 있다. 이 방법은 상당 부분 새로운 사실을 제시해야 하고 서술체계를 새롭게 세워야 한다는 어려움이 있다. 그러나 연구가 성공적으로 마무리된다면 청일전쟁과 한국 관계의 시대상과 전체 역사상을 규명하는 데 도움이 될 것이다.

이 책은 우선 청일전쟁 기간에 조선에서 일어난 전투의 단계별 변화상을 살폈다. 이를 위해 구체적으로 청일전쟁의 단서가 된 일본군의 조선 출병 및 경복궁 점령과 이에 대한 당대의 인식, 일본의 '보호국' 구상과 실현 과정, 최초의 해상 전투인 풍도 해전, 지상전의 시작인 성환 전투의 결과와 징발의 피해상, 일본군의 만주 침공 직전 전개된 평양 전투의 실상과 지역 상황 등을 중심으로 분석했다. 아울러 전쟁이라는 극단적인 상황에서 '문명'이라는 이름 아래 자행된 선전propaganda과 동원mobilization 양상을 구체적으로 살피고 그 부당성과 폭력성을 비판적으로 고찰했다.

이 연구는 중국에서 공간된 자료집과 함께 베이징당안관档案馆 등에 소장된 청일전쟁과 한국 문제 관련 자료를 전면적으로 활용했다. 또한 일본 방위성 방위연구소·외무성 외교사료관·국립공문서관·국회도서관·도쿄 도립도서관·오사카 부립도서관 등이 소장한 일본 공문서 자료와 당시 주요 신문을 분석했다. 최근에 집중적으로 공간되기 시작한

1894~1895년 당시 한국의 문집과 일기 자료도 대폭 활용하면서 자료의 교차 분석을 통해 공백을 메우려 했다. 당시의 지도·전투도, 일본인 종군화가의 신문 삽화와 니시키에錦繪(일본 에도시대 이후 근대 시기까지 유행했던 채색 목판화)까지 포함하여 다양한 자료의 수집과 분석을 통해 청일전쟁의 내용은 물론 그 과정에서 발생한 강압적인 물적·인적 수탈의 실상, 한국의 입장에서 청일전쟁의 전개 과정과 시대사적 의미와 한계점 등을 체계화할 수 있을 것으로 판단된다. 본격적인 정리에 앞서 동아시아 삼국의 청일전쟁 연구 동향을 살펴보겠다.

청일전쟁 직후의 연구

일본은 청일전쟁이 진행 중이던 1894~1895년부터 20세기 초까지 외무성과 참모본부 등 군부의 기록(현 외무성 외교사료관 소장 자료와 방위성 방위연구소 소장 자료, 국회도서관·국립공문서관 자료, 주한일본공사관 기록 등)을 중심으로 다양한 관련 자료와 출판물들을 발간했다. 대표적인 성과물이 참모본부에서 편찬한《명치 이십칠·팔년 일청전사》(1904)이다. 그러나 이 시기는 군국주의적 시각에서 메이지 정부의 대외팽창 정책을 선전하고 사실 왜곡과 미화를 통해 침략전쟁을 부인하는 시각이 대세였다.

　중국에서는 청일전쟁을 중국의 참패로 끝난 전쟁으로 이해하면서 당시 중국 정부가 정력적으로 추진했던 양무운동의 실패를 확인하는 한편, 민족 각성의 전환점으로 작용하는 계기가 되었다고 보았다. 그러나 같은 기간 일본의 활발한 작업에 비해 연구는 상대적으로 적었고 그결과 연구 저서와 논문도 많지 않다. 다만 관련 자료집 생산은 다양한

각도에서 이루어졌다.[6]

1930~1940년대의 연구

일본에서는 이토 히로부미·무쓰 무네미쓰·가와카미 소로쿠·야마가타 아리토모 등 청일전쟁을 주도한 인사들의 비망록 형태의 전기 간행이 붐을 이루었다. 전기 자료는 개인의 외교 활동 및 종군 기록과 관련된 내용을 부각하고 있다.

학술적 연구는 다보하시 기요시田保橋潔·시노부 세이자부로信夫淸三郎 등이 주축이 되었다. 경성제국대학 교수 다보하시 기요시는 중국이 종주권을 행사하려는 조선 내부의 정치적 역동성, 그리고 이에 무지한 채 중국에 도전하려는 일본의 전쟁정책 형성 과정과 청일 양국 간의 외교전 등을 중심으로 청일전쟁사를 가치중립적으로 정리하고 있다.[7]

후일 나고야대학 교수가 되는 시노부 세이자부로의 《일청전쟁》(1934)은 다보하시의 첫 연구와 마찬가지로 당시 적국 중국에 이용당할 수도 있는 《일청한 교섭사건 기사》를 자료로 활용했다는 이유로 간행 즉시 발매 금지당했다. 시노부는 외무대신 무쓰 무네미쓰의 '이중외교'를 지적하고 전전의 일본 외교가 정부와 외무성에 의한 '국무'와 군부에 의한 '통수統帥' 간의 대립이 있었다는 견해를 지시했다.[8] 다보하시와 시노부의 방법론은 많은 결함이 있었음에도 불구하고 이후 한동안 일본 역사학계의 지배적 위치를 차지하여 후일 관련 연구의 기초가 된다. 이 시기는 일본이 침략전쟁을 수행하던 전시체제기여서 군사·정치·사회·경제·국제관계 방면으로 시각을 확대한 논문이 양산되었지만 이 두 사람 외의 연구 성과는 깊은 편이 아니다.

중국에서는 1931년 만주사변 이후부터 본격적인 연구가 시작되었다. 이는 당시 국제정세에 따른 민족적 위기와 결부된 것이기도 하다. 그 결과 1930년 왕충지王钟麒의 저서를 시작으로 1932년 왕원승王芸生이 주목할 만한 저작을 내놓는다. 그는 《육십년래 중국과 일본六十年來中國与日本》에서 청일전쟁의 원인을 분석하면서 청국 정부가 전쟁에 충분히 대응하지 못한 점을 강조했다. 왕충지는 청일전쟁 전과 후에 조선반도를 둘러싼 청국과 일본 간 상극의 결과라는 관점에서 일본을 침략자, 청국과 조선은 피침략자라는 인식을 견지하였다.

1937년 청일전쟁에 관한 중국 최초의 본격적 연구라 할 수 있는 왕신종王信忠의 《중일갑오전쟁의 외교 배경》이 출간되었다. 이 시기에는 '일본의 음모에 말려든' 리훙장에 대한 비판에 초점이 맞추어졌고, 청국 정부의 부패상과 전쟁 수행 과정에 대한 혹독한 비판이 이루어졌다.[9]

1950~1960년대의 연구

일본에서는 전후 강좌파 등이 비로소 그간의 대외침략과 황국사관, 식민지 지배에 대한 비판적 역사 서술을 개시했다. 이는 침략전쟁의 근본 원인을 찾는 반성에서 시작된 것이었다. 강좌파 역사학자 이노우에 키요이井上淸는 청일전쟁의 발생 원인을 일본의 '천황제 군국주의'에서 찾았다.[10] 이는 나카츠카 아키라中塚明 등을 통해 제2차 세계대전 이후 다수 역사학자의 의식, 즉 일시 '주류 역사학'의 흐름으로 자리 잡게 되었다.[11] 나카츠카는 메이지유신 이후 일본이 서양형 근대화 노선을 추진하면서 동아시아 국제질서의 재편성이 불가결했던 것으로 보고 조선과 중국 침략정책의 연장선에서 청국과의 전쟁은 불가피했던 것으로 파악했다.

중국에서는 1956년과 1957년에 중국사학회의 《중국근대사자료총간中国近代史資料丛刊》 중 방대한 청일전쟁 사료집인 《중일전쟁》이 신지식출판사와 상하이인민출판사를 통해 정식 발행되었다.[12]

이들 자료는 연구의 기초 자료로 대거 활용되었다. 이후 갑오전쟁·갑오중일전쟁·중일갑오전쟁 등으로 명명된 많은 출판물이 발행된다. 학술 논저가 본격적으로 발간되기 시작하면서 '애국주의적 시각'이 대두되었다. 그 결과 인물 연구도 활발해졌다. 그러나 문화대혁명 이후 연구는 다시 정체되었고 학술논문도 일시 사라졌다. 반면 체제에서 나름 자유로웠던 타이완의 연구는 크게 활기를 띠었다.

1970년대 이후부터 현재

중국은 '문화대혁명'이 끝난 1978년 이후 다시 청일전쟁에 대한 심화 연구가 이뤄졌다. 그 결과 북양해군의 재평가, 전투 단계의 재평가를 놓고서 격렬한 논쟁이 시작되었다. 1984년 청일전쟁 90주년을 정리한 중국 전국 단위의 논문집이 출판되었다. 여기에서는 크게 전쟁의 배경, 국제관계, 전쟁의 각 단계, 중국 인민의 항일투쟁, 삼국간섭의 영향, 패전의 원인, 사상계의 동향, 인물 평가 등의 주제가 다뤄졌다. 이는 중국 근대사에서 청일전쟁의 중요성이 다시 부각되는 계기가 되었다. 1994년에는 타이완과 중국에서 청일전쟁 100주년 학술대토론회가 개최되어 관련 연구가 더욱 구체화되었고 리훙장의 재평가 작업 등 인물 연구도 활기를 띠었다. 논문도 1,000여 편 정도로 확대되었다.

중국의 가장 대표적인 청일전쟁 연구자인 치치장은 청일전쟁을 중국의 근대화와 민족의식의 출발점으로 정리했고,[13] 이러한 관점은 동시대와 이후 연구자들에 의해 계승·심화되었다.[14]

중국 중앙정부와 각 성이 주도하고 학자들이 적극 참여하면서 많은 연구가 집적되었다. 특히 2014년 9월 17일 북양해군 수사제독의 기지였던 산둥성 웨이하이威海에서는 청일전쟁 120주년 기념 국제학술토론회가 열려 126명의 학자가 111편의 논문을 발표했다. 중국사회과학원과 산둥성 인민정부가 주관하고 중국사학회·중국사회과학원 근대사연구소·산둥성 사회과학계연합회·웨이하이시 인민정부 등 중국 측은 물론 타이완·한국·일본·싱가포르·오스트리아·캐나다·미국의 학자들도 참여한 세미나의 전체 주제는 '갑오전쟁과 동아시아 역사 진행 과정'으로, 발표 요약문만 총 1,597쪽에 달하는 방대한 분량이었다. 여기서 청일전쟁의 역사적 배경과 원인, 청일전쟁 전후의 국제관계, 시모노세키조약 문제, 해관 문제, 중국과 일본의 해전 전략, 전술과 장비, 역사 인물 연구, 전쟁 이후의 중일관계, 전쟁이 동아시아 각국에 미친 영향 등 다양한 논의가 이뤄졌다.

후진타오·장쩌민·시진핑을 비롯한 중국 역대 최고 지도자도 각기 청일전쟁에 대한 논지를 피력했다. 이들 중 시진핑은 2015년 9월 3일 중국 인민항일전쟁 기념 및 반파쇼전쟁 승리 69주년 좌담회 석상에서, "갑오전쟁(청일전쟁)에서 중국은 패배했다. 항일전쟁에서 중국은 승리했다. 갑오의 실패부터 항일전쟁의 승리까지 역사는 반세기가 흘렀다. 중국은 당시 하나의 빈약한 국가였다. 어떻게 최종적으로 방약무인의 일본 군국주의에 승리할 수 있었던 것일까?"[15]라고 발언하기도 했다.

일본에서는 오타니 타다시大谷正·후지무라 미치오藤村道生와 하라다 게이이치原田敬一·나카츠카 아키라 등에 의해 청일전쟁 연구가 이루어 졌다. 이 중 시노부 세이자부로의 제자인 후지무라 미치오와 나카츠카 아키라의 연구가 주목된다. 히야마 유키오檜山幸夫는 이 두 사람을 청일 전쟁사 연구의 제1인자로 평가하고 있다. 후지무라는 시노부의 '이중외 교론'을 이어받아 정치외교사적 시각에서 청일전쟁의 국면을 검토하면 서, 화이질서의 타파와 조선 지배권을 두고 다투는 국면, 조선·타이완 의 점령, 열강과 중국·조선 분할을 다투는 세 가지 국면을 주장했다. 나 카츠카 아키라는 근대 한일관계사의 연구가 황국사관과 자유주의 사관 에 입각해서 진행되는 현실을 비판하면서 청일전쟁 시기 일본의 군국 주의적 역할과 일본군의 경복궁 침입의 숨은 진실을 밝혔다.[16] 오타니 타다시와 하라다 게이이치는 최근에 이르기까지 청일전쟁과 관련한 다 방면의 연구를 수행하고 있다.

1980~1990년대 이후 다카하시 히데나오高橋秀直·히야마 유키오 등 차세대 연구자들은 청일전쟁 이전 정부 내부에 대륙팽창 정책과 대청 협조노선이 있었음을 지적하면서, 후자가 우위에 있었지만 정부의 급 박한 대처 결과 개전에 이르게 되었다고 이해했다. 즉 청일전쟁 전투는 비계획적·우발적으로 시작되었다는 것이다.[17] 군사사적 관점에서 이들 은 청일전쟁 개전 전의 준비 부족을 지적하고, 종래의 견해를 비판적으 로 계승했다. 히야마 유키오는 또 다른 책에서 협의의 청일전쟁과 일조 전쟁日朝戰爭·일대전쟁日台戰爭이라는 복합적 전쟁을 구분하여 서술하 고 있다.[18] 사이토 세이지斎藤聖二는 전력 준비, 개전 및 전쟁 국면의 전 개와 이에 대한 군사적·정치적 대응, 전후의 군사체제 재편성 과정을 검토했다.[19] 오이시 가즈오大石一男는 전쟁과 국제법의 관점에서 무쓰

무네미쓰의 조약 개정 교섭이 졸속으로 이루어졌기 때문에 일본에 불리한 신조약을 체결하게 되었고, 교섭은 결국 실패한 것으로 평가하면서 무쓰 외교의 '탈신화화'를 시도했다.[20] 1994년과 1995년에는 청일전쟁 100주년을 맞아 일본 국내와 국제 심포지엄이 열려 두 권의 책자가 발간됐다.[21] 중국과 일본에서 현재 크게 부각되고 있는 논쟁점은 청일전쟁의 원인, 전쟁의 성격, 무쓰 외교의 평가, 뤼순대학살(중국은 '대도살'로 표현)의 진실 문제 등이다.[22]

오노 히데오小野秀雄는 '전쟁과 미디어'라는 관점에서 청일전쟁 전전과 전후 신문기사의 변천을 소개하였다.[23] 스즈키 켄지鈴木健二는 청일전쟁 시기 신문이 전쟁 선동과 충성·용맹에 관한 미담 날조로 정확한 전황을 전할 수 없었다고 문제제기했다.[24] 오타니 타다시는 개전과 더불어 각 신문사의 전쟁 보도 내용과 중앙지와 지방지의 차이점을 분석하며, 신문들이 출전 병사가 가족에게 보낸 군사우편 등을 게재하여 독자 획득을 꾀했다는 점도 밝혔다.[25] 하루하라 아키히코春原昭彦는 청일전쟁 당시 전쟁 관련 기사에는 군사 지식이 부족한 특파원들이 미사여구로 장식한 문장이 많았음을 지적했다.[26]

종군기자와 관련, 사쿠라이 요시유키櫻井義之는 청일전쟁 직전 아오야마 고헤이靑山好惠가 인천에서 창간한 《조선신보朝鮮新報》와 그의 활동을 정리했다.[27] 오타니 타다시는 《주오신문中央新聞》 특파원 가와사키 사부로가 일본 내에서 대외경파의 일익을 담당했던 사실과 청일전쟁 이전의 행보를 밝혔다.[28] 니시다 마사루西田勝는 일부 기자들의 종군기를 분석하여 당시 청일전쟁의 진실을 은폐하려는 시대적 풍토가 존재했음을 밝히고 있다.[29] 마츠무라 게이이치松村啓一는 교토의 《히노데신문日出新聞》

조선 특파원 호리에 쇼우카가 아산 백석포에서 비전투원인 중국 상인 살해범죄에 가담한 사실을 논증했다.[30] 이노우에 유우코井上祐子는 청일·러일전쟁의 종군 사진사와 사진 인쇄 보도 미디어를 탐구했다.[31] 오타니 타다시는 교토 화단을 대표하는 일본 화가 구보다 베이센久保田米僊·구보다 베이사이久保田米齋 부자의 종군 화보와 해설서인《일청전쟁화보》전 11권을 탈초, 주기注記 편집하여 독자들에게 소개했다.[32] 와타나베 게이코渡邊桂子는 대본영의 종군기자 허가증 부여, 언론 검열과 종군 허가 취소 등을 분석했다.[33] 와타나베 시게루渡邊滋는 종군기자 구로다 가시로의 생애 전반을 정리했다. 그는 청일전쟁 때는《도쿄니치니치신문東京日日新聞》기자로, 이후는 초대 조선총독 데라우치 마사다케의 참모로 활동했다.[34]

최근에는 민중생활사의 관점에서 민중의 전쟁 체험과 지역 문제 등으로 연구의 시각을 넓히고 있다. 사야 마키토佐谷眞木人의《일청전쟁: '국민'의 탄생日淸戰爭: '國民'の誕生》이 대표적이고, 천황제 군제하의 병사와 가족들의 생활상과 전쟁 준비를 위한 메커니즘의 문제점을 밝힌 오하마 테츠야大濱徹也의 일련의 연구[35]가 있다. 정치·사회사적 측면에서 접근한 하라다 게이이치의 통사적 서술 방식 연구들과 동아시아 차원에서 전쟁을 이해하는 오오에 시노부의 왕성한 연구도 주목된다.[36]

이들 외에 청일전쟁 이후의 조선 중립화안과 그 좌절, 일본인과 조선인 전쟁 인부 동원 문제, 청일전쟁 시기 일본과 조선·중국 전체를 대상으로 한 일본군의 병참 문제, 공병 소좌 요시미 세이의 일기(《입한일지入韓日誌》2책, 〈종정일지從征日誌〉1책) 분석, 청일전쟁 개전과 조선 전신선 문제, 전신 지배의 영속화 정책 연구[37]도 주목된다.

한국의 연구

일본과 중국에 비하면 한국의 연구는 1970~1980년대에는 재일사학자 박종근의 연구를 제외하면 체계적이고 분석적인 접근은 찾아보기 힘든 상태다.[38] 일부 정치외교사적 연구가 있을 뿐이다. 박종근은 청일전쟁·갑오개혁·갑오농민전쟁의 3대 축을 대상으로 일본의 침략정책과 그에 저항하는 반일민족운동의 시각에서 논지를 전개했다. 그는 안동의 서상철 의진義陣처럼 청일전쟁 기간 농민전쟁과는 다른 성격의 의병운동이 진행되었음을 최초로 밝혔고, 그런 흐름이 을미사변으로 연결된다고 주장했다.

박종근 이후 한국과 관련한 청일전쟁 연구는 대체로 지배정책사 내지는 수탈사·항일민족운동사 중심이다. 한국에서 청일전쟁과 조선의 유기적 관계 설정에 관한 연구는 매우 제한적으로 이루어졌다. 청일전쟁 자체보다는 전후 시기 국제질서의 변화, 조선분할론을 비롯한 열강의 대조선 정책 등 대부분 국제관계에 집중되었다.[39] 청일전쟁과 동학농민전쟁과의 연관성에 관한 연구가 있었고,[40] 한·일 학자가 공동으로 제2차 동학농민전쟁 진압 주력부대인 후비보병 제19대대의 노획문서와 소속부대 병사의 기록을 발굴 분석한 연구가 주목된다.[41] 강효숙은 일본 방위성 방위연구소 소장 일본군 자료를 분석하여 병참부 연선에서의 일본군의 주민 침탈과 그에 대한 저항을 분석했다.[42] 홍동현은《지지신보》와《고쿠민신문》에 나타난 동학농민전쟁에 대한 인식을 전쟁 이전과 이후로 구분하고 농민군 토벌에 대한 언론보도 내용을 분석했다.[43] 최석완은 일본 정부의 기관지로 평가받던《도쿄니치니치신문》의 청일전쟁 개전 기간 사설 논조와 정부 정책과의 상관관계 등을 살폈

다.[44]

정치·군사와 관련하여 일본의 전쟁 기획과 만주 지역에서의 전투 등에 관해서는 일본과 중국 측 연구가 많이 이루어졌지만, 전쟁터가 된 조선의 상황과 당대 조선인의 전쟁 인식에 대해서는 한국에서 연구가 크게 진척되지 않았다. 군사사적 측면에서 양국 군의 전투 내용과 지역별 상황은 그간 연구를 통해 어느 정도 알려져 있으나 지역별 사회상과 인식 등은 제대로 밝혀져 있지 않다.

필자는 청일전쟁 시기 《도쿄아사히신문》·《요미우리신문》·《지지신보》 등 9개 신문의 조선 인식 관련 논조를 분석했다.[45] 또한 청일전쟁과 조선 사정 취재 중 서울에서 말라리아로 병사한 《오사카아사히신문》 기자 니시무라 도키스케의 취재수첩을 분석했다.[46] 또 경복궁 점령·성환 전투·평양 전투의 단계별 변화가 함의하는 역사상, 인식의 방향과 파급효과를 정리했다.[47] 한편 청일전쟁의 단서가 된 1894년 일본군의 경복궁 점령사건의 세부계획은 참모차장 가와카미 소로쿠의 기획 아래 이루어졌고, 일본군의 불법적인 왕궁 점령 시 조선군의 발포는 정당방위 차원이었으며, 그들의 해산은 날조된 국왕의 '전교'를 그대로 믿고 수행한 것으로 정리했다.[48] 또한 영접사 이중하의 《남정일기南征日記》와 아산에 상륙한 청국군의 인력과 우마·선박 관련 동원에 대해 날짜별로 상세히 기술한 규장각 고문서를 정리하고 집중 분석했다.[49] 2016년 연구의 후속 작업으로 경복궁 점령으로 인한 피란 상황과 지방 전파, 그에 대한 왕실, 정부 관료, 재야 유생과 의병, 동학농민군 등 계층별 인식론과 대응 양태를 분석했다.[50]

그간의 연구들은 이 책의 주제에 많은 시사점을 제공하고 있다. 그러나 특정 분야 중심의 제한된 연구가 대부분이기 때문에 당시 사회 구조상과 성격 등을 종합적으로 정리할 수 없었다. 이에 따라 한국의 입장과 관련하여 아직까지도 청일전쟁 자체의 폭력성과 부당성에 대한 심도 있는 비판적 논의가 이루어지지 못하고 있다. 이제는 이러한 분절적인 연구 수준을 벗어나 전체를 유기적이고 종합적으로 파악해야 할 단계에 와 있다.

청일전쟁 주요 연표

1894년

2. 15.	전라도 고부 농민항쟁 발발. 이후 농민전쟁으로 확대
4. 25.	동학농민군, 〈무장포고문〉 발표
5. 11.	동학농민군, 황토현 전투에서 감영군 격파
5. 27.	동학농민군, 황룡촌 전투에서 정부군 격파
5. 31.	동학농민군, 전주성 점령
6. 2.	일본 각의, 일본군 조선 파병 결정
6. 4.	조선 정부, 청국 정부에 동학농민군 토벌을 위한 출병을 요청
6. 5.	일본 정부, 도쿄 황거皇居에 천황 직속 전시 대본영을 설치
6. 7.	동학농민군, 초토사 홍계훈에게 27개조의 폐정개혁안 제시. 일본군 제5사단과 혼성제9여단에 조선 출병에 관한 훈령 하달. 조선에 출병 통고
6. 8.	청국군 아산만 도착, 정박
6. 9.	일본군 인천 파병. 청국군 아산 상륙 개시
6. 23.	조선 주재 일본인 종군기자단 '신문기자 연합본부' 결성
6. 24.	일본군 혼성여단 서울 진주
6. 29.	일본군 참모총장 타루히토 친왕, 혼성여단장에게 병참 및 인력 동원지침 훈령
7. 10.	조선 국왕, 청국 북양대신 리훙장에게 특사 파견
7. 19.	주차조선교섭통상사의 위안스카이 본국 귀국
7. 21.	영돈령 김병시, 국왕에게 일본군을 철수시키도록 건의
7. 23.	일본군, 경복궁 점령. 수비병과 교전. 경복궁·경모궁 약탈
7. 24.	외부협판 조병직, 일본군의 경복궁 철수를 촉구
7. 25.	청국군 순양함 제원호, 군함 광을호 기습공격. 수송선 고승호 격침(풍도 해전). 혼성여단 주력 용산 만리창을 출발하여 아산으로 향함. 조선 정부, 청

	국에 〈조청상민수륙무역장정〉 등의 폐기를 통보
7. 29.	성환 전투에서 청국군 패배
8. 1.	일본 메이지 〈선전조칙〉 발포, 청국 광서제 〈개전조칙〉 발포
8. 4~9.	청국군 후발 4대 군, 평양 도착
8. 5.	용산에서 성환 전투 일본군대 개선식 거행
8. 6.	전봉준, 전라감사 김학진과 만나 집강소를 인정받고 전라도 일대 행정 권 장악
8. 10.	황해도 중화 주민과 병사, 일본군 척후기병 등 정탐대 공격 7명 살해
8. 15.	일본 외무대신, 〈한전 대용증권 발행수속〉을 조선 주재 공사에게 훈령
8. 17.	일본 외무대신 무쓰 무네미쓰, 각의에 '갑을병정'의 조선 정략 4개안 제시
8. 20.	외부대신 김윤식, 일본공사 오토리 게이스케 〈잠정합동조관〉 조인. 군국 기무처, 〈신식화폐 발행장정〉 시행. 평안감사 민병석, 국왕의 비밀전보를 리훙장에게 전달
8. 21.	일본공사관, 서울 5부 빈민 및 호구 조사
8. 22.	일본군, 궁궐 수비병 압수 무기 반환
8. 24.	일본공사, 〈조선 왕궁 수위규칙〉 작성
8. 26.	《조·일〉양국맹약》 체결
8. 28.	흥선대원군, 평안감사 민병석을 통해 청국군을 통한 친일개화파 소탕을 청원
8. 29.	일본군 제3사단과 제5사단으로 제1군 사령부(사령관 대장 야마가타 아리토 모) 편성
9. 1.	일본군 제5사단과 원산지대, 평양을 향해 진격
9. 3.	일본의 요구에 따라 장위영 영관 이두황 인솔 부대 평양으로 향함
9. 5~6.	일본 해군, 대동강 부근에 포함과 수뢰정 집중
9. 10~23.	성환 전투 전리품 도쿄 야스쿠니 신사 전시
9. 15~16.	평양 전투(선교리, 모란대, 현무문 전투)
9. 15.	일본 천황 메이지, 히로시마로 이전한 대본영 도착
9. 16.	일본군 제5사단과 삭령지대·원산지대 평양성 진입

9. 17.	황해 해전, 일본군 승리
9. 20~21.	패주 청국군 부대, 의주 도착
9. 25.	일본군 제2군 사령관에 육군대신 오야마 이와오 임명
9. 26.	청국군, 압록강을 건너 주롄청으로 완전 후퇴
9. 29.	병참총감 가와카미 소로쿠, 인천–서울–평양 간 병참지 설치 명령 하달
10. 6.	일본군 제1군 사령부 평양 출발. 혼성여단 후발대로 출발
10. 25.	일본군 가교대 압록강 가교 설치. 이노우에 가오루 신임 조선공사 부임
10. 26.	일본군 만주 진입. 주롄청 점령
11. 5.	보병 소좌 미나마 고시로 인솔 동학농민군 토벌 부대 후비보병 제19대대 인천 도착
11. 7.	일본군, 보하이만 화웬커우 상륙
11. 9~10.	일본군, 진저우와 다롄만 함락
11. 12.	일본군 후비보병 제19대대, 농민군 토벌을 위해 남하
11. 21~24.	일본군 보병 제2연대, 제15연대 제3대대 뤼순대학살 감행
12. 5.	동학농민군, 공주 우금치 전투에서 패배
12. 8.	동학농민군 총대장 전봉준, 정부군 지방 감영병 및 이서 상인들에게 연합을 통한 대일항전을 제의
12. 9.	도쿄 우에노 공원에서 청일전쟁 승리 도쿄시민 축하대회 개최
12. 16.	조선 정부 〈보호청상규칙〉 공포

1895년

1. 30~2. 1.	웨이하이웨이 전투에서 일본군 승리, 산둥 제해권 장악
2. 18.	동학농민군, 완주 대둔산 전투에서 패배
2. 28.	후비보병 제19대대, 용산 복귀
3. 19.	일본 황후 히로시마 대본영 도착. 군부대신 조희연 등 일본군 위문사 진저우 도착
4. 17.	시모노세키조약(일청강화조약) 체결

4. 23.	러시아·프랑스·독일, 일본 정부에 랴오둥반도 청국 반환을 요구(삼국 개입)
	전봉준, 손화중, 최경선, 김덕명, 성두한 등 사형선고를 받고 처형됨
5. 4.	이토 히로부미 내각, 랴오둥반도 반환 각의 결정
5. 17.	일본, 타이완에 총독부 설치
10. 8.	일본 군인과 낭인의 조선 왕후 민 씨 살해사건 발생(을미사변)

1896년

1. 1.	건양建陽 연호·태양력 사용
2. 11.	국왕 고종의 러시아공사관 피신(아관파천)으로 일본이 조선에서 정치적으로 후퇴
4. 1.	일본 정부, 전시 대본영 해산
5. 14.	일본공사 고무라 주타로·러시아 공사 베베르 각서에 조인
6. 9.	로바노프와 야마가타, 모스크바에서 의정서 조인

1897년

| 8. 14. | 연호를 광무光武로 개칭 |
| 10. 11. | 국호를 대한제국으로 결정 |

1부

은폐와 진실:
일본군의 왕궁 점령과
'보호국' 구상

1.
일본군의 조선 왕궁(경복궁)
점령에 대한 재검토

청일전쟁의 첫 단추는 1894년 7월 23일 일본군이 경복궁을 점령한 사건이었다. 당시 일본의 외무대신 무쓰 무네미쓰陸奧宗光는 이 사건의 경위에 대해 일본군 보병 1개 연대와 포병, 공병이 조선 정궁인 경복궁에 입성하려 할 때 조선군이 발포했기에 일본군이 이를 추격하여 궁궐로 들어간 것이라고 보고했다. 그는 일본군의 경복궁 점령을 '메이지 27년 7월 23일 전쟁'이라고 표현했다.[1] 일본 참모본부도 이를 '한병韓兵의 폭거'라 하면서 우발적 사건으로 축소하여 기술하였다.[2]

일본 외교사가 다보하시 기요시는 경복궁 안의 조선 병사가 먼저 발포했고, 이에 영추문 앞에 도착한 일본군 보병 제21연대 1대대가 곧바로 '응전'하며 경복궁으로 진입, 조선 병사 전부를 쫓아내고 이들을 대신해서 왕궁을 경비한 것으로 이 사건을 정리했다.[3] 이와 달리 재일한국사가 박종근은 오토리 게이스케大鳥圭介 주한일본공사의 당시 보고는 허위였으며 일본 참모본부에서 편찬한 《명치 이십칠·팔년 일청전사》의 기록도 왜곡되었다며 이 같은 일본인들의 이해를 비판하고 있다.[4]

반면 히야마 유키오는 이전 다보하시의 관점으로 되돌아가 혼성여단의 보고서 그대로 일본군의 경복궁 침입과 기습공격을 '일조日朝 개전開戰'으로 규정하였다. 조선과 일본 간의 전쟁 상태였다는 것이다. 수정론적 입장에 선 히야마가 보는 '일조전쟁'의 기간은 '7월 23일 경성사건(경복궁 점령사건)'부터 그해 8월 20일 조일 간의 〈잠정합동조관暫定合同條款〉 조인까지다.[5] 한편 하라 아키라는 청일전쟁과 러일전쟁을 각기 '제1차 조선전쟁', '제2차 조선전쟁'으로 불러야 한다고 주장하면서 경복궁 점령을 '7월 23일 전쟁'으로 규정했다.[6] 이에 다카하시 히데나오高橋秀直는 왕궁을 공격한 일본군의 행동을 전쟁 행위로 보는 히야마의 입장에는 동의하지 않았지만, 조선 측의 발포에 일본군이 반격했고 왕궁을 점령해 국왕을 보호하에 두었다고 주장한 점에서 다보하시와 히야마의 입장과 다르지 않다.[7] 그는 메이지 시기 국가상을 팽창주의적인 군비 확장으로 보는 다수의 통념과는 달리 적어도 청일전쟁 시기까지 일본의 주류 노선은 비팽창주의를 견지했다고 주장했다.[8]

반면 후지무라 미치오는 일본군이 사전계획에 따라 경복궁에 침입, 저항하는 조선군을 무장해제하고 대원군을 집정으로 내세워 민 씨 정권을 타도했다고 정리했다.[9] 한걸음 더 나아가 나카츠카 아키라는 후쿠시마 현립도서관 소장 자료를 근거로, 일본군의 경복궁 점령은 주도면밀한 계획에 따른 것이며 동시기 보도통제와 후일의 기록은 '전사 편찬 방침'에 따라 작성된 일본 참모본부의 '일청전사' 초안본에 준거한 것으로, 은폐된 진실을 '정사'로 포장한 것으로 이해하였다.[10] 하라다 게이이치는 1894년 7월 23일부터 1896년 4월 1일 일본 대본영 해산까지를 근대 일본 최초의 대외전쟁으로 이해하면서, 경복궁 점령사건은 '사실상의 전쟁'이었으며 '광의의 청일전쟁'은 이로부터 시작한 것이라 주장했다.[11]

일본군의 경복궁 점령사건을 표현하는 용어도 논자와 입장에 따라 천차만별이다. 즉, 왕궁 점령·7월 23일 정변·7월 23일 전쟁·소전·갑오왜란·일조전쟁·일조개전·교전·정변·경복궁 쿠데타·경복궁 점령·경복궁 침입·대변고·범궐·갑오정변·갑오사변·변·변란·대조규개大鳥圭介(오토리 게이스케)의 난·전투·사변·경성 점령·경성사건·충돌·작은 마찰 등 다양한 이해 방식을 보여 용어 정리가 필요하다. 특히 청일전쟁 당시 무쓰의 주장에 토대를 둔 히야마·하라·하라다 등 일부 논자들의 '조일전쟁'론은 기존의 지배적 통념인 '청일전쟁'에서 탈피해 조선을 '동등한(?)' 주체로 설정하여 경복궁 점령사건을 새롭게 명명하고 재평가할 것을 주장한 것으로 볼 수 있다.

그러나 청일전쟁 과정에서 선전포고도 없이 기습공격으로, 그것도 불과 몇 시간 만에 종결된 경복궁 점령을 '또 하나의 전쟁'으로 본다면 (히야마와 하라 같은 일부 논자는 일본군의 타이완 점령도 '일대전쟁日台戰爭', '타이완 정복전쟁'으로 규정한다) 이후 조선 정부가 공식 관여한 조일연합군의 평양 북상 및 청국군과의 전투는 어떻게 설명할 것인가? 그런 의미에서 필자는 청일전쟁의 단서가 된 일본군의 조선 출병 및 왕궁 점령과 이에 대한 대응을 중심으로 분석한 이 글에서 1894년 7월 23일 일본군의 경복궁 강제 점령사건을 가치중립적 용어인 '왕궁 점령'으로 표기할 것이다.

1 — 조선 파병 결정과 전쟁으로 가는 과정

청일전쟁 직전 일본에는 세 부류의 세력이 있었다. 즉 천황가와 내각이 있었고, 또한 내각 구성원 중에서도 총리 이토 히로부미가 주도하는 세력이 있었으며, 이들과 사안에 따라 협력 혹은 길항관계—제휴론과 갈등론—였던 외부와 군부가 있었다. 이 중 외부와 군부의 결정이 청일전쟁 개전의 주요 동인으로 작용하게 된다. 여기에 오토리 게이스케 조선 주재 공사의 상황 인식과 행동이 변수로 작용했다. 그 최초 결과가 일본군의 조선 출병과 왕궁 점령 결정이었다. 이후 과정은 표면으로는 외부가, 실제 상황은 군부가 주도하는 방향으로 나아갔다.

박종근은 이에 대해 다르게 해석한다. 조선에서 최초로 친일정권 수립을 기획한 사람을 주한일본공사관 일등서기관 스기무라 후카시杉村濬라고 보는 것이다. 스기무라는 오토리 공사를 배제하면서 외무대신 무쓰와 핫라인으로 연결되어 있었다. 박종근은 스기무라의 구상을 통해 외교 라인이 이 상황을 주도했다고 보았다.[12] 그러나 조선 출병과 왕궁 점령의 구체적인 진행 과정에서는 군부 라인의 입장이 전적으로 관철되었고 실제 상황도 군부와 외부의 합작 형태로 진행되었다.[13]

일본의 조선 출병에 대한 주장과 목적은 각기 상이했지만, 최초의 시도는 참모본부 차장 가와카미 소로쿠川上操六와 외무대신 무쓰 무네미쓰의 군사외교 합작으로 이루어졌다.[14] 가와카미는 독단으로 비밀리에 서울에 파견한 후쿠시마 야스마사 중좌, 우에하라 유사쿠 소좌와 오토리 공사가 협력해 조선 문제를 해결할 것을 주문했다.[15] 그에 따라 일본 군부는 혼성여단을 편성했고, 무쓰는 1882년 제물포조약을 명분으로 파병했다.[16] 조선 정부의 요청이 없었음에도, 1885년 톈진조약을 명분으로 군대를 파견한 중국과는 달리 무쓰는 상호 간의 통보보다 출병을 중요시한 것이다. 조금 더 구체적으로 살펴보면 일본 내각은 오토리 공사에게 조선과는 제물포조약 제5관 및 1885년 7월 대리공사의 조회를, 청국과는 톈진조약 제3관에 근거한다고 훈령[17]했다. 이는 제물포조약과 톈진조약 중 자기들에게 유리한 조항만을 적용한 것으로 보인다.

이 기간 천황가와 일본 내각의 다수는 출병 시기상조론을 내세우며 당분간 현상 유지를 주장했다. 중국의 리훙장과 동일한 입장이었다. 반면 외부의 입장을 보면 외무대신 무쓰는 대외적으로 표방하던 조선의 '내정개혁'에는 전혀 관심이 없었고 처음부터 침략에만 관심을 두었다.

그는 조선의 개혁 문제에 대해서 "표면상의 언쟁은 어떻든 간에, 그 내면적인 논쟁의 근본은 분명 서구적 신문명과 동아적 구문명과의 충돌임이 틀림없는 사실"[18]이라고 치부했다. 그러나 그는 "처음부터 조선의 내정개혁 자체에 큰 비중을 두지 않았고, 그보다는

외무대신 무쓰 무네미쓰陸奧宗光(1844~1897).
1894~1895년 청일전쟁 때 일본 외교정책을 지휘하고 이토 히로부미와 함께 일본 측 전권대표로서 청의 리훙장과 시모노세키조약을 맺어 막대한 배상금과 영토를 할양받았다.

조선과 같은 나라가 과연 만족할 만한 개혁을 할 수 있을 것인가 의심했다."[19]

당시 외무차관이던 하야시 타다스林董의 비망록에 의하면 1894년 6월 2일 밤, 참모본부 차장 가와카미 소로쿠가 외무대신 무쓰의 관저를 비밀리에 방문했다. 이 자리에서 하야시, 무쓰, 가와카미 세 사람은 조선 출병에 모두 동의했다.[20] 다음 날인 6월 3일에 열린 내각회의 석상에서 겐로[원로元老]인 중장 야마가타 아리토모山縣有朋는 이토 히로부미가 조선 출병을 반대할 것으로 보고 침묵하고 있다가 그날 밤 무쓰와 논의하여 출병을 결정했다고 한다.

그 결과 6월 5일 오토리 공사는 수병들과 함께 도쿄를 출발했는데, 출발 직전 총리대신과 외무대신으로부터 몇 가지 지시를 받았다. 먼저 총리 이토의 지시는 "우리나라의 영예와 이익을 상하지 않는 한 될 수 있는 대로 일을 원만하게 해결해야 한다"는 것이었다. 외무대신 무쓰도 서면 훈령으로 비슷한 내용을 지시했다.[21] 그러나 무쓰는 동시에 오토리에게 다음과 같은 별도의 구두 훈령을 내렸다.

마지막까지 평온함을 바라지만, 우리나라는 이전 두 차례 훼손된 면목을 회복하지 않으면 안 됩니다. 한국에서는 우세를 취하지 않으면 안 됩니다.……나아가 평화를 파괴하는 일이 있더라도 그것은 내가 충분히 책임을 질 것이기 때문에, 각하는 오히려 과격하다고 생각해도 고려할 바 없이 과감한 조치를 맡아야 할 것입니다.[22]

이는 서면 훈령과는 다른 내용으로 형편에 따라 일을 적절히 처리할 것을 지시한 것이었고, 이 훈령에 따라 오토리는 가와카미가 미리 서울에 파견한 후쿠시마·우에하라와 서로 협력할 것을 기약했다.

오토리는 6월 6일 주조선교섭통상사의 위안스카이와 외부독판 조병직에게 자신이 조선으로 출발했다는 내용을 통지했다. 그러나 수병을 동반한다는 사실은 밝히지 않았기 때문에, 7일 무쓰가 청국과 조선 정부에 통고하기 전까지 공사 오토리는 군대 파견 사실을 알 수 없었다. 무쓰는 오토리 공사에게 동반한 군인의 수를 조선 정부에 밝히지 말라는 훈령을 보냈다.[23] 오토리 공사의 역할을 대리하던 스기무라에 의하면 이때 러시아 대리공사 베베르는 "귀국이 만약 청국과 전쟁을 하고자 한다면 반드시 빨리 실행해야 할 것"이라며, 일본의 조기 개전을 조언했다고 한다. 전문으로 미루어 보면 수병 300명, 순사 20명 외에 더 많은 군인을 파견했을 것으로 추측된다.

6월 3일 각의에서 외무대신 무쓰는 대리공사 스기무라의 전보를 이토 총리에게 건넸다. 거기에는, "청국에서는 하등의 명분과 의리를 묻지 않고 군대를 한국에 파견한 이상, 우리나라 역시 이에 상당한 군대를 파견해서 한국에서 일·청 양국의 세력균형을 유지해야 한다"라는 내용이 적시되어 있었다. 이토는 곧바로 참모총장 타루히토熾仁 친왕 및 참모차장 가와카미의 임석을 요구했다. 여기서 조선 출병이 처음으로 확정되었고, 곧이어 이토가 조선 출병과 의회 해산을 천황에게 상주해 재가를 얻었다.[24]

가와카미는 일찍부터 조선 출병과 청국과의 전쟁을 염두에 두고 있었다. 그는 "청국의 조선 출병에 대해서, 우리 군은 청국 이상의 병력을 보내, 15년(임오군란)·17년(갑신정변)의 굴욕을 씻어야 한다.……설령

일·청 양군이 경성 부근에서 충돌해도 우리 군이 이를 쉽게 격파할 수 있기 때문이다. 리훙장 관하 직예直隷 정병이 4만이라 하니, 그중 3만 내외를 조선에 파견할 수 있겠지만, 우리도 이에 대응해 정병을 파견하여 평양을 중심으로 일전을 시도하고, 이를 격파하게 되면 조선을 우리 세력권으로 삼는 것은 결코 어렵지 않다"고 언급한 바 있다.[25]

그것이 가능했던 것은 당시 일본 정치체제의 독특한 성격에 기인했다. 참모총장은 법적으로 천황 외에 누구의 견제도 받지 않았고, 군부는 내각의 의결 없이 독자적으로 행동할 권한이 있었다.[26] 6월 2일 밤 가와카미와의 논의 과정에서 무쓰는 "이토는 평화주의 정치가입니다. 따라서 처음부터 많은 군사를 보내자고 하면, 그는 수긍하지 않을 것입니다"라고 우려를 표명했다. 이에 가와카미는 "먼저 1개 여단을 파견합시다. 평시의 1개 여단은 2,000명 정도라서 이의가 없을 것입니다. 아울러 혼성여단을 편성하면 실제 병사는 7,000

참모본부 차장 육군 중장 가와카미 소로쿠川上操六(1848~1899). 가고시마현鹿兒島縣 출신으로 독일에서 군사학을 배웠다. 조선과 중국에서 첩보 활동을 하였으며 청일전쟁 시기에는 대본영 육군 참모차장과 병참총감을 겸임하면서 "동학당에 대한 조치는 엄격하고 격렬하게 함을 요한다. 이제부터는 모조리 살육하라"는 명령을 내린 것으로 잘 알려져 있다.

~8,000에 달합니다"[27]라고 했다. 이에 무쓰도 수긍하였다.

일본군의 조선 출병의 가장 큰 명분은 일본인 '거류지 보호론'이었다. 일본은 동학농민군이 투쟁을 중단하면서 조선의 치안이 진정됨에도 불구하고 이 '거류지 보호'를 들어 출병했다. 이러한 방침에 따라 무쓰 외상은 6월 22일 주일청국공사 왕펑짜오汪鳳藻에게 '안전보장론'과 '정당방위의 자위론'을 들어 출병을 통보했다. 이는 8월 1일 〈선전조칙〉을 통해 개전을 정당화하는 논리로 발전했다.[28] 그러나 일본 조계는 인천 주재 영사 노세 다츠고로能勢辰五郎를 통해 혼성여단의 인천 진주에 대해 항의했다.[29] 일본인 거류민 보호를 명목으로 출병했지만 정작 거

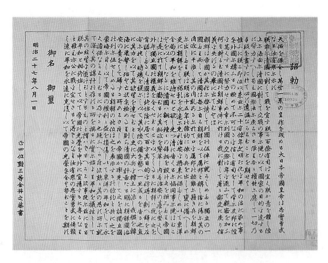

일본 천황 메이지의 〈선전조칙〉(1894년 8월 1일).
동학농민군의 봉기를 '조선사건', '내란'으로 규정한 이 〈선전조칙〉은 '변變에 대비하고 조선을 화란禍亂으로부터 영원히 편하게 하고 장래의 치안을 확보'하고 '동양의 평화를 유지'하고자 한다는 명분으로 일본군의 조선 출병을 정당화하고 있다.

류민들은 그들을 배척한 것이다.

그런데 가와카미가 논의 내용을 보고하자 이토는 될 수 있는 한 병력 수를 줄일 것을 지시했다. 이에 가와카미는 단호하게 "출병 여부는 정부 회의에 따라 결정되는 것이지만, 이미 출병이 결정된 이상은 참모총장에 게 책임이 있는 것입니다. 병사 수가 많고 적음은 우리에게 맡기시오!"[30] 라고 말했다. 결국 이토는 자신의 결심을 고수할 수 없게 되었고, 정부 회의를 통해 천황 메이지의 〈선전조칙〉을 이끌어 내게 되었다. 《고쿠민 신문》사장이자 시사평론가인 도쿠토미 소호는 그 과정에 이르기까지는 '독단으로 혼성여단을 편성한' 참모차장 가와카미의 기여가 가장 컸다고 기록하였다.[31]

이 무렵 이토는 일본군의 조선 출병에 대해 "부지불식간에 큰 바다 로 나가게 되었다"고 한탄했다.[32] 결국 개전을 결정한 당사자는 가와카 미 참모차장과 무쓰 외상 두 사람으로, 후지무라 미치오는 일본의 개전 결정에 대해 육군의 끈질긴 공세와 외무대신의 외교적 승인, 이토 총리 의 추인이라는 연쇄 과정으로 이해하였다.[33] 러일전쟁 당시 대한제국 주재 공사였던 하야시 곤스케林權助도 후일 회고에서 "일청전쟁이 일어 나기 전 가와카미 장군의 한마디 말, 무쓰의 결심, 전쟁의 실제 단서를 연 도고상東鄕相(풍도 해전에서 고승호를 격침한 나니와호浪速號의 함장인 도 고 헤이하치로東鄕平八郎를 말한다)"의 세 가지 요소를 청일전쟁의 승리 요 인으로 평가한 바 있다.[34] 1894년 6월 2일 이들의 비밀 결의에 따라 일 본 정부는 각의 결정(6월 3일), 인천 파병(6월 9일), 혼성여단 경성 진주(6 월 24일), 경복궁 점령(7월 23일)과 이어 풍도 해전(7월 25일), 성환·아산 전투(7월 29일), 선전포고(8월 1일)의 길을 걷게 된다.

2—왕궁 점령 실행의 구체상

왕궁 점령계획과 세부 기획자들

일본군의 조선 왕궁 점령에는 참모차장 가와카미가 급파한 후쿠시마 중좌와 우에하라 소좌의 역할이 컸다. 이들은 인천에 체류 중인 일본군 수뇌부와의 담판을 통해 왕궁 점령의 최종 방안을 지시했다. 가와카미의 지시를 받은 우에하라는 후쿠시마 중좌 및 경성 일본공사관 부무관 와타나베 데스타로 대위와 모의하여, 당시 일본공사관 경비를 위해 서울에 파견되었던 해군 육전대와 교대한다는 명분으로 혼성여단을 서울로 파견하기로 결정했다. 또 인천항에 정박하고 있던 함대 사령관 이토 스케유키伊東祐亨 중장과 교섭하여 동의를 얻었다. 그 결과 혼성여단은 서울에 들어갈 수 있게 되었다.[35]

그러나 이 과정이 그리 순탄한 것은 아니었다. 우에하라가 인천에 도착할 무렵 와타나베 대위가 오토리 공사의 은밀한 명령을 가지고 인천에 도착했다. 우에하라 등은 와타나베를 '위협'하는 한편 서울의 오토리 공사에게 육군과 해군의 병력 교대 관련 사실을 통고하고 협조를 구했다. 하지만 오토리 공사는 한결같이 냉담했다. 그로 인해 계획이 차질을 빚게 되자 우에하라 등은 이토 스케유키 중장을 방문해 그간의 준비 사정을 다시 설명해야 했고 이토가 다시 공사에게 전보하는 수순을 밟지 않을 수 없었다. 결국 오토리가 이를 승낙하였고, 혼성여단장 오시마 요시마사大島義昌의 동의로 6월 23일 교대 병력의 서울 진주가 추진되었다.[36]

일본군은 인천-용산 간 각 지역에 신호소를 설치해 통신 기반을 마련하고 6월 24일 기선 30여 척으로 병사 2,500명의 한강 도하를 마쳤다. 이후 용산 만리창에 여단본부를 편성하고 그곳에 보병 11연대(그중 1개 대대는 서울 주재), 기병 제1중대, 포병 제3대대, 공병 제1중대, 아현동에 제31연대(그중 1개 대대는 인천 주재) 및 동작진, 동문 밖 홍청弘淸에 분견병을 주둔시키면서 서울을 포위하고 전투 준비를 마쳤다.[37]

미리 서울에 들어간 일본군 10여 명은 대본영의 방침에 따라 당일 한성 전보총국을 장악했다. 이에 앞서 그해 5월 2일 참모본부에 대본영이 설치되는 날 참모차장 가와카미가 조선에 파견되는 혼성제9여단 참모장 나가오카 가이시 대좌에게 청국과의 전쟁에서 전신선의 중요성을 강조한 바 있었다.[38] 청국과의 일전을 앞둔 일본 군부는 선전포고 이전

일본군 혼성제9여단의 인천 상륙.
일본군의 출병은 일본 정부와 군부의 일방적 결정으로 이루어진 행위였다. 당시 그들이 주장하는 법률적 근거는 1885년 톈진조약이었다.

에 조선의 유선 연락망 확보를 중요한 전략 과제로 설정했다. 이러한 군사작전은 왕궁 점령을 은폐할 목적까지 포함한 것이었다.

이렇듯 군인들의 강경한 분위기가 지배적이었고 오시마 혼성여단 장과 연결되고 일본군의 서울 배치도 완료됨에 따라 오토리 공사는 그간의 소극적인 입장에서 벗어나 조선의 외부에 일본군의 서울 진출 사실을 알리고 조선 정부를 질책하는 등 강경 입장으로 선회했다. 그런데 오토리는 군부의 입장을 대외적으로 표명한 것에 불과했다. 그가 조선 정부에 전달했던 일본 정부의 입장이 적어도 7월 21일 전까지 수시로

일본군 야전 전신대의 전신선 가설(구보다 베이센 그림).
구보다 베이센久保田米僊(1852~1906)은 메이지 시기 교토 화단을 대표하는 화가로 청일전쟁 시기 베이사이米齋, 킨센金僊 등 두 아들과 함께《고쿠민신문》특파원으로 조선과 중국에서 종군하였다. 당시 그의 그림과 기사는 '조선특보', '경성특보' 등으로 게재되었고 전 11책의《일청전투화보》로 간행되었다.

바뀌었던 이유도 이러한 상황에 기인했다.

일본군의 경성 출병 문제와 관련해 이렇듯 내부 혼선이 있었던 것은 물론 최종 결정 단계에서도 외부와 군부의 입장 차이는 여전히 존재했다. 7월 19일 무쓰는 내각의 의견에 따라 오토리에게 조선 왕궁과 서울 포위작전을 결행하지 말라고 전보했다. 그러나 7월 23일 오토리는 외무대신의 훈령과 다른 행동을 취했다.[39] 결과적으로 군부의 입장에 완전 동조한 것이다.

이는 7월 20일 대본영의 비밀 지령을 가지고 서울에 온 후쿠시마 중좌의 전언에 따른 것이었다. 그 내용은 "청국이 만약 군사를 증가시키면 여단장은 독단으로 일을 처리할 것"[40]이었다. 이에 따라 왕궁 점령의 구체적인 계획을 수립한 오시마 혼성여단장은 22일 오토리 공사에게 내용을 알렸고, 공사는 이에 적극 따를 수밖에 없었다. 그 결과 조선 통리교섭통상사무아문의 회답 여부와 관계없이 22일 오후 12시 이후 병력에 의한 '직접 행동'을 준비했다.[41] 그런데 이런 내용을 외무성은 모르고 있었다.

잘 알려진 대로 왕궁 점령은 7월 23일 오전 0시 30분 "계획 그대로 실행할 것"이라는 오토리 공사의 전보를 받은 후 진행된 것이다. 그런데 왕궁 점령에 대한 일본의 대외적 입장은 외무성을 통해 공식화되었다. 이는 7월 19일 무쓰의 훈령→23일 오토리의 강행→무쓰의 변명 순으로 정리할 수 있다. 일본 내각의 의견에 따라 무쓰는 7월 19일 오토리에게 전보로 다음과 같이 지시했다.

귀관은 잘 판단하여 상황에 대응하는 수단을 취하시오. 그렇지만 전보로 지시한 바와 같이 다른 열강들과 분규가 생기지 않도록 주의 깊게 행동하시오 우리 군대로 왕궁과 한성을 포위함은 좋은 방책이 아니라고 생각되므로 이를 결행하지 않을 것을 희망합니다.[42]

그러나 7월 23일 오전 오토리가 보내온 전문의 내용은, 조선 정부의 회답이 매우 불만족스럽다는 것이었다. 오토리는 이에 부득이 왕궁을 포위하는 강력한 수단을 동원한다고 했다. 그리고 같은 날 오후 그는 양국 군대 간의 충돌은 대략 15분 만에 끝났으며, 지금은 이전 상태로 회복되었다고 전보를 쳤다. 또한 자신이 곧바로 궁궐에 들어가자 대원군이 "국왕으로부터 모든 국정 및 개혁의 건을 전적으로 위임받았다. 이후 모든 일을 공사와 협의하겠다"고 말했다고 전했다. 그 결과 무쓰는 자신이 19일 보냈던 전문은 결국 "열흘 된 국화꽃처럼 시들어 버리게 되었다"고 한탄했다.[43]

그런데 오토리는 "이 수단(경복궁 점령을 말함)"을 시행했는데 "조선 병사가 일본 병사를 향해 발포하여 쌍방이 서로 포격했다"고 보고했다. 그런데도 서울 주재 청국공사관에서는 일본군이 서울─평양 간 전선을 절단했고, "성안에서 틀림없이 난이 일어난 것 같다"[44]는 추측성 보고를 했을 뿐이다.

왕궁 점령의 실제 상황

인천에서 용산으로 이동한 일본군 혼성여단은 공사 오토리가 말한 보병 1개 대대가 아니라 혼성여단의 전 병력이었다. 혼성여단 소속 한 장교의 종군일지에 따르면, 이미 7월 5일 오전 7시부터 한강 모래사장으로 행군하여 견장肩牆(포차와 포수를 적으로부터 가리기 위해 흙으로 쌓은 담) 축조 연습을 했던 사실을 확인할 수 있다. 이는 경복궁 담장을 넘기 위한 전투 준비로 보인다. 7월 20일에는 "장차 실전이 일어날 것처럼 수비는 더욱 엄연하다"고 기록했고, 다음 날인 21일에는 천황의 '은사恩賜 연초'가 전원에 배포되었고 동시에 각자의 배낭에 '포낭包囊'과 '반지半紙 2첩'을 반드시 넣으라는 지시가 있었다고 했다.[45] 이는 부상 시 응급수단으로 사용하기 위한 것으로 최종적인 출동 준비였다. 이어서 부대는 7월 22일 오후 3시 야외훈련을 실시했다. 오후 9시 50분 혼성여단장 오시마는 예하 부대에 "여단은 내일 오전 4시 왕성을 포위할 예정이다"[46]라는 전보를 발령하였다.

일본군의 경복궁 침략과 오토리 공사, 흥선대원군의 입궐을 그린 니시키에. 조선의 정궁 경복궁 앞에서 일본군이 왕궁 수비병을 격퇴하는 상황에서 욱일기를 든 병사를 앞세우고 일본공사와 대원군이 그 뒤를 따르는 모습을 그린 것이다. 용맹한 일본군과 대비되는 나약한 조선군을 과장된 화법으로 묘사하고 있다.

일본군은 7월 23일 새벽 남대문 옆 성벽을 파괴하고 도성으로 진입해 곧바로 국왕의 거처인 경복궁으로 진군했다. 일본군의 공식 기록에 따르면 경복궁 영추문 앞에 이르렀을 때 조선군 궁궐 수비대가 발포했고, 이에 응전하면서 왕궁을 점령한 것으로 되어 있다. 그러나 당시 일본군의 각종 보고에서도 사건 진행 시간대가 맞지 않는 사례가 적지 않았다. 왕궁 점령을 총괄했던 오시마가 타루히토 친왕에게 보낸 장문 보고서를 시간대별로 종합해 보면 다음의 사실을 알 수 있다.[47]

- 오전 0시 30분 오토리 공사의 전보.
- 오전 2시 30분 일본군의 입성 준비를 위해 이마이今井 중위, 노이시乃石 소위 등을 남대문과 서대문에 파견.
- 오전 4시 어제의 계획 그대로 '운동을 시작'.
- 오전 4시 제1중대 공사 호위를 위해 왜성대 집합.
- 오전 4시 30분 한병韓兵(평양병)이 발포, 일본군 대응 사격.
- 오전 4시 40분 제3중대 동대문과 광희문을 점령. 제4중대 동북문을 점령.
- 오전 4시 47분 영추문 파괴를 시도했으나 탄약 부족으로 시간을 요함.
- 오전 5시 10분경 '궁성에 침입', 친군 장위영 병정 300명을 축출.
- 오전 5시 30분 외부독판 조병직이 일본공사관으로 가서 사태를 설명.
- 오전 5시 40분 우포장 홍계훈을 위협하여 옹화문 안에 있는 국왕의 소재를 파악. 밖으로 나가려는 국왕을 제지. 병사로서 '국왕을

호위'.

- 오전 6시 20분 사격 중지.
- 오전 7시 40분 전투 발생[장위영 병사들과의 전투]. 일본군 1명 사망, 부상 1명.
- 오전 11시 오토리 공사, 대원군 입궁.
- 오후 1시 30분 백악 남사면 및 정상의 조선 병사 10명이 6중대를 향해 사격. 일본군 응사.

위 내용이 경복궁 점령사건에 대한 일본 군부의 공식 기록이라 하겠다. 그런데 혼성여단 기병 소위 히라지로 모리쓰구의 시찰 보고서에는 영추문에 도착한 일본 보병 21연대의 일부가 왕궁 배후로 우회하던 중 조선 병사의 사격을 받아 교전이 시작되었고, 일본군은 응사와 동시에 영추문을 파괴하고 '왕궁에 침입'한 것으로 되어 있다. 전투 직전 일본군이 영추문 뒤까지 진군했고 최초 교전이 궁성 뒤에서 시작되었다는 것으로, 일반적인 논의와는 다소 차이가 있다. 또한 그날 0시 30분 이전부터 일본공사관에서 작전을 숙의하면서 일거수일투족을 함께했던 니이로 도키스케 해군 소좌의 보고서에는, 최초의 교전은 4시 40분경으로 영추문에서 "번병番兵(조선 수비병을 말함)이 저항"하여 일본군과 20분 정도 "서로 발포했다"고 기록되어 있다.[48]

후쿠시마 현립도서관 소장 《일청전사》 초안에도 당일 전투가 시작된 지 얼마 안 된 시점인 오전 6시 전후 의빈부儀賓府와 그 부근에 주둔하고 있던 조선 병사가 사격하여 일본군이 응사했고 조선 병사가 거세게 저항했다고 기록되어 있다.[49] 오전 6시 5분에 니이로는 군령부장에게 "왕궁 호위 조선 병사를 지역 밖으로 쫓아 버리는 좋은 결과가 있었다"고 보고했다. 이 자료는 당시 청일전쟁 전사 편찬 준비 사료로 남겨졌음에도 불구하고 내용은 후일 참모본부에서 간행물인《명치 이십칠·팔년 일청전사》(1904)에는 전혀 반영되지 않았다.

일본 해군성의 공식 기록에 따르면 보병 제3중대를 왕궁의 서쪽으로, 보병 제6중대를 왕궁의 배후로 우회시켰는데, 조선 병사가 사격하기 시작하자 1개 중대를 증파하여 응전했다고 되어 있다. 이어 영추문 앞에 있던 일본군 일부가 문을 열고 궁내로 '침입'했다는 것이다.[50]

왕궁 점령에 직접 참여한 바 있는 나가오카 가이시 대좌는 이미

청일전쟁 당시 청국 측에서 그린 일본군의 경복궁 점령과 아산 전투.
숭산도인嵩山道人(?~?)이 그린 것으로 대영도서관에 소장되어 있다. 청국 역시 자신들이 주요 전투에서 일방적으로 승리한 것으로 묘사하고 있다. 오른쪽 그림의 제목은 '아산 대첩도'이고 왼쪽 그림은 '왜놈倭奴이 한국의 서울을 점거하고 있다'고 되어 있다.

1887년 육군 군속 신조 아리사다와 함께 교하, 개성, 금천, 평산, 중화, 평양, 강동, 성천, 양덕, 원산 지방을 정탐한 바 있다.[51] 이때 자신이 군인이란 신분을 밝히지 않고 '야마구치현 사족士族'으로 위장하여 조선 정부로부터 호조(여행허가증)를 발급받았다고 한다. 나가오카의 술회에 따르면 다케다 히데야마武田秀山 중좌 지휘 아래 일본군 보병 제21연대가 가장 먼저 영추문을 폭파했고, 조선군 수비병과의 전투를 거친 후 국왕을 알현함으로써 상황이 종결되었다고 한다.[52]

일본 참모본부는 이 사건을 경복궁에 접근한 일본군에게 조선군이 선제 발포하고 이에 일본군이 응사한 것으로 정리했다. 그러나 당시 현장을 목격한 일본군 장교들의 언급을 보면, 상당한 차이가 있다. 일본군의 왕궁 침입과 그로 인한 '상호 교전'이 있었다는 것이다.

당시 서울에서 이를 취재하던 《오사카마이니치신문》 기자 다카키 도시타高木利太도 사건 당일 오후 7시 송고 기사에서 "어젯밤(7월 22일을 말함: 역자 주) 용산에서 2대대의 병사가 경성으로 와서 왕성 주위를 둘러쌌다.……그 목적은 왕성 안에 있는 조선 병사를 축출하는 것이었다"[53]고 적시한 바 있다.

왕궁 점령 직후 책임 문제를 놓고 벌인 조선 정부와 외교적 공방 내용 역시 일본의 공식 발표와는 차이가 있다. 7월 23일 당일 오토리 공사는 독판교섭통상사무 조병직에게 공식 서한을 보내 궁궐 부근에서 조선 병사가 "아무 이유 없이" 일본 호위병에게 발포하여 부득불 대응 차원에서 발포하게 되었으니, 조선 정부가 "부당한 행위"에 대해 책임져야 할 것이라고 조회했다.[54] 이에 대해 7월 24일 조병직은 궁궐 밖이 아니라 궁궐 안으로 일본군이 "난입"함에 따라 총격전이 있었음을 언급하고, 일본군은 즉시 궁궐에서 철수하라고 주장했다.

> 동이 트지도 않을 때 (일본군이) 우리 궁성을 침범하여 금장禁墻을
> 뛰어넘어 함부로 문을 열고서 병정을 풀어 난입하므로 서로 총격을
> 가하게 되었습니다. 어느 쪽이 먼저 총격을 가했는지는 아직 확실히
> 말할 수 없지만, 그 잘잘못은 명확하다고 생각됩니다. 처지를 바꿔
> 놓고 생각하더라도 설령 **우리 군대가 먼저 총격을 가했다고 해도** 그
> 잘못이 우리에게 있는 것은 아닙니다. 하물며 귀 공사가 이미 말했
> 듯이 무력을 사용하여 **귀국 병사들이 갑자기 궁성을 침범**했는데 더
> 말할 필요가 있겠습니까?[55](진한 표시는 필자 강조).

그러나 오토리는 이를 묵살하고 오히려 각국 공사관에 공문을 보내
일본군의 발포는 방어 차원의 대응이었으며 "조선 정부의 요청을 받
아" 왕궁을 호위하게 되었다고 변명했다.[56] 당시 조선 정부는 왕궁 호위
를 요청한 사실이 없었다. 이는 형조참의 이남규가 상소에서 "지금 일
본인이 군대를 인솔하여 도성에 들어왔는데, 외무대신이 힘껏 저지했
으나 듣지 않았습니다.……구원을 요청하지 않았는데, 오히려 구제하
겠다고 말하는 것은 바로 거짓말입니다"[57]라고 일축한 내용에서도 다
시 확인된다. 오히려 조병직은 경복궁 주둔 일본군의 불법 침입을 힐문
하고 철수를 종용했던 것이다.

그날 밤 일본공사관을 거쳐 자신의 집을 방문한 프랑스공사관 서기
관 르페브르와 드 케르베르그를 통해 사건의 전말을 들은 구스타프 뮈
텔 주교도 이를 "그야말로 가증스런 거짓말이다"라고 일축했다. 뮈텔

에 의하면 첫 총성이 나기 10분 전부터 일본 병사들의 함성이 들렸고, 이미 일본군이 대규모 공세를 취할 만반의 준비를 갖추었다는 것이다.[58] 영국 《데일리 메일》 기자 맥켄지는 이날 새벽 조용히 대궐로 향한 일본군이 "사다리로 담을 넘어 들어가" 궁중 수비대와 교전을 벌인 다음 국왕(고종)의 신병을 확보했고, 다른 한 부대가 전신국을 점령하여 전선을 끊고 4대문과 조선군의 숙영지를 점령함으로써 대권을 잡았다고 기록하고 있다.[59] 당시 제중원 의사로 있던 올리버 에비슨은 "우리 집은 언덕 위에 있어 그곳에서 일본군이 궁궐을 공격하는 모든 광경을

일본군의 경복궁 점령 과정에서 일본군에게 살해된 조선 병사들(구보다 베이센 그림). 그림 설명에 따르면 7월 23일 오전 3시경 일본군 1개 중대가 친군 통위영에 이르자 민병閔兵(민비의 병사라는 뜻)이 발포하여 이에 곧바로 문을 부수고 들어가서 수호하게 되었다고 한다.

볼 수 있었다. 하지만 조선인들은 무장과 훈련이 잘되어 있는 공격자에 대항해 맞서 싸울 무기도 없었고 훈련도 되어 있지 않았기에 당연히 전투는 싱겁게 끝나 버렸다"[60]고 증언했다.

한편 우리 측 기록 《갑오실기甲午實記》에 따르면, 그날 "새벽에 일본 병사 몇천 명이 와서 경복궁을 지키고 영추문 밖에 이르렀는데, 자물쇠가 열리지 않자 나무 사다리를 타고 궁궐 담장을 넘어 들어왔다. 또 동소문은 불을 질러 돌진하여 자물쇠를 부수어 문을 열고, 임금이 계시는 집경당緝敬堂의 전폐殿陛 아래로 곧장 들어와 빙 둘러 호위하고 각각의 문을 지켜 서고 조신과 액속掖屬 모두 들어오는 것을 허락하지 않았다. 기영箕營(평양) 병정 중에 신남영新南營에 있던 자는 곧장 건춘문으로 들어와서 일본 병정을 향해 발포했다. 안경수가 안에서 나와 서둘러 중지시켰다. 기병箕兵(평양 병사)은 분한 마음으로 군복을 벗고 나와서 돌아갔다"고 되어 있다.[61] 정교鄭喬는 "6월 21일 새벽, 오토리가 군대를 이끌고 광화

올리버 에비슨Oliver. R. Avison(1860~1956).
캐나다 토론토대학교 의과대학 교수이자 토론토 시장의 주치의로 활동하던 중 1893년 한국 선교사를 지원하였다. 그해 11월 제중원의 책임을 맡았고, 1894년 9월 운영권을 인수받아 이후 40여 년간 한국인 의사 양성에 주력하였다.

문(경복궁 정문)과 영추문을 부수고 침입했다. 보초를 서고 있던 병졸들이 크게 놀라 총을 쐈는데 때마침 누군가 손을 휘두르며 저지했다"고 기록하고 있다.[62]

이상의 여러 내용을 종합해 보면 최초의 교전은 결국 사다리를 타고 궁궐 담을 넘은 일본군과 조선 수비병 간에 시작된 것이 분명하다. 궁궐 안에서 조선 왕실 수비병이 궁 밖의 일본군을 향해 쏜 것은 아니었다. 설령 그럴지라도 국왕이 거주하는 궁궐에 외국 군대의 무단 침입을 저지하려 했다는 점에서 조병직의 주장처럼 지극히 당연한 정당방위였다.[63] 그 과정에서 궁궐 안에서 일본군과 내응했던 안경수의 저지가 전투 확산을 막았던 것이다.

일본 측의 사후 조치

7월 23일 당일, 일본군은 조선 수비병으로부터 대포 30문, 소총 2,000여 정, 다수의 화승총, 군마 10여 두 등을 압수했다.[64] 아산 전진에 앞서 조선군이 재기할 수도 있는 '후환'을 방지하기 위한 선행 조치였다. 이 중 장위영에서 압수한 무기는 포 3문, 소총 1,000여 정이었다.[65] 서울 도성 수비대가 보유한 무기의 질은 당시로서는 최상급이었다. 압류한 총포 등은 23~24일 양일 사이에 전부 만리창 혼성여단 사령부로 운반했다가, 그로부터 한 달 후인 8월 22일 외무대신 무쓰의 지시에 따라 조선 정부에 반환했다.

일본은 서울의 '민심 소요'를 이유로 조선 정부 측의 '요청'에 따라 일본군이 임시로 경복궁 호위를 담당한다는 내용을 조선 정부에 통보했다. 그러나 조선 정부는 계속 경회루에 본부를 둔 일본군의 철수를 강력하게 주장했다. 그럼에도 꼼짝 않던 일본 측은 성환과 아산 전투 이후 서울에서의 위협요소가 사라졌다고 판단되자 궁궐 안 호위는 모두 조선 군대에 이양하고 경찰 임무를 담당할 순사만 남겨 두겠다는 뜻을 일본공사를 통해 조선 정부에 전달했다.

일본 정부는 궁극적으로 조선을 보호국 테두리 내에서 지배하려 했지만 오랫동안 경복궁을 점령하고 조선군의 무장해제를 지속시키기는 어려웠다. 일본은 조선이 자주국이라는 점을 내외에 공표한 바 있고, 또 러시아 같은 외국의 간섭이 두려웠기 때문이다.[66] 결국 일본공사 오

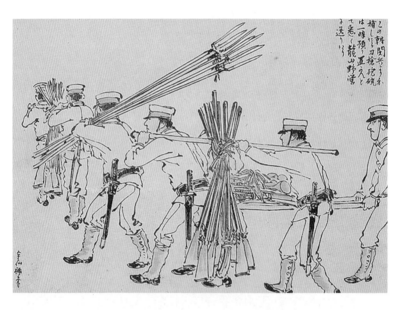

경복궁 점령 후 조선군 수비대의 무기를 수거해 가는 일본 병사들(구보다 베이센 그림).
"이날 아침 한국 민병民兵으로부터 노획한 도창刀槍과 포총砲銃은 일시 예치해 두었다가 모두 용산 야영野營으로 보냈다."

토리는 8월 20일 외부대신 김윤식과 〈잠정합동조관〉을 체결하면서 "시의를 참작하여 대궐 호위 중인 일본 병사를 한꺼번에 철퇴시킨다"는 항목을 넣어 일본군을 궁궐에서 철수시켰다.

조일 양국 간 병력 교체는 왕궁을 점령한 지 한 달여 만인 8월 24일 오전 11시에 이루어졌다. 그러나 궁궐에서 철수한 일본 군대는 광화문 바로 옆의 장위영으로 이동하여 일정 기간 주둔했다.[67] 궁 안에는 일본 경찰관, 즉 경부 1명, 순사 10명을 파견하여 궁궐 내를 출입하는 내외국인을 감시하고 궁 밖의 일본군과 긴밀하게 연락하면서 이변이 생길 때는 사령관에게 급히 보고하도록 했다. 일본 순사 파견에 대해서도 대원군의 반대에 부딪혔으나 공사는 이를 강행했다.[68] 단 일본인의 출입에 대해서는 인감을 검사하여 통행을 허가하도록 했다.[69] 이때 작성된 〈조선왕궁 수위규칙〉 제6조에 따라 일본 장교의 궁궐 출입은 허용되었다. 각 조항은 다음과 같다.

제1조. 수위대는 왕궁 내외의 비위를 경계하여 오로지 국왕 폐하를 경호해 드리고 조선 정부를 호위한다.

제2조. 전 조의 근무에 지장을 주지 않고 우리 군대의 규정에 위배되지 않을 때는 조선 정부에서 주는 통첩을 모두 준용해야 한다.

제3조. 각 요소에 보초를 배치하여 정문에는 특히 일개 부대를 배치, 장교로 그 사령을 담당하게 해야 한다. 보초 임무는 모두 위수보초衛戍步哨 임무와 다름이 없다.

제4조. 제문諸門을 함부로 출입하는 것을 금한다. 그러나 다음에 열거하는 자에 대해서는 출입을 허용해도 무방하다.

1. 한국 조정의 문무관 및 제 관아의 사환·고용인·교꾼[모두
   인감 휴대].
2. 각국 공사 및 영사.
3. 왕궁 및 정부에 공무로 오는 각국의 문무 고등관과 공무로
   내청하는 사자使者.
4. 일본인으로 우리 공사관의 인감을 소지한 자.

제5조. 각 보초는 각국의 공사·영사·장교 및 고등관에게는 경례를
   해야 한다.
제6조. 일본 장교의 문 출입은 허용해야 한다. 그러나 사단 및 여단
   사령부의 공무를 띤 자 외에 수위사령의 허가를 받지 않고서
   는 왕좌의 주위 50미터 이내에 접근시켜서는 안 된다.
제7조. 각 초소의 위치, 보초의 배치는 그때그때의 정황에 따라 수위
   사령관이 규정한다.
제8조. 수위사령관은 일반 장교·하사관 약간 명을 선정해서 한국 병
   사에게 보병조전步兵操典에 관한 교육을 실시해야 한다.[70]

일본의 궁궐 내 경찰 파견에 대해 조선 정부는 반발했으나, 결국 일
본이 무기를 반납하는 조건으로 이를 받아들이는 것으로 마무리되었
다. 이후 입궁하는 모든 사람은 일본군의 증명서를 받아야 했고 그렇지
못한 사람들은 통행할 수 없었다. 일본군의 왕궁 점령에 적극 협조했던
김가진도 신표와 '왜표(일본군이 발급한 통행증)'를 확인받은 연후에야 궁
중 출입을 할 수 있을 정도로 경비와 통제가 심했다.[71]
   그 과정에서 민영환이 맡았던 통위영사는 이준용으로 대치되었고,

장위영사는 이종건에서 조희연으로, 경리영사는 안경수가 맡았다. 장위영 정령관 홍계훈은 별군직으로 임명되었다. 7월 26일에는 서영병西營兵(평양 병사)을 임시로 장위영에 부속시키라는 고종의 구두 전교가 있었다.[72] 한편 병력 교체 당일인 8월 24일부터는 3영의 조선 군인 300명(장위영·통위영에서 200명, 경리영에서 100명)을 선발하여 교도중대를 편성한 후 궁성 수비를 맡게 했다. 이 부대는 전 육영공원 육군교사 미국인 닌스테드F. J. H Nienstead(인시덕仁時德)에게 지휘를 맡겼다가, 8월 28일부터 일본군 제22연대의 장교 이하 31명, 사관과 하사 6명, 병졸 24명으로 하여금 훈련시키게 했다.[73]

3—왕궁 수비병의 활동에 대한 재인식

통설에 의하면 일본군의 왕궁 점령 당시 조선군은 소규모 전투에서 일방적으로 패하고 도주한 것으로 알려져 있다. 심지어 일본의 일부 상업책자는 이들 조선군이 전부 중국과 밀접한 '사대당事大黨'으로 일본공사를 저격했다는 일종의 가짜뉴스를 만들어 조선군에 대한 왜곡된 이미지를 전파하기도 했다.[74] 인천항 각국 거류지에서 발행하던 일본인 신문 《조선신보》도 사건 당일 호외로 경성지국의 급보를 게재했다. 그중 〈경성비신京城飛信〉이라는 제하의 내용 중 '통행 위험'의 소제목 기사는 "왕성 근방의 조선병이 도망하고 숨어 일본인을 보면 놀라 발포하고 지금 발포한 3발에 맞서고 본국本局으로 온 자가 있음"이라 했으며, 〈왕궁사변속문王宮事變續聞〉 기사 중에는 "조선병 사상자가 많아 다친 자는 우리

적십자사로 보내 손으로 후하게 치료를 받고 있다"[75]는 기록이 보인다. 이는 명백히 허위 보도였다.

그런데 당시의 각종 기록과 정황을 종합해 보면 조선 왕궁 수비병은 7월 23일 하루에만 궁성 안과 밖에서 세 차례, 북악산에서 두 차례 등 총 다섯 차례 적극적으로 항전했다. 시간 순으로 궁성 내 평양 병사(징상 기영병徵上 箕營兵) 500명의 1차 교전에 이어 광화문 밖 서편 장위영 병사 300명의 2차 교전, 창경궁 홍화문 앞 통위영병 200명의 3차 교전 및 오전과 오후에 걸친 경복궁 북방 북악산(백악) 퇴주 조선 병사의 두 차례 교전(평양 병사와 장위영 병사의 연합공격)이 이어진 것이다.[76]

군부의 공식 기록으로 볼 수 있는 혼성여단장의 보고보다는 해군 소좌 니이로의 보고와 육군 대좌 나가오카의 기록이 보다 사실에 근접한 것으로 판단된다. 니이로는 7월 23일 하루에만 일본군과 평양병의 1차 교전, 장위영병과 2차 교전, 통위영병과 3차 교전의 세 차례 교전이 있었다고 기록하고 있다. 즉 오전 4시 40분경부터 일본군 5중대와 영추문 번병, 즉 평양병의 20분간 상호 발포(1차 교전), 오후 3시 10분 친군 장위영의 무기를 압수하기 위한 1중대와의 교전으로 한국 병사는 5~6명이 사망하고 일본군은 1명이 부상했다 한다(2차 교전). 이어 오후 3시 20분 통위영의 '작은 전투'에서 일본군은 즉사 2명, 부상 1명이 있었다는 것이다(3차 교전).[77] 나가오카는 일본군의 도성 담벽 폭파와 그에 따른 경복궁 수비 조선 군인의 대응 사격을 언급했고, 니이로는 경복궁 점령의 주력이었던 육군이 아닌 해군 중견 지휘관으로서 당일 총 3회의 교전(평양병과 1차 교전, 통위영과 2차 교전, 장위영과 3차 교전)이 있었던 사실을 비교적 정확하고 구체적으로 상관에게 보고한 것으로 보인다. 오전

〈표 1〉 왕궁 수비병 전투 관련 논자별 기록

번호	보고자	사건 기록 내용
①	혼성여단장 오시마 요시마사	한병 발포, 일본군 대응 사격(04:30). 일본군 영추문 파괴 기도(04:47). 왕궁 배후의 초전(04:49 이후). '궁정에 침입'. 친군 장위영 병사 축출(05:10). 백악 도주 한국 병사 경복궁 북방 촌락에서 일본군 척후에게 매복 사격(~06:20). 전투 재발생, 일본군 1명 사망, 1명 부상. 오전 전투 종결(07:40). 백악 남사면 및 정상의 조선병 10명이 6중대를 향해 사격, 일본군 응사(13:30).
②	해군 소좌 니이로 도키스케	일본군 5중대와 영추문 번병(평양병)의 20분간 상호 발포(04:40~05:00). 친군 장위영 무기 압수 과정에 서 1중대와 교전(15:10). 통위영 병사와 작은 전투(15:20).
③	《일청전쟁실록》	통위영병과의 교전(15:30~15:50).
④	《정청해전사 征淸海戰史》	창경궁, 동대문 부근 병영 접수 과정에서 조선 병사들의 저항으로 20분간 전투(15:00~15:20).
⑤	보병 대좌 나가오카 가이시	영추문의 1차 교전. 광화문 좌측 장위영의 2차 교전. 북한산 기슭에서 3차 교전과 일본군의 수색. 통위영 병사의 4차 교전. 한국 병사들의 북방 퇴주.
⑥	기쿠치 겐죠	종묘 부근 통[위]영에서 17, 8분간의 소전투로 포성과 연기가 일어남(15:00 이후).
⑦	보병 중좌 후쿠시마 야스마사	창의문 밖 경리청 조선군의 잠복 공격에 대비 정찰병 파견(24일). 강화도 주둔 조선 병사 단속 지시(25일).

* 출처: ① 방위연구소 자료, 〈混成旅團報告 제16호 7월 23일〉, 메이지 27년 7월 24일, 混成旅團長 大島義昌→參謀總長 熾仁親王 ② 방위연구소 자료, 〈京城の景況(2)〉(메이지 27년 7월 18일~메이지 29년 2월 16일, 해군성) 중 〈續報(60): 日韓兵ノ衝突〉, 在京城新納少佐報告 ③ 博文館 편, 《日淸戰爭實記》 제1권, 1894, 82쪽 ④ 일본 외무성·육해군성 문서, 《征淸海戰史(卷二)》(起因), 1951, 38쪽 ⑤ 長岡外史, 《新日本の鹿島立》, 小林川流堂, 1920, 70~84쪽 ⑥ 京城府, 《京城府史》 (제1권), 1934, 579쪽 ⑦ 방위연구소 자료, 〈混成旅團報告 제17호 7월 24일〉, 混成旅團長 大島義昌→參謀總長 熾仁親王 및 〈7월 25일 경성 渡辺少佐에 전보를 발해 駄馬 500頭 龍山兵站監部 앞에 집결할 뜻에 주력할 것을 원함〉, 7월 25일 병참감부.

11시 오토리 공사와 흥선대원군의 경복궁 입궁 과정에서 육군 보병 중위 이마이 켄이, 길을 막고 입궁을 거부하는 조선군 1인을 참살하고 부하를 지휘하여 조선군들을 격퇴했다는 당시 기록도 있다.[78]

후쿠시마 중좌의 보고에서 알 수 있듯 왕궁 점령 후 이틀 동안 일본군은 조선군의 반격에 대비하고 있었다. 7월 25일 일본군 병참감부는 인천 병참지부에 전보하여 강화도 주둔 병사에 대한 엄한 단속과 감시를 지시했다.[79] 이에 따르면 강화도의 조선 병사가 강화유수의 주의사항을 위반했으므로 훈령으로 엄히 단속하고, 만약 인천으로 향한다면 감시를 철저히 해야 하므로 경리청을 접수하고 포 20문과 총 2,000정을 압수했다는 것이다.

여기서 또 하나의 논점은 평양병은 패주한 것인가 아니면 안경수의 중지 명령 내지 국왕의 하교(칙지) 전달에 따라 '부득이하게 명령을 수행'한 것이었는지 여부이다. 안경수가 실제로 국왕의 명을 받았는지, 아니면 거짓으로 꾸며서 말했는지, 임의로 지시했는지는 알 수 없지만 사건 당시 그는 실제로 궁중에 있었으며,[80] 사전에 일본군과 내응해서 전투의 확산을 막았던 것은 분명하다.

정교의 기록에 따르면 안경수는 '손을 휘두르며' 전투 중지 명령을 전달한 '누구'이고,[81] 사건 직후 일본 주도의 군국기무처와 갑오개혁에서 김가진·유길준과 함께 핵심적인 역할을 담당했던 인물이다. 일본공사관 스기무라의 기록에 "김가진·안경수 두 사람이 사태가 벌어지면 우리를 위해 노력할 것이라고 했기 때문에 나는 앞의 공문을 조선 정부에 보낸 후, 심부름꾼으로 하여금 두 사람에게 협조를 구하는 연락을 취하도록 지시했다"[82]고 한 것으로 보아 사전조율이 있었음을 짐작할 수 있다. 스기무라는 안경수의 승진 과정을 소개하면서 그의 목적은 개혁과 새로운 제도 창설보다는 오히려 이번 사변에 편승하여 개혁파로 가장하고 높은 벼슬을 노리는 데 있다고 혹평했다.[83]

또 다른 기록에 의하면 우포장 완성군 이봉의가 궁중에서 신표信標를 가지고 나와 서영병(평양병)의 교전을 저지하자, 영관 김유현이 분노하며 어찌할 바를 몰랐지만 전 병력을 북한산성으로 후퇴시킬 수밖에 없었고, 5일 후 유지를 따라 평양으로 되돌아갔다고 되어 있다.[84] 당시 재야사학자 황현도 평양감영 소속 호위군 500명이 일본군 수십 명을 죽였는데, "대역죄로 다스리겠다는 칙지를 전했다. 평양감영의 병사들은 모두 통곡하면서 총을 부러뜨리고 군복을 찢어 버린 다음 담을 넘어 도망쳤다. 이때 각 부대의 병사들은 지휘관의 명령은 없었지만 서로를 이끌고 하도감下都監(훈련도감의 분영)에 모여들어 사태를 의논했다.…… '갑자기 뜻밖의 사태가 일어나면 죽기를 각오하고 한번 싸우자'라는 제안이 있자, '좋다!'라고 소리쳤다. 이에 대포를 하도감의 담벽에 내걸고 수비에 들어갔다"[85]라고 기록하고 있다.

황현은 이렇듯 병사들의 항전 의지가 충만했음에도 불구하고 고종의 사격 중지 명령으로 "모두 통곡하면서 끝내 성을 버리고 흩어져 달아났다"고 썼다. 그러한 정황은 다음의 기록을 통해 또다시 입증된다. 서울에서 그날 새벽부터 벌어진 일을 목격한 조선 주재 영국공사 조던 John Newell Jordan은 북경 주재 영국공사 오코너Nicholas Roderick O'Conor에게 "사건이 일어나기 며칠 전 서울에 도착해 왕궁 울타리 밖에서 숙영하고 있던 500명의 평양 병사들이 유일하게 저항했다. 만약 그들이 궁궐로부터 전투 명령을 허락받았더라면, 일본군들의 훌륭한 상대가 되었을 것이다"[86]라고 보고했다.

한편 왕궁 수비 기병대로 사건 당일 당번을 섰던 종로 화동의 문삼달에 따르면 갑자기 궁궐 안으로 들어온 일본군 몇 명을 평양 병대가 쳐죽였는데, "만약 왜인을 상하게 하면 삼족을 멸하리라"는 중지 명령 때문에 크게 충격을 받은 평양 병대와 기병들이 전투를 중지하고 "우리들은 국가를 위하여 온 것이오, 지금 이같이 한다면 서울에 있어 무엇하리오?"라며 다 떠나가서 평양병과 기병이 한 사람도 서울에 남아 있지 않고, 이후 경향 각지에서 소요가 일어나게 되었다 한다.[87] 일본군의 병영 침입과 압박으로 일본군의 왕궁 점령 직후 서울에는 한 사람의 조선군도 없었다는 사실은 일본공사의 보고에서도 확인된다.[88]

또한 통위영과 장위영의 병사들도 초기에 전투를 멈추고 도망갈 정도로 나약한 상태는 아니었던 것으로 보인다. 통위영은 1888년 4월 19일 국왕의 전교로 우

스기무라 후카시杉村濬, 《명치 이십칠·팔년 재한 고심록》, 勇喜社, 1932.
스기무라 후카시는 조선에서만 13년간 근무하였다. 1894년 청일전쟁 직전에 일등서기관으로 승진하였고 임시 대리공사 역할도 하였다. 1895년에는 민 왕후 살해사건에 관여하였다. 이 책은 1894~1895년간에 조선에서 일어난 주요 외교 사항을 기록한 비망록이다.

영·후영·해방영을 합쳐 신설한 것이고 장위영은 전영과 좌영을 합쳐 설립한 것으로 각기 2,000명 내외로 구성되어 있었다. 이 기간 통위영은 종래의 해방영 지역과 함께 논의문·창의문·숙정문 등의 도성 수비를, 장위영은 숭례문과 소의문의 방어를 담당하고 있었다. 임오군란과 갑신정변을 경험하면서 이 시기 군사 편제는 국왕의 신변 안전을 위한 궁궐 수비를 중심으로 이루어지고 있었다.[89] 무기도 근대적인 화기를 다수 구비하고 있었다. 이로 보면 제대로 전투다운 전투 한번 못하고 쉽게 와해될 정도로 나약한 것은 아니었다고 판단된다. 이들 부대는 국왕 호위무사로서 근왕의식에 충만한 나머지 '전교'를 사실로 믿고 자진 해산했던 것으로 보인다.

일본군이 국왕의 소재를 확인한 오전 5시 40분 이전에 고종의 전교는 나올 수 없었음이 분명하다.[90] 고종의 전투 중지 명령에 대해 당일 자 《고종실록》에는, "일본 군사들이 대궐로 들어왔다. 이날 새벽에 일본군 2개 대대가 영추문으로 들어오자 시위 군사들이 총을 쏘면서 막았으나 상上(고종)이 중지하라고 명했다. 일본 군사들이 마침내 궁문을 지키고 오후에는 각영에 이르러 무기를 회수했다"[91]고 짧게 기록되어 있다. 《고종실록》은 후일 1935년 경성제국대학 교수 오다 쇼고小田省吾의 책임하에 《승정원일기》와 《일성록》 등을 주 자료로 해서 완성된 것이다. 그러나 실록보다 궁중 상황을 상세하게 정리한 《승정원일기》에는 국왕이 그와 관련한 전교를 내린 사실이 전혀 기록되어 있지 않다. 내용도 일본 군인의 궁궐 약탈과 유린 등 부정적으로 되어 있다.

일본 공사 대조규개大鳥圭介(오토리 게이스케)가 군병을 이끌고 새벽을 틈타 쳐들어와 영추문에 육박했다. 빗장을 부수고 곧장 들어와 궁 안의 각사各司를 휘젓고 다니며 총포·창도 등 기물을 표략剽掠하고 창호를 부수고 시어소時御所에 육박했다. 전정殿庭에는 포성이 진동하고 입직하고 있던 관원 이하가 창황한 중에 몸 둘 바를 몰라 하며 우왕좌왕했고, 도승지 김명규, 가주서 이수인이 달려나왔다. 약방이 막 중궁전 종기 증세의 진단에 대한 구계口啓를 올리려던 때에 일본 병사가 갑자기 들이닥쳐 위협하므로, 김명규와 이수인이 시위하고 진단하러 왔다는 내용을 진술하고 어려운 고비를 무릅쓰고 달려가 옹화문 안으로 나아가 문안했다.[92]

당일 자 《일성록》에도 고종이 전교를 내린 사실은 기재되어 있지 않다. 다만 도승지의 건의로 대신들을 급히 소환하라고 명한 고종의 전교만 공통으로 기록되어 있을 뿐이다. 이를 종합하면 결국 일본 측과 사전 교감을 마친 안경수가 급박한 변란 상황을 틈타 국왕의 구두 전교를 거짓으로 꾸며 군인들에게 전달했고, 이를 액면 그대로 믿은 평양병을 비롯한 도성 수비 군인들이 전투를 중지하고 스스로 해산했을 가능성이 큰 것으로 판단된다.

여기에는 분명 시점 차이가 존재한다. 실제로 경복궁 내 조선 병사 대부분은 백악 방면으로 도주하였고, 일본군은 대궐을 점령한 후에도 한동안 옹화문 안 함화전 국왕의 소재를 찾지 못하였다. 국왕을 만나기도 전에 어떻게 전교를 받아 처리할 수 있었겠는가? 나가오카 가이시도 일본군이 우포장 홍계훈을 강박하여 국왕의 처소를 확인한 후 고종 알현에는 성공했지만 "포로와 다름없는 모양"인 국왕이나 어느 누구로부터 무기 압수의 승낙을 받고 실행한 것은 아니었다고 기록했다.[93] 결국 《고종실록》의 기사는 국왕의 전교로 조작하여 기재한 것으로 보인다. 실제 국왕의 전교는 다음 날인 7월 24일 내려졌다.

서울 안의 백성들이 날로 더욱 거세게 소요를 일으키고 있다고 하니, 정경이 비참할 뿐만 아니라 또한 어찌 사리상 마땅한 일이겠는가. 틀림없이 떠도는 와언訛言을 잘못 듣고서 그러는 것일 테니, 병조와 좌우 포도청으로 하여금 각 성문과 각 방곡에 철저히 효유하게 하여 경동하지 말고 예전처럼 안도하도록 하라.[94]

왕궁 점령 이후 일본군 수뇌부가 경복궁 경회루에 있으면서 국왕과 왕비를 유폐한 상황에서 고종의 전교는 일방적 강요에 따른 어쩔 수 없었던 선택이었을 것임은 자명하다. 그날의 전투에서 부상당한 8명의 조선군 병사는 감리교병원(남대문 상동병원)에서 치료를 받았고, 100명이 넘는 조선군이 옛 주조국(전환국) 건물로 들어갔다는 소문이 나돌아 다음 날 밤 서울 주재 감리교 선교회에서는 남자 4명이 교대로 선교부지를 순찰하기도 했다.[95]

그런데 훗날, 평안남도 삼등군에 사는 원시화는 갑오년(1894) 당시 평양 병정으로 상경하여 궁궐 수비병으로 있던 중 일본군의 경복궁 점령[갑오사변] 당시 경무대에서 일본군의 총을 맞아 왼쪽 다리를 잘라 내게 되었다 한다. 이에 정부에서는 1899년부터 삼등군 소재 규장각 둔토 마름으로 임명하여 매년 400냥만 내장원에 상납하고 나머지로 호구를 유지토록 했는데 1901년 3월부터 납세액을 970냥으로 올리자 그 비용을 마련할 길이 없게 되었다. 이에 그는 내장원과 원수부에 호소했지만 기각되었고, 이에 대한 항의로 8월 2일 서울 남산에서 횃불을 들었다가 경부警部에 체포되어 평리원으로부터 태 40대에 처해졌다.[96] 내장원경 이용익李容翊은 "횃불을 든 행위는 극히 무엄한 것이나 죽음을 무릅쓰고 충성하여"라고 하면서도 그가 호소할 이유가 없다고 했다.[97]

일본군이 경복궁을 점령한 목적은 국왕을 '포로'로 삼고 흥선대원군으로 하여금 정권을 잡게 하여 향후 전개될 청일전쟁 과정에서 청국군 축출을 '의뢰'토록 하기 위한 것이었다. 또한 과도입법기구인 군국기무처를 설립하여 조선 정부를 일본에 종속된 친일적인 정권으로 바꾸려는 데 있었다. 당시 조선 주재 러시아 외교관인 제노네 볼피첼리Zenone Volpicelli는 일본이 아산 주둔 청국군을 공격하는 것이 목표라고 공표하고서 곧 왕궁을 습격한 점, 그리고 '진보와 문명'의 이름으로 도입한 개혁의 첫 단계가 보수적인 대원군을 권좌에 복귀시킨 사실은 정말 아이러니하다고 평가했다.[98]

일본군의 왕궁 점령계획은 대본영 참모본부 수뇌부와 조선 주재 일본공사를 제하면 철저하게 비밀에 부쳐졌고, 일본은 왕궁 점령에 대한 조선 병사들의 격렬한 저항도 왜곡된 기록으로 남겼다. 광개토대왕 비문 탁본 변조, 왕후 민 씨 살해 주도, 왕궁 점령 전말 역사 기록의 체계적 위조 등 조선의 역사 및 정치 현상과 관련한 참모본부의 사실 왜곡 경험은 적지 않았다.[99] 일본의 조선 출병과 왕궁 점령은 치밀한 계산과 각본에 의해 추진된 것이었다.

그간의 연구는 사건 진행 과정의 면밀한 분석보다는 성격 문제에 치중해 온 것이 사실이다. 또한 나카츠카 아키라 교수가 일본이 조직적으로 사건의 진실을 은폐한 정황을 밝혔지만 그 '사실'이 어떤 내용이었는지는 자세히 규명하지 못했다.

필자는 일본군의 경복궁 점령과 관련하여 당시 자료의 분석과 재해석을 통해 다음의 몇 가지 점을 확인할 수 있었다. 첫째, 왕궁 점령의 세부계획은 일본군 참모차장의 기획 아래 참모본부 출신 군부 엘리트들의 주도로 만들어졌다. 둘째, 일본군의 불법적인 왕궁 점령 시 조선군과 수차례의 교전이 있었는데 이때 조선군의 발포는 정당방위 차원이었다. 셋째, 7월 23일 하루 동안 왕궁 수비병은 다섯 차례에 걸쳐 적극적으로 항전했다. 넷째, 왕궁 수비병의 해산은 '패주'가 아닌 날조된 국왕의 '전교'를 그대로 믿고 명령을 수행한 것이었다.

2.
1894년 7월 일본군의
경복궁 점령에 대한 반향

갑오왜란甲午倭亂 또는 경복궁 쿠데타 등으로 불리는 일본군의 왕궁 점령에 대해 조선 정부는 물론 재야 모두 국권이 일본에 종속되는 위기에 처할 수 있는 사건이라고 인식했다. 이 사건은 크게는 메이지 일본 정부의 군국주의 군사외교 정책 때문에 벌어졌다고 볼 수 있는데, 미시적으로는 일본이 조선의 '독립과 내정개혁'을 명분 삼아 군사적으로 침략한 것이 발단이 됐다. 일본군의 경복궁 점령으로부터 청일전쟁이 시작되었다. 이어 경기도 남양만의 풍도에서 청일 간의 해전이 있었고 충청도 성환과 아산 전투를 시작으로 본격적인 지상전이 전개되어 이후 평안도 평양과 정주·의주 등이 치열한 전쟁터가 되었다. 이에 따라 국제항인 부산·인천·원산은 물론 진남포·기진포 등 여러 포구도 일본 군대의 상륙장이 되었다. 평양 전투 이후에는 일본군이 압록강을 넘어 만주로 진격함에 따라 한반도 전체가 후방 병참기지 역할을 했다. 그때는 마침 여름을 지나 가을 수확기였는데 농사일을 돌보기는커녕 온 마을과 촌락이 소요하고 백성들이 피란하는 등 비참한 사태가 이어졌다.

1 — 피란과 그 후유증

'서울 엑소더스Seoul Exodus'

왕궁 점령 한 달 전부터 일본군은 서울 사대문을 매일 오후 7시 반에 폐쇄해 자유로운 왕래를 차단했다. 서울에서 관리를 하던 김약제는 '남요南擾(동학농민군의 봉기)'가 겨우 진정되자 '왜요倭擾(일본군의 조선 출병)'가 일어났다면서, 일본이 왜병 수만 명을 장안의 사면, 도성 밖의 사면, 연강連江(한강 주위)의 사면, 파주의 임진강, 수원 대황교의 주변 길, 북한산성의 요충지로 이동시켰다고 걱정했다. 이 외의 요충지도 모두 일본 군대가 장악하자 인심이 점점 변하여 도성 사람들은 노인네를 부축하고 어린애를 이끌며, 꼬리를 이어 도성을 빠져나갔다는 것이다. 그는 "도성 밖의 10분의 9가 비었고, 길 위에 사람들의 통행이 매우 드물었다. 양반의 아녀자들은 (가마를) 타지 않고 나가는 자도 많았는데, 일본인이 가마를 탄 아녀자를 발을 걷어 검문하고 보냈다. 해괴함이 이보다 심한 것이 없었다"[100]고 한탄했다. 김윤식도 나날이 늘어난 일본 병사들이 서울 안팎을 포위하고 경강京江 곳곳까지 포진했는데, 행인들을 검문하고 아녀자의 가마도 발을 들춰서 확인했으며 성씨까지도 물었다는 기록을 남겼다. 그 결과 도성 사람들이 의구심을 품게 되어 소동이 확대되었던 것으로 이해하였다.[101] 정부에서는 서울 사대문에 각각 고

시문을 게시하여 주민들이 성밖으로 나가는 것을 경계했음에도 불구하고 과반이 도주했다 한다.[102]

서울의 일본 상인들도 상점을 닫고 도성을 떠나 성안 민심이 크게 놀랐다고 한다.[103] 일본인 전당포[質店] 주인 왈, "만약 속히 전당물을 받지 않으면 모두 유실될 것으로 일층 두려움이 컸고 하룻밤 중에 쌀과 땔감[米柴] 가격이 폭등하여 인민이 곤란을 받아 내란이 생길 우려가 있어 이에 국왕도 크게 우려를 품고 있다"[104]며 전쟁 발발을 우려하는 분위기와 물가 폭등을 전했다. 인천 병참감부 병참감 중좌 다케우치 세이사쿠는 일본군이 "살기를 띠고 왔기 때문에" 조선인들은 산 혹은 도서로 계속 도피하고 있다고 기록했다. 그 결과 인천에서는 인부 확보가 곤란하고, 어렵게 고용한 인부들도 화물 운반 시 자신들은 "일본 군대의 쓸모를 위한 것으로 뒷날 참수될 것"이라는 말이 나올 정도로 분위기가 험악했다고 병참총감 가와카미 소로쿠에게 보고했다.[105]

서울에 있던 흠명주찰조선총리교섭통상사의 위안스카이는 6월 18일 북양대신 리훙장에게 "지금 한성의 인심은 들끓어 어찌 저지할 수가 없고, 오직 중국이 왜병을 막아 쫓아내길 바랄 뿐입니다. 인천에 있는 왜병 4,000이 또 한성으로 오면 한성(사람)은 반드시 달아나 텅 빌 것이고 한왕韓王이 두려워하여 또한 북한北漢으로 달아날 것이며, 들리는 바로는 이미 비밀리에 도망을 준비하고 있다고 합니다. 그 결과 반드시 큰 난리가 있을 것입니다"[106]라고 전보했다. 일본군은 도성 내외 수색과 중국인에 대한 감시를 한층 강화했고,[107] 서울에서 중국으로 보내는 전보도 차단했다.[108]

이런 과정에서 신변의 위협을 느낀 위안스카이는 리훙장에게 병을 핑계로 여러 차례 귀국을 청원했으나 허락받지 못했다. 그러자 전권을 탕사오이唐紹儀에게 일임한 후 7월 19일 비밀리에 인천으로 가 귀국길에 올랐다. 그런데 탕사오이는 아산의 청군 병력이 부족함을 감지하고 일본군이 그 기회를 이용할 것을 두려워하여 북양대신에게 10만을 추가로 파병해 줄 것을 요청했다. 그러나 리훙장은 총리아문을 통해 "일본군이 1,000명에도 미치지 못하는데 어찌 함부로 3만을 일컫는가? 또한 일본군은 공사관과 상민 보호를 제외하면 결코 우리와 싸울 일이 없을 것인데 너는 10만의 병사를 어디에 쓸 것인가?"[109]라며 이를 일축했다.

7월 22일 밤에는 도성 내에 수많은 방문이 게시되었다. 청국군이 주둔한 조선은 나라의 치욕을 씻어야 하며, 조선을 보호하여 자주지방自主之邦으로 삼아야 한다면서 청국의 수군과 육군을 심하게 질타하는 내용이었다. 중국의 적폐를 지적하는 매우 긴 문장이었

위안스카이袁世凱(1859~1916).
주차조선총리교섭통상사의駐箚朝鮮總理交涉通商事宜라는 직함으로 조선에서 활동하였다. 임오군란과 갑신정변을 거치면서 조선의 속국화를 주도하였다. 〈조청상민수륙무역장정〉 같은 불평등한 통상관계를 강요하였고 조선의 자주와 개혁을 방해하면서 사실상 총독으로 군림하였다. 1894년 청일전쟁 직전 전세가 불리해질 것을 예견하고 병을 핑계 삼아 본국으로 돌아갔다.

다.[110]

조선 정부의 요청으로 전라도의 동학농민군 진압차 아산에 주둔한 청국군 총대장 직예제독 예지차오葉志超는 7월 23일 당일 오후 영접관 공조참판 이중하의 전보를 통해 경복궁 점령 사실을 전해 들었다.

> 오후에 전국電局의 주사 현왕운이 황급히 들어와서 손에 든 전보 쪽지를 보여 주었는데, '묘시에 일본 군사들이 갑자기 광화문으로 들어가 포성이 끊이질 않았고, 우리나라 사람들은 출입을 할 수 없었다'고 한다. 이런 놀랍고도 황망한 소식을 듣고 곧바로 섭 대수葉大帥를 찾아뵙고 변란에 대해 갖추어 말한즉……'[111]

궁중을 출입하던 부호군 윤정구는 그날 상황을 일기에 "(뜻밖의 변이 생김[變出]) 6월 21일 일본 대조규개(오토리 게이스케)의 병사들이 대궐을 범해 주상을 핍박하고 단복單服을 가지고 입궐했다. 밖에는 일본 경비병이 굳게 지키고 각 문은 출입을 허가하지 않았다[일본이 출입을 허락하는 것은 오직 안경수뿐으로, 도서와 표標 연후에 출입했다]"고 기록했다. 이후 7월 27일에는 일본군이 경복궁 출입표를 바꾸어 '재조선대일본공사관인在朝鮮大日本公使館印'으로 사용했다 한다.[112]

이전부터 많은 사람이 지방으로 피란했지만 왕궁 점령 당일의 상황은 더욱 급박했다. 《유빈호지신문郵便報知新聞》 종군기자로 서울 진고개 일본인 거류지에 와 있던 치즈카 레이수이遅塚麗水는 당일 오전 4시에 멀리 서쪽 방향에서 들려오는 사람들의 소리에 동료 기자들과 함께 수표교를 건너 종로로 나왔다. 이때 "종로 큰길에 사는 한인은 모두 큰 포대기에 가재를 싸서 등에 지고, 부녀자를 이끌고 아이를 데리고 어지러운 모양새로 다리를 건너 도주해 오다가, 우리 일행이 오는 것을 보고 모두 길 옆으로 도피하는데 놀란 기색이 비쳤다"[113]고 기록했다. 이때 종군기자들은 이구동성으로 "때가 왔다!"라고 말하면서, 양복으로 갈아입고 행슬行縢(호신용으로 허리에서 정강이까지 가리는 모피)을 차고, 칼과 몽둥이를 들고 숙소에서 달려나왔다 한다.

《오사카마이니치신문》 조선 특파 기자 다카키 도시타의 7월 23일 오후 7시 발 〈경성통신〉 기사에 따르면, 당일 새벽 경복궁 방향에서 폭음이 들리자 ① 한인들은 대문을 닫고 나가지 않거나 급히 물건을 싣고 처자를 이끌고 피란했다, ② 서울에 거주하던 일본인들은 모두 칼을 차거나 사입장仕込杖(호신용 도검이 내장된 지팡이)을 들고 시가지를 오갔다, ③ 일본군 척후병은 삼삼오오 총검을 휴대하고 동정을 엿보았으며 초병을 세워 큰길 요소에 1개 소대 정도를 주둔시켰다, ④ 일본군을 가장 많이 배치한 곳은 궁성 문앞과 상인과 행인의 왕래가 가장 빈번한 종루 근방 두 곳으로 주민의 왕래를 차단했다고 한다.[114]

아산 출신으로 당시 서울에 있던 이범석에 의하면 "서울에 사는 명문대가 가족들이 모두 피란하여 도성을 빠져나가 민심이 들끓었고" 조야의 여론도 '당랑거철螳螂拒轍(자기 힘은 헤아리지 않고 강자에게 함부로 덤빔)'이라 인식했다 한다. 그 역시 고향으로 피란했다.[115] 서울 출신으로 경북 상주 장암으로 피신 중이던 이용목은 "그 사이에 왜인이 이유 없이 군대를 인솔하여 와서 15~16일에 도성 안에서 피란한 자는 그 수를 알 수 없고, 그 모습이 매우 어지러웠다"고 묘사했다.[116]

이 같은 일련의 사태를 후일 《독립신문》에서는 '갑오년 6월 소요'[117]

로 규정했다. 《황성신문》은 논설에서 서울 자하동에 살던 한 선비가 음력 갑오 6월을 당함에 처자를 이끌고 충청남도로 낙향한 지 어언 6년이 되었다고 한다. 그러던 중 어려운 발걸음 끝에 4~5일 만에 경성에 이르렀는데 친구 집들 태반은 새로운 주인이 차지했다는 것이다.[118]

왕궁 점령사건 이후는 항상 많은 사람으로 붐비던 종로 주변도 행인이 뜸해졌다. 일본공사관 일등서기관 스기무라는 도성 사람의 6~7할이 피란한 것으로 추정했고, 서울 번화가에도 "행인의 수가 극히 적어 새벽하늘의 별처럼 불과 몇 명 헤아릴 정도였다"[119]라고 기술했다. 그는 혹시 국왕과 왕후도 난리를 피해 달아난 것이 아닐까 우려하기도 했다. 당시 상황을 서울에서 목격한 《고쿠민신문》 경성 특파원 기쿠치 겐죠는 "늙은 할미는 홀로 된 아이를 품고 늙은 할아비는 손자 아이를 손에 끌고 부녀는 발가벗은 아이를 품고, 가마 위의 처녀와 맨발로 달리는 장정 등 실로 토민 도망의 참상은 눈 뜨고 볼 수 없는 모양이었다……항상 분주했던 종로 부근의 행인은 적었고 다수의 상고商賈는 문을 닫아, 부민의 약 6~7할은 지방으로 피란했다"[120]고 기록했다. 러시아 공사 베베르는 '7월 사태'로 거리의 모든 상점·집·수리점들이 문을 닫았고, 놀란 조선인들은 시장에 물건을 내놓지 않아 필수품은 두세 배 올랐으며 육류·채소나 그 어떤 곡물도 구매하기 어렵게 되어 러시아인들은 통조림과 비스킷으로 연명한다고 기록했다.[121] 서울 주재 한 청국 외교관은 일본군의 경복궁 점령 이후 한성 주민은 백정·마부에 이르기까지 열에 아홉이 도피하여 성은 텅텅 비었다고 기록했다.[122]

피란은 왕궁 점령 다음 날인 7월 24일에도 이어졌다. 병참감 다케우치는 서울 근교에서 부인노유婦人老幼가 줄줄이 숨거나 도망가는 것을 목격했다. 그로 인해 아침 7시까지 태마駄馬 1두도 구할 수 없었다고 한다.[123] 일본군은 이미 경복궁 점령 직전부터 비상수단으로 병사 20여 명을 선발하여 20명의 순사와 함께 용산·노량진·동작진·한강·동대문 밖등 서울 근교의 요로에 파견하여 통행하는 소와 말을 모두 강제로 차출해 군용으로 충당하고 있었다.[124] 정보담당 해군 소좌로 서울 일본공사관과 연락을 담당했던 니이로 도키스케는 "경성 시내도 모두 문을 닫고 피란하여 거리가 일시적으로 지극히 혼잡했지만, 오후가 되면서 안도하는 것 같다"[125]고 상황을 보고했다. 서울을 떠난 피란민들 중 일부는 7월 29일 성환·아산 전투의 승패를 관망하다가 대세가 정해졌다고 판단한 후 속속 도성으로 되돌아오는 추세였지만 이는 거주민의 절반 정도에 불과했다.[126]

일본군의 경복궁 점령 관련 삽화(구보다 베이센 그림).
오토리 공사는 조선 국왕의 위탁으로 7월 23일 병사를 보내 왕궁을 수호하고자 오전 5시를 지나 일본군이 왕성의 옆문으로 들어가려 하자 민 씨 척족이 고용한 병사가 발포하여 부득이 응전 격퇴하였다고 설명하고 있다. 그림 오른쪽 상단에 지금은 사라진 경복궁 시계탑이 보인다.

7월 23일 당일 모든 역에 일본군 순포巡捕가 움직이는 광경을 목격한 이태·쌍성·서성춘·동순태·의성·이성 등 청국 거상들도 모두 문을 닫고 짐을 꾸렸다. 이들은 인천항 조계 내의 미국인 댈러스 애시드의 창고에 짐을 맡긴 후 7월 24일 산둥성 옌타이로 가는 영국 군함을 타고 떠났다.[127] 왕궁 점령 당일 청국의 총리공관도 일본군의 공격을 받자 위안스카이를 대리한 탕사오이는 영국 총영사관으로 도피했고 청국 전보국은 일본 군대가 접수했다. 전보국 책임자 이태수는 전보국 학생과 함께 영국영사관으로 피신했다. 청국의 사무를 대리한 영국 총영사는 조선 주재 영국 총영사관 직원 쉬인후이의 주선으로 청군 낙오병들에게도 여행허가증을 발급하자 200여 명이나 되는 청군이 영사관으로 몰려들었고, 8월 이후 배편으로 본국으로 귀국하면서 비로소 다시 살아난 것을 기뻐했다 한다.[128]

지방의 사례

'대궐 안의 변란' 소식은 충청도 홍주와 부여·공주·청풍, 전라도 남원·장성, 경상도 김천·예천 등지에도 상세하게 전해졌다. '변란 소식'에는 실제 상황과 유언비어가 혼재되어 있었다. 홍주에는 이틀 만에 전파되었고,[129] 부여에는 4일 후인 7월 27일에 전해졌다. 일본공사 오토리 게이스케가 흥선대원군을 영접하여 국왕과 왕후와 함께 거처하게 하고 온갖 방법으로 협박하며 개화를 요구했다는 소문도 돌았다.[130] 그런데 조선 정부가 여러 번 중국에 전보를 쳤으나 리훙장이 왜의 뇌물을 받고 군사를 출병시키지 않아 바로 돌아갔다는 것이다.

충청도 공주 유생 이용규는 "6월 21일 일본군이 대궐을 침입하여 국태공(대원군)을 협박하고 모든 제도를 바꿔 청국을 배척하면서 '자립'이라고 칭했다"[131]는 세평을 기록했다. 청풍 유생 이면재는 선혜청 당상 민영준이 일본군을 도성으로 불러들인 것으로 이해하였다. 그러나 조정 신하들이 이에 분개하면서도 그의 권세가 두려워 감히 한마디도 할 수 없는 분위기였다고 했다.[132] 그는 임금을 깊은 궁궐에 가두고 대원군이 나랏일을 주재한다고 하나 이는 일본이 시키는 대로 "머리를 끄덕여 명령을 받을 따름"이라고 평가했다.[133]

전라도 남원 유생 김재홍은 "왜놈이 대궐을 침범하고 임금을 핍박하여 청나라를 배신하고 자신들과 화친하게 했다"면서 이후 의복제도를 고치게 한 것은 선비된 자로서 통곡할 만한 수치스러운 일이라 평했다.[134] 장성 유생 변만기도 '궁궐을 범하는 변란'은 민영준이 '왜인들을 불러들여' 행한 것이고, 그 결과 조선 정부와 청나라 조정 간에 틈이 생겨 원 대인[위안스카이]이 군사를 거두어 간 것이라 이해하였다.[135] 그러나 이때부터 오직 재능만 있으면 벼슬길에 등용되며 지역이나 문벌에 구애받지 않게 되었다는 점도 지적했다.

경상도 김천의 최봉길은 일본 군사들이 대궐 안에 땔나무를 쌓아 기름을 붓고, 대오를 나누어 사대문을 지키는 한편 각 아문과 종로 거리에 포진하고 도성 밖의 높은 봉우리에 진을 치니, 한양의 인민들이 혼백이 달아날 지경이고 어찌할 바를 모르고 통곡하며 동분서주했다 한다. 심지어 아비는 자식을 잃고 처가 남편을 잃는 경우도 있었다면서, "500년 동안 예의를 지켜 온 나라가 하루아침에 이 지경에 이르렀으니, 신민의 통곡은 응당 어떠하겠는가?"[136]라며 탄식했다. 예천의 박주대는 경복궁에 왜인들이 진을 치고 주둔하고, 특별통행증 발급 때문에 궁중

에는 일본군이 허락하는 사람만 들어갈 수 있었다는 서울의 목격담을
전했다.

> 김가진은 표신標信과 왜표倭標를 지니고 이를 대조한 연후에야 출입
> 할 수 있었다. 경복궁은 왜인들이 진을 치고 주둔하는 곳이 되었다
> (금계金溪 김상사金上舍가 성균관에 있을 때 목격한 사실을 전한 것이다). 김
> 병시와 김홍집의 경우는 왜인이 들어가는 것을 허락했고, 심순택이
> 들어가고자 하는데 왜인이 그 배를 차면서 거부하기를, '비루한 사
> 람이 어찌 들어간단 말이냐'라고 말했다.[137]

앞에서 살핀 것처럼 서울 주민들은 인천을 통해 몰려들어 온 일본군
에 위구심을 느껴 피란했다면, 충청도 내포와 평안도 평양 일대에서는
청국군으로 인해 피란을 해야 했다. 당시 전라도와 충청도 등지에서는
동학농민군의 봉기를 계기로 피란하는 경우도 있었다. 당시의 피란은
'솔개에 놀란 병아리'처럼 달아나 숨는 형국이었고, '재앙은 온 나라 사
람들이 모두 앓는 병'으로 하루 이틀 사이에 끝나지 않을 것으로 생각
해 온 가족이 도피하는 형태가 일반적이었다.[138]

한편, 이때 홍주 내도에 정박한 청국 기선에는 청병과 조선 경영병
京營兵이 승선하고 있었다. 직예제독 예지차오와 태원진太原鎭 총병摠兵
니에시청聶士成이 지휘하는 이들은 동학농민군을 토벌해 달라는 조선
정부의 요청에 따라 온 것이다. 청국 병대는 상륙하자마자 촌민을 무수
히 잡아들여 구타하고 닭과 개를 때려죽이는가 하면 어선을 나포하여
아산 둔포로 빼앗은 물건을 실어 날랐다. 이로 인해 연해 수십 리의 촌

락민들이 도망하고 흩어져 텅 비게 되었고,[139] 지방의 인심도 크게 동요하여 장시도 열리지 못했다.[140] 서산에서는 서울의 한 가족이 피란길에 동학농민군을 만나 큰 곤욕을 치른 후 어렵게 조카의 집에 머물게 된 한 사례도 확인된다.[141]

한편 일본군은 경복궁 점령 당일부터 개성을 경유하는 서울—평양 간 전신선을 차단했다. 서울 상황이 이틀 후인 7월 25일에 알려지면서 평양 백성들도 어지러이 도피하기 시작했다.[142] 경성 일본영사관 서기생 오키 야스노스케는 1895년 3월 19일 서울을 출발하여 4월 29일 돌아올 때까지 42일간 경기·황해·평안 각 도의 25곳을 조사하여 상세히 보고했다.[143] 청일전쟁 당시 영사관에서 각 주요지에 순사를 파견한 것은 정세를 탐문하는 한편 종군인부와 말먹이·양식의 징발에 앞장서서 일본군에게 편의를 제공하기 위해서였다.[144] 오키에 의하면 1894년 4~5월 청병이 육로로 평양에 들어온 이래 지역 주민들은 거의 도망하여 적게는 40~50리, 멀게는 100여 리의 산간벽지에 칩복했다 한다. 길거리 인민은 모두 물건을 지고 40~50리 밖으로 몸을 숨겼고, 부녀자들은 10리 내외의 산중 또는 벽촌에 무리를 이루어 피란했다. 특히 평양·황주·순안·중화 부근의 피해가 심해서 사방 70~80리 사이 물건은 거의 약탈을 당해 닭과 개 한 마리 없이 텅 빌 정도로 비참한 지경에 빠졌다는 것이다. 그가 순회할 당시에도 평양과 그 이북의 피란민은 3분의 1도 귀가하지 않고 있었다. 오키는 인민들이 도망하여 숨은 상태로는 도저히 상업이 크게 번성할 수 없을 것이고 실제로도 이 지방의 봄농사는 예년에 비해 반타작에도 미치지 못한다면서 전쟁의 후유증과 경제적 피해 상황을 전망했다. 또 다른 기록에도 당시 평양 이북부터 의주

까지의 지역 사정은 열 집 중 아홉 집은 텅빈 '십실구공十室九空' 형세로 비유되었다.[145]

충주 출신으로 관직 생활차 평안도에 와 있던 김영식도 이 지역 분위기와 전해 들은 내용을 일기에 상세히 남겼다. 그는 섬에 유배된 민영준이 평남 자산으로 도망갔다가 붙잡혀 마 통령馬統領, 즉 마위쿤馬玉昆 부대로 압송된 사실을 전했다. 한편으로는 서울에서 북부로 도망쳐 온 청나라 상인들이, 일본군들이 서울뿐 아니라 광주·여주·충주·안성·화성 등의 고을을 포위하여 진을 치고 있지 않은 곳이 없다고 전해 주었다.[146] 그는 "이 말을 들으니 간담이 내려앉는 듯했다. 고향 소식을 어떻게 들을 수 있을까? 어린 자식이 아비를 부르는 소리와 형제들을 그리워하는 정이 마음에 걸려 가슴이 서늘해지고 간담이 내려앉았다"면서 고향에 있는 아들과 형·조카들이 "죽었는지 살았는지 서로 알 길이 막연하니 어느 날이나 지탱하며 살아가겠는가? 단지 통곡할 뿐이다"라며 답답한 자신의 심경을 밝히고 있다.[147] 김영식은 "삼남에서 동도東徒(동학농민군)가 크게 일어나 왜인을 토멸하는 것을 명분으로 삼고 있다"는 말을 듣고 믿기 어렵지만 오히려 다행스럽게 생각한다"고 했다.[148]

2—민심 수습책과 서울 빈민 조사

일본군은 왕궁 점령 과정에서 500여 년에 걸쳐 내려온 조선 왕실의 보물 및 관청의 집기, 군영의 무기들을 대대적으로 약탈했다. 일본과 가까웠던 개화 인사 김윤식마저 성안의 인가는 대부분 세간을 모두 버리고 떠나서 텅 비었고, 내별고內別庫에 쌓아 둔 돈·재화·잡물들은 모두 일본인이 약취했다고 지적했다.[149] 성안에는 일본 군사들이 득실거렸고, 그들이 민가에 난입해도 누가 감히 어쩔 수 없는 상황이었다 한다.[150] 충남의 유생 이단석은 "일본 군사들이 궐내로 난입하여 옛날부터 전수되어 온 보화 및 일상용품 등을 연일 찾아내 가져간 것이 수백 수레가 되었다고 한다"는 풍문을 전했다.[151]

장헌세자(사도세자) 사당인 경모궁도 약탈 대상이었다. 당일 유시(오후 5~7시)에 50~60명의 일본 병사들이 총과 칼을 들고 유첨문을 때려 부수고 난입했다. 그러나 예상과 달리 입직 관원과 수복守僕들이 칼을 들고 강하게 저항하여 쫓겨났다.[152] 국왕의 밀사 민상호는 톈진에서 리홍장과 회견하고, "500여 년 전래의 왕실 물건을 모두 싣고 가져갔습니다. 각영과 각사를 점탈하지 않은 곳이 없었습니다. 수십 년 동안 사 놓았던 양총과 양대포도 모두 빼앗아 갔습니다"[153]라고 전했다.

한편 기쿠치 겐죠는 "각소各所 각전各殿의 방실은 잡역 하배들에게 약탈되어 만약 일본 군대의 순라 경비가 없었더라면 궁인이 도적으로 바뀌고, 전상인殿上人도 강도와 유괴범이 되고, 재물 약탈로 인해 왕궁은 졸지에 황량해졌을 것이다"[154]라고 주장했다. 하지만 이는 전시를 방불케 하는 일본군의 계엄 상황에서 가능한 일이 아니었다. 오히려 일본군과 일본인들의 약탈이 자행되었음은 여러 기록에 남아 있고 일본의 종군화가가 남긴 니시키에에도 보인다. 기쿠치가 언급한 약탈의 주인공 '잡역 하배'는 인족人足 또는 군부軍夫로 불렸던 일본인 인부들이었다.

이 같은 피란 상황에서도 서울 남대문과 종로에는 "군주가 치욕을 당하면 신하는 죽어야 하는 것이 도리거늘, 지금 국왕은 천세의 치욕을 당하고 있다. 어진 사람과 의로운 선비는 마땅히 분기하여 자주의 대의를 바르게 해야 한다"[155]는 반일 격문이 나붙었다. 서울 주민들이 니현泥峴 일본인 거류지 일대의 가옥 방화를 기도한다는 풍설이 나돌자 일본군이 경계를 강화했고, 용산에서는 일본군 공병대가 파 놓은 우물에 밤새 적토나 오물麈汙을 투척하는 일도 발생했다. 용산−인천 간 야전전신을 절단하는 일도 있었다.[156] 조선 민중의 일본에 대한 적대감은 경복궁 점령사건으로 인해 결정적으로 고조되었다. 무역상 다나카 료스케의 대리인 노무라 세이죠野村淸三가 7월 4일(양 8월 4일)에 인천영사 노세能勢에게 보낸 서간에 따르면, 충청도 황산에서 '일본인을 발견하는 대로 위해를 가한다'고 하여 일본인은 동학도가 온다고 하면 산으로 도망가기 바빴다고 한다.[157]

경복궁 점령사건 다음 날 고종은 전교를 내려 병조와 좌우 포도청으로 하여금 각 성문과 각 방곡坊曲에 철저히 알려 움직이지 말고 안도하도록 하라고 지시했다. 같은 날 민심 무마책으로 그간 백성을 학대하고 착취를 일삼은 좌찬성 민영준을 비롯하여 전 통제사 민형식, 전 총제사 민응식, 전 개성유수 김세기, 경주부윤 민치헌 등을 즉시 원악도로 유배를 보냈다.[158] 특히 군국기무처 의안에서는 민영준에 대해 "권력을 마음대로 농단하여 임금을 속이고 백성을 학대했다는 여론이 비등하다"며 처벌할 것을 요청했다. 이는 사실상 왕후를 정점으로 한 민 씨 척족을 정계에서 퇴출하기 위한 대원군과 갑오개화파의 입장이 강하게 반영된 것이었다.

7월 30일 흥선대원군도 '대원위大院位 분부'를 내려 외국 군병이 도성에 진입한 것은 전에 없던 큰 변고로 사민이 놀라 달아나는 것이 당연하나 외국 병사가 들어온 것은 "경장更張을 권고하여 부강을 도모하고 자주권을 공고히 하려는 데 있지, 결단코 백성을 침해하는 행동은 하지 않을 것"이라는 점을 강조했다. 이어 소요가 일어나면 군사들로 하여금 엄하게 다스릴 것이니, 대소 인민들은 놀라거나 동요하지 말고 각자 자기의 일에 안주하라고 당부했다.[159] 하지만 이는 지방에서조차, 일본인을 불러들인 것은 당시 요직에 있던 사람들인데 이 같은 대원군의 통유문이 나온 것은 고종의 신령과 위엄이 끝난 것으로 이해했다.[160]

서울의 일본공사관에서도 그해 8월(일자는 알 수 없음) 전국 각읍에 다음과 같은 통유문을 내다붙였다.

> 요사이 여러 지역에서 소요의 피해가 있다는 설이 있다. 이는 아마도 잡역인들이 간혹 이를 빙자하여 일을 만드니, 즉 마땅히 그들을 단속하고 엄히 약속을 받아 모두 척결하는 것이 우리 군사가 충성과 용기로 나라에 보답하는 깨끗한 끝맺음이다. 여러 지역의 선비와 일반인들은 각기 의구심을 풀고 편안한 마음으로 업무에 종사하라. 오호라, 오늘날의 형세는 같은 배를 타고 같이 건너 평안함과 근심을 서로 도와 이로부터 전체의 판국이 태평을 누리는 것을 기약하자.[161]

그러면서 ① 조선 사람들의 재물을 조금이라도 범하지 않을 것, ② 조선 부녀를 혹시라도 범하거나 겁탈하지 않을 것, ③ 양국 병사와 백성이 진실로 동포같이 보고 각기 서로 공경하고 사랑하고 따뜻하고 공손하여 언어에 삼가함이 있고, 접촉 시 조금도 범하지 않을 것, ④ 만약 일본인이 감히 이상의 각 조항을 범하면 즉시 조선 사람들이 잡아 일본

군대로 보내어 무겁게 추궁할 것 등을 약속했다. 8월 6일에는 한성판윤이 "일병은 이미 합문閤門을 나가 시중은 평온으로 되돌아갔으므로 여러 백성은 안도하고 두려운 마음을 품지 말라"는 내용의 방문을 도성 요처에 붙였다.[162]

왕궁 점령 직후 경성 일본영사관에서는 관사 앞을 통과하는 주민들에게 일본 군대가 성환과 아산에서 청국군으로부터 노획한 조선의 화폐로 빈민을 구제하겠다고 말했다고 한다.[163] 이와 더불어 일본공사관 주도로 서울 도성 내 5개 부별部別 빈민 조사가 이루어졌다. 서울의 빈민 조사는 오토리 공사의 제안과 일본 국내의 여론 환기 과정을 거치는 형식상 절차를 밟아 진행되었다. 경복궁 점령 이틀 후인 7월 25일 오토리는 무쓰 외상에게 사변 후 경성 시민의 70~80퍼센트는 이미 성밖으로 도망가서 장사가 되지 않고 영세민은 호구책이 막연하여 참상을 겪고 있다고 보고했다. 이에 그는 빈민을 구휼해서 정변 후의 안녕을 유지하는 일이 매우 시급하다는 점도 강조했다. 또한 선후책으로 다음의 다섯 가지 방안을 제시했다.

1. 본국에서 급히 의연금을 모집하여 경성 인민을 진휼할 것.
   경성 내외 인민 5만 호 중 빈가를 1만 호로 보아, 적어도 매 호당 3엔씩 약 3만 엔 이상을 모금하면 될 것으로 생각됨.
2. 경성의 치안을 위해 순사 100명, 경부 5명을 보내어 단속하게 하고 나아가 조선 경찰을 설치하는 기초로 삼을 것.
3. 본국에서 무뢰한들이 도한渡韓하는 것에 대해서는 한층 단속을 엄격히 해줄 것.

4. 국왕·왕비 두 폐하와 세자궁에 대해 제국 황실이 상당한 위문금 (혹은 현금 10만 엔 정도)을 기증할 것을 평의, 결정해 줄 것.

5. 앞으로 조선 정부에 고용되어 정치·외교·재정·법률 등의 고문관 이 될 만한 인물을 미리 물색해 줄 것.[164]

오토리는 제1항부터 제3항까지는 시급히 시행하고, 제4항처럼 일본 황실에서 조선의 대군주·왕비·세자에게 상당한 위문품을 기증하면 양 국의 친목에 더욱 기여할 것으로 전망했다. 이 중 제2항과 제3항은 조선 정부의 무기력함을 틈타 일본군과 연결되어 있던 무뢰한의 무리가 마치 승리자인 양 서울 안팎을 활보하며 거리낌 없이 행동했기 때문에 이를 단속하기 위해 경찰을 증가시킬 필요에서 나온 조치였다.[165] 제1항은 대 체로 빈민 구제로 시작하는 것처럼 보였지만 핵심은 의연금 모금이라는 명분으로 일본 내 전쟁 준비 분위기를 고조시키기 위함이었다. 이를 시 작으로 조선 왕실을 금전으로 매수하고 치안 확보와 고문관을 통한 조 선의 국정 장악을 의도한 것이었다. 무쓰는 이 건의를 받아들여 자금 3 만 엔을 군함 야에야마 편으로 오시마 소장을 통해 전달했다.[166]

서울의 빈민 조사는 8월부터 시작되었는데, 조사 순서→조사 기준 →조사 내용→부별 호구조사표(갑·을·병) 작성→전곡 준비→교부 순 으로 이루어졌다. 조사는 영사관 소속 순사가 한성부 관리와 함께 성내 를 순검하여 빈곤의 정황을 살피는 것으로 시작되었다. 먼저 그 방법을 협의하기 위해 8월 12일 서울 주재 이등영사 우치다 사다츠지가 영사 관의 서기 신조 준테이와 경부 하기와라 히데지로 2명을 대동하고 한 성판윤 안경수, 한성소윤 정만조와 만났다. 그 결과 영사관에서 한성부

내 5부(동부·서부·남부·북부 및 중부)의 각 행정구역에 따라 부별로 순사 1명씩을 파견하고 한성부에서는 각 부의 관리 3, 4명을 보내 부내 각 지역의 순회 조사에 착수했다.[167]

조사 기준은 ① 호주 및 가족, 병업病業, 기타 이미 얻은 사고 때문에 직업을 영위할 수 없어 전 가족의 호구가 궁한 자, ② 환과고독鰥寡孤獨으로서 친척이 없이 질병 등으로 호구가 궁한 자, ③ 뜻밖의 재난을 입어 일시 호구가 궁한 자, ④ 주소·성명·직업·연령 및 가족 수 등이었다. 5일간에 걸친 조사 내용 결과는 〈표 2〉와 같다.

〈표 2〉 한성부 내 부별 빈민 호구 조사표(단위: 호戶)

종류/부	중부	동부	서부	남부	북부	계
갑	42	54	89	203	67	455
을	187	213	189	733	200	1,522
병	39	211	75	278	59	662
합계	268	478	353	1,214	326	2,639

이때 파악된 도성 내 빈곤자는 총 2,639호로 다시 빈곤 정도 및 가족의 다소에 따라 갑·을·병 3종으로 나누었다. 기준은 가족 7인 이상은 갑, 4인 이상은 을, 그 이하는 병으로 했고, 상황이 가장 궁박한 경우도 갑에 포함했다. 〈표 2〉를 보면 5부 중 남부의 상황이 압도적으로 열악했음을 알 수 있다. 그런데 당초 일본공사관에서는 빈민이 1만여호 정도로 매우 많을 것으로 예상하고 있었는데 조사 결과 생각보다 적었다고 한다.[168]

일본영사관에서는 일본에서 보낸 3만 엔으로 인천에서 백미 367석을 구입하여 마포 현석(현 서울 마포구 신수동 일대)에 쌓아 두었다. 그리고 조선의 신화폐와 미곡을 반반씩 제공하기로 하고 이를 위해 성안 각처에 다음과 같은 고시문을 게시했다.

- 갑: 동전 93냥 7전 5푼. 백미 15승가. [음] 8월 6일 현석에서 출급
- 을: 동전 75냥, 백미 15승. [음] 8월 7일 현석에서 출급
- 병: 동전 56냥, 백미 15승. [음] 8월 8일 현석에서 출급

이때 총 2,613호에 총지급액이 백미 391석 9두 5승, 금전 7,678원 75전이었다. 이는 일본 당국이 서울 상황 전반을 조사하여 통치 전반에 활용하는 한편 피란 과정에서 이반된 민심을 일시적이나마 수습하고자 하는 복합적인 의미를 가진 조치였다.

> 일본인이 지금 빈민들을 진휼하고 무너진 집들을 조사하여 은전을 대가로 줄 것이라고 하는데, 아직 나누어 주지 않았다고 한다. 이는 민심을 수습하려는 것이다.[169]

여기에는 시범사업 수준의 인구 조사를 통해 조선의 실태를 파악하려 한 의도도 있었던 것으로 보인다. 또한 서울 도성 내 인적·물적·심리적 상황을 파악함으로써 치안을 확보하고 저항 요소를 사전에 차단하여 안정적 지배질서를 유지하려는 목적도 있었다. 그러나 당시 《오사카아사히신문》 종군기자 니시무라 도키스케에 의하면 주민들은 미곡

을 받자마자 이를 팔아 술을 마시는 등 순식간에 소비하여 구조 목적은 허공으로 달아났다고 한다.[170]

서울의 호구 조사는 이듬해 초 전국에 걸친 구체적인 조사로 확대되었다. 1895년 3월 10일 내무아문 대신 박영효 명의로 전국 '9도 5도 각읍九道五都各邑' 지방관 훈시가 공표되었는데, 총 88조목 중 주요 조항은 다음과 같다.

제51조. 각 리의 현재 호수와 인구를 낱낱이·사실대로 기록하여 탈루함이 없게 할 것.
제52조. 노호奴戶를 주호主戶에 붙이지 말고 분호分戶하여 응역應役할 것.
제53조. 호역등분戶役等分을 중의를 따라 공정하게 할 것.
제54조. 유상流商과 유민流民의 원적과 원거주지를 장부에 올리고 머물러 산 지 한 달이 넘으면 해당 동에 응역할 것.
제55조. 고용하는 솔인率人도 인구장人口帳 안에 올릴 것.[171]

이는 조선 전 지역을 대상으로 현재 호수와 인구를 세부적으로 낱낱이 조사하고 장부에 올려 누락되는 것이 없게 하라는 것이었다. 이후 1896년 9월 1일 칙령 제61호로 한성부 5서와 각 부·목·군을 대상으로 하는 〈호구조사규칙〉이 제정 반포되었다.[172] 내부 훈령에 의한 한성판윤 이채연 명의의 〈고시〉 제1호(1898. 1. 7)에 따르면, 한성 5서 내 거주 인민들은 통수와 호수, 성명과 가족 수, 가옥의 형태 등을 명확히 작성해 보고해야 하며, 누락할 경우에는 처벌한다는 것이었다.[173]

3—인식론의 방향

왕실의 '이중외교'

일본군의 경복궁 점령 직전인 7월 10일 고종은 중국 주재 상무위원 서상교를 통해 일본군이 철수 의사가 없고 위협이 날로 강해지는데 함께 왜병의 철수를 도모하면 서울의 민심이 안정될 것이니 중당中堂(리훙장을 말함)에게 속히 회신해 줄 것을 요청한 바 있다.[174] 경복궁 점령 직후에는 비밀리에 외무참의 민상호를 중국 톈진에 파견했다. 고종은 민상호를 통해 북양대신 리훙장에게 일본군의 아산 출동 상황과 다음 내용을 전달하면서 군대 파견을 요청했다.

> 이때의 정령은 모두 왜인의 위협으로 참람하게 한 것으로 과인이 아는 바가 아닙니다. 비록 친서로 썼지만 이 또한 과인이 한 것이 아닙니다. 이를 천조天朝에 상세하게 전달하여 결단코 거짓됨 없는 충성[忠愊]을 밝힐 것입니다.[175]

이때 민상호는 위안스카이를 통해 리훙장에게 책 한 권을 전달해 읽어 보게 했는데, 대략 "조선 개국은 단군으로부터로, 지금부터 근 4,000년인데 모두 1대의 자주自主도 없었다. 단군은 요·하로부터, 기자箕子는 은으로부터, 열국은 한으로부터, 신라는 당으로부터, 고려는 송·원으로부터, 우리나라는 황명皇明·황청皇淸에 반역하지도 침범하지도 않은 것이 천하에 분명하니, 만고에 한 번도 정삭진공正朔進貢(정삭은 중국 황제가 천하에 반포한 역법이고 진공은 조공을 바치는 것을 말한다—역자

주)을 받들지 않은 적이 없었다"[176]는 내용이었다. 조선 왕실의 대청 굴욕외교의 한 단면을 보여 준다. 한편 8월 20일 평안감사 민병석閔丙奭도 국왕의 비밀전보를 리훙장에게 전달했다. 이에 따르면 일본군의 경복궁 점령은 '신하가 모반'하여 '천자의 조정에 죄를 짓는罪犯天朝' 것으로 표현되어 있다.[177]

일본 정부의 도움으로 권력을 잡게 된 흥선대원군도 비슷한 기간인 8월 28일 '노석생老石生' 명의로 평안감사 민병석에게 밀서를 보내 북양 대신과 평양의 청국군의 지원을 얻어 "일본에 기대어 나라를 팔아먹는 무리"를 소탕하고 국가를 다시 세울 것을 간청한 바 있다.[178]

일전에 보낸 언문 서한은 잘 받으셨는지요. 지금 종사가 일시 위급하여 날마다 천사天師의 원병을 바라고 있습니다. 요즘 들리는 바에 의하면 대부대의 병력이 계속 출정에 나섰다고 하니 이것은 참으로 다시 살아날 수 있는 때인 것 같습니다. 그

민상호 초상화.
민상호閔商鎬(1870~1933)는 서울 출생으로 1894년 외무참의를 하였고, 친미개화파인 정동구락부의 일원으로 민영환·윤치호·이상재 등과 함께 1896년 아관파천 이후 대한 제국 초기에 이르기까지 한때 정계의 실세로 부상하였다.

러므로 상국이 우리 종사·전궁殿宮을 정성으로 보호해 주고 일인에게 붙어 나라를 팔아먹는 행위를 하는 그 간당들을 제거하여 위급한 이 나라를 빨리 구제해 주기를 피눈물로써 간절히 바라는 바입니다. 그리고 몇 분의 대인이 출정하셨는지 확실히 알지 못하므로 명함 3장을 대감께 보내오니 잘 간직하고 있다가 수교하시기 바랍니다.

7월 28일 노석생老石生.[179]

또한 7월 30일, 큰아들 이재면을 시켜 이병관을 중국으로 밀파, 리홍장에게 조선군의 상황을 설명하고 도움을 청하는 서한을 바치려고 한 사실이 확인된다. 중국 측 기록에 조선 학사로 되어 있는 이병관은 조군趙君이라는 통역을 대동하고 평양을 경유해 톈진으로 들어갔다. 그러나 그사이 친일 갑오개혁파 내각이 구성되는 등 시국이 변하여 중국 측에서는 도리어 다른 뜻이 있는 것으로 의심하여 답하지 않았다 한다.[180]

평양 전투 직후인 9월 일본군이 입수한 대원군의 설유문[경통敬通]에서도 왕궁 점령과 그 후 정황 및 청국군의 조선 출병과 국내의 의병 봉기 제의 내용을 알 수 있다. 대원군은 "불행하게도 섬오랑캐가 창궐하여 병사를 일으켜 궁궐을 범하기에 이르렀다. 이에 주군이 욕을 당하여 마땅히 신하가 죽어야 하는 날이다"[181]라며, 그 해결책으로 "상국이 와서 돕고 본국이 거의擧義하여 안과 밖에서 협공한다면 현재의 형세를 바꿀 수 있다"고 제의하였다.

청국 장수에게 보낸 대원군의 밀서는 제1군사령관 야마가타 아리토모가 평양 점령 시 발견하여 외무대신 무쓰 무네미쓰에게 보내졌다. 후

일 이노우에 가오루井上馨가 조선 공사로 부임한 후 대원군을 축출하기 위한 목적으로 이 밀서를 내놓고 그를 힐문한 바 있다.[182] 1895년 5월 특명전권공사 이노우에는 외무대신에게 대원군이 청국 장수와 내통한 서류가 수중에 들어와 "대원군을 힐책하기에 극히 좋은 재료가 되었다"고 보고했다.[183]

일본공사관 측의 기록에 따르면 8월 16일 대원군은 김종원·이용호·임인수·정인구·김형목 등을 비밀리에 평양에 파견했다. 8월 21일 평양에 도착한 이들은 평안감사 민병석에게 대원군의 밀서를 전달했고, 이용호는 청국 장수 웨이루쿠이를 면담한 바도 있다. 또한 9월 말경 대원군은 이건영·박동진·박세강 등을 선무사와 소모사召募使로 임명해 동학당 정토와 진무라는 명분을 가장하여 비밀리에 동학농민군의 봉기를 선동했다. "바야흐로 왜구가 대궐을 침범하여 화가 종사에 미치고 명운이 조석에 있어 일의 기미가 이에 이르렀어도 너희들이 오지 않아 불행한 변고와 근심을 맞게 되었으니 이를 어찌하겠는가. 이로써 여기에 교시하노라"[184]에서 알 수 있듯이 이때 밀지 전달의 명분 또한 일본군의 경복궁 점령이었다.

당시 경상도 예천군에 전달된 선무사 감결에 "근래에 우리나라가 나약하여 이웃나라가 군대를 동원하기에 이르렀으나 이는 곧 우리에게 스스로 강해질 것을 권할 따름이지 다른 뜻이 있는 것은 아니다"라는 '대원위(대원군) 분부'를 확인할 수 있다.[185] 당시 한 소문에 따르면 동학농민군 거물 지도자 서장옥徐長玉이 몰래 운현궁에 들어가 대원군의 밀서를 전달받았는데 그 내용은 "지난번의 고유告諭는 실은 일본의 협박 때문에 그렇게 한 것이니 삼가 곧이듣지 말고, 군사를 정돈하여 북쪽으로 올라와 함께 나라의 어려움을 타개하자"는 것이었다.[186] 즉, 7월 30일 자 '대원위 분부'는 자신의 본심이 아니었다는 점을 강조하면서 농민군과의 반일 합력을 제안한 것이다. 황현은 이는 모두 동학 무리가 백성을 현혹하기 위해 지어 낸 말로 과장하여 퍼뜨린 것인데 어리석은 백성들이 자못 이것을 믿었다고 했다.

군주가 유폐되고 일시 상징적인 권력만 잡은 대원군도 일본의 입장을 따를 수밖에 없던 상황에서 군국기무처를 중심으로 친일개화파가 국정을 주도하고 있었다. 이에 고종과 대원군은 이중외교 책략, 즉 겉

전라도 동학농민군 토벌차 서울을 떠나는 초토사 홍계훈 부대(구보다 베이센 그림).
"조선 전라도에서 동학당이 봉기하였다. 초토사招討使(홍계훈을 말함-역자 주)가 진무하러 향했다."

으로는 일본 측의 입장을 따르는 것처럼 보일 필요가 있었다. 그러나 비밀리에 각기 평양의 청군과 연락을 취하면서 친일개화파의 숙청과 더불어 일본군을 서울에서 물리칠 생각에 부심하고 있었다. 또한 밀양 부사 정동기를 비롯하여 강원도·충청도·경상도·전라도·경기도·함경도·황해도의 부사·군수·현감·찰방 등등에게 각기 기별을 보냈다. 그 내용은 평양 관속 이하의 민인이 작은 돌을 산과 같이 쌓아 일본 군사가 오면 석전을 벌여 도륙할 예정으로 대동강에 있는 배들을 모두 서쪽 물가에 묶어 두었다는 것이다. 또 새로 임명되어 온 수령들은 실로 국왕이 임명한 자가 아니고, 모두 일본이 마음대로 차출하여 온 자들이라고 기별했다.[187] 발신자는 확인할 수 없지만 경복궁 점령 기간 전반적 정세 분석, 상황 전달로 반일 논의 모색을 위한 준비 차원에서 대원군이나 국왕 측에서 작성한 것으로 보인다.

정부 관료의 입장

부사과 윤긍주는 일본군의 경복궁 점령 직전인 7월 10일 일본 참무관에 임명되었으나 상소를 올리고 사직했다. 그는 일본이 만국공법과 경장更張을 들어 우리나라에 자주를 권하면서도 오히려 주인 행세를 하려는 것은 이치에 닿지 않는 술책에 불과하므로 그들의 제안을 거절할 것을 주장했다. 윤긍주는 "오직 우리 전하께서 신민과 맹세하여 무기를 수선하고 미리 준비하여 막으신다면 혈기 있는 사람치고 어느 누가 위험을 무릅쓰고라도 화염 가득한 전장으로 달려가지 않겠습니까? 그러면 저들은 한두 번 싸움으로 반드시 패하여 달아날 것입니다"라며 군대와 백성을 동원하여 합심해서 싸울 것을 주장했다.[188] 그는 7월 22일에도 일본과 전면전을 주장하는 상소를 올렸지만[189] 다음 날 새벽 일본군의 경복궁 점령으로 임금에게 전달하지는 못했던 것으로 보인다.

경복궁 점령 이틀 전인 7월 21일 영돈령 김병시는 국왕에게, "외국인이 무단으로 군사를 이끌고 도성에 들어왔는데도 일찍 방비하지 못하고 몇 차례 담판에 단지 피곤하고 힘들어 가없다는 말로 미봉책을 썼으니, 이것이 어찌 국체이며 이것이 어찌 신하의 명분입니까? 마땅히 이것으로 죄를 묻고 그로 하여금 즉시 일본공사에게 가서 군대를 곧바로 철수시킬 것이며 그렇게 하지 않으면 당연히 임금께 아뢰어 법률을 시행하겠다는 뜻을 말해야 합니다"[190]라고 상소했다. 왕궁 점령 당시 숙직하고 있던 공무아문 참의 조민희는 이 사건은 "진실로 만고에 없던 대변고"로 "성상의 몸을 호종하지 못했고 물러나서는 의병을 규합하여 궁궐을 지키지 못했으니"[191] 자신은 오래전에 죽어야 마땅했다는 내용의 상소를 올렸다.

외부독판 조병직은 경복궁 점령 다음 날인 7월 24일 일본군의 불법 침입―그는 이를 '난입'이라고 규정했다―을 논박하면서 왕궁에서 즉시 철수할 것을 요구했다.[192] 경복궁의 정문 광화문 수문장이었던 무관 김기홍 또한 안경수·김가진·김홍집·권형진·김윤식·김종한·박정양·조희연 등 8명의 간사한 인물이 일본으로 망명한 박영효와 공모하여 "나라를 팔아먹고자" 변란을 일으킨 것으로 이해하였다. 그는 이들이 "왜인을 불러 대궐을 침입하고 성상을 깊숙한 곳에 가두고 궁중의 재화를 다 취하고 각 군영의 군수품을 강제로 탈취했으니 이는 나라를 '팔아먹는 역모'와 다름없다"고 주장했다.[193] 이 일로 9월 초3일 김기홍은 서인으로 강등되었다가 한참 후인 광무 4년(1900) 5월에 가서야 신분을 회

복했다.[194]

일부 보수 관리들은 개항 직후와 같은 척사위정론의 입장을 견지하거나 그간 진행되어 오던 개화운동에 대해서도 부정적 견해를 표명하면서 개화파의 정책에 반대했다. 경복궁 점령을 '6월 21일(음력)의 변란'으로 규정한 전 교리 유면호도 상소에서, "지난날 척화를 주장하는 사람들을 죽이지 않고 그들의 말을 들었다면, 오늘날의 수모가 있겠습니까, 없겠습니까?"라며 1881년 당시 영남 만인소의 홍재학의 상소문을 예로 들고 있다. 그는 '대조선'이라는 칭호는 왕정에 아무런 보탬이 되지 않으며, '화친을 주장하고 나라를 팔아먹는 역신을 모두 도륙해야 하고 척화를 주장했던 사람들이 억울하게 뒤집어쓴 죄를 풀어 줄' 것과 청나라를 배척하지 말 것을 주장했다.[195] 왕궁 점령은 물론 갑오개혁까지 완전 부정하는 논리였다.

전 승지 신기선은 사직 상소에서, 자주를 잘하는 나라는 먼저 자주할 형세를 세우고 그 명색에 급급하지 않으며, 개화를 잘하는 나라는 먼저 개화하는 내용에 힘쓰고 그 형식에 힘쓰지 않는다는 점을 강조했다. 그러면서 "지금 외국의 군대가 궁궐을 침범하고 요충지를 점거하여 생사존망이 남의 손아귀에 있는데도 한갓 개국 연호나 내세우며 천하에서 제가 잘났다고 하고 있으니, 자주가 제대로 이루어질 수 있겠습니까?"[196]라면서 안팎으로는 변괴와 변란이 넘쳐 온 나라가 가마솥 끓듯하고 법과 기강이 없이 한갓 관제나 고치고 관청 이름이나 바꾸며 무분별하게 외국 흉내나 내고 있으니, 이런 상태에서는 개화가 제대로 이루어질 수 없을 것이라 주장했다.

홍종우는 당시 군문대장이었던 장위영사 이종건과 총어사 한규설의 비겁함을 강하게 책망했다. 일본군의 대궐 침범 이튿째 되는 날에 홍종우는 정부 관리들에게 "여러분들께서는 이곳에 모여 무엇을 하십니까?"라고 큰소리로 물었다. 이에 누군가가 "지금 국사가 매우 위급하므로 마땅히 그것을 상의하는 것은 대신의 직무이거늘 무슨 잘못된 점이 있기에 그대는 그런 질문을 하는가?"라고 대답했다.

이에 홍종우는 화를 내면서, "여러 대신께서는 장차 혓바닥으로 적을 공격하실 것입니까. 시구를 지어 적을 물리칠 것입니까. 여러분들께서는 특별한 일이 없던 시절에 총명하다는 것을 내세워 재상 자리를 차지하고서 좋은 옷만 입고 좋은 말만 타며 온갖 부귀영화를 누리면서 백성들의 근심 걱정과 국가의 안위는 자신과 상관없는 일처럼 여기는 것이 마치 진나라가 월나라의 굶주림을 바라보듯 했습니다.……개나 말도 오히려 주인을 걱정하고, 승냥이나 수달 같은 짐승도 자신이 태어난 근본을 잊지 않는데, 여러분들께서는 편안히 앉아 수염이나 쓰다듬고 손뼉을 쳐 사람을 부르며 태연해하시니 모두가 공경 사대부들인데 과연 무슨 결과를 기다리고 계십니까? 임금께서 욕을 당하면 신하는 마땅히 죽어야 하거늘, 물속으로 뛰어들거나 머리를 부딪쳐 죽음으로써 국가를 팔아먹은 죄를 속죄한 사람은 한 사람도 없고 오히려 느긋하게 걸어다니며 목소리를 낮추어 속삭이고, 얼굴을 가리고 웃는 행동은 마치 지난날 민 씨들에게 달려가던 사람들과 같습니다. 며칠 동안 옆에서 듣고 있자니 마음이 울적해져 죽고만 싶습니다. 그런데 여러분께서는 도리어 저를 책망하십니까?"라고 했다.

마침 이종건·한규설 등이 그 자리에 있었는데, 홍종우는 부채로 그들을 가리키며 다음과 같이 말했다.

저 더러운 놈들은 소위 10년씩이나 군문에서 대장을 지냈던 놈들이 아닌가. 저놈들의 팔과 허리는 대장의 인印과 부符를 감당할 만한 주제도 못 되면서 아침에 김 씨 문벌을 배척하고 저녁에 전동의 조 씨 문벌로 달려갔던 놈들입니다. 창칼이 숲을 이루어 앞에서는 소리를 쳐 길을 내고, 뒤에서 철옹성같이 호위를 받던 때만 군문의 대장이고, 임금은 볼모가 되었고 사직이 존망의 위기에 처해 외국 군대가 대궐에 들어와 종묘의 제기까지 약탈하는 지금은 군문의 대장이 아니란 말입니까. 이미 적의 기를 꺾어 두려움을 느끼도록 만들고 적국의 간교한 계책을 꺾어 버리지 못했으면 당연히 이때는 삼군을 통솔하여 충의를 격발시켜 밖에서 대궐을 포위하고 반드시 죽을 각오로 내보내야만 합니다. 그러면 게이스케[大鳥圭介]가 비록 교활하다고는 하나 이처럼 제멋대로 하지는 못했을 것입니다. 이렇게 해도 안 된다면 분연히 소매를 걷고 대궐로 들어가 칼을 뽑아 들고 싸우다가 대궐 계단에 쓰러져 죽음

홍종우(1850~1913).
경기도 안산 출생으로 우리나라 최초의 프랑스 유학생이다. 《춘향전》과 《심청전》 등을 프랑스어로 번역하였고 귀국 과정에서 김옥균을 암살한 것으로 잘 알려져 있다. 대한제국 시기 초기에는 독립협회에 대항하는 황국협회를 주도하면서 근왕 보수적인 입장을 견지하였다.

으로써 백성들에게 사죄하는 것이 신하의 도리를 만분의 일이라도 했다고 할 수 있는 것입니다.……일본 놈들을 죽이지 못한 것과 간신들을 죽여 버리지 못한 것 때문에 세상 사람들이 조정에 사람이 없다고 여길 것이니 이것이 한스러울 따름입니다.[197]

말을 마친 홍종우가 주먹으로 책상을 치면서 누군가를 치려는 기세를 보이자 한규설 등은 그 기세에 놀라 감히 대꾸하지 못했다. 이에 홍종우는 천장을 우러러보며 길게 탄식하다가 나가 버렸다 한다. 이 장면을 목격한 이최승이라는 사람이 황현에게 전해 준 이야기다.[198]

재야유생과 의병의 논리

일본군의 경복궁 점령 직후 유생 홍종연은 외부독판과 총리대신에게 올린 서한에서 조선은 '자주국'임을 강조했다. 그는 "아! 저들 일본은 지난날 임진·계사에 명분 없는 군사를 일으켜 우리 강토를 쳐들어와 백성을 짓밟아 시혈屍血이 산하를 메웠으며 수급을 수레로 날라 높은 무덤을 이루기까지 했으니, 우리가 저들에게 무슨 원한을 끼쳤기에 저들은 우리의 원수가 되어 백세토록 잊지 못하는 꼴이 되었습니까?"라고 한탄하면서, "저들이 만일 진실로 우리의 독립을 바란다면 어찌 한시 바삐 이해를 말하고 청나라와 더불어 논의하지 않았습니까?"라고 반문했다. 그는 또 이러한 사태는 조정이 인심을 잃은 것과 언로를 열어 놓지 않은 데서 연유하며, 인민들의 의론을 모으는 자리를 설치하여 올바른 말을 널리 받아들이지 못한 데에 연유한다고 주장했다. 그 대안으로 위아래가 함께 쇄신하면 어려움을 극복하고 부국강병과 자주독립을 이룰 수 있을 것으로 전망했다.[199] 그는 갑신정변과 이후 일본의 망명 조선인 국사범 보호 사실을 회상하면서 일본군의 서울 진출은 "참으로 백세를 두고 잊을 수 없는" 것으로 규정한 바 있다.[200]

재야유림의 거두인 면암 최익현崔益鉉은 경복궁 점령을 '갑오년 대조규개의 난'으로 규정하면서 일본이 조선 궁궐을 분탕질하며 재물을 탈취하고 조선의 전장典章과 문물을 훼손시킨 사건으로 보았다. 또 일본이 명목상으로는 조선을 '독립'시킨다면서 실제로는 '강탈'의 기초를 마련한 것으로 판단했다.[201] 한편 호남의 유림 거두 간재 전우田愚도 그날 게이스케가 주상에게 무례했고, 조정이 그를 두려워하고 꺼렸지만 "주상이 욕을 받았는데, 이보다 심함이 없었고 우리는 마침내 오랑캐와 짐승이 된 것"이라고 탄식했다.[202] 홍성의 보수 유학자 이설은 상소에서, 일본군의 서울 군대 배치와 도성 포위는 공법을 위반한 것으로 이를 중국과 열강의 간섭으로 해결하기를 기대하고 있었다.

저들이 지금 우리들의 허약함을 업신여겨 감히 의롭지 못한 욕심을 내어 우리들이 대비하지 않은 틈을 타서 갑자기 도성으로 침입했습니다. 그러나 대국들이 틀림없이 남의 일 보듯 하지 않을 것이며 각국 공사와 맺은 조약이 아직 파기되지 않았기 때문에 감히 쉽게 손을 쓸 수가 없을 것입니다. 그렇게 한다면 저들은 일을 경솔하게 처리한 실수를 면하기 어려우며 스스로 후회하게 될 것입니다. 이것이 일의 형편을 참작해 보아 저들이 반드시 물러갈 수밖에 없는 이유 중의 하나입니다.[203]

그는 일본군의 경복궁 점령 하루 전에는 중국과 신의를 지킬 것을 주장했고 일본의 행동은 임진왜란 시의 "길을 빌려 달라는 계책보다 더 흉악하고 심한 치욕"이라 주장했다.[204]

한편 일본군의 왕궁 점령은 한국 근대 최초의 의병항쟁의 계기가 되었다. 1894년 9월 경북 안동의 의병장 서상철徐相轍은 '방榜'에서 봉기 이유로 "우리 임금을 위협하고 백관을 핍박한 것과 호위병을 쫓아내고 무기고를 약탈한 것"[205]을 들었다. 이듬해인 1895년 10월 평남 상원의 의병장 김원교金元喬는 평안도 창의사 명의의 격문에서, "병력을 이끌고 와서 대궐을 침범하여 임금을 협박하고 보기寶器를 탈취하며 법을 바꾸고 제도를 갈아 치우고 장상將相을 축출하고 군물을 착취함으로써 우리나라로 하여금 버젓이 임금이 있는데도 임금이 없는 것으로 만들고, 버젓이 국가가 있는데도 국가가 없는 것으로 만들었다. 만국의 개화의 법이라는 것이 본디 이와 같았다는 말인가. 이것은 개화가 아니라 바로 역적의 매국이며 왜놈[倭奴]의 멸국滅國인 것이다"[206]라고 주장하면서 의병 항쟁을 시작했다.

그해 11월 강원도 춘천의 의병장 이소응李昭應은 격문에서 "어리석은 사내와 어린애는 여전히 임진왜란 때의 원수를 전하고 있고, 산천과 초목도 세상을 놀라게 한 갑오년의 일을 싫어하네"라고 적었다.[207] 12월 충북 제천의 의병장 이필희는 "갑오년 6월 20일 밤에 마침내 우리나라 조선의 삼천리 강토를 잃어버렸다"[208]고 했다. 그는 "지금 당당한 한 나라가 소일본이 된다면 얼마나 서러운 일이겠는가"라 반문하면서 의병 봉기를 촉구했다.[209] 경남 진주의 의병장 정한용鄭漢鎔은 1896년 정월 상소에서, "몰래 (일본과) 조약을 맺고 달아난 적신賊臣들이 군사를 끌고 바다를 건너 바로 왕성을 공격하여, 왕궁에 들이닥치니 매국의 신하들이 이때를 이용해 흔들고 어지럽혀, 우리 종묘와 귀중한 보물이 옮겨지고, 우리 조종의 전장典章이 버려지고, 관제가 혁파되었다. 저들이 화폐를 고치며 제도를 고쳐 호령함이 조조보다 만 배나 더하며, 몰래 품은 흉측한 계략은 방창邦昌보다 백 배나 심하다"[210]고 하면서 그 결과로 왕후가 시해되는 비극이 초래되었다고 했다.

1896년 1월 1일 건양建陽 연호가 새롭게 시행되고 이후 아관파천으로 조선에서 일본의 영향력이 후퇴하는 상황으로 정치지형이 변경되었다. 이에 그해 7월 서울의 진사 정성우는 '갑신정변→경복궁 점령→왕후 시해'가 동일한 맥락에서 일어난 일련의 사태임을 강하게 지적하며 갑오년 음6월 21일 이후의 것은 모두 시행하지 말고 속히 선조의 옛 제도를 회복할 것을 주장했다.

정성우에게 경복궁 점령 이후의 모든 상황은 부정되어야 할 현실이었다. 그 탄핵에 걸린 자는 서재필·김가진·안경수·박정양·조병직·이윤용·이완용·김윤식과 이미 사망한 어윤중·김홍집·정병하, 일본 망명객 유길준·조희연·권형진·이두황·우범선·이범래·이진호·장박 등이었다. 그 결과 박정양·조병직·이윤용·이완용 등 4대신은 고등재판소에 가서 대질을 청원했다. 안경수와 김가진도 자진 변소辨疏를 위해 재판소에 출두했다고 한다. 독립신문사도 정성우가 신문을 비난했다며 명예회복을 위하여 2,000원의 손해배상 청구 준비에 착수한다는 소문이 있었다.[211] 이 상소로 그는 전남 지도군 3년 유배형에 처해졌다가 이듬해 10월에 석방되었다. 전 도사 이종렬은 갑오년 6월의 사건은 "입헌정치에 대한 논의가 멋대로 행해져 난을 일으키는 역적의 무리가 뒤를

이어 일어난" '만고에 없던 변란'이라고 주장했다.[212]

일본 정부도 아관파천 직후 정동구락부 세력이 주축이 된 신정부의 조칙에 대해, "1894년 7월 및 1895년 10월의 사변에 관련된 자는 그 죄를 사면하고 또 1894년 7월 이래 개화라고 칭하고 변혁을 행한 것도 그 실상이 없다는 문구가 있는 것이 그 한 특징입니다"[213]라고 하여 아관파천도 경복궁 점령의 연장선상에서 이해하고 있었다. 이후 을사늑약에 반대하여 1906년 봄 홍주에서 의병을 일으킨 민종식閔宗植도 병자년 통상 이후 갑신년 10월의 변→갑오년 6월의 변→을미년 8월 '국모 시해'→을사년 10월의 5조약 강제 체결 과정을 거쳐 국권이 점탈되고 생령이 노예로 변하게 되었다고 주장했다.[214]

동학농민군의 인식과 대응

일본군이 경복궁을 점령했다는 소식은 얼마 지나지 않아 삼남 지방에까지 전파되었다. 이에 전라도 일부 집강소의 농민군은 7월 말부터 군사를 다시 일으키기로 논의하고,[215] 일본군과 일본 거류민을 쫓아낼 목적으로 즉각 북상했다. 충남 공주 이인에서는 대규모 군중집회를 열어 결전의 의지를 다졌다.[216] 영남의 농민군도 봉기에 돌입했다. 특히 상주 낙동과 함창 태봉에 일본군이 병참사령부를 설치하여 농민군을 크게 자극했다.[217]

8월 초 무렵에는 농민군들이 충청도·전라도·경상도 각처에서 봉기에 돌입하는 등 지역을 확대해 나가고 있었다.[218] 충청도 황산의 경우 두 차례의 봉기 소식을 접할 수 있는데, 첫 번째 봉기에서 특이한 것은 이 지역 농민군은 다른 지역보다는 며칠 앞선 7월 24~25일 사이에 봉기에 돌입했다는 점이다. 그 목적은 청국인과 단결해서 서울로 공격해 들어가겠다는 것이었다.[219] 하지만 날짜로 볼 때 일본군의 경복궁 점령이 이루어진 하루 뒤이므로 지방에서 즉시 소식을 접하기는 어려웠을 것으로 보인다. 이곳도 여타 지역과 비슷하게 일본군의 경복궁 점령 소식을 듣고 청·일 개전이라는 위기의식이 고조되면서 8월 초에 재차 봉기에 돌입해 인접한 강경 지역으로 모여들었다.[220]

북접의 동학 접주 장두재(일명 장희용)는 8월 9일 남접 지도자 김덕명·김개남·손화중에게 보낸 회람문에서, "지난 6월 21일[양력 7월 23일] 인시쯤 왕성을 함락하고 대궐을 침범한 왜적 몇천 명이 삼전三殿을 포위하여 매우 위태로웠고, 각 영문에 있는 병기와 식량을 모두 빼앗았습니다"[221]라고 하면서, 일본군의 왕궁 점령과 성환 전투에서 청국군에 승리한 사실을 알리고 농민군은 흥선대원군과 연락한 후 청국군과 세를 합쳐 일본군을 축출할 것을 주장했다. 장두재는 운현궁(흥선대원군)에 거사계획을 말했고 대원군도 이를 흔쾌히 받아들였다며 거병을 제안했던 것이다. 이때까지 농민군 측은 조직적이고 본격적인 대일항전을 준비하는 단계는 아니었다. 그러나 이러한 모습은 경복궁 점령으로 인해 국권이 위기 상황에 돌입했음을 감지한 농민군의 대응임은 분명하다.

같은 기간 전봉준 등 집강소의 농민군 지도부도 일본군의 왕궁 점령과 아산 전투 소식을 접하고 있었다. 그는 8월에 남원에서 이와 같은 사실을 전라감사 김학진 측이 파견한 사마 송인회에게서 들은 것으로 보인다.

'일본혼: 다케우치 대위 동학당과의 분전도'.
태봉 병참사령부 기병 대위 다케우치 모리마사竹內盛雅는 8월 25일 경상도 용
궁 동학농민군 집결지를 정탐하던 중 발각되어 전투 과정에서 사망하였다.

7월 보름 사이에 봉준과 개남 등이 남원에 모였는데 그 수가 수만 명에 이르렀다. 봉준은 각읍의 포에 명령하여 읍마다 도소를 설치하고 자기들 사람으로 집강을 세워 수령의 일을 수행하게 했다. (전라 감사 김학진은) 서울에서 난이 일어났다는 소식을 듣고 군관 송사마 宋司馬에게 편지를 가지고 남원에 들어가 봉준 등에게 이러한 사정을 설명하고 나라의 어려움을 함께하자며 도인들을 이끌고 전주를 함께 지키자고 약속하게 했다.[222]

일설에 따르면 전봉준이 곧바로 대원군에게 밀사를 파견해 그의 섭정을 지지하고 개혁을 권유했다 한다.[223] 그러나 이 당시까지도 전봉준 등 동학농민군 지도부는 일본군의 조선 진출과 왕궁 점령을 식민지화의 결정적 계기로 생각하지는 않았던 것 같다.[224] 이들은 각기 향촌에 머물면서 봉건제도의 청산을 비롯한 농민적 지향을 확산하려 했다. 그러던 중 일본군의 갑작스러운 입성과 그로 인한 민 씨 정권의 붕괴로 시기를 놓치고 말았다.

내가 원래 병사를 일으킨 것은 경성에 가서 정부의 간적을 없애기 위해서인데, 어찌 그들의 말을 기다릴까. 그런데 우리들의 상경에 앞서 일본 병사가 많이 경성에 들어갔기 때문에 그 뜻을 이룰 수 없었다.[225]

이에 제1차 전쟁의 입장을 계속 유지하는 한편 일본과 청국의 군사적 동향과 사태 추이를 예의주시하면서 집강소에서 결정적 시기만을 기다리고 있었다. 8월 17일 무주 집강소 앞으로 보내는 통문에서 전봉준은 "바야흐로 왜구가 궁궐을 범하여 국왕을 욕보였으니 우리들은 마땅히 목숨을 걸고 의로써 싸워야 하나······그 화가 종사에 미칠지도 모른다. 물러나 은둔하여 시세를 관망한 연후에 세력을 모아 다음 계책을 도모하는 것이 만전지책이다"226라고 농민군의 현실적 입장과 향후 방략을 밝혔다.

이 무주 통문에서는 주로 청국과 일본의 개전에 유념하면서 집강소 단속을 강화하는 문제가 제시되어 있다. 이를 볼 때 이 기간 전봉준은 경복궁에 침입한 일본의 진의를 파악하는 데 치중하고 있었던 것으로 보인다. 즉 그는 8월 중순경에 이르기까지도 전면전을 구상하고 있지 않았다. 결과적으로 농민군의 대일항전 전면화는 평양 전투 후 조선의 '보호국화'가 무르익어 가는 시기인 9월 말 이후를 기다릴 수밖에 없었다.

그러던 중 11월 13일 논산에서 전봉준은 관군과 일본군의 농민군 합동 토벌을 논박하면서 "일본 도적놈이 전쟁을 일으키고 군사를 움직여 우리 임금을 핍박하고 우리 백성을 어지럽히고 있는데, 차마 무슨 말을 할 수 있습니까?"라며 임진왜란 이래 "신민이 함께 분노하는 천추에 잊지 못할 한"227이라 주장했다. 또한 12월 8일 우금치 전투 패퇴 직후 정부군과 지방 감영 사병 및 이서·상인 등에게 고시를 해 "개화간당開化奸黨이 왜국과 체결하여 밤을 틈타 서울로 들어와 군부를 핍박하고 국권을 마음대로 했다"228라고 주장하면서, 조선 사람끼리의 골육상잔을 지양하고 "도는 다르나 척왜와 척화는 그 뜻이 같은 것"이니 동심합력하여 연합을 통한 대일항전을 펼치자고 제의했다. 일본군에 체포된 이후에도 농민군 지도자들은 "일병이 대궐에 침범했다는 소문을 듣고 일본이 우리나라를 병탄하려는 의도임에 틀림이 없는 것이라 하여 일병을 물리치고 거류민을 구축할 것을 목적으로 하여 다시 거병했다"[229]며 왕궁 점령을 기점으로 재차 봉기했음을 확인하고 있다.

일본군에 체포된 전봉준의 다섯 차례 심문에서도 왕궁 점령 문제는 주요 이슈였다. 1895년 음2월 9일의 1차 심문에서는 재차 기포起包한 이유를 묻자 다음과 같이 답변했다.

> 귀국이 개화라 칭하고 처음부터 일언반사도 민간에 전해 알림이 없고, 또 격서도 없이 군사를 거느리고 우리 도성에 들어와 야반에 왕궁을 격파하여 주상을 놀라게 해서 움직이게 했기로 초야의 사민들이 충군애국의 마음으로 강개함을 이기지 못하여 의려義旅(의병)를 규합하여 일본 사람과 접전하여 이 사실을 한 차례 청해 묻고자 함이다.[230]

이틀 후인 2차 심문에서는 일본군의 서울 진주를 '우리나라 국토를 침략하는 것'으로 의아하게 여겼고 이에 재봉기하여 '왕궁 점령의 연유를 힐문[231]코자 했다는 점을 밝혔다. 3차와 4차 심문에서 즉시 기포하지 않은 이유를 묻자 8월경 남원에서 이 소식을 들었으나 사람들을 한꺼번에 움직이기 어려웠고 겸하여 곡식이 여무는 11월 초순까지 기다렸다가 삼례역에서 4,000여 명으로 기포했다고 했다.[232] 대일 전면전을 위해 집강소 활동을 마무리한 전봉준은 삼례를 거점으로 농민군을 다시 조직하고 준비를 완료한 후 서울을 향해 북상을 시작했다. 즉, 동학 농민군의 제2차 봉기는 일본군의 왕궁 점령이 발단이 되었던 것이다.

근대 일본을 대표하는 계몽사상가 후쿠자와 유키치福澤諭吉는 《지지신보》1894년 7월 24일 자에 〈지나支那·조선 양국을 향해 곧바로 전투를 개시하라〉는 제목의 논설을 실었다. 그는 논설에서 일본 대군이 경성 내외에 들어가 있음에도 불구하고 완고하고 사리에 어두운 조선의 관리들은 오만하게 일본의 '정당한 요구'를 대담천만하게 거절했고, 중국에 대해서는 '같은 굴에 사는 여우와 살쾡이' 같이 숭배의 미몽에서 벗어나지 못하고 있다고 평했다. 7월 27일 자 논설 〈우리에게는 파고 들어갈 곳이 없다〉에서도 일본군의 조선 출병은 "일본이 평화를 주장하는 일을 잘 알 수 있는 증거"로 이는 일본인의 평화를 사랑하는 정신에서 나온 것이고, 거류민 보호를 위한 것이라는 강변을 거듭했다.[233] 그는 청일전쟁의 승리에 대해 "살아 있다 보니 이렇게 좋은 구경도 하는구나. 먼저 죽은 친구들은 불행하다. 아, 보여 주고 싶구나!"[234]라며 몇 번이나 눈물을 흘렸다면서 감격스러워하고 있다.

그의 주장은 당시 일본 정부의 입장과도 동일한 것으로 조선 침략 명분을 민간에서 재확

전봉준(1855~1895).
전북 고창 당촌 출생으로 동학농민전쟁을 주도하면서 1차 봉기 시에는 폐정개혁안을 제시하였고, 친일개화파 정권을 타도하고 조선에 출병한 일본군을 축출하기 위해 또다시 봉기하였다. 이 사진은 법무아문으로 압송되는 시점인 1895년 2월 일본《메사마시ㅅめさまし신문》종군사진사 겸 기자인 무라카미 텐신이 찍은 것이다.

인하는 데 불과하다. 그러나 실제로 일본인 거류민에 위해가 있었는지는 확인할 수 없다. 오히려 일본군 혼성여단의 출병은 인천 조계에 거주하던 일본인들의 강력한 항의를 받기도 했다.[235] 강경파 외교론자인 일등서기관 스기무라 후카시도 "당시 서울의 상황은 매우 평온하여 사실상 많은 호위병을 필요로 하지 않았다"고 술회한 바 있다. 그는 일본군의 서울 진입을 '평지풍파를 일으키는 처사'로 규정했다.[236] 스기무라는 "동학당의 난은 근래 조선에서 희귀한 사건이지만 현재 정부를 전복할 정도로 세력을 가지고 있다고 인정할 수 없다"면서 출병을 논의하는 것은 시기상조라고 주장했다.[237]

일본에 국권이 종속된 상태에서 조선 왕실에서는 소극적 대응과 적

일본 지폐 1만 엔과 후쿠자와 유키치.
후쿠자와 유키치는 게이오대학을 설립한 교육자이자 일본 근대화의 정신적 지주로 잘 알려져 있다. 그러나 '아시아를 벗어나 유럽을 따르자'라는 '탈아입구론脫亞入歐論'을 주장하였고, 중국과 조선을 '악우惡友(나쁜 친구)'로 폄훼하면서 서구 열강들처럼 군사력을 기반으로 한 제국주의적 침략 의지를 노골화하였다.

극적 대응이 교차했다. 왕실과 대원군은 청국과 일본 사이에서 이중외교를 펼쳤지만 실제로는 일본군의 압박을 해소하기 위해 청국 정부의 군사적 도움을 갈망하였다. 그렇지만 일본의 감시와 견제로 여의치 않았다. 대원군이 동학농민군에게 보낸 밀지에서도 '왜구의 왕궁 점령'이 거론되고 있다. 안경수와 김가진 등 개화 관료들은 친일정권에 협조하고 있었던 반면 보수적 관리들은 척사위정론의 입장을 견지하면서 개화운동에 부정적 견해를 표명했다.

보수 관료나 의병들과 마찬가지로 전봉준도 이 사건을 임진왜란에 비유할 만큼 "신민이 함께 분노하는 천추에 잊지 못할 한"으로 이해하면서, 경복궁 점령에 대해 단순히 일본군뿐 아니라 일본군과 결탁한 개화파의 책임까지 물었다. 일본군의 왕궁 점령을 기점으로 동학농민군은 제2차 봉기를 시작했고 이로부터 전면적인 대일항전이 시작됐다.

3.
청국군의 동향과
일본군의 출동

1 — 청국군의 출병과 동원

청국군의 조선 출병은 1894년 6월 4일 "전라도 동학교비東學敎匪 1만여 명이 무리지어 현과 성 수십 곳을 공격하여 함락시켰는데 초무勦撫하러 간 군사가 전투에서 패배하여 대포와 병기를 잃어버린 것도 여러 건이 어서, 저희 나라의 각 군이 제압하기가 어려워 전보를 전달하여 요청하 니 파병하여 대신 초무하여 주십시오"라는 조선 정부의 요청을 청국 정부가 받아들인 결과였다.[238] 산하이콴과 산둥반도·보하이만 등에 집 결한 청국군은 아산만의 백석포를 거쳐 아산에 주둔했다. 이에 조선 정 부는 공조참판 이중하를 영접사로 파견하여 무기 수송과 통신·치안 등 을 위한 인력과 양식, 우마와 선박·뱃사공 및 이에 소요되는 각종 비용 을 제공하는 등 그들의 요구사항에 적극 협조했다.

비슷한 시기에 인천을 거쳐 서울로 들어온 일본군은 그해 7월 23일 경복궁을 무력으로 점령하고 청국군과 격전을 위해 아산으로 남하했다. 그 과정에서 일본 해군은 7월 25일 풍도 해전을 감행했고 이어 7월 29일 성환 전투에서 승리를 거두었다. 이로부터 청일전쟁의 지상전과 해상전이 본격화되었고 한반도 전역은 전쟁의 소용돌이에 휩쓸리게 되었다.

특히 청국과 일본·조선 삼국의 군대가 동시에 통과한 지역은 충청도 일원이었다. 인력과 물자 동원이 아산을 비롯한 내포 지역에 집중된 결과 그 지역민들의 피해 또한 클 수밖에 없었다. 이 지역은 무정부 상태에 빠지게 되었고 전 지역에서 피란이 일상화되었다.

이 장에서는 청국군의 중국 내 병력 편성과 조선 출병 준비 과정과 요구사항, 이에 대한 조선 정부의 영접 과정을 살피고, 아산에 도착한 청국군에 대한 인력과 우마·양식·선박 제공, 각종 비용 지출 내역 등을 구체적으로 살피고자 한다. 특히 영접사 이중하의 비망기인 《남정일기南征日記》, 음5월 1일~음6월 25일(양6월 4일~7월 27일)간 인력 동원과 우마·선박 관련 동원의 직명職名·용도별 동원 인원 및 지출 금액 내역 등을 날짜별로 상세히 기술한 〈아산현청국군병주찰시전용하성책牙山縣淸國軍兵駐紮時錢用下成冊〉 등 규장각 고문서[239]의 복잡한 내용을 각기 표로 정리하고 집중 분석했다.

병력 편성과 출병

1894년 7월 23일 일본군의 경복궁 점령을 전후로 한 청·일군의 동향을 살펴보면, 먼저 청국군 다수는 평양을 중심으로 조선 북부 지역에 포진하였다. 충청도에서는 동학농민군 토벌을 위해 각처로 파견되었던 청군의 일부가 아산으로 귀환하였다.[240] 반면 경복궁을 점령한 일본군은 이후 곧바로 교전을 위해 청국군 주력이 주둔하던 아산 지역으로 전함을 대거 급파하는 형국이었다. 7월 25일 오토리 게이스케 공사는 조선 정부에 압력을 가해 청국군을 축출하는 데 일본군의 협조를 요청한다는 형식적 절차를 마련하였다.[241] 이날 일본 해군은 아산 앞바다 풍도 일원에 있던 청국 함대를 기습적으로 선제 공격했다(풍도 해전 발발).

이로부터 청일전쟁은 본격적으로 전개되었다. 일본 외무대신 무쓰 무네미쓰는 청일 교전의 원인이 '조선의 독립'과 '내정개혁'[242]에 있다고 주장했다. 일본 정부는 이후 전개되는 아산 전투도 조선 정부의 위탁을 받아 청국군을 쫓아내는 일로부터 발단된 것이라고 국제적으로 표명했지만, 무쓰는 실제로는 일·청 양국 간의 문제라고 보았다.[243] 여기서 무쓰는 일본 측의 궁극적 목표가 청국과의 전쟁을 통한 동아시아 제패에 있음을 분명히 밝혔다.

청국군의 출동은 조선 측의 요청에 따라 이루어진 것이다. 동학농민군이 초토사 홍계훈의 경군을 격파하고 정읍 황토현을 점령하자 조선 정부는 진압 능력을 상실했다. 그 대안으로 조선에 주재한 위안스카이를 통해 북양대신 리훙장에게 구원 부대를 보내 이를 토벌해 줄 것과 '비도(동학농민군)'가 섬멸되는 대로 곧장 철군을 요청하겠다는 내용의 서한을 보냈다.

귀국의 총리(주차조선총리교섭통상사의 위안스카이의 직함을 약칭)가 빨리 전보로 북양대신에게 간청하여 병사 몇 부대를 보내어 대신 그들

[동학농민군을 말함]을 토벌하고, 아울러 우리나라의 병사와 장수로 하여금 따라다니며 군무를 익히게 해서 장래에 호위하는 계책으로 삼으려고 합니다. 사나운 비도를 섬멸하는 대로 철군을 요청하고 감히 연장을 청하지 않도록 하여 천병天兵(청국군)이 밖에서 오랫동안 고생하지 않게 할 것입니다. 이에 귀국의 총리께서 빨리 계획하여 급박함을 구제해 주시기를 요청하고 간절히 기다립니다. 반드시 조회해야 할 것입니다.[244]

이에 6월 4일 리훙장은 위안스카이에게 전영익장全營翼長을 겸임하라는 명령을 내렸고, 군대를 파견하겠다는 회답을 조선 정부에 통보했다.[245] 청국군의 출병을 요청하는 이 굴욕적인 조회문에서 조선 정부는 "임오와 갑신 양년에 중국 조정의 재조지은再造之恩에 힘입어 동토東土의 생령이 다시 감격하여 우러러 받들지 않음이 없었습니다"라고 했다. 1882년 임오군란과 1884년 갑신정변에 청국군이 조선 정부를 도와 일본군을 축출했던 역사적 사실까지 상기하며 또 한 번 '나라를 다시 만들 수 있도록 도움을 줄 것'을 간곡히 청원한 것이다.

상황의 심각성을 인식한 청국 정부는 군대를 보내기로 하고 주둔지를 아산으로 정했다. 청국에서 해로로 오기 편하고 전라도 농민군 진압에 효율적이면서 서울과도 가까운 곳이기 때문이었다. 6월 5일 서울과 인천에 주재하던 청국영사는 청국인 30명, 말 100두를 이끌고 아산으로 출장했다. 조선 관리 수 명도 청국 병사를 맞이하기 위해 아산으로 출장했다.[246] 청국에서 총병 니에시청이 이끄는 호방마보군芦防馬步軍 910명이 도남호를 타고 6월 6일 오전 6시 직예성 탕구塘沽를 출발하여 당일 오후 6시 아산 해안에 도착한 후 9일 아산현에 상륙하여 주둔했다. 니에시청은 이미 1893년 겨울에 조선의 지형을 정찰하기 위해 수행원 4~5명과 함께 톈진을 출발하여 산하이콴과 선양을 거쳐 의주로 들어왔다가 원산·서울을 거쳐 톈진으로 돌아간 바 있었다.[247]

이후 직예제독 예지차오가 이끄는 유방楡防 각 영營 1,055명이 2척의 윤선으로 8일 하오 출발하여 10일 하오 3시 아산에 도착했다. 이어 총병 시아칭윈夏靑雲이 이끄는 마대馬隊 100명, 한뢰병旱雷兵 100명 및

〈표 3〉 직예제독 예지차오와 태원진 총병 니에시청 등의 부대 구성

지휘관	부대명	인원
직예제독 예지차오	정정연군正定練軍 중영中營	500
	정정연군 우영右營	500
	정정연군 전영前營	210
	정정연군 좌영左營	210
	친병 마보소대馬步小隊	80
	산하이콴山海關 무비학생武備学生	25
태원진 총병 니에시청	고북구연군古北口練軍 우영	500
	무의군부武毅軍副 중영	300
	무의군노武毅軍老 전영	300
	톈진天津 무비학생	10
기명제독記名提督 장치캉江自康	인자仁字 정영正營	500
	인자仁字 부영副營	500
유격遊擊 판진산潘金山	의승義勝 전영前營	200
	문무관원	45

* 戚其章, 《甲午戰爭史》, 上海人民出版社, 2005, 64쪽 참조.

보대步隊 300명이 25일 아산현에 도착하여 아산 주둔 청군은 총 2,465명이 되었다.[248] 7월 24일에는 장치캉江自康이 이끄는 인자영仁字營이 도착하여 총 병력은 3,880명에 달했다.

청국은 추가로 웨이루쿠이衛汝貴·마위쿤馬玉昆·쭤바오구이左寶貴 등이 인솔하는 군사를 평양에 파견, 아산과 평양 일대에는 7월 17일까지 총 1만 4,000여 명의 청군이 주둔하게 되었다. 〈표 4〉는 당시 일본군에서 파악한 산하이콴·뤼순·펑티엔 등지에서 아산과 평양 방면으로 출동한 청국군 병력과 잔류병력 현황이다.

출동 초기 청국군은 동학농민군 토벌보다는 '천자나라[天國]'의 위엄을 과시하는 데 치중했다. 이는 과거 임진왜란 시 조선 출동 명나라군의 '재조번방再造藩邦[번속屬國]', '재조지은'의 새로운 형태를 기대했기 때문이다. 예컨대 총병 니에시청과 직예제독 예지차오가 지방 인민과 동학농민군에게 각각 고시한 훈유문에 "중국이 속국을 애휼하여 좌시하여 구하는 것을 참지 않고"[249]와 "대황제께서 번진을 걱정하여 요청을 재가하셨다"는 내용이 보인다. 그런데 앞의 문구는 고종이 중국에 급히 보낸 전보의 내용을 그대로 반영한 것이다.

대황제께서 번진을 걱정하여 요청을 재가하셨다. 본 군문이 명을 받들어 토벌을 독려하여 밤에도 쉬지 않고 건너왔다. 부대는 모두 수많은 싸움을 치른 군대로 한번 공격하여 그들을 평정하는 것을 어려워하지 않는다. 협박을 받은 백성은 시세에 떠밀리고 또한 기꺼운 마음으로 적을 따른 것도 아닌데, 모두 죽임을 당할 것이니, 양인과 악인을 구분하지 못하는 것이 걱정스럽다. 마음에 실제로 차마 하지

<表 4> 조선에 파견된 중국 병력 현황

출발지	주둔 병사 수	조선 출병				잔류병
		출발 월일	아산	압록강		
산하이콴	-보병 2,000명 -기병 290명 -포대포병 200명 -수뢰병 100명	6월 8일 오후, 당일 밤, 9일 아침	920명 (내 20명은 학생), 구포白砲 6문 (후에 산포山砲 4문으로 교체)			-보병 1,100명 -기병 250명 -포대포병 200명 -수뢰병 40명
		6월 22일 오후				
루타이 芦台	-보병 1,600명 -기병 300명	6월 7일 아침	700명, 산포 8문, 마 80필			-보병 300명 -기병 200여 명
		6월 22일 밤	300명 (내 기병 50명)			
		7월 21일 아침	300명			
베이탕 北塘	-보병 2,600명 -포대포병 200명 -수뢰병 150명	7월 22일 아침	1,200명, 포 6문			-보병 300명 -포대포병 200명 -수뢰병 100명
		7월 23일 밤	1,030명 (내 수뢰병 30명)			
		7월 4일 아침	산포 4문, 포병 100명은 톈진병			
샤오짠 小站	-보병 5,200명 -기병 120명 -포병 2,600명	7월 22일 아침		3,000명	산포 20, 케셜링 24문	700명
		7월 23일 아침		3,000명		
		7월 28일, 29일		1,200명		
뤼순커우 旅順口	-보병 7,000명 -기병 400명	7월 20일 전후		2,000명		-보병 5,000명 -기병 400명
펑티엔 奉天		7월 20일 전후		2,500명		
계			3,400명	1만 1,600명		

* 〈朝鮮派遣淸軍ノ狀況(3)〉, 明治 27年 7月 3日~9月 15日, 堤虎吉, 大島 小將. 〈報四(49) 朝鮮二派遣セル支那兵力〉(防衛省 防衛硏究所, 〈海軍省公文備考, 明治278年 戰史編纂準備書類〉 9)을 참고하여 작성.

못하고 고시를 내어 알아듣도록 타이르니, 이 고시를 여러 읍의 사람들은 잘 알아야 한다. 너희들 중에 협박을 받은 양민은 기미를 보아 해산을 했는데, 혹시라도 군영에 와서 스스로 투항하면, 본 군문은 관대하게 용서하고 결코 심하게 처벌하지 않을 것이다. 무지하고 어리석은 백성 가운데 적에게 잘못 쓰이고, 진심으로 일을 하지 않은 사람이 만약 병기를 버리고 죄를 뉘우쳐서 투항한다면, 역시 편안하게 맞이하는 것 외에 은혜를 베풀 것이다. 내가 정벌을 하는데, 너희들과 약속한다. 싸움터에 나가는 때에 무기와 성을 버리는 자는 결코 죽이지 않지만, 무기를 가지고 저항하는 사람은 바로 창과 포로 죽이지 않고 서서히 베어 사람들에게 보일 것이다. 너희가 만약 스스로 목숨을 돌아본다면 비도의 우두머리가 되지 마라. 공포한 것을 특별히 알리니 모두 잘 알라.

1894년 5월 11일 고시[250]

이로써 청국군은 조선 정부로부터 인력 동원, 군수물자와 숙소·자금을 영접사를 통해 공급받으면서 활동을 개시하게 되었다.[251] 그러나 일본과의 본격적인 전투가 시작되고 전력의 열세로 위기 상황이 연이어지자 청국군은 미진한 부분을 직접 징발하는 것으로 해결했다. 당시 충청도 면천에 유배 중이던 김윤식의 기록에 의하면 아산에 상륙한 청국 병대가 촌민을 잡아들여 무수히 구타하고 어선을 나포하여 둔포屯浦로 물건을 실어 가는 바람에 "연해 수십 리의 촌락이 도망하고 흩어져 텅 비게 되었다"고 한다.[252]

청국군의 요구사항과 영접 준비

청국군의 아산 도착 직전 위안스카이는 조선 정부에 군대의 요구사항과 비용, 영접관을 통한 접대 및 인부 동원 등을 아래와 같이 제시했다.

一. 신속하게 짐을 실을 말 200필과 소 50필을 준비하여 군대를 따라 다니며 군량과 기계를 운송하는 데 쓰게 하고, 반드시 5필마다 두목 1명을 파견하여 매일 관리원을 임명해 먹을 것을 나누어 주고 소와 말을 먹여 기른다. 평상시에 소와 말을 운송할 때에는 반드시 해당 지방관이 품삯을 대신 지불한다.

一. 평상시에 사용하는 기마 50필을 신속하게 준비하여 전후의 정탐에 쓰이는 데 대비한다. 말마다 이름을 적어 군무를 기다리고, 군무가 끝나면 바로 돌려준다.

一. 옛 병사 중에 젊고 건강한 보병 40명과 두목 4명을 파견하여, 각 군대에 나누어서 따라다니며 잡다한 일을 해줄 것을 요청한다. 매일 관리원을 시켜 먹을 것을 헤아려서 나누어 준다.

一. 실력 있는 통역관 몇 명을 신속하게 선발하여, 각 군대에 나누어서 따라다니며 통역에 편리하도록 해주기를 요청한다.

一. 반드시 각처 지방관에게 먼저 관문으로 지시하여, 군대가 지나가는 지방에 길과 농사 사정을 잘 아는 믿을 수 있는 군교 몇 명을 보내어 길을 안내하게 하고 아울러 쌀·땔감·말먹이 등을 마련하는 일을 돕는다.

一. 중신 1명을 파견하여 군대를 따라다니며 일체의 군무를 상의해 처리한다. 죄를 지어 생포된 군병이 있으면 해당 관원이 심문하여 처벌한다. 아울러 각 도의 조선 병정을 징발하여 그들을 도와 지킨다.

一. 포원捕員 몇 명을 파견하여 복역 중인 군교를 데리고 군대를 따라가서 비도의 도망을 막되 바로 각 지방의 포교와 약속하여 포위해서 잡는다.

一. 약간의 젊은 장수를 파견하여 군대를 따라다니면서 전쟁하는 진법을 보고 익히게 하여 장래에 부대를 인솔할 수 있는 선발장교로 삼는다.

一. [누락]

一. 익숙한 뱃사공을 파견해 내지의 각 포구에 작은 화륜선 2척을 보내어 배를 끌기에 편리하도록 일체 연결한다.

一. 편지를 받는 대로 아산의 지방관에게 관문으로 지시하여 군병이 도착할 때 위의 일과 품삯을 대신 주는 일을 처리하게 하고, 배로 많이 운송하여 해안에 내리는 것을 편하게 한다.

一. 편지를 받는 대로 전국電局에 지시하여 바로 천안 일대에 사람을 보내어 임시로 지선을 설치하여 아산까지 군대의 소식을 전달하는 데 편하게 한다.[253]

청국군의 요구사항은 영접사의 명령에 따라 충청 관찰사를 통해 산하 각읍에 지시되었고 전주감영에도 전보로 알렸다.[254] 그러나 수천 명의 병력이 배에서 내리는 것을 감당하기에는 선박과 말이 부족했고, 막대한 비용 또한 춘궁기에 지방관이 마련하기에는 어려운 상황이었다. 이에 조선 정부에서도 지역 간 불화가 생길 것을 우려했고, 설령 어렵게 마련할 방도가 있더라도 나라의 계획과 지역의 형편까지 살펴야 하기에 매우 우려되는 상황임을 실토했다.[255]

아산현감 정인진도 6월 3일과 4일에 청국 군함의 상륙 준비를 주민들에게 통고했다. 그는 부선艀船(바지선)에 충용하기 위해 원래 공미貢米 운반용으로 정박하고 있던 10척의 배와 다른 배 10척을 징발했고, 가구당 1명씩 총 80명의 인부를 징발토록 하는 한편 아산부터 천안까지 약 60리의 전신선을 가설했다. 객주와 여각 매 호당 100관문을, 기타 자산의 빈부에 따라 10관문부터 50관문씩 헌납토록 했다.[256]

아산만에 정박한 청국 군함들은 6월 8일부터 조선 선박을 징집하여 군대 상륙을 시도했다. 청국군은 조선 정부로 하여금 현지 주민을 동원하여 서울로 통하는 도로를 수리케 하는 한편 성환의 전신국을 접수하고 백석포를 군량기지와 물자 야적장으로 삼아 일본군의 거동에 주의하고 있었다.[257] 청나라 군대의 상륙 이전부터 충청 관찰사는 그들을 영접하는 것에 대해 크게 우려하

니에시청聶士成(?~1900).
안휘성 허페이合肥 출신으로 일찍이 염군捻軍 토벌에 종군하였고 1892년부터 산시성 태원진 총병을 맡았다. 1894년 청일전쟁 시에는 직예제독 예지차오와 함께 조선에 출병하여 성환과 평양에서 일본군과 전투를 치렀다. 이후 1900년 의화단 봉기를 빌미로 한 8개국 연합군의 베이징 진격을 저지하기 위한 톈진 방어작전을 지휘하던 중 전사하였다.

고 있었다.[258]

인천 일본영사 노세 다츠고로의 보고에 따르면 청국군은 아산 둔포에 있는 조선 선박을 나포하고 인부를 모집했고, 전신 가설을 중지했으며, 민간의 소를 빼앗았다고 한다. 직산현감은 청국군 군량미로 공미貢米 200석을 지급해야 했다.[259] 또 부족한 마필은 홍주의 목장에서 징발하고, 홍주와 청주에는 말먹이용 큰 콩[大豆]을 아산으로 급히 보낼 것을 요구했으며, 만일 제때 도착하지 않으면 군법으로 엄하게 단속했다.[260] 일본군의 정찰보고에 따르면 아산에서 멀리 떨어진 수원부에서도 징발을 시행하자 말이 있는 자들은 숨겼고, 인부와 마부들은 청국군을 매우 두려워했다 한다.[261]

니에시청은 동학농민군 토벌을 위해 기병 60명을 이끌고 전주로 청찰을 나갔다. 그는 전주에서 농민군의 정세를 탐문하고, 은전 1,806원을 전주부 내 화재를 입은 집에 집수리와 생업에 보태도록 호당 2원씩 나누어 주었다.[262] 니에시청이 인솔하는 청나라 군대 2,000여 명이 아산에서 전주와 고부로 출동한다는 영접사의 전보를 받은 전라도에서도 청국군 출동과 그들의 요구사항에 대비하면서 매우 우려하고 있었다.[263] 그러나 위안스카이를 통해 "지금 국면이 이미 진정되었고 동학민비民匪도 사방으로 흩어져 갔으니 깊숙이 들어갈 필요가 없다"는 조선 국왕의 조서를 받은 니에시청은 7월 10일 아산으로 되돌아왔다.

이후 성환에서 일본군과의 전투가 시작되는 7월 29일까지 청국군은 아산을 비롯한 인근 여러 곳에 진을 치고 주둔했다. 충청도 관찰사의 보고처럼 그 과정에서 아산뿐 아니라 인접한 여러 고을에서 허다한 접대 비용이 지출되어 민폐가 되었다.[264] 이와 관련하여 최근 공개된 아산현 선교리 장흥 임 씨 종중문서의 〈소지所志〉가 주목된다. 당시 청국 군의 핵심이 진을 치고 있던 현 아산시 영인면 월선리에서 이준승·임 희수를 비롯한 지역민 14명이 청국 군함이 아산 외양에 들어오면서부 터 늘어난 잡역을 줄여 달라고 영접사 이중하에게 연명으로 청원서를 제출했다. 이들은 부역을 나가는 것이 8~9회에 달할 정도이고 땔감 제 공은 물론 향후 청국군의 이동 시에 짐꾼으로 동원될 수밖에 없는 상황 이 될 것임을 예견했다. 이에 영접사도 "잔반殘班의 궁핍한 마을에 국역 이 매우 빈번하니 퍽 염려된다. 이후 참작하여 헤아리겠다"고 그 같은 사실을 우려하고 있었다.[265] 그사이 7월 25일에 '한양의 변고', 즉 7월 23일 일본군의 경복궁 점령 소식을 영접사로부터 상세히 들은 니에시 청은 군대를 북쪽으로 전진시키던 중 서울로부터 전보를 받자 진군을 중지하고 성환역에 머물고 있었다.[266]

영접관 편성과 영접 내용

비상 상황에서 영접관에 임명된 공조참판 이중하李重夏는 청국군의 아 산 진주와 이들에 대한 영접 및 인력과 물품 지출 내역의 전 과정을 매 일매일 일기와 성책으로 남겼다. 이 중 《남정일기》에서 언급한 중요 영 접 사항을 살펴보면 다음과 같다.

이중하는 6월 6일 아침 서울을 출발하여 평택과 둔포를 지나 당일 저물녘에 아산 백석포에 도착했는데, 아산현감 정인진과 온양군수 서만 보, 직산현감 이봉우 등이 모두 나와 청국 군함을 기다리고 있었다. 그 는 이들과 함께 응접에 관한 일들을 준비하는 한편, 주위의 각읍에 각별 히 경계하라는 훈령을 내렸다.[267] 6월 7일 아침 일찍 인천 주재 청국영사

리우융칭劉永慶이 윤함을 타고 각종 물건을 싣고 왔다. 그는 이중하에게 청국 군대의 도착 예정일 등을 설명하면서, 아산의 포구는 물이 얕은 까닭에 청국 함대는 앞바다의 내도內島에 정박하고 작은 배로 물자를 운반할 것이라고 설명했다.[268]

6월 8일 통령 니에시청의 함대 1척과 소륜함 1척이 아산만에 도착했다. 이중하는 함대로 가 니에시청과 그 일행에게 위로와 문안의 뜻을 전하고 대화를 나누었다. 이중하가 군사 수를 묻자 니에시청은 보대 1,000과 기병 100을 거느리고 왔고, 예지차오의 보대 1,500과 기병 150은 다음 날 하오에 도착할 것이며, 보대 2,500과 기병 500은 며칠 내로 도착할 것이라고 했다. 이중하는 경전국京電局과 충청감영에 청국 군함이 도착했음을 알렸다.[269] 니에시청 부대의 아산 상륙은 6월 9일 새벽 무렵부터 시작되었는데, 작은 배로 군량과 군기[糧械]를 운반하느라 종일 부산했다.[270] 6월 10일 직예제독 예지차오의 군함 1척이 내도 앞바다에 도착했다. 이중하는 위로와 문안의 뜻을 전달하고 되돌아왔다.[271] 그러나 니에시청의 경우와는 달리 예지차오 부대는 배와 말의 준비 문제로 상륙이 지연되었다. 6월 11일 아침 일찍 조수가 밀려올 때 예지차오 군대는 배를 타고 백석포로 향했고, 영접사도 작은 배로 그 뒤를 따랐다. 이들은 육지에 내려 아산읍에 들어가 관사에 머물렀다.[272]

이중하는 6월 12일 오후에 "초토사가 초8일(양력 6월 11일) 사시에 크게 이겨 비류匪類들이 도망가고 흩어졌다"는 충청감사의 전신을 받았다. 이에 그는 예지차오를 찾아가 전후 사정을 설명하고 적도들이 이미 흩어졌으니 진군할 필요가 없다는 뜻을 전했다. 이중하는 잠시 정탐을 기다린 후 행군할 것인지 여부를 결정하자고 완곡히 제안했다. 그럼에도 예지차오는 "공주에 도착하여 친히 적들의 형세를 살펴본 연후에 행군할 것인지 여부를 결정하겠다"고 일축했다.[273] 예지차오는 다음 날 인 6월 13일 오후 수행원을 보내 위안스카이 관사에서 보내온 전신 내용을 전했다. 이에 따르면 "전주의 비류들이 도망치고 흩어졌다 하니 자신의 부대는 행군을 늦추고 별도로 사람을 파견하여 실정을 탐문한 후 다시 행군할지 여부를 결정하겠다"고 통보한 것이었다. 예지차오 부대는 행군을 멈추고 아산 읍내에 머물렀다. 이중하는 위로하는 차원에 서 청국군 진영에 쌀 200석, 소 10마리를 나누어 보냈다. 또한 "읍촌에 서 백성들을 뽑아 군에서 필요한 땔감과 말먹이 등 각종 짐을 지도록 하되 이는 모두 값으로 쳐서 지급할 것이다"[274]라는 내용의 포고문을 내걸었다.

동원 내용 분석

1-인력 동원과 비용 지출 내역(6월 4일~7월 17일)

아산에 출병한 청국군을 영접한 조선 정부는 인력과 우마·양식·선박 등 을 제공했다. 처음에는 아산 지역의 중심 포구인 백석포를 거점으로 준 비했고, 청국군이 아산 인근 바다에 정박하면서는 백석포와 내도의 청국 군함을 왕복했는데, 모원리·공세리·신성리의 공원公員과 존위尊位 및 현 청 관리가 나와서 맞았다. 청국군이 양륙을 마친 뒤에는 아산을 중심으 로 인력과 우마 등을 제공했다. 청국군은 아산에 본영을 두고 수륙 연락 의 병참기지로 삼는 한편 백석포에서는 병기 재료와 식량 등 군수품을 집적하였다.

먼저 〈표 5〉는 6월 7일 인력 동원과 각종 비용의 지출 내역이다. 사전준비를 마치고 동원이 본격화된 첫날인 당일은 백석포를 중심으로 인력과 우마를 동원했다. 영접관 이중하를 비롯해 이하 군관·통역·영리 등 9명이, 서울에서도 병정과 호행관·전보국 주사·차비관·교꾼·마부·포교 등 39명과 순영의 군관도 참여했다. 예지차오를 비롯한 청국 장수 4인을 위한 교꾼도 8명을 준비했다. 가장 많은 인원은 아산과 성환·신창·온양·평택·직산 등 인접 지역에서 차출한 우부牛夫와 각사와 각역 및 금정·이인 등 원격지에서 차출한 마부 등으로 도합 758명이나 되었다. 그 외에 짐꾼도 150명, 아산의 운량소運糧所 하인도 43명으로 많은 비중을 차지한다. 군수품 운반을 위한 인원이었다. 이 문서 자료에서 '상국인上國人'으로 표기된 것은 영접을 나온 인천영사 리우용칭을 비롯한 조선 주재 청국인들로 총 37명이었는데 이들의 비용도 조선 정부 측에서 지불했다.

척후를 위한 보당步塘도 동원했는데 성환에서 1명을 차출하고 1냥 5전을 지불했으나 보당좌우사의 경우는 180냥의 지불만 기재되어 있고 인원은 명기하지 않고 있다. 이들은 보부상 조직을 말하는데[275] 충청도 관찰사는 지역 주민과 보부상을 보당으로 삼아 둔포와 천안 사이 매 10리에 20명씩 열을 지어 늘어서게 하였다.[271] 성환 보당과 동일 비율의 임금으로 계산하면 이날 동원된 보부상은 산술적으로는 120명 정도로 추측할 수 있다. 일부 인력 동원이 필요 없는 마혜가馬鞋價·지응전支應錢·지물가紙物價 등은 당연히 비용 지출만 기재되어 있다. 당일 하루에만 총 1,050명이 동원되었고 비용 지출은 3,032냥 9전이었다.

그런데 동원된 인력들의 노동시간은 각기 차이가 있어 일률적으로 계산할 수는 없다. 예컨대 하루 종일 동원된 경우 아침·낮·저녁, 즉

<표 5> 청국군 아산 출병 시 동원 인원 및 지출 비용 내역

(음5월 4일(양6월 7일))

지역	직명별/용도별	인원	금액	비고(시간)
백석포	영접사迎接 使道	1	10냥 5전	조·오·석 朝午夕 3시
	군관軍官	1	10냥 5전	
	대솔帶率, 통사通辭, 영리營吏 등	7	31냥 5전	
	경영병정京營兵丁	10	45냥	
	순영군관巡營軍官	1	10냥 5전	
	경호행관京護行官	1	10냥 5전	
	대솔帶率	4	18냥	
	전보국 주사電報局 主事	1	10냥 5전	
	경차비관京差備官	3	21냥	오·석 양시兩時
	상국인上國人	4	6냥	석 1시
	성환 보당成歡步塘	1	1냥 5전	
	상국인上國人	33	69냥	20인 조 1시, 13인 오·석 양시
	통사通辭	2	9냥	조·오·석 3시
	마부馬夫	9	40냥 5전	
	금정 마부金井馬夫	43	64냥 5전	조 1시
	이인 마부利仁馬夫	65	22냥 5전	
	순영집사巡營執事	3	9냥	조·석 양시
	아산 우부牙山牛夫	5	7냥 5전	조 1시
	각읍 우부各邑牛夫	58	87냥	
	호분위 마부虎賁衛 馬夫	11	16냥 5전	
	경호위 교정京護衛 轎丁	6	9냥	
	미태운래 우부米太運來牛夫	36	36냥	오 1시
	호분위 마부	11	16냥 5전	석 1시
	경호행소 교정京護行所 轎丁	6	9냥	

지역	직명별/용도별	인원	금액	비고(시간)
백석포	경마부京馬夫	2	3냥	석1시
	통사마혜가通辭馬鞋價	7	3냥	조·오·석 3시
	경포교京捕校	7	31냥5전	
	보당좌우사步塘左右社		180냥	
	운량소 아산하인運糧所 牙山下人	43	193냥	
	영접소 마부迎接所 馬夫	6	27냥	
	각사 각역 마부各司 各驛 馬夫	89	357냥5전	
	차비소 마부差備所 馬夫	2	5냥	오·석 양시
	통사 마부通辭 馬夫	5	12냥5전	
	역군役軍	150	225냥	석1시
	성환 우부成歡牛夫	20	60냥	조·석 양시
	신창 우부新昌牛夫	45	135냥5전	
	온양 우부溫陽牛夫	63	189냥	
	평택 우부平澤牛夫	69	200냥7전	
	아산 우부牙山牛夫	147	441냥	
	직산 우부稷山牛夫	72	216냥	
	대진大陣 4인人 교정轎丁	8	20냥	
	영접사또 내도內島 행차 시 선중지응전船中支應錢		20냥	
	통인지물가 유첩通引紙物價 有帖		141냥7전	
	총계	1,050명	3,032냥9전	

조·오·석[朝午夕] 3시간으로, 오전 동원은 '조'로, 낮에는 '오'로, 저녁에는 '석', 아침과 저녁 동원은 '조·석'으로, 낮과 저녁은 '오·석'으로 기재한 것으로 보인다. 여기서 '시'는 '시간'보다는 '때'의 의미로 사용된 듯하다.

〈표 6〉과 〈표 7〉은 6월 8일과 6월 9일의 동원 인원 및 지출 내역이다. 6월 8일부터 아산 외양에 정박해 있는 청국 군함으로부터 백석포로 본격적인 하역이 이루어지기 시작했다. 그 결과 동원 인원도 각기 1,198명과 1,563명으로 늘어났고, 비용도 4,429냥 5전과 5,250냥 53전으로 증가했다. 이날부터 경영병정·대솔·마부는 3일 연속, 호행온양관은 2일 연속, 교정은 2일 내지 3일, 순영군관 하인의 경우는 2일 내지 4일에 걸쳐 동원되기도 했다. 이후 인력과 비용의 용도는 약간 차이가 있었지만 청국군이 안정적으로 아산에 주둔하기까지는 비슷한 패턴으로 지속되었다.

〈표 8〉은 음5월 1일~음6월 15일(양6월 4일~7월 17일)까지 44일간 동원된 인원 및 지출 비용을 일자별로 정리한 것이다. 총 37일간 연인원 3만 4,612명이 동원되었음을 알 수 있다. 5월 2일의 기재 내용 일부 누락, 5월 3일의 전체 기록 누락, 5월 12~13일의 일부 기록 누락, 6월 8~10일 3일간 기록 누락 등으로 7일간의 내용은 확인하기 어렵다. 하루에 동원된 인원은 평균적으로 935명 정도로 추산된다.

음5월 1일과 2일은 아산현에서의 사전준비 내용으로 첫날은 청국인 3명, 통사 1명, 마부 4명에 불과했고 상대적으로 지출 비용도 적었음을 알 수 있다. 5월 4일부터 백석포에서 인원을 동원하기 시작하면서 그에 따른 비용이 지출되었다. 다음 날인 5일부터 9일까지는 내도에 정박한 청국 군함과 백석포 사이 인원 왕래가 본격화되면서 인원과 비용 지출도 가장 많았던 것으로 보인다. 5월 9일은 총 2,682명으로 최다 인원을 기록했다. 그러다가 청국군 본진이 상륙을 마친 5월 10일 이후부터 인력 동원은 점차 줄어드는 추세인 것을 알 수 있다.

<표 6> 아산 청국군 주차 지출 비용 내역(음5월 5일(양6월 8일))

지역	직명별/용도별	인원	금액	비고(시간)
내도內島 행차 시 선중船中	영접사또		7냥	조·오 양시兩時
	군관	1	7냥	
	대솔병정, 집사, 통사, 영리 등	10	30냥	
	통인通引	2	6냥	
	흡창吸唱	2	6냥	
	경차비관	3	21냥	
	순영군관	1	7냥	
	종인從人	1	3냥	
내도	영접사또	1	10냥 5전	석 1시
	군관	1	10냥 5전	
	대솔, 집사, 통사, 영리 등	9	13냥 5전	
	통인	2	3냥	
	흡창	2	3냥	
	경차비관	3	4냥 5전	
	순영집사	1	1냥 5전	
	경영병정	6	45냥	5일 석~7일 조
	순영집사(2), 사령(1)	3	4냥 5전	조 1시
	집사(2), 사령(1)	3	4냥 5전	오 1시
백석포	경호행관	1	7냥	오·석 양시
	유대인劉大人	1	3냥 5전	오 1시
	전보국 주사	1	10냥 5전	조·오·석 3시
	영접소 별배別陪	1	4냥 5전	
	경영병정	2	9냥	
	상국인	17	51냥	오·석 양시
	영접소 하인	2	6냥	
	경호행소병정	2	6냥	

지역	직명별/용도별	인원	금액	비고(시간)
백석포	통사	4	12냥	오·석 양시
	유주사愉主事	1	3냥 5전	석 1시
	성환 보당	1	1냥 5전	조 1시
	경호행관	1	3냥 5전	
	대솔	5	7냥 5전	
	교정轎丁	4	6냥	
	순영사령	1	1냥 5전	
	상국인	13	39냥	오·석 양시
	통사	4	12냥	
	마부	9	27냥	
	호행온양관護行溫陽官		17냥 5전	3일 석~5일 조
	대솔, 교정, 마부 등	17	127냥 5전	
	경포교	7	31냥 5전	조·오·석 3시
	역보종驛步從	20	80냥	
	별초別抄	34	150냥	
	각사 각역 마부	200	802냥 5전	
	영접소 마부	6	27냥	
	대인기마부	15	60냥	
	통사 마부	7	28냥	
	역군	150	600냥	
	온양영우장敎溫陽領牛將校	6	45냥	3일 석~5일 조
	소파류 마부所把流馬夫	3	21냥	
	운량소 아산 하인	43	193냥	조·오·석 3시
	보당좌우사		180냥	
	대진大陣 4인 교정轎丁 왕래세往來貰		28냥	

지역	직명별/용도별	인원	금액	비고(시간)
백석포	성환 우부	29	87냥	조·석 양시
	신창 우부	45	135냥	
	직산 우부	72	216냥	
	아산 우부	210	630냥	
	온양 우부	62	186냥	
	평택 우부	91	273냥	
	호분위 마부	13	19냥 5전	조 1시
	유대별초留待別抄	15	60냥	조·오·석 3시
	호분위 마부	13	13냥	오 1시
	강죽 운래 마부糠粥 運來 馬夫	3	3냥	
	마호주馬戶主	1	4냥	조·오·석 3시
	백석포 시운래 복군柴運來 卜軍	7	10냥 5전	석 1시
	호분위 마부	2	3냥	
	경호행관 교정	6	18냥	오·석 양시
총계		1,198명	4,429냥 5전	

〈표 7〉 아산 청국군 주차 지출 비용 내역(음 5월 6일(양 6월 9일))

지역	직명별/용도별	인원	금액	비고(시간)
내도	영접사또	1	4냥 5전	조·오·석 3시
	군관	1	4냥 5전	
	대솔, 집사, 통사, 영리 등	6	27냥	
	통인	1	4냥 5전	
	순영집사	1	1냥 5전	조 1시
	흡창	2	6냥	조·석 양시
	ㅁ(판독불능)	1	1냥 5전	오 1시
	경차비관	3	13냥 5전	조·오·석 3시

지역	직명별/용도별	인원	금액	비고(시간)
내도	차비소 하인	1	3냥	오·석 양시
	통사通詞	1	3냥	
	수교首敎	1	3냥	조·오 양시
	홍주전관고가洪州傳關雇價		10냥	
	순영집사(2), 사령(1)	3	4냥 5전	석 1시
	백석포 전인 고가專人 雇價		5냥	
	마필 하륙 시 지로군馬匹下陸時 指路軍	4	20냥	
	상국인 식가食價		1냥 5전	
백석포	전보국 주사	1	10냥 5전	조·오·석 3시
	영접소 별배	1	4냥 5전	
	경영병정	2	9냥	
	경호행관	1	3냥 5전	조 1시
	대솔	4	6냥	
	상국인	30	45냥	
	통사	7	10냥 5전	
	유주사俞主事	1	3냥 5전	
	상국인(17), 통사(3)	20	64냥 5전	오·석 양시
	인천통사	3	4냥 5전	석 1시
	총어영 집사總禦營 執事	1	1냥 5전	
	경영병정(내도內島에서 옴)	2	3냥	
	상국인	13	19냥 5전	조 1시
	통사	4	6냥	
	경호행관	1	7냥	오·석 양시
	대솔	4	12냥	
	군이 모집하여 사역한 목수	4	12냥	
	호행온양관護行溫陽官	1	10냥 5전	5일 오~6일 조
	대솔	16	72냥	

지역	직명별/용도별	인원	금액	비고(시간)
백석포	경포교	7	31냥 5전	조·오·석 3시
	보당좌우사		180냥	
	별초	44	176냥	
	대진大陣 4인 교정轎丁		44냥	
	역보종驛步從	20	80냥	
	각사, 각역 마부	223	894냥 5전	
	운량소 아산 하인	43	193냥 5전	
	대인기마부	15	60냥	
	역군	168	673냥	
	영접소 마부	6	27냥	
	순영리 마부巡營吏馬夫	1	4냥 5전	
	각사, 각역 마령래馬領來	12	48냥	
	통사 마부	9	36냥	
	통사류이식가通詞流伊食價		30냥	
	경호행관 교정	6	10냥	3일 석~4일 조
	전보소 교정(4), 하인(2)	6	48냥	4일 석~6일 조
	순영군관 하인	4	57냥	3일 오~6일 석(3), 3일 오~4일 석(1)
	집사 및 사령 유연 식가留連食價		16냥	
	내도 재송內島載送		200냥	
	성환 우부	29	87냥	조·석 양시
	신창 우부	45	235냥	
	직산 우부	92	270냥	
	아산 우부	207	622냥	
	온양 우부	63	86냥	
	평택 우부	91	273냥	
	온양영우장교溫陽領牛將校	4	18냥	조·오·석 3시
	소파 류마부所把流馬夫	3	13냥	

지역	직명별/용도별	인원	금액	비고(시간)
백석포	호분위 마부	11	16냥 5전	조 1시
	각역 마부	30	45냥	
	경호행관 교정	6	18냥	오·석 양시
	호분위 마부	14	27냥	조 1시
	대인 교정	4	4냥	오 1시
	진중 마초가		5냥	
	치중운래 마부	15	22냥 5전	석 1시
	장위영壯衛營 마부	1	1냥 5전	조 1시
	유대留待 마부	6	6냥	오 1시
	금정 마부	1	1냥	
	운량복군 요기채運糧卜軍 饒飢債	5	5냥	
	평택 우부	36	36냥	오 1시
	아산 우부	33	33냥	
	온양 우부	69	69냥	
	신창 우부	45	45냥	
	호분위 마부	14	21냥	석 1시
	유대 마부	6	9냥	
	유대역인留待驛人	2	3냥	
	백지白紙 2속가束價, 통사通詞		5냥	
	상국인 마부	1	2냥 5전	오·석 양시
	광주 마부(14), 영군領軍(3)	17	25냥 5전	석 1시
	포수砲手	7	28냥	조·오·석 3시
	백지白紙 4속가, 각처상各處上		12냥	
	총계	1,563명	5,250냥 5전	

〈표 8〉 아산 청국군 주차 시 동원 인원 및 지출 비용 일자별 내역

(음5월 1일~음 6월 15일(양6월 4일~7월 17일))

일자	지역	인원	지출 비용
5월 초1일		총 8명	16냥
5월 초2일	아산현	누락	203냥 5전
5월 초3일		누락	누락
5월 초4일	백석포	총 1,050명	3,032냥 9전
5월 초5일	내도 행차 시 선중, 내도, 백석포	총 1,198명	4,429냥 5전
5월 초6일	내도와 백석포	총 1,563명	5,250냥 5전
5월 초7일	내도와 백석포	총 1,443명	5,321냥 9전
5월 초8일	내도, 선중, 백석포	총 1,847명	7,472냥 3전
5월 초9일	백석포, 내도	총 2,682명	5,994냥 9전
5월 10일		총 1,097명	2,819냥 5전
5월 11일		총 1,675명	3,137냥 4전
5월 12일		누락	누락
5월 13일		누락	3,237냥 5전
5월 14일		총 1,216명	2,775냥 9전
5월 15일		총 1,342명	2,604냥 5전
5월 16일		총 1,223명	7,225냥 2전
5월 17일	아산	총 890명	2,320냥
5월 18일		총 703명	2,765냥
5월 19일		총 992명	7,357냥 5전
5월 20일		총 928명	2,856냥
5월 21일		총 843명	1,786냥 5전
5월 22일		총 798명	1,801냥
5월 23일		총 722명	2,282냥 7전 5푼
5월 24일		총 652명	1,674냥 5전
5월 25일		총 280인	1,838냥 7전 5푼

일자	지역	인원	지출 비용
5월 26일		총 249명	1,241냥 5전
5월 27일		총 132명	1,036냥 3전
5월 28일		총 467명	1,406냥
5월 29일		총 645명	1,454냥 5전
6월 초1일		총 657명	1,631냥
6월 초2일		총 539명	1,993냥 6전 5푼
6월 초3일		총 614명	1,486냥
6월 초4일		총 717명	1,765냥 9전 5푼
6월 초5일	아산	총 725명	1,724냥
6월 초6일		총 759명	1,964냥 5전
6월 초7일		총 1,083명	2,306냥 5전
6월 초8일			
6월 초9일		누락	누락
6월 10일			
6월 11일		총 1,026명	2,167냥 5전
6월 12일		총 994명	2,121냥 3전
6월 13일		총 981명	1,990냥 5전
6월 14일		총 937명	1,951냥
6월 15일		총 935명	2,018냥 3전
계		총 34,612명	110,671량

* 〈牙山縣淸國軍兵駐箚時錢用下成冊〉, 甲午五月初一日以朝二十九日至, 自六月初一日以初五日至, 六月
初六日以初十日至, 六月十一日以十五日至(奎. 17175, 17177, 17178, 17179).

    지출 비용 내역 중 5월 3일, 12일, 6월 8~10일의 5일분 기록은 누락
되어 있다. 그러나 5월 1일부터 29일까지의 총 비용은 8만 7,549냥 8전
으로 기재되어 있으므로 5월 3일과 12일 이틀간 누락분은 4,187냥 6전

으로 환산할 수 있다. 그렇다면 6월 8~10일의 3일분을 제외한 41일 동안의 지출 총액은 11만 671냥으로 하루 평균 2,699냥 3전 정도가 된다.

2-우마와 콩의 지출 내역(6월 6일~7월 12일)

지역별로 동원된 우마와 그에 따른 우마의 식량인 콩의 지출 수량에 관한 기록을 정리해 보면 〈표 9〉와 같다. 〈표 9〉는 본격적인 하역 작업이 시작된 음력 5월 3일부터 5월 6일까지 4일간의 내역으로 지역별, 우마 수, 우마에 지급된 콩의 수량, 동원 시간을 상세히 알 수 있다. 5월 3일과 4일에는 아산과 백석포를 중심으로 각기 마 31필, 우 323필, 태 884승과 마 214필, 우 480필, 태 3,182승이 소요되었다. 5월 5일에는 백석포에서 마 257필, 우 509필, 태 3,957승이, 5월 6일에는 다시 아산과 백석포에서 마 288필, 우 628필, 태 4,765승이 소요되었다. 〈표 10〉은 음력 5월 3일부터 6월 10일까지 총 37일 동안 아산과 인접 지역에서 동원되고 지출한 우마와 콩의 일자별 총 수량을 작성한 것이다. 말은 37일 동안 1만 4,131필, 소는 13일 동안 3,419필이 동원되었다. 이를 일자별 평균값으로 나누면 말은 하루 평균 382, 소는 동원 기간 중 하루 평균 263필이 소요된 것이었다. 콩은 하루 평균으로 계산하면 약 2,343승(13석) 정도 소요되었다. 소의 경우 운반수단으로 징발했지만 소유주인 농민에게는 모내기 등 농번기 농우의 손실이어서 타격은 적지 않았을 것이다.

3-사격 동원 내역(7월 3일~7월 27일)

사격沙格은 노를 젓는 뱃사공과 그를 돕는 곁꾼[格軍]을 이르는 말이다. 음력 6월 1일, 3일, 7일, 13일, 22일, 24일, 25일의 7일 동안은 홍주를

<표 9> 아산 청국군 주차 시 우마와 양식 지출 내역
(음5월 3일~5월 6일; 양6월 6일~6월 9일)

일자	지역	동원 지역, 용도	우마 수	태 수량	비고(시간)
5월 3일	아산	신창	우 45필, 마 5필	150승	조 1시
		온양	우 36필	108승	
		각처	우 64필	192승	석 1시
		상국인	기마 14필	42승	
5월 3일	백석포	성환	우 20필	40승	석 1시
		아산	우 31필	62승	
		신창	우 16필	32승	
		직산	우 74필	148승	
		온양	우 37필	74승	
		영접소	마 6필	18승	
		각 역마	마 6필	18승	
	합계		마 31, 우 323필	태 884승(4석 13두 8승)	
5월 4일	아산	각처	우 64필	태 192승	조 1시
		각영 역마	마 109필	327승	
	백석포	성환	우 20필	80승	조·석 양시
		신창	우 45필	180승	
		직산	우 72필	288승	
		온양	우 63필	252승	
		평택	우 69필	276승	
		아산	우 147필	588승	
		각영 역마	마 87필	783승	조·오·석 3시
		영접소	마 6필	54승	
		통사기마	마 7필	42승	오·석 3시
		온양소파유마 溫陽所把流馬	마 5필	120승	2일 오후부터 4일 저녁까지
	합계		마 214, 우 480필	태 3,182승(17석 10두 2승)	

일자	지역	동원 지역, 용도	우마 수	태 수량	비고(시간)
5월 5일	백석포	기마	마 31필	93승	석 1시
		성환	우 29필	106승	조·석 양시
		신창	우 45필	180승	
		직산	우 72필	288승	
		온양	우 62필	248승	
		평택	우 91필	364승	
		아산	우 210필	840승	
		경사京司 및 각역 각읍 유마流馬	마 198필	1,776승	조·오·석 3시
		영접소	마 6필	54승	
		대인기마大人騎馬	마 15필	135승	
		통사	마 7필	63승	
	합계		마 257, 우 509필	태 3,957승(21석 14두 9승)	
5월 6일	아산	각영 역마	마 30필	90승	조 1시
		각처 우	우 122필	365승	오 1시
	백석포	성환	우 29필	116승	조·석 양시
		신창	우 45필	180승	
		직산	우 72필	288승	
		온양	우 62필	248승	
		아산	우 207필	828승	
		평택	우 91필	364승	
		각영 역마	마 224필	2,016승	조·오·석 3시
		영접소	마 6필	54승	
		대인기마	마 15필	135승	
		통사	마 9필	81승	
	합계		마 288, 우 628필	태 4,765승(26석 7두 1승)	

〈표 10〉 아산 청국군 주차 시 우마 및 양식 지출 내역
(음5월 3일~6월 10일; 양6월 6일~7월 12일)

일자	지역	우마 수	양식	비고
5월 3일	백석포, 아산	마 31필, 우 323필	태 884승(4석 13두 8승)	
5월 4일		마 214필, 우 480필	태 3,182승(17석 10두 2승)	
5월 5일		마 257필, 우 509필	태 3,957승(21석 14두 9승)	
5월 6일		마 288필, 우 628필	태 4,765승(26석 7두 1승)	
5월 7일		마 435필, 우 508필	태 5,303승(29석 7두)	
5월 8일		마 433필, 우 457필	태 5,367승(29석 12두 3승)	
5월 9일		마 979필, 우 483필	태 4,160승(23석 1두 8승)	
5월 10일	아산	마 455필	태 2,994승(16석 9두 6승)	
5월 11일		마 725필	태 3,210승(17석 12두 6승)	
5월 12일		마 669필	태 3,177승(17석 9두 9승)	
5월 13일		마 297필	태 2,669승(14석 12두 5승)	
5월 14일		마 294필	태 2,834승(15석 11두 2승)	
5월 15일		마 313필	태 2,175승(12석 1두 3승)	
	도합	마 5,390필, 우 3,388필	44,678승(248석 4두 2승)	
5월 16일	아산	마 438필	태 2,853승(15석 12두 9승)	
5월 17일		마 464필	태 2,595승(14석 6두 3승)	
5월 18일		마 452필	태 2,544승(14석 2두)	
5월 19일		마 492필	태 2,469승(13석 10두 9승)	
5월 20일		마 451필	태 2,223승(12석 5두 3승)	
5월 21일		마 282필	태 2,013승(11석 2두 9승)	
5월 22일		마 313필	태 1,895승(10석 8두)	
5월 23일		마 219필	태 1,842승(10석 3두 6승)	
5월 24일		마 228필, 우 21필	태 837승(4석 9두 9승)	각처우各處牛
5월 25일		마 67필, 우 1필	태 291승(1석 9두 3승)	진중우陣中牛
5월 26일		마 39필, 우 1필	태 228승(1석 4두)	진중우
5월 27일		마 27필, 우 3필	태 180승(1석)	진중우 1, 우 1

일자	지역	우마 수	양식	비고
5월 28일		마 131필, 우 2필	태 624승(3석 7두)	진중우
5월 29일		마 324필, 우 2필	태 1,362승(7석 8두 6승)	진중우
	도합	마 3,927필, 우 31필	21,956승(122석 7승)	
6월 1일		마 309필	태 1,302승(7석 3두 6승)	
6월 2일		마 221필	태 1,287승(7석 2두 3승)	
6월 3일	아산	마 249필	태 1,267승(7석 2두 3승)	
6월 4일		마 421필	태 1,512승(8석 6두)	
6월 5일		마 416필	태 1,646승(9석 2두 2승)	
	도합	마 1,616필	태 7,034승(39석 1두 2승)	
6월 6일		마 501필	태 2,289승(12석 10두 9승)	
6월 7일		마 689필	태 2,777승(15석 6두 5승)	
6월 8일	아산	마 694필	태 2,748승(15석 4두)	
6월 9일		마 647필	태 2,682승(14석 13두 6승)	
6월 10일		마 667필	태 2,647승(14석 10두 7승)	
	도합	마 3,198필	태 13,143승(73석 3승)	
총 37일	총계	마 14,131필, 우 3,419필	86,811승(482석 6두 4승)	

* 〈牙山縣繕淸國軍兵駐紮時馬太用下成册〉, 五月初三日朝至十五日夕, 自十六日朝至二十九日夕, 六月初一
日以初五日至, 六月初六日以初十日至(奎. 17180, 17181, 17182, 17184).

비롯한 충청도 서해안의 여러 지역과 강화와 남양 등 아산과 인접한 경
기도 일부 지역과 수원과 인천 등 원격지에서도 사격을 동원했고 노임
으로 그들에게 쌀을 지급했다. 〈표 11〉은 그 현황을 날짜별로 작성한 것
이다. 6월 1일에는 김치겸을 선주로 하는 홍주 내도의 5명을 비롯해 총
196명의 사격이 동원되었다. 6월 3일은 남양 홍순원 소유 선박의 사격

10명이, 6월 7일은 송도 창릉의 7명을 비롯한 총 261명의 사격이, 6월 13일은 결성 강성관 소유 선박의 사격 5명 등 총 246명의 사격이, 6월 22일에는 당진 함덕노 소유 선박의 사격 5명 등 총 248명, 6월 24일과 25일은 각 42명, 28명의 사격이 동원되었다. 7일간 총 1,021명의 사격이 동원되었고 그 대가로 미 74석 8두가 지불되었다. 환산하면 이는 하루 평균 약 146명, 10석 7두에 해당한다. 6월 3일 남양의 10명 미 7두 지급의 특별한 경우를 제하면 사격 개인당 하루에 미 1두씩 지급되었다.

〈표 11〉 아산 청국군 주차 시 사격 동원 현황
(음 6월 1, 3, 7, 13, 22, 24, 25)

일자	동원 지역	선주명	사격沙格 수	지출 내역
6월 1일	홍주 내도	김치겸	5	미 5두
		최운오	5	미 5두
		정봉현	5	미 5두
		최사원	5	미 5두
	송도 창릉	강기준	7	미 7두
	가락포	양기화	7	미 7두
	홍주 석금리	최순진	4	미 4두
		이원심	3	미 3두
		이원오	3	미 3두
		남치량	5	미 5두
	강화	배기선	2	미 2두
	덕적	김응보	8	미 8두
	남양	김선유	6	미 6두
		강군당	10	미 10두
	당진 난지	죄정보	6	미 6두
	남포	문치오	6	미 6두
	당진	최득운	5	미 5두
		김운식	4	미 4두
		이순교	4	미 4두

일자	동원 지역	선주명	사격沙格 수	지출 내역
	진두	김필근	5	미 5두
		김선필	5	미 5두
		김순필	4	미 4두
	대산	신순화	5	미 5두
	당진	함덕노	5	미 5두
	아산 둔포	김원칠	3	미 3두
	강화	고명순	6	미 6두
	당진	이준근	4	미 4두
	장단	이치년	6	미 6두
	홍주	김치운	5	미 5두
		송인화	5	미 5두
		방인화	4	미 4두
		홍흥선	6	미 6두
		유문선	5	미 5두
	서산	김영서	4	미 4두
	태안	유영수	4	미 4두
	덕적	이춘삼	9	미 9두
		합	196명	미 12석 8두
6월 3일	남양	홍순원	10	미 7두
6월 7일	송도 창릉	강기준	7	미 7두
	가락포	양주화	7	미 7두
	성령리	최순진	4	미 4두
	강화	백의선	2	미 2두
		박사준	3	미 3두
	결성	강성관	5	미 5두
	덕적	김응보	8	미 8두
		이춘삼	9	미 9두
	남양	김선유	6	미 6두
		강군당	10	미 10두
	당진 난지	좌정보	6	미 6두
	남포	문치오	6	미 6두
	성령리	이원필	3	미 3두

일자	동원 지역	선주명	사격沙格 수	지출 내역
6월 7일	당진	최득운	5	미 5두
		김운식	4	미 4두
		이순조	4	미 4두
	진두	김필근	5	미 5두
		김선필	9	미 9두
	홍주	방인화	4	미 4두
	대산	신순화	6	미 6두
	당진 난지	함덕노	5	미 5두
	수원 고운포	지경윤	4	미 4두
	아산 둔포	김원로	4	미 4두
	강화	고명순	6	미 6두
	성령리	이원오	4	미 4두
		남치량	5	미 5두
	당진	이준근	4	미 4두
	장단	이치삼	6	미 6두
	홍주	김치운	5	미 5두
		홍흥선	6	미 6두
	수원 구하도	임언수	5	미 5두
	홍주	유문선	5	미 5두
	서산	김영서	4	미 4두
	태안	유영수	4	미 4두
	수원 구하도	최문필	4	미 4두
		양수보	6	미 6두
		김원삼	5	미 5두
		정운선	3	미 3두
	남양 고을도	홍순원	10	미 10두
	남양 장광	유정복	7	미 7두
		조부여	7	미 7두
	아산 신화포	정성칠	8	미 8두
	직산 계양	문흥서	6	미 6두
	수원 구하도	양ㅁ여	3	미 3두
	진두	김일수	7	미 7두
	영종	유만오	4	미 4두
	양천	김경지	4	미 4두

일자	동원 지역	선주명	사격沙格 수	지출 내역
6월 7일	인천	김성지	8	미 8두
	합		261명	미 17석 7두
6월 13일	결성	강성관	5	미 5두
	덕적	김응보	8	미 8두
	남양	강군당	10	미 10두
	당진	좌정보	6	미 6두
	남포	문치오	6	미 6두
	강화	백의선	2	미 2두
	당진	최득운	5	미 5두
		김운식	4	미 4두
	진두	김필근	5	미 5두
		김선필	5	미 5두
	남양	남치량	5	미 5두
	성령리	최순진	4	미 4두
		이원심	3	미 3두
		이원오	3	미 3두
	강화	고명순	6	미 6두
	수원 신성	노원겸	4	미 4두
	당진	함덕노	5	미 5두
	장단	이치삼	6	미 6두
	홍주 내도	김치운	5	미 5두
	홍주	홍흥선	6	미 6두
	서산	김영서	4	미 4두
	태안	유영수	4	미 4두
	대산	신순화	5	미 5두
	수원 구하도	유문선	5	미 5두
	홍주	양수보	7	미 7두
	수원 구하도	김원삼	5	미 5두
		임은수	3	미 3두
	남양 장광	박정복	3	미 3두
		조부여	3	미 3두
	직산 계양	문흥서	6	미 6두
	아산 신벌포	정성칠	6	미 6두
	남양	박ㅁ원	5	미 5두

일자	동원 지역	선주명	사격沙格 수	지출 내역
6월 13일	남양 고지도	홍순원	10	미 10두
	양천	김경지	4	미 4두
	인천	김성지	3	미 3두
	송도 창릉	강기준	7	미 7두
	남양	김문경	6	미 6두
		최응ㅁ	6	미 6두
		정ㅁ운	6	미 6두
		조덕여	6	미 6두
		최성근	7	미 7두
		김성삼	6	미 6두
		김기원	6	미 6두
		권유선	6	미 6두
		강부주	7	미 7두
		배정보	7	미 7두
		합	246명	미 17석 2두
6월 22일	당진	함덕노	5	미 5두
	태안	정자운	6	미 6두
	내도	정봉현	4	미 4두
	강화	최주원	5	미 5두
	둔포	박우현	4	미 4두
	태안	조덕여	6	미 6두
		이경보	9	미 9두
	덕적	김응보	8	미 8두
	아산 둔포	진양수	5	미 5두
	수원	양수보	6	미 6두
	태안	강학주	7	미 7두
	아산 둔포	남명화	5	미 5두
	홍주	김치운	5	미 5두
	안흥	권유선	6	미 6두
	홍주 내도	최사원	5	미 5두
	안흥	최성근	7	미 7두
		김성삼	6	미 6두
	인천	김성지	3	미 3두
	내도	박관여	4	미 4두

일자	동원 지역	선주명	사격沙格 수	지출 내역
6월 22일	진두	김근필	5	미 5두
	신창	박영운	5	미 5두
	태안	유영수	4	미 4두
	당진	좌정보	6	미 6두
	결성	강성학	5	미 5두
	서산	김영서	4	미 4두
	황두도	홍흥선	6	미 6두
	풍덕	배운선	7	미 7두
	수원	김원삼	5	미 5두
	아산	정성칠	6	미 6두
	장단	이치삼	6	미 6두
	남포	문치우	6	미 6두
	아산	김춘락	8	미 8두
	안흥	최기준	7	미 7두
	아산 둔포	김원삼	4	미 4두
	계양	문응서	6	미 6두
	아산 신성	노원겸	3	미 3두
	동검도	최순원	6	미 6두
	아산 백석포	박선경	2	미 2두
	당진	조학여	4	미 4두
	홍주 내도	이성서	5	미 5두
	신진	김문경	6	미 6두
	아산 신원	장치화	6	미 6두
	남양	오춘근	10	미 10두
		서상근	10	미 10두
		최영보	10	미 10두
		강성원	10	미 10두
		합	248명	미 17석 13두
6월 24일	홍주	유문선	5	미 5두
	남양	강군당	10	미 10두
	홍주 내도	김성삼	4	미 4두
	성령리	남치량	5	미 5두
	대산	신순화	5	미 5두
	성령리	최순진	4	미 4두

일자	동원 지역	선주명	사격沙格 수	지출 내역
6월 24일	태안	김성근	5	미 5두
	홍주 내도	김양문	4	미 4두
		선격등상급 船格等賞給		4석 5두
		합	42명	7석 3두
6월 25일	냠양	강기삼	8	미 8두
	홍주 내도	이원명	3	미 3두
	진두	김선필	5	미 5두
	강화	고치영	4	미 4두
	홍주 내도	양준화	5	미 5두
	성령리	이원심	3	미 3두
		합	28명	3석 13두
		7일 총계	1,021명	74석 8두

* 이상 〈牙山縣大同米中留待船格等粮米上下成冊〉, 光緒二十年六月日 牙山縣(奎. 17183)을 근거로 작성.

동학농민군 진압 준비

아산 주둔 청국군은 6월 14일에는 전날 천안에 보냈던 대포·군량·군기 등을 거두어들였다. 다음 날 예지차오도 전주의 농민군들이 흩어져 달아났다는 정탐 내용을 확인했지만, 북양대신 리훙장의 지시를 받고 나서 수군과 육군의 거취를 정하겠다고 조선 측에 회답했다.[277] 6월 16일에는 청국군 600명을 거느리고 내도 앞바다에 정박했던 해군영무처의 룽디엔양龍殿揚이 상륙해 아산의 청군 진용에 합류했다. 그런데 그는 "어제 바다에 풍랑이 크게 일어서 조선의 미곡선 1척이 바람에 부서졌다 하고, 배 안에 있던 덕산의 윤구서 등 5명이 파도 속에 잠겼으나 곧 작은 화륜선을 보내어 모두를 건져 냈으며, 이에 은전 각각 6원씩을 주어 구호했다고 합니다. 그리고 이들은 함께 아산에 도착했는데, 섭 대수(예지차오)가 휼급미 30석을 내려 각자 생활하도록 했다고 합니다"[278]
라며 출동 과정에서 청국군이 조선의 민간 선박 탑승 선원들을 구조하
고 구휼까지 했다는 사실을 전했다.

전주의 동학농민군들이 철수했다는 조선 정부의 보고에도 불구하
고 "적당(동학농민군)은 그래도 몇몇 군데에 둔을 치고 모여 있다"는 소
속 관원의 6월 18일 자 전보를 받은 청국군 진영에서는 다음 날 관원을
전주에 파견하여 상세히 탐지토록 했다. 이 기간 연일 큰비가 내려 땔
감과 꼴(소나 말에게 먹이는 풀)이 고갈되어 중국군 접대에 적지 않은 차
질이 있었다.[279] 6월 22일에는 영접사 이중하가 내무부의 영을 받아 직
접 청국군 군영에 가서 백미 100석, 황우 10마리, 돼지 60마리, 닭 700
마리, 계란 5,000개, 참기름[眞油] 10말과 각종 물품을 전했다.[280] 그러나
농민군 진압 출동에 대한 양국의 견해 차이는 여전했다. 예컨대 예지차
오는 "여비餘匪가 아직도 많이 몰려 있다"는 전주 파견원의 정탐보고에
따라 당일 수비 윈떠성尹得勝과 병용 20명을 파송했고, 6월 23일에는
옌위춘鄔玉春과 병용 20명을 파송하여 농민군 근거지로 들어가서 '비수
匪首'를 잡아들이겠다고 피력했다. 이에 대해 이중하는 "이미 흩어진 여
비들은 저들 스스로 귀화할 것인즉, 사람을 파송할 필요는 없을 것이
다"는 뜻을 전하면서 탐정 업무를 확실히 할 것을 강조했다.[281] 이중하
의 건의에 따라 청국군은 당분간 아산 일대에서 머물렀다. 6월 25일에
는 청국에서 야오위샹姚玉祥과 쑨리다孫利達가 마대 100, 병용 400, 수
뢰군 100을 거느리고 백석포를 거쳐 아산읍으로 들어왔다.[282]

그러나 이중하의 건의에도 불구하고 예지차오는 전라도 농민군 진
압을 위해 청국군을 출동시키기로 결심하고 이틀 후인 6월 27일부로

실행에 옮겼다. 전주에 보낸 파원 관리 스룽윈史龍雲의 전보를 근거로 그는 "비당匪黨이 아직도 장성·고부 등지에 남아 있고 다시 방자하게 미쳐 날뛰고 있다"고 판단하고, 지금 병사들을 진군시켜 이들을 쓸어버릴 것이라고 호언했다. 이에 이중하는 초토사를 철수시켰고 남은 비도들도 이미 흩어졌으니 근심할 것이 못 된다면서, 스룽윈이 보고한 내용이 반드시 사실과 부합된다고 보기 어려우므로, 다시 적확하게 탐지한 연후에 병사들을 진군시키자는 신중론을 여러 차례 피력했다.

그러나 예지차오는 이미 북양대신이 속히 '남비南匪'를 쓸어 버리라고 명령을 내렸으니 감히 잠시도 늦출 수 없다고 일축했다. 그러고는 통령 니에시청으로 하여금 소속 병용 900명과 진마 100필을 거느리게 하고, 각영과 각역에는 말 150필의 대기를 지시하고서 축시(새벽 1~3시)에 전주를 향해 출발시켰다. 이에 영접관 이중하는 온양군수 서만보를 호행차사원, 금정찰방 피병간을 부마차사원으로 하고, 차비관 고영선·박종선과 통사(통역) 2명을 동행시켰다.[283] 그날 오전 10시 무렵 니에시청 부대는 천안에, 다음 날 28일에는 공주 경계의 광정참, 29일에는 공주 읍내에 도착한 후 이곳에 일시 주둔했다.[284]

이 기간 청국군은 전라도행을 중지하고 다시 아산으로 되돌아오면서 사태 추이에 촉각을 세우고 있었다. 또한 일본군의 남하에 대비해 니에시청은 7월 15일에 아산을 출발하여 성환역을 지나 다음 날 진위와 수원 대황교 등지를 정찰하고 17일에는 평택을 거쳐 그날 밤 아산으로 되돌아왔다.[285] 병선 4척으로 홍주의 내도에 와서 정박하던 통령 장지캉과 병용 2,000명이 7월 24일 작은 배에 나누어 타고서 아산 백석포에 내려 주둔했다. 25일 새벽에 니에시청은 일본군과의 본격적인 전투 준비를 위해 성환으로 부대를 옮겼다.[286] 그 과정에서 청국군은 성환의 100여 개 마을을 유린해 노인과 어린이 사망자가 이어졌다고 한다.[287]

2—일본군의 조선 파병과 동원

1894년 6월 2일 일본 정부는 동학농민군 진압을 빌미로 조선 파병을 결정했다. 내각의 결정을 전달받은 천황 메이지는 총리대신 이토 히로부미에게 "한국 폭도 진압을 위해 경의 주청을 받아들여 육사陸師 2연대를 증파하니 경은 능히 시기와 형편을 통제하여 빨리 세상이 편안해지는 공을 아뢰라"[288]라는 내용의 교서를 내렸다. 그런데 일본군의 조선 출병 과정은 청국군의 출병과는 많은 차이가 있었다.

청국 정부가 조선 정부의 요청을 받아들여 출병[289]한 것과는 달리 일본군의 출병은 일본 정부와 군부의 일방적 결정으로 이루어졌다. 출병 당시 그들이 주장하는 법률적 근거는 1882년 제물포조약과 1885년 톈진조약이었지만 어느 하나도 조건에 부합하는 것이라고 볼 수 없다. 자국 공사관과 거류민 보호를 조선 출병의 명분으로 내건 일본군은 히로시마 대본영을 출발해 부산과 인천을 거쳐 서울의 용산과 마포로 들어왔다. 청국군의 아산 출병으로 동학농민군 지도부는 활동을 일시 멈추고 추이를 예의주시하였고, 여기에 일본군까지 출병하자 연선沿線 주민들은 크게 동요했다. 급기야 7월 23일 일본군의 경복궁 점령 무렵부터는 전국적인 피란 사태가 촉발되면서 전쟁 분위기에 휩쓸렸다. 그런데 출병뿐 아니라 초기 일본군의 활동은 조선 정부와 전혀 협의가 없었기에 그들의 인력과 물자 동원은 법률적 근거가 없었다.

그러나 일본은 인력과 물자를 현지에서 조달한다는 방침을 처음부터 끝까지 견지했다. '인량어적因糧於敵(적에게서 식량을 취함)' 식으로 그때그때 강제적 동원과 징발, 즉 현지 조달로 병참을 동원하는 식이었다. 이에 지역민들은 비협조·태업·도주 등으로 저항했고, 창고 및 전신선 파괴 등 적극적인 항쟁도 나타났다. 이 같은 원시적인 징발 결과 일본군의 목적은 성환 전투 단계에서는 수행되지 못했다. 급기야 일본은 평양 전투 직전인 8월 26일 인부와 식량 징발의 법률적 근거인 〈대조선·대일본 양국맹약〉을 조선 정부에 강제했다.

여기서는 〈양국맹약〉이 체결되기 이전, 즉 청일전쟁 초기인 조선 출병부터 성환 전투까지의 시기를 대상으로 일본군의 조선 출동 및 인력과 물자 징발, 병참체계 구축 과정에서 조선인들이 입은 피해에 관해 집중적으로 살피고자 한다.

대본영의 출병계획과 실행

일본 정부는 1894년 6월 5일 청일전쟁을 지휘하기 위해 천황 직속 최고 통수기관으로 육군과 해군을 휘하에 두는 전시 대본영을 설치했다. 대본영은 한 해 전 1893년 5월 22일 칙령 제52호 〈전시대본영조례〉에 의해 처음 법제화되었다. 대본영은 막료장인 참모총장 대장 아리스가와노미야 타루히토 친왕, 참모차장 중장 가와카미 소로쿠, 육군대신 대장 오야마 이와오大山巖, 육군차관 소장 고다마 겐타로兒玉源太郎, 해군대신 중장 사이고 츠구미치西鄉從道, 해군차관 소장 이토 토시요시伊藤雋吉, 사법대신 대장 야마가타 아리토모 등이 모여 협의하는 체제였다.

대본영은 설치 당일인 6월 5일 히로시마 제5사단장 노즈 미치츠라 野津道貫에게 동원령을, 6월 7일에는 제5사단장과 혼성제9여단장 오시마 요시마사에게 조선 출병과 관련한 2개의 훈령을 처음 하달했다.

1. 조선국에 내란 봉기가 일어났다. 동국에 있는 우리 공사관과 국민 보호를 위해 군대를 파견한다.
2. 혼제여단은 인천항 혹은 그 부근에 상륙하여 가장 먼저 경성과 인천에 있는 자를 보호한다. 여단 중에서 보병 1중대(1소대 결)를 부산에, 보병 1소대를 원산에 분파하여 그곳에 있는 자를 보호한다. 다만 이 병사는 제2차 수송부대 내에서 파견한다.
3. 보호상의 방법과 외교상에 관한 사항에 대해서는 항상 그곳에 있는 우리나라 공사와 협의한다.

1. 여단장은 군의 진퇴와 병기 탄약의 보급 및 회계·경리·위생의 일에 관해서는 대본영의 지휘를 따른다.
2. 여단장은 파견 중 장교 및 동 상당관의 인사에 관해서는 대본영의 지휘에 따라 수시로 그 결과를 제5사단장에게 보고한다. 하사 이하에 대해서는 보결상 스스로 진급시킬 수 있다.[290]

대본영은 6월 8일 히로시마의 우지나마치宇品町에 육군 운수통신부 우지나지부를 설치하여 전시 군대 및 군수품의 선박 운송을 담당하게 하고 다음 날부터 출정부대를 수송하기 시작했다. 6월 10일에는 히로시마까지 연결되는 산요철도山陽鐵道를 개통하였고, 6월 11일에는 혼성여단이 우지나항에서 인천으로 출발했다. 개전이 임박한 7월 12일 철도 가설을 위해 육군 소장 데라우치 마사다케寺内正毅 운수통신 장관이 산요철도 히로시마 정거장부터 우지나항 사이의 측량을 지휘하여 8월 5일에 마쳤다. 후일 초대 조선총독과 일본 총리대신을 맡게 되는 데라우치는 청일전쟁 당시 병참총감부의 운수통신 장관으로서 철도·선박·전신·우편 업무를 총감독하였다.[291] 8월 4일부터 시작된 노선 부설공사는 8월 20일 준공됐다.[292] 9월 8일 대본영을 히로시마로 옮기라는 칙령이 내려졌고, 9월 13일 천황 메이지는 참모총장, 육·해군 대신, 참모차장 이하 대본영 막료 및 총리·궁내부 대신 등을 거느리고 9월 15일 히로시마에 도착했다.[293]

히로시마 전시 대본영.
대본영은 일본군 전체를 지배하에 두는 대원수 겸 최고사령관 천황 직속의 대원수부 겸 최고 통수사령부로서 1894년 청일전쟁 시기 설치되었다. 이후 러일전쟁과 중일전쟁을 거쳐 1945년 아시아태평양전쟁 시기까지 유지되었다.

일본군 제1군의 평양 입성 당일인 9월 16일, 도쿄에서 히로시마로 이전한 대본영 개청식이 거행되면서 수륙교통의 요지 히로시마는 청일전쟁 개전 이후 조선과 중국 출병의 본격적인 전진기지 역할을 담당하게 되었다.[294]

이 중 병참총감부의 병참총감은 병참·운수통신·야전경리·야전위생 사무를 관장했는데 여기에는 운수통신 장관부·야전감독 장관부·야전위생 장관부가 소속되었다. 병참총감은 대본영 참모차장인 가와카미 소로쿠가 겸임하였다. 1894년 9월 당시 히로시마에서 병참총감부를 운영하던 장교로는 가와카미를 비롯하여 중좌 다카기 사쿠죠, 소좌 후쿠하라 신죠·후지이 시게타, 대위 요시무라 마시토시, 중위 오바 지로 등

전시 대본영이 있었던 히로시마 성의 혼마루어전本丸御殿 흔적.
건물의 기초만 남아 있다.

이 있었다. 운수통신 장관은 소장 데라우치 마사다케, 야전감독 장관은 소장 노다 히로미치, 야전위생 장관은 소장 이시구로 타다노리였다.

한편 일본군이 조선 출병을 결정하는 6월 무렵 참모차장 가와카미 소로쿠는 체신성 통신국장 덴 겐지로에게 비밀리에 다음의 4건을 청했다.

1. 도쿄-시모노세키 간의 직통 전신선을 급설할 것.
2. 부산-경성 간의 전신선을 신설할 것.
3. 압록강 부근 그 외에 거천巨川 수개 소에 해저 전선을 포설할 것.
4. 출정군에 부속시킬 전신대·우편대의 인원 및 재료를 준비할 것.[295]

이는 비밀통신과 군사정보 제공 등에 관한 준비를 의뢰한 것으로, 이에 통신국장이 통신선 구축 및 배선계획에 관해 운수통신 장관 데라우치 마사다케와 여러 차례 협의했다.[296] 이 중 전신선의 경우 조선 정부가 기존 선로의 사용을 승인하지 않았기 때문에 개전 전부터 대본영 직할부대가 전신선 가설공사를 강행했다.[297] 덴 겐지로는 이후 러일전쟁 시기에 통신차관으로 승진하여 철도·통신·선박 등에 관한 광범위한 전시 사무를 수행한 바 있다.[298]

가와카미 소로쿠는 이미 1893년 4월부터 6월까지 참모본부 제2국원 소좌 이치지 코스케, 육군감독 사카다 겐산 등과 함께 신분을 숨기고 비밀리에 조선과 청국을 정탐한 경험이 있었다. 부산을 경유해 해로로 인천으로 들어온 이들은 4월 28일부터 5월 6일까지 서울에 머물며 조선 국왕을 알현하고 흥선대원군과도 면담했다. 동학당 활동 탐지와 조선의 병

영 시찰을 마친 가와카미는 5월 12일 중국 톈진으로 건너갔다.[299]

도중에 일행과 헤어진 이치지는 이후 경성 주재 일본공사관 무관 와타나베 데스타로와 함께 함경도와 평안도를 여행하고 러시아 블라디보스토크까지 갔다. 이들의 여행은 청국과의 전쟁 준비를 위한 일본군의 상륙지와 행동 루트에 대한 사전답사 성격이 짙었다. 이후 조선에서 동학농민군과 내부 상황을 탐지한 이치지는 1894년 5월 30일 가와카미 관저에서 조사 결과를 보고하게 된다. 다음 날인 31일 가와카미는 참모총장 타루히토 친왕에게 그 내용을 상신하여 조선 출병을 승인받았다. 그는 이치지와 함께 총리대신 이토 히로부미 관저도 방문해서 출병을 제안했으나 이토는 거절하였다.[300]

조선 출병에 앞서 참모본부는 출동부대에 조선지도를 배포했다. 1894년에는 〈부산항부터 경성에 이르는 동로지從釜山港至京城東路誌〉·〈동同 서로지西路誌〉를 간행했는데, 〈부산항부터 경성 중로에 이르는 연도지〉·〈부산항부터 경성에 이르는 동로지〉·〈동 서로지〉를 합책한 것이다. 청일전쟁이 시작될 무렵인 8월에는 조선에 파견되었던 제5사단과 그 유수부대에 20만분의 1 조선지도를 배포했고, 부산과 원산을 거쳐 평양으로 향한 사단 주력에게도 〈조선 20만분의 1도, 동 일람표〉를 배포했다.[301] 서울로 입성한 일본군 혼성여단은 7월 19일 비밀훈령을 받고서 보병 제21연대 제4중대 등 일부 부대가 아산을 향해 남행하다가 중단했는데, 이는 경복궁 공격 준비 때문이었다.[302] 경복궁 점령 개시 3일 전인 7월 20일에 혼성여단 명의로 출병 이유와 경고를 담은 다음과 같은 고시문을 작성하여 참모총장에게 상신했다.

게시: 조선 및 청국 병민에게 유고諭告

우리 제국 군대가 온 것은 하나는 자위 때문이고 하나는 이웃을 좋아해서이다. 진실로 사람을 죽이고자 하는 것이 아니다. 하물며 적이 아닌 자에게 그러겠는가? 고로 비록 전투가 있지만 너희들은 두려워하거나 숨지 말고 각자 편안하게 안도할 것이다.

우리 제국군은 엄히 약탈을 금하고 만약 범하는 자가 있으면 속히 와서 이를 호소하라. 만약 적을 위해 술책을 부리는 자가 있어 가령 스스로 적에 저항하지 않으면 외려 적으로 보아 용서하는 바 없을 것이다. 너희들은 서로 경계하여 후회하는 일에 이르지 않도록 하라.[303]

참모총장 아리스가와노미야 타루히토 친왕(1835~1895) **동상**(도쿄 미나토구港区 아리스가와노미야 기념공원). 일본의 황족이자 정치가, 군인으로 1894년 청일전쟁이 발발하자 참모총장으로 히로시마 대본영에서 전투를 지휘하였다. 그러던 중 장티푸스에 걸려 이듬해 사망하였다.

그러면서 적의 병사 중 부상이나 질병으로 전투를 감당할 수 없는 자는 홍색십자 기장을 표시하고 있는 곳으로 와서 치료를 받도록 하며, 무기를 버리고 적의를 품지 않는 자는 살려 줄 것이라고 했다.

7월 21일 일본군은 병참감부를 용산으로 옮기고 출동 명령을 기다렸다.[304] 이 기간 오시마 요시마사가 이끄는 일본군 혼성여단의 주력은 보병 제11연대와 제21연대 4개 대대의 총 15개 중대, 포병 제5연대 제3대대, 산포 8문, 기병 제5대대 제1중대, 전마 47필, 공병 제5대대 제1중대 및 치중병과 위생대 등 총 4,000여 명이었다.

혼성여단의 아산 방면 출동은 동로·중로·서로의 3개 도로를 이용하기로 계획되었다. 동로는 서빙고에서 한강을 건너 용인현·안성군·

한강변 용산의 일본군 병참사령부.
용산과 만리창에 주둔한 일본군은 용산에 병참사령부를 편성하는 한편 병참감 보병 중좌 다케우치 세이사쿠의 기획 아래 전시 물자 징발과 인력 동원을 실행해 나갔다.

직산현을 경유해서 천안에 이르는 도로였다. 중로는 수원부에 이르는 두 도로로, 하나는 동작에서 한강을 건너 과천 군포장을 경유해서 수원에 이르는 길이었고 다른 하나는 노량진의 도선장을 넘어 군포장에서 수원으로 들어가고, 수원부터는 진위현·성환역을 경유해서 천안에 이르는 경로였다. 서로는 노량진에서 한강을 건너 시흥현·안산군·남양군을 경유해서 아산현·온양군을 통과하여 천안에 이르는 도로였다. 서울에 주둔한 일본 육군의 최초 이동은 아산 주둔 청국군과의 전투를 위해서였다.[305] 한강 도하 준비, 통역 편성, 군수품과 식량 등 제반 준비를 마친 일본군은 출발과 동시에 척후 기병장교를 시흥·안산·남양을 경유해서 아산으로 파견했다.

출발에 앞서, 먼저 한강 각 도선장에 선박을 준비했고 설영대設營隊를 편성했다. 조선어를 하는 일본인 통역도 최대한 고용했는데, 조선에 들어와 상업에 종사하는 자와 학식이 있으면서 조선어를 아는 자를 우선순위로 했다. 8월 말경에는 평양으로 가는 북진 부대를 위해 통역 30명을 별도로 조선에 파견하기도 했다.[306] 또한 조선 정부의 허가를 받아 수원부 소속 전신국을 가설하고 기병 및 야전 전신대의 기수 약간을 성환역의 전신국에 보내기로 결정했다. 도로와 교량 수리를 위한 목재를 구입하고, 장유醬油와 미소[味噌], 사탕도 준비했다. 한편 조선 짚신은 일본인에게 적합하지 않아 족통足痛이 걸릴 우려가 있다면서 일본 짚신과 버선[다비足袋]을 준비했다. 각 부대에 사용할 납초蠟燭와 배를 감는 데 사용할 무명을 지급했다.[307] 그러나 출동 직전 조선 짚신이 일본 짚신에 비해 장시간 신을 수 있고 구멍이 뚫려 있어 발바닥 한가운데 오목하게 들어간 곳이 잘 펴져서 병사들에게 모시로 만든 조선 짚신을 지급하는

것으로 계획을 수정했다.[308]

혼성여단의 아산 출병

혼성여단 주력은 7월 25일 오전 7시 반 용산 만리창을 출발하여 한강 도하 후 과천현 서방 고지에서 노영했다. 그러나 이곳 주민들이 많이 도주했기 때문에 노영 설비를 징발할 수 없어 겨우 10분의 1만 확보할 수 있었다. 이날 밤 주민 3명이 태마 3두를 끌고 도주하다가 길 위에서 떠돌던 말들을 잡아 온 일도 있었는데, 태마 징발 지연으로 출발도 늦춰질 수밖에 없었다.[309] 당일 병참 조달 상황을 보면 병사와 순사를 마을로 보내 마포 '동약'(동막으로 보임)의 태마를 징발하고, 창의문 밖에 있는 경리청에서는 포 20문과 총 2,000정을 압수했다. 오류동에 있던 보병 소좌 고시 마사스나의 보고에 따르면 3일간 개인당 정미 6홉을 휴대식량으로 지급할 예정이었으나 남아 있는 것이 매우 부족했고 징발할 수도 없는 형편이었다고 한다. 원래 일본군은 한 사람당 하루 정미 6홉(900g)의 상식常食과 약간의 부식을, 말 1필에는 하루 대맥 5승을 지급하기로 되어 있었다.[310] 임진津 독립지대장 보병 대위 하야시 쿠미도 양식 매수가 어려운 상태이고 소유한 한전韓錢이 5일 이내 소진될 것으로 보이니 현재 상태로는 쌀과 염어鹽魚를 거의 먹을 수 없다고 보고했다.[311]

일본군은 다음 날 26일 오전 11시 수원부에 도착하여 현청 빈집에서 숙영했다. 출발 당시 제1군은 병사 개인마다 3홉의 휴대미를 지급했지만 이는 당초 계획된 수량의 절반에 불과했고 그마저도 여의치 않았다. 수원 지역에서도 현지의 양미를 징발했는데 병사들에게 분배가 지연되어 겨우 계란 1,000개를 구매하여 굶주림을 면할 수 있었다.[312] 치중사령관은 수졸輸卒에게 마부와 말을 잃지 않도록 훈령했으나,[313] 이 날 밤 마부와 태마가 도망했고 피로 때문에 이용할 수 없는 태마도 8두나 되었다 한다. 후발대로 당일 9시 과천에 도착한 제1군 병참감부의 태마는 30두 중 13두에 불과했다. 수원·진위·평택도 같은 사정이었고, 다음 날에는 "거의 다 도망하여 자취가 없다"고 할 정도였다.[314]

물품 수송 중 마부들이 계속 도망쳐 29일에는 치중대에 불과 7명만 남게 되었다. 7월 27일 진위현에 도착한 혼성여단은 이곳에서 청국 예지차오 부대 소유 정미精米와 신고薪藁 1일분을 징발했다.[315] 그런데 군마 징발을 태만히 하고 징발할 수 있는 마필까지 도피시킨 혐의로 부관 나카하라는 진위현령 등 4명을 포박하고 "아이고!"라며 울부짖을 때까지 심하게 문초했다.[316] 당시 이 사실을 취재한 《도쿄니치니치신문》 기자 구로다 가시로에 의하면, 척후장교 히라죠 소위의 수색 결과 이들이 미곡 수백 자루와 병 한 개, 기타 일체의 필요품을 은닉하고 있어 일시 체포한 후 방면했다는 것이다.[317] 7월 25일 과천에서 태마 징발을 시작한 공병대도 이동하는 과정에서도 계속 징발했다. 29일 아산에 도착 후에는 취사도구와 양식을 현지민으로부터 징발했고 다음 날도 전날같이 징발을 계속했다.[318]

태마와 인부 동원의 어려움이 계속되자 치중사령관 오시아게 모리조는 성환 전투가 종료된 직후 다음과 같은 인마 활용 방법을 제안했다.

一. 조선 태마는 항상 콩을 먹여 키우기 때문에 왕왕 대맥을 먹이면 매우 피로하여 행군 도중 엎어지는 고로 장거리 행군에 사용할 때는 콩을 구해 삶아 줄 것.

一. 마부에게도 도시락을 줄 필요가 있다. 돈으로 이를 대신하는 경
    우도 있지만 도중에 인가가 없거나 혹은 주민이 거주하지 않으면
    마부는 식사를 할 수 없게 된다.

一. 태마는 일단 징발한 이상 어지럽게 흩어지지 않게 하기 위해 충
    분한 주의를 요한다. 마부의 도망 때문에 말 한 마리도 남지 않았
    다. 조선 마부에게 백방으로 도망하지 말라고 말하는 것도 거의
    효과가 없다.……처음부터 말 한 마리에 수졸 한 명을 붙여 이 수
    졸에게 책임을 지워 감시를 하게 할 것을 요함.[319]

군용통신선 개설을 위해 혼성여단을 따라나선 야전전신 공병 중대
는 7월 27일 오전 4시에 수원을 출발하여 오후 2시에 진위현에 도착해
조선 군용전선을 이용하여 통신소를 개국했다. 다음 날인 28일 오전 11
시 칠원역에 도착한 공병 중대는 전신주 4개가 넘어져 있고 전선이 지
상에 늘어져 있는 것을 발견하여 수리를 마치고 돌아왔다. 그 내용을
보고한 공병 중위 에비하라 쓰즈산은 전신주가 넘어진 것은 천재지변
때문이 아니라 인위적인 것으로 판단했다. 지역민들의 조직적인 반발
이 있었던 것이다. 부대는 8월 1일 오후 9시 진위현에 도착하여 임시
통신소 개설 임무를 완료하고, 8월 3일 오전 4시 반 수원부로 되돌아왔
다. 에비하라는 정찰 결과 이곳에서도 전신주가 인위적으로 손상된 것
이므로 이후 남아 있는 부대가 선로를 감시하고 또 병졸을 필요한 지점
에 배치하여 감시할 것을 제안했다.[320]

한편 7월 29일 평택 소사장에 도착한 혼성여단 주력은 도하를 준비
했다. 이에 앞서 조선인 마부 복장으로 변장한 정찰 장교가 청국군에

근접하여 전장을 살폈다.[321] 일본군은 이처럼 청국군과의 전투를 위해 남하하는 형국이었지만 청국군은 아산에 그대로 머물면서 사태를 주시하고 있었다. 여기에는 다음과 같은 이유가 있었다.

7월 6일 경성 주재 청국 외교관 리위센李毓森은 리홍장의 대리인인 성수안화이盛宣懷에게 전보하여, "현재 중국인으로 한국에 있는 자는 병력을 쓰지 않는 것이 상책으로 봅니다. 우매한 소견으로는 만약 병력을 사용하면 반드시 내외에 포치布置해야 하기에 한 번 틈이 없으면 바야흐로 능히 하수下手로 절대로 가볍게 한 번 시험할 수 있는 것이 아닙니다"라며 현상 유지책을 견지하는 선에서 머물도록 권유했다.[322] 7월 20일 리홍장도 예지차오에게 "일본이 힘을 다해 전쟁을 고수하려고 미리 준비했지만 우리가 먼저 전쟁을 일으키지 말아야 저들은 헤아리고 움직이지 않을 것이다. 이것은 만국의 공례公例로 오직 먼저 전쟁을 일으키면 이치가 군색하게 된다. 절대 명심하고 잊지 말 것이다. 너는 성급하면 안 된다"[323]라고 당부했다. 이렇듯 청국군이 손을 놓고 있던 결과 일본군은 별다른 저항 없이 평택 인근까지 빠르게 진군할 수 있었다.

그러나 아산에 머물던 니에시청을 비롯한 청국군 각 진영은 일본군의 남하 소식을 듣고 차례로 성환 지역으로 군대를 이동했고 예지차오 부대도 7월 28일 천안으로 옮겨 주둔했다.[324] 이처럼 청국군이 성환으로 이동하게 된 데에는 영접사 이중하의 요청과 니에시청의 판단이 크게 작용했던 것으로 보인다. 예컨대 7월 26일 '한양의 변고(경복궁 점령 사건)'를 상세히 듣게 된 이중하는 니에시청에게 군대를 북쪽으로 전진하도록 요청하여 성환역에 이르렀는데, 한양에서 전보가 와서 전진을 멈추고 성환에 주둔하고 있었다.[325]

물자와 인부 징발

1882년 〈징발령〉을 제정한 일본은 국외에서는 처음으로 청일전쟁 시기에 이를 적용했고, 이후 각국 점령 지역에서 일본 국내법을 적용하여 다른 나라 민중을 강제로 징발했다.[326] 청국군과 마찬가지로 군량과 수송, 인력을 현지에서 조달한 것이다. 이는 1902년 일본 육군성이 편찬한 《일청전쟁통계집》 제14편 〈양말糧秣(군량과 마초)〉의 설명 내용에서도 잘 나타난다.

> 본 전역 당초 대본영은 출전 단대장에게 훈령하여 양식을 적에게서 얻고 또한 번루한 물품을 줄여서 군대의 진퇴를 견제하는 방법에 기반했다. 이에 따라 각 부대는 시종 이 훈령을 십분 받아들여 정황이 허락하는 한 현지 조달에 노력했다. 그렇지만 우리 군의 작전 지역은 일반적으로 인가가 희소했고, 그중 조선국은 군량과 마초를 축적한 것이 없었다. 그 외의 지방에서도 적병이 통과하는 연도는 대개 약탈당하여 남은 양식이 없었기 때문에 전지에서 구매하는 군량과 마초는 겨우 필요한 일부를 충당하는 데 불과했다.[327]

용산 병참감 보병 중좌 다케우치 세이사쿠도 조선 정부를 압박하여 비협조적인 지방관을 교체하고 병참부와 중앙에서 현지에 관리를 파견, 그들이 앞장서 강제 징발에 협조하게 할 것을 제안했다. 구체적으로 그는 "경성 내 병사와 순사로 하여금 태마가 있는 집에 가서 그것을 강제로 빼앗고", "또 가까운 마을에 병사 혹은 통역을 보내 협박으로 태마 혹은 노무자[人足]를 빼내기 위해 가장 강한 힘을 써서 지나칠 정도로 인민을 겁에 질리게 하는" 방식을 취했다. 여기서 '가장 강한 힘'이란, '한둘을 살해해서 수십 인을 공포에 떨게 하는 방책'이라는 것이다.[328] 이 같은 강제 징발의 결과 다케우치는 100두의 태마를 획득하여 성환 방면으로 출발할 수 있게 되었다.

7월 24일 자 제1군 병참감부의 〈남행 군대에 연계된 운반 인마 소요 수 조사〉에 따르면 야전 각 부대에는 1,038인의 조선인 인부와 390두의 조선 태마, 병참부의 양식 수송은 950인의 조선인 인부와 310두의 조선 태마, 합계 1,998인의 인부와 태마 700두를 확보할 예정이었다.[329] 〈표 12〉와 〈표 13〉은 성환 출동 시 예상되는 병참부 양식 수송을 위한 소요 인부와 태마의 내역과 지역별 상황을 각기 표로 작성한 것이다.

급양대 및 치중사령부와 각 부대에서 성환 지역으로 수송할 양식과 군수·탄약 등의 운반에 소요되는 인마의 세부 내역은 다음과 같다.[330]

급양대 인마로는 오류동 출발 급양대에 조선 인부 66인, 조선 태마 21두, 용산 출발 급양대에 조선 인부 159인, 조선 태마 60두가 필요하다고 예측했다. 치중사령부 소요 인마로는 조선 인부

징발의 주역 용산 병참감 다케우치 세이사쿠竹內正策(1851~1922).
육군 소위로 1877년 세이난 전쟁西南戰爭에 출정하였다. 이후 보병 소좌로 육군성 군무국 제2군사과장을 거쳐 1894년 제1군 병참참모장으로 청일전쟁에 참여하여 인천 병참감과 용산 병참감을 역임하였다. 이후 육군 중장까지 승진하였으나 퇴역 후 결핵으로 요양 중 자살하였다.

29인, 조선 태마 10두로 도합 인부 254인, 태마 91두가 필요하다고 예측했다. 또한 혼성 여단사령부를 비롯한 각 부대 물품과 위생재료 운반 용도로 인부 201인, 태마 67두를 배치했다. 탄약 및 양식 수송부대 인부와 태마의 수는 오류동 출발대에 조선 인부 30인, 조선 태마 15두를, 치중보병 탄약 수송부대에 조선 인부 200인, 조선 태마 100두, 즉 230인, 115두를 계획했다. 급양대 양식 수송부대로는 오류동 출발대에 조선 인부 27인, 조선 태마 10두, 용산 출발대에 조선 인부 136인, 조선 태마 45두, 치중 양식 수송부대로는 조선 인부 190인, 조선 태마 62두, 즉 인부 353인, 태마 117두를 계획했다.

7월 25일 일본공사는 통리아문으로부터 "일본 군대를 위해 인마 공히 그 징발에 응하라"는 내용의 고시문 20매를 받았다.[331] 조선의 인부와 태마는 모두 지방에서 각자 '적의適宜', 즉 상황에 맞게 판단하여 현

〈표 12〉 병참부의 조선인 인부와 태마 동원계획(용도별)

부대 및 용도	조선 인부	조선 태마
급양대 및 치중	254인	91두
각 부대 공용 행리行李	201인	67두
탄약 수송부대	230인	115두
양식 수송부대	353인	117두
계	1,038인	390두

〈표 13〉 병참부의 조선인 인부 및 태마 동원계획(지역별)

지역별	용산~과천 간		과천~수원 간		수원~진위 간		진위~평택 간		평택~치중종렬	
	인부	태마	인부	태마	인부	태마	인부	태마	인부	태마
수	190	62	190	62	190	62	190	62	190	62

지에서 충당토록 하라는 것이었다. 그러나 계획과 달리 실제로는 제대로 추진되지 못했다. 그런데 제1군 병참감부는 조선 인부 대신 일본 인부를 동원하면 3,996인이 필요하다고 판단했다. 이는 조선인 인부 숫자의 두 배로, 결국 조선인 인부에게 일본인 인부보다 2배의 하중을 부과하고자 한 것이었다.

후쿠자와 유키치가 주도하던 《지지신보》도 〈한인 징발 사용〉이라는 제목의 기사에서 조선인 인부 징발의 이점을 다음과 같이 설명하고 있다.

> 한인은 매우 염가로 사용할 수 있다. 하물며 우리 군대가 조선을 위해 매우 후의를 다하여 의거하고 있기 때문에 차제에 한국 정부에 인부 징발령을 내어 우리 군에서 쓰고, 또 노동의 대가로 받는 보수를 법으로 정해 과다한 고가를 부르지 못하게 할 양으로 임시의 처치가 있었다고 한다.[332]

혼성여단의 남진에 따른 양식 수송계획에 따라 병참감 다케우치 세이사쿠竹內正策는 7월 24일 다음과 같은 〈고유문〉을 선포했다.

> 병참감 보병 중좌 죽내정책이 효유한다.……조선 인민은 가령 소요를 만났을 때에 각자 안업을 도모하는 것이 가하다. 결코 의심하거나 겁을 먹어 달아나지 말라. 다수의 역부와 다수의 태마는 우리 군대가 필요한 것이다. 그 모집에 응하는 자에게는 품삯을 많이 주어 누가 되지 않기 때문에 모집한다는 것을 듣고 진실로 와서 순종하는 것이 좋을 것이다. 혹시라도 우리가 부리는 데 불응한다면 잡아와서

그에 충당하는 것은 어쩔 수 없다.……만약 곧바로 와서 순종한다면 두려움과 의혹이 없을 것이다. 이에 타일러 제시한다. 메이지 27년 7월.[333]

일본군은 일반인의 경우 소액의 임금을 지급하고 주민을 응모한다고 표방했지만 실제로는 거의 강제로 동원하여 전시 인력부―일본식 표현으로는 '군부軍夫'―로 활용하였다. 다케우치는 7월 23일 경복궁 점령 이후 조선인들이 태마 1두도 응역하지 않고 있어 지금 별다른 방법이 없으므로 조선 정부를 압박하여 인마를 징발해야 한다고 혼성여단장에게 건의했다.[334]

일본군은 지방관에게도 무리한 편의 제공을 요구했다. 당시 조선 정부의 외교 업무를 담당했던 통리교섭통상사무아문의 일기에 의하면 다음과 같은 사실을 알 수 있다.

과천현감 윤병의 보고에 따르면 음력 23일, 즉 7월 25일에 과천에 진주해 온 일본군 수천 명이 교궁校宮 앞뜰 세 곳에 나누어 주둔했다. 그런데 군사들이 사방으로 흩어져 쌀과 보리·술·금전·땔나무를 마음대로 빼앗고 하루를 머문 뒤 수원으로 향했다. 이어지는 현감의 보고에 의하면, 7월 26일 일본군 마군, 즉 기병 50~60명과 우마 100여 태駄 정도가 관부에 와서 머물렀는데, 이들은 관청에 들어가 문서와 장부, 문서함을 모두 파손하고 창과 칼, 조총, 나팔과 호적 등을 모두 빼앗아 가거나 부수고 불태워 버렸다.[335]

원래 청일전쟁 직전인 1891년 군령으로 제정된 일본군의 〈야외요무령野外要務令〉 289항에 따르면, "무릇 징발은 지극히 엄한 규칙을 세워야 하며 또한 엄한 감시 아래 시행되어야 할 필요가 있다. 만약 그렇지 않으면 군기가 돌연히 문란해지고 결국 병졸이 징발과 약탈의 경계를 오해하여 죄를 범할 수 있다. 특히 전투로 점령한 촌락 등에서는 징발을 하는 데 폭려暴戾와 약탈에 휩쓸리기 쉽다. 따라서 엄중한 방법으로써 이를 금압해야만 한다. 징발대의 지휘관은 반드시 장교가 보임해야 하고 징발 물품은 규칙에 따라 증표와 교환해야 한다"고 되어 있다.[336] 그러나 이는 규정이었을 뿐 제대로 지켜지지 않은 사례가 비일비재했다.

최근의 조사 연구에 따르면 청일전쟁 당시 육군 형법 위반자 상위 10위 안에 전선 작전부대의 1위는 '사람을 구타하고 상해를 입힘'으로 58명(전체 5위)이고, 제2위는(전체 7위) '재산 편취'로 26명에 달했다고 한다. 이는 헌병이 배치된 사령부에만 한정되고 후방 지역을 관할하는 각 병참사령부 등의 사례는 빠져 있어 실상과는 많은 차이가 있는 것으로 판명되었다.[337]

일본군의 무차별 동원 결과 인부가 대규모로 이탈(도망)하고 일부 지방관은 협조하지 않았다. 황현의 기록에 따르면 3,000명분의 무기를 받은 양호도순무사 신정희와 이봉의가 인솔한 조선군들마저 아산과 성환으로 출발하라는 지시에, "우리가 지금 일본을 도와 우리를 도와주러 온 사람들을 죽이는 것은 필경 순리를 거스르는 일이므로 하늘이 도와주지 않을 것이다"[338]라면서 일시에 흩어졌다 한다. 또한 7월 25일 용산 만리창을 출발한 일본군 선봉은 수원을 경유해서 26일부터 전진할 예정이었으나, 조선인 인부가 모두 도주해 징발에 응하지 않자 부득이 하루 더 머물 수밖에 없었다. 몇몇 대대장이 '필사적으로 수색'했고 참모 나가오카 가이시도 수원부 판관 심능필을 불러 마필의 징발을 엄명했지만 판관은 소량의 쌀과 보리를 마련했을 뿐이었다.[339] 당시 마필을 담당한 제21연대 제3대대장 고시 마사스나 소좌는 태마 54두를 준비했다. 이 마필은 수원 이남 혼성여단에 제공할 유일한 운반수단이었다. 그런데 그중 2두를 제외한 나머지는 마부와 함께 도망쳐 전 대대 병사가 수색했지만 끝내 찾을 수 없었다.[340] 이에 극심한 부담을 느낀 그는 7월 27일 오전 5시 오시마 혼성여단 본대가 수원에 도착할 무렵 자살하기에 이르렀다.

참모본부 문서를 비롯한 당시 대다수 자료에서는 고시 마사스나가 '스스로 칼로 배를 그은[自刃]' 것으로 기재하고 있다. 그러나 이 사건이 일어난 직후인 그해 10월 나고야에서 간행된 한 서적에 의하면 "슬프게도 뛰어난 장수 고시 마사스나도 병고로 죽었다"고 기록되어 있다. 그러면서도 같은 쪽에 "분에 못 이겨 사망"한 것이라 했다.[341] 청일전쟁 당시 일본 국내 독자층 확보를 위해 많은 내용을 침소봉대하고 있던 상업 서적에서도 이와 같이 기술되어 있다. 그렇다면 당시 군 수뇌부에서 전투 효과의 극대화를 위해 할복자살로 사인을 조작했을 가능성도 있다. 일제강점기인 1932년 10월 수원 화성에 고시 마사스나의 기념비를 제막했는데, 그 비면에는 '갑오역고지소좌의사지비甲午役古志少佐義死之碑 정삼위장강외사근서正三位長岡外史謹書'라 각자했다.[342] 이 비는 1945년까지 현장에 있었다.

현지 출동 일본군의 군폐軍弊에 대해 주민들은 비협조와 태업, 전신선 파손 등으로 강하게 반발했다. 이로 인해 일본군의 수원 이남 진출은 많은 시간을 소요하는 등 차질을 빚었다. 진위에서는 현감이 파견한 특사가 우마 사육주에게 "지금 일본군이 우마를 약탈하러 올 것이므로 빨리 먼 곳으로 끌고 가야 한다"면서 일본군에게 협조하지 말 것을 권유한 일이 있었다. 이는 현감을 의심한 혼성여단 참모 나가오카 가이시가 우마 징발의 실상을 상세히 살피고자 통역으로 하여금 조선어를 모르는 것처럼 위장하고 특사를 따라 마을을 순회하게 하면서 알게 된 사실이었다. 우마 징발에 대해 이처럼 지방 행정 당국이 조직적으로 반발하자 일본군은 특사를 포박하는가 하면 혼성여단장 오시마 요시마사가 인장 상자를 집어던져 현감의 이마가 유혈이 낭자하게 되는 참담한 광경이 벌어지기도 했다. 그러고는 현감을 관아 무봉루舞鳳樓의 문지방에 묶어 두었다.[343] 남대문 내 대평동에 거주하는 배성옥은 만리창 근방에서 일본군 창고를 파괴하다가 체포되어 일본영사에게 넘겨졌다.[344] 이처럼 징발에 대한 항쟁도 일부 보인다.

그럼에도 당시 청일전쟁 전황과 조선 사정을 본국에 실시간으로 전하고 있던 《일청전쟁실기》의 〈인부로서의 조선인〉 기사는 다음과 같이 쓰고 있다.

병참부 부속 사관의 말을 인용하면, 조선인은 용이하게 인부 모집에 응하지 않는 풍조가 있어 안경수 등을 통해 겨우 200인 이상을 모집하여 조선인 순사로써 이들을 호위하고 일본군 치중병과 사관이 이를 감독했지만 곧바로 도주했다 한다. 또한 상호 간 분요紛擾를 일으켜 도저히 그냥 둘 수 없어 군중에 물을 뿌려 겨우 해결했다는 것이다. 조선인들은 절도를 수치로 생각하지 않기 때문에 화물 운반 시 끊임없이 감시하지 않으면 곧바로 훔쳐가지만 무거운 짐을 짊어지고 위험을 행하는 데는 도저히 일본 인부가 이에 미치지 못한다는 것이다.[345]

이렇듯 일본 측은 조선인 인부 동원을 요망하면서도 한편으로는 과하게 폄하했다. 청일전쟁 시기 일본군의 징발 방식은 청국 관내와 조선에서 각기 차이점을 보이고 있었다. 당시 제1군 사령관 야마가타 아리토모는 조선을 통해 청국으로, 제2군 사령관 오야마 이와오는 청국으로 직접 출동했다. 그런데 제2군은 랴오둥반도 상륙 직후 군령 〈제2군 징발심득第二軍徵發心得〉(1894년 10월 29일)을 발령하여 점령지인 청국에서 '무상징발'과 '유상징발'의 규정을 마련, 시행했다. 반면 일본의 전쟁 수행에 협력이 필요했던 제1군이 관할하는 조선에서는 일본 국내법인 〈징발령〉에 준거해서 강제로 징발을 실시했지만, 〈제2군 징발심득〉보다 분명히 보상 정도가 낮거나 아니면 보상이 없는 경우도 있었다.[346]

병참체계 구축

청일전쟁 직전 일본군의 병참체계는 인천-용산 간을 주축으로 구축되었다. 인천항은 7월 20일 전까지 병참 활동의 거점으로서 일본에서 오는 군수품과 인마 수송의 관문 역할을 했다.[347] 일본군은 6월 17일 인천-용산 간 병참선을 인천 병참주지·성현산 병참분견소·오류동 병참분견소·용산 병참지 등 4곳으로 구성했다. 병참주지인 인천에는 병참감부·병참대창고·병참병원·치중병대·수비병(보병 2개 소대)·체기遞騎(치중병 상등병 1명 외)를, 성현산 병참분견소에는 보병분견대(사관 1, 하사 2, 2개 분대)·부속물·체기(치중병 상등병 1명 외)를, 오류동 병참분견소에는 보병분견대(사관 1, 하사 2, 2개 분대)·체기(치중병 상등병 1명 외)·숙영소를, 용산 병참지에는 병참사령부·병참창고·수비병(보병 1개 소대)·헌병(하사 1, 상등병 2)·치중감시대·체기(치중병 상등병 1명 외)·숙영

소를 두었다.[348]

6월 29일에는 참모총장 타루히토 친왕 명의로 혼성여단장에게 병참 및 인력 동원의 지침을 담은 훈령이 내려졌다. 그 내용은 '번루한 물건의 수반을 줄이고', '비전원非戰員', 즉 병참 운수에 지역의 인부 등을 고용하는 이른바 '인량어적因糧於敵'의 원칙을 골자로 하는 것이었다. 즉, 앞에서 본 '적의適宜'와 마찬가지로 현지 조달의 병참 시스템을 마련하는 것을 기본 원칙으로 삼은 것이다. 이는 청일전쟁 전 과정에 그대로 적용되었고 얼마 지나지 않아 일본과 조선의 '공수동맹'체제로 명문화되었다. 이에 당일 병참총감 가와카미는 인천의 병참감 다케우치에게 인부 송부 등에 관한 훈령을 내렸다.[349]

그러나 일본군의 승리를 확신하지 않는 지역 주민들을 인부로 고용하는 것은 예상외로 어려웠다. 일본군의 움직임을 본 연도의 주민들은 전쟁이 난 것으로 오인해 숨거나 달아났기 때문이다.[350] 다케우치의 일기에 의하면 6월 24일 일본군이 인천에서 조선인 인부 160명으로 하여금 탄약 상자 2개씩을 등에 지고 서울로 출발하려 할 때 누군가가 "일본의 탄약을 운송하는 한인은 참수할 것"이라 외치자 갑자기 흩어져 대열 편성이 완전히 무너졌다고 한다.[351]

당시 인천 영사관에 출장 온 부산 주재 총영사 무로다 요시아야는 "항구에 있는 우리나라[일본] 인부는 조선인에 비해 먼 길을 운반할 힘이 없어 조선인 1명이 질 것을 우리나라 사람 2명이 필요한 모양새"[352]라 하여, 수탈적 동원 방식을 제시했다. 무로다는 인천영사 노세 다츠고로로 하여금 인천감리에 조회하여 경찰력을 통한 인부 응모와 고역雇役을 엄하게 실시할 것을 요구했다. 그러나 인천감리는 군수용품 운반에 관해서는 양국이 조약을 맺은 것이 없다는 이유를 들어 거부했다.

이렇듯 조선인 인부 모집에 난항을 겪게 된 결과 7월 2일 인천의 일본인 상업회의소를 통해 일본인 인부와 조선인 인부 동원책을 병행해서 실행하게 된다. 이미 무로다 총영사는 인천 일본인 상업회의소 회두인 니시와키 죠타로에게 이를 부탁해 두었다. 이날 상업회의소는 역부 사용방침 확립을 결의하고 일본 인부 300인과 조선 인부 700인을 주선하여 그들을 사용할 방법을 영사관에 제출했다. 엔도 요시노부遠藤芳信도 당시 일본군 인부 문제는 육군의 전시 편제와 병참 구축에서 징발체제 및 노동공급 정책의 모순이 나타난 것으로 평가하고 있다.[353] 이와는 별도로 인천영사 노세는 외부독판을 통해서 재차 조선인 노무자의 고용을 방해하는 명령들을 취소토록 하는 엄한 훈령을 발송할 것을 요구하여 실행에 옮겼다.[354]

참모본부에서는 육군 보병 소좌 후지이 시게타를 조선 현지에 파견했다. 그는 청일전쟁 시 제2군 참모장 이노우에 히카루井上光 예하에서 운수통신 업무를 담당했는데[355] 1894년 7월 5일 부산과 서울을 연결하는 병참선로 정찰, 도로 수리공사 상황에 대한 구역별 조사, 인부 및 재료의 현지 징집, 병참지 및 창고 혹은 임시창고 위치 선정, 운반에 필요한 인부와 재료 조사, 병참선로 및 그 연도의 자원 조사 등에 관한 훈령을 내렸다.[356] 서울과 부산 간의 병참 기반을 조사할 목적으로 내린 훈령이었다.

후일 후지이 시게타의 회고에 따르면, 부산에서 경성으로 통하는 3로 중 중로는 거리는 약 120리이지만 비교적 도로 상태가 좋고 낙동강의 수운 및 하담河潭(충주 지역)까지는 한강의 수운, 부산으로부터 대구까지는 재래의 전선을 이용할 수 있는 이점이 있다고 판단했다. 당시 부산에서 서울 사이의 유일한 전선은 대구에서 서방으로 꺾어지면서 서로로 이어져 서울로 가게 되어 있었다.[357]

후지이는 3등감독 사카다 이쓰조, 공병 대위 아키즈키 에이타로, 3등군조 다나카 키치노신, 1등졸 나가오 곤다이라를 수행원으로 하고 통역으로 교관 1명, 1등졸 6명을 이끌고 7월 13일 부산을 출발했다. 그는 출발 전 선행 조사를 통해 다음과 같은 결론을 내렸다.

병참로의 수비병은 일본 리 10리[한국 리 10리, 약 4킬로미터가 일본 리 1리에 해당하므로 일본 리 10리는 약 40킬로미터 정도임] 간에 약 1중대를 요할 것으로 가정하면 경성-부산 간에는 적어도 2개 대대를 요한다. 인부가 하루에 운반하는 거리는 4리이다. 즉 하물을 지고 4리를 가고 귀로 4리는 지지 않는다. 고로 4리 이상의 병참지 사이는 중계소를 설치할 것을 요할 뿐더러 운반력을 증대해야 한다는 점도 계산 외에 두어야 한다. 병참사령부는 22개를 필요로 한다. 그중 7개는 수비대의 장교로서 겸임케 하고 15개를 신설해야 한다. 사단의 급양액을 가정하여, 그것을 군부軍夫가 연속 운송한다면 하루에 쌀 72석, 한 사람의 부담력을 1두 5승이라면 480인을 요한다. 전 부식 960관, 1인 부담력을 6관목貫目으로 하면 160인을 요하고, 동 보리 100석, 1인 부담력을 2두로 하면 500인을 요한다. 즉, 총계 1,140인으로 그것에 반수를 더하면 병참지마다 필요한 군부는 1,710인이 된다. 그것을 21배로 하면 경부 간에 사용할 총수는 약 3만 6,000인이 된다. 만약 일본으로부터 인부를 연이어 공급받아야 하기 때문에 더하여 약 5만

1,000인이 된다.[358]

17일간의 경부 간 병참지 답사를 완료한 후지이 일행은 8월 1일 서울에 도착하지마자 당일 일본공사관으로 가서 정찰 내용을 설명했다.[359] 이와 같은 후지이 시게타의 답사와 분석에 기초하여 서울과 부산 간의 병참선로를 설치하게 되는데, 현지 측량 과정에서 그는 '외무 서기'라고 위장해 대구부에서 정찰하다 주민들이 던지는 돌에 맞기도 했다.[360]

병참총감부는 7월 17일에 '부산-인천 간 통신선 점류店留 인민 및 급요한 하물에 한해 무임승선 건'에 관해 조선의 외부대신에게 조회했다.[361] 7월 23일에는 조선 각 항구 세관에서 관용에 제공하는 물품은 모두 무관세로 통관하게 할 것을 외부대신에게 다시 조회했다.[362]

그 결과 성환 전투 출동 직전인 7월 25일과 26일에는 공사관과 영사관을 통해 조선 정부에 인마 징집에 진력할 것을 요구하고 병참부에서는 직접 강제 징발도 실시했다. 조선 정부에 요구한 것은 "① 조선 정부는 지방관 및 지방 인민에 엄명을 내려 일본 군대의 수용 및 그 사용에 제공할 인마의 징집에 당연히

후지이 시게타藤井茂太(1860~1945).
육군사관학교와 육군대학 졸업 후 참모본부 제2국원으로 중국을 정찰한 바 있다. 독일 유학 후에는 병참총감부와 제2군 참모, 제1군 참모장으로 청일전쟁과 러일전쟁에 출정하였고 이후 육군 중장까지 승진하였다.

조선 인민도 힘껏 편의를 제공하고 결코 숨고 도망하지 말 것이며, 관리는 마땅히 이 일을 도와 주선하되 만약 이를 어기면 국법으로서 엄벌에 처할 것, ② 조선 정부는 오늘부터 상당한 관리와 육군무관 병참감이 허락하는 곳에 (인력을) 파견하여 인마 징용의 사무를 도울 것"이었다.

그러나 서울과 그 인근에서는 피란이 계속 이어졌고, 일본군은 태마 1두도 징발할 수 없는 상황이 되어 명령대로 출발할 수 없게 되었다. 이에 서울 내에 군인과 순사로 하여금 태마가 있는 집에 가서 강제로 내놓게 하거나 가까운 촌에 군인과 순사 혹은 통역을 파견하여 태마나 인부 징발을 강박했다. 이 방법은 어느 정도 효과를 보았고 7월 26일 병참부대는 100여 두의 태마를 얻어 오전 11시경 군대를 출발시킬 수 있었다.[363]

그럼에도 일본군의 남행 과정에서 태마와 인부의 도주가 속출하자 태마 1두 1인 혹은 2두 1인의 일본인 감시자를 두었지만 감시 인원이 부족해 뜻대로 되지는 않았다. 그 과정에서 앞서 본 것처럼 7월 27일 새벽, 담당 소좌 고시 마사스나가 중압감을 못 이기고 자살한 것이다. 나아가 7월 28일 병참총감은 제2군 공병부장 겸 병참감 공병 대좌 후루카와 노부요시에게 "① 부산에서 대구·상주·충주를 거쳐 경성까지의 도로를 병참선로에 맞추어 수리할 것, ② 도로 수리에 착수할 때 먼저 연도의 조선 지방 관리에게 통지하고, 될 수 있는 한 해당 관리의 원조를 얻을 방법에 힘쓸 것이며 다만 가능하면 영사의 손을 경유해 통지할 것을 요한다"[364]며, 조선 정부로부터 병참 협조를 얻을 것을 훈령했다. 7월 29일 성환 전투 직전의 상황이었다.

4.
일본의 조선 정책:
'보호국' 구상과 실현 과정

동아시아 국제질서의 변화 과정에서 청일전쟁에서의 승리가 일본이 한국을 식민지화하는 준비 과정이라면 러일전쟁에서의 승리는 식민지화의 결정적 단계가 되었다는 의미를 갖는다. 메이지 시기 일본의 대표적인 국제법학자이자 외교사학자로 청일전쟁과 러일전쟁에 법률고문으로 종군했던 아리가 나가오는 "일청전쟁의 결과로 (조선은) 사실상 또는 명의상 완전한 독립권을 얻었는데, 그 독립권으로 일본과 협약하여 주권 행사의 일부분을 일본에 의뢰하기에 이르렀다"[365]고 주장했다. 《케이카니포京華日報》·《도쿄니치니치신문》 기자 출신인 가토 후사조加藤房藏도 "일청전쟁은 조선을 청국의 손아귀로부터 빼내 오는 것이고 일로전쟁은 그들을 일본의 보호로 귀속시키는 것이다"라고 정리한 바있다.[366] 일본 국내의 추세를 반영하여 조선/대한제국의 '독립'과 '보호'를 거론한 것이다.

1890년 12월 6일 일본 중의원 제1회 제국의회 시정연설에서 당시 내각 총리대신 야마가타 아리토모는 '주권선'과 '이익선'론을 주창했다. 그는 국경인 주권선과, 그 바깥쪽으로 '주권선의 안위와 관계있는 구역', 즉 이익선을 설정하고 그 초점은 조선이므로 러시아의 위협을 막을 필요가 있다고 주장했다.[367] 주권선은 일본 국경, 이익선은 한반도를 의미하는데, '주권선을 수호'하고 '이익선을 보호'하자는 것이다. 이 군사방침은 청일전쟁 이전 조선 침략에 관한 일본의 기본노선이었다. 이는 청일전쟁 때는 〈조일잠정합동조관〉과 〈(조일)양국맹약〉의 실행으로, 러일전쟁 때는 〈한일의정서〉와 〈대한시설강령〉 등 식민지화를 위한 조약과 장정으로 연결되었다.

일본은 평양 전투 직전인 8월 20일, 경제 침략과 일본 화폐의 통용을 담고 있는 〈조일잠정합동조관〉과 〈신식화폐 발행장정〉을, 8월 26일엔 군수품 수송, 병참선로 확보와 운반력 증진을 위한 인부와 식량 징발의 법률적 근거를 마련한 공수동맹 〈(조일)양국맹약〉을 조선에 강제했다. 전시

아리가 나가오有賀長雄(1860~1921).
독일과 오스트리아에서 국제법을 배웠다. 농상공부 특허국장으로 일하다가 청일전쟁과 러일전쟁 시기 법률고문으로 종군하였고 헤이그 평화회의에 일본 대표로 참석했다. 이후 육군대학, 해군대학, 도쿄대, 게이오대, 와세다대에서 헌법, 국제법 등을 강의했다. 1909년 일본 최초로 노벨평화상 후보에 올랐다.

라는 급박한 상황을 이용하여 외교적 절차와 형식을 무시하고 정식 조약이 아닌 약식 조약의 형태로 국왕의 개입을 차단한 것이 특징이었다.

국가 간 역학관계와 국내 정치세력의 변동에 따라 일본의 조선 정책은 다양한 방향으로 전개되었다. 그간의 연구는 원론적으로는 계기적 연결성을 강조하고 있지만 실제로는 청일전쟁 당시와 러일전쟁 이후를 아우르기보다는 단절적으로 보는 경향이 강했다.

이 장에서는 청일전쟁 시기 일본이 조선 정부를 강박하여 관철시킨 〈조일잠정합동조관〉과 〈(조일)양국맹약〉·〈신식화폐 발행장정〉의 내용과 결과를 분석하고 러일전쟁 시기 유사한 형태로 진행되었던 〈한일의정서〉와 〈대한시설강령〉·〈대한시설세목〉 등을 통해 일본이 조선을 '보호국화' 하는 과정을 비교하고자 한다. 이를 통해 1894~1895년 청일전쟁 당시와 1904~1905년 러일전쟁 당시 일제의 국권 침탈의 성격, 즉 갑오·을미년과 갑진·을사년의 조건과 정치경제적 외압의 규정성과 강도를 살펴볼 것이다.

1 — 전시 조약과 장정의 강제

〈조일잠정합동조관〉과 〈(조일)양국맹약〉

일본은 1894년 8월 하순 이권 획득과 군사 행동의 합법화를 위해 조선 정부에 2개의 조약을 강요했다. 먼저 일본의 요구에 따라 외무아문에서 8월 20일 오토리 게이스케 공사와 외부대신 김윤식이 〈조일잠정합동조관朝日暫定合同條款〉(이하 〈합동조관〉으로 약칭)을 체결했다. 일본군의 경복궁 철수를 조건으로 조선 정부가 다음 내용에 응한 것이다.

一. 이번에 일본국 정부는 조선국 정부에서 내정을 바로잡을 것을 절실히 바랐고 조선국 정부에서도 그것이 바로 급하고 중요한 일이라는 것을 인식하고서 권고에 따라 힘써 시행하게 되었다. 각 조항을 분명히 믿고 착실하게 시행한다.

一. 내정을 바로잡을 조목 가운데서 경성과 부산 사이, 경성과 인천 사이에 철도를 건설하는 문제는 조선 정부의 재정이 넉넉하지 못함을 고려하여 본래 일본 정부 또는 일본국 공사公司와 합동할 것을 약속하고 제때 공사를 시작하려고 했으나 현재 조선 정부의 복잡한 사정으로 처리하기 어렵다. 다만 좋은 방법을 계획하여 될수록 기약한 바를 빨리 성취해야 한다.

一. 경성과 부산 사이, 경성과 인천 사이에 일본 정부에서 이미 설치한 군무전선은 지금의 형편을 참작하여 조항을 협의해 정하고 그대로 둘 수 있다.

一. 앞으로 두 나라 사이의 관계를 될수록 화목하게 하고 통상업무를 장려할 것을 고려하여 조선국 정부는 전라도 연해 지방에 무역항 한 곳을 열도록 승인한다.

一. 금년 7월 23일 대궐 가까운 곳에서 두 나라 군사가 우연히 충돌한 일을 양측이 각각 추후 따질 필요가 없음을 언명한다.

一. 일본 정부는 평소 조선국을 도와서 독립과 자주의 대업을 성취하기를 희망하므로 앞으로 조선국의 독립과 자주를 공고히 하는 문제는 일의 적의성에 상관되므로, 따로 두 나라 정부에서 파견하는 관리들이 모여서 협의해 대안을 결정한다.

一. 이상 열거한 잠정 조항을 수결하고 도장을 찍어 정한 후에 적당한
시기를 참작하여 대궐을 호위하는 일본 군사를 모두 철수시킨다.[368]

이 〈합동조관〉은 경부철도와 경인철도 부설권 양도, 경부·경인 간
군용전신선 개설, 목포와 진남포 개항, 조선 정부의 내정개혁 등 일본
의 관심과 현안 중심으로 국가 이권과 정치적 자주권을 일본에게 위탁
한 굴욕적인 불평등조약이었다. 이는 오토리 공사가 8월 1일 본국에 보
고한 〈가조약안〉 9개조의 제안 내용과 기본적으로 차이가 없다. 특히
다섯 번째 조항, 즉 "조선과 일본은 금년 7월 23일 왕궁 근처에서 일어
난 양국 군의 충돌사건을 더 이상 문제 삼지 않는다"[369]에 따라 경복궁
점령 문제는 묻히게 되었다. 〈합동조관〉 조인 결과 경복궁을 점령하고

청일전쟁 전 대외경파와 반정부 슬로건.
깃발 준비[旗の支度]. 히로시마 출신의 서양화가이자 풍자만화가인 혼다 킨키치로本多錦吉
郎(1851~1921)가 1893년 8월 그린 것이다.

있던 일본군은 이날 조선군에 수비를 이양하고 광화문 밖 친군영 자리로 옮기게 된다. 그 대신 일본 측은 조선군 조직이 재편성될 때까지 왕궁 호위를 일본군에게 의뢰하는 공문을 보내도록 요청했고 조선 정부도 이에 동의했다.

청일전쟁의 전운이 감돌자 후쿠자와 유키치는 〈조선의 문명사업을 조장할 수 있는가〉라는 신문논설에서 일본의 지도로 조선의 통치기구를 개혁하고 무역 이권의 확보, 철도와 전신선 부설이 필요함을 역설했다.[370] '대외경파對外硬派'도 활발히 활동했는데,[371] 특히 오이 겐타로大井憲太郎·이누카이 스요시犬養毅·사사 도모후사佐々友房 등 핵심 인사들은 그해 6월 대한동지회를 결성하고 다음 내용을 의결했다. 3조는 전신선 개설을, 4조는 철도 부설, 5조는 자유로운 연안 항해 무역과 어업을, 6조와 7조는 개항장 신설과 기존 개항장의 확장을 주장한 것으로 두 달 후 〈합동조관〉에 대부분 반영되었다.

〈대한의견〉

1. 조선국의 독립과 영구한 중립을 온전히 하기 위해 내외 정무를 정리할 것.
2. 조선국이 청국의 간섭을 사절케 할 것.
3. 조선국 내외 정무의 정리를 용인할 경우 경성−부산 간 전신을 일본 정부가 관리할 것.
4. 경성·부산 및 기타 주요 시장과 항구에 이르는 철도를 부설할 것.
5. 연안 항해 무역 및 어업의 자유를 허여할 것.
6. 현재의 개시장 외에 수 개소에 일본 무역을 위한 시장을 열 것.

7. 현재 개시장에서 일본인의 거주지 구역을 확장할 것.

8. 조선국의 내외 정무의 정리를 용인할 때는 현재 파견 출동한 일본 군함 약간을 경성 혹은 기타 지역에 주둔시킬 것.[372]

〈합동조관〉 체결 직후 일본공사 오토리는 외무상 무쓰 무네미쓰에게 제3조는 '전신'이라는 자구 위에 '군용'을 첨부한 것이고, 제5조도 양국 군대의 충돌은 '우연한 충돌'이라고 고쳤다는 점을 강조[373]하면서 중요 사안들을 '합동'조관과 '조선 정부의 청구'에 의한 것으로 정리하고 있다. 〈합동조관〉의 핵심은 철도 부설과 전신선 가설, 새로운 개항장 개설, 일본 화폐 통용이 가장 일차적인 것이었지만 오토리 공사는 특히 철도와 전신선 부설은 처음부터 관철하기 어려울 것으로 예견하고 무쓰 외무대신에게 잠시 유예할 것을 요청한 바 있었다.[374] 그러나 풍도 해전과 성환 전투의 승리로 일본이 조선의 해상권과 지상권을 장악하게 되면서 국면은 바뀌었고, 일부 사안은 처음 의지대로 수행할 수 있게 되었다.

일본은 조선 정부에 서울-인천, 서울-부산 간 군용전신선 및 서울-의주, 서울-원산 간 군용전신선 사용을 강요했다. 경부·경인 간 군용전신선 개설과 사용은 8월 20일 〈합동조관〉 제3조에 명시된 내용이었다. 그러나 경원선과 경의선 사용에 대해서는 명확한 협정을 체결한 바 없이 1894년 10월 9일 참모총장이 외무대신에 조회한 〈조선국 전신선 처분 의견〉에 따른 것이었다. 그 제6조에 "원산선은 현재 상태 그대로 '상당한 보상'을 주어 일본 정부가 넘겨받을 것", 제7조에 "한성-의주 간 지나선支那線은 일본군의 전리품으로 일본 정부가 관리할 것"을 규정하고 있다.[375] 특히 경의선의 경우 일본은 '지나선'이라 명기하여 조선 정부가 아닌 청국 정부가 소유한 것으로 보고 청국으로부터 몰수한 '전리품'으로 정리하였다. 그 결과 조선 정부에 사용료도 전혀 지불하지 않았고,[376] 〈합동조관〉을 근거로 이후 계속해서 군용전선으로 사용했다.

청일전쟁 초반 일본군이 점유했던 경의·경원 군용전신선은 그로부터 2년 후 아관파천 이후 정국의 변화 과정에서 1896년 7월 17일 원소유자인 조선 정부에 반환되었다.[377] 청일전쟁이 끝난 후에도 일본 정부가 〈합동조관〉을 통해 '특전'을 받는 것을 '당연한 일'로 치부하면서 그 권리를 유지해 왔던 것이다.[378]

한편 8월 25일에 일본 외무대신은 조선 주재 공사에게 조선 주둔 일본군이 풍도 해전 후 청국군을 소탕하는 데 필요한 내각의 결정사항을 통보, 훈령했다. 이에 따르면, 일본 해군이 조선 연안에 있는 청국 해군을 소탕하기 위해 조선의 도서 연안에 함대의 임시 근거지를 일시 설치하는 것은 군략상 불가결하다는 것이다. 그러면서 이를 조선 정부에 통보하고 그 승낙을 받아 보고할 것을 지시했다. 외무대신은 조선 정부와의 교섭 요령으로, 조선 연안에서 청국 해군을 소탕하기 위해서는 일본 함대가 연안에서 풍랑을 피하고 또 양식과 군수품을 공급하기 위한 임시 집합지·정박지를 요하는 경우가 있으므로, 항만이 있는 연안 및 도서의 관민에게 미리 포고하여 불편함이 없도록 조치할 것이며, 이와 관련 일본 해군은 털끝만큼이라도 침략의 뜻이 없음을 그곳 관민에게 명시하여 안심시킬 것 등을 특별 지시했다.[379] 이는 표면상으로는 청국군 패잔병을 염두에 둔 것으로 보이지만 그보다는 일본군이 청국으로 출병하기 이전 조선 내 병참 교두보를 확보하기 위한 선행 조치의 일환으로 보인다. 이 사안도 '조선에 대한 우리[일본] 방침의 대강에 관한 각의 결정' 중의 하나였다.

이어 〈(조일)양국맹약〉(공식 용어는 〈대조선·대일본 양국맹약〉. 이하 〈양국맹약〉으로 약칭) 체결로 일본은 조선군의 동원과 인부와 식량 징발을 공식화할 수 있게 되었다. 이에 따라 조선은 일본의 전쟁에 협력하고 양식 준비 등에 편의를 제공하는 등 다방면으로 협조하지 않으면 안 되게 되었다. 당시 《도쿄니치니치신문》처럼 일본 언론 일각에서는 이 〈양국맹약〉이 '조선의 독립 자주'를 공고히 하기 위한 것이기 때문에 종주국을 참칭하는 청국의 간섭을 끊는 것에 목적이 있다고 말하기도 했다. 나아가 '보호국'의 실을 거두는 것에 그 목적이 있지 않고 조선을 진정한 독립자주국으로 만들기 위한 '평화의 조약'으로, 일본은 군사를 내어 힘껏 싸우는 것일 뿐이라 주장하기도 했다. 따라서 조선은 일본군의 진퇴와 그 양식 준비를 위해 최대한 편의를 제공할 의무가 있다는 것이다.[380] 공수동맹조약인 〈양국맹약〉은 8월 26일 조인되었지만 일본 측은 소급하여 효력을 미치게 함으로써 훗날 생길 수 있는 논쟁의 여지를 제거했다. 이에 따라 조선은 이후 '중립'이라는 말을 할 수 없게 되었다.[381] 〈합동조관〉과 〈양국맹약〉은 모두 일본공사관의 초안에 근거한 것이었다.

대조선·대일본 양국 정부는 조선력 개국 503년 6월 23일, 일본력 메이지 27년 7월 25일에 조선 정부가 청국 군대를 철수시키는 문제를 조선 경성 주재 일본 특명전권공사에게 위탁하여 대신 처리하게 한 이후 양국 정부는 청나라에 대하여 이미 공수 상조하는 위치에 서게 되었다. 따라서 이 사실을 명백히 하고 아울러 양국이 일처리를 함께 하는 목적을 달성하기 위해 아래에 기명한 양국 대신은 각기 그 나라의 전권을 위임받아 맹약을 체결, 그 조관을 아래에 열기한다.

제1조. 이 맹약은 청나라 군대를 조선의 국경 밖으로 철퇴시켜 조선의 독립과 자주를 공고히 하고 한·일 양국의 이익 증진을 목적으로 한다.

제2조. 일본은 청나라에 대해 공수의 전쟁을 맡고 조선은 일본군의 진퇴와 그 양식 준비를 위하여 가능한 한 편의를 제공한다.

제3조. 이 맹약은 청나라에 대한 평화조약이 이루어지면 폐기한다.

이를 위하여 양국 전권대신은 서명 조인하여 증빙한다.

대조선국 개국 503년 7월 26일 외부대신 김윤식

대일본국 메이지 27년 8월 26일 특명전권공사 오토리 게이스케[382]

이 공수동맹조약으로 일본군은 군사적 행동을 합법화했지만 조선의 조야는 일본 측의 집요한 재촉에도 불구하고 적극적으로 응하지 않았다.[383] 조선 정부는 일본군이 통행하는 지방의 책임자에게 그들의 요구에 응하여 사람과 말 그리고 기타 편리를 충분히 제공하되 일체의 비용은 일본군으로부터 받으라는 공문을 보냈다. 그러나 지방의 관리나 백성들은 이것을 '일본당', 즉 갑오개화파들의 소행으로 보고 정부의 참뜻이 아니라 의심했고 명령에 비협조적이었다. 이에 일본공사관 일등서기관 스기무라 후카시는 병사와 순사를 용산·노량진·동작진·한강·동대문 밖에 파견하여 통행하는 소와 말을 모두 차출해 와서 군용

에 충당토록 지시했다.[384]

〈양국맹약〉의 결과 참령 이두황이 인솔하는 장교 3명, 하사 50명, 역관 1명, 기마 13두의 장위영 1대가 서울에서 개성으로 파견되어 평양을 향해 북진하는 중장 노즈 미치츠라의 제5사단 사령부와 행동을 같이하는 등[385] 일본군에 협조하게 되었다.

조약 내용은 3도 수사 통제사는 물론 좌수영 절도사에게도 하달되었다. 전라도 해안의 동학농민군 진압을 위해 출동한 일본 해군 쓰쿠바함 함장 대좌 구로오카 타테와키는 이 공수동맹조약을 조선국 관민에게 설명하고 그 실행을 촉구했다. 그는 좌수영에서 일본의 계엄령·징병령·징발령 등을 설명하고 일본군의 출동 및 작전 준비를 확실하게 하기 위한 선무공작을 실행했다.[386]

그런데 두 가지 조약에 앞서 8월 14일 일본 육군은 외무성에 다음과 같은 기밀문서를 전달한 바 있었다.

〈밀발密發 제224호〉

군대를 움직이는 데 있어 가장 필요한 것은 도로보다 급한 것이 없다. 그러나 조선은 도로와 교량이 협소하고 험악하여 수레의 통행이 불가능함은 물론이고 다른 차륜 및 태마도 통행하는 데 용이하지 않다. 때문에 치중 외에 군수를 운반하는 담자인부擔子人夫를 쓰지 않을 수 없다. 이 인부를 전부 본국에서 보내는 것은 경비가 허락하지 않기 때문에 징발할 수 있는 한 조선 인민을 고용하여 부리지 않을 수 없다. 이에 도로 및 인부 등에 관해 다음 3건을 조선 정부에 조회하여 연도 각 지방관에 의견을 고하게 하여 우리 수요에 응해 공급하여 만족을 주도록 할 것이 목하 간절한 급무임.

1. 경성–부산 간 및 기타 우리 군대에서 청구하는 지방의 도로를 수리할 것.

2. 우리 군대의 수요에 응해 각 지방관이 알선해서 인부를 내놓고 상당한 보상으로 양말糧秣(군대의 식량과 말먹이)을 공급하여 불편을 느끼지 않게 할 것. 단, 각 지방관이 정하는 바에 따라 고임雇賃을 지급할 것.

3. 우리의 금은동화를 한전韓錢과 다름없이 통용시킬 것. 단, 한민이 청구 시에 언제라도 그 정부에서 이를 한전으로 교환할 것을 미리 논할 것.[387]

이 기밀문서를 발굴한 외교사학자 모리야마 시게노리森山茂德는 〈합동조관〉과 〈양국맹약〉이 일본 군부의 전쟁 수행체제 정비계획임을 어느 정도 인정하면서도, 이를 수용한 외무대신 무쓰 무네미쓰의 반영구적 이권 장악 기도로 분석하였다. 그러나 이는 이노우에 가오루의 반대와 이토 히로부미의 신중론, 러시아의 조선 진출에 의해 실현될 수 없었다. 그럼에도 이 문서의 내용은 전쟁 이후 철도 부설권 획득, 군용지 매수, 일본 화폐의 조선 내 통용 등을 목적으로 하는 정책으로 표출되었다. 이 같은 군부의 의지는 러일전쟁에서의 승리와 군부의 지위 상승, 이토의 사망과 조선의 식민지화 등 일련의 과정을 거쳐 결국 실현된 것으로 보고 있다.[388]

이미 〈양국맹약〉 이전부터 일본은 조선 정부에 무관세 통관을 강요하고 있었다. 7월 17일 병참총감부는 부산–인천 간 통신선 점류, 인민 및 긴급한 하물의 무임승선 건에 관해 조선의 외부대신에게 조회했다.[389] 7월 23일에는 조선국 각 항구 세관에서 관용으로 보내는 물품은 모두 세금 없이 통관해 줄 것을 외부대신에게 다시 조회했다.[390] 이후 10월에는 외무상의 훈령을 받은 스기무라 후카시가 외부대신 김윤식에게 보낸 공함 문서에, 일본과 조선이 맺은 〈양국맹약〉 제2조의 취지에 따라 일본 정부 소유의 관선에 서양 포목을 싣고 조선 각 항구에 들어갈 수 있도록 요구했다.[391]

그런데 그 제2조는 "일본국이 청나라에 대한 공격과 방어 전쟁을 담당할 것을 승인했으므로, 군량을 미리 마련하는 등 여러 가지 일을 돕고 편의를 제공하기에 힘을 아끼지 말아야 한다"로, 인부와 식량 징발에 초점을 둔 내용이며 무관세 통관, 서양 포목 수입과는 전혀 관계가 없는 조항이었다. 그럼에도 일본 정부는 일본 상인의 경제적 입장을 대변하여 급박한 전시 상황에서 주도권을 상실한 조선 정부에 이를 관철시켰던 것이다. 뿐만 아니라 공사 이노우에는 외부대신 김윤식에게 조회하여 이 조치를 1895년 2월 28일까지 2개월 연장하여 종전 그대로 서양 포목을 실을 권리를 유지했다.

이 내용은 각 개항장 해관에 전달되었다.[392] 이노우에는 이에 더해 운수통신 장관 데라우치 마사다케의 건의를 받아들여, 일본 육군이 조선에서 빌린 운송선으로 조선국 각 항구에서 상품을 수입하고 미곡 등 조선의 산물 및 외국 물품을 다른 항구 또는 청국 내 일본군 점령지로 수출하는 것까지로 이 조치를 확대했다. 일본군은 이 〈양국맹약〉을 근거로 자신들에게 협조하지 않는 각 군현의 지방관에 대한 인사권 간여와 교체를 실행하기도 했다.

한편 〈양국맹약〉은 재조선 중국인들의 운명에도 큰 영향을 미쳤다. 청일전쟁 발발 이전부터 조선 정부는 청국과 일본 사이에서 적극적인 전쟁 협력은 회피하여 중립국의 위치를 확보하려 했지만, 이 전쟁은 공수동맹조약 체결에 의해 조선·일본 대 청국 사이의 전쟁이 되었다. 일본의 승리가 굳어지면서 이노우에 공사의 강경한 요구로 갑오개화파 정부는 그해 12월 16일 조선 거주 청국인의 통제를 목적으로 하는 〈보호청상규칙保護淸商規則〉을 공포했다.

이 〈규칙〉은 청국인의 거주 제한, 본토 진입의 금지, 거주지 등록 및 이전 수속, 군사물품 취급 금지, 청국인의 조선 입국 제한, 청국인의 재판관할권 등 재조선 청국인의 주거와 활동에 관한 내용으로 되어 있다. 특히 제8조는 실질적으로 청국인이 청일전쟁 이전까지 향유했던 영사재판권 등 최혜국 대우의 폐지를 거론하여 단속의 효과를 기대했다. 조선 정부는 그 후속 조치로 1895년 3월 〈시행세칙〉을 공포했다. 이 법규에는 조선에 거주하는 중국 상인들이 제물포·부산·원산항에만 거주해야 한다는 거주 제한 규정과, 거주지를 옮길 경우 해당 지역 정부기관에 신고해 허가를 받아야 하며 그들이 조선 내 다른 지역을 여행하는 것을 금지하며 조선에서 법규를 위반하거나 범죄를 저질렀을 때 조선 정부가 그들을 추방하거나 처벌할 수 있다는 규정들이 있다.[393] 이로써 조선과 청국은 200년 만에 대등한 관계가 되었고, 중국인들도 과거와 같은 특권 없이 조선 정부의 통제하에 들어가게 되면서 새로운 동아시아 국제관계가 만들어졌다.[394]

〈신식화폐 발행장정〉 시행

일본은 청일전쟁이라는 전시 계엄정국의 상황을 십분 활용하여 화폐개혁을 명분으로 조선 내에서 은화 등 일본 화폐를 자유롭게 통용시킴으로써 조선의 화폐 주권을 침해했다. 이는 일본이 강요한 조선 내정개혁안 중 '속히 화폐제도를 개정할 것'이라는 항목을 근거로 군국기무처가 8월 11일 결의한 7개 조의 〈신식화폐 발행장정〉(이하 '장정') 공포와 8월 20일 시행으로 본격화되었다.

> 제1조. 신식화폐는 네 가지 종류로 나누는데 첫째는 은화이고 둘째는 백동화이고 셋째는 적동화이고 넷째는 황동화이다.
>
> 제2조. 화폐의 최저 단위는 푼[分]으로 하고 10푼을 1전으로, 10전을 1냥으로 한다.
>
> 제3조. 화폐는 5등급으로 나누는데 최저 단위인 1푼짜리는 황동으로 만들고, 그다음 5푼짜리는 적동으로 만들고, 그다음 2전 5푼짜리는 백동으로 만들고, 그다음 1냥짜리와 5냥짜리는 은으로 만든다.
>
> 제4조. 5냥짜리 은화를 기본 화폐로 삼고, 1냥짜리 은화 이하는 모두 보조화폐로 삼는다. 1냥짜리 은화를 한 번 주고받는 것은 100냥을 기준으로 삼고, 백동화 이하의 돈을 한 번 주고받는 것은 5냥을 기준으로 삼되, 다만 주고받는 사람이 서로 승인한 경우는 이 예에 해당하지 아니한다.
>
> 제5조. 신식화폐와 구화폐를 똑같이 통용하여 널리 유통하게 하되 그 비율은 다음과 같다.

황동화 1푼은 구식화폐 1닢[枚]에 해당한다.

적동화 5푼은 구식화폐 5닢에 해당한다.

백동화 2전 5푼은 구식화폐 25닢에 해당한다.

은화 1냥은 구식화폐 100닢에 해당한다.

은화 5냥은 구식화폐 500닢에 해당한다.

제6조. 각종 세목과 봉급을 은화로 정한 것은 될수록 은화를 쓰되 혹시 때의 적절함에 따라 구식화폐를 대용할 수 있다. 그러나 구식화폐로 정한 것은 제5조의 비율에 의하여 은화로 대용할 수 있다.

제7조. 새 화폐를 많이 주조하기 전에는 당분간 외국 화폐를 섞어 쓸 수 있으나, 다만 본국 화폐와 동질·동량·동가라야 통용될 수 있다.[395]

이 〈장정〉에서 제1~3조는 화폐의 단위 및 종류·등급을 설명한 것이다. 제4조는 본위화와 보조화의 구분, 제5조는 신식화폐와 구식화폐의 교환 비율을, 제6조는 구식화폐 대용 화폐로서의 은화의 기능 문제, 제7조는 외국 화폐, 즉 일본 화폐의 전일적인 자유 유통을 허용하는 내용이었다. 이는 당시 군수품 수송 인부의 임금과 태마·곡물 구입 등에 필요한 상평전의 시세가 등귀하자 막대한 비용 부담과 손실을 경감하려는 의도에서 제정한 것이다. 일본 외무성 통상국도 이 제7조의 삽입 배경으로 청일전쟁 중 일본군의 수요 증대로 인한 조선 화폐의 시세 등귀 및 부족을 들고 있다.

이번 사변에 즈음하여 화폐 유통의 시황에 일대 변동을 준 것은 실로 우리 군대가 우리나라 통화로 큰 액수의 한전을 매수한 것이다. 이 사건 때문에 상업이 위축되고 우리나라 상인의 손에 모이는 한전이 감소하여 그 수요가 일시에 증가함으로써 시세가 날로 뛰어올랐다. 처음에는 청나라 상인이 귀국하느라 저장한 한전을 내다 팔아 얼마쯤 결핍을 보충했지만 군대 수요가 계속 현저했기 때문에 한전은 오로지 강한 기세로 1원에 대해 3관 300문 전후이던 것이 점차 2관문 이하까지 등귀하고 또 한전의 품절을 고하게 되었다.[396]

그런데 제7조에 따라 개항장 등지에서 조선 화폐와 교환 과정을 거치지 않고 일본 화폐가 상품 수출입에 사용됨으로써 결국 그들의 상권 확대를 도와주어 부의 대량유출이 빚어졌다.[397] 당시 일본공사는 외무대신에게 군수품 구입 및 인원 고용 등에 사용할 화폐 확보의 곤란을 호소하면서도 〈신식화폐발행장정〉 발포로 일본 은화의 공식적인 통용이 허용되었으므로 점차 지방에까지 통용의 길이 열릴 것으로 전망했다.[398] 이 〈장정〉은 제목처럼 '화폐 발행'이 아닌 '유통'에 주안점을 두었고, 공사의 예측대로 청일전쟁 이후 일본 본국에서 들어온 화폐의 조선 내 통용은 일상화되었다.

일본의 영향 아래에서 은으로 만들어진 엔화는 서서히 조선 경제의 내부로 침투하고 있었다. 때문에 나는 새로 주조된 조선 주화의 견본조차 본 일이 없음에도 불구하고, 지난번의 여행처럼 돈을 한 짐 싸 들고 다녀야 한다거나, 거슬러 받을 엔화가 없어서 곤란에 처하

는 불편이 없이, 모든 여관에서 쉽게 통용되는 커다란 엔 은화를 사용하면 되었다.[399]

일본 화폐는 주로 일본군 병참부를 중심으로 작전 및 이동 지역에서 광범위하게 유통되었다. 다만 동학농민군 봉기 지역은 일본 화폐·일본 상인·일본 상품의 유입이 저지되었다.[400] 그런데 전시 화폐 충당과 통용은 인부의 임금 문제로 발생한 것이었다. 일본군의 성환 출병 과정에서 서울과 행군 연도 지역의 극심한 한전 부족으로 수원 병참사령부는 조선 정부가 일본 은화와 지폐 통용에 적극 협력해 줄 것을 병참감에게 요청한 바 있었다.[401] 제3사단 병참감독부장 카이 히로나오도 8월 7일의 의견서에서 "우리나라의 은화 및 지폐는 조선국 내에서 통용되지 않으므로……조선 정부를 재촉하여 우리나라 은화 및 지폐를 국내 일반에게 알려 통용되도록 진력하기를 희망"했다.[402] 부산을 경유해서 서울로 북상하는 후발 일본군 제5사단장 노즈 일행도 한전 부족으로 인마와 임금 조달에 차질을 빚고 있었다. 그에 따라 8월 10일 오토리 공사는 부산 총영사 무로다 요시아야에게 군대가 통과하는 각 지역에서 일본 지폐와 은화를 한전과 함께 통용시키고 조선 정부의 손을 거쳐 한전과 교환하여 교부토록 지시했다.[403]

일본군의 물품 매수와 인부 고용을 위해서는 한전이 필요했지만, 그 자금은 군대의 전진을 방해하는 하나의 큰 원인이 되었다. 인부 1명이 짊어질 수 있는 한전의 양이 7~8관문 내지 10관문(22엔 정도에 해당)에 불과했기 때문이다.[404] 당시 한전은 일본의 1문전文錢과 같은 것으로 200문 혹은 500문을 한 줄로 묶었는데, 5~6원 정도를 주고받으려면 그것을 세는 데 노력과 시간이 많이 들었다. 말 1마리에 30원 가치 이상의 돈을 싣기 어려웠고 운반에는 많은 태마가 필요했다.[405] 제5사단은 대구에서도 한전 부족으로 보병과 공병이 나아갈 수 없어 겨우 1,500관문을 보내는 등 고전했다.[406] 이곳의 기병소좌 기무라도 양식 운반 인부와 짐꾼이 한전 부족 때문에 한 발짝도 움직일 수 없다고 보고했다.[407]

야전감독 장관 노다 히로미치는 일본 화폐 통용 문제가 쉽게 풀릴 것으로 예상했으나 조선인들이 이를 신용하지 않아 자유로운 통용은 어려웠다. 또한 당시 서울-부산 간 연선에서 고용된 조선인 노무자들의 체불 임금도 큰 문제였다. 임금 체불은 민중봉기의 한 원인이 될 정도였지만 한전 부족과 조선인들의 일본 지폐 불신으로 인해 더 이상 진척은 어려운 상태였기 때문이다. 당시 조선인들은 대체로 일본 은화 중에서도 1엔 소액권을 선호하여 야전감독 장관은 제5사단 병참감부에 5만 엔 정도를 1엔 은화로 보내달라고 요청한 바 있다.[408] 이에 무쓰 외상은 오토리 공사에게 그 해결책으로 부산과 인천에 있는 일본은행에서 각각 5,000엔씩 소액 은화로 송금하는, 즉 은화로 대체하여 지급할 것을 제안했다.[409] 단순한 전시 징발 같은 것은 정부의 정책에 대한 상당한 설득력이 없으면 수용되지 못할 것으로 판단했기 때문이다. 일본군의 북상 준비 과정에서 한전 부족에 대한 대책으로 일본 각의는 조선 정부에 권고하여 급히 한전 주조량을 늘릴 것과 만약 조선 정부의 지금 地金이 충분하지 않으면 지금 및 기사·주조 기계 등을 일본 정부에서 대부하여 신속히 주조시키기로 결정하고 일본 외무대신으로 하여금 공사에게 훈령케 했다.[410]

2—'보호국화'의 내용과 결과

평양 전투는 청일전쟁에서 양국의 명암이 갈리는 분기점이었고, 조선의 입장에서는 일본 '보호국화' 여부의 기로였다. 일본군이 평양 점령과 황해 해전을 통해 제해권을 획득한 결과 청국군의 전투력은 회복하기 어려울 정도로 약화되었다. 외무대신 무쓰 무네미쓰의 을안乙案, 즉 '보호국화' 정책은 이때부터 본격적으로 시작된다.

1894년 8월 17일 각의에서 무쓰는 '갑을병정'의 조선 정략 4개 안을 제시했다.[411] 이는 성환 전투 직후 오토리 공사가 새로운 정세에 대처할 대조선 정책을 요구한 데 따른 것이었다. 또 6월 26일 경성 이등영사 우치다 사다쓰지는 "조선국이 우리 일본제국의 보호를 받게 하는 조약을 체결하여 지금부터 우리 제국 정부에게 당국의 내치외교를 맡겨 그 진보개량을 꾀한다"는 장문의 상신안[412]을 외무대신에게 올린 바 있는데, 조선 정략은 이를 구체적으로 재확인하는 것이기도 했다. 조선 정략 4개 안의 골자를 보면 갑안은 '일본 승리 후 자치론', 을안은 '보호국화론', 병안은 '일청 제휴론', 정안은 '조선 중립화론'이라 할 수 있다. 일본 정부는 대조선 정책의 기본 방침으로 일단 그중 강력한 을안을 채택하기로 결정했다. 그러나 '보호국화론'을 내세우면 조선에 이해관계를 가진 외국의 간섭이 우려되는 등 위험 부담이 따를 수 있었다. 결국 청일전쟁에서 일본이 승리한다면 그때 열강의 반응을 예의주시하면서 '보호국화' 정책을 추진하기로 했다.

일본 군부는 평양 전투 당일인 9월 15일 전시 대본영을 히로시마로 이전했다. 메이지는 히로시마 도착 직후인 9월 16일 밤에 제5사단장 노즈로부터 평양 함락의 보고를 받았고, 다음 날에는 황해 해전 승리를 보고받았다.[413] 평양 전투 승리에 대해 메이지는 "평양에서의 승리 소식을 접하고 깊이 장교·하사졸의 근로를 살펴 속히 특이한 공적을 아뢴 것이 가상하다"라고 9월 17일 제1군에 축하 칙서를 내렸고 이는 다음 날 평양에 있는 노즈 제5사단장에게 전달되었다. 황후도 참모총장 타루히토 친왕이 평양의 대승리를 알리자 "자못 기쁨으로 가득 차서 우리 군 장교·하사졸의 충성과 용맹에 깊이 감동하여 칭찬한다"는 영지를 전했다.[414]

원래 일본군은 인천항을 거쳐 해군을 분파하려 했으나 청국 북양함대의 세력이 건재하여 부득이 전 병력을 모두 부산에 상륙시켜 육로로 북진하는 방법을 채택하지 않을 수 없었다. 또한 제3사단이 파견하는 별동부대도 원산에 상륙하여 함경도를 거쳐 평양에 직진하도록 되어 있었다.[415] 평양 전투와 황해 해전의 승리에 대해 외무대신 무쓰는 다음과 같이 자찬했다.

구미 각국이 우리 군대가 전투에서 승리하는 것을 보고, 특히 일청 교전 중에 우리 군대가 채용했던 유럽류의 작전계획·운수 방법·병참·시설·병원·위생 준비, 특히 자비를 목적으로 하는 적십자원의 활약 등 모든 제도와 조직이 매우 정돈되고, 각 부서의 기관들이 민첩하게 활동함을 보고 우리에게 찬사와 놀라움을 보내는 듯했다. 또 외교상과 군사상에서 행동할 때에도 교전국에 대해서나 중립 각국에 대해서나 국제공법 규정 밖으로는 조금도 이탈하지 않는 범위 내에서 행동하는 것을 보고 그들은 대단한 충격을 받았던 것 같았다.[416]

9월 17일 새벽, 서울로부터 평양 승전의 소식을 듣게 된 부산의 5,000여 일본 거류민은 이구동성으로 만세를 부르며 비가 내림에도 불구하고 집집마다 일본 국기를 걸고 환호했으며, 상가들은 일시 휴업했다. 부산항에 정박한 일본 함선도 만선滿船 장식을 했고, 부산항 수비대 1중대는 오후 4시 영사관 문앞에 정렬하여 '기미가요君が代' 나팔을 불며 요배의식을 치렀다. 또 병참감부의 하사와 육군속 및 전선 가설대 기수 등 50여 명과 십수 명의 간호부도 영사관 현관 앞에서 요배의식을 가졌다. 공립소학교 생도도 현관 앞에서 기미가요를 불렀다. 당일 거류민들도 영사관 문앞 및 현관 앞에 술과 안주를 내놓아 사람들을 먹이고, 오후 5시부터는 부산 병참감 본부 및 부속 각 장교, 해군감독 장교 등과 거류민 회의원, 상업회의소 의원 등이 누상에 모여 축하연회를 열었다. 이때 부산항 감리 민영돈과 감리서원 일동이 와서 축하하고 조선 국왕과 왕비의 만세를 봉축했다. 감리는 일본 군대의 만세를 축하하는 등 성대한 자축연을 베풀었다.[417]

9월 18일부터 20일까지 사흘간 히로시마시는 경축승리대회를 성대하게 개최했다. 시 정부의 지시에 따라 집집마다 국기를 내걸었고 온갖 모양의 등불을 밝혀 평양 전투의 승리에 환호했다. 도쿠시마현의 경우 평양 전투 승리 이틀 후인 9월 18일 500여 명이 옛 성안 만취각에 모인 가운데 민관 공동으로 축첩연회를 개최했다. 이어 9월 21일에는 같은 장소에서 황해 해전 승리 축첩회를 개최했다.[418]

《후소신문扶桑新聞》 조선 특파원 스즈키 츠네노리鈴木經勳는 평양 전투가 끝나고 얼마 후인 1894년 11월 《평양대격전실견록平壤大激戰實見錄》을 발간했다. 그는 전투 현장에서 그린 사실화 여러 점을 책에 실었는데, 나고야의 한 극장에서 평양 대격전에 관한 연설회를 열어 실황을 보고했다. 스즈키는 "이 전쟁은 대일본제국의 광휘를 전 세계 각국에 빛내고 더욱 황국으로서 세계의 강국이 되었으며, 그 강국의 위치는 (2등 국가가 아니라) 1등의 지위를 점하는 강국으로 인정하지 않을 수 없는 논구論究, 즉 이 평양의 일전이 무릇 모든 영광을 일본에게 주고 있다"[419]고 주장하였다. 그는 대일본 제국의 군대는 '문명의 의군'이고 대일본제국은 실로 '문명적 강국'이 된다고 목소리를 높였다.[420]

외무대신 무쓰가 인정한 것처럼 일본군의 평양 전투·황해 해전 승리 이후 전 국민이 들뜬 상태에서 일본 내의 징고이즘Jingoism(극단적 애국주의) 여론이 강화되었다. 반면 심사숙고하거나 중용이나 반전을 거론하는 자에게는 애국심이 없는 '비국민'의 낙인을 찍어 침묵하게 만들었다.[421] 또한 본래의 정책을 대폭 수정하여 제2군 편성에 착수하고 청국 본토 분할을 목적으로 한 대륙침략 정책에 박차를 가하게 된다. 그 결과 진저우·다롄·뤼순을 차례로 함락하고 랴오둥반도를 장악해 나가게 된다.

무쓰는 9월 18일 공사 오토리에게 훈령하여 지난 9월 16일 평양 전투에서 청국군이 패주한 후 승패를 관망하고 주저하던 조선인들도 마음을 정할 수 있었다고 소회를 표명했다. 그러면서 조선의 내정과 외교를 "경험이 없는" 조선인들이 "제멋대로 하게끔 방임"하게 될 때는 앞으로 어떤 일이 일어날지 알 수 없고 일본이 진력한 바가 '그림의 떡'이 될 염려가 있다고 전했다. 무쓰는 오토리에게 일본군의 평양 승전을 기회로 조선 정부 내에 일본 세력을 확장하고 외교와 내치에서 중요한 사건은 반드시 공사의 자문과 동의를 얻은 후 시행하도록 유도하라고 지

도쿄 히비야日比谷에 설치된 개선문.
청일전쟁 승리를 기념하기 위해 1895년 5월 히비야에 거대한 개
선문을 건축하였다. 길이는 약 110미터. 중앙에 30미터 이상의
탑이, 앞뒤로 관통문 아치가 달려 있다. 목조로 전체를 삼나무
잎으로 덮고 있다. 앞뒤 관통문 위쪽 정면에는 꽃으로 '성가봉영
聖駕奉迎'의 글자를 만들었고, 그 앞에 일장기와 욱일기를 교차시
키고 있다.

아이들의 전쟁놀이/우타가와 코쿠세이歌川國政, 〈일본혼 영아의
투쟁〉(1894. 11. 대영박물관 소장). 당시의 군국주의 교육은 성인뿐
아니라 아이들에게도 큰 영향을 주어 소년 시절부터 그들이 군
국주의자로 성장할 수 있는 기반을 마련했고, 그 결과는 러일전
쟁을 거쳐 후일 만주 침공·중일전쟁과 아시아태평양전쟁으로
표출되었다.

시행다. 무쓰는 이를 위해 "관맹寬猛(너그러움과 엄함)의 조치"를 병행할 것까지 당부했다.[422] 조선에 대한 일본의 정책 변화는 곧바로 공사 교체로 연결되었다. 메이지유신의 핵심 참여자이자 겐로[元老]의 한 사람인 이노우에 가오루는 내무대신을 사임하고 조선공사를 자원했다. 그는 부임하자마자 흥선대원군 추방작전을 추진했다. 조선 내에서 대원군의 상징성과 '대민안집對民安集'이라는 이용가치가 감소되었다고 보았기 때문이다.

스기무라 후카시의 술회에 따르면 평양 전투의 결과가 아직 도착하기 전에 대원군이 중국에 의지하는 한편 동학당을 선동하여, 청군의 남하를 기다렸다가 함께 일본군을 협공함으로써 중국의 추궁도 모면하고 자신의 목적도 달성하려 했다는 것이다. 그러나 평양 전투에서 일본이 승리하게 되자 그는 목적을 잃고 계략도 바꾸지 않을 수 없게 되어, 방문·초대·선물 등 겉으로는 일본에게 환호를 보내고 있다고 판단했다.[423]

이에 앞서 대원군의 종손자 이준용이

이노우에 가오루井上馨(1836~1915).
영국 유학 후 메이지유신에 참여하였고 신정부의 중심인물로 부각되었다. 대장대신, 외무대신, 내무대신 등 주요 직책을 역임하였다. 사망할 때까지 초법적 지위를 가진 겐로의 일원으로 천황을 자문하였다. 청일전쟁 시기에는 조선 주재 특명공사로 자원 부임하여 흥선대원군의 축출과 동학농민군 토벌에 주력하였다.

일본의 힘을 빌려 왕후를 폐위하려 했지만 청군이 평양에 들어와 위세당당하다는 소식을 듣고 대원군을 비롯해 모두들 일본군이 반드시 패배하리라고 믿고 있었다 한다. 이에 몰래 청국의 장군에게 환영의 뜻을 보내고 영국영사에게도 접근하는 한편 은밀히 사람을 보내 동학당을 선동하여 청군이 남하하기를 기다렸다가 일본군을 협공하려는 계획을 꾸미고 있었다는 것이다.[424]

일본군의 평양 점령 시 대원군이 청국군 장수에게 보낸 밀서가 제1군 사령관의 손에 들어와 다시 외무대신에게 전해졌다. 후임 공사인 이노우에가 이를 대원군을 축출할 빌미로 삼아 그를 힐문하고 결국 권좌에서 쫓아내게 된다.[425] 원래 무쓰는 대원군 축출까지는 생각하지 않은 것으로 보인다. 압수한 서류는 대원군이 평안도 관찰사 민병석에게 보낸 서한과 이재면·김홍집의 서한 등 3통이었다. 이를 읽어 본 무쓰는 조선이 청국과 일본 어느 쪽을 따를 것인가 내심 주저하고 있는 흔적을 엿볼 수 있다고 판단했다. 무쓰는 이노우에에게 보낸 전보에서 바야흐로 조선의 사직이 '위급존망지추'에 있는 때이므로 굳이 잘못을 통렬하게 추궁할 가치도 필요도 없다면서도 이의 정치적 활용 여부는 공사의 재량에 일임했다.[426] 그러나 이노우에는 밀서를 문제 삼아 결국 대원군 퇴진을 관철했다.

평양 전투 이전부터 갑오개화파 정부는 일본군에 동학농민군 토벌을 요청했다. 그러나 일본공사 이노우에 가오루는 충청도 관찰사 김홍집의 수차례 요구에도 불구하고 청국과의 전쟁이 한창이라는 이유로 일부 부대만 파견했다. 그러던 중 평양성 함락에 이어 육군의 봉황성 점령과 해군의 뤼순항 승리 이후 입장이 바뀌었다.[427] 청일전쟁에서 비로소 승리에 대한 자신감을 가지게 되면서부터 일본 군부는 농민군 토벌에 군사력을 집중적으로 투입할 여유를 갖게 된다. 특히 동학농민군이 패퇴하는 기간에는 토벌대를 증강하고 서울을 출발하여 세 갈래 길로 나누어 각 중대를 파견, 추격했다. 이때 동로 중대는 충주, 중로 중대는 죽산, 서로 중대는 천안으로 파견했는데, 이는 농민군이 강원도와 함경도 방면으로 도주하는 것을 차단할 목적이었다.[428]

동학농민군 주력도 와해되고 갑오개화파 정권도 어느 정도 안정되는 상황에서 12월 19일 이노우에 공사의 알현 자리에서 고종은 종묘 서고일誓告日을 기해 대대적인 사면령을 발표하겠다는 의사를 표명하고 그 가부를 문의했다. 그러나 이노우에는 사면계획은 신중해야 한다며 단호히 거부했다. 그는 동학당 토벌 문제도 아직까지 해결하지 못했고 또 그 내통한 자취가 있는 자들을 체포하여 심문하려고 하지만 정보를 염탐하지 못하고 있다고 주장했다. 이런 시기에 대대적인 사면령을 내려 죄수들을 일괄적으로 풀어 주는 것은 깊이 우려할 만한 일이라는 것이다. 또한 민 씨 척족의 핵심인 민영준과 그의 일당 가운데 자취를 감춘 자들이 있는데 이들까지 사면된다면 민심은 더욱 의혹을 일으키기 쉬워 장차 개혁 사업까지 방해하게 될 것이라며 반대했다.

이노우에는 그 내용을 다음 날 공식 문서로 외부대신과 궁내부 대신에게 전달했다.[429] 조선 정부도 결국 사면령을 철회하기로 결정하고 궁내부 대신 이재면을 통해 공문 접수 다음 날인 12월 21일 이노우에게 회신했다.[430] 청일전쟁과 동학농민전쟁 과정에서 죄수가 된 사람들은 전쟁이 끝난 지 한참 후인 1895년 8월에서야 석방되었다.

이후 이노우에는 1895년 7월 2일 일본 각의에 올린 의견서에서 청일전쟁과 조선의 현실에 대해 다음과 같이 총평했다.

> 작년에 우리 정부가 조선을 독립시키고 또한 내정을 개혁시킨다고
> 성명하여 마침내 일청전쟁이 발단되었고 아산을 비롯하여 평양·의
> 주가 일청전쟁의 수라장이 되었고 부산·인천·원산 3항은 우리 군
> 대의 상륙장이 되어, 8도가 거의 진군지가 되었고 이 때문에 온 마
> 을과 촌락이 놀라 어지럽고 백성들이 이산했습니다. 그때가 마침 수
> 확기였음에도 불구하고 농사일을 돌볼 수가 없어 매우 비참한 지경
> 에 이르렀습니다.[431]

그는 결론으로 이는 필경 조선 정부의 실정에 기인한 것이며, 인민
의 깨닫지 못함과 조선 정부의 조처가 충분하지 못한 데 기인한 것으
로, 조선의 현 상태로서는 도저히 어찌하기를 바랄 수 없는 일로 치부
했다. 이 기간은 삼국간섭으로 일본이 그해 5월 5일 랴오둥반도를 반환
한 이후의 상황이었음에도 불구하고 이노우에는 시모노세키조약 이후
인 4월 8일 외무대신 상신안과 대체로 유사한, 조선에 대한 차관 제공
과 철도·전신·개항 등의 문제를 또다시 거론했다. 그러나 이노우에의
생각과는 정반대로 청일전쟁 이후 일본이 조선에서 추진한 각종 내정
개혁 정책에 대해 당시 조선을 여행했던 영국인 여행가 이사벨라 비숍
은 다음과 같이 평가하고 있다.

> 일본이 지도한 개혁은 국가적인 관례에 끼어들고 작은 문제에 간섭
> 하기를 좋아함으로써 한국인들을 분노하게 했을 뿐이다. 곳곳에 드

러나는 사건들을 보고 내가 판단하건대 일본이 조선의 개혁을 부르짖는 목적은 조선을 자신의 것으로 하기 위한 명분을 축적하려는 것 외에 아무것도 아니다.[432]

3—보호국 프로젝트의 연쇄

청일전쟁으로부터 10년 후 러일전쟁 시기인 1904년 2월 8일 일본군 제12사단이 서울로 들어오자 공사 하야시 곤스케林権助는 고종 황제를 알현하고 다시 한일동맹조약 체결을 강요하게 된다. 이어 2월 11일 궁내부 고문 가토 마스오는 한국의 '전시 중립 선언'을 강력히 반대했고, 이는 국제적으로도 아무런 효력이 없으니 속히 철회하고 한일동맹조약 체결을 재차 강조하면서 보호국화 추진을 기도했다.

연이어 하야시 공사는 2월 13일에 다시 "① 대일본제국 정부는 대한제국 황실의 안전 강령을 성실히 보장한다, ② 대일본제국 정부는 대한제국의 독립 및 영토 보전을 확실히 보증한다, ③ 제3국의 침해 혹은 내란에 의해 대한제국 황실의 안녕 및 영토 보전에 위험이 있는 경우 대일본제국 정부는 속히 임기필요臨機必要의 조치를 행할 수 있으며 대한제국 정부는 이러한 대일본제국 정부의 행동을 용이하게 하기 위한 충분한 편의를 제공한다, ④ 양국 정부는 상호 승인 없이 장래 본 협약의 취지에 반하는 협약을 제3국과 맺을 수 없다"[433]는 내용의 조약안 초안을 제시했다. 이는 일본이 견지해 오던 군사동맹적 성격을 재차 강조하는 것이었고, 그 결과는 2월 23일 〈한일의정서〉 강제 체결로 귀결되었다.

일본은 이 〈한일의정서〉를 근거로 러일전쟁 과정에서 대한제국 황실의 안전과 대한제국의 독립 및 영토 보전을 보장한다는 명목으로 국권을 유린했고, 나아가 일본군의 군사 행동에 '편의 제공' 조항을 두어 인적·물적 동원을 합리화하고, '군략상 필요한 지점을 임기 수용'한다는 명목으로 군용지·통신기관 등을 강점할 수 있게 되었다.[434] 같은 해 5월 31일 강요된 〈대한방침〉과 〈대한시설강령對韓施設綱領〉은 일제의 경제적 외압을 통한 한국의 식민지화를 염두에 둔 것이었다.

여기서는 청일전쟁 시기의 〈양국맹약〉, 〈합동조관〉, 〈신식화폐 발행 장정〉이 러일전쟁 시기 각기 〈한일의정서〉·〈대한시설강령〉·〈대한시설 세목〉으로 연쇄되는 내용을 비교해서 살펴보기로 한다.

대한제국과 일본 양국의 공수동맹이 핵심 내용인 〈한일의정서〉 조항 대부분은 청일전쟁 시기 〈(조일)양국맹약〉과 유사하다. 〈한일의정서〉 제1조에 의거해서 그해 8월 22일 외부대신 서리 윤치호와 하야시 공사 사이에 "① 대한 정부는 대일본 정부가 추천하는 일본인 1명을 재정 고문으로 하여 대한 정부에 용빙하고 재무에 관한 사항은 일체 그 의견에 따라 시행할 것, ② 대한 정부는 대일본 정부가 추천하는 외국인 1명을 외교 고문으로 하여 외부에 용빙하고 외교에 관한 주요 업무를 일체 그 의견에 따라 시행할 것, ③ 대한 정부는 외국과의 조약을 체결하며 기타 중요한 외교 안건, 즉 외국인에 관한 특권 양여와 계약 등의 일 처리에 관해서는 미리 대일본 정부와 협의할 것"이라는 내용의 〈제1차 한일협약〉 (공식 명칭은 〈한일외국인 고문 용빙에 관한 협정서〉)이 체결되었다.[435]

1904년 5월 30일 겐로회의 다음 날, 일본 정부는 각료회의에서 추밀원 의장 이토 히로부미가 한국 답사 후 건의한 식민지화의 실천 방안 내용을 받아들여 〈대한방침〉과 〈대한시설강령〉을 의결하고 천황 메이지의 재가를 받으면서 한국에 대한 정책을 구체적으로 추진하고자 했다.[436]

〈표 14〉 〈(조일)양국맹약〉과 〈한일의정서〉 조문 비교

(조일)양국맹약(1894. 8. 26)	한일의정서(1904. 2. 23)
● 대조선·대일본 양국 정부는 조선력 개국 503년 6월 23일, 일본력 메이지 27년 7월 25일에 조선 정부가 청국 군대를 철수시키는 문제를 조선 경성 주재 일본특명전권공사에게 위탁하여 대신 처리하게 한 이후 양국 정부는 청나라에 대하여 이미 공수 상조하는 위치에 서게 되었다. 따라서 이 사실을 명백히 하고 아울러 양국이 일처리를 함께하는 목적을 달성하기 위하여 아래에 기명한 양국 대신은 각기 그 나라의 전권을 위임받아 맹약을 체결, 그 조관을 아래에 열기한다. ● 제1조. 이 맹약은 청나라 군대를 조선 국경 밖으로 철퇴시켜 조선의 독립과 자주를 공고히 하고 한일 양국의 이익 증진을 목적으로 한다.	● 제1조. 한·일 양 제국은 항구불역恒久不易할 친교를 계속 유지[保持]하고 동양의 평화를 확립하기 위하여 대한제국 정부는 대일본제국 정부를 확신하고 시정의 개선에 관하여 그 충고를 들을 것. ● 제2조. 대일본제국 정부는 대한제국의 황실을 확실한 친의로써 안전·강녕하게 할 것. ● 제3조. 대일본제국 정부는 대한제국의 독립과 영토 보전을 확실히 보증할 것.
● 제2조. 일본은 청나라에 대해 공수의 전쟁을 맡고 조선은 일본군의 진퇴와 그 양식 준비를 위하여 가능한 한 편의를 제공한다.	● 제4조. 제3국의 침해나 혹은 내란으로 인하여 대한제국의 황실 안녕과 영토 보전에 위험이 있을 경우 대일본제국 정부는 속히 임기응변의 필요한 조치를 행할 것이며, 그리고 대한제국 정부는 대일본제국 정부의 행동이 용이하도록 충분히 편의를 제공할 것. 대일본제국 정부는 전항의 목적을 성취하기 위하여 군략상 필요한 지점을 임기 수용할 수 있을 것.
● 제3조. 이 맹약은 청나라에 대한 평화조약이 이루어지면 폐기한다. 이를 위하여 양국 전권대신은 서명 조인하여 증빙한다.	● 제5조. 대한제국 정부와 대일본제국 정부는 상호의 승인을 경유하지 아니하고 후래後來에 본 협정의 취지에 위반할 협약은 제3국 간에 정립訂立할 수 없을 것. ● 제6조. 본 협약에 관련되는 미비한 세조細條는 대한제국 외부대신과 대일본제국 대표자 사이에 임기 협정할 것.

〈대한방침〉은 침략정책의 기본 방침을 "일본은 한국에 대해 정사政事상·군사상 보호의 실권을 거두고 경제상에서 더욱더 우리 이권의 발전을 도모한다"고 천명했다. 그 이유로 "한국의 존망은 일본의 안위가 걸린 바, 항상 이 나라의 독립과 영토 보전 유지를 위하여 전력을 경주한 까닭이며, 일본이 국가의 운명을 걸고 러시아와 전쟁을 결심하기에 이른 것도 실로 이에 기인하는 것"이라 했다. 〈한일의정서〉는 "한국의 상하는 더욱 일본을 신뢰하지만 정치의 미란糜爛(썩어 문드러짐)과 인심의 부패로 도저히 독립을 유지하지 못할 것이 명료하므로 마땅히 정치·군사·경제상으로 일본의 위치를 확립하여 장래 다시 분규의 우려를 끊고 일본 자위의 길을 온전히 하지 않으면 안 된다. 더 나아가 국방·외교·재정 등에 관하여 한층 확실하고 적절한 조약과 설비를 성취하여 한국에 대한 보호의 실권과 일본이 필요로 하는 이익을 획득하는 것이 급무"라고 천명했다.[437]

이어 〈대한시설강령〉으로 침략을 위한 구체적 방안을 제시했다. 〈대한시설강령〉은 경제적 외압을 통한 대한제국의 식민지화를 염두에 둔 것이었다. 기본 방향은 〈한일의정서〉에서 일본이 획득한 권한을 '한국에 대한 보호의 실권 확립'으로 강화하고 '경제상 제반 관계에서 꼭 필요한 이권을 거두어들이려는' 것이다. 〈대한시설강령〉은 고문정치 실시 직전 단계의 기본 방향을 제시한 것으로 이를 기반으로 일제의 대한제국 병합정책이 단계적으로 추진되었다.[438]

〈대한시설강령〉은 ① 방비 완수, ② 외정에 대한 감독, ③ 재정 감독, ④ 교통기관 장악, ⑤ 통신기관 장악, ⑥ 황무지 개간·삼림 벌채·광산사업·어업권 확장 등 척식拓殖 도모 등 6개 항목으로 구성됐다. 이 안은 〈한

<표 15> <잠정합동조관>과 <대한시설강령> 조문 비교

<잠정합동조관>(1894. 8. 20)	<대한시설강령>(1904. 5. 31)
1. 이번에 일본국 정부는 조선국 정부에서 내정을 바로잡을 것을 절실히 바랐고 조선국 정부에서도 그것이 바로 급하고 중요한 일이라는 것을 인식하고서 권고에 따라 힘써 시행하게 되었다. 각 조항을 분명히 믿고 착실하게 시행한다.	1. 방비 완수: 한국 내에 일본 군대를 주둔시킴은 한국의 방어와 안녕 유지의 책임을 부담한 것으로 러시아와의 전쟁 종결 후에도 상당한 군대를 한국 요소에 주둔시켜 예측할 수 없는 변에 대비하는 것이 필요하며 평시에도 한국에 대해 일본 세력을 유지하기 위하여 유용하다.
2. 내정을 바로잡을 조목 가운데서 경성과 부산 사이, 경성과 인천 사이에 철도를 건설하는 문제는 조선 정부의 재정이 넉넉하지 못함을 고려하여 본래 일본 정부 또는 일본국 공사公司와 합동할 것을 약속하고 제때에 공사를 시작하려고 했으나 조선 정부의 현재 복잡한 사정으로 처리하기 어렵다. 다만 좋은 방법을 계획하여 될 수록 기약한 바를 빨리 성취시켜야 한다.	4. 교통기관 장악: 교통과 통신기관을 일본이 장악함은 정치 군사 및 경제상의 여러 관점에서 긴요한 일로, 그중 교통기관인 철도사업은 한국 경영의 골자이기에 경부철도·경의철도·경원철도 및 원산-웅기만 철도, 마산-삼랑진 철도 순서로 실행할 필요가 있다.
3. 경성과 부산 사이, 경성과 인천 사이에 일본 정부에서 이미 설치한 군무전선軍務電線은 지금의 형편을 참작하여 조항을 협의하여 정하고 그대로 둘 수 있다.	5. 통신기관 장악: 통신기관 중 전신선을 일본이 소유하고 관리하는 것은 절대적으로 필요하기에 향후 더 확장하여야 한다. 한국 정부로 하여금 우편통신 및 전화사업의 관리를 일본 정부에 위탁케 하고 일본 정부는 본국의 통신사업과 합동하여 양국 공통의 하나의 조직으로 하여야 한다.
4. 앞으로 두 나라 사이의 관계를 될수록 화목하게 하고 통상업무를 장려할 것을 고려하여 조선국 정부는 전라도 연해 지방에 한 개의 무역항을 열도록 승인한다.	* 목포와 진남포 개항은 러일전쟁 이전인 1897년 실현.

일의정서> 체결 직후인 2월 27일 하야시 공사가 외무대신 고무라 주타로에게 상신한 내용에 기초한 것이다. 그것은, 즉 외국인 고문관 임용, 경의철도 부설, 연해 어업, 연안 및 하천의 통행, 토지 소유권·지상권 등을 일본의 군사 행동이 종결될 때까지는 '아주 눈에 띄지 않는 방법'

으로 순차적으로 획득하자는 것이었다.[439] 〈대한시설강령〉에서 특히 철도 부설과 전신선 설치 관련 조항은 청일전쟁 시기 체결된 〈잠정합동조관〉의 연장선상에서 다시 정리된 것이다. 이는 또한 1895년 4월 8일 특명전권공사 이노우에 가오루가 본국 정부에 건의한 철도 부설, 전신선 관리와 조약 체결 등의 내용을 재확인하는 작업이기도 했다.[440]

'일본의 한국 정책의 핵심'이라 할 정도로 철도 경영은 일본이 중요하게 다룬 것이었다. 앞서 1890년 '주권선'과 '이익선'론을 제기했던 야마가타 아리토모는 청일전쟁 기간에 제1군 사령관으로 활약했는데, 11월 7일 메이지에게 상주문을 올려 전쟁의 승세를 몰아 가장 시급하고도 중요한 두 가지 문제를 해결할 것을 주장했다. 그 하나는 부산에서 경성을 경유해 의주에 이르는 철도 부설이고 다른 하나는 평양 이북에서 의주에 이르는 주요지에 일본인을 이민하는 것이었다. 전자는 동아대륙으로 통하는 대도로서 후일 중국을 횡단하여 곧바로 인도까지 이르게 되는 도로라는 논리였다. 후자는 일본인의 조선 이민을 통해 상업과 농업의 권리를 장악하는 동시에 주민들을 문화 영역으로 향하게 유도하여 단연 청국의 영향력을 끊게 한다는 논리였다.[441]

국권이 무기력화되는 1904년 러일전쟁을 계기로 일본은 대한제국의 철도 부설권을 독점하게 되었다. "제국 정부가 경성과 의주 간 철도 부설을 신속히 착수하는 것은 군사상 필요와 관련이 있고, 귀 정부 현재의 시국을 고찰하면 헛된 다른 논의도 없을 뿐 아니라 마땅히 부설상 제반 편의를 주어야 할 것"[442]이라는 공사 하야시 곤스케의 1904년 3월 통고에 따라 대한제국 정부는 그해 5월 서울-의주 간 경의선 철도 부설권을 일본에 양여했고 일본군은 이를 군용철도로 부설하기 시작했다. 경부선은 1905년 1월부터 서울–부산 전 구간의 영업을 개시했고, 5월 28일에 남대문역에서 개통식이 거행되었다. 경의선 철도는 1906년 3월 전 구간이 완공되었다.

통신기관 장악 문제는 한국의 해당 기관을 일본의 관리하에 둘 것을 기본 방침으로 하고 일본의 통신기관과 통일해 병합한다는 계획이었다.[443] 이를 위해 러일전쟁 직후 대한제국 정부로 하여금 우편·전신 및 전화 사업의 관리를 일본 정부에 위탁하여 공동으로 경영하게 하고, 이것이 실행되지 않으면 전쟁이 지속되는 동안 중요한 선로를 택하여 일본 군용전선을 가설할 것과, 경성에서 일·한 전선 기계의 통관通關은 영구히 유지하도록 했다. 이후 일본은 대한제국 정부와 황실에 여러 차례 압박을 가해 결국 1905년 4월 1일 공사 하야시 곤스케와 외부대신 이하영李夏榮이 협정서에 조인하게 되었다.[444] 이때부터 일본은 한국의 통신기관에 대한 전권을 장악해 한국 정부는 통신의 관리와 운용의 권리를 상실했다.

화폐 정리 사업은 1904년부터 시작된 구화폐 정리 사업을 말하는 것이다. 러일전쟁 이후 일본은 이른바 '폐제幣制 근대화' 명목으로 식민지 화폐금융 정책의 대강을 마련했으며, 화폐 정리 사업으로 대한제국의 화폐 주권은 일본에 종속되었다.[445] 1904년 7월 8일의 〈대한시설세목〉 제3항으로 화폐 정리에 관한 구체적인 방침이 정해졌다.[446] 〈대한시설세목〉 내용 또한 청일전쟁 시기 만들어진 〈신식화폐 발행장정〉의 일본 화폐 유통 보급을 재확인한 것이다. 다만 차이점은 전자가 조선 화폐의 대체 수단으로 일본 은화를 유통시키는 것이라면 후자는 제일은행권이라는 일본 보조화의 유통을 통해 대한제국의 화폐를 폐지하는

〈신식화폐 발행장정〉 (1894. 8. 20)	〈대한시설세목〉 (1904. 7. 8)
제6조. 각종 세목과 봉급을 은화로 정한 것은 될수록 은화를 쓰되 혹시 때의 적절함에 따라 구식화폐를 대용할 수 있다. 제7조. 새 화폐를 많이 주조하기 전에는 당분간 외국 화폐를 섞어 쓸 수 있으나, 다만 본국 화폐와 동질·동량·동가인 것이라야 통용될 수 있다.	제3항. 한국 화폐는 제도상으로 일본 화폐의 품위 및 가격과 완전히 동일하므로 그 나라 화폐와 같이 유통하는 데 차질이 없다는 취지를 부가하여 공공연한 일본 화폐 유통의 길을 열 것. 다음은 실제로 일본 화폐의 유통을 내지에 보급시킬 방법을 강구할 것.

데 목적이 있었다.

일본 외무대신은 9월 10일 부임 직전의 재정 고문 메가다 다네타로 目賀田種太郎에게 17개 항목의 '내훈에 속한 시정 요목'을 제시했다. 이중 화폐 정리와 관련된 것은 다음의 다섯 개 조항이다.

1. 일본 화폐의 유통을 공인하게 할 것.
2. 백동화 주조를 정지하고, 이미 발행된 백동화의 처분은 자세히 연구하여 그 방법을 세울 것.
3. 화폐는 일본에서 주조하고, 한국 전환국典圜局은 폐쇄하며, 만일 전환국을 유지할 경우에는 일본 조폐국의 출장소로 하든지, 아니면 그 감독 아래에 두어 화폐의 신용을 유지할 것.
4. 정부 지폐는 발행하지 말 것.
5. 제일은행 발행의 은행권은 당분간 현행대로 하며, 이것을 공약으로 하여 세출로 지불하며, 적당한 정도로 의무를 부담하게 하여 재정에 이용함.[447]

메가다는 같은 해 11월 30일 본위화를 세우지 못하고 보조화만 남발하는 등 재정 문란만 야기한다는 명분으로 대한제국 정부로 하여금 전환국을 공식적으로 폐쇄케 하고,[448] 총 12개조의 화폐 정리에 관한 구체적 방침을 세웠다. 이로부터 구 백동화와 엽전 대신 일본은행권과 제일은행권이 본위화로 유통될 수 있었다. 또한 일본 국내의 보조화도 통용되었다. 그 과정에서 일본인들은 한국인들의 화폐 재산을 수탈했고, 전황錢荒을 이용하여 부동산을 매집하는 등 통화·금융제도 정비 과정에서 새로운 화폐 발행을 통하여 식민지 경제지배 기틀을 마련할 수 있었다.[449] 반면 한국 사회는 금융공황에 직면했고 상인들의 도산도 속출했다.[450] 안중근이 이토 히로부미를 처단할 수밖에 없었던 하나의 명분으로 제일은행권 발행을 거론할 정도였다.[451]

청일전쟁 시기 일본이 강제 체결한 군사동맹인 〈양국맹약〉은 청국과의 전쟁에 조선군의 동원과 협조, 인부와 식량 징발의 공식화를 명문화한 것이다. 주로 경제 문제에 초점이 맞추어진 전시 협정인 〈합동조관〉은 경부철도와 경인철도 부설권 양도, 경부·경인 간 군용전신선 부설, 목포와 진남포 개항 등이 주요 내용이다. 한편 조선 외부대신에게 각 개항장에서 일본 선박의 무관세 통관을 강요했고, 〈신식화폐 발행장정〉을 시행하여 일본으로부터 들여온 화폐의 조선 내 통용은 일상화되었다. 그러나 서울-의주, 서울-원산 간 군용전신선은 명확한 협정을 체결한 바도 없고 비용 지불도 없이 사용했다. "승리를 틈타 과중한 요구조건을 제시하는 것은 의전義戰의 본의에 맞지 않는다"는 귀족원 의원 다니 다테키의 주장은 소수 의견에 불과했다.[452]

일본은 이미 1876년 조일수호조규(일명 강화도조약) 제1조에 "조선국은 자주국가로 일본국과 평등한 권리를 가진다"고 천명했고, 청일전쟁 시기에는 이를 기반으로 청국의 수중에서 조선을 독립시키기 위해 공명정대하게 노력을 했다는 점을 강조하고 있다. 그러면서 그들은 청일전쟁과 러일전쟁 이후 강제 병합에 이르기까지 조선과 맺은 각종 조약 모두는 '보호국화'를 궁극적 목적으로 조선의 독립과 자주·번영을 위한 일본의 노력과 헌신의 결과물이라고 주장했다. 일본은 공허한 레토릭으로서 시종일관 조선의 자주·독립·보호 등을 표방하면서도 한편으로는 국제관계 변동에 그때그때 조응해 가면서 보호국화를 선언하고 추진했다. 〈표 17〉은 그 내용을 시기별로 간단히 정리한 것이다.

일본이 내건 '보호국'이라 함은 청국의 속방론과는 달리 근대적 형태를 표방한 것으로, 겉으로는 '자주와 독립'으로 분식하고 있지만 조선을 일본의 영토로 합병해 정치·군사·외교·경제의 실권을 장악하겠다는 것으로 최종목표는 식민지 강점에 있었다. 일본식 종속관계의 새로운 표현에 불과한 것이다. 일본은 청일전쟁에서 그 계획을 세우고 러일전쟁의 승리로 완성할 수 있었다. 그러나 일본의 바람과는 달리 이 계획은 처음부터 순조롭게 진행될 수 없었다. 러시아·프랑스·독일의 삼국간섭으로로 인해 일본의 대중국·대조선 정책이 완전 실패하고, 을미사변의 악수와 그로 인한 아관파천의 여파로 일본이 조선에서 세력권을 일시 상실하게 된 것에 원인이 있었다.

일본 정부의 의도대로 1894~1895년 청일전쟁과 동학농민전쟁 기간 보호국 프로젝트가 성공적으로 추진되었다면 이미 1904~1905년 러일전쟁 이전 통감부와 유사한 체제가 마련되었을 것이며, 일본은 한국의 준식민지 상태를 10년 앞당길 수도 있었다. 그러나 제국주의 열강

<표 17> 조선의 '자주·독립·보호' 관련 일본의 조약·조칙 내용

조약·조칙	내용
<조일수호조규> 제1조 (1876년 2월 26일)	조선국은 자주의 나라로 일본국과 평등한 권리를 가진다.
메이지의 대청 선전조칙 (1894년 8월 1일)	조선은 독립의 1국으로……독립국의 권의權義를 온전히 하기 위해……
<잠정합동조관> (1894년 8월 20일)	조선 독립 자주의 큰 터전을 더욱 공고히 하고……
<(조일)양국맹약> (1894년 8월 26일)	조선의 독립 자주를 공고히 하고……
<시모노세키조약> (1895년 4월 17일) 제1조	청은 조선이 완결무결한 자주독립국임을 확인
<제1차영일동맹> (1902년 1월 30일) 제1조	한국의 독립과 영토보전을 유지하고……
<한일의정서> (1904년 2월 23일) 제3조	대한제국의 독립과 영토보전을 확실히 보증
<제1차 한일협약> (1904년 8월 12일) 제1조	일본은……한국에 대하여 지도 감리 및 보호
<포츠머스조약> (1905년 4월 17일) 제2조	일본은 한국에 대해 필요하다고 인정되면 지도 보호 및 감리의 조치를 취한다.
<제2차 한일협약(을사늑약)> (1905년 11월 17일) 제1조	일본은……한국의 신민 및 이익을 보호한다.

간의 힘의 논리에서 밀리고 본국 내의 신중론과 반대 등에 의해 결국 일본 정부는 이를 포기하고 러일전쟁 승리까지 '와신상담' 10년을 더 기다릴 수밖에 없었다.[453]

이후 일본은 러일전쟁 기간 <한일의정서>를 체결하여 대한제국을 일본군의 동원체제에 편입했고, <대한시설강령>으로 경제적 이권 획득의 발판을 재확인했다. 그해 8월에는 <제1차 한일협약>으로 고문정치를 완성했다. 전쟁 승리 이후에는 1905년 11월 <제2차 한일협약>(을사늑약)으로 보호국화 조약 체결에 성공하여 외교권을 박탈하고 통감부를 설치했다.[454] 이후 1907년 7월 〈한일신협약〉(정미7조약)을 통해 군사권과 통치권을 차례로 박탈하고 1910년 8월 강제 병합을 통해 대한제국은 일본의 식민지가 되었다.

러일전쟁 직후에도 일본은 대한제국을 '제2종 보호국'으로 하는 안을 염두에 두고 있었다. 이는 영국의 이집트 통치같이 주권은 행사하되 외교·재정·군사권은 피보호국에 위임하는 형태를 말한다.[455] 그러나 청일전쟁 이후 처음 채택되어 10여 년 이상 유지되던 보호국 프로젝트는 통감부를 거치면서 간접통치의 보호국protectorate이 아니라 직접통치의 식민지colony로 최종 결론이 나게 되었다.

2부

야만의 전쟁과 휴머니즘:
풍도 해전·성환 전투

1.
풍도 해전과
성환 전투

1─풍도 해전과 지역민

1894년 7월 25일 시작된 풍도 해전은 국제법적으로 독립국가였던 조선의 영해와 도서 내에서 전개된 제국주의 국가 간의 불법적인 전투의 한 양상이었다. 그럼에도 한국에서 이에 대한 체계적인 연구는 전무한 실정이다. 아직도 우리에게 청일전쟁은 일본과 중국이라는, 즉 '남의 나라'의 전쟁이라고 의식하고 있기 때문이다. 그러나 청일전쟁은 한국 영토에서 시작되었고, 당시 그곳에 사는 사람들 모두 이 전쟁에 속박되지 않을 수 없었다.

풍도 해전에 대해서 그간 일본과 중국에서는 많은 학술적 연구와 글들이 있었다. 일본에서는 과거에는 군국주의 일본의 국제법적 승리와 대외적 과시의 대상으로 이 사건을 크게 강조해 왔다. 반면 중국에서는 일본 해군이 이곳을 먼저 공격한 뒤 뒤늦게 선전포고를 한 것을 근거로 일본제국주의의 불법 도발임을 부각해 왔다. 그러나 최근에는 이 전투가 일제의 동아시아 침략전쟁의 시발점이었다는 데는 어느 정도 의견 일치가 되고 있다. 중국에서는 청일전쟁의 전황을 ① 풍도 해전, ② 평양 함락, ③ 황해 해전, ④ 뤼순·다롄 전투, ⑤ 웨이하이웨이 전투, ⑥ 시모노세키조약의 6단계로 보고 있다. 치치장 교수도 풍도 해전을 '갑오전쟁의 제1전'으로 규정하고 있다.[1] 한국 및 일본과는 달리 중국은 풍도 해전보다 이틀 앞선 7월 23일 일본군의 경복궁 점령 문제를 청일전쟁의 전사로서 의미를 부여하거나 논외로 처리하는 것이 학계의 일반론이었다.

풍도 해전에 대해서는 당시부터 중국과 일본 간의 국제법적 논쟁이 계속 이어지고 있지만, 정작 국제법적으로 조선 관련 문제는 전혀 언급되거나 논의되지도 않고 있다. 이는 제국주의 시절 약소국이 숙명적으로 받아들여야만 하는 현실이지만 엄연한 불법성은 부인할 수 없다. 이 부분에 대해 우리 입장에서의 연구 성과가 우선적으로 축적되어야 한다. 양국 간의 논쟁에 감정을 배제하고 냉정하고 중립적인 관찰자의 입장에서 우리 나름의 이성적이고 과학적인 접근이 필요하다.

서해 남양만 일대는 1894년 청일전쟁 시 해전이 처음 시작된 의미 있는 지역이다. 세계 근대사에서 청일전쟁은 조선이 일본제국주의에 지배되는 과정에서 제국주의 국가 간에 벌인 식민지 정복전쟁이었다. 또한 청일전쟁은 과거 동아시아 전역을 주름잡으면서 중화의식에 사로잡혀 있던 청국으로 하여금 대국의식을 폐기하게 한 계기가 되었다. 반면 일본은 근대국가로 발돋움할 수 있는 계기를 마련했다. 그런데 청일전쟁은 한반도에서 처음 시작되었고, 전쟁으로 인한 참화 및 인적 손실도 조선이 가장 심하게 겪었다. 그러한 단서는 풍도라는 한반도 서해안 남양만의 작은 섬에서 시작된 것이다.

풍도 해전과 결과

현재 경기도 안산시 단원구 풍도동으로 되어 있는 풍도豊島(楓島)는 대부도에서 남해상으로 23킬로미터 떨어진 남양만 앞바다 덕적군도의 작은 섬이다. 일본은 1883년 3월 〈조선국 경기도 남양박지 약측도朝鮮國京畿道南陽泊地畧測圖: NAAMIYAGU ANCHORAGE〉라는 서해 남양만 일대의 상세 지도와 해류도를 작성한 바 있다.[2] 이 해류도는 임오군란 직후인 1882년 10월 일본 군함 아마기가 남양만에 정박했을 때 4일 동안 간략히 측량한 것을 토대로 하여 해군성 수로국에서 간행한 것이다. 46×33센티미터의 지도에는 서해 남양만 앞바다의 선감도와 제부도·적도 등을 비롯한 군소 섬들이 실측으로 표기되어 있다. 아래로는 제부도부터 위로는 어도 사이의 암초, 썰물 시 모래와 갯벌 지역, 마산포 앞의 중국 선박 기항지뿐 아니라 상세한 해류 정보까지 기재되어 있다. 이 '남양지도'는 그로부터 10여 년 후 일본이 풍도 해전에서 청국 함대를 기습 공격하여 청일전쟁의 승세를 굳히는 데 활용된 것이 분명하다.

　일본의 중·고교 교과서는 풍도 해전이 지도와 함께 '자랑스러운' 역사적 사건으로 자세히 소개되고 있다. 해상의 풍도 전투와 지상의 성환 전투에서 중국을 패퇴시킨 이후 일본군은 동학농민군에 대해 종래의 견제작전에서 공세작전으로 전환할 수 있었고, 이른바 '조선 보호국화' 정략도 마련할 수 있었기 때문이다.

1894년 7월 24일 일본 함대는 아산을 정찰하고, 아산만 부근의 청국 함대가 약소할 때는 전투할 필요가 없으나 강대할 경우는 공격하라는 명령을 받고 풍도 앞바다를 항해하고 있었다. 그러던 중 7월 25일 오전 7시와 8시 사이에 북양해군 소속 순양함 제원호와 남양수사 포함 광을호로 구성된 청국 함대가 요시노·아키츠시마·나니와 등 3척으로 구성된 일본 함대와 남양만 앞바다에서 맞닥뜨렸다. 이들 일본 함대의 총 배수량은 약 11만 톤으로, 구경 15센티미터 속사포 6문, 12센티미터 속사포 14문, 크루프 26센티미터 포 2문, 동 15센티미터 포 6문을 장착하고 있었으며, 속력은 18노트 이상이었다. 반면 청국 함대는 3,300톤, 크루프 27센티미터 포 2문, 동 15센티미터 포 1문, 동 12센티미터 포 3문을 장착하였으며, 속력 15노트 및 18노트로 일본이 압도적으로 우세했다.[3] 함대 참모 가마야 다다미치 대위의 명에 따라 요시노호는 오전 7시 25분 사정거리 3,000미터에서 청국 함대에 포격을 가하기 시작했다. 이때 광을호는 달아나다가 충청도 서산군 해안에서 암초를 만나 좌초되자 군인들을 상륙시킨 후 폭파되었다. 전투 과정에서 청국군은 10명이 사망하고 40명이 부상했다.

풍도 해전 소식이 일본 본토에 전해진 것은 7월 28일이었다. 풍도 해전은 아산의 지상전보다 수일 전에 일어났지만 '낭보'가 도쿄에 도착한 것은 오히려 아산 전첩 소식보다 늦었다. 전황 보고를 받은 외무대신 무쓰 무네미쓰는 "이 전투는 청국 군함이 먼저 우리[일본] 군함을 기습함으로써 시작되었기에, 그 승리가 어느 쪽으로 돌아가든지 그 잘잘못은 이미 명백하므로, 우리는 전시 국제공법상 어떠한 비난도 받을 염려가 없다"[4]라고 하여, 청국 제원호의 선제 공격에 일본 측이 방어적 차원에서 대응하면서 사건이 시작됐다고 왜곡하려 했다.

그런데 또 다른 사건은 같은 날 오전 9시경 나니와호가 제원호를 추격하는 도중 일어났다. 해전의 와중에 청국은 일본 군함과 대적하기 위해 영국 국적의 화물선인 고승호에 베이탕 방군관병北塘防軍官兵 1,116명과 12문의 포를 싣고 텐진의 탕쿠항을 출발하여 남양만으로 접근하고 있었다. 해로의 위험을 우려한 리훙장이 조계의 영국 상선을 빌리기로 결정한 데 따른 것이었다.[5] 1883년 영국 배로우 조선회사Barrow Shipbuilding에서 건조한 고승호는 런던의 인도차이나윤선항해공사 소속으로 청국 정부가 상하이 이화양행怡和洋行으로부터 빌린 3척의 영국 상선 중 하나였다.[6] 리우공다오劉公島의 청국 해군 수사제독 딩루창丁汝昌은 7월 18일 아침 영국 국기로 위장한 영국 선박 3척과 중국 선박 '진동鎭東'을 나누어 아산 방면으로 보낼 예정인데, 우선 1척의 배, 즉 고승호를 보내고 만약 일본 측이 방해하면 다음번에는 서천 방면으로 행선지를 바꾸겠다고 보고한 바 있었다.[7] 7월 21일부터 각기 하루 간격으로 애인호·비경호·고승호 등 3척의 배는 탕쿠항을 출발하여 아산 백석포로 향했는데, 각기 1,150명, 700명, 1,116명의 군인이 승선하고 있었다.

7월 25일 오전 8시 30분 해군 대좌 도고 헤이하치로가 이끄는 나니와호는 고승호를 향해 공포를 쏘아 정지 명령을 내렸다. 사건 발발 다음 날인 7월 26일 도고는 일본 연합함대 사령관 이토 스케유키伊東祐亨에게 고승호 격침 전말을 보고했다. 그는 고승호의 영국인 선장과 접촉해 본 결과 '청국 병사가 선장을 협박하여 우리의 명령을 거부한 것'으로, 선장인 본인이 자기 마음대로 할 수 없는 상황임을 확인했다고 주장했다.[8] 그는 국제 관례대로 4시간의 유예시간을 주어 향후 일어날 수 있는 법적인 문제에 대비했고, 이후 분쟁 시에 적법적인 절차를 밟아 이루어진 것으로 설명할 만반의 대비를 했던 것이다.[9]

그러나 이러한 상황을 알 리 없었던 고승호는 정지 명령에 불응하고 달아나기 시작했다. 이에 오후 1시 30분에 도고는 발포 명령을 내렸다. 어뢰 공격을 받은 고승호는 울도蔚島 이남 약 200해리에서 침몰했고, 고승호의 호위선인 조강호는 아키츠시마와 요시노호에 나포되고 함장 이하 80여 명의 승조원이 체포되었다.[10] 제원호는 요시노호를 명중시키고 나니와의 좌현 선미를 요격하는 등 일본 해군에 일부 피해를 주었지만, 13명의 전사자, 27명의 중상자를 내면서 일본 군함의 맹렬한 추격을 겨우 따돌리고 뤼순항으로 되돌아갔다.

일본 측은 단 한 명의 사상자도 없었다. 당시 북양해군 중영中營의 부장으로 제원호와 광을호를 지휘하다가 도주한 것이 문제가 되어 처형된 팡보첸方伯謙이 자신의 억울함을 회고한 기록인 《원해술문冤海述聞》을 보면 그는 전혀 전투를 예상하지 못했고 전투 준비를 명령할 수도 없는 사이에 우세한 일본 군함이 맹공격을 가했다는 것이다.[11] 그럼에도 일본 언론에서는 풍도 부근에서 청국 군함이 일본 군함에 발포했고, 이에 일본 군함도 응전하여 청병 1,000여 명을 태운 운송선 한 척을 침몰시키고 군함 조강호를 나포했으며, 제원호는 중국으로, 광을호는 조선 동쪽 바다로 도주했다고 보도했다.[12] 7월 23일의 경복궁 점령과 마찬가지로 상대가 먼저 발포하여 부득이 응전한 것으로 왜곡하여 보도한 것이다. 풍도 해전 다음 날인 7월 28일 일본 내각은 "청나라 군함이 아산 근처에서 일본 군함을 향하여 포격을 했다"는 내용으로 메이지의 재가를 거쳐 일본 주재 각국 공사에게 서간으로 입장을 표명했다.[13] 민간과 정부 모두 그릇된 인식을 견지하고 있었던 것이다. 당시 일본의 대표적 국제법학자인 아리가 나가오도 이 사건은 "한 국가의 정당방위로 완전 합법적이었다"고 주장했다.[14]

이때 고승호에 승선한 1,116명의 중국 군인 중 871명은 사망했고 나머지 245명만이 목숨을 건졌다. 이 배에는 선장 등 7명의 영국인과 4명의 필리핀인, 68명의 중국 선원 등 79명의 선원이 승선하고 있었다. 이 중 선장 골즈워디 이하 18명은 구조되었지만 나머지 5명의 영국 선원, 필리핀과 중국 선원 56명은 수장되었다. 살아남은 일부 병사들은 고승호 침몰 후 프랑스함과 독일함·영국함에 의해 극적으로 구출된 사람도 있었고 섬이나 육지로 헤엄쳐서 겨우 목숨을 구한 사람들도 있었다.[15] 그런데 문제는 중국 병사와 영국 승선원들의 처우와 관련한 일본군의 이중성에 있었다.

당시 이 배에 동승했던 청국 북양해군 고문 독일인 콘스탄틴 폰 한네켄은 그해 7월 28일 자 증언에서, 물에 빠져 익사 위기에 있던 청국 군인에게 총격을 가해서

콘스탄틴 폰 한네켄Constantine von Hanneken(漢納根, 1854~1925).
프러시아 장교 출신으로 수십 년 동안 리훙장의 군사 고문 역할을 하였다. 말년에는 광업계에서 부유한 산업가가 되었고 중·독 합작회사를 설립하여 상당한 부와 높은 사회적 지위를 얻었다.

겨우 170여 명만이 살아남을 수 있었다고 밝혔다.

> 나는 단단히 무장한 군사들을 태운 일본의 보트 하나가 군함에서 내
> 려지는 것을 보았다. 그들이 헤엄치고 있는 사람들을 구제하기 위해
> 오는 것으로 생각했으나, 그것은 슬프게도 잘못된 생각이었다. 그들
> 은 침몰하고 있는 고승호의 선상에 있는 사람들에게 총을 쏘았다.
> 나는 그들이 그렇게 하는 것이 어떤 목적에서였는지 알지 못한다.
> 일본 군인들은 헤엄치고 있는 사람들에게도 발사했다.……그들 중
> 내가 지금까지 아는 한 오직 약 170명만이 헤엄쳐서 목숨을 구했
> 다.[16]

일본 함대가 영국인만 구조하고 청국 병사들은 그대로 익사하게 내
버려 둔 행위는 후일 영국의 동양함대 사령관 프리멘틀Fremantle 중장
의 비판 대상이 되었다.[17] 일본 정부는 일본 군함에 구출되었던 고승호
선장 이하 외국인들을 규슈 사세보의 진수부로 옮긴 후 7월 29일 법제
국 장관 츠에마스 겐죠를 파견하여 조사했다. 선장의 답변에 따르면 그
배는 청국 정부가 고용한 것이며, 만약 항해 중 전쟁이 시작되면 곧 청
국 정부에 인도하고 승선하고 있는 외국인은 모두 배를 떠나야 한다는
계약이 있었음이 밝혀졌다.

이 사건의 요점을 무쓰 무네미쓰는 다음과 같이 정리했다.

> 첫째, 나니와호는 일청전쟁이 이미 시작된 상황에서 고승호에 대해
> 포격한 것이므로 이는 교전자로서의 권리를 행한 것이라고 할 수

있다.

둘째, 고승호가 원래 영국 선적의 배임은 자명한 사실이나, 사변의
와중에서 그 배의 선장은 선장으로서의 직무상 권한을 빼앗겼고,
실질적으로는 청국 장교에 의해 지배되었기 때문에 이는 영국 배
인 고승호가 청국 군관에 빼앗겼다고 할 수 있다.

셋째, 그 배의 주인은 미리 청국 정부가 개전이 되면 본선을 청국에
인도할 것임을 계약해 놓고 있었고, 특히 그 배가 따커우大沽를 출
발할 때 서면으로 명령한 것은, 그들이 이미 일청 간에 교전이 있
을 것을 예상했음이 틀림없었을 것이다.[18]

무쓰는 일본은 배상의 책임이 없을 뿐더러 교전자로서 당연한 행동
을 취한 것이라고 주장했다. 그렇지만 고승호사건은 영국 국기를 단 상
선을 선전포고 전에 공격했다는 점에서 복잡한 외교 문제를 야기했다.
영국 여론은 일본 해군이 대영제국의 국기를 모욕했기 때문에 일본은
사죄를 해야 하며, 일본 정부는 침몰선의 주인과 생명과 재산을 잃은
영국 신민에게 배상을 해야 한다며 분노했다. 영국 정부는 이를 일본의
해적 행위로 규정하고 7월 30일 상하이 주재 영국 총영사 니콜라스 존
하넨을 일본 총영사관에 보내 항의했다. 8월 3일 영국 외무대신은 아
오키 슈죠 공사에게 일본 정부는 영국 신민의 생명과 재산 손해를 책임
져야 한다는 내용의 서한을 보냈다.[19]

그러나 영국의 국제공법학자인 케임브리지대학의 존 웨스트레이크
John Westlake 교수와 옥스퍼드대학 토머스 홀랜드Thomas Erskine Holland
교수는《더 타임즈The Times》지 기고문에서 여론과는 다른 입장을 피력

했다. 먼저 〈The Sinking of the Kow-shing(고승호의 침몰)〉 제목의 8월 3일 자 기사에서 웨스트레이크는 고승호가 '영국 상선의 기를 단 청국 운수선'으로 영국 상선이지만 청국에 서비스를 제공했고, 선전포고 없이 개전하는 것은 국제적으로 오랜 기간 관례화된 것이고, 청국 병사들은 일본군을 축출하기 위해 승선한 것이므로 격침시킬 필요가 있었다고 주장했다. 국제법상 일본이 격침한 고승호는 영국 상선이 아닌 중국의 '운수선'이라는 것이다.

또한 8월 6일 자 〈To the Editor of the Times(타임즈 편집인에게)〉에서 홀랜드는 허다한 신문에서 주장하는 '해적 행위', '선전포고 없는 전쟁', '영국 국기에 대한 모독', '일본 군관 엄징' 등의 글들은 실로 상상할 수 없는 경박한 것이라고 주장했다. 적국의 군병을 운송한 중립국의 배를 나포했거나, 이적 행위를 저지하기 위하여 일본이 사용한 강제적 수단은 군이 부당하다고 할 수 없으며, 더욱이 구조된 선장 이하의 사람들에게도 적당한 조치를 취해 방면했으므로 중립국으로서 영국의 권리도 침해받았다고는 할 수 없다고 주장했다. 때문에 그는 일본 정부가 사죄할 이유도 없고, 고승호의 선주와 유가족들도 배상을 요구할 권리가 없다고 보았다.

이들 국제법 학자들의 주장에 따라 일시 격앙되었던 영국의 여론도 진정되었다. 8월 8일 열린 해사재판소 판결도 영국 정부의 의지를 반영해 종래의 태도를 바꾸고 일본의 손을 들어 주었다. 영국 외무대신 킴벌리 경도 일본에 배상을 청구함은 불가하다고 권고하면서 양국 간의 긴장관계도 일단락되었다. 영국 정부의 이 같은 태도 변화는 일본과 연대하여 러시아를 막으려는 '연일방아聯日防俄'의 외교전략과도 상통했다. 영국과 일본 양국 정부가 이미 일종의 묵계를 완료한 상태에서 '작은 일로 큰 것을 잃을' 필요가 없었던 것이다. 결국 영국 정부는 일본이 시작한 대규모 침략전쟁에 대한 지지를 공개 표명했다.[20]

풍도 해전에서 고승호에 승선했던 병사들이 배와 함께 전멸했다는 소식은 7월 27일 아산의 청국 진영에 보고되었고 그들에게 큰 충격을 주었다.[21] 반면 이 해전에서의 승리로 일본 국민의 기쁨과 환희의 함성은 광란에 가까울 정도였다.[22] 국민협회 계열로 청일전쟁 취재기자이자 이 분야 전문 연구자이기도 한 《주오신문中央新聞》 조선 특파원 가와사키 사부로는 "① 풍도 해전 개전 이전은 중국 본국과 아산 및 인천 간의 교통·해로를 자유롭게 개통했지만, 이 전역으로부터 해상권은 거의 우

풍도 해전에 관한 당시 일본의 기록화 2점.
왼쪽 그림은 청국 함대에 포를 명중하여 일부 청국군이 배에서 탈출하는 장면을 묘사한 것이고, 오른쪽 그림은 바다에 빠져 표류하고 있는 고승호 승무원을 일본 해군이 인도적 차원에서 구하고 있는 것처럼 묘사하고 있다.

리 일본의 점유로 돌아갔다, ② 이 개전으로 아산의 청병과 해상에서의 해군의 연락이 모두 차단되어 조선에 있는 청병은 전부 고립되는 처지에 빠졌고 우리는 육지와 바다에서 헤아려 대응하는 편리를 얻었다, ③ 청국 해군은 풍도의 패전으로 혼이 나 절대적 수세로 황해의 북쪽 모퉁이에 숨었고 우리는 곧바로 공세적 운동으로 나아갈 수 있었다"[23]고 풍도 해전 승리의 의미를 기술했다. 일본의 입장에서 분석한 것이지만 이 부분만큼은 비교적 정확하게 진단한 것으로 보인다.

후일 일본군 수뇌부에서도 청일전쟁을 평가한 일이 있었다. 육군 보병 대좌 혼다 진파치는 개전 무렵 청국 정부의 작전계획은 해군의 주력을 황해 북부에 집결해 중국 보하이만 입구를 누름과 동시에 육군의 해로 수송을 엄호하고 조선에 있는 육군과 연락을 취하는 한편, 그 사이에 증파한 육군을 평양 부근에 집결한 후 진군하여 조선에 주둔한 일본군을 격퇴시키는 데 있었다고 판단한 바 있다.[24] 그러나 이는 '계획'에 불과했고 일본군의 선제 공격으로 청국군의 해상작전은 수행될 수 없었다.

풍도 해전 이전 중국과 아산·인천 간의 해로 통행은 제약이 없었고 청국군이 해로를 경유해 조선에 들어오는 것은 이틀이면 가능했다. 그러나 풍도 해전 이후 일본 해군이 조선의 서해안을 완전히 장악하게 되자 중국에서 아산과 인천으로 들어오는 병력 수송은 모두 차단되었다. 그 결과 아산의 청군은 고립무원 상태에 빠지게 되었고 이에 반해 일본은 방해 없이 해로로 조선에 병력을 증파할 수 있었다. 또한 리훙장은 풍도 해전 패배 후 소극적인 방어정책으로 전환하여 서해 북방에 있던 북양함대가 더 이상 전진하도록 허용하지 않았다. 이로써 조선 서해안에서 청국 군함의 자취가 사라졌고 이 해전 이후 일본은 조선에 계속해서 육군을 증파함으로써 승기를 잡게 되었다.[25]

청국 군함을 궤멸시킨 일본은 곧바로 아산만의 백석포에 군대를 상륙시켜 평택을 거쳐 성환의 직산에서 청국군과 대회전을 펼쳤다. 조선은 본격적으로 청일전쟁에 휩싸이게 되었고 전장이 된 이 지역은 다른 곳보다 피해가 컸다. 일본군은 성환에서도 청군을 대파하면서 조선의 중부를 완전히 장악하게 되고, 패잔 청군은 관동과 관북을 거쳐 평양으로 퇴주했다.

풍도 해전으로 해상권을 장악하게 된 일본 정부는 조선 도서 연안에 해군 함대의 임시 근거지를 마련한다는 계획을 세웠다. 8월 25일 외무대신 무쓰는 오토리 공사에게 "조선 연안에서 청나라 해군을 소탕하고 또 그것을 공격하기 위해 우리 함대는 이 연안에서 풍랑을 피하고 또 양식·군수품을 공급하기 위하여 임시 집합지·정박지를 요하는 경우가 있으므로, 미리 항만이 있는 연안 및 도서의 관민에게 포고하여 불편함이 없도록 조치할 것. 이에 관해서 일본 해군은 털끝만큼이라도 침략의 뜻이 없음을 그곳 관민에게 명시하여 안심시킬 것"[26]이라며 해군 근거지의 설치 필요와 함께 조선 정부와의 교섭방략 요령까지 별지로 제시했다.

지역민의 대응

풍도 해전이 일본의 승리로 끝난 7월 25일, 조선 정부는 일본의 요구에 따라 청의 대리교섭통상사 탕사오이唐紹儀에게 〈조청상민수륙무역장정〉·〈봉천여조선변민교역장정〉·〈길림여조선상민수시무역장정〉의 폐기를 통고했다. 1882년 임오군란 이후 조선을 청국의 경제적 속방으로 명기한 대표적 불평등조약을 비로소 폐기한 것이다.

풍도 해전과 고승호 격침은 조선 측에서도 관찰되었다. 황해도 감사는 "청국 병정이 영국 오죽선五竹船을 빌려서 18장場에 도착했으나, 수뢰포에 다친 자가 2,000여 명이었습니다. 나머지 남은 자가 24명이고, 영국인 1명이 덩저우登州의 어선에 구조되었으며, 지금 수영水營에 머물고 있습니다"[27]라는 장계를 올렸다. 여기서 영국 '오죽선'은 고승호로 보인다. 서울에서 관리를 하던 김약제도 일기에 "일전에 일본 선박 세 척이 내려오다가, 올라가는 청국 배 한 척을 만나 이유 없이 서로 싸움을 해서 청국 배가 패배하여 손해를 보고 본 읍의 이원면에 다시 정박해서 인심이 어수선해졌다"[28]고 기록했다. 이는 광을호 관련 내용을 소개한 것으로 보인다. 당시 이원면은 현 태안군 북부 소재지이자 풍도 해전 지역이었다. 이 소문은 부산에도 전파되었다. 부산감리서 방판으로 있던 민건호는 "아산 외양에서 일본군과 청국군이 해상전을 하고 성환 지역에서는 일본 육군과 청국 육군이 싸워서 청국군은 패배하고 일본군이 승리하고 도성은 모두가 피란했다"[29]고 기록했다.

현지 주민이 본 풍도 해전과 구조된 고승호 청국 병사의 행적에 대해서는 다음의 기록이 가장 상세하다. 전[前] 덕적진 수군첨절제사 이수명은 그날 밤 풍도 앞 해전에서 일본 병선의 발포로 셀 수 없이 많은 청국군이 물에 빠졌다고 정부에 보고했다. 이 첩보에 따르면 목숨을 구해 발가벗은 몸으로 섬을 빠져나와 촌으로 흘러들어 온 청국군 147명을 태안의 주민들이 "일시에 구제"하여 첨사가 술과 음식을 제공하는 한편 부상자는 치료하고 벗고 있는 자는 옷을 주어 맞이했다고 한다.

덕적첨사 이수명 보고. 이달 24일 신시경 본진 울도 공원公員 정홍, 두민頭民 이상록·장홍건 등 언서본諺書本 내에 금 23일 사시경 중국 병선 한 척이 서해 외양으로부터 와서 충청도 태안 경내 방리도 앞바다로 향했습니다. 이때 일본 병선 다섯 척이 수원 경내 풍도 앞바다로부터 연기를 내뿜고 와서 중국 병선 1척과 봉착했습니다. 다섯 선박은 일시 둘러싸고 대포를 연발했습니다. 갑자기 그간 중국 병선은 곧 파쇄 침수되었습니다. 그날 저녁 수를 셀 수 없는 인명이 물에 빠졌고 목숨을 구해 발가벗은 몸으로 섬을 나와 밥을 청해 목숨을 구했습니다. 고로 섬사람이 일시에 구제했는데 헤아리건대 그 인명은 합하여 147명이었습니다. 때문에 진으로 데려왔습니다. 우선 술과 고기를 제공했습니다. 병화로 상한 자 여섯 명은 천식으로 거의 죽어가니 여러 방법으로 치료케 하고 벗고 있는 자는 옷을 입혀 맞이했습니다. 바다 가운데 목숨을 구하는 사람은 이에 끝나지 않았습니다. 낙 대인駱大人[駱佩德]·오 대인吳大人[吳煥章]·한 대인漢大人[漢納根]·서 대인徐大人[徐在天]이 2,700명을 이끌고 왔는데 이때 모두 죽고, 한 사람만 일신이 온전하여 대인을 통해 살아 있는 자가 146명이라는 것을 알게 되었습니다. 진에서 음식을 제공했습니다.[30]

이는 풍도 해전 시 격침당한 패잔병 중 헤엄을 쳐 덕적도 부속 여러 섬에 도착한 청국군의 처분 전말을 첨사가 중앙정부에 보고한 것으로, 일본 해군 정보장교인 니이로 도키스케도 입수했다.[31]

태안부사 윤수영尹守榮의 보고 내용에, "6월 23일 유시(오후 5~7시)

쯤에 중국 군사 100명이 갑자기 관청 마당에 들어왔는데, 혹 목덜미와 등을 다치거나 혹은 손과 발이 다쳐 있었습니다. 그들을 보고 놀라서 어디로 향해 가다가, 다치게 되었는지 그 경위를 글을 써서 물어보니, 중국 군사들도 글을 써서 답하기를, '광을병선廣乙兵船에 우리나라 병사를 태우고 아산에 내려준 후에 우리나라로 되돌아가는 길에 서해 죽도에서 일본 군함 3척을 만났다. 서로 교전했는데, 우리들의 사상자와 저들의 사상자가 몇십 명인지 알지 못한다. 우리들은 간신히 이곳에 도착했으나, 광을선은 죽도 등지에 표류하고 있다'라고 했습니다. 병사들에게는 읍에서 착실하게 먹을 것을 주었으며, 그들이 바라는 대로 아산으로 호송했습니다. 광을선의 파손 여부와 일본인들이 머물고 떠난 행적을 자세히 살펴서 잘못된 것의 여부를 조사하기 위해서 부사가 그 사건이 발생한 지 한 시간 후에 죽도로 서둘러 갔으므로, 연유를 우선 빨리 보고합니다"라고 했습니다.

중국 병사 중에 부상당한 자를 각별히 치료하여, 그들을 아산에 머물고 있는 중국 진영으로 호송하고, 광을선의 파손 여부와 일본 군함이 움직이고 있는 상황을 연속으로 빨리 보고하라고 단단히 타이르도록 지령하는 글을 보냈습니다. 그러한 연유를 임금께 급히 아룁니다.[32]

태안부사는 7월 25일부터 26일까지 태안읍에 도착한 패잔 청국군 잔류자는 모두 136명으로 그중 부상자 6명은 먼저 서산군으로 보내 치료를 받게 했고 나머지 130명은 아산으로 보냈다고 관찰사에게 보고했다. 그런데 당시 서산·해미·홍주·덕산·예산 지역은 태안에서 온 청국 병사와 7월 29일의 성환 전투에서 패배하여 흩어진 병사들이 들어와 마을을 약탈하자 주민들이 놀라 달아나는 등 매우 혼란스러운 상황이 었다.[33] 반면 일본은 그 와중에서도 전리품 획득에만 관심을 두고 있었다. 일본 해군은 고승호의 전리품으로 소총 약 300정, 검 약 300정, 해도 1속, 신호서 1책, 갑판일지 1책, 기관실 일지 1책, 신서류信書類 1포包, 소총 탄약 약 1만 발, 은화 및 괴(은괴 79개, 멕시코 은 7,800불) 5상자,

침몰한 고승호에서 건진 영국 물품.
영국인 승선자들이 사용하던 유리병, 수저, 술잔, 은화 등.

포미전砲尾栓 2개, 우편물 1자루, 중국 군함 기 4기 등을 아키스시마호에 선적했고, 나포한 조강호의 함장 왕스이파王水發 등에게 출병에 관한 군령과 청국 정부의 방략 등을 상세히 탐문했다.[34]

2—성환 전투와 청국군의 '선승후패'

이 지역에서의 전투는 통념과는 달리 안성천 전투→성환 전투→아산 전투 순으로 진행됐다. 바다에서는 풍도만에서, 육지에서는 성환·아산에서 청국과 일본의 전투가 본격화되었다. 당시 일본 정부는 패전까지 염두에 두면서 계획을 진행할 정도로 승리를 예측하기는 쉽지 않은 일이었다. 그러나 7월 25일 풍도 해전에서 청국 군함을 궤멸시킨 일본은 곧바로 용산에 주둔하고 있던 육군 병력을 과천·수원·평택을 거쳐 성환 방면으로 진군시켰다. 이때 조선 정부는 육군 무관 십수 인과 포도청의 순사 10인을 일본군 병참감부에 파견했고, 이들 중 사관 2인 순사 2인은 병참감의 지휘를 받아 과천에 파견되어 각 지부장과 군리軍吏 아래 배속되었다.[35] 7월 27일 오후에는 공병 중대가 진위에 도착하여 조선 정부가 사용하던 전신선을 이용하여 통신소를 개국했다.[36] 이날 일본군 기병이 칠원 부근에서 청국 기병을 격퇴하고 태마 1두를 탈취한 일도 있었다.[37] 7월 28일 보병 제11연대는 장교 척후 등 5명을 조선인으로 위장하여 오전 11시 50분부터 청국군 본대에 침입시켜 정찰한 후 오후 5시 30분에 귀대하면서 최종적인 전투 준비를 마쳤다.[38] 7월 29일 안성천에서 청군과 대회전을 펼치면서 조선은 본격적으로 청일전쟁의 소용돌이에 휩싸였다.

지상전 중 처음 벌어진 안성천 도하 전투는 청국군이 선제 공격으로 승리한 전투였다. 7월 26일 성환에 도착한 태원진 총병 니에시청은 풍도 해전에서 고승호가 격침되고 일본군 대부대가 진위를 핍박한다는 직예제독 예지차오의 전보를 받았다. 그러자 니에시청은 7월 28일 아산의 예지차오에게 "산을 등지고 강에 접해 있는 하늘이 준 명승"인 공주로 군대를 이동할 것을 건의했고 예지차오도 이를 따랐다. 앞서 7월 15~16일 니에시청은 성환-수원-진위를 둘러본 바 있었다.[39] 니에시청은 일본군이 성환으로 오기 위해서는 반드시 안성천의 좁은 다리로 지나갈 것을 예측했다. 니에시청은 톈진 무비학당 학생 유광신于光炘 등에게 명하여 병졸을 이끌고 안성 나루터를 방어케 했다. 니에시청의 예견대로 29일 일본군 선발대는 다리를 건넜다. 일본군이 나루터의 다리를 건널 때 유광신 등이 사격을 가해 일본군 수십 명이 사상하고 퇴각했다.[40] 유광신은 자청하여 같은 무비학당 학생 저우센장周憲章·리궈화李國華·신터린辛得林 등과 함께 병사 수십 명을 인솔하고 가룽리 촌락에 매복해 있었던 것이다.

왜의 선발대가 과연 강의 다리를 건넜다. 우리 군은 모여 총을 쏘았다.……다리는 작고 사람은 많았다. 물에 빠져 죽은 자가 매우 많았다. 우리 군은 이를 쫓았고, 적은 후방에서 추격하는 군을 향해 한뢰埋雷를 매설하고 후퇴했다.[41]

지형상 일본군은 불리한 위치에 있었고 그 결과 보병 제21연대의 마쓰자키 나오미 대위는 군사를 논과 소택지로 퇴각시킬 수밖에 없었다. 7월 29일 퇴각 과정에서 일본군은 24명이 익사했고, 탈출을 시도하던 마쓰자키도 총탄을 맞고 사망하면서 전위는 완전히 와해되었다. 그러나 청국군은 후퇴 시 일본군이 매설한 뇌기雷機를 잘못 건드려 유광쉰 등 여러 명이 사망했다.[42] 전투 직전 청국군도 지뢰를 매설하면서 일본군에 대비하고 있었다.[43] 청국군은 100여 명이 전투 중 사망 또는 부상했고, 퇴주 과정에서 200여 명의 사상자가 발생한 것으로 되어 있다.[44] 반면 일본군의 "상세하지 않은" 추정에 의하면 청국군 사상자는 500명 정도였다.[45] 후발대의 지원이 없는 상태에서 청국군은 부득이 성환 방면으로 후퇴했고 수적으로 우세했던 일본군이 가룡리를 점령했다.[46] 최근에 이르기까지도 성환 지방에서는 청국군이 안성천을 막아 물을 모았다가 일본군이 하천 모래사장에 도착하자 물을 터놓아 큰 손실을 입혔다는 이야기가 구전되고 있다. 이 지역 사람들은 이곳을 '물왜보'라고 불렀는데, 이는 '몰왜보沒倭洑'가 변한 말이라고 한다.[47]

성환 전투에서는 안성과는 달리 일본군이 유리한 지형을 점거하여 승리했다. 그러나 성환 전투는 일본군의 추격전에 불과했다. 7월 29일 밤 11시 30분 일본군은 공격을 재개했고 다음 날 아침까지 전투가 이어졌는데 오전 7시 반 청국군이 월봉산 전투에서 패퇴하면서 일본군은 성환 동북방의 고지를 점령했다. 이 지역 주민들은 월봉산 앞들을 청나라가 망한 들이라 하여 '청망이들'로 부른다고 한다.[48] 이때 일본군 기병은 아산 방면으로 퇴각하는 청군 보병을 습격하여 8명을 참살했다.[49]

혼성여단장이 참모총장에 보고한 공식 기록에 의하면 성환 전투에서 일본군의 사상자는 총 89명으로 전사자 38명, 부상 51명으로 되어

성환 전투를 그린 〈대일본제국 만만세. 성환 습격 일본군 대첩의 그림成歡襲擊和軍大捷之図〉.
도쿄 출신의 니시키에 및 일본화 화가 미즈노 토시카다水野年方(1866~1908) 작품. 그림에
서 일본군 바로 뒤의 검은 옷은 종군화가 구보다 베이센, 다음은 그의 아들 화가 구보다
킨센, 그 외 다수는 여러 신문사 특파원들임.

있다.[50] 그런데 전투 과정에서 사망한 숫자보다 익사자가 더 많았다. 당시 일본영사관 기록에는 23명이 익사한 것으로, 8월 13일 자 5사단 보고인 〈7월 29일 성환에서 사상 일람표(8월 3일 조사)〉에는 장교는 보병 중위 토키야마 교조 1명과 하사졸 23명 등 총 24명이 익사한 것으로 되어 있다.[51] 초전에서 퇴각 중 장교로서 유일한 전사자로 이야기되는 보병 대위 마쓰자키 나오미도 익사인지 전사인지 정확한 사인은 불분명하다. 혼성여단 참모 나가오카 가이시의 회고에 의하면 조선 해안의 간만 차는 1장(丈=10척尺; 약 3.03미터) 이상으로 마쓰자키 대위가 전위사령관의 명령에 따라 안성 나루터의 우안에 도착한 때는 마침 만조였다고 한다. 그 때문에 앞서 정찰장교가 작은 도랑으로 생각했던 시냇물이 수심 깊은 강으로 변했고 토키야마 중위가 부하와 같이 돌진하다가 익사하게 되었다는 것이다.[52]

일본군은 안성천 전투의 후유증으로 추후 전력을 다해 추격하지는 않았다. 량치차오에 의하면 아산 출발 당시 니에시청은 리훙장에게 "일본군이 조선에 아직 진입하지 못한 때를 틈타 먼저 대군을 파견해 압록강을 건너 신속하게 평양을 점령하고 해군 함대로 제물포항을 지키면 일본 군함이 꼼짝 못할 것입니다. 일단 일본군을 견제한 후 평양의 대군으로 남쪽의 적을 공격해야만 합니다"라고 건의했다고 한다. 하지만 이 건의는 받아들여지지 않았고 7월 29일 전투에서 패해 니에시청의 계책은 물거품이 되었다.[53] 전라도 전주 일대 동학농민군의 동정을 살피고 돌아온 후인 7월 10일 니에시청은 다음과 같이 말하며 이끌고 온 군사를 회국시키자고 주장했다.

우리 군대는 본시 명을 받들어 조선의 난리를 평정하려는 것이지 왜와 다투자는 것이 아니다. 왜가 틈을 타서 육·해군의 대규모 병력으로 조선을 압박하면서 요새를 차지하고 분쟁거리를 찾고 있는데 이미 오래전부터 꾸며온 음모이다. 그리고 적의 숫자는 많고 우리는 적으며 지역적 이점과 군사들의 화합에서 모두 뒤떨어졌으니 마주 싸우는 것은 곧 저들의 계략에 빠져드는 것이다. 이제 비도(동학농민군)의 난리가 이미 평정되었으니 마침 이때에 우리 군대를 국내로 철수시켜 구실을 주지 않는 것이 바로 노자가 말하는 남보다 앞서지 않는 계책이자 또한 병가에서 실을 피해 허를 치는 계략이다. 하물며 조선은 서양 각국과 통상을 하고 있는 나라가 되었으니 어찌 왜인들이 병탄하는 일을 허용하겠는가? 만약 계속해서 고집을 피울 경우 영국과 러시아 등 여러 나라를 청하여 옳고 그름을 따지는 한편 우리의 육해군 부대를 동원하여 북양과 봉천의 변경 지역에 주둔시키고 가을에 날씨가 선선하기를 기다려 우리 육군이 구련성九連城으로부터 곧바로 평양으로 진격해 저들의 배후에 접근하고 해군 전함의 대부대는 인천항을 봉쇄하여 저들의 목통을 눌러버린다면, 그때 왜군은 힘을 들여도 전공을 거두지 못해 장교들은 교만해지고 병사들은 나태해질 것이므로 단번에 격파할 수 있다. 그렇지 않을 경우 왜는 우리를 선제 공격하여 전쟁이 일단 시작되면 대국은 매우 위태로워질 것이다.[54]

니에시청은 다음 날도 예지차오에게 부대가 아산에 오래 머물러 있는 것은 좋은 계책이 아니라며 빨리 국내로 철수하도록 청했지만 받아

<표 18> 성환 전투 일본군 사상자 일람표

구분		보병 11연대	보병 21연대	기병 5대대	포병 5연대	위생대	계
전사	장교		보병 대위 마쓰자키 나오미				1
	하사졸		8				8
익사	장교		보병 중위 토키야마 교조				1
	하사졸		23				23
부상	장교	보병 소좌 하시모토 마사요 橋本昌世	보병 중위 야스다 토시사다 야마구치 친 야마다 시로				4
	하사졸	9	36	1	3	1	50

들여지지 않았다. 리훙장은 협상은 진행 중이며 사안이 평화스럽게 종결될 것으로 전망하고 청국과 일본의 동시 철군을 조건으로 부대 철수를 준비하고 있었다.[55] 청국은 증병도 철병도 유예하고 있었던 것이다.

당시 중국 내에서는 '상숙주전常熟主戰', '합비주화合肥主和'라 했는데, 상숙은 제당파帝黨派의 영수 웡퉁허翁同龢를, 합비는 후당파后黨派의 영수 리훙장을 말하는 것이다. 당시 후당파의 주장은 '러시아의 힘을 빌려 일본을 으르자借俄以懾倭'는 것이었고, 제당파의 주장은 '영국과 연합하여 일본을 정벌하자聯英伐倭'는 것이었다.[56] 웡퉁허는 동북 3성 및 뤼순의 병사를 조발하여 신속히 조선에 보낼 것을 주장했다.[57]

웡퉁허와 함께 당시 '애국 사대부'의 대표적인 인물인 장지옌張謇은 7월 7일 웡퉁허에게 보낸 비밀서신에서 "① 전략을 논하면, 중국과 조선은 순치로 일컫는데 당연히 진공하여 조선의 어려움을 도와야 한다,

② 장수의 재질을 논하면, 직예제독 예지차오는 썩을 대로 썩어 중용할 수 없고, 니에시청·리유융푸劉永福가 병사를 거느릴 수 있다고 일컫는다, ③ 병사의 모집을 논하면, 직예총독 리훙장은 이미 기력이 다하였으므로 당연히 채찍을 쓰고"라면서 조선 출병과 예지차오의 용병, 리훙장의 리더십 등에 대한 우려를 개진한 바 있다.[58] 성환 전투 하루 전인 7월 28일 자 비밀편지에서는 "① 유지諭旨를 분명히 발하여 일본에 대해 선전宣戰할 것, ② 쥐바오구이 등으로 하여금 진군시켜 아산의 예지차오 부대와 합쳐 출격할 것, ③ 해군제독 딩루창의 직을 박탈하고, 리훙장을 '조도괴방調度乖方(정도에 맞게 처리함이 법도에 어그러짐)'의 죄로 경징계하고, 형벌과 상을 밝게 펴서 장사將士들을 권장할 것"을 주장했다.[59] 웡퉁허도 7월 27일의 일기에서 "아침에 이상李相(리훙장)이 추가 파병을 여러 번 말해 3,000인을 인천과 아산 일대에 주둔하기로 논의하였으나 선회

웡퉁허翁同龢(1830~1904).
장쑤성 창수常熟 출신으로 광서제의 스승이다. 1882년과 1894~1898년 두 차례에 걸쳐 군기대신을 역임했다. 1895~1898년에는 총리아문 대신을 겸임했다. 청일전쟁 때는 주전파의 영수로 리훙장의 화친 요구에 반대했다. 광서제에게 캉유웨이康有爲를 비밀리에 천거한 바 있다.

하여 나아가지 않았다. 슬프다. 패배한 것이다!"[60]라고 하여 청국 군사가 아산 일대에 머물게 됨으로써 일본군에 도성과 경복궁을 점령할 기회를 주게 되었고 결국 전쟁에서 실패할 것임을 예견했다.

성환 전투 수년 후 성환역을 지나던 황현은 전쟁터의 유적지를 돌아보고 다음과 같이 평가했다. "맨 처음 이홍장이 원병을 보낼 때 섭사성이 건의하기를, 일병이 한국에 들어오기 전 우리 대병이 먼저 압록강을 건너 속히 평양을 점거하고 또 해군 함대가 인천 항구를 점거하여 일본 군함이 기세를 펴지 못하도록 해야 하며, 아산에 있는 청병은 북양대신이 인솔한 해군과 일병을 견제한 후에 평양에 있는 대군이 서울을 습격해야 한다고 했으나 리홍장은 그의 말을 듣지 않았다. 그 후 아산의 주둔병이 패배하자 이 계획도 폐지되었다."[61] 청국 정부의 전체 전술과 관련하여 니에시청의 선제 공격 건의가 무산되었다는 것이다.

성환 전투는 갑오년 전쟁 기간 중 청일 쌍방 간 제1차 지상전으로 비록 규모가 작은 전투였지만 그 영향은 매우 컸다. 스기무라에 따르면, 성환의 승전 소식이 전해지자 서울의 인심은 평온을 되찾아 종로의 큰 상점들도 7월 30일부터 문을 열었고, 8월 1일부터 시내는 점차 인적이 많아져 거의 이전 모습을 회복했다고 한다.[62] 이로써 일본군은 조선 중부를 완전 장악하게 되었다. 외무대신 무쓰 무네미쓰는 "아산 전첩의 결과, 경성 부근은 이미 중국 군대의 형적을 찾아볼 수 없게 되었고, 조선 정부는 완전히 우리 제국이 장악하는 가운데 기쁜 소식이 곧바로 전국에 퍼지게 되었다"[63]라고 평가했다.

성환 전투 결과는 이후 청군의 평양 전투 실패를 예시한 것이었지만, 청국 정부와 군대는 여전히 낙관적 정서가 팽만했다.[64] 당시 중국의 대표적 일간지 《셴바오申報》도 전투가 개시되기 직전에 논설 〈일본을 물리치는 논의攘日議〉에서 훈신과 노련한 장군들은 평소 많은 전쟁을 경험했기 때문에 일본과의 싸움에서 충분히 힘을 발휘할 것이라고 주장했다. 그러면서 중국은 큰 나라로 사람도 많다는 것을 알게 하여 전쟁을 일으킨 일본이 "감히 가벼운 마음을 품지 못하게" 하고 한 번의 행동으로 대세를 만회하고 전쟁에서 낙승할 것을 예견했다.[65]

아산의 전투는 성환에서 후퇴한 청국군의 재집결과 패주, 일본군의 추격전에 불과한 것으로 전투 내용은 별다른 사실이 없다. 패잔병 추격 과정에서 일본군은 숨어 있던 청국군을 참수했고, 소규모 전투 과정에서 9명이 부상하고 1명이 사망했다.[66]

〈아산대첩도〉.
대영도서관 소장으로 화가는 망동관주인望東館主人(?~?)이다. 1894년 당시에 제작된 것이다. 이 그림에서는 청국군이 승리한 것으로 묘사되어 있다. 그러나 통념과는 달리 아산에서는 전투가 벌어지지 않았고 단지 도망가는 청국군을 일본군이 추격하는 상황이 전개되었을 뿐이다.

안성에서 퇴각한 니에시청은 성환을 거쳐 아산 방면에서 천안으로 이동한 예지차오 부대와 합류했고, 이어 공주로 부대를 옮길 것을 청원하여 다시 공주 금강촌으로 급히 이동했다. 이때 예지차오는 니에시청에게 "공주는 지킬 수 없다. 평양으로 가서 대군을 회합하여 다시 진격하여 취함만 못하다"라면서 떠났고 반나절 후에 니에시청도 뒤를 따랐다. 신창과 온양을 거쳐 홍주 방면으로 도주한 이들은 지나는 지역의 군수와 현감을 통해 호위를 받은 것은 물론 물자와 부상자 치료 등의 협조를 받았고, 일부 지역에서는 징발과 때로는 민가를 약탈하면서 각기 8월 21일과 28일 평양에 도착했다.

전 아산현감 양재건의 보고에 따르면 아산을 떠나 평양으로 향한 예지차오의 청국군 본진과 성환 전투에서 패해한 후 흩어진 장수와 병사들의 말먹이를 위해 조선 정부에서 콩을 지급한 사실을 알 수 있다. 그해 8월 작성된《아산현대진주찰시각읍이래세태성책牙山縣大陣駐札時各邑移來稅太成冊》에 따르면, 총 608석 10두 9승의 콩을 패주하던 청국군에게 제공했다.[67]

예지차오葉志超(1838~1901).
일찍이 염군捻軍 진압에 공을 세웠고 1889년 직예제독에 발탁된 이래 열하熱河의 교비敎匪 토벌을 수행하였다. 청일전쟁 시기에는 조선 출병 최고 지휘관이었지만 성환과 평양의 전투에서 일본군에 연패하였다. 그럼에도 본국에는 승리하고 있다고 허위 보고한 바 있다. 이에 대한 책임으로 삭탈 관직되고 형부 압송 후 하옥되었다.

한편 인천 일본영사의 보고에 의하면 7월 29일 일본군이 아산으로 향할 때 백석포에서 의심스런 배 한 척을 발견하여 조사했다. 이 배에는 12명의 조선인이 탑승하고 있었다. 그중 최상순이라는 사람으로부터 당상 심상훈의 명령으로 경성 선혜청 창고에 있던 한전 3만 냥을 아산의 이중하를 통해 청국군에 보내고자 한 사실을 파악했다. 일본 측은 최상순을 감리서로 보내 구금시키고 금전은 일본군 병참지부에 압수해 두었다고 조선 정부에 통보했다.[68] 또한 이 기간 선혜청의 보고에 의하면 양성현 소사에 주둔한 일본군이 관아의 창고 문을 부수고 대동미를 꺼내 간 일이 있었는데 분실된 쌀이 402석이었다.[69]

전투는 청국군과 일본군의 기록 모두 초기에는 청국이 승리한 '선승후패'로, 이후 9월의 평양 전투도 이와 유사하다. 그러나 패주 과정에서 예지차오는 리훙장에게 크게 승리했다고 보고했다.[70] 자신의 부대가 아산에서 일본군 2,000명을 죽이고, 중국군 200여 명이 부상했다는 내용이었다. 이에 리훙장은 자희태후(서태후)에게 보고하고 포상금으로 은 2만 냥을 보내 격려했다.[71] 예지차오는 평양의 웨이루쿠이와 쥐바오구이에게는 아산에서 왜병 3,000명을 죽였다는 마보馬報를 전달했다.[72] 이 보고를 믿은 청국 정부는 웨이하이를 경유한 해로로 탄약 등 군수물자와 병력 증파계획을 수립하기도 했다.[73] 그러나 청국군의 승리는 얼마 지나지 않아 허위 보고로 판명되었다.[74] 예지차오 부대는 실제 전투를 하지 않고 도망했음에도(자료에는 '이동'으로 표현하고 있다) 본국에는 청주·충주·금화를 경유해서 평양에 도착할 때까지 전력을 다해 싸워 적어도 5,000여 명의 일본군을 살해한 것으로 전보했다. 리훙장도 그렇게 이해하고 있었다.[75] 왕지센王繼善 등 중국 정부 내 일각에서는 예지차오가 아산에서 크게 승리했지만 일본군이 부산에서 원산으로 올라옴에 따라 이후 평양으로 이동하고 있는 것으로 이해하기도 했다.[76] 웡퉁허의 일기에 따르면 일본군에 섬멸적 타격을 주었다는 허위 보고를 믿어 베이징의 군신 모두 전승 기분에 취했다는 것이다.

청국군은 성환과 아산 전투의 패배에도 불구하고 즉각 전면전을 구상하지 않고 완만한 작전을 전개하였다. 이는 조선 주재 청국군 수뇌부 전체의 인식이라기보다는 일찍부터 전면전을 원하지 않았던 리훙장의 전략적 판단과 지시에 따른 것이었다.[77] 그 결과 평양 주둔 청군도 남하할 움직임을 보이지 않았다. 청국 정부는 평양 파견 부대와 평안도 주민의 협력을 크게 믿고 있었다.[78] 이렇듯 청국군이 오판하여 장기 주둔책으로 일관한 반면 일본 군대는 계속 조선에 증파되었고 평양 방면에서 대회전을 준비하고 있었다.

청국 황제 광서제光緖帝(1871~1908). 청나라 제11대 황제로 이름은 대첨載湉이다. 청나라 최초의 방계 혈통 황제로 자희태후(서태후)에 의해 옹립되었다. 청일전쟁 패전 이후 변법자강운동을 통한 개혁을 시도하였으나 좌절되었고 37세의 나이에 급사했다.

8월 1일 일본 천황 메이지는 〈선전조칙〉을 공식 발포했고 같은 날 청국 황제도 〈개전조칙〉을 발포함으로써 전쟁을 공식화했다. 원래 일본의 선전포고 초안에는 '청국 및 조선국에 대한 전투를 선언'한다는 것이 들어있었는데, 최종안에서는 '조선국'이 삭제되었다. 조서에서 메이지는 조선이 '독립국가'임을, 광서제는 '중국의 번속'임을 강조했다. 전쟁에 임하면서 청국과 일본은 각각 조공을 매개로 하는 화이질서와 국제법을 명분으로 하는 공법질서를 조선에 제시했다. 이는 외교력과 군사력을 기반으로 하는 제국주의 시스템의 새로운 변형에 불과한 것이었다. 이 중 이른바 '독립국가' 이슈는 일본의 선전책에 불과한 것이었지만 적지 않은 효과가 있었고 이로부터 청은 세계의 여론전에서도 밀리기 시작했다.

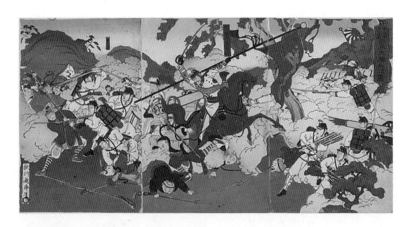

성환 전투 관련 니시키에.
성환 전투에서 대포를 앞세운 일본군이 크게 승리한 것을 묘사한 것으로 청국군의 황룡기와 총기류를 노획한 사실을 과장적 화법으로 묘사하고 있다.

청국 정부가 사태의 심각성을 처음 인식한 것은 8월 6일인 것으로 보인다. 옌타이의 성수안화이는 조선인의 말과 안주의 쭤바오구이, 평양의 웨이루쿠이·마위쿤 등의 보고를 받기 전까지는 니에시청 부대가 승리했으나 "간사한 습격을 받아" 1영을 손실하고 패하여 공주로 퇴각한 것으로 이해하고 있었다.[79] 성수안화이는 다음 날이 되어서 비로소 아산의 부대가 완패했고 일본군도 틀림없이 평양에 이를 것이므로 머지않아 큰 전투가 있을 것임을 예견했다.[80]

성환 전투에 대한 진실을 알기 시작한 8월 7일, 성수안화이는 아산의 청군은 '완전히 패한 것'으로 판단했다. 특히 편수 장바이쉬張百熙는 청국군에게 살해된 자 중 많은 사람은 조선인으로, 이들의 부자형제가 청국을 원망하게 만들고 결국 적이 되어 일본을 도와 항전(助倭拒戰)하여 "옥석이 같이 불타는" 상황을 초래했다고 주장했다.[81] 베이징의 웡통허도 음력 7월 6일(8월 6일) 및 7월 9일(8월 9일) 자 일기에 아산에서 청군이 패배했고 예지차오는 어디로 간 지 알 수 없고 왜는 조선을 핍박하고 있다는 내용, 아산의 승첩은 믿을 것이 못 되고 예지차오 부대는 공주로 퇴각했다는 첩보를 확보하게 된 사실을 각기 기록하고 있다.[82]

성환 전투 후 혼성여단장 오시마 요시마사는 서울에서 출발한 임진강 독립지대장 소좌 야마구치 게이조에게 전신선 준비를 훈령했다. 이때 긴급 지시한 내용은, "① 성환의 전투에서 기마가 매우 피로하게 되어 교통이 자못 민활하지 않으니 전신 통신이 필요하다, ② 전선은 조선 및 중국 선로를 이용할 것이고 특히 아산에서 피복선을 2리두里斗 분취한 것만으로는 약간 전선이 부족하지만 통신수와 통신기의 결핍으로 매우 어려운 상태다, 속히 5개소에 통신소를 열 것이며 기계 및 기수를 파견할 것을 이미 진위현에 전보했음을 상신한다"[83]였다.

후일 육군 보병 대좌 혼다 진파치는 성환 전투를 총평하면서, 개전 직후 전투에서의 승패가 이후 양국의 사기에도 매우 큰 영향을 준 것으로 진단했다. 그런 점에서 ① 예지차오의 아산 주둔은 전략상 조금도 그 이유를 찾을 수 없으며, ② 예지차오가 니에시청에게 일부 병력을 이끌고 천안으로 이동케 한 것은 스스로 병력을 둘로 나누는 청국 측의 큰 과실이라고 지적했다. 반면 일본 측도 혼성여단이 멀리 떨어져 있어 패잔 청국군을 추적할 수 없었고, 그 사이에 평양에서 청국군이 다시 결집할 수 있는 시간을 벌게 하는 과실을 범했다고 평가하고 있다.[84] 랴오닝대학 쑨커푸孫克復 교수는 성환 전투의 실패 요인으로 ① 군대를 나누어 적을 방어함으로써 병력이 분산되었고, ② 적군이 진공하는 방

성환 전투 시 일본군 노획품.
'일청교전 조선 성환 전투 노획품 그림.' 청국군 각급 부대의 깃발과 황룡기, 대포, 북, 나팔, 군복, 군모, 탄환, 그림 등을 망라하고 있다.

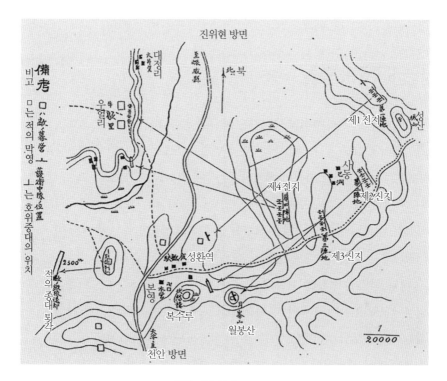

성환 전투 상세도(0055).

일본 방위성 방위연구소 자료실 소장. 성환 전투 후 일본군이 그린 2만분의 1 작전지도. 청국군 주둔지와 일본군의 공격 루트가 표시되어 있다.

향을 잘못 판단했으며, ② 보루의 구조가 불량하고 공사도 견고하지 못했다는 점을 지적하였다.[85]

3─청국군의 패주

성환에서 패한 니에시청의 청국군은 아산에서 출발한 예지차오 부대와 천안에서 합류한 후 공주를 거쳐 평양 방면으로 도주했다. 당시 일본군과 조우하는 것을 두려워한 예지차오는 공주를 버리고 북으로 도주한 지 한 달 만에 평양에 도착해 4대 군과 합류했다. 이 시기는 여름에서 가을로 바뀌는 절기라 더위가 심하여 굶주리고 병들어 죽는 병사가 이어졌다.[86]

전투 지역인 성환은 삼남(충청·전라·경상)의 분기점으로 큰 마을을 형성하고 있었는데, 100여 개 마을이 모두 유린되어 노인과 유아 사망 피해가 극심했다. 직산현감 이봉녕은 사안이 매우 시급함에도 전투가 발생한 한참 후까지도 정부에 보고하지 않았고, 성환찰방 이정선은 도망쳤다가 되돌아오지 않아 파직되었다.[87] 미처 도주하지 못한 청국군은 조선인처럼 상투를 틀거나 농민들의 삿갓을 쓰고 변장해 도주하려다 죽는 경우도 많았다. 청국 패잔병들이 공주에 도착했을 때는 행방을 모르거나 죽은 사람이 절반이나 되었고, 생존해 있는 병사도 모두 부상당한 데다가 굶주려서 동원할 수 없을 지경이었다고 한다. 이는 그로부터 수년 후 황현이 성환역 전쟁터를 지나다가 그 주변의 주점 주인으로부터 직접 들은 이야기이다.[88]

내포 일대는 풍도 해전 패잔군과 성환의 패잔군, 아산에서 퇴각한 후 흩어진 청군에 의해 막심한 피해를 입었다. 특히 서산·해미·홍주·덕산·예산 등지에서 청군의 약탈이 가장 심했다고 한다.[89] 이 지역의 한 피란 기록에 따르면, 유산촌이라는 지역에 창과 칼을 든 청국군 수백 명이 "비바람 같은 형세로" 들어와 온갖 폐단을 일으켜 온 마을의 남녀노소가 황급히 피란길에 나섰는데 심지어 밭에서 김을 매다가 그 길로 달아나기도 했다고 한다. 지역 주민과의 필담에서 청국군은 성환역에서 패하여 달아나는 중인데 지휘관인 니에시청의 행방을 알 수 없으며 일본군의 추격을 피해 안흥을 거쳐 뱃길로 귀국하려 한다고 했다. 청군을 통해 일본군이 추격해 온다는 이야기를 들은 바닷가 사람들도 모두 피란길에 올랐다.[90]

그런데 위 기록은 당시 통념과는 다른 시각에서 이를 이해하고 있다. 청국군이 조선을 도와주러 왔다가 수천 리 타국에서 이런 상황이 된 것인데, 주민들은 밥을 구걸하는 청국 병사들을 보고 마을을 돌아다니며 온갖 폐단을 일으킨다고 하고, 그들을 피해 도망가고 숨었다고 했다. 또 20명에 불과한 청국군이 수백 명인 것으로 와전되었다.

예지차오는 7월 28일 아산에서 천안으로 와서 다음 날인 29일 성환 패전의 소식을 듣고 아산 주둔 부대를 곧바로 공주를 향해 이동시켰다. 그런데 이 과정에서 예지차오 부대가 민간에 끼친 피해에 대해 윤치호는 자신의 숙부인 아산의 토호 윤영렬의 말을 빌려 다음과 같이 전했다.

어느 날 일본군이 가까이 왔다는 소문이 청국군 진영에 이르렀다. 청국 장수들은 조선 당국에 자신들의 죽음에 대한 대가로 황소 100

마리를 요구했다. 그러나 가축을 어느 정도 보유하고 있는 사람들은 모두 달아나서 조선 당국은 그 요구에 부응할 수 없었다. 그들은 내 사촌[윤영렬의 차남 윤치소]에게 도와 달라고 호소했고, 내 사촌은 숙부[윤영렬]에게 도와 달라고 했다. 숙부의 영향력 덕분에 약 70마리의 암소와 황소를 모을 수 있었는데, 소 주인들이 내세운 조건은 청국군이 그 빌린 비용을 지불하지 않는다면 숙부가 책임을 져야 한다는 것이었다. 청국군은 소를 구하게 되어 매우 기뻐했고, 그래서 곧 성환으로 출발했다. 그러나 그곳에 도착하기도 전에 벌써 청국군이 패했다는 소식이 알려졌다. 그 소식을 듣자마자 그들은 공주로 철수했다. 그들이 가축을 내놓기 전에 일본인이 빠르게 다가오고 있다는 소문이 퍼졌다. 청국군은 공포심에 젖어 청주로 달아났고 소 떼를 운반하는 사람들은 그들과 함께 가야 했다. 청주에서는 일본군이 진격해 온다는 소문에 충주로 달아났다. 그사이 소 주인들은 자기 가축을 청국군 손에 맡기고 하나하나 달아났다. 결국 숙부는 50마리가 넘는 소 값을 물어내야 했다.[91]

이때 성환에서 패전한 니에시청과 장졸들도 삼삼오오 공주에 도착했고, 공주 주민들은 패잔병의 약탈을 피해 도망하여 성내는 인적이 드물었다고 한다. 다음 날인 30일 예지차오와 장지캉 등은 먼저 청주로 떠났고, 니에시청도 흩어진 병사를 모아 반나절 후에 출발했다. 성환의 패주병 중 일부는 본대와 합류하지 못하고 아산 방면으로 퇴주했다.[92]

그러나 일본군의 추격을 받게 되자 이들은 홍주와 신창·온양 등 해안 일대로 흩어졌다. 이 중 온양에 있던 병사들은 공주로 와서 겨우 본대와 합류하게 되지만 나머지는 주력과는 동선이 전혀 다른 산병散兵 형태로 충청도 서해안 일대에 그대로 남았다. 그런데 여기에는 7월 25일 아산만의 풍도 해전에서 구사일생으로 상륙한 병사들도 포함되어 있었다. 태안부사 윤수영의 보고에 따르면, 7월 25일과 26일 사이 태안에 도착한 청국 군함 광을선의 패잔병은 모두 136명으로 이 중 부상자 6명은 서산으로 보냈고 나머지 130명은 아산으로 떠났다 한다. 그러나 각읍의 연이은 보고에 의하면 서산·해미·홍주·덕산·예산 등지에서는 태안에서 온 병사와 성환 방면에서 흩어진 병사들이 퇴로를 찾지 못하고 마을로 들어와 약탈하여 놀란 백성들이 모두 흩어졌다고 한다.[93] 본진에서 탈락한 패잔군들도 흩어져서 개별적으로 북상하거나 아니면 충청도 서해안 지역을 거쳐 해로를 통한 탈출을 모색하게 된다.

한편 일본군에 의한 피해도 극심했다. 청국군이 물러나자 7월 29일부터 일본군이 백석포를 거쳐 아산으로 들어왔다. 일본군은 객사와 산비탈 등에 주둔하는 한편 민가와 관청 건물에 들어가 남아 있는 전곡과 집기 등을 빼앗고 사직단과 관청의 장부를 불태웠다. 아산현감 정인진은 일본군이 온다는 소식에 겁을 먹고 이범석 집으로 도망쳤다가 다시 현으로 복귀 도중 다른 곳으로 도망갔다. 다음 날 일본군의 한 부대가 그를 수색하다가 포기하고 서울로 철수한 후에서야 정인진은 업무에 복귀했다.[94] 일본군이 아산의 청국 병사를 격파하고 서울로 되돌아가는 과정에서도 당진·면천으로의 피란 행렬이 이어졌다. 이 상황을 목도한 김윤식에 따르면 일본군이 수원대로로 가면서 매우 심하게 작폐를 행해 행인들이 모두 큰길을 피해 시흥 방향으로 길을 정했기 때문이라 했다.[95]

정인진은, "도로의 민가와 의복·그릇, 여러 가지 물건들이 부서지고 찢어졌고, 뒤져서 가져간 것이 그 수를 알 수 없으며, 위협하고 능멸한 것은 이루 말할 수 없을 정도입니다. 남녀노소가 이러한 광경을 보고 앞서거니 뒤서거니 하면서 서로 따라서 울부짖으며, 모두가 목숨을 보존하려고 도망하여 숨었습니다"라고 보고했다. 일본군은 백석포를 통해 윤선으로 조선 정부의 봉세미奉稅米를 거둬 갔고 청국 병사들이 남기고 간 탄환과 기계는 불태웠다. 아산현감은 수개월 동안 청국군에 편의를 제공하는 데 힘을 다 쏟았는데 또다시 일본군이 갑자기 들어와 공포와 겁박을 지행하는 바람에 주민이 흩어지고 읍이 비어 회복될 기약이 없다고 본 것이다.[96]

성환과 아산 도주 청국군 주력은 충청도 공주 쌍수산성과 연기를 거쳐 청주와 청안으로, 다시 강원도 원주-춘천-화천-황해도를 지나 평양에 도착했다. 예지차오 부대가 천안을 출발할 때 충청 관찰사는 공주·전의·목천·온양의 지방관에게 군수물자 운반을 위한 우마의 수를 각각 배정하여 천안행진소에 대령토록 지시하면서 명령을 어길 시 군율로 처리할 것임을 강조했다.[97] 연기·청주·청안·음성·충주 등 각읍에서는 청국군이 읍의 경계를 떠날 때까지 현감이 동행한 후 보고토록 했다.[98] 충주의 수령이 관내를 지나가는 청국 병사에게 쌀과 보리를 주었다는 기록도 있다.[99] 한 충청도 유생의 표현에 따르면 그들의 굶주림과 곤란한 지경은 "차마 볼 수 없을 정도"라고 했다.[100] 청국 병사가 여러 날 공주에 머무는 동안 군민들이 기지를 발휘해서 거짓말로 일병이 곧 추격해 온다고 하자 모두 두려워하여 떠났다는 이야기도 당시 주변 주막 주인의 입을 통해 전해졌다.

이 중 당시 청주 상황은 청풍 유생 이면재가 목격한 기록을 통해 알수 있다. 이에 따르면 예지차오 등 청국군 6,000명이 갑오년 7월(양력 8월)에 청주에 도착했는데, 신당新塘 저자에 머무르면서 노략질을 하고 떠나갔다고 한다. 원래 청국군은 충주로 도주하려 했고 충주목사도 쌀과 장醬을 준비하고 기다렸는데, 일본군이 충주 가까운 곳에 있다는 말을 듣고 가던 길을 바꾸어 신당으로 들어가게 되었다는 것이다. 이때 "(청국) 군병들이 민가로 흩어져 들어가 소나 닭을 탈취한 자도 있고 또한 말의 쌀과 한 자의 베 및 심지어 호박과 마늘과 고추까지 모두 탕진하여 남은 것이 없었으니, 거주민들이 크게 실망했다"고 한다. 이에 대해 어떤 사람이 청국인에게, "청인이 조선을 구원하러 나왔으니 필시 약탈할 리가 없을 터인데, 지금 그렇게 하는가?" 묻자, "대군이 지나간

아산에서 패주한 청국군을 묘사한 풍자화《지지신보》, 1894년 8월 5일 자).
제목이 '아산병餓山兵의 궤주潰走'라고 되어 있다. 아산을 '굶주린 산'으로 바꾸고 싸움에
패하여 흩어지면서 뼈만 남은 말을 타고 가는 뼈만 남은 청국 장수와 초롱과 양산을 받
쳐 들고 뒤따르는 해골 같은 병사로 과장하고 있다.

뒤에는 원래 약탈하는 도적이 있는 것인데, 또 이 군대는 일찍이 해랑적海浪賊을 격파하여 항복을 받은 자들이기 때문에 이와 같다"[101]고 대답했다는 것이다.

황현에 의하면 이때 청국군은 밥을 사 먹고는 식대를 지불하기 위해 은전으로 조선 돈을 사려고 했으나 주점 주인이 거짓말로 "우리나라는 은전을 사용하지 않는다"고 하자 그들은 할 수 없이 1,000냥 정도 되는 돈을 식대 100냥 값으로 주었다고 한다. 점포에서도 오이나 과일 등의 값을 배나 올렸고 간장 한 그릇을 요구해도 매우 인색했다는 것이다.[102] 그간 청군들의 행패에 대한 반작용으로 지역민들이 청국군을 홀대했음을 알 수 있는 대목이다. 이후 청국군은 충주를 우회하여 연풍과 원주·횡성·홍천을 거쳐 춘천에 도착했다. 이들이 원주에 이르기까지도 지나가는 곳마다 횡포가 극심했는데, 특히 괴산과 연풍에서 노략질을 심하게 했다고 기록되어 있다.[103] 이에 조선 관헌의 요청으로 군율 위반자 4, 5인의 목을 벤 후부터 폐해가 비교적 줄게 되었다 한다.[104]

이런 기록과는 달리 치치장 교수는 청국군이 평양으로 퇴주하는 도중 물자와 의료 치료, 파원 비용은 모두 조선 관리에게 조회하였고, 이에 많은 조선 군중이 채소와 땔감·음료수를 바쳤으며 그들이 머물 수 있는 장소를 제공했다고만 하고 있다.[105] 당시 중국 측 기록에는 모두 조선 측에서 자발적으로 청국군을 지원한 것으로 판단할 여지를 남기면서 청국군의 부정적 측면은 거의 언급하고 있지 않지만 그들을 직접 맞닥뜨린 연로의 지역민들은 그렇게 보지 않았던 것이다.

청국군이 강원도 춘천에 도착한 것은 8월 22일 무렵이었다. 이곳에서도 청국군은 "가는 곳마다 횡포가 무쌍하여 백성의 재물을 함부로 빼앗고 젊은 부녀들은 만나는 대로 능욕 강간하며 길가의 집에 있는 개와 닭·소·도야지 등속은 있는 대로 다 잡아먹거나 끌고 가며 골골마다 조선 관가(즉, 관청)에서 주민을 강제로 부역을 시켜 짐도 지게 하고 부상병을 업게 하고 가마도 메게 하는데……섭 대인葉大人(예지차오)·마 대인馬大人·왕 대인王大人 등을 멘 십여 명의 교군들이 까딱 잘못하면 칼이나 총개머리로 사람을 막 때린다고 합니다"라 기록되어 있다.

춘천의 지방관은 청국군을 영접하기 위해 병정 300명과 포수 400명을 동원하여 홍천까지 길가에 늘여 세웠고 지역민들은 밤새도록 길을 닦고 군수품을 운반했다. 집집마다 장정 1명과 닭 1마리, 밀가루 1되씩을 거두어 군량에 충당케 했다. 만일 이를 듣지 않으면 잡아다 가두고 처벌했다 한다. 특이한 것은 이 지역 주민들은 고립雇立을 통해 인력 동원 문제를 해결하려 했다는 점이다. 당시 짐꾼으로 징발되는 것을 지옥의 사지로 들어가는 것보다 더 두려워하여 동네 사람들은 의논하여 홀아들이나 총각들은 남겨 두고 대개 형제가 있는 사람이나 머슴살이하는 일꾼들 중에서 짐꾼들을 뽑았다. 그러나 그중에서도 돈푼이나 세력이 있는 집에서는 돈을 주고 걸인 등을 사다가 대행시킨 것이다.[106]

춘천을 떠난 청국군은 이후 화천과 금화를 경유하여 황해도에 도착했다. 그런데 예지차오가 패주 중 황해도를 지나면서 관내 각 지역에서 양향糧餉을 청구하고 발행한 군용수표 때문에 지역민은 전쟁 종결 이후에도 상상 이상으로 질고를 겪었다. 2년 반이 지난 1897년 3월 황해도 관찰사 민영철은 관내 각 군에 청국군이 그 당시 교부한 문빙을 발급 순서대로 정리하여 올려 보내라는 훈령을 내린 사실을 탁지부에 보고했다.[107] 가까스로 평안도에 들어간 예지차오는 8월 중 안주에서 평안병사 김동운이 자기를 예우하지 않고 주민들도 자신들을 저버린 데 대한 앙심으로 그를 결박하여 곤장 30대를 친 일도 있었다.[108] 당시 김동운은 갑오개화파 정권에 의해 평안감사 민병석과 함께 해임된 상태였다.

청국군이 패주하여 우회로로 평양으로 가는 동안 새로 집권하게 된 갑오개화파 정부는 우마와 군량·마초 등을 민간에서 거두어 청국군에 제공한 강원도와 함경도 관찰사 등에 대해 추고推考(죄상을 심문하여 추궁하는 일)를 청했고 국왕의 윤허를 얻게 된다.

> 강우형이 의정부의 말로 아뢰기를, '지금 들으니, 강원도와 함경도의 객병客兵이 지나간 지역에서 각 해당 지방관들이 군량·말먹이·소·말 등의 물건을 민간에 배분해 거두어들임으로써 민읍의 소요를 크게 불러일으켰다고 합니다. 이 일과 관련하여 애당초 의정부에서 통지하지 않았는데, 연로의 각 고을에서 어찌 감히 제멋대로 행하여 민폐를 끼친단 말입니까. 이 같은 상황에 대해 경책하지 않을 수 없으니, 해도의 도신은 모두 추고하고, 각 해당 지방관은 죄명을 지닌 채 거행하도록 하는 것이 어떻겠습니까?' 하니, 윤허한다고 전교했다.[109]

조선 정부의 이 같은 징계 조처는 사후 미봉책에 불과했다. 그런데 이는 조선 정부가 자발적으로 행한 것이 아니라 원산 주재 일본영사의 보고를 받은 일본 정부의 훈령에 따라 주한일본공사관에서 조선 정부를 압박하여 진행된 것이었다.[110]

4—프랑스 신부 살해사건

한편 충청도 금강 근처에서 예지차오의 군대가 프랑스 선교사 1명과 조선인 마부를 살해한 일이 한동안 프랑스와 청국 간 외교 문제로 비화되었다.[111]

당시 전라도에 거주하던 프랑스 신부 조조Jozeau(한국 이름 조득하趙得夏)는 하인 1명을 대동하고 7월 27일 서울로 피란길을 떠났다. 28일 충청도 공주에 도착한 신부는 29일 오전 10시경 청국군 장교에 붙잡혀 심문을 받고 참수되었고 조선인 하인도 같이 살해당했다. 이 사건으로 프랑스공사관 통역관 겸 일등서기관 르페브르는 외부아문 독판에게 요청, 공주에 주사 1명을 파견했고 베이징 주재 프랑스 공사에게는 직접 청국 총리아문에 항의할 것을 주문했다. 청국 외교관이 조선에서 철수해 항의할 곳이 없기 때문이었다.[112]

그런데 이 사건을 한 달가량 조사한 뮈텔 주교가 르페브르에게 보낸 9월 7일 자 보고서 사본에 따르면 '조선인 반도', 즉 동학농민군의 활동으로 위험한 상황에 처한 신부가 이를 피하기 위해 전주에서 서울로 출발했다고 한다. 신부는 군인들에게 심문을 받은 후 7월 29일 오후 5시경 강변에서 목이 잘려 28세의 나이에 사망했으며, 신부의 여행을 수행한 조선인 마부도 칼을 맞고 쓰러진 후 두 차례의 총격으로 결국 사망했다고 했다.[113] 요컨대 프랑스 신부 살해사건의 원인을 동학농민군이 제공한 것으로 이해한 것이다.

음8월 11일 외무아문 대신 김윤식이 충청감사 박제순에게 올린 서한에서도 이 사건을 가지고 프랑스공사관에서 조선 정부에 항의한 사실이 있었음이 확인된다.[114] 프랑스 공사 콜랭 드 프랑시를 대신한 일등 서기관 르페브르는 공주의 영장과 중군이 청나라 군대를 영접하러 나왔다가 청의 장수와 함께 프랑스 선교사를 잡아가서 취초取招한 후 강 건너 나루터 근처 모래사장에서 목을 베어 살해한 것이 확실하다고 주장했다. 그는 당시 이를 지휘한 청국 장수가 예지차오나 니에시청 중한 사람이 분명하며, 신부에게 난폭하게 화풀이한 이 사건의 증거를 확보하여 청나라에 배상을 요구할 것이며, 만약 증거가 없다면 조선 정부에 배상을 요구할 것이라 했다.

그러나 르페브르는 처음에는 예지차오를 거명했다가 다시 예지차오의 조카라고 하는 등 말을 바꾸어 조선 측과 언쟁이 있었고,[115] 경내에서 프랑스인을 보호하지 못한 책임을 충청감사 박제순에게 추궁했다. 그러면서 그는 "너희 나라는 지금 어려운 상황에 있는데, 다시 우리나라와 피를 흘리려는 것이 어찌 좋은 계책인가?"라며 전쟁을 암시하는 협박까지도 서슴지 않았다. 르페브르는 조선 정부에 신부가 피살된 일시와 장소, 신부를 참수한 청나라 진영의 장수와 조선인 영장과 중군 이름, 신부를 취조한 내용 등을 낱낱이 보고하라고 요구했다. 그러면서 이를 이행하지 않는다면 군주에게 아뢰어 심문토록 하겠다고 거듭 강박했다.[116] 프랑스공사관 측의 요청 결과 외무아문 주사로 이강하가 파견되어 사건을 조사했고, 관찰사는 영장 이기태와 중군 박창우, 뱃사공 최호남을 불러 자세히 심문했다. 충청감영에서는 선교사의 시신을 강가에 안장했고 사건을 여러 차례 조사했지만 결국 확실한 목격자를 찾는 데는 실패했다고 보고했다.[117]

공주의 영장의 진술에 근거한 충청도 관찰사의 두 번째 보고서에 따르면 당시 청국군 장교는 예지차오의 조카로 판명되었고, 이 새로운 정보는 즉시 베이징 주재 프랑스 공사에게 전달되었다.[118] 결국 청국 총리아문은 베이징 프랑스 공사를 통해 배상금을 지불했고 이는 신부의 유가족과 조선 주재 선교회에 배분되었다.[119] 조선 정부도 프랑스공사관의 요구로 사망한 선교사의 시신을 이장 조치했고, 배상금 조로 2,000원을 지불하는 선에서 마무리한 것으로 보인다.[120] 그 후 1895년 5월 뮈텔 주교의 주도로 신부의 시신은 서울로 이송되어 선교회 묘지에서 장례가 치러졌다. 이때 조선군 호위대가 공주에서 서울까지 유해 이송을 호위했고, 서울에 도착할 때까지 각 지방 당국은 운구 담당 인력을 무료로 제공했다.[121]

5—조선인 피해 상황

청국군이 북상 과정에 있던 8월 중순, 일본군은 부산에서 북진하고 있었다. 일본군의 북진로는 병참선과 같았다. 8월 17일 문경에 도착한 일본 중장 일행이 연풍현에 짐꾼雇軍(인부) 355명을 꾸려 안보참에서 대기하도록 한 일이 있었다. 그런데 8월 18일 일본군은 짐꾼 중 짐을 지지 않은 사람에게는 품삯을 주지 않았고, 짐꾼들로서도 과중한 하물을 지고 가는 것은 매우 힘든 일이었다. 이에 짐꾼으로 동원되는 것을 피해 조령에서 충주에 이르기까지 50리 근처 5개 동 백성들이 모두 피란하는 바람에 마을들은 텅 비게 되었다. 또한 전기를 가설한 후에 안보에 분국을 설치하며 일본군 수백 명이 머물자 놀란 지역민이 흩어져 달아났다.[122] 이 기간 병사와 유민 등의 피란은 섬까지 이어졌고 또는 나라 밖인 중국 지린吉林 변강 및 산둥 지역 덩저우登州까지 이어졌고,[123] 각종 유언비어도 난무했다. 청일전쟁 발발 2년 후인 1896년 3월 인천부 관찰사 임오준이 외무대신 이완용에게 보고한 내용에 따르면 청국 웨이하이웨이 일본군 점령 지역에서 유랑하던 조선인 61명 중 45명이 일본 상선으로 인천항에 도착한 사례가 있었다.[124] 이들의 출신 향리는 서울 부근의 이세형 등 20명 외에 부산, 평양, 인천, 황해도, 충청도, 의주, 정주, 안주, 원산, 서흥, 황주 등 다양하였다.[125] 10년 후 러일전쟁 시기에도 이와 유사한 상황이 재현된다.

한편 오토리 공사는 일본군의 경복궁 점령과 성환 전투 등을 거치는

청일전쟁 시기 청국인 피란 그림.
'제2군 진군 연도 인민 도주 그림'(작자 미상). 청일전쟁 기간 조선뿐 아니라 청국의 남만주, 보하이만의 다롄, 뤼순, 산둥반도의 웨이하이웨이 등 일본군 출병 지역에는 주민들의 피란 행렬이 줄을 이었다.

과정에서 일본 군인이 무고하게 3명의 조선인을 살해한 사실을 알게 되었다. 피해자는 수원 상인 송만석, 충주 상인 이순일, 서울 주민 김(이름 미상) 모로, 일본군을 폭행하거나 항거 행위를 하다가 목숨을 잃었다는 것이다. 오토리 공사는 일본군이 조금도 부당한 거동을 하지 않은 것으로 보인다는 의견을 통리교섭통상사무아문에 통지하고, 오히려 군대가 주둔하는 곳과 다른 지방의 백성들에게 향후 일본 군대에 대해 '불순한 행위'를 하지 않도록 각각 유시하라는 조회를 보냈다.

그러나 이는 일본 측의 일방적인 입장 표명일 뿐 조선 지방관의 보고는 전혀 상반되므로 추가 조사를 요청했다. 그럼에도 일본 측은 정당방위라고 주장하면서 이에 응할 수 없다고 마무리지었다. 그러면서 피해자들이 "몽매하거나 혹은 오해"하여 일본 군인에게 저항하다, "스스로 그 화를 자초"했지만 불쌍한 형편이라며 3명의 유족에게 각기 은 50원씩 지급했다. 유족에게 다소나마 금전으로 위무를 표하는 것이 조선 관민의 감정을 위안하고 악화된 여론을 무마시키는 계기가 될 것으로 판단한 것이다.[126]

그런데 일본공사의 주장과는 달리 경기감영의 보고에 따르면 음력 7월 7일 송만석과 이순일이 경기도 시흥현 성도리(현재의 서울 동작구 상도동 일대)를 지날 때 일본병 6인과 마주치자 피했는데 일본병이 총을 쏘아 살해했다는 것이다.[127] 송만석과 이순일은 성환 전투 직후, 김 모는 일본군 왕궁 점령 이후 살해당한 것으로 추측된다. 일본공사관은 통리교섭통상사무아문에 이들 상인 2명을 '폭도'로, 김 모를 '흉민兇民'으로 단정 지은 서한을 보내기도 했다.[128]

일본 육군성의 후일 통계조사 보고를 통해서 청일전쟁 기간 조선 내에서 군법회의에 회부된 일본군의 범죄 행위 중 일부 내용을 확인할 수 있다. 여기에 경죄로는 3일 이상 도망 51명, 타인의 소유물 절취 38건, 가옥 건축물 밖에서 물건 절취 6건, 사기 또는 공갈로 재물 갈취 8건, 과실로 가옥 방화 7건이 있다. 중형으로는 남을 구타하여 사망 2건, 강도치상 1건, 남을 협박하거나 폭행을 가해 재물 강취 3건이었다.[129] 일본군이 조선에서 자행한 범죄 행위는 최소한만 등재하려 했기 때문에 많은 사실을 누락한 것으로 보인다.

2.
동원 시스템과
군표 발행계획

1 — 동원 시스템

일본인 인부 모집과 파견

청국과 일본 간에 전쟁이 벌어지자 일본군 각급 병참부에서는 무기와 탄약·한전韓錢·천막·취사도구 운반, 우마·인마의 양식 등 군수물자 운송, 병사 상자·전리품 등의 운반, 토목 공사·취사 등에 많은 인부가 필요하게 되었다. 일본군 제5사단 감독부는 청일전쟁 직전부터 조선으로 보낼 인부를 모집하는 방안을 히로시마 현청에 의뢰한 바 있었다. 1894년 6월 12일 제5사단 감독부장이 작성한 〈군역인부 고입 명령서〉가 그것이다. 그 주요 내용은 인부 3,000명을 모집하되 청부인은 군역인부의 신원을 보증하고 인부가 하물에 손해를 끼치면 변상 책임을 질 것, 인부의 조건은 신체 강건한 자로서 신장은 5척 1촌 이상이어야 하며, 하물은 한 사람이 6관목貫目 이상을 지고, 차량은 한 사람이 30관목 이상 하물을 적재하고 하루 일본 리 6리(약 24킬로미터) 이상 행진을 감당할 수 있어야 한다는 것이다. 인부는 신체검사 합격자로서 육군독법陸軍讀法을 읽거나 듣고 서약서에 서명 날인해야 했다.

〈표 19〉 조선 파견 일본인 인부 직급별 급료 현황

명칭	급료	외국 파견 중 증가
취체取締	90전	30전
백인 소두小頭	75전	25전
오십인 조두組頭	55전	20전
역부役夫	40전	10전

급료는 〈표 19〉와 같이 책정했는데 일본에 있을 때는 숙소 대여비 외에 식료와 기타 비용은 스스로 마련하되 전장으로 출발하는 당일부터 급료를 늘리고 식사도 현품으로 지급하기로 했다. 그런데 역부의 질병과 부상이 공무로 인한 것이면 일본으로 귀국할 때까지 급료를 지불하고, 그렇지 않으면 급료를 반감하여 지급하되, 스스로 섭생을 제대로 하지 못하거나 기타 싸움으로 인한 질병과 부상의 경우는 곧바로 해고하는 조건이었다. 임금은 7일 간격으로 지급하기로 되어 있다.[130]

8월 16일 참모총장이 각 사단장에게 다음과 같이 훈령하여 행리와 태마는 해고하고 대신 인부를 동원할 것을 지시했다.

1. 동원 시에 행리·태마는 소집하지 않고 인부 혹은 차량을 적절하게 고용하여 대신할 것.

2. 이미 동원한 태마를 해고할 것.

3. 앞의 2항 그대로 행리·태마를 대신할 인부 혹은 차량으로 하지만 치중병·하사병졸 등 수졸輸卒은 동원 시에 소집하고 이미 동원한 자는 모두 사용할 것.[131]

이에 따라 시모노세키 병참 겸 정박장 사령관은 8월 24일 육군성 부관에게 조선으로 파견하는 일본인 선부船夫 고용, 파견 기준과 조건, 서약서 제출 등에 관한 기준을 제시했다. 그 기준과 조건은 ① 예비·후비의 적에 있는 자 혹은 징병 당첨자, ② 신체 강건한 자, ③ 연령은 21세이상 45세까지, ④ 주벽이 없는 자, ⑤ 절도 혹은 도박범의 실결實決을받지 않은 자, ⑥ 폭행사건으로 형을 받지 않은 자로 한정했다. 이들의식료는 모집 당일부터 관에서 지급하고, 피복은 모두 스스로 마련토록했다. 출발할 때는 우구雨具(외투, 가파[合羽: 방수용 우의])·도장[印座] 및짚신[草鞋] 2족 이상 및 직업상 필요한 도구를 각자 휴대케 했다. 그러나① 공상公傷 혹은 유행병에 걸린 자는 급료를 감하고, ② 스스로 건강에주의하지 않아 이에 기인한 여러 질환 또는 술에 취해 광기를 부리거나혹은 싸움으로 얻은 외상은 휴업 중 기타 주임관에게 일급 2분의 1 이내로 급료를 감할 것이고, ③ 질병에 걸려도 관의 허가를 받지 않고 함부로 휴업할 수 없도록 했다. 또한 다음과 같은 내용의 서약서도 제출하도록 했다.

1. 국법은 물론 군중의 규칙 및 명령은 결코 위배하지 않을 것.

2. 용건用件 사정에 의해 어떤 지방으로 출장을 명령 받아도 결코 불

만을 제기하지 않을 것.

3. 고용 중 밤낮의 구별 없이 사역하고 또 임시로 본업 외에 그것에
   응해 다른 직업에 사역해도 결코 불만을 제기하지 않을 것.

4. 고용 중 여하한 일이 있어도 마음대로 휴가를 출원하는 거동은 결
   단코 무례한 일임.

5. 어떠한 사고가 있어도 정해진 규칙, 받은 급료 외의 급료 인상을
   신청할 수 없음은 물론 가불 등의 거동은 제기하지 않을 것.[132]

이는 가자碗子, 즉 뱃사공 등 선부 관련 내용이지만 일반 인부의 서
약서도 이와 유사할 것으로 판단되는데, 계약조건도 매우 열악했음을
알 수 있다. 이케야마 히로시池山弘의 연구에 따르면 청일전쟁 당시 나
고야시를 제외한 아이치현에서는 1,332명의 인부가 동원되었다. 이는
현역병을 제외한 예비역·후비역·군부軍夫로 동원된 총 5,241명에서
25.4퍼센트를 차지하는 높은 비율이었다. 아이치현에서는 20세부터 40
세 이하의 남자를 인부 모집 연령으로 정했지만 타나오촌의 경우 41명
중 7명이 20세 미만, 41세 이상도 1명이 있었다. 히가시카모군에서는
일종의 부역, 즉 강제 동원으로 받아들여져 할당과 추첨에 의한 결정과
대인료代人料 요구 등[133] 강제성과 문제점도 있었다. 일본군은 인부 고용
과 관리를 직접 하지 않고 청부업체에 위탁했는데, 청부업체는 당초 모
집 때와는 달리 일당을 낮게 지급하거나 복장 및 휴대품 대리 구입 과
정에서 중간착취를 자행했다.[134]

또한 이와테현에서는 인부 지원자가 주저하자 촌장을 소집하여 호
수를 할당했을 뿐만 아니라 경찰이 개입해 인부 모집을 강행했다. 현

당국과 군 당국의 왕복문서를 분석한 이케야마 히로시는 신문 보도를 근거로 한 하라다 게이이치의 논지와는 정반대 결론을 내리고 있다.[135] 하라다는 청일전쟁 시기 이와테현 군역부 응모의 자주성과 참전열을 강조하면서 일본 정부의 의용군운동 중지 후 일부가 군역부로서 자발적으로 종군한 사실을 강조하여 '일본 내셔널리즘'의 특색을 규명하려고 했지만 이케야마는 구체성 있는 논증을 통해 이를 부정했다.

청일전쟁 시기 '각 부대의 편제 및 보충을 위해 전지에서 임시 필요에 의한 내지 군부', 즉 일본인 인부는 모두 15만 3,974명으로 전투부대 100에 인부 64의 비율이었다.[136] 이처럼 인부가 급증하자 오사카 소재 한 출판사에서는 《조선종군도항안내: 附 도한 인부 수속 및 심득서》라는 실무 책자를 만들기도 했다. 여기서는 인부 자격과 절차·주의사항, 지참물과 업무 등에 대해 매우 상세하게 소개하고 있다. 이에 따르면 조선 파견 인부는 당국의 허가를 받아 육·해군 수속을 거친 후 신체검사를 하여 힘을 쓰는 일과 셈과 글씨를 시험하는 경우로 나뉘었다. 모집 연령은 17세 이상 40세 이하로, 자격요건은 병이 없고 강건하여 극한 노동과 힘쓰는 일에 참을성 있는 자였다. 특히, 조장은 '충용강담忠勇剛膽하고 글자를 알고 셈을 할 수 있는 소양이 있는 사람'에 한했는데, "항상 부하를 사랑스럽게 어루만지고 권하기에 힘쓰고, 성질이 거칠고 사납거나 게으르지 않아야 하며, 급한 일이 생기면 스스로 대장의 마음가짐으로써 부하를 지휘하여 국가를 위해 죽는다는 각오가 있어야 할 것"이라고 규정하여 군대와 같은 통솔력과 국가에 대한 충성심을 강조하고 있다. 모든 인부는 도항 중에는 함장과 조장의 지휘를 준수해야 하며, 떠들거나 다투는 등의 일이 있을 수 있지만 상륙 후에는 특별

히 정숙하고 경솔함이 없이 민첩하게 행동할 것을 당부했다.[137]

피복은 하절기에는 감색 무명의 통소매옷과 내의, 발목 감싸개와 일본식 하의, 병사용의 옛 모자 등이 무방하지만 조선의 겨울은 특히 추위가 매섭기 때문에 목도리 또는 모피 목도리, 털실로 짠 동복 두건 따위도 가능한 한 준비토록 했다. 휴대품은 일용필수품 외에 풍토병에 대비해 호우탄寶丹·센킨탄千金丹 등 상비약을 휴대하는 것이 유익하다고 했다. 그러나 비상시에 호신을 위한 권총 혹은 작은 칼, 속에 칼 따위를 장치한 지팡이[仕込杖] 등을 휴대하는 것은 엄격히 금지했다. 그럼에도 후쿠시마현 출신의 경우 군부가 공공연하게 단도를 허리에 찼고, 자유당 장사계열 인부 타마구미玉組의 소두小頭는 호신용 피스톨과 일본도를 패용하기도 했다.[138] 그러면서 조선인 특유의 기질과 풍속으로 '겁나怯懦·비굴·나태·경박·인순因循·고식姑息·구사驅詐·무신無信'함을 들면서 이를 알고 교제할 것을 당부, 왜곡된 조선상을 심어 주었다.

청일전쟁 개전 당시 군부 급여액의 규정은 사단마다 차이가 있었다. 예컨대 근위, 제1, 제3, 제4, 제5사단의 하루 급여액은 일본 국내 40전, 외국 파견 50전이었고, 제2사단만 일률적으로 50전이었다. 그러나 제3사단의 경우 실제 군부가 받는 일급은 국내 25전, 외국 파견 35전이었다. 급여액은 청부인 몫의 수수료 등을 포함한 것인데, 구체적인 배분은 청부인과 군부의 계약에 맡겼기 때문에 전쟁 종결 후 양자 간 폭력사건과 소송의 원인이 되었다.[139] 특별한 일을 수행하거나 특별한 기능이 있는 자는 하루 2엔 또는 3엔까지 지급했다. 조장 이상은 증액해 주었는데, 다만 훈련기간에 드는 비용은 각자 부담하고 숙박 비용은 관비로 지급했다.[140] 이 책의 '풍기' 항목에서는 종군인부들에게 상관의 명령에 복종하고 도박과 주색·폭행 등으로 체면을 잃지 말고 국가의 위신을 나라 밖에서도 선양할 것을 당부하고 있다.

청일전쟁 기간 일본 육군은 인부 고용을 각 사단에 일임, 전체적으로 통일된 규정이 없어 혼란을 야기했다.[141] 당시 도쿄와 오사카·나고야 등지에서는 청부업자에게 이 일을 의뢰했는데, 제3사단은 오쿠라구미·아이치구미·아리마구미·다무라구미 등 민간 청부업자에게 인부 모집을 위임했다.[142] 이 중 오쿠라구미는 일찍이 1884년 친군 서영사西營使 남정철과 서양총 500자루를 일본 나가사키항을 통해 인천항으로 반입하는 계약을 체결한 바 있었다.[143] 또한 청일전쟁 개전과 더불어 일본 육군 경리부로부터 군부 동원의 요청을 받아 '도한조渡韓組'라는 이름으로 조선에 들어와 탄약 수송 등의 일을 담당했다. 이들은 군부 공급 외에 군수재료 납품, 급설공사 청부 등을 수행하면서 조원을 모집하고 부서를 정해 충당했다.[144] 전쟁 종결 후에는 서울에 출장소를 설치해 일본영사관 건축공사를 수주했고, 러일전쟁 직전에는 경부선 및 경의선 철도 부설공사에 참여하기도 했다.[145] 인부들은 청부업자에게 대개 1할가량의 수수료를 지불했다.[146] 한편 일본군 야전 보병 제1사단은 1894년 9월 감독부장 텐포우 코쿠텐 명의로 다나카구미·세토구치구미·야마토구미·아리마구미 등에게 군부 모집 임무를 의뢰하면서 〈군역 인부 고입 명령서軍役人夫雇入命令書〉를 제시했다. 그중 제8조는 군역 인부의 준수사항으로 다음과 같다.

1. 윗사람에 대하여 공경의 도리를 다할 것.
2. 지시하는 위치를 함부로 벗어나지 않을 것.

3. 출발 혹은 집합 약속에 늦지 않을 것.

4. 운반하는 하물은 물론 모든 관물은 주의 깊게 취급하여 훼손, 분실이 없도록 주의할 것.

5. 밤중에 갑작스러운 경우에 각자 맡은 위치에서 지령을 기다릴 것.

6. 법칙·명령을 한결같이 준수할 것을 결의하고 비방하지 않을 것.

7. 상호 욕하고 업신여기며 거만하거나 떠들썩하게 말하지 않을 것.

8. 내국인은 한결같이 적국 인민이라도 그에 대한 폭행 위협 및 강탈하지 않을 것.

9. 부녀에 대해서는 외설 행위를 하지 않을 것.

10. 몹시 취해 용무[御用]를 흠내고 풍의風儀를 어지럽히지 않을 것.

11. 언행은 진실되게 하고 구차하게 속이고 거짓으로 꾸미지 않을 것.

12. 동료의 범죄 사실을 알면서 그것을 덮는 것을 하지 않을 것.

13. 복장을 단정히 하여 추한 모습을 드러내지 않을 것.[147]

제9조는 인부 급료를 직급에 따라 차등적으로 지급할 것, 제14조는 인부 스스로 준비할 품목으로, 엷은 노란색 무명 핫피法被(일본 의복 상의)와 모모히키股引(하의), 목제 주발[木椀] 1개, 산자쿠오비三尺帶(띠의 일종), 삿갓[笠](흰 포를 두른 것으로 주변에는 사단 번호를 기입), 엷은 노란색 무명으로 만든 등에 지는 자루, 우구雨具(오동기름 또는 멍석), 각반 1족, 밥그릇 2개, 물통 1개, 짚신 10족을 제시하고 있다. 단 짚신에 한해서는 출발 시 군에서 지급할 수도 있다고 했다.[148] 병자의 치료에 관해서는 명시하지 않았지만 개인별로 자부담했다.

조선인 인부 동원

일본군 수뇌부는 전쟁 준비 과정에서 조선인 인부 동원의 필요성을 다음과 같이 강조하고 있다.

> 조선 땅은 마필의 이동이 곤란하기 때문에 여러 부대의 행리行李는 태마를 쓸 수 없고 치중수졸輜重輸卒(치중병의 감독하에 군수품 운반에 종사하는 병사) 및 군부로 운반을 담당하게 하기 위해서는 다수를 소속시키지 않으면 안 된다. 또 탄약·양식의 여러 운반부대를 편성할 수 없어 조선 국내에서 군부를 징발 모집하여 그 운반을 맡기기 위해서는 다수의 감시병이 필요함에 따라 특종의 치중대를 편성할 필요가 있다.[149]

여기서 '특종의 치중대'라 한 것은 조선인 인부 동원을 골자로 하는 새로운 병참부대 편성을 제안한 것이다. 그런데 이 조선인 현지 주민을 모집하는 방책은 원래 '고임雇賃', 즉 임금을 지불하고 노동자들이 자발적으로 응모하는 형태를 취했지만 피란이 이어지는 당시 현실에서 이에 응하는 조선인은 극소수에 불과했다. 이는 앞서 살핀 일본군의 아산 출병 과정의 시행착오에서 여실히 증명된 바였다. 이렇듯 자신들의 의도와는 전혀 다른 형태로 상황이 전개되자 조선 정부에 하달하여 강제로 징발하거나 일본군 스스로가 직접 징발하는 등 무력을 통한 강제 동원으로 바뀌게 된다.

일본에서 청일전쟁 시기 인부 동원 문제를 집중적으로 다룬 연구로는 하라다 게이이치·오타니 타다시·야마무라 켄山村健·미야우치 사키

宮內彩希 등이 있다.[150] 앞의 두 연구는 대표적인 청일전쟁 연구자들의 수준 높은 분석으로 이 분야 연구를 선도하는 글들이다. 단지 하라다가 조선인과 청국인 인부의 동원을 '군부의 현지 채용'으로 다소 애매하게 표현하는 점이 특이하다. 반면 뒤의 두 연구는 모두 국수주의적 수정론적 관점에서 서술된 공통점이 있다. 이 중 야마무라는 '대일 병참 협력'을 통한 노동동원 체제가 확립된 것으로 파악하였지만, 글에서는 강제와 협력을 전혀 구분하지 않기 때문에 강제 동원 문제는 언급하고 있지 않다. 미야우치는 8월 26일 〈양국맹약〉의 '협력'체제 성립 이후 시스템을 통해 세련된 '제도적 강제'의 형태로 인부를 동원했기 때문에 강압적 징발은 거의 이루어지지 않았다고 주장하였다. 그러나 이는 역사적 사실과 전혀 다른 입장으로 당시 현장을 체험한 일본인들의 기록을 통해서도 허구임이 입증된다(이에 대해서는 이 책의 제3부 3장 1절과, 5절을 참조하기 바란다).

조선인 인부 동원이 여의치 않았음은 다음의 기록을 통해서도 알 수 있다. 당시 제5사단 병참감 후루카와 노부요시의 부관으로 후일 육군 중장이 된 공병 중위 마츠이 쿠라노스케는, 8월 2일 부산 도착 이후, 이곳에 머무는 외국 영사 또는 조선 관리 등이 청국을 두려워하여 일본 측에 지원을 하지 않고 종종 방해했다고 회고했다. 이에 후루카와는 스스로 "칼을 장착한 병사 한 부대를 이끌고 조선 관아에 가서 명령을 받아들이지 않는 관리를 끌어내어 위협적으로 강요하는 말을 시험 삼아 해보는 일도 있었다"고 증언했다.[151]

8월 3일 제5사단장은 부산-서울 간 도로 공사를 위해 공병 중대를 제1구 부산-밀양, 제2구 밀양-대구, 제3구 대구-해평, 제4구 해평-

태봉, 제5구 태봉-문경, 제6구 문경-충주, 제7구 충주-이천, 제8구 이천-서울 간으로 8구역으로 나누도록 지시했다. 그러면서 도로 수리를 위해서 동래부사부터 연도의 각 지방관에게까지 협조를 부탁하는 한편 지역별로 필요한 공사 인부를 신속히 청구토록 했다. 모든 수단을 다해 동원하는 조선인들에 대해서는 '온후한 수단'으로 대할 것이지만 저항이 심할 경우에는 징계한다고 협박했다. 이때 공병 중대에는 일본 인부 515명, 통역 1명, 보병 대대에는 조선 인부 694명, 통역 5명, 70두의 소가 할당되었다.[152]

병참감의 조회에 따라 부산항 감리서에서는 연도의 길을 닦을 때 모군募軍 및 식비 등 인력과 비용을 지방관의 소속 고을에 배정하는 내용을 담은 공문을 대구 관찰부와 주고받았다. 그런데 후루카와는 자신에게 보내라는 관문 지령이 없었다는 이유를 "꼬투리 삼아 노발대발하면서 와서 하는 말이 매우 불공스러웠다"고 한다. 결국 부산항 감리서에서는 그 같은 연유를 본부에 올리고 관이 내린 지령을 일본영사관에 보낼 수밖에 없었다.[153]

일본군 측의 고압적인 요청에 따라 부산항 감리서에서는 감독과 방판幇辦을 일본영사와 육군 장교에게 보내 일본군이 서울로 가는 육로를 닦는 일, 연도에 직원을 파견하고 이를 지방관이 직접 점검하되 모군을 동원해 길을 닦은 다음 왕래한다는 두 가지 일에 관해 논의했다.[154] 그 과정에서 낙동강 원동院洞 세관에서 일본 양식 운송선에 과세하고 강제로 국기를 내린 일을 문제 삼아 8월 12일 병참감이 보병 1개 부대를 이끌고 동래부 감리서에 와서 약속 위반이라며 감리서 방판 민건호를 부산으로 잡아가서 질책한 일도 있었다. 결국 8월 14일 동래 감리서에서

원동 세관장을 구류한 후 부산으로 인도하여 처벌하고 양미선糧米船 징세와 수색에 대해 '사죄'함으로써 겨우 일단락되었다.[155] 8월 23일에는 대구의 마츠무라 소좌에게 전보하여 관찰사와 담판하여 낙동강 수로로 진입하는 배의 자유 통행을 위해 5일간 수로를 조사하고 이에 필요한 비용은 관찰사에게 청구할 것을 지시했다.[156]

8월 18일 제5사단이 상주를 통과할 때는 사단장이 참모장에게 대구 관찰사와 담판 시에 ① 연도 물품 등을 운송하는 데는 지방관의 주선으로 역을 이어 운송할 것, ② 인부의 급료는 처음에는 인근 역의 식량(무릇 25문)을 지급하고 기타는 이를 지급하지 말 것, ③ 연도를 행진하는 군대는 그 필요한 인부를 지방관에게 청구하고 주선시키는 것에 힘쓰되 다만 각 촌 모두 급료를 지급해서 인부를 모으는 것은 자못 지방관이 몹시 난처해지는 바임, ④ 인부의 급료는 경성 도착 후 곧바로 당해 지방관에게 송부하여 본인에게 지급할 것 등에 관한 요령을 전달했다.[157]

8월 19일에는 일본군 제1전선 가설지대 사령관 요시미 세이吉見精 공병 소좌의 부대가 대구의 조선 전신국을 점령했다. 이때 대구 관찰사에게 안동—대구 간 전신주 1,500개 및 소속원을 속히 파견할 것과 전신선 파괴에 대한 변상으로 1,400개를 각기 정해진 지역에 모아 놓을 것을 요구했다. 다음 날부터 일본군은 대구 이남은 조선의 전신선을 사용하게 된다.[158] 그러나 일본군의 전신국 점령 이전부터 대구에서는 인민들의 저항이 있었다. 요시미의 또 다른 보고에 따르면 같은 달 7일에는 주민의 전신선 파괴에 경비병이 발포하여 겨우 진정되었고, 10일에는 낙동—유곡 간의 전선을 절단한 사람을 포박한 일이 있었다.[159] 연이어 대구 20리 정도의 거리에서도 전신주를 파손하고 전선을 절단한 사건이 발생했다. 이와 관련하여 일본 방위성 방위연구소 도서관이 소장한 제1전선 가설지대 사령관 요시미 세이의 일기(《입한일지入韓日誌》 2책, 〈종정일지從征日誌〉 1책)를 분석한 한 연구는 전신선 공사 개시 전에는 운반력 조달과 이동에 대해 민중이 협력하지 않았고, 공사 개시 후에는 공사 방해, 전신선 절단, 완공 후에도 전신선 절단의 방해 활동이 있었음을 밝혔다.[160]

이에 대한 대책으로 병참감부에서는 대구의 우마야하라 소좌에게 전보하여 관찰사로 하여금 조선 순사를 보내 방해 발생 지역에 책임을 지게 하는 계획을 수립할 것을 지시했다. 이후에도 또 전신주 절단사건이 발생하면 "책임이 있는 마을은 불태워 버리고, 그 인민은 때려죽이겠다는 위엄을 보이며" 담판할 것을 제안했다. 그러면서 당일 또 다른 전보에서는 그곳 부근에서 조선말을 하는 중국인 3명이 조선인으로 변장해 전선을 절단한 것으로 의심하면서 주민들을 시켜 포박하여 보내라고 전보했다.[161]

제5사단은 한전 3만 냥 교환 건 협상차 8월 22일 대구 관찰부에 가는 영사관보 에이타키 규키치에게 ① 미맥·땔감·말먹이 볏짚의 매입, ② 인마 용역, ③ 민사民舍에 병사를 숙박시킬 일, ④ 창사廠舍 건설에 필요한 토지 사용, ⑤ 창고에 적합한 가옥 차입, ⑥ 일본 지폐 및 금은 동화 통용, ⑦ 미맥 기타의 매수 또는 인마 고용 시 평상 가격에서 함부로 값을 크게 올리지 않을 일, ⑧ 전선 가설·도로 수선에 요구되는 목재의 연도 벌채 등 군대의 여러 가지 요구사항을 요청했다.[162]

이때 제5사단 감독부장은 조선인 인부와 통역의 고용 등에 대한 일급액 기준을 제시했다. 이 중 인부 14명은 1명당 1일 임금 88전으로 4

일간 식사는 지급하지 않고 각자 스스로 해결하는 조건이었다. 통화로 사용한 한전의 종류는 1문전 및 5문전이었고, 인부에게 지급하는 임금은 대개 1일 1인 400문이었지만 인부 500인은 1일 200관문으로 차등 적용했다.[163]

충주목사 민영기의 보고에 따르면 음7월 21일과 22일, 24~25일 매일 1,000~1,200명의 일본 병사들이 충주를 지나갔는데 그들의 요구대로 수천 명의 인부를 제공해 주었다 한다.[164] 군량과 말먹이도 대부분을 현지에서 징발 형태로 조달했는데, 대구에서는 전해보다 수확이 부진하여 미맥은 물론 부식물 등도 군대의 수요를 충족시킬 수 없었다고 한다. 양식 부족은 부근 촌락도 마찬가지였다.[165] 태봉의 경우 8월 25일 제5사단 병참감부 사령관이 직접 각 촌에 들어가 말먹이를 샅샅이 조사했지만 겨우 710석을 징발하는 데 불과하여, 다음 날 일본군 병사들이 직접 풀을 베어 꼴을 모을 수밖에 없는 상황이었다.[166]

병참 및 인부 징발 실무를 총괄하고 있던 인천 병참감 중좌 다케우치 세이사쿠는 11월 15일 도쿄 제국호텔에서 개최된 일본경제회 월차회에서 다음과 같이 그 어려움을 회고하였다. 첫째, 조선 정부가 위신이 없어 징발령을 실행할 수 없었고, 둘째, 인부들이 걸핏하면 도망갔기 때문이라는 것이다. 그는 인부가 도망하는 이유를 일본과 조선의 습속 차이에서 찾았다. 조선인은 낮에 일하는 대신 밤에는 반드시 집으로 돌아와 편히 먹고 자는데, 그 같은 쾌락이 없기에 먼길 가는 것을 꺼린다는 것이다. 또한 식사는 하루 두 차례 하는데 따뜻한 밥에 돼지고기 등을 넣은 국을 먹는 것이 상례지만 종군 시에는 그렇게 할 수 없어 징발을 꺼리는 한 원인이 되었다는 것이다.

나아가 의복 세탁에 신경을 쓰고 특히 축축하게 젖는 것을 극도로 꺼려 비가 오는 날에는 집 밖으로 한 발자국도 나가려 하지 않는 조선인의 습관 역시 일본군을 따르기 싫어했던 원인으로 보았다. 그러나 다케우치는 조선 인부는 대개 신체가 크고 힘도 강하기 때문에 일본인 인부를 사용하는 것보다 편익이 있다고 했다. 또한 지게로 화물을 지는 데 미 3두 1표俵를 한 사람이 쉽게 운반할 수 있을 뿐 아니라 필요가 없을 때에는 해고할 수 있는 이점이 있다고 했다. 반면 일본인 인부는 쓸 일이 없어도 항상 가옥과 식료를 지급해야 하므로 비용이 들기 때문에 조선인을 사역하는 것이 여러모로 이익이었다고 회고했다.[167]

2—대용증권(군표) 발행계획

전시체제 아래 한전은 가격 변동이 극심했고 이를 운반하는 데도 많은 인부가 필요했다. 그 불편함으로 인해 일본 행정 당국과 군부는 대용증권, 즉 군표(군용수표) 발행의 필요성을 제기했다. 그 결과 〈신식화폐 발행장정〉을 공포한 날인 8월 11일 외무대신 무쓰는 육군대신에게 증권 발행계획을 타진했고,[168] 같은 달 15일에는 다음과 같은 대용증권 발행계획과 절차를 오토리 공사에게 훈령했다.

〈한전 대용증권 발행 수속韓錢代用證券發行手續〉

1. 이 수속에 의하여 발행되는 증권은 조선 내에서 물품의 구매, 인부 및 우마의 용임 등의 지불에 필요한 한전과 같이 통용하는 것

으로 한다.

2. 증권 교환금의 기금은 30만 엔으로 한다. 그 교환은 수용需用에 응하여 여러 번 (5만 엔 내지 10만 엔) 화폐와 증권을 동시에 상호 교환하는 것으로 한다.

3. 전조의 교환에 충당하는 일본 돈의 종류는 은화·백동 및 지폐로 한다. 조선 정부의 청구에 따라 일본 정부는 즉시 그 지폐를 은화와 교환한다.

4. 일본 화폐와 증권과의 교환비율은 일본공사와 조선 정부가 수시로 협의하여 정한다. 단 지폐는 은화와 동일한 가치를 갖는다.

5. 일본 정부가 조선 정부에 증권 교환금으로 교부해야 할 화폐는 병참감독부장이 일본공사의 지휘에 따라 이를 교부한다.

6. 조선 정부는 발행한 그 증권을 조선 내에서 한전과 같이 일반에게 지장 없이 통용하고 또 조세, 기타 상납에 사용할 수 있다는 취지를 공포한다.

7. 증권에 내건 금액의 다소는 병참감독부장이 일본공사에게 건의하고 일본공사는 조선 정부와 협의하여 이를 결정한다.[169]

일본 정부는 임시군사비 특별회계 세출액에 가산할 때는 전쟁 수행에 필요한 실제의 군사비를 2억 3,260만 9,764원 36전 7리로 상정했다. 이 임시군사비 지불과 관련하여 일본 정부는 정화正貨의 감소를 막기 위해 정화 지출을 적극 억제하고, 대부분의 지불에는 지폐 및 동전을 사용했다. 군수품 구매 및 인마 고용 등에 필요한 비용은 한전을 사용하지 않으면 지불하기가 어려웠다. 조선에서는 개전 이전부터 일본 지폐와 은화를 사용했지만 벽지에서는 한전 외에는 통용할 수 없었다. 그러나 한전의 공급은 충분하지 않았고 운반도 매우 곤란해 군용절부軍用切符를 발행하여 임시로 사용하는 방안을 고안했다.[170] 병참총감은 대용증권 발행에 충당되는 일본 은화 수송 등 관련 사항 등을 주조선공사와 협의하기 위해 감독자를 조선에 파견했다.[171]

군용절부·군표·군용수형軍用手形 등으로 명명된 군용수표military currency, military payment certificate란 전쟁기에 점령 지역에서 군대가 현지로부터 물자 조달 및 그 외의 지불을 위해 발행하는 임시어음이다. 일본에서는 1877년 세이난 전쟁西南戰爭 때 사이고 다카모리西鄕隆盛가 최초로 '사이고사츠西鄕札'라는 군표를 사용한 사례가 있었다.

청일전쟁 기간 군표 발행을 결정하게 된 것은 개전 후 4개월 만인 1894년 11월부터였다. 11월 17일 대장대신은 증권 발행계획을 각의 안으로 제출했고, 같은 달 27일 각의에서 결정되었다.[172] 이에 따르면 군용수표는 군대 이동, 군수품의 대가, 차마 인부의 임금 지불을 위해 발행하며 이로써 경화硬貨 휴대의 불편함을 해소함과 동시에 국고 융통의 완화, 정화正貨 사용의 절약을 꾀할 수 있었다. 이때는 군용절부와 징발증표(징발증권)로 구분하여 발행할 계획이었는데, 1,000냥 이상 거액의 지불에는 징발증표를 사용하고 1,000냥 미만의 소액 지불에는 군용절부를 사용한다는 계획이었다.[173]

원래 일본공사 오토리는 북진 일본군이 일본 지폐와 은화를 한전과 교환하여 사용토록 할 계획이었는데,[174] 이는 당시 일본 정부의 방침이기도 했다. 일본이 조선 정부에 증권 30만 원을 교부해 일본 백동화나 지폐를 교환자금으로 삼되 조선 정부에서 받아들이지 않으면 일본 은화로 교환하도록 하라는 것이었다. 대용증권은 1냥·5냥·10냥·50냥의 4종류로 하여 조선에서 화폐와 같이 일반에 통용시키고 조세와 상납금으로도 사용토록 했다. 1냥은 한전 20전, 5냥은 1원에 상당하는 가격으로 즉시 교환하도록 했다.[175] 그러나 예산 문제로 현금과 교환을 위한 지불준비금으로 총액의 3분의 1인 10만 원만 보내도록 했기에 문제의 소지가 있는 증권이었다. 따라서 대다수 조선인은 증권 받기를 거절했고 일본군은 조선인들이 선호하는 한전이 부족한 것이 전쟁 수행과 군수품 조달에 큰 차질을 초래할 것으로 판단하고, 운반상 불편하더라도 조선 정부를 통해 급히 주조할 것을 강요했다.[176] 이 기간 일본 외무대신은 노무자에 대한 임금 지불의 지연이 민중봉기의 한 원인이 되는 것으로 이해했다.[177] 일본군의 한전 결핍은 결국 평안도 지방에서는 관찰

청일전쟁 당시 일본군이 발행한 1냥 군용수표.
그러나 청일전쟁 당시는 준비 부족으로 실제 사용되지는 못했다. 10년 후 러일전쟁 시기에는 대한제국과 중국 관내에서 대규모로 군표를 발행하였는데, 군표를 받은 주민들은 그 명목가치와 실질가치의 차이로 인해 큰 손해를 보게 되었다.

사를 통한 일본 은화의 강제 사용 결정으로 마무리되었다.[178]

일본 대장성에서는 군용수표로 1냥·5냥·10냥·5전·2전·5푼의 6종류를 제조하고 육군이 서울·인천·평양·진남포·원산의 5개국 및 서울·인천 2개국 관할 출장소 및 수취소에서 발행하기로 계획하였다.[179] 11월 24일 대장성과 육군성의 협의를 거쳐 인쇄에 착수한 군용수표는 우선 1,000만 냥어치였다. 이듬해 3월에는 378만 엔을 전선의 군대에 교부해 중국 본토의 산하이관을 넘는 시점부터 사용할 예정이었다. 1895년 2월 이후 중국 북부 점령지에서는 청국 통화 단위인 전錢과 양兩으로 표시한, 즉 2전 5푼·5푼·5전·1냥·5냥·10냥의 군표를 발행했다. 그러나 시모노세키조약과 전쟁 종결로 실제 군용절부는 한 장도 사용되지 못했고 출장소도 개설되지 않았다. 청일전쟁 당시 일본 정부의 이와 같은 경험과 계획은 후일 러일전쟁에 이르면 실제로 크게 활용되었다.[180]

당시 조선 화폐 결핍 현상에 따라 제5사단 중로 병참감독은 병참선로 조사차 조선에 파견된 육군 보병 소좌 후지이 시게타에게 대구 관찰사와 담판하도록 지시했다. 내용은 관청 소유의 한전을 일시 차용하거나 일본 화폐로 교환하는 수단을 취하라는 것이었다. 또한 부산-서울 간 연도의 각 지방관에게 일본 군대 통행을 위한 인마 사용에 편의를 제공해 줄 것을 당부토록 했다.[181] 이로써 일본 화폐 통용 문제는 조선의 통리아문을 통해 대구 관찰사 및 연도 지방관에게 전달되었고, 부산 일본인 거류지에는 총영사가 포고했다.[182] 이때 조선 정부가 경상도·충청도 관찰사에게 하달한 관문關文은 〈조선 인부 고입 및 임전에 대해 우리 통화로써 한전 대불代拂의 건과 조령산맥 수목 벌채의 건〉이었다. 그 내용은 "일본 병참이 화폐를 발급하는데, 우리 백성이 의심 없이 수취하도록 해당 지방관에게 공납公納 중 매 1원에 동전 5냥씩 바꿔 주어 민용에 편리하게 한 후 해당 읍진의 각항 상납의 해당 읍의 화폐 수량을 헤아려 충납充納하여 지장 없이 운행하라"[183]는 것이었다. 일본 병참부에서 발급한 군용수표를 통용시키라는 것으로 부산 총영사가 각 병참사령관에게 보냈다.

그런데 점령 지역에서 지불 준비금 없는 군표 발행과 강제 유통이라는 통화정책은 군사공학적 차원에서 전개되었고, 그 결과는 건전한 통화를 왜곡하고 마비시키는 것이었다. 이는 1894년 청일전쟁과 1904년 러일전쟁 이래 일본군의 전통적인 작전의 하나로 이후 1914년 제1차 세계대전의 칭다우靑島 점령작전, 1918년 시베리아 출병, 1937년 중일전쟁, 1941년 아시아태평양전쟁(당시 일본 측의 표현에 의하면 '대동아전쟁') 등 대외 침략전쟁 시 중국 본토와 동남아시아 여러 나라의 전쟁 지역에서 물자 조달을 위한 통화로 기능하면서 아시아 민중에게 막대한 피해를 주었다.[184]

3.
'야만의 전쟁'과
선전

1 ─ 일본군 서울 개선식과 전리품 순회 전시

성환과 아산 전투를 마친 일본군은 서울로 다시 돌아오게 된다. 주력부대인 혼성제9여단의 경우 7월 31일 아산을 출발하여 평택·진위를 거쳐 수원에서 숙영 후 8월 3일 용산 부근의 막영지로 귀환했다. 이때 일본군 개선과 환영 행사는 다음과 같이 진행되었다.[185]

당시 혼성제9여단 참모 나가오카 가이시의 회고와 야전포병 제5연대 제3대대 제5중대 장교의 종군일지에 따르면, 8월 5일 노량진 가도에 모습을 드러낸 일본군 개선부대는 50~60명의 조선인 인부가 전리품인 깃발과 나팔, 종, 큰북 등을 들고 선두에 섰고, 보·기·포병, 공병대·치중대·위생대 등 각 부대가 차례로 정렬했다.[186] 오전 5시, 개선부대가 일본군 막영지 동남방에 세운 개선문 밖에 집합하자 고종이 파견

한 이완용이 오전 7시경 용산 근방에서 일본 군대를 맞이했다.[187]

개선식은 오전 8시부터 진행되었다. 먼저 조선 측 칙사 군부대신 조희연과 오토리 공사, 경성 일본영사 3인이 차례로 환영사를 낭독한 후 군악대가 〈기미가요〉를 연주했다. 이어서 공사가 '천황폐하 만세', 오시마 혼성여단장이 '조선 대군주 폐하 만세', 조희연이 '일본 군대 만세'를 제창했다. 이날 조선 정부의 '유지자有志者'는 일본군의 개선을 축하하는 뜻으로 남대문을 장식하고 장막을 펼쳐 태극기와 욱일기를 교차해서 걸었다.[188]

이 환영식 절차를 소개한 육군성 문서 자료 〈환영 수속 8월 5일〉에는 개선 행사 간략 지도가 첨부되어 있다. 이에 따르면 칙사와 공사는 노량진과 남대문 사이 개선문 밖에서 군대를 맞이했으며 이어 개선문과 남대문 사이에서는 출영대와 서울 주민들이 이들을 맞이했다. 환영식이 끝나 각 부대가 병영으로 돌아가는 길에는 군악대가 행진곡을 연주했고, 식후 행사로 청군에게서 약탈한 종고鐘鼓를 조선인들이 난타했다. 그다음 청국 군기 수십 기와 대포 8문을 각기 2마리의 소가 끌며 행진을 시작하여 오전 9시에 용산 막영지에 도착하면서 식은 끝났다.[189] 이날 집합한 일본인은 거류민과 신문기자, 기타 공사관 문관, 순사 등이었고, 서양인도 있었다. 당일 오토리 공사와 오시마 혼성여단장은 경복궁에 입궐하여 고종을 알현했고, 오후 5시 친군 장위영 내에서 군부대신 조희연이 일본군 장교들을 초청하여 축하연을 거행했다.[190]

다음 날인 8월 6일에도 혼성여단의 장교 및 상당관들은 공사관의 주연에 참석했다. 이때 공사는 "메이지 27년 7월 29일은 어떤 길일인가? 우리 군이 전무후무한 공적으로, 청국의 대병을 일거에 몰아낸 경사스러운 날이다"라고 연설했다. 이후 혼성여단장, 신문기자 대표, 병참감 다케우치, 해군 소좌 니이로가 차례로 축사를 했다. 이 연회 행사에 전원이 참석한 군국기무처 회의원[191]을 대표한 외부협판 김가진은, "오토리 씨가 조선을 위해 이 몹시 더운 날씨에도 굴하지 않고 외적을 소탕하는 데 크게 노력해 주어서 진심으로 감사드린다. 이에 일본 황제 폐하의 만세를 축원한다"고 연설했다. 마지막으로 대원군의 손자 이준용은, "일본과 조선은 고래로부터 형제와 같은 사이로 일본은 조선을 위해 진력하여 이번에 저 썩은 돼지와 같은 중국인을 쫓아냈다. 진심으로 우리들이 감사하는 바이다. 천황 폐하의 만세를 축원하고 오토리 공사의 만세를 축원하고 오시마 여단장의 만세를 축원하고 조선국의 만세를 축원한다"고 축사했다. 이날 행사는 자정 넘어까지 진행되었는데,[192] 이 개선식을 통해 일본 측은 경성부 내 민심의 향배를 노렸다.[193]

한편 성환에서 거둔 일본의 전리품은 7월 30일 칠원으로 수송했고, 아산의 전리품은 오시마 여단장의 훈령에 따라 7월 31일부터 아산 백석포에서 조선의 선박을 빌려 서울로 운송했다.[194] 일본군은 이런 상황을 "여러 개의 군기와 대포 4문 등 기타 전리품이 산처럼 쌓였다"[195]고 기록하였다. 이때 제1군 병참감부는 조선 정부로 하여금 현지에 관리를 파견해 지방관에게 해당 지역에서 징발한 인부와 말이 도망하지 못하도록 했다.[196] 《고쿠민신문》 특파원 가키다 준로垣田純朗의 기록에 의하면, 성환과 아산에서의 전리품을 인천으로 운반할 때 신문사 특파원들까지도 인부로 동원되었는데, 조선의 배 6척으로도 모자랐다고 한다.[197]

일본군은 아산읍에서 청나라 군인들이 남긴 탄환 51상자도 찾아내어 조선 정부 측의 협조로 인천항으로 운송했다.[198] 청국군은 천안과 공주의 2개 읍에도 수만 발의 탄환을 남기고 도주했다.[199] 아산에서의 전리품 운반을 담당한 보병 제21연대 제7중대는 징발선에 탑재 후 8월 2일 인천을 경유해 4일 용산으로 되돌아왔다. 제11연대 제12중대는 성환에서 전리품 정리 후 육로를 통해 8월 6일 용산으로 귀대했다.[200] 성환·아산 전투의 전리품들은 야스쿠니 신사를 비롯하여 일본 국내 주요 도시에서 순회 전시되었다. 이후 평양 전투와 중국 관내에서의 전리품도 같은 전철을 밟았다.[201] 노획한 탄환 중 일부는 혼성제9여단 야전포병 제5연대의 사격 훈련용으로 사용되기도 했다.[202]

남산 왜성대에서 개최된 성환 전투 개선 축하연과 일본군 군악대(구보다 베이센 그림). '개선 축연 8월 9일 경성 남산 왜성대에서 개최됨.' 앞에는 일본군 장교와 조선 관리들이 앉아 있고 왼쪽에는 일본인 종군기자들이 보이고 뒤에는 노획한 청국 군기들이 걸려 있다.

그런데 당시 전리품 순회 전시 품목에는 평양 전투 시 막사에서 수습했다는 '조선 부인의 상의'도 있었다.[203] 조선 부인의 상의를 전시한 이유는 청국군이 진중에 '부인'을 부를 정도로 군대에 기율이 없고, 싸울 의지도 없어 전투하면 반드시 패할 수밖에 없다는 것을 보여 주기 위함이라고 설명하였다. 1894년 12월에 발간된 또 다른 상업 서적은 "성환의 역, 아산의 적영敵營에서 분포한 물품……중에는 조선 관기官妓의 상의가 있다. 이 상의는 조선의 민영준이 청국 장수를 위로하기 위해 진중에 보낸 관기가 착용한 것이다"라고 매우 악의적으로 소개하였다.[204] 후일의 청일전쟁 공식 보고서인《동경시축첩대회》에서도 특별히 "부인의 옷과 같은 것은 대개 너무 우스꽝스러워서 입안의 밥알을 내뿜게 된다"며 이를 비웃고 있다.[205] 그러나 부녀자의 의복까지 수습하여 악의적 선전도구로 삼은 것은 일본이 강조한 '문명'[206]이 아닌 '야만'의 광고 선전에 불과한 것임을 보여 주는 사례라 할 것이다. 야스쿠니 신사는 아직도 이들 물품을 보관 중이다.

히로시마 대본영은 혼성여단이 보낸 아산과 성환의 전리품을 9월 1일 현지 부대에서 장병들에게 열람시키며 하나하나 자세히 설명하였다고 한다.[207] 미야기현 지사는 9월 22일 육군 차관에게 '국민의 적개심을 유발하는 데 좋은 재료'가 될 것이라면서, 아산 및 평양 전투의 전리품 다수를 "일반인들이 마음대로 볼 수 있게 제공하자"고 제안해 이를 실행했다.[208] 미야기현에서 전시를 마친 아산의 전리품은 곧바로 도쿄의 초혼사招魂社, 즉 야스쿠니 신사로 옮겨졌다.[209] 신사는 이것을 신사 본전 앞 천막 안에 진열하여 9월 10일부터 23일까지 2주간 전시했다. 9월 24일 이후는 야스쿠니 옆 부속 박물관인 유슈칸으로 이전하여 진열했다.[210] 유슈칸 진열소에는 깃발 외에도 군도와 총, 산포와 포탄 등의 무기, 큰 북과 구리 징 등의 군악기, 군복과 군모, 그 외에 조선 부인의 의복까지도 전시되었다. 아산·성환과 평양, 중국 진저우金州 등지에서 일본 본토로 이송된 노획물은 오사카부와 아키다현 등지에서 이듬해 3월까지 전시되었다.

7월 25일 아산 행군 개시 때 혼성여단장 오시마 요시마사는 각 부대장에게 다음과 같이 훈시한 바 있다. "가장 가볍고 작은 것이라도 전리품을 사사로이 취하는 것은 허락하지 않는다. 그렇지만 적장의 머리와 그가 소지한 귀중품은 그것을 획득한 자에게 줄 것임을 약속한다."[211] 제2군 사령관 오야마 이와오도 현지 지휘관들에게 '훈시'를 내려, "제국에서 군대에 필요한 물건을 징발하는 것은 열국이 공인한 권리지만

도쿄 우에노 공원에서 개최된 풍도 해전·성환 전투 축첩회 그림.
니시키에 화가로 유명한 고다이메 우타가와 구니마사五代目 歌川國政(?~?)가 그린 것이다. 대영박물관 소장.

이 권리는 군대에 속하는 것이지 일 개인이 사유할 수 있는 것은 아니다"라 하여 군대의 징발과 개인의 취득을 구분하여 징발에 대한 명분을 제시하였다. 조선과 청국에서 약탈한 수많은 노획품 중에는 현지에서 약탈한 문화재도 포함되어 있었다. 일본군은 병사 개인과 군부의 약탈은 금지했지만 전리품 획득을 '열국 공인의 권리'로 해석하여 군의 '규정'에 의한 약탈은 논의 대상으로 삼지 않았던 것이다.[212]

그 당시 제작된 각종 니시키에서도 일본 군대의 약탈 노획 전리품을 집중 부각시켰다. 《요미우리신문》의 다음과 같은 기사가 이를 잘 말해 준다.

일청사변이 일어나자 도하의 에조우시야繪草紙屋(삽화를 많이 넣은 대중의 읽을거리를 파는 소매점)는 매우 바빠져서, 새로운 그림을 다투어 출판하는 데 마치 전쟁을 치르는 것 같았다. 지금 출판된 것은 대개 25종류이며……또한 에조우시도 신문지와 서적과 마찬가지로 검열을 거치게 되어서 5~6회 전부터는 출판이 크게 지연되고 있지만 오는 20일경에는 전후 검열을 거친 것이 한꺼번에 출판되어 풍도·아산 격전을 담은 그림, 마쓰자키 대위 용전을 담은 그림만 적어도 100가지는 가게 앞에 진열될 것이라고 함.[213]

야스쿠니 신사에서 전시품을 관람한 문예평론가 요다 갓카이依田學海는 자신의 일기(《학해일록學海日錄》 권9, 381쪽)에 "9월 24일 아침. 야스쿠니 신사에 가서 청국으로부터 탈취한 것을 보았다. 신사 배전拜殿(방문객들이 절하며 참배하는 곳) 아래 좌우의 집 안에 진열됨. 왼편에는 섭

葉·섭蔷의 깃발, 모자·공작 깃털 등을 진열함. 우측에는 병졸의 옷과 무기를 진열함. 제독 군문의 표기도 왼편 안에 있었다. 관기의 옷으로 짐작되는 것도 있었다"고 적고 있다. 그는 다음 날 하루키좌春木座에 가서 〈일본 대승리의 극〉을 보았다고 했다. 안성의 전투, 마쓰자키 대위의 전사 장면을 다룬 극이었다.[214]

작가인 이와야 사자나미巖谷小波도 같은 해 11월 1일 야스쿠니 신사 유슈칸에 가서 탈취 물품을 보았다고 기록하고 있다.[215] 11월 18일에 이와야는 가부키좌에서 〈해륙 연승, 조일朝日의 어기御旗〉라는 연극을 보았는데, 그중 '조선국 왕궁' 장에는 유명 가부키 배우 이치카와 단주로가 오토리 게이스케 공사로 분장하여 '진위振威의 노영露營', '성환의 대승'을 연기하고, 또 다른 가부키 배우 오노에 키쿠코로가 평양 현무문의 하라다 주키치로 분장했다고 한다. 이어서 대동강 선두船頭 등과 관련한 무용담과 연극을 관람했다고 한다.[216]

한편 그해 12월 9일 도쿄 우에노 공원에서는 청일전쟁의 승리를 축하하는 도쿄시 축첩대회가 개최되었다. 종이로 만든 평양의 현무문을 재현했는데, 몹시 추운 일요일이었음에도 2만 명 분의 도시락이 소진될 정도로 많은 시민이 모여들었다 한다. 또한 이치무라좌 연극 개막 이전인 11월 25일, 《요미우리신문》은 "일청극日清劇 소재 수집을 위해 도한했던 극작가 가와카미 오토지로川上音二郎는 평양·주렌청 부근을 시찰하다 청국 병사의 시체에서 의복·도검·깃발·군모 등 여러 가지 물건을 빼내 갖고 돌아왔다. 이번 연극에는 사건의 실물을 이용하여 가히 사실적으로 공연하겠다고 말했다"[217]는 충격적인 기사를 게재하기도 했다.

당시는 군대뿐 아니라 동행했던 군부와 신문기자들도 귀국할 때 '적의 군기와 의복·기구'를 갖고 와서 이를 분포품이라 칭하고 대중 관람용으로 제공하겠다고 청원했다. 혼성여단 참모 나가오카 가이시는 아산 점령 직후 여단장 오시마 요시마사로부터 적의 장수 니에시청이 남긴 것으로 보이는 단안화령單眼花翎(청나라 황제가 관리에게 하사하던 모자 뒤에 늘어뜨리는 한쪽의 공작 꽁지)과 찻주전자를 기념품으로 받았다고 한다.[218] 《규슈니치니치신문》 기자로 성환 전투에도 종군했던 아다치 겐죠安達謙藏는 자서전에서 동행 기자 몇 명과 함께 청국군의 진영에서 부채 하나를 "전리품으로 획득했다"고 적었다. 그는 채소밭 사이에 숨어 있던 청국군을 발견하고 《지지신보》의 스기모토(스기모토 다케타로杉

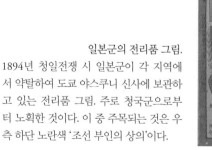

일본군의 전리품 그림.
1894년 청일전쟁 시 일본군이 각 지역에서 약탈하여 도쿄 야스쿠니 신사에 보관하고 있는 전리품 그림. 주로 청국군으로부터 노획한 것이다. 이 중 주목되는 것은 우측 하단 노란색 '조선 부인의 상의'이다.

本竹太郞를 말함)와 함께 어렵지 않게 '포로'로 삼았다고 자랑스럽게 회고하기도 했다.[219]

또한 위관尉官·군조軍曹 등으로부터 받은 선물이라고 하면서 이를 공회당에 진열하려는 자도 있었다. 그러나 소속 군대의 증명이 없었기 때문에 관람용으로 제공하는 것은 금지되었다. 1894년 12월 경시총감은 이들 물건은 원래 한 개인이 가지고 올 수 있는 것이 아니므로 세간에 공시하는 행위 등은 엄하게 금지하겠다고 육군성에 회답했다.[220] 민간 차원에서의 공공연한 전리품 '조리돌림'까지는 허용하지 않았던 것이다. 이듬해인 1895년 8월 10일 일본군은 육군성령 제16호 〈육군전리품 정리규정〉을 발포하여 전리품에 대한 관리지침을 마련했다.[221] 전리

도쿄 축첩대회 시 세워진 현무문 모형 그림.
《유빈호지신문郵便報知新聞》, 1894년 12월 10일 자)

품 관리를 위해 육군대신 산하에 위원회를 구성하여 전리품 품목과 수량을 조사한 후 일본 황실에 바치거나 신사나 절에 진열하여 일반에 열람시키고 보존토록 한다는 것이다. 그러나 제4조에 '나머지는 적당히 처분'한다는 규정으로 미루어 약탈물의 개인 분배까지 고려하고 있었던 것으로 보인다.

2 — '전쟁영웅'의 신화와 현실

일본 군부는 안성천 도하 전투에서 총격으로 사망한 보병 제21연대 12중대장 대위 마쓰자키 나오미와 제9중대 소속 나팔수 일등졸 시라카미 겐지로를 주인공으로 하는 가짜신화를 남겼다. 일본 측 기록을 액면 그대로 따르더라도 마쓰자키는 소속 중대 병사의 도하를 선두에서 지휘하다가 사망했을 뿐이다. 더 이상 특별한 행위를 발견할 수 없음에도 불구하고 마쓰자키는 각종 기록과 니시키에를 통해 영웅으로 만들어지고 일반인들에게 알려지게 되었다. 일제는 강점 직후인 1912년 7월 경기도 안성의 상월봉에 마쓰자키를 기념하는 비석을 세웠는데, 초대 조선총독 데라우치 마사다케가 비석 전면에 '꽃다운 이름이 후세에 길이 전한다[유방백세流芳百世]'라는 비문을 썼다. 1915년 간행된 《조선철도여행안내》란 책자에는 기념비 사진이 보인다. 일제강점기에는 현 성신초등학교 운동장에 그의 전공 기념비를 세웠는데, 해방 후 성환 청년들이 이 비석을 파괴하여 운동장에 묻었을 것으로 추정하고 있다.[222]

시라카미 겐지로는 성환 전투에서 부대의 선두에서 총탄을 맞아 죽어 가면서도 진군나팔을 불며 입에서 떼어 놓지 않았다는 '안성 진격의 나팔 병졸'로서 일본 국정교과서에 실리고 군가와 시로도 회자된 인물이다. 그러나 시라카미는 현역 때는 나팔병이었으나 이때는 예비소집병이었고 전투를 위해 이동 중 익사한 것이었다. 니시카와 히로시西川宏는 시라카미가 안성천 도하 시 익사했을 가능성을 제시했다.[223] 그럼에도 9월 4일 그의 고향에서는 성대한 장례의식이 거행되었다. 실제의 나팔 병졸은 기구치 고헤이였음이 1년이 지난 후인 1895년 8월 30일 자《요미우리신문》을 통해 알려졌다. 당시 종군한 신문기자가 중대의 한 병졸이 전사한 나팔 병졸이 시라카미라고 말하자 이를 확신하고 보도했다는 것이다. 그럼에도 1903년까지 교과서에는 나팔수의 이름이 시라카미 겐지로로 기재되었다. 1904년에 가서야 국정교과서에 '성환역成歡役의 군

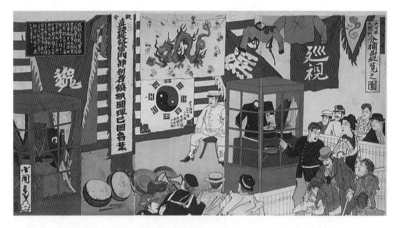

일본 전국 각처에서 개최된 일본군 전리품 전시회 그림.
'대일본 대승리: 노획품 열람의 그림'(1894년 9월 18일 작성). 니시키에 화가로 유명한 고다이메 우타가와 구니마사五代目 歌川國政(?~?)가 그린 것이다. 대영박물관 소장.

나팔수' 제목의 글에서 기구치 고헤이로 정정되고 군가로도 불렸다. 1914년에는 기념비도 세워졌다.

이는 언론의 보도 경쟁으로 인한 특종 조작 및 날조의 대표적인 사례였다. 시라카미 겐지로 관련 내용은《도쿄니치니치신문》기자(조선 특파원) 구로다 가시로의 8월 1일 인천 발 오보에 기초한 8월 9일 자 기사로 시작되었다. 당일 자 기사 제목 〈종군기행(하)〉에는 "(나팔졸과 상등병의 충사忠死) 두 명으로 그 이름을 알 수 없지만 안성나루의 전투, 나팔졸 한 명은 진군나팔을 불며 적의 탄환에 죽었는데, 죽어서도 관管을 입에서 놓지 않았고, 상등병 한 명은 연군鍊軍 두 명을 찔러 죽이고 자신 또한 청국 병사의 총검에 찔려 길가에서 죽었다"[224]라고 되어 있다. 기사 내용에서 이름까지 거명되지는 않았지만 이 기사를 시작으로 '나팔수의 신화'는 증폭되었다. 많은 신문이 유사한 내용을 다투어 보도했던 것이다.

군인 출신으로 군사 분야에 정통한 종군기자 구로다는 군대를 따라 성환으로 갔다.[225] 일본군 종군기자들은 7월 27일 인천의 현지 일본인 신문인 조선신보사에서 신문기자 연합본부를 결성했다.《조선신보》는 1892년 4월 인천에서 아오야마 고헤이가 창간한 신문으로 청일전쟁 기간 인천에서 통신연락 사무소 역할을 담당하고 있었다.

당시 종군기자들은 조선으로 향하는 배 안에서 조선 시찰의 방침을 논의했고, 담화회를 마련하여 "지금의 이변은 단지 초적 동학군의 승패로써 국면이 끝나는 것이 아니다. 왜냐하면 청국은 명령에 따라 응원할 뜻으로 출병했지만 사태는 매우 주의하지 않으면 안 된다. 우리 동업자가 한국으로 건너온 것 또한 이와 같은 사정을 사찰하고 그들의 일거수

일투족을 정확하게 제국에 보도하고 인심이 돌아가는 바를 알리는 일대 책무를 가진 것이다. 이미 우리들은 이 일대 책무를 가지고 조선에 도착하는 날에 모름지기 연합 단결하고 기맥상통하여 정확한 탐문을 수행하고 그 결과를 보도하는 일을 기약하지 않으면 안 된다"[226]고 결의했다.

이들은 성환 출발에 즈음하여 사카자키 시란坂崎紫瀾을 대장으로 하는 별도의 정찰대원을 구성했다. 이때 구로다 가시로도 정찰대원으로 참여했다. 이들은 일본공사관이 제작해 준 종군패를 차고 창과 칼로 무장하고 붉은색 어깨 기장을 두르고서 스스로 '홍수대洪綬隊'라 이름 붙인 발도대를 조직했다. 특히 후지노 후사지로藤野房次郎와 나라 사키하치로奈良崎八郎 등 일부 기자들은 '적중'에 돌입하여 '종횡으로 목을 베어 넘기면서 쾌재를 불렀고', 청국군 포대에 돌입하여 3문의 크루프식

안성천 도하와 마쓰자키 대위.
'안성 나루터의 대격전. 마쓰자키 대위의 용맹'. 도쿄 출신의 니시키에 및 일본화 화가 미즈노 토시카다水野年方(1866~1908) 작품.

대포와 탄약차를 노획했다고 기록하였다.[227] 니시무라 도키히코西村時彦의 경우 조선으로 출발할 때 자신이 소속된 오사카아사히신문사로부터 취재를 위한 필수품 외에 칼 1자루와 피스톨 1자루, 군사용 배낭 1개, 군용가방을 지급받았다고 진술했다.[228]

'발도대'란 이름의 민간 무장조직은 이미 청일전쟁 직전부터 결성되었다. 1894년 6월 말 "국은에 만분의 일이라도 보답하겠다"며 도쿄에서 나카무라 센노스케 등 200여 명이 발도대를 조직했고, 미도와 스자카의 옛 번사藩士 268명도 발도대를 편성하고 육군성에 출원했다.[229] 7월 2일에는 히로시마에서 사카이 마사타로 등 200여 명이 조직을 갖추고 현청에 종군을 출원한 바 있었다. 또한 히로시마 외 각지에서도 '의용단대' 등을 조직하여 "종군하여 국민의 의무를 다하겠다"는 지원자가 많이 출현했다.[230]

이후 9월 17일에는 오카야마를 기반으로 하는 《주고쿠민보中國民報》가 나팔수 시라카미 유족을 후원할 의연금 모집 광고를 6회에 걸쳐 실었다. 시라카미는 오카야마현 아사구치군 후나오쵸 오아자미즈(현 구라시키시) 출신이었다. 앞에서 서술했듯이 약 1년 후인 1895년 8월 30일 자 《요미우리신문》 기사를 통해 그 당시 나팔수는 시라카미가 아니라 기구치였다는 사실이 처음 알려지게 되었고 《지지신보》 등이 유가족을 취재하고 기사화하면서 그간의 정설은 완전히 바뀌게 되었다.

당시 상황을 전하는 한 기록에 의하면 기구치 고헤이는 안성천을 건너 언덕 위에서 진군의 나팔을 불고 있을 때 적의 총탄이 날아와 흉부를 관통했지만 나팔 부는 것을 멈추지 않았다. 그러고는 한 사관에게, "적은 어떠한가요?"라고 묻고는 "적은 패하여 퇴주했다!"라는 답변에

"당연하지!"라는 한마디를 남기고 그대로 사망했다는 것이다.[231]

청일전쟁을 시작으로 아시아태평양전쟁에 이르기까지 일본은 이른
바 '군신軍神'들을 만들어 냈는데 그 공식적인 첫 번째 주인공이 기구치
고헤이였다. 시라카미 겐지로와 같은 오카야마현 출신의 그는 1892년
입영했는데, 청일전쟁이 발발하자 1등졸 나팔수로 참가했다가 총탄에
맞아 사망한 것이다.[232] 1912년 도쿄고등사범학교 훈도 아이시마 카메
사부로는 《심상소학수신서예어원거尋常小學修身書例語原據》의 '제17 충
의'의 〈예화 기구치 고헤이〉 항목에서 다음과 같이 기록하고 있다.

> 제21연대 마쓰자키 대위는 제12중대의 전위로서 어두운 밤을 잘 이
> 용하여 성환의 성루 앞으로 나아갔다. 기구치 고헤이는 그 첨병으로
> 용기를 떨치며 앞장서 돌진의 나팔을 불었다. 적이 발사한 탄환이
> 한층 더 격해지는 가운데 겨우 20여 인 만으로는 어떻게 하기 어려
> 웠다. 기구치 고헤이는 2등졸의 몸으로 적의 앞 5~6칸까지 나아가
> "앞서 나가라, 앞서 나가라"라고 나팔을 불어 우리 군의 용기를 북
> 돋웠다. 우리 군은 이 용기에 격려되었고, 돌진하여 마침내 적병을
> 부수었다. 이때 지금까지 계속 불던 나팔 소리가 갑자기 끊어져 괴
> 상히 여기고 이를 보았더니 고헤이가 적탄에 맞아 용감하게 전사한
> 것이었다. 그 시체를 정리하면서 봤더니 고헤이는 나팔을 꽉 쥐고
> 입에 댄 채 자세를 흐트리지 않고 죽어 있었다. 사람들이 이것을 보
> 고 감탄을 아니 할 수 없었다. 오호라. 충렬한 고헤이. 죽음에 이를
> 때까지 자신의 임무를 다했다. 진실로 수천 년의 귀감이고 오랫동안
> 호국의 신이 되었다.[233]

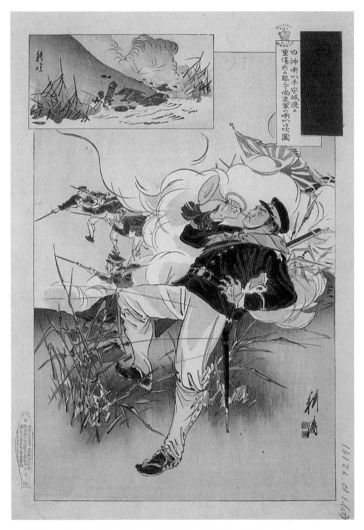

안성천 도하 전투의 나팔수로 한때 잘못 알려졌던 시라카미 겐지로白神源次郎.
니시키에 '일본혼: 시라카미 겐지로, 중상으로 죽음에 임해서도 진군의 나팔을
불고 있는 그림'.

그런데 니시카와 히로시의 연구에 따르면 1894년 당시 오카야마현 애국보공의회愛國報公義會에서 작성한 〈오카야마현인 정청보국진충록岡山縣人征淸報國盡忠錄〉의 기구치 고헤이의 '시체검안서'를 근거로 탄환은 인후가 아니라 심장을 관통한 것으로, 즉사로 보지 않을 수 없다고 결론 내렸다.[234] 결국 '죽어 가면서도 나팔을 입에서 떼지 않았다'는 신화는 소설이나 다름없는 날조된 것이다.

이 같은 가공 조작된 신화는 평양 전투 시 홀로 평양성의 현무문을 열었다고 전해지는 일등졸 하라다 주키치의 사례에서도 비슷하게 나타난다.

하라다 주키치는 미카와노쿠니 가모군 히아카리무라[현 아이치현 토요타시]의 가난한 농가 출신으로 타향살이를 전전하던 22세 청년이었다. 1888년 입대 후 3년 만에 제대했다가 청일전쟁이 발발하자 재소집에 응해 9월 평양 전투에 참여했다. 이때 결사대의 선봉에서 단신으로 제일 먼저 현무문에 올라가 문을 연 공로로 상등병으로 진급하고 일본 정부로부터 공7급 킨시훈장을 받은 것으로 알려져 있다. 그러나 일설에는 무라마쓰 메이타로가 제일 먼저 올랐지만 경찰은 그에게 함구령을 내려, 실제의 '영웅' 무라마쓰는 한평생 벙어리처럼 살았다고 한다. 당시 하라다의 분투 장면은 각종 니시키에를 통해 일본인들에게 전해졌고 이후 그는 영웅호걸[군신軍神]로 추앙받았다. 그러나 고향으로 돌아온 후 방탕한 생활로 허송하다가 훈장도 박탈당했고 이후 일반인들의 뇌리에서 사라지게 되었다.[235] 만들어진 '군신'에서 '비국민'으로 전락한 것이다. 그로부터 10년 뒤 러일전쟁 기간이 되면 '타락한 전쟁영웅'으로 전락, 하라다의 이름을 아는 사람도 드물었다고 한다. 1932년 1월

18일《유빈호지신문》기자가 하라다의 고향을 방문하여 '하라다 주키치의 그 후'라는 제목의 기사를 작성한 바 있다. 이에 따르면 현무문의 무공을 세워 개선했을 당시 축하객들이 너무 많아 술값으로 당시 돈 몇천 엔의 빚이 생겼고 할 수 없이 무대에 서게 된 것도 이 빚을 갚기 위한 것이었다는 것이다(《대국사미담大國史美談[권7]》, 1943).《오사카마이니치신문》기자의 탐방을 통해 그는 중일전쟁 시기인 1937년 8월에 만 70세로 중풍으로 인한 반신불수 상태로 고향의 병상에서 연명하고 있음이 확인된다.[236] 하라다는 이듬해 8월 사망했다.

일설에는 처음 현무문을 공격한 것은 하라다와 그의 지휘관인 보병 제18연대 소속 중위 미무라 키타로 두 사람뿐 아니라 무라마쓰 메이타로 등 15명의 돌격대로, 청국군의 사격으로 이들 중 두 명이 부상하고 하라다와 구리다 우메기치는 부상을 입었다는 기술(《정청백걸전征淸百傑

장렬 나팔수壯烈喇叭手 기구치 고헤이의 비木口小平之碑.
오카야마현 다카하시시 나리와쵸 텐진 언덕의 작은 평원에 세워져 있다.

傳[상권]》, 1895. 2. 18)도 있다.[237] 이러한 점으로 보면 그 역시 군국주의 전쟁을 위해 '만들어진 영웅'이자 '희생자'였다.

당시 하라다 주키치 관련 〈일본 남아〉, 〈일본혼〉, 시라카미 겐지로 관련 〈일본 남아〉, 〈일본혼〉, 〈세계에 울림[齣]〉뿐 아니라 〈평양개가조 平壤凱歌調〉, 〈부인종군가〉 등도 아이들에게까지 회자되었다.[238] 전승을 축하하는 노래도 〈풍도지전豊島之戰〉, 〈성환전역成歡戰役〉, 〈평양대첩平 壤大捷〉 등의 군가로 제작되어 널리 전파되었다. 조선 관련 대표적인 군

'군인 명예' 홀로 현무문을 오르는 하라다 주키치 니시키에.
도쿄에서 활동한 아다치 긴코安達吟光(1853~1902) 작품. "하라다 주키치 씨. 평양 전투에서 적군은 사력을 다해 현무문을 지켰다. 우리 군의 용감한 병사 하라다 주키치 씨는 홀로 나아가 문 옆으로 올라가 여러 적들 가운데 들어가서 문을 열고 우리 군을 끌어들였다."

가의 작사자와 제목은 다음과 같다. 반 마사오미의 〈성환의 전투〉, 후쿠바 요시시즈의 〈하라다의 무용原田の武勇〉, 〈평양의 전투〉, 모토오리 토요카이의 〈축첩군가祝捷軍歌〉, 코나카무라 요시카타의 〈풍도의 전투〉, 나카무라 아키카의 〈평양의 전투平壤の戰〉, 모리 모토노리의 〈풍도만 해전〉, 우다가와 분카이의 〈축첩군가〉, 〈평양대승가〉, 이이지마 카게쓰의 〈평양격전〉, 토야마 마사카즈의 〈내가 나팔수가 되어〉, 토리야마 히라쿠의 〈히구치 대위〉 등이다. 이들 군가의 대부분은 노쇼 벤지로·스즈키 요네지로·오쿠 요시이사·야마다 겐이치로가 작곡한 것이다. 이 외에 군인들이 작곡한 것도 있었다. 육군에서는 참모본부 편집관 요코이 타다나오가 〈평양의 대첩〉을, 군악대의 가토 요시키요가 〈나팔수의 최후〉, 야포병 제3연대 니시가키 사타로가 〈평양의 전투〉를 작곡했다. 해군에서는 군함 마쓰시마 승조 해군 소주계小主計 다케우치 주지로의 〈풍도만〉 등이 있었다. 육해군 군악대에서 작곡한 노래 중에서는 〈나팔수의 최후〉가, 학교의 창가로서는 〈풍도의 전투〉 등이 유행했다고 한다.[239]

일본 천황 메이지도 히로시마 대본영에서 군가를 작성했는데, 〈성환역〉·〈평양의 대첩〉·〈황해 해전의 노래〉 3종이 그의 작품이다.[240] 〈평양의 대첩〉은 해군 악대장에게 작곡을 맡겼다고 한다.[241] 황후도 〈평양〉이라는 군가의 가사를 만들어 작곡을 하명했다고 한다.[242]

〈평양의 대첩〉
대동강 격류도 대성산의 험한 산세도
어렵지 않게 넘어서 전진한다. 우리 군대 용감하다.

험준하고 견고한 적의 성을 한꺼번에 둘러싸고 사방을 공격한다.

격렬하게 쏘아 대는 총포 소리는 산하에 울려 퍼진다.

날카로운 공격에 피아의 사상자도 수없이 많다.

지형의 이점을 가진 적병도 충용의열한 우리 병사의

강한 기세에 맞서기 어렵게 되자 요새 위에 백기를

지휘관을 바라보던 우리 병사는 잠시 진격을 멈추고

그들의 거동을 살피니 핏길을 뚫고 도망가려 하네.

갑자기 내달리는 백마대 얼마 남지 않은 적을 쳐부수네.

순식간에 의주문 격파하면서 평양으로

성을 차지하고 용기가 샘솟네. 성을 차지하고 용기가 샘솟네.[243]

대체로 메이지는 개전에 반대하던 사람으로 알려져 있고,《메이지천황기明治天皇紀》에도 청일전쟁과 러일전쟁 개전을 반대한 것으로 서술되어 있다. 청일전쟁 개전 결정이 내려지자 그는, "이번 전쟁에 짐은 처음부터 본의가 없었다. 내각 신료들이 전쟁이 불가피하다고 상주해 왔기 때문에 이를 허락했을 뿐"이라고 말했다는 것이다.[244]

그러나 그간의 통념은 재고할 여지가 충분하다. 청일전쟁 직전 메이지는 "나도 비용을 절약해서 군함 제조비를 낼 터이니 관리들도 월급 일부를 반납해 군함 제조비에 충당해야 할 것"이라는 조서를 내린 일도 있었다.[245]

아동들을 대상으로 전쟁 미담 교육도 진행되었다. 사회주의자이자 평론가 아라하타 칸손荒畑寒村은 자서전에서 7세 당시 경험한 청일전쟁을 회상한 바 있다. 그는 하라다 주키치가 현무문을 부순 것과 안성천

도하 과정에서 전사한 나팔병 시라카미 겐지로와 만주 뉴장牛莊의 시가전에서 왼손에 중국인이 버린 아이를 품고 오른손에는 칼을 든 오데라 야스즈미大寺安純 소장의 설중분전雪中奮戰을 생각해 보고, 학교에서 배운 황해 해전, 수뢰함의 뤼순 항구 야습 등의 군가를 통해 전쟁의 모양을 막연히 상상할 수 있었다고 회고했다.[246] 이러한 내용이 또다시 집중 부각되는 시기가 중일전쟁과 아시아태평양전쟁 기간이었다는 점도 주목할 필요가 있다.

1895년 9월 간행된 《의용봉공 소년귀감》이라는 책은 소년 자제들에게 의용심을 고취시킴과 동시에 애국 기상을 양성시키기 위함이라는 목적을 밝히고 있다. 이 책 내용 중 제9장 '현무문을 먼저 오름. 그 하나. 하라다 주키치'라는 제목의 내용에서 두 번의 공격 실패 후 12명의 결사대를 조직하여 현무문을 여는 데 성공했다고 기술하고 있다. 이 책에서도 현무문에 가장 먼저 오른 자는 하라다 주키치가 아닌 무라마쓰 메이타로로, '그 둘. 무라마쓰 메이타로'라는 제목으로 다음과 같이 기록되어 있다.

하라다와 같은 부대의 12용사의 한 사람인 무라마쓰 메이타로 또한 하라다에 양보할 수 없는 훈공이 있다.……가장 먼저 오른 자는 무라마쓰 메이타로이다. 메이타로가 많은 사람들에 앞서 벽을 넘을 때 적국의 장교로 보이는 자가 단총으로 메이타로의 뒷덜미를 가격하자 용기백배하여 분연히 벽을 뛰어넘어 그자와 맞붙어 싸우던 순간 대퇴부에 탄환 두 발을 맞으면서도 물러서지 않고 적 한 명을 죽였다. 이때 아군이 더하여 맹공분투하자 적병이 물러서는 사이 하라다 주키치가 기민하게 뒤쪽의 문을 열어 처음으로 아군을 맞아들이게 되었다.……메이타로는 아이치현 나카시마군 신묘즈무라[현 아이치현 이나자와시] 평민 히비 겐류의 장남으로 집안이 어려워 어릴 때부터 친척에 맡겨져 성장했다. 1888년 징병검사에 합격하여 제3사단 보병 제18연대 토요하시 위수豊橋衛戍에 입대하여……만기 제대 후 돌아갈 곳도 마땅하지 않아 어느 작은집의 머슴으로 들어갔다.…… 1894년 8월 4일 예비역 소집장이 도착하자마자 가사 일체를 친구에게 맡기고 곧바로 징집 장소로 달려갔다. 이는 평소 책임감이 강하고 관의 명령을 준수하는 것을 엄히 여기는 것으로 현무문 선등先登으로 제1의 위훈을 세운 것 또한 우연이 아닐 것이다.[247]

3―'황은皇恩'으로 은폐된 가족의 비극

일본군 출동 과정의 단면을 보면 일본군의 가족들 역시 비극적인 모습을 보인다. 당시 도쿄도의 교바시구에서는 조선으로 출정한 후비병의 부인이 군인 장려부로부터 매달 3엔 50전 혜택을 받게 되어 있었으나 집주인으로부터 밀린 집세를 독촉 받는 사례가 있었다.[248] 도쿄 센소구의 경우 1894년 8월 21일 청일전쟁 시 출전 병사 가족 구호를 위한 〈종군자 부조금 취급방침〉을 마련했다. 여기서는 "① 예비·후비역자 및 현병역 만기 후, 전시 때문에 연기 복역자의 가족으로서 이를 구조 여부의 자격 인정은 구장區長에게 위임할 것, ② 구조는 남녀노소 구별 없이 1일 1인 백미 3홉, 이 대가는 해당 분 내에 금 4전으로 하고 이후 쌀값이 크게 변동이 있을 때는 다시 평가하여 정함, ③ 부조금은 1개월을 3분하여, 1순간旬間(10일을 말함–필자 주)으로 나누어 그 첫날(1일, 11일, 21일)에 교부할 것"[249] 등을 규정하고 있다.

교바시구에서도 1894년 10월 10일까지 의연금을 모집했는데, 총 2,319엔 45전이 모였다. 구에서 정한 의연금이 하루 지급 기준은 15세 이상 70세 미만의 남자 백미 4홉, 여자 백미 3홉, 10세 이상 15세 미만 남녀 백미 3홉, 10세 미만 70세 이상 남녀 백미 2홉으로 10월 10일까지 구호인원 총계는 225인, 지급액 총계는 209엔 31전이었다.[250]

전시 대본영이 옮겨간 대륙전진기지 히로시마현에는 병사 가족이 총 4,910호나 되었다. 이 중 과반수는 생활이 어려웠고, 특히 782호는 매우 곤궁했다 한다. 이 때문에 군과 시 혹은 정촌町村에서 〈예비후비병 가족구휼규칙〉 등을 만들어 구원했다. 지역에 따라 시·정·촌에서 갹출하거나 지역 유지들이 기부한 의연금과 쌀 등 현물이 그 재원이었다. 그러나 지역별 격차는 컸다. 예컨대 사이타마현의 군 단위에서 보면 종군자 호수에 대한 피구호자 호수의 비율은 요코미군의 14.81퍼센트부터 미나미 사이타마군의 92.16퍼센트까지 편차가 컸고, 의연금 지불도 구호를 중심으로 하는 군과 조제위문弔祭慰問 등의 증여를 중심으로 하는 군도 있었다.[251]

다른 한편 내무성은 지방관을 독려하여 한촌 벽지까지도 "국채 응모의 많고 적음은 국민 애국심의 두터움과 얇음을 측정하는 표준"이라고 선전했고, 그 결과 제1회 국채 응모액은 7,700여 만엔, 제2회 응모액은 9,030만 엔이라는 실적을 거두었다. 그런데 당시 공채의 4할은 농촌에서 거두어들인 것으로 농민들의 부담이 컸음을 짐작할 수 있다.[252]

급작스러운 전시 총동원 소집령에 따라 현역·예비역·후비역의 모든 장병은 전쟁에 동원되었는데, 복무기간은 현역 3년, 예비역 4년, 후비역 5년이었다. 청일전쟁 당시 동원된 일본군 병사는 약 24만 명으로 그중에서 외정군外征軍으로 전장에 파견된 병사는 17만 4,017명이었다. 이 중 병졸은 15만 1,842명으로 현역은 7만 15명, 예비역은 5만 3,491명, 후비역은 2만 8,336명이었다.[253] 그런데 후비병까지 가려면 총 12년을 징병제의 동원체계에 묶여 있어야 했다. 그 결과 어린 자식을 스스로 죽이거나 버리고 입영할 수밖에 없는 처지도 있었다. 아래는 당시 《카이난신문海南新聞》(현재의 《에히메신문愛媛新聞》 전신) 기사 내용이다.

〈자식을 죽이고 종군함〉

난여南予(에히메현 남부 지역을 지칭─역자 주)로 보이는데, 다른 곳에서는 들리지 않는다. 처가 죽고 아직 어린 사내아이 하나를 빈곤 속에 어찌되었건 양육하며 소작 등으로 그날그날 생활하는 아무개가 있었다. 지난날 후비병 소집 명령을 받고 출발하는 날도 다가왔는데 어떻게 할까, 어린아이를 맡길 친족이 한 사람도 없기 때문에, 이런저런 걱정의 나날을 보내고 있었다. 마침 그때 마을의 총대總代 아무개가 들어와서, "당신도 이번에 소집을 받았다고 들었는데 언제 출발할 생각이오? 벌써 기일에도 여유가 없는데 꾸물꾸물하다가 힐책을 받을 일이니, 당신에게 이득이 되지 않아요"라고 말하며 괴롭히기에, 아무개는 괴로운 얼굴을 하며, "저도 소집을 받았으니 서둘러 출발하여 사나이 체면을 세우는 것이 도리겠지만 나라님도 아시는 바와 같이 나 혼자서 키우는 아이를 본체만체하고 차마 갈 수 없기에 어찌해야 할까 하면서 금일까지 날을 보냈습니다. 아이를 양육할 사람이 없으면 출발할 도저히 방법을 알 수 없습니다. (이 같은) 사정으로 오로지 헤아려 살핌을 청할 뿐입니다"라면서 눈물을 흘렸다. 이를 들은 총대는 동정은 하지만 크게 소리 지르며, "그대의 종군은 공적인 일이고 자식의 양육은 사적인 일이다. 산보다 높고 바다보다 깊은 황은을 아는 자는 금일의 국난을 당하여 한 개인의 사사로운 정을 내던져 버리고 충의와 용기로 공적인 일을 받드는 기운을 빼앗겨서는 안 된다. 천하가 태평해야 국가가 안은하게 되는 행복을 받고 한 집이 하늘의 명령을 얻는 것도 모두 천은天恩의 우악優渥(혜택이 두루 미치고 있는 것)에 의한 것이다. 지금 당신처럼 꾸물거리는 것은 매우 황송한 일이 아닌가?"라며 찬찬히 설명하여 이해시켰더니, 아무개는 거의 깊이 느끼고 있는 것처럼 보이기도 했으나 무슨 생각을 했는지 급히 몸을 일으켜서 집의 구석 한 칸으로 물러났다. "으악!" 하는 절규와 함께 일순간 아이는 죽음을 맞이했다. "이 무슨 일이냐" 하면서 총대가 뛰어들어 상황을 봤더니 아무개는 이미 숨이 멈춘 아이의 시체를 수습하며 눈물을 흘리면서 총대를 마주 보고서는 "지금은 마음이 편합니다. 황은의 높고 큼을 듣고서는 제 아이 같은 것은 돌아볼 겨를이 없습니다. 자! 지금부터 출발합니다!"라고 말했다. 그러고는 시체를 뒤뜰에 가매장하고 망연자실한 총대의 얼굴을 힐끗 바라다보며 유유히 마쓰야마 방향으로 출발했다. 그저 들리는 바가 아닌 마쓰야마 주변에서 모르는 사람이 없을 정도로 잘 알려진 이야기이다. 우직한 시골 사람이 극단에서 극단으로 달리는 성정, 단순하면서 실로 측은한 일이다.[254]

〈자식을 버리고 종군함〉

마쓰야마시 오쿠보쵸 39번호 가토 토요타로는 먼저 이별한 부인이 남겨 놓은 3세 아이를 사내의 손으로 양육하고 있었다. 극심하게 가난한 그는 우마와 다름없는 인력거부가 되어 간신히 두 사람이 먹고 살았다. 그런데 이번 예비소집령의 대상이 되어 마침내 징발되었다. 때문에 아이를 어떻게 할 방법이 없어 자기가 둔영하는 근처에 맡겨 놓고 얼마 안 되는 돈을 건네고 그럭저럭 양육하고 있었다. 그런데 토요타로는 지난날 제2대대를 따라 마쓰야마를 출발해야만 했기에 이제는 점점 어찌할 방책이 없었다. 여러 가지로 마음을 졸인 끝에 오래전부터 친하게 지내온 일용인부 무라카미 가메지로에게 맡긴 뒤 마음을 뒤로하고 시코쿠의 땅을 떠나게 되었다. 그런데 (아이를) 맡은 무라카미 가메지로도 하루 벌어 하루 사는 일용직일 뿐 아니라 자기 자식조차 다섯이나 되어 하루하루 생계가 궁핍한 처지였기 때문에, 새삼스럽게 다른 사람의 자식을 맡아 기르기도, 몰인정하게 외면할 수도 없어 애먹고 있었다. 그것은 그렇다 치고 아이는 아직 동서도 분간하지 못해 아버지를 그리워해서 말문이 터지지 않는 입으로 "아빠, 아빠!"를 부르기를 계속하는 것을 보는 것도 불쌍한 일이다.[255]

불시에 발급된 소집 명령서와 지역 할당제는 거부할 수 없었다. 지역공동체 문제와도 긴밀히 연동되어 있었기 때문에 '황은'에 대해 개인을 버려야만 한다는 마을 대표 등의 독촉을 감내하기 어려웠다. 징병동원 업무는 '정촌町村'이라는 촌락공동체 조직과 긴밀하게 결합되어 있고, 마을의 이장 격인 '총대'가 동원의 최하 실무 단위였다. 그 결과 전쟁 종군 시 앞의 사례처럼 자신의 아이를 죽이거나 버려야만 하는 상황이었다. 극단적인 국가주의가 팽만해 있던 당시 분위기 속에서 이와 같은 현상은 일본 전 지역이 마찬가지였을 것으로 추론해 볼 수 있다.

에히메현과 인접한 같은 시코쿠 지역 도쿠시마현의 사례를 보면, 후비병들은 예비병에 비해 나이가 많고 가사를 영위하는 자가 많아 징집 성적이 양호하지 못할 것으로 우려되었지만 오히려 그 성적이 예비병을 능가했다. 이 지역 후비병 소집일은 마침 '경성 소전小戰', 즉 7월 23일 일본군의 경복궁 점령 당일이었다. 당시 도쿠시마현 응역자應役者의 개황을 조사한 기록에 따르면, 청일전쟁 개전이 임박할 것이 예상되자 경찰·관리들의 설득이 없어도 각자 "실전에 임할 각오로 의기가 더더욱 앙양"하여 스스로 출발하였고, 예비·후비 군인의 기상이 이와 같아 '천황 군대[皇師]의 백전백승' 또한 당연한 것으로 보고 있다. 그러나 이렇듯 징집 성적이 양호함에도 불구하고 유독 도쿠시마시 출신 예비병 졸 아무개가 명령에 응하는 도중 종적을 감췄다가 처벌을 받고 후일 입영하는 등 일부 오점을 남겨 유감이라 하여 이율배반적인 논조를 보이기도 했다.[256] 도쿠시마현 당국은 앞의 에히메현과는 달리 후비병의 군사동원령 시 강제보다는 자발적 측면을 강조하고 있지만 예비병 중에서도 징집에 불응하고 도주하는 경우도 있었던 것이다.

4.
전쟁과 언론인의
윤리와 책임

1 ─ 종군기자: 전쟁 소식을 전하는 사람들

지금까지 청일전쟁 당시의 상황을 이해하는 자료로 일본 정부에서 생산한 문서나 개인 일기, 출병부대와 군인의 기록들을 주로 활용하였다. 이 자료들은 정치·외교와 군사 상황 등에 대해서는 자세하나 미시적인 내용에 대해서는 많은 부분이 생략되어 있다. 이에 조선인들의 동향·풍속·민심 등 생생한 내용을 파악하기 위한 가장 중요한 자료로 조선 주재 일본인 종군기자War correspondent(전쟁 특파원)들의 신문기사를 주목하지 않을 수 없다. 일본의 유력 신문사들은 동학농민군의 동향, 청일전쟁과 조선 사정을 보도하기 위해 각기 특파원을 조선에 상주시켰는데 이들을 통해 그 내용이 일간지에 지속적으로 실렸고 일부는 저서로도 간행되었다. 이를 통해 1894년 조선의 정치·경제와 사회상을 입

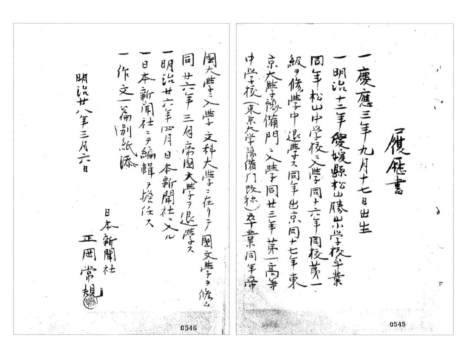

니혼신문사 특파원 마사오카 시키正岡子規(쓰네노리常規, 1867~1902) 자필 이력서.
에히메현愛媛縣 마쓰야마松山 교사 출신으로 하이쿠, 단카, 소설, 평론, 수필, 신체시 등 다양한 작품 활동을 한 것으로 유명하며, 일본의 근대문학에 큰 영향을 미친 메이지를 대표하는 문학가 중 한 명이다.

체적이고 종합적으로 이해할 수 있다.

일본의 신문사들은 혼성제9여단이 서울에 주둔할 때부터 통신원을 파견했다. 이들은 전시 대본영에 이력서를 제출하고 서울의 일본공

⟨표 20⟩ 청일전쟁 시기 일본 신문사 월별 종군자 현황

구분 종군인원		신문기자			화공			사진사		
		귀국인원	월말현원	종군인원	귀국인원	월말현원	종군인원	귀국인원	월말현원	
1894	7월	22	2	20	1		1			
	8월	13[20]	2	31	2 [1]		3			
	9월	9[31]	7	33	4 [3]	1	6			
	10월	15[33]	5	43	1[6]	1	6			
	11월	5[43]	4	44	[6]	1	5	3		3
	12월	13[44]	4	53	[5]	2	3	[3]		3
1895	1월	7[53]	1	59	[3]		3	[3]		3
	2월	3[57]	3	59	[3]		3	[3]		3
	3월	15[59]	2	72	1 [3]	1	3	1 [3]		4
	4월	12[72]	11	73	2 [3]		5	[4]	1	3
	5월	[73]	34	39	[5]	1	4	[3]	1	2
	6월	[39]	11	28	[4]	3	1	[2]		2
	7월	[28]	6	22	[1]	1		[2]	1	1
	8월	[22]	3	19				[1]		1
	9월	[19]	3	16				[1]		1
	10월	[16]	2	14				[1]		1
	11월	[14]	5	9				[1]		1
총계		114	105		11	11		4	3	

* 陸軍省 編,《日淸戰爭統計集: 明治二十七八年戰役統計(下卷 2)》, 1902, 1105쪽을 근거로 재작성.
* 표 내의 숫자 중 [ ]안의 내용은 전월 말의 현원임.

소속부대	신문기자	화공	사진사
정청대총독부	8 [3]		
제1군 사령부	8 [4]	3	
제1군 병참총감	1		
제2군 사령부	13 [4]	1 [4]	1
근위사단 사령부	8 [12]	1 [1]	[1]
제1사단 사령부	13 [2]		
보병 제1여단 사령부	[1]		
보병 제2여단 사령부	[1]		
제2사단 사령부	4 [7]	1	3
제3사단 사령부	2 [13]		
보병 제5여단 사령부	2 [2]		
보병 제6여단 사령부	[1]		
제4사단 사령부	7 [1]	1	
보병 제8여단 사령부	[1]		
제5사단 사령부	6 [13]	2	
혼성제9여단 사령부	32	2	
보병 제10여단 사령부	1 [1]		
제6사단 사령부	5 [7]		
혼성지대 사령부	3 [2]		
타이완 총독부	[4]		
소속대 불명	1		
총계	114	11	4

* 陸軍省 編,《日淸戰爭統計集: 明治二十七·八年戰役統計(下卷 2)》, 1902, 1106~1107쪽을 근거로 재작성.
* 표 안의 숫자 중 [ ]안의 내용은 다른 곳에서 전속한 자임.

사관 부무관의 허가를 받고 그 조회를 거친 후에 여단 사령부 등에 소속되었다. 전운이 고조되면서 각 부대가 계속 출병함에 비례해서 통신원 파견도 점차 증가했다.

그러나 일본인 특파원들은 객관적이고 정확한 사실 보도보다는 일본제국의 나팔수로서 '문명과 야만'이라는 도식을 적용, 이웃나라를 모멸하는 배외적인 충군애국주의로 일관했다. 여기서 대조선 지배 정책 실현 과정에서 청일전쟁이 조선에 대해 어떤 이미지를 창출했는지 면밀히 분석할 필요가 있다. 청일전쟁에서 정한론征韓論 논의가 다시 체현되고 이때 만들어진 왜곡된 '조선상朝鮮像'이 실체적 진실처럼 장식되어 이후 황국사관·식민사관 등을 거치며 이른바 '혐한'의 기제로 크게 확산되었기 때문이다.

이러한 현실에서 그간 연구의 사각지대에 있던 종군기자의 활동상을 주요 언론사별, 특파원의 주요 직군별로 구분하고 체계적으로 조명하여 보다 객관적 시각에 근거해 연구해야 할 시급성이 있다. 청일전쟁을 일본의 '자위' 행위로 미화하면서 조선에 대한 우월감을 강조하는 원천은 이미 일제강점기 이전부터 시작되고 확산한 것임을 종군기자들의 보도 행태 연구를 통해 명료하게 알 수 있을 것이다.

일본 정부는 처음에는 기사의 초고 검열로 전쟁 정보를 은폐했다. 그러나 평양 전투의 승리 이후부터는 적극적으로 정보를 공개하기 시작했다. 군무국에서 작성한 〈신문기자 종군심득〉 제10조에는 "힘써 충용의열의 사실을 기록하여 적과 싸우는 기개를 장려한다"고 되어 있다. 신문을 통해 일본 신민을 전쟁의 소용돌이에 몰아넣고 열기를 고조시키려는 전시 대본영과 일본 군부의 의지가 엿보인다. 당시 조선 방면의 제1군에 특파되었던《도쿄아사히신문》기자 요코자와 지로橫澤次郎가 "입을 다물고 붓을 급히 멈추지 않을 수 없었다"[257]라고 술회한 바 있듯이 종군기자들도 이러한 방침에 적극 부응하여 편파 보도를 했다. 기자들은 '정부의 검열'에는 철저히 응했지만 '자신의 검열'은 방기했던 것이다. 전쟁 보도는 사실 여부 확인보다는 영리를 추구하는 기업가로서의 각 신문사 사주(설립자)의 의지도 적극 반영하여 신문 판매부수를 올리는 선정적 수단이기도 했다.

청일전쟁 당시 발행부수 1위는《오사카아사히신문》, 2위는《오사카마이니치신문》, 3위는《도쿄아사히신문》, 4위는《요로즈초호》, 5위는《주오신문》이었다. 정론政論으로 유명한 신문은 제1위에《도쿄니치니치신문》·《니혼신문》·《오사카마이니치신문》·《고쿠민신문》, 제2위에

〈표 22〉 일본 내 주요 신문 연간 발행부수(1893~1895)

신문명	1893년	1894년	1895년
요로즈초호万朝報	9,077,294	14,547,008	24,458,240
주오신문中央新聞	5,752,576	13,521,696	21,026,922
주가이쇼우교우신보中外商業新報	7,334,378	12,740,657	14,704,355
도쿄아사히신문東京朝日新聞	12,983,254	16,634,978	13,722,145
미야코신문都新聞	11,103,979	10,531,893	10,926,077
고쿠민신문國民新聞	3,387,792	4,907,726	10,801,601
야마토신문やまと新聞	7,358,935	8,063,754	8,176,286
지지신보時事新報	4,779,954	6,037,406	7,133,868
유빈호지신문郵便報知新聞	7,352,581	6,505,394	6,369,062
요미우리신문讀賣新聞	4,869,840	5,399,365	5,631,860
니혼신문日本新聞	6,510,745	6,403,648	5,506,957
도쿄니치니치신문東京日日新聞	4,868,236	5,134,363	5,480,909
마이니치신문每日新聞	3,778,922	4,156,080	4,529,745
오사카아사히신문大阪朝日新聞	21,577,467	31,517,757	29,925,753
오사카마이니치신문大阪每日新聞	18,224,864	19,228,095	21,111,898

* 山本武利,《近代日本の新聞読者層》, 法政大学出版局, 1981, 404~409쪽.

《주오신문》·《도쿄/오사카아사히신문》·《유빈호지신문》, 잡보로 유명한 신문은 《고쿠민신문》·《도쿄/오사카아사히신문》·《도쿄니치니치신문》 이었다.

청일전쟁 당시 육군 종군기자는 66개사 114명이고, 그 외에 종군화가 11명, 카메라맨 4명도 있다. 현재까지 필자가 확인한 조선과 중국에 특파원을 파견한 신문사와 기자들의 이름은 다음 〈표 23〉과 같다. 중복된 사람을 제하면 120명으로 거의 전부에 해당한다.

이후 신문들은 본격 취재를 통해 특별기사를 경쟁적으로 실었다. 신문들이 조선 문제를 일본인들에게 리얼하게 전파하고 조선의 사정을 대내외에 알리는 데 큰 역할을 했지만 다른 한편 날조된 내용 또는 본인의 주관적 생각까지 마치 취재한 사실처럼 기술하여 실제와는 전혀 다른 것도 많았다. 또한 '특종'을 의식한 경쟁적인 취재 과정과 상업저널리즘으로 과장되거나 조작된 기록들을 많이 남겼다. 명백한 오보, 즉 일종의 '가짜뉴스'를 만들어 본국과 외국까지 전파한 것이다. 그 결과 왜곡된 '조선 이미지'는 실체적 진실처럼 분식되어 부정적 인식을 심화시키는 큰 기제가 되었다.

미국의 저명한 탐사보도 전문 저널리스트 시모어 허시Seymour Hersh는 저널리즘의 신성한 법칙 중 하나로 "절대로 사실을 왜곡하거나 조작해서는 안 된다"고 했다. 그런데 당시 종군기자들은 일본 정부와 군부의 종군 허가제와 기사의 사전·사후 검열, 취재 장소 제한 등을 통해 조종을 받았다. 일본군의 비인도적 행위와 범죄에 대해서는 침묵과 방관으로 일관하거나 대수롭지 않은 전시의 일상으로 처리했다. 청일전쟁 종군기자 중 자신들의 왜곡 보도와 일탈적 행태를 성찰적으로 반

신문사	종군기자
아사히신문 朝日新聞	야마모토 타다스케山本忠輔, 니시무라 도키히코西村時彦(덴슈지신), 니시무라 도키스케西村時輔, 오가와 데이메이小川定明, 아오야마 고헤이青山好惠, 아마노 아키라天野皎, 요코자와 지로横澤次郎, 요코가와 유지横川勇治(쇼죠省三), 와카야마 쓰에히코若山末彦, 와카마쓰 미즈타네若松水胤, 고바야시 타마키小林環, 이시하라 죠우세츠石原常節, 스즈키 이와오鈴木巖, 니시카와 쓰우테츠西河通徹, 후지다 키다츠藤田軌達, 야마노 오토스케山野音介
고쿠민신문 國民新聞	구보다 베이센久保田米僊, 구보다 베이사이久保田米齊, 구보다 킨센久保田金僊, 마쓰바라 이와코로松原岩五郎, 아베 미쓰이에阿部充家, 후루야 히사쓰나古谷久綱, 구니키다 도쿠보國木田獨步, ロ에이타로ロ榮太郎, 야마구치 히데타로山口秀太郎, 기쿠치 겐죠菊池謙藏, 스카코시 쥬사부로塚越重三郎, 히라다 히사시平田久, 천애생天涯生, 애민생愛民生, 침과생枕戈生, 우주은사雨舟隱士
도쿄니치니치신문 東京日日新聞	구로다 가시로黑田甲子郎, 아라이 요시사부로新井由三郎, 히라노 다카이平野高, 키노에 슈스케甲秀輔, 야마사키 마사히데山崎正秀, 사에키 야스이佐伯安, 쓰루사키 고고로鶴崎康吾郎, 오카베 시잔岡部四山, 우자키 쿠마기치鵜崎熊吉, 이노우에ロ지井上ロ三, 니카이도 유키후미二階堂行文, 이시즈카 고우키石塚剛毅, 오카모토 키도우岡本綺堂
요미우리신문 讀賣新聞	후지노 후사지로藤野房次郎, 오치 쇼우기치越智修吉, 히키다 에이기치匹田銳吉, 요시다 도우고吉田東伍, 가와 히가시센河東銓
유빈호지신문 郵便報知新聞	유게다 세이이치弓削田精一, 하라다 요시노부原田良信, 치즈카 레이수이遲塚麗水, 마에카와 구만토前川久万人, 이시츠 히데타로石津秀太郎, 카타 아사키치佳田淺吉, 사사키 히데오佐佐木日出男, 가지야마 신스케梶山新介
지지신보 時事新報	호리이 우노스케堀井卯之助, 다카미 가메高見龜, 스기 기타로杉幾太郎, 아사이 카이이치淺井魁一, 스기모토 다케타로杉本竹太郎
도쿄요코하마 마이니치신문 東京橫濱每日新聞	고이즈카 류肥塚龍
니혼신문 日本新聞	후쿠모토 니치난福本日南(마코토誠), 사쿠라다 분고櫻田文吾, 마사오카 시키正岡子規, 쓰에나가 준이치로末永純一郎, 카모ロ코시同ロ越, 아사미즈 난바치淺水南八, 이노우에 와라무라井上藁村, 고지마 가즈오古島一雄
주오신문 中央新聞	미즈다 히데오水田榮雄, 오오카 쓰도무가大岡力, 가와사키 사부로川崎三郎(시잔柴山), 사사 도모후사佐々正之, 망양생芒洋生, 나카다 쓰루시로中田鶴城, 후쿠다 시치로福田七郎, 풍양생風鳥生, 쌍송생双松生, 나카지마 나오키요中島直淸, 원양생遠洋生, 탄용생呑龍生, 도모나가 소우이치로朝長總一郎, 마쓰이 핫켄松居柏軒

신문사	종군기자
미야코신문 都新聞	오타니 마사오大谷誠夫
주가이쇼우교우 신보中外商業新報	미즈하라 데츠사부로水原鐵三郎, 미다무라 엔교三田村鴬魚, 이시가와 소 우죠石川逸藏
요로즈초호 万朝報	야마모토 히데키山本秀樹
니로쿠신보 二六新報	엔도 마다이치遠藤又一, 나카다 사다타로中田禎太郎, 아다치 구로安達九 郎(足立九郎), 스즈키 텐칸鈴木天眼(쓰토무カ), 단빈 쥬타로菱蘋忠太郎, 우 미우라 아쓰야海浦篤彌
오사카마이니치 신문大阪每日新聞	다카키 도시타高木利太, 아이시마 간지로相島勘次郎, 오쿠보 신지大久保 愼二, 쓰지 신노스케辻信之助, 사쿠라이 군노스케櫻軍之佐
메사마시 めざまし	사와라 시치로佐原七郎, 무라카미 텐신村上天眞(고우지로幸次郎)
나이가이통신 內外通信	유게다 세이이치弓削田精一(郵便 겸무)
지유신문 自由新聞	이마니시 고타로今西恒太郎
후소신문 扶桑新聞	스즈키 츠네노리鈴木經勳
도요우신문 土陽新聞	사카자키 시란坂崎紫潤
후쿠오카니치니치 신문福岡日日新聞	이마니시 고타로
조선신보 朝鮮新報	아오야마 고헤이靑山好惠
니혼전보통신 日本電報通信	미쓰나가 호시오光永星郎
오키나와신문 沖繩新聞	노마 고조우野間五造
후쿠료우신문 福陵新報	나라 자키하치로奈良崎八郎, 오하라 요시다케大原義剛
시즈오카신문 靜岡新聞	니시지마 료우지西島良爾(함남일인函南逸人)
도우아무역신문 東亞貿易新聞	요시구라 오우세이吉倉汪聖
규슈지유신문 九州自由新聞	나카무라 口오中村口雄

신문사	종군기자
규슈니치니치신문 九州日日新聞	아다치 겐죠安達謙藏, 마에다 쓰요시前田彪, 마쓰시마 쇼우에松島宗衛
주고쿠신문 中國新聞	시모야마 구마키下山熊喜
히노테신문 日出新聞	호리에 준키치堀江松華

* 柵瀬軍之佐, 《〈見聞記錄〉朝鮮時事》, 春陽堂, 1894, 15~16쪽; 遲塚金太郎, 《陣中日記》, 春陽堂, 1894, 5~6, 18, 80쪽; 〈新聞總覽: 日淸戰爭 從軍 新聞記者 懇親會〉(日本電報通信社, 1915); 鈴木經勳, 〈日淸戰爭從軍記-記者團成歡臺を占據〉, 《明治大正史談》 제7호, 1937, 15~16쪽; 竹下源之介, 《太平洋探險家 鈴木經勳》, 大日本海洋圖書出版社, 1943, 227쪽; 岡本光三, 《日本戰爭外史 從軍記者》, 新聞時代社, 1965, 212~214쪽; 黑龍會, 《東亞先覺志士記傳(下卷)》, 原書房, 1966, 364~365쪽; 宮武外骨, 《明治新聞雜誌關係者略傳》, みすず書房, 1~254쪽; 佐谷眞木人, 《日淸戰爭-'國民'の誕生-》, 講談社, 2009, 50~51쪽을 참고하여 작성함.
** 이들 중 사사 도모후사佐々正之는 《규슈니치니치신문》, 기쿠치 겐죠菊池謙讓는 《니로쿠신보二六新報》, 우미우라 아쓰야海浦篤彌는 《아사노신문朝野新聞》, 단빈 츄타로葮蔬忠太郎는 《유빈호지신문郵便報知新聞》, 아다치 겐죠安達謙藏는 《조선시보朝鮮時報》 등을 겸무하고 있었다(櫻井義之, 〈朝鮮に於ける邦字新聞の發刊: 靑山好惠とその事業〉, 《明治と朝鮮》, 龍溪書舍, 1995, 138쪽; 宮武外骨, 앞의 책, 4쪽).

성하거나 그 유사한 기사는 단 한 건도 확인할 수 없다.[258]

신문기사와 마찬가지로 시사만화와 삽화는 청일 간의 각축전 상황 뿐 아니라 조선의 정치·사회와 문화, 생활풍속을 리얼하게 전했다. 당시 문맹률이 높아 신문기사를 읽어 낼 수 없는 사람들이 많았던 점을 감안한다면 삽화는 시각적 의미에서 일본인들의 '조선상'을 구축하는 데 기여했다. 시각적 언어매체로서 신문 삽화 내용을 정리하고 그 함의하는 역사성과 전쟁을 선동 미화하는 선전매체이자 '문명과 야만'의 전쟁으로 정당화하는 과정에서 사실을 왜곡하고 조선과 청국에 대한 멸시와 적대감을 극대화하는 데 어떤 역할을 했는가에 대해 분석할 필요가 절실하다.

2—일본 주요 언론에 보이는 '조선 이미지'

청일전쟁과 관련한 현재의 일본 사회과 교과서의 문제점은 다음과 같다. 첫째, 청일전쟁의 원인을 동학농민전쟁에서 구하는 데는 대체로 일치하고 있다. 그러나 이를 "동학난이라 불리는 농민폭동" 또는 "동학을 믿는 농민이 중심이 되어 일으킨 반란"이라며 단순히 농민폭동과 반란으로 치부하는 경향이 강하다. 이런 농민폭동의 원인을 경제적 측면에서 접근하기도 한다. 조선 개국 후 증세, 쌀과 콩의 일본 수출로 농민들의 생활고가 가중되자 전봉준이 외국 상인과 결탁한 부정관리의 파면과 세금의 경감 등을 기치로 각지에서 봉기했다는 것이다.

둘째, 청일전쟁의 발발에 대해서는 대체로 조선이 중국에 출병을 요청했고, 일본도 중국과의 합의를 구실로 군대를 파견하여 청일전쟁이 시작되었다고 본다. 그러나 농민군의 활동으로 출병했다는 사실은 부각시키지만 청일 간섭군에 농민들이 저항했으며 일본군이 이들을 철저하게 진압했다는 사실은 생략되어 있다. 또 일본이 처음부터 전쟁을 목적으로 출병했다는 사실을 은폐하고 전쟁을 정당화했던 과거의 논리에 대해 비판의식이 결여되어 있다. 청일전쟁 초기 전투에서 중요한 변수였던 경복궁 점령과 풍도 해전에 대한 언급은 거의 없다. 일부 교과서에서는 일본군 사상자가 약 13만 명이었다는 점만 강조하지 조선과 중국 민중의 희생에 대한 언급은 보이지 않는다. 대부분의 교과서는 일본이 조선에서의 주도권(조선 지배를 둘러싼 대립)을 잡기 위해 출병했다고 단순히 평가하고 있다.

셋째, 청일전쟁의 결과에 대해 후소샤扶桑社가 출간한 서적은 일본 승리의 요인으로 ① 신병기의 장비, ② 군대 훈련과 규율 우수, ③ 일본인 의식이 국민으로서 하나로 뭉쳤기 때문이라 했고 고대부터 지속되었던 동아시아 중화질서는 이로부터 붕괴되었다고 보았다. 산세이도三省堂·야마카와山川 출판사를 비롯한 거의 모든 사회과 교과서에서는 시모노세키조약으로 '조선의 독립'(청의 종주권 부인)을 인정받았다고 하여 조선을 피동적 입장에서 파악하고 있다. 근대 시기 일본 지식인 대다수는 청일전쟁을 '문명전쟁', 러일전쟁을 '인종전쟁'으로 인식했는데, 아직까지도 이러한 인식은 공유되고 있다.

일본 정부 측에서 생산한 자료나 개인 일기·문집, 조선에 출병한 군대의 기록들을 활용한 출판물들은 주관성이 강한 악의적 내용으로 일관하고 실제와도 많은 차이가 난다. 청일전쟁 시기 일본인들의 조선 이미지 창출과 관련한 그간의 주요 자료를 보면 다음과 같다.

- 하쿠분칸博文館 편, 《일청전쟁실기日淸戰爭實記》 1〜10(도쿄), 1894〜1895.
- 무쓰 무네미쓰陸奧宗光, 《켄켄로쿠蹇蹇錄》(김승일 역, 《건건록》, 범우사, 1994), 1896.
- 구즈우 요시히사葛生能久, 《동아선각지사기전東亞先覺志士記傳》 하下, 흑룡회黑龍會[1977년 하라쇼보原書房 복간본, 도쿄], 1936.
- 하마모토 리사부로濱本利三郎 저著, 지누시 아이코地主愛子 편, 《일청전쟁종군비록日淸戰爭從軍秘錄》, 세이슌슈판샤青春出版社(도쿄), 1972.
- 오타니 타다시大谷正, 《병사와 군부의 일청전쟁兵士と軍夫の日淸戰

爭: 전장에서 온 편지를 읽다戰場からの手紙をよむ》, 유시샤有志舍,
(도쿄), 2006.

이 출판물들은 외교 비망록, 체험기 내지는 현장 직접 조사, 인터뷰·자료 조사 등을 토대로 한 것으로 청일전쟁의 생생한 내용을 담고 있다. 이를 통해 당시 조선 내의 정치·경제 상황과 조선인들의 동향, 특히 전쟁에 대한 각 계층의 상이한 이해도를 알 수 있다. 아울러 지방민들의 동향에 대한 여러 가지 풍설, 일본군의 조선 출동 과정, 조선군의 규율과 현황을 대비하면서 일본군의 상대적 우위를 강조하기 위해 과장되고 추측성 언급이 많다. 또한 청일 군의 비교 분석, 조선 군대의 동향, 갑오개혁 기간 주요 정치가들의 활약상, 일본이 판을 짠 조선 군국기무처의 개혁 방향, 동학농민군의 지역별 상황, 특히 '가짜동학당'의 활동과 그에 대한 일본인들의 위기의식 등을 생생하게 이해할 수 있다. 나태와 무기력, 불결한 위생 상태, 당파성 등 조선인 이미지도 항상 거론되는 내용이다.

그러나 가장 중요한 자료는 당시 상황을 실시간으로 취재하고 본국에 송부한 조선 주재 일본인 종군기자들의 신문기사이다. 청일전쟁 당시와 종전 이후 종군기자들이 책자로 작성한 것으로 조선 문제와 관련하여 주목되는 것은 다음 자료들이다.

● 치즈카 긴타로遲塚金太郞(여수생麗水生), 《진중일기陣中日記》(슌요도
  春陽堂, 도쿄), 1894.
● 가키다 준로垣田純朗, 《일청군기日淸軍記》, 민유샤民友社(도쿄),

1894.

● 사쿠라이 군노스케櫻瀬軍之佐,《조선시사朝鮮時事》, 순요도(도쿄),
1894.

● 니시무라 도키스케西村時輔,《갑오조선진甲午朝鮮陣》, 니신도인쇄
부日進堂印刷部(오사카), 1895.

● 운노 류키치海野鉚吉,《정청종군일지征淸從軍日誌》, 칸유샤函右社(시
즈오카현靜岡縣), 1895.

● 요코자와 지로橫澤次郞,《정청종군록征淸從軍錄》, 아사히신문사(도
쿄/오사카), 1895.

● 마쓰바라 이와코로松原岩五郞,《정진여록征塵餘錄》, 민유샤(도쿄),
1896[《명치북방조사탐험기집성明治北方調査探險記集成 제6권》, 유마니서
방ゆまに書房, 1988 복간본].

● 가와사키 사부로川崎三郞,《일청전사日淸戰史》권1~권6, 하쿠분칸
博文館(도쿄), 1897.

● 가메이 고레아키龜井玆明,《명치이십칠팔년전역사진첩明治廿七八
年戰役写真帖(상·하)》, 1897[《일청전쟁종군사진첩日淸戰爭從軍寫眞帖: 백
작 가메이 고레아키의 일기伯爵 龜井玆明の日記》, 가시와쇼보柏書房, 1992
복간본].

● 함남일인函南逸人(니시지마 료우지西島良爾),《종군만록從軍漫錄》, 청
어강습회회우회淸語講習會友會(오사카), 1901.

본 작업의 주요 대상은 1894년 당시 일본에서 간행된 주요 신문이다.
조선에서는 그 당시 관련 자료를 남겨 놓을 만한 여건이 아니었고, 전쟁

에서 패한 중국 역시 일본에 비해 남아 있는 사료가 많지 않다.[259]

김옥균 암살 관련 보도

일본의 입장에서 갑신정변은 10년 후의 청일전쟁을 준비하기 위한 시험무대로서 의미가 있다. 일본은 1894년 3월 상하이에서 홍종우에게 살해된 김옥균의 활동상과 그의 죽음에 대해 대대적으로 보도하며 반청·반한 분위기를 조성하고 이를 청일전쟁과 즉각 연결지었다. 김옥균이 살해되자 일본 조야는 발칵 뒤집혔고, 조선의 '개화'와 '독립'을 위해 분투하다가 희생되었다며 그의 공적을 추억하고 칭송했다.

김옥균 사망 소식을 대서특필한 신문 중 특히 《유빈호지신문》은 "어제 가장 놀라운 전보가 날아들었다.……슬프다. 꿈과 같은 일이다. 우리들은 믿으려고 해도 믿을 수가 없다. 반추하여 생각하면 (김옥균) 씨가 갑신의 변으로 조선 경성으로부터 숨어 우리나라에 흘러 머문 이래 때로는 극남의 외딴 섬(오가사와라섬을 말함-인용자)으로 유배되고, 때로는 북극의 추운 땅(홋카이도를 말함-인용자)에 유폐되고 천난만간千難萬艱의 어려움 속에서도 항상 조선의 문명개진에 그 마음이 있었다. 이곳저곳 떠돌며 오늘에 이르기까지 끝내 그 쓸모있는 재주를 베풀 곳이 없었고, 지금 한 흉도에 의해 살해당했다. 우리들은 씨를 위해 돌이켜 그 불행을 슬퍼하지 않을 수 없다"[260]고 보도했다.

김옥균의 사망 보도를 접한 일본인 20여 명은 31일 밤 고준샤交詢社에 모여 상하이에 위원을 파견하여 시신을 인수하고, 기념비 건립을 위한 의연금 모집, 유가족 부조 방법 등을 결의했다. 한편 4월 5일부터는 15개 주요 신문사가 합동으로 김옥균 추도 의연금 모집을 위한 캠페인을 시작했다.

한객韓客 김옥균 씨는 일찍이 비상한 뜻을 품고 비상한 때에 일어섰다. 종횡으로 방책을 이루지 못하고 쫓기어 타국의 외로운 나그네가 되었다. 고단하게 떠돌기 거의 10년. 혹은 눈물을 남해의 뜨거운 파도에 쏟아붓고 혹은 북해의 차가운 달빛에 한을 호소했으나 뜻을 둔 일은 결국 이루지 못하고 허무하게 흉한 놈의 독한 손에 숨을 거두었다. 생각건대 인생의 불행은 뜻한 일을 이루지 못하고 타국에서 객사하는 것보다 더 큰 것은 없다. 특히 만리타향 의지할 곳 없는 망명객의 몸으로 정적의 손에 숨을 거두게 되니 남아의 굳센 의지를 아홉 번이나 뒤집게 하고도 남음이 있다. 돌아보건대 우리 동포 형제들은 10년의 오랜 세월을 하루같이 김옥균 씨에게 많은 호의를 표해 왔다. 그러므로 지금이야말로 동포 제군이 최후의 호의를 표하여 의거의 소리를 올릴 때에 이르렀다. 너무 비통하고 한스러워 견딜 수 없다. 오호라! 그의 친가족과 옛 친구들은 이미 정적의 독수에 숨을 거두었다. 천하가 넓다 한들 우리나라 동포 제군을 제외하면 한 사람의 친교가 없는 것이 실로 김옥균 씨의 처지이다. 동포 제군의 의기에 힘입지 않으면 씨의 영혼은 만 리나 떨어진 다른 곳에서 영영 방황하는 귀신이 될 것이다. 이 어찌 의기 협골을 가지고 이 땅에서 슬퍼하는 동포 제군이 참을 수 있는 것인가. 지금 우리 동지들은 느끼고 서로 의논하여 동포 제군의 의연금을 모아 부족하나마 김옥균 씨에 대한 마지막 호의를 표하고자 한다.

오호라! 동포 제군이여! 표령낙백漂零落魄(이리저리 떠돌며 실의에 빠짐) 뜻한 바를 이루지 못하고 마침내 적의 손에 숨을 거둔 비의통정悲意痛情(슬프고 애통한 마음)을 이해한다면 청컨대 응분의 의연금을 내어 정을 아뢰고 씨로 하여금 백년불명百年不瞑(백년 동안 눈을 편히 감지 못함)의 귀신이 되지 않도록 하시라.

의연금의 액수와 용도 및 응모, 기타 절차는 다음과 같다.

一. 의연금은 다음 용도로 충당한다.

김옥균의 유해 처리에 관한 일.

기념비를 건립하여 추도의 뜻을 표하는 일.

동지인 조선 망명객을 보조하는 일.

一. 의연금은 10전 이상으로 한한다.

一. 의연금의 마감 기한은 4월 30일까지.

一. 의연금은 편리한 신문사 측에 보낸다.

一. 의연금을 받은 신문사는 (명단을) 신문지상에 게재하여 영수증을 대신한다.

메이지 27년 4월 5일

지지신보사, 지유신문사, 마이니치신문사, 메자마시めざまし신문사, 유빈호지신문사, 신초우야新朝野신문사, 요미우리신문사, 주오신문사, 도쿄니치니치신문사, 야마토신문사, 고쿠민신문사, 카이신改進신문사, 요로즈초호萬朝報사, 미야코신문사, 주가이쇼우교우신보사.[261]

일본 정부는 김옥균의 죽음을 호재로 삼아 국내의 여론을 계속 환기시키는 한편 김의 죽음 배후에는 청국의 최고 실력자 북양대신 리홍장이 개입되어 있다고 자의적으로 단정하고 배청·반한 감정을 조장했다. 김옥균의 사망을 명분으로 모든 준비를 완료하고 기회만 노리고 있었던 침략전쟁을 자연스럽게 유도한 것이다.

김옥균을 살해한 홍종우에 대해서도 보도기사가 적지 않았다. "일본에 와서 혹은 오사카의 상인에게 고용되고 혹은 주고쿠·규슈·시코쿠를 돌아다니며 메이지 23년(1890) 겨울 서양의 유지로부터 자선금을 받아 프랑스에 가서 파리박물관의 사환으로 고용되어 틈을 내 이화학理化 學을 연수하며 머물기를 3년"이라는 기사를 비롯하여, 홍종우의 낚시에 김옥균이 걸려드는 장면을 묘사하고 중국 사람들이 환호하는 모습을 묘사한 삽화도 있다.[262] 홍종우의 흉부에 크게 '충忠'이라는 문신이 있다든지, 심지어 그가 에히메현의 마쓰야마에 온 일이 있다는 내용까지도 기삿거리였다. 조선 정부가 홍종우를 당상관으로 올려 병사의 중임을 주고 친척은 물론 지우까지 관직 혹은 상당한 금품을 보상으로 주었다는 기사도 보인다.[263]

한편 김옥균 암살사건의 전조로 김옥균이 마지막으로 삶은 콩을 먹었다든지, 그가 살아 있다는 괴소문도 보도했다.[264] 또 김옥균이 살해된 상하이의 통허양행 건물과 김옥균이 사용한 침실, 그가 염라대왕의 심판을 받는 상황을 묘사하는 삽화도 있다. 또한 '김어균金魚鈞'이라는 제목으로 일본인 낚시꾼이 물가에서 졸고 있는 사이 중국인이 김옥균이라는 물고기를 일본인의 어망에서 다시 낚고 그 고기를 조선인들이 칼로 잘라 요리하는 내용을 묘사한 3단 삽화도 보인다.[265]

조선으로 반출된 그의 시체 처리 문제도 다루어 보도했다. 한강 변양화진에 효수된 김옥균의 시신과 관, 주변 상황 등을 삽화로 묘사한 것[266]뿐 아니라 서울의 《지지신보》 통신원처럼 직접 현장에 가서 목격한 내용을 기사화한 경우도 있다. 처형 선고문을 기재한 나무 패찰에는 '모반대역부도죄인옥균謀叛大逆不道罪人玉均 당일양화진두當日楊花津頭 부대시능지처참不待時陵遲處斬'이 새겨져 있다. 기사에는 비교적 사실적으로 묘사된 삽화가 첨부되어 있다.[267] 또한 이를 서울 시민들이 구경하는 그림도 있다. 그러나 실제와는 달리 김옥균의 머리가 나무대롱 위에 얹혀 있는 것으로 묘사되어 있다. 또한 김굉집 홀로 김옥균의 매장론을 외쳤다면서 눈치만 보는 조선 정부의 관료들을 질타했고, 김옥균의 시체는 조선 정부에서 국법에 따라 극형에 처하여 전국 팔도 요소에 3일간 효시할 것을 의결하여 그 장소로 충주, 평양, 전주, 경주, 황주, 강릉, 함흥이 선정되었다는 내용까지도 적시했다.[268]

이렇듯 조선 내의 참혹한 상황 묘사와는 정반대로 일본에서는 김옥균의 장례의식이 엄숙한 절차를 밟아 진행되었음을 구체적으로 기사화했다. 《지지신보》에서는 도쿄의 코지마치麴町·유라쿠쵸有楽町 1정목 5번지 코구레 나오지로小暮直次郎의 사무소에서 출관出棺하여 '장송고김씨옥균葬送故金氏玉均'의 큰 기를 박아 세운 기마를 앞세우고 의식이 진행되었는데 생화·조화 수십 개, 홍백의 깃발, 흰 나무로 만든 관 등으로 치장했다고 한다. 5단으로 된 삽화에는 악대가 취주하는 장면까지 그렸다.[269]

김옥균 암살사건에 대해 그의 일본 스승이자 문명개화론의 정신적 지주인 후쿠자와 유키치가 발행하는 《지지신보》는 수차례 사설을 통해 강하게 여론을 환기시켰다. 〈김옥균 암살에 따른 한청 정부의 대응〉이라는 글에서는 중국 정부가 군함을 파견하여 김옥균을 암살한 '흉한'

홍종우와 함께 김 씨의 시신을 조선으로 보낸 것은 홍의 행위를 무죄로 인정하는 것이고 또 조선의 환심을 사고자 하는 뜻이 있는 것이라 비난했다. 나아가 "김 씨의 금일 신분은 결코 조선인으로 취급되면 안 되고" 홍종우는 살인죄로 사형에 처하는 것이 문명국 보통의 관례임에도 조선인의 법률사상이 부족하여 공사를 구별하지 못하고 모살謀殺의 대죄를 범한 것을 환영하여 오히려 그 공을 칭찬하고 있음을 지적했다. 결국 이는 "무식무법한 조선인"의 '독계毒計'로서 일본인들의 감정을 예민하게 자극하고 있다고 결론을 맺고 있다.[270] 이 사설은 김옥균 암살사건을 동아시아 삼국의 문명론 대 야만론으로 개념화하고 있다.

또 다른 설에서는 갑신정변 이후 일본으로 건너온 지운영·이일직·홍종우·권동수 등이 일본으로 망명한 개화파를 살육하려는 것에 대해 일본 법률을 적용해야 하며, 또한 자객 이일직은 국왕의 밀지를 소지하고 있기 때문에 국제 판례로 속히 흑백을 밝혀야 한다고 주장했다.[271] 이와 더불어 일본 정부는 조선과 조약 파기를 선언하고 교류를 단절하는 한편 서울의 공사관은 물론 부산·인천·원산 등 거주지도 모두 철수하되 거류지 일본 인민의 생명과 재산 보호를 위해 병력을 파견하는 등 '일도양단의 조치'를 취해야 함을 '감히 정부에 바라는 바이다'라고 하여 무력 개입까지 주장한 바 있다.[272]

김옥균 가족의 현실적 처지에 대해서도 크게 다루었다. 김옥균의 딸이 갑신정변 이후 오랫동안 옥중에 있다가 아버지의 사망 소식을 듣고 자해했다는 기사, 심지어는 오토리 공사가 인터뷰에서 통신원이 "김 씨의 유족을 극형에 처한다는 설은 어떤가?"라는 물음에 "김 씨의 처자가 김 씨 살해의 보도를 듣고 곧바로 자살했다는데, 이 설은 오히려 사

실과 가깝다"라고 답변했다는 내용도 싣고 있다.[273]

다른 기사에서는 김옥균의 유족들이 이때 서울로 끌려 왔고, 김옥균의 동생 김각균金珏均이 갑신정변에 참여하지 않았으나 형의 죄로 인해 수감되었다가 최근 탈옥하여 동학당에 가담했다는 소문까지 사실 확인 없이 호외로 보도했다.[274] 또한 〈죽은 옥균이 살아 있는 국왕을 옮기다〉라는 기사는 김옥균의 시신이 능지처참된 후 경복궁에 검은 그림자와 요괴가 출몰하는 등 변괴가 잇따르고 백성들이 이런 현상에 대해 '옥균의 원령' 때문이라고 말한다고 썼다.[275]

한편 김옥균 부인 유 씨兪氏는 일본 신문에 기고한 육필 수기에서 갑신정변 후 10여 년 고생해 온 과정과 홍종우에 대한 사무친 원한을 표현했다

그 쓰라림은 살을 찢고 뼈에 사무치며, 하늘을 우러러 울부짖고, 땅에 엎드려 통곡한 게 하루에도 몇 번이었는지 모른다. 오호! 원통하고 한스럽구나. 홍종우에게 원수를 갚고 해외 만리의 하늘에 표류하는 망부의 원혼을 위로하며 받드는 것이 참으로 이 몸이 해야 할 첫 번째 소원이다. 그리고 들에 버려져 원혼이 된 부모형제의 백골을 거두어 선영 아래 예로서 묻는 것이 두 번째 소원이다. 이 두 가지 소원을 이루지 못하면 죽어도 지하에서 눈을 감을 수 없다. 만장의 원통함을 털어놓고자 하나 흐르는 눈물 가눌 길 없어 마음대로 되지 않아 여기서 붓을 놓는다.[276]

유 씨는 갑신정변 직후 옥천 감옥에 갇혔다가 관비가 되었다. 그러

던 중 1894년 동학농민전쟁 과정에서 일본 진압군 후비보병 제19대대장 미나미 고시로 소좌의 통역관이었던 이윤고의 도움을 받게 된다. 김옥균의 오가사와라 유배 시 그를 수행했던 이윤고가 유 씨를 찾아내 서울로 옮기게 하고 미나미의 경제적 도움을 받게 한 것이다. 이런 상황이 이노우에 공사와 박영효에게 알려져 유 씨는 서울 전동에 거처를 마련하게 된다.[277]

동학농민군 관련 보도

1894년 봄 동학농민군의 봉기가 있었다. 이미 고부 농민봉기 당시부터 농민군의 활동은 일본의 주요 관심사였다. 한 상업 출판사에서는 그해 3월부터 신문에 《소설 동학당》의 광고를 게재했고, 1차 봉기가 일어나자 5월부터 신문들은 농민봉기를 '동학당의 폭동'으로 공식 보도하기 시작했다. 《지지신보》는 오토리의 전보를 빌려 전라·충청 양도에서 동학당의 '폭동'이 일어나 부사 이하 정부 관리를 죽이고 서울을 위협하고 있어 관군이 출동했다고 보도했다. 또한 고부를 출발하여 전주로 향한 동학당의 세력이 파죽지세로 더욱 창궐하자 조선 정부가 장위영 영관 홍계훈으로 하여금 병사를 거느리고 전라도 방향으로 출동케 한 사실[278]을 서울의 특파원 보도로 상세히 전했다. 충청도 각지에서 서학당西學黨이 발흥하여 봉기하고 있음도 보도했다.[279]

이 기간의 보도에 따르면 동학당은 전라도뿐 아니라 3남 각지에서 '창궐'하고 있었다.[280] 즉, 전라도에서는 '적도'들이 태인·고부·정읍 등지에서 백성들의 믿음과 바람에 힘입어 관군을 패주시키고 전주를 함락하려 하고 있으며, 충청도 보은·옥천 등지의 동학당은 공주를 함락

시키려 했고, 경상도 김해부에서는 부민 8,000여 명이 부성府城을 습격하여 부사를 축출했다는 것이다.

그 과정에서 어느 신문은 동학당이 나주목사 민종렬 일가 5명 중 목사를 제외하고 모두 살해했고, 관사에 난입한 농민군이 비복까지 모두 살육했다고 보도했다.[281] 다른 신문은 목사('나주 부사'로 표현)가 동학당을 죽인 것을 빌미로 동학당이 그를 죽였다고 실제와는 다른 내용을 보도하였다.[282] 1차 봉기의 출발점인 무장茂長 봉기 때 농민군 지도부가 발표한 〈무장포고문〉을 입수하여 '동학당의 격문'이라는 부제를 달고 전문을 게재하기도 했다.[283]

각 신문은 동학농민군의 초기 전투를 경쟁적으로 보도했다. 한 신문에서는 동학당 집결지인 고부 백산白山은 삼면이 절벽으로 산 위에는 깊은 계곡이 있어 능히 수천 명이 숨을 수 있다고 과장했고, 4월 2일 새벽 3시의 '두 번째 개전'에서 관군이 동학당의 근거지인 백산을 불시 습격했으나 패배했다고, 있지도 않은 사실을 과장하였다.[284] 또한 관청으로부터 탈취한 식량은 충분하며 지방 인민에게 미곡을 구입할 정도의 재정 상태를 갖춘 농민군의 수는 대략 4,000명으로 추산되며, 그중 2,000여 명은 화승총을 휴대하고 있으며 100여 명은 말을 타고 있다고 보도했다. 그 무리는 표징으로 흰 수건을 머리에 두르고 있다며, 마치 동학군을 중국의 황건적과 비슷한 도적집단으로 묘사하고 있다. 더 나아가 40명으로 구성된 '백장미군'은 동학군의 중추부대로 흰 천으로 머리를 싸매고 있어 멀리서 보면 완연히 백장미 송이 같기 때문에 이 같은 이름이 붙여졌다고 했다.[285] '두악당頭鰐黨'이라는 제목으로 일본식 발음이 똑같은 동학당이 악어와 싸우다 혼비백산하여 도망치는 모습을

상상한 삽화를 싣기도 했다.[286]

'동학당'이란 이름의 기원에 대해서도 나름대로 추측하여 보도했다. "일설에 따르면 예전부터 남학이니 동학이니 하는 학파가 있어서 그 유생들이 1년에 수차례 모여 학조學祖에게 제사를 드렸다. 대원군이 이를 금지시키자 유생들이 정부를 원망했는데 이와 관련하여 동학당이란 이름이 생긴 것이 아닌가 한다."[287] 동학당의 격문 중 양왜洋倭를 배척한다는 내용은 구실이자 '미개인의 생각'에 불과하며, 신문에서 보기에 동학당은 척왜양이의 기치를 내걸고 있으나 실제로 일본인과 외국인을 쫓아낼 뜻은 없는 것으로 판단했다.[288]

당시 농민군을 이끄는 중심인물이 누구인가에 대해서도 추측과 억설이 난무했다. 동학교단의 지도자 최시형을 비롯하여 백발노인과 소년, 심지어 일본인·러시아인 등 외국인까지 거론했다. 최시형 관련 내용에서, 그는 '동학당의 우두머리'로 전라도 광양·부안·흥덕·고창 등지의 인민을 귀복시켜 그 세력이 대략 8,000여 명에 달했는데, 익산의 한 전투에서 관군을 패퇴시키고 경기 지역으로 향했다는 기사가 있다.[289] 또 다른 신문에서 그는 전라도 사람으로 1891년 일본에 건너가 고쿠라·후쿠오카 지방을 거쳐 고베·오사카·사이쿄西京(교토)에 3개월간 체류했고 신체는 크고 비대하며, 눈은 길고 말이 없으며 《서경書經》을 좋아한다고 기사화했다.[290]

또 한 기사는 전라도 영암은 군장郡長 민 씨의 압제가 심해 지역 주민이 크게 고통을 받고 있었는데 금번에 동학군이 일어나자 박 씨라 부르는 87세의 백발 노옹이 이 기회를 잃을 수 없다면서 스스로 대장이 되어 군민을 규합하여 난리를 일으켜 동학당에 가입했다고 주장했다.[291] 또 다른 보도에서는 전라도 동학당의 수장은 정체가 확실히 밝혀지지 않고 있으나 병법에 능하고 스스로를 '태평도인'이라고 칭한다 했다.[292] '도적 괴수'는 정 씨로 조선왕조가 정 씨에게 망한다는 예언대로 동학당의 괴수 최 씨 위에 경상도 안동부 사람이 있다고 했고, 심지어 전라도 광양의 주민 중 14세 소년이 동학당의 대장에 임명되었다는 언급도 있다.[293] 그해 3월 사망한 김옥균의 유령이 동학당을 이끈다는 소문도 소개했다.[284] 이렇듯 각종 신문에서는 동학농민전쟁을 둘러싸고 당시 회자되던 여러 소문과 추측성 기사들을 시종일관 흥미 위주로 보도하였다. 제1차 봉기 과정을 취재할 당시 단지 한 신문에서만 지도부 3인이 전명숙·정익서·김 아무개로 이들 중 전명숙全明淑(전봉준)이 우두머리고 2명이 이를 보좌한다고 언급할 따름이다.[295]

동학군의 전라도 공미貢米 탈취사건에 대해서도 각 신문의 경쟁적 보도가 눈에 띈다. 이에 따르면 전라도는 목포·군산·고금도 등의 연안 항구에 공미를 모은 뒤 인천을 통해 서울로 운송하는데, 당시 군산에서 법성포로 향하던 공미 운반선을 동학당이 습격하여 전운위원을 생포한 뒤 미곡과 대두 300여 석을 약탈했고,[296] 나아가 당시 조세 수입이 가장 많은 전라도에서 좌수영·우수영·목포·고금도 등지에 모아 놓은 공미 대부분은 동학군의 것이 되었다고 보도했다.[297] 6월 11일 자 《고쿠민신문》을 보면 조선 병부 운송선 한양호가 5월 19일 군산을 출발하여 남방 법성으로 향했는데, 공미 징수를 위해 인천으로부터 출장 간 전운위원 김덕용과 정만기가 승선하고 있었다. 원래 정만기는 공미를 징수할 때도 불법을 항상 자행했다 한다. 동학당은 일찍부터 그가 한양호에 승선하여 법성으로 향한다는 것을 탐지했지만 정은 이를 알지 못하고 법성에 안착했는데, 동학도 300여 인이 흉기를 들고 정만기를 끌고 갔고, 김덕용을 포박 후 구타하고 정만기는 포살했다는 것이다. 기사와 더불어 동학당의 배 4척이 한양호를 습격하는 장면과, 동학군 6명이 정만기를 말 위에 밧줄로 묶어 끌고 가는 장면을 묘사한 삽화 2장을 싣고 있다.[298] 이 때문에 경기 지방 사람들이 쌀의 공급에 어려움을 겪었고, 동학당이 충청도 서천 해변에서 일본 어선 및 운송선 수 척을 약탈하는 일도 발생함에 따라 인천영사가 훈령을 내려 일본 어선을 경상도 동래 연안으로 옮기게 했다고 보도했다.[299] 그로부터 몇 달 후 동학군의 활동이 진정될 무렵 같은 신문의 다른 기사에서는 정말 두려운 것은 오합지졸에 불과한 동학당보다 '공미'라 하여[300] 그간의 논조를 스스로 부정한 경우도 있었다.

동학농민전쟁 초기 전투에 대해 《지지신보》는 〈조선 동학당의 소동에 대하여〉라는 사설에서 다음과 같이 주장했다.

작년에 이어 올해에도 동학당의 소동이 일어나면서 조선 정부의 위엄과 통제력은 땅에 떨어졌다고 할 수 있다. 정부가 군대를 출병시켰으나, 원래 규율이 잡히지 않은 조선의 군대는 지방에 피해를 입히기 일쑤이므로, 백성은 오히려 적도들의 편을 들고 있다. 정부에 불만을 가진 사인士人들이 오합지졸을 이끌고 있다. 조선의 내란은 일본의 이해를 위해서도 결코 등한시할 수 없는 일이다. 조선이 독자적으로 내란을 진압하지 못하면 지나支那(중국)에 도움을 요청할 것이고, 지나가 조선의 내란을 진압한다면 조선은 다시 지나의 속국이 될 것이다. 이것은 우리 일본에 명백히 나쁜 영향을 끼칠 것이다. 지나가 원병을

보낸다면 일본 역시 대등한 세력의 원병을 보내야 한다.[301]

이렇듯 '원병'이라는 명목으로 일본 군대의 출동 명분을 제시하는 한편 조선 특파원의 전보를 통해 내란이 더욱 심해졌으므로, 일본에서 조선으로 도항하려는 자는 주의를 요한다고 했고, 이에 따라 도항자 및 어업자에 대한 단속을 엄격하게 실시하라고 주장하여 불안한 여론을 조성하였다.[302]

동학당의 목적에 관해《고쿠민신문》은 "조선 8도 수령들의 학정으로 백성들의 원한이 쌓여 난을 일으킨 동학당은 그 일환에 불과할 뿐. 그 목적은 배외적이라 하지만, 기실 민 씨 일족과 같은 간사한 무리를 내쫓는 것이지, 단순히 배외만을 주장하는 것이 아니다"라고 조선인의 말을 인용해 소개하고 있다.[303]《요미우리신문》은 사설에서 금일 조선의 변란은 단순한 종교 반란이라기보다는 '정부의 전복'을 목표로 하고 있다고 주장했다. 그 연장선상에서 각 신문은 전문電文 혹은 '조선 상황에 정통한 비공개 정보원의 상세한 설명'이라는 전제하에 전라도를 '거의 접수'한 동학군이 상경하여 겹겹으로 서울을 포위했고 그로 인해 인천으로 피신하는 관인도 있다는 등 위기의식을 강조했다.[304]《후쿠오카니치니치신문》만 서울이 동학당에 의해 겹겹으로 포위되었다는 정보는 거짓일 수 있다고 추측했을 뿐이다.[305] 또 다른 신문에서는 '어느 군인의 이야기'라며 전주와 석성을 함락한 동학군이 서울로 진군이 늦어지는 것은 군기가 흐트러지기 시작했기 때문이라는 내용도 언급했다.[306]

동학군 조직과 거병 이유에 대해서는 다음과 같이 파악하고 있다. 총대장은 정 도령, 좌대장은 서 총각, 우대장은 최대웅으로 모두 '상상

속의 인물'들이며 참모 중에는 외국인이 있다는 '설'도 제기했다. 동학군은 포총병·창병·궁병·투석병·척후병·기병·치중병의 7부대로 편제되었으며, 회계·의사도 있다고 보도했다. 특히 군대 내에는 공인工人이 있기 때문에 목포木砲나 궁시 등을 자유자재로 만들어 쓰고, 돌 던지기 [投礫術]에 능한 70여 명이 전투 때 선두에 서는데 40보 거리에서도 백발백중이라는 내용까지 언급했다.[307] 한 신문에서는 상하이 발행《선바오申報》에서 입수한 내용이라며 중간 두목들은 주읍州邑의 소리小吏 출신 망명자들이며 황건과 황의를 착용하고 있다고 묘사했다.[308] 많은 사민士民도 동학당에 가담하고 있고, 동학당에 투항한 관군 중 다수는 독일이나 프랑스의 훈련을 습득한 자로서 군대 조직에 익숙하고 민활하여 그 진퇴가 매우 질서정연하다는 주장도 있다.[309] 동학군의 거병 원칙으로는 첫째, 사람을 죽이거나 재물을 손상시키지 말 것, 둘째, 충효를 다하여 제세안민할 것, 셋째, 양왜를 몰아내고 성도聖道를 밝힐 것, 넷째, 병력을 몰아 서울에 입성하여 권귀權貴를 멸할 것이라 한 보도도 보인다.[310] 신문들은 서울로부터 통신을 받아 당시 지방 관리들의 가혹한 수탈에 신음하던 농공상인들이 '동학당의 난'을 환영했다고 보도하였다.[311]

농민군의 전주 함락에 대해서도 초토사는 병력의 부족을 깨닫고 민병을 모집하려고 각 읍리에 격문을 띄웠는데, 150여 명의 '민병대'가 월평에서 동학당과 마주치자 좌우로 나뉘어 관군을 세 방면에서 공격해서 패퇴시켰다는 내용의 기사도 있다. 민병대는 사실 관군을 돕기 위한 의병이 아니라 위장한 동학당이라 했다.[312] 조선 정부에서 내린 초토사 지원병 모집 공문을 위조하여 동학당이 관군 속으로 잠입했다는 것이다.[313] 농민군의 전주 함락 당시 동학당 수장이 각 부대장에게 영을 내려 다음과 같은 12개조를 약속했다는 사실도 기사화하고 있다. 즉, "투항자는 받아들인다. 귀순자는 경복敬服한다. 탐학한 자는 쫓아낸다. 간활한 자는 없앤다. 가난한 자는 진휼한다. 병자에게는 약을 준다. 빈곤한 자는 구제한다. 굶주린 자는 먹여 준다. 도망가는 자는 쫓지 않는다. 배반한 자는 알아듣게 타이른다. 불충한 자는 제거한다. 불효자는 형을 가한다"[314]는 내용이다. 동학당이 마술을 쓴다는 미신도 나돌았고, 초토사 홍계훈이 전주를 회복하고 연전연승하여 동학당의 우두머리를 사로잡아 처형했다는 명백한 오보도 사실인 양 보도했다.[315]

농민군의 집강소 활동 시기에도 몇 가지 추측성 기사가 이어진다. 예컨대 동학군이 여행 중인 일본인에게 탄약을 팔아 달라고 요청했다거나, 초토사가 전주성을 진압하고 동학당 거괴의 수급을 소금에 절여 중국 군대가 오기 전에 귀경했다는 기사, 《고쿠민신문》 특파 통신원 장풍생長風生(기쿠치 겐죠를 말함)이 해군 장교를 따라 조선 내지에 깊이 들어가 동학 무리의 사정을 취재했다는 탐방기 등이 대표적이다.[316]

1894년 8월부터 신문기사는 이전과는 달리 농민군에 대해 매우 부정적인 입장으로 바뀐다. 《도쿄니치니치신문》에서는 1893년 12월부터 1894년 7월 13일까지 동도東徒를 직접 경험한 자의 이야기라며, 이들은 부자를 협박하여 금곡金穀을 빼앗아 빈민에게 팔았고, 때문에 중인 이상의 사람들에게 동도는 부자를 범하여 사욕을 채워 평판이 안 좋았다고 보도했다. 또 이들은 일본인을 모두 원수로 여겨 자신을 단두대에 데려갔으나, 뇌물을 주고 풀려날 수 있었다는 경험담을 사실 확인 없이 기사화했다.[317] 또한 '가짜동학당'과 '동학당'을 별다른 기준 없이 구분하여 재단했다. 즉, 동학당이라 칭하는 난폭한 무리들은 아산의 청국군 패잔병과 조선의 '무뢰배'들이 결탁한 것으로 그들의 목적은 부호의 약탈에 있다거나,[318] 경상도 송제 지방에서는 폭도들이 동학당의 이름만 빌려 양민을 괴롭혔는데,[319] 조선어로 '불한당'의 무리와 동류로 취급,[320] 부호와 양민을 해치는 도적의 무리로 평가절하하고 있다. '가짜 동학당' 내지 '자칭 동학당'에는 중국인들도 가세하고 있는데, 이들이 휴대한 총검 중 청국 병사의 것이 다수 보인다는 것이다.[321] 결국 이들은 실로 '동학당'이 아닌 '폭민'이자 '도적'으로 보았다.[322] 동학농민군의 2차 봉기 이후 대다수 일본 신문은 이런 입장으로 변화했다.

또한 농민군의 격문에 "우리가 청나라의 은혜를 받은 지가 수백 년인데, 일본 군대가 우리 땅에서 청나라와 전쟁을 벌여……"라는 내용도 인용했다.[323] 하나의 설 또는 노획문서에 적혀 있다는 가정 아래 동학당은 외국인을 배척할 뿐 아니라, 일본의 힘에 의지해 새 내각을 조직한 대원군과 개화당을 습격하여 멸하려 하고 있다고 보도했다.[324] 이들은 안온하던 조선이 일본으로 인해 소란해졌으므로 일본인을 죽이지 않을 수 없다고 주장했다고 하여 일본 국내의 반농민군 정서를 자극하는 논조도 펼쳤다.[325]

동학농민군의 서울 잠입설 유포와 대원군과의 관련설은 당시 중요한 기사 중 하나였다. 먼저 첫 번째 내용을 보면, 6월 동학당의 서울 진입을 막기 위해 숭례문과 흥인문의 경계를 강화했음에도 불구하고 서울 시민들은 피란 준비를 하고 있다는 기사다.[326] 또한 9월에는 동학당 수령이 조선 정부에 일본 군대의 침입에 대해 질문했는데, 일본군이 조선을 위해 노력하고 있음을 알고 돌아갔으며, 전라도 동학당 수령 최

아무개가 장사 30명과 함께 말 15필을 조정에 바치러 서울에 왔다는 소문을, 10월 1일에는 동학당 100여 명이 신정부를 전복하고자 조선 병사로 옷을 바꿔 입고 대궐 내로 진입하려다 사전에 발각되어 인심이 흉흉한 바 조선 정부가 수령 2명을 체포했다는 내용, 12월에는 민 씨 일족의 부흥을 획책하는 무리가 왕비의 밀령으로 서울에 잠입한 동학당과 결탁하여 일을 성사하고자 했으나 감리아문에 붙잡혀 투옥되었고, 동대문 바깥 군용 전신주 15개가 파손되어 막대한 손해를 입게 되었는데 이 역시 동학당의 소행으로 전해진다는 기사들이다.[327]

흥선대원군과 관련한 이러한 기사도 있다. 동학당의 '수괴'가 대원군에게 보낸 서찰에 따르면 그의 섭정으로 동학당의 목적인 '대공大公'이 확립되어 더 이상 봉기하지 않겠다고 해 동학당이 진정된 것으로 보였지만[328] 이들이 태도를 바꾸어 고부에 다시 모여 서울로 진격, 대원군을 알현하여 일본인을 구축하려 한다고 공공연히 말했다는 것이다. 또한 대원군의 도장을 위조하고 난민을 선동하여 진무사가 낭패를 보고 있다고도 했다.[329] 그 결과 진보의 시대에 '수구적인 생각을 가진 자'와 '진보적인 생각을 가진 자'는 공존할 수 없으며, 일본과 같이 개혁의 길을 걷기 시작한 조선에서 동학당은 그 길을 어렵게 만들고 있다고 주장한 사설도 보인다.[330]

언론들은 전봉준과의 회견기도 경쟁적으로 보도했다. '기록자 미상'이라면서 10월 2일 동학당의 수령 김봉균金鳳均(전명숙/전봉준)이 있는 전주감영을 방문하여 그로부터 민 씨 일파 배척의 뜻과 일본이 자신들을 돕고 있는 것을 높이 평가한다고 했다는 필담 내용은 물론 동학당이 봉기한 이유가 국가의 모순을 해결하기 위한 것으로 청일 군대에 반대한다는 전봉준의 언급 등 전반적인 사항을 취재하고 기록을 남겼다.[331] 그러나 낭인 집단 텐유쿄우天佑俠의 다케다 한시武田範之 등이 전봉준과의 회견에서 소위 '2차 봉기 추동설'을 통해 전봉준이 재기했다고 쓴 7월 8일 자 기사는 사실에 부합하는지도 검토해야 한다. 1938년 흑룡회에서 출간한 구즈우 요시히사葛生能久의 《일지교섭외사日支交涉外史》(上)(220~221쪽)에도 "일본의 지사가 텐유쿄우라 칭하는 하나의 단체를 만들어 조선 내지에 들어가, 동학당을 도와 일청전쟁의 단서를 만들려고 하는 것도 그즈음(청국의 조선 출병)이다"라고 기록되어 있다.

각 신문은 평양 전투 이후 일본군의 본격적인 동학농민군 토벌과 관

일본영사관에서 법무아문으로 압송되는 전봉준.
사진 제목은 '동학수괴 전봉준'(1895, 무라카미 텐신村上天眞).

련해서도 많은 기록을 남기고 있다. 2만의 동학당 무리가 불과 20명의 일본 병사들의 습격을 받고 산산이 흩어졌다는 사실과 일본군의 전리품 물목 등도 기재하고 있다.[332] 조선 관리의 손에 진주 동학당 수령이 참살된 사실에 대해 《고쿠민신문》은 '일본군에 의해 생포되지 못해 유감'이라고 언급하기도 했다.[333] 농민군의 대일항전이 종결된 1895년까지도 동학 관련 기사는 이어진다. 1월 6일 최시형이 경상도에서 일본군에게 살해되었다거나 2월 전봉준(전녹두)과 함께 동학당 토벌군에 체포된 최시형이 서울로 압송되어 영사관에서 취조받고 있다는 내용 등 명백한 오보도 그대로 기사화하고 있다.[334] 이들의 체포에 대해 서광범이 일본군의 노고에 감사했다는 사실도 확인할 수 있다. 그들은 동학당 '대거괴' 전녹두를 취조하면 동학당의 진상을 알 수 있을 것으로 기대했다.[335]

관군·청국군과 일본군에 대한 상반된 논조

당시 일본 언론에서는 일본식 군사 훈련을 받고 있는 조선의 신식 군인들에 대해서는 긍정적으로 평가했지만 재래식 군인, 즉 일반 병사들에 대해서는 무기력·나태·의존적인 군대와 군인상만 부각하며 부정적 시각으로 일관하고 있다. 이는 전쟁 당사국인 청국군에게도 마찬가지였다. 관군이 통행하는 연도 도처에서 금전을 지불하지 않고 음식을 요구하기 때문에 연도의 인가가 크게 괴로움을 겪고 있다는 보도는 이 같은 시각을 반영한 것이다.[336] 정부군이 동학농민군과 일전을 회피하자 초토사 병사 800명 중 200명이 탈주하여 일부가 동학군에 가담했고, 전라도 장성에 도착한 관군 또한 전투를 회피하고 있다는 사실을 강조했다.[337] 그럼에도 서울의 사대문에 "관군이 동학군을 무찌르고 적장을 생포했다"는 격문을 붙였는데, 언론에서도 이제껏 관군이 동학군에 밀렸던 형세를 보아서 믿기 힘들다고 보도했다.[338] 그 과정에서 초토사가 전사하고 신임 전라감사 김학진의 생사도 불분명하며, 전주의 신식 군인에게 지급하려던 스나이퍼 총 500정이 모두 동학당의 손에 넘어갔고, 모아 놓은 공미가 대부분 그들의 것이 되었다는 보도도 이어진다.[339] 이와 같은 상황에서도 각 지방관은 동학군을 진압할 원군을 청하기 위해 중앙정부에 동학군 세력을 침소봉대하여 보고하는 경향이 있었고,[340] 초토사의 대승 소식도 실은 무고한 양민을 잘못 살해한 것으로 밝혀졌다고 보도했다. 또 농민군이 물러난 이유는 청국군 1만 명이 공격하러 온다는 것을 듣고, 전라도의 가장 요해처인 무금산에서 때를 기다릴 계획을 세우고, 5월 4일 밤에 퇴각했기 때문이라 보도했다.[341] 한 일본인 조선 유학생이 6월 26일 보낸 전보에 따르면 관군의 승보는 모두 거짓이라는 것이다.[342] 그럼에도 초토사 홍계훈은 일본인들에게 동학당을 토벌하고 귀경했다면서 공명담을 들려주었다 한다.[343] 이와는 달리 일본군을 따라 아산에 출병했던 조선군의 절반은 중도에 도주했고, 예산 부족으로 병사들의 급료 등도 서울 시민에게 새로 징수한다는 기사도 있다.[344]

당시 일반 백성들이 중국과 일본을 어떻게 생각하고 있었는지에 대해, 한 신문에서는 여전히 중국을 '본국'으로 섬기는 조선인들의 '비굴한 마음'은 거의 뼈에 사무친다고 주장했다. 조선 관리들이 중국에 가는 [行] 것을 돌아간다[往]고 말하는 것을 그 하나의 예로 들고 있다.[345] 그 결과 어느 조선인 소년이 중국인 거류지에 가서 '독립을 절규'하다가 폭행당한 사건이라든지,[346] 반대로 일본병의 조련을 본 조선인이 일본 군대를 흉내 내고 그들의 총칼을 선망한다는 내용도 기사화했다.[347]

일본 언론이 보면 용맹하고 질서 있는 일본군에 비해 청국군은 문제가 많은 집단이었다. 이들은 일본 군대의 엄격함에 비해 청국 병사는 규율, 인내력, 사기가 없음을 증명하려 했다. 신문에서는 조선 정부의 요청으로 청국이 1만 군대를 파견했으나 동학당 토벌에는 너무 많은 인원이며 그들의 생각이 어디에 있는지도, 혹은 앞으로 동양의 천지에 일대 파란이 생길지 여부도 알 수 없다고 보도했다.[348] 한편 청국 정부가 조선의 요청에 응해 소총 1,000정 또는 1,500정, 탄약 10만 발을 대여해 주었다는 소문이 있었고,[349] 만일의 사태에 대비해 유사시 군사가 될 수 있는 1,000여 명을 약장사나 행상으로 변장시켜 조선에 잠복시키고 있다고 주장했다.[350] 그런데 동학군을 공격하기 위해 청국 행상들이 조직한 병사들이 실수로 관군을 동학군으로 오해하여 전투한 일도 있었다고 했다.[351] 또한 청국군의 양식으로 충당하기 위해 활우 20두, 병기 운반용 군마 80두, 태마 사료 대두 100표俵(가마)를 징발했는데, 이는 강도와 같은 소행이라는 것이다. 인민들의 불평이 따랐고 따라서 동학당도 봉기 때 지방관은 '부랑당(강도)'이기 때문에 총포가 있으면 사살해도 된다고 욕했다 한다.[352] 청국 병사는 물건을 빼앗고 돈꾸러미를 탐내는 데 비해 일본 병사는 물건을 사고 돈을 준다는 내용과 일본군의 인자함과는 대조적으로 청군은 조선의 아이들까지 폭행할 정도로 잔인하다고 2단의 삽화로 부각시켰다.[353]

조선 거주 청국인들의 극심한 동요도 강조했다. 예컨대 서울과 인천 재류 청국인 중 본국으로 돌아가는 사람들이 더욱 많아졌는데, 인천항에 있는 노동자·소상인 등 200여 명 및 부녀자는 기선 진동호를, 가족이 있는 사람은 동순태호를 타고 체푸芝罘로 가서 동정을 살핀 후 거취를 결정할 모양이라는 것이다. 이와는 달리 일본인 거류민들은 피란하는 자가한 사람도 없었을 정도로 침착했다는 점을 부각시켰다.[354] 또한 청국군지도부의 문제점도 예시했다. 이들이 전쟁보다는 병풍 앞에 '중재'라는신주를 모셔 놓고 러시아·영국·미국에게 빈다는 내용과 몸이 비대한 장교를 하급 군인들이 양쪽에서 메고 가는 삽화도 게재했다.[355]

북양대신 리훙장이 조선을 공격할 것처럼 위협했지만, 일본의 의용단을 두려워했고, 전쟁에서 패하자 면직되었다는 풍설과 심지어 자살했다는 불명확한 보도도 서슴지 않았다.[356] 조선에 막대한 영향력을 행사했던 위안스카이에 대해서도 수차례 언급한 바 있다. 7월 초에 선혜청 당상 민영준이 위안스카이를 방문해 청국군의 입성을 중지해 달라고 요청하자, 위안스카이가 격노하여 얼굴에 침을 뱉은 일이라든지 조선 국왕에게 죽은 옥균을 참륙하는 것보다 차라리 '살아 있는 옥균'을참해야 국내가 무사할 것이라 했는데, '살아 있는 옥균'이란 갑신정변에 가담한 후 망명한 박영효·서광범 등을 말한 것이라 한다.[357] 그러나위안스카이 역시 청일전쟁 과정에서 독살되었고 이는 베이징과 톈진에서는 공공연한 비밀이라며 확인되지 않은 내용까지 사실인 양 보도했다.[358] 청국군은 조선에 출병한 니에시청·예지차오 양 제독을 위해 "장군이 와서 도끼가 반짝이자 동학 무리가 뿔뿔이 흩어졌다(장군지래將軍之來 철부황황鐵斧煌煌 학도이산學徒離散)"라는 내용의 송덕비를 아산에 세웠다고 하면서,[359] 이후 예지차오는 중상을 입어 사망한 것으로 보도했다.[360] 이처럼 청국의 지도층과 전투 지휘관의 사망설을 수시로 기사화했지만 그들 중 실제로 사망한 자는 아무도 없었다. 청국 장수가 아산 전투 패전 이후 조선 부녀자로 분장하여 치마저고리를 뒤집어쓰고 빠져나갔다는 굴욕적인 내용의 기사와 삽화도 게재했다.[361]

아산의 청국 군대가 수원부 주변에서 병영을 옮기고 약탈을 시작했고, 청국인들이 자신들의 거류지에 불을 지르고 귀국했다는 내용도 있다.[362] 청국군이 도망하는 과정에 대한 묘사도 다양하다. 삽화에서는 대체로 청국인들을 돼지로, 그들의 변발을 돼지 꼬리로 묘사하고 있다. 한 신문에서는 돼지로 변한 청국 군사가 '아산餓山'이라고 쓰인 바구니 옆에 서 있는 장면과 돼지가 포를 끌고 진군하는 모습, 반대로 뼈만 남은 군사가 도주하는 모습도 삽화로 그렸다.[363] 여기서 말한 아산은 충청도 아산牙山을 패러디한 것이다. 이들이 잔류하면서 충청도의 동학군과 결탁하여 민간인을 약탈하고 있다는 내용의 기사도 보인다.[364] 한 신문에서는 서울의 통신원이 보내온 지도 그림을 소개하면서 아산 전투 이후의 청국군 도주로, 진군 예정지, 해륙 전쟁 지역, 청국군 원로遠路 예측지 등을 각기 선으로 묘사하기도 했다.[365] 이들의 도망을 막는 좋은 방법은 변발을 서로 묶는 것이라는 내용, 청국군 포로를 일본군이 호송하는 장면과 이를 바라보는 조선인들을 그린 삽화, ① 모집은 체포, ② 군복을 건네줌, ③ 병사가 됨, ④ 적과 마주침, ⑤ 옷을 벗고 도주라는 청국군 관련 5단 삽화의 제목과 그림도 특징적이다.[366]

상하이에서 청국 고등관의 비밀담화가 누설된 것을 들은 것이라며 큰 글씨로, "지금 청국 정부가 조선 국왕을 자국으로 옮겨 그 국토를 점령하여 청국의 한 성으로 삼고 리훙장의 아들 리칭팡李經芳을 그 총독에 임명하여 국정을 총리케 할 계획을 도모하고 있지만 일러日露 양국을 꺼려 아직 결행에는 이르지 못한다"는 기사도 실었다.[367] 또한 호외를 발행하여 중국은 ① 일청 개전의 세를 보여 아시아 무역의 큰 장애가 있음을 알려 여러 외국의 조정을 희망, ② 일본 정부에 대해 시위하면서 교묘히 사태를 종결하려 함, ③ 조선 정부에 청병의 위세를 보여 그 의뢰심을 유지하고자 함이라는 3조를 통해 빈번히 거짓 공갈하고 있다고 주장한 바도 있다.[368] 〈만청정부滿淸政府의 멸망이 멀지 않았다〉는 제목의 기사에서는. 결국 새로운 시대에 적절히 대처할 수 없었던 청국의 멸망까지도 기대하고 있다.

> 그 나라 사람들은 수천 백 년 이래 유교주의로 부패하여 모두 화석으로 돌아갔고 다소 세계의 풍조를 접촉하여도 스스로 새롭게 정신 차린다는 것을 알지 못한다.……옛것을 파괴하여 다시 신조직을 만들기 위해 지금의 만청 정부를 타도할 시기는 그다지 멀지 않았다고 우리들은 감히 단언하여 한숨짓는 바이다.[369]

일본군이 조선 국경을 넘어 중국으로 진출한 이후에도 일본 신문의 명백한 허위보도는 이어진다. 예컨대 무려 1만 명 이상의 민간인을 학살한 뤼순대학살은 철저히 부정하며 오히려 중국인의 잔학 행위만 부각시키고 있다.《지지신보》는 〈뤼순의 학살은 터무니없는[無稽] 떠도는 소문[流言]이다〉라는 사설에서 일본군이 뤼순에서 청국인을 살육했다는 서양인의 말은 '말을 만드는 자'가 하는 짓으로 만약 "승리를 틈타 다수의 중국인을 도륙한다는 한 가지 일은 세상으로부터 욕을 면할 수 없다"면서 이는 전승의 명예를 말살하기에 "한탄스럽다"라고 강변했다. 뤼순 시가의 죽은 자 중 무고한 인민이 다수 있다는 것은 모두 '상상하여 말한 것'으로 오히려 "우리들은 그 터무니 없는 소문을 경계함과 동시에 금후에도 거짓말을 하는 경우에는 가차 없이 살육을 행해 조금도 차이 없다는 것을 감히 단언하는 바이다"라고 학살 사실을 전면 부정하고 있다.[370] 《유빈호지신문》의 〈지나병의 잔학〉이라는 제목의 1면 2단 대형 그림과 설명에서도 이 같은 입장을 잘 알 수 있다. 뤼순 함락 전날 청군이 일본인 포로를 학대하는 상황을 묘사한 그림이라면서 그들의 잔혹상을 명백히 보여 주는 것이라 했다. 이어 일본군 제2군이 뤼순항에서 중국인 전체를 사살한 사실에 대해 "만강滿腔의 동의를 표할 수 없다"며 사실을 부정했다.[371] 그림은 대나무 널빤지 위에 놓인 일본인 2명의 목 잘린 머리를 뤼순의 중국인들이 바라보는 모습인데, 머리와 머리 사이에 '섬오랑캐 머리 두 덩어리島倭人頭二顆'라는 깃발이 걸려 있다. 당시 모든 일본인 신문에서는 뤼순대학살의 진상은 전혀 보도하지 않았다.

동학농민군의 활동이 본격화될 무렵 일본 신문에서는 지금 해결해야 할 동양 문제 중 가장 시급한 사건은 조선의 내란으로, 톈진조약에 따라 청군이 먼저 조선에 들어왔으니 일본도 군대를 보내는 것은 당연한 일이라 주장했고, 조선 정부와 청의 군사들이 진압하기 어려운 상태이므로, 일본의 군함을 파견해 일본 거류민을 보호할 것을 촉구했다.[372] 조선의 '문명진보'와 일본의 국익과 관련하여 "일본병은 쉽게 철수할 수 없다", "일본의 병사를 그곳에 주둔시키는 것은 단순히 인민 보호를 위할 뿐만 아니라 조선의 문명진보를 위해 필요한 조처"[373]라 했고, "대담 무적하게 청병은 평양으로부터 압박해 와 동시에 동학당을 선동하고 비도를 소집하여 그것에 한병을 합하여 일본병의 뒤를 습격……음모를 기도"[374]라 하여 농민군 토벌 필요성을 적극 주장했다.

일본군이 서흥부사 홍종연에게 나무칼을 씌우고 조사하는 모습을 묘사한 종군화가의 그림, 평양 공격의 상세한 전투지도, 일본군이 청국 간첩에게 칼을 씌워 금천군수를 비롯한 조선인 관리에게 인도하는 장면을 묘사한 그림도 게재했다.[375] 동학당과의 전투 과정에서 생포한 농민군 부상자를 일본 군의가 붕대를 매주고, 부사가 친척 등에게 넘겨준 사실뿐 아니라,[376] 수령 등 91명을 포획하고, 청풍에서 수령 등 130명을 죽인 사실도 게재했다. 일본군 헌병이, 의주부윤 이명근이 현장에 입회한 가운데 조선인 이유항을 참수하여 그의 머리를 3일간 강가에서 효시한 후 유족에게 인도했다는 내용도 묘사했다. 3만 냥의 큰 돈을 얻어 평양 전투 이전 평양 이북 19주州의 민가에 가서 한전 7만 6,500냥에 상당하는 미곡을 약탈이나 다름없이 징발하고 조선 국왕의 인새印璽를 위조한 혐의였다.[377] 또한 12월 17일 이토오 병참사령관이 가와카미 병참총감에게 ① 군로 조사대 일행과 이들을 호위하기 위해 파견된 구하라 소위의 소대는 경성으로 향하던 도중 6일 청산 부근에서 농민군을 만나 격퇴하고 8일에는 청주에서 수만을 격퇴하여 사망자 20명, 부상자 다수, 대포 2문 화승총 40여 점 노획의 전과를 올렸고, ② 인천에서 응원차 파견된 중대가 공주에서 해미 방면으로 달아난 동학군 수백 명을 격퇴했고, 그들이 해미·서산을 거쳐 태안으로 달아나자 이 지역의 '의용군'을 활용해 반도로 몰아넣어 격퇴했다고 보고한 내용[378]도 자세히 실었다. 즉, 일본군이 지역 민보군民堡軍을 동원하여 농민군을 진압했다는 것도 이와 같은 기사를 통해 알 수 있다.

일본 언론에서 일본의 육군과 해군의 기율은 엄격하여 외국인들과 세계의 군인사회에서도 이를 칭찬했고,[379] 마포 양화진에 주둔한 일본 군인 역시 신체가 금철金鐵과 같아 '조선의 명물'인 모기의 습격에도 전혀 굴하지 않은 모습을 보이고 있다고 자랑했다.[380] 이렇듯 신문들은 조선군과 청국군이 전투 의지가 빈약하다고 시종 강조하면서 동시에 근대화된 일본군의 활동을 자랑함으로써 이후 전투에서도 당연히 일본이 승리해야만 한다는 것을 지속적으로 강조하였다.

이 시기 모든 신문에서는 삽화와 지도를 적극 활용하여 다양한 논지를 전개하였다. 이 중 조선 문제를 중심으로 한 일본·중국 및 주변 국가들의 입장과 관련하여 작성된 삽화들은 다음과 같다. 8월에 《고쿠민신문》은 일본과 중국·러시아가 조선을 놓고 다투는 광경[381]과 일본과 중국이 조선을 놓고 칼을 들고 쟁패전을 하는 가운데 멀리서 러시아가 관망하는 광경을 각기 그림으로 묘사했다.[382] 여기서 우산을 쓰고 한복을 입은 조선인이 이들보다 훨씬 작게 그려져 있다. 9월에는 청일전쟁이라는 절체절명의 위기 상황에도 불구하고 일본과 중국이라는 시한폭탄 위에 조선인이 위태롭게 앉아 있는 모습을 묘사한 미국 신문의 그림을 전재하기도 했다.[383] 《지지신보》 또한 미국 신문기사를 받은 것과 자사에서 만든 삽화를 실었다. 8월의 '조선의 지위'라는 제목의 삽화에서는 양쪽 끝에 CHINA와 JAPAN이라고 씌어진 다이너마이트 위에 조선 사람이 앉아 있고,[384] 'A STORM IN A TEAPOT(찻주전자 속의 태풍)'이라는 제목의 삽화는 'COREA'라고 새겨진 찻주전자를 중국인과 일본인이 양쪽에서 잡아당기고 있는 내용을 묘사했다.[385] 9월 '무제'라는 삽화는 《고쿠민신문》의 내용과 같은 한반도 지도 위에 중국인과 일본인이 칼을

맞대고 있고, 조금 멀리서 러시아가 쳐다보고 있는 그림이다.[386]

중국과 관련한 특징적 삽화 내용을 보면 먼저 그림자를 형상화한《요미우리신문》의 삽화에서는 조선에는 거만하고 일본과는 협상하고 서양에는 굴종하는 중국의 모습을 묘사하고 있다.[387] 《지지신보》의 삽화 중하나는 일본이 어린애 같은 조선을 한 손에 안고, 다른 손으로 권총을 발사하여 중국인의 머리를 뚫는 장면인데, 이때 중국인의 머리에서 '문명'이란 연기가 피어오르는 그림을,[388] 〈광도박람괴狂都博覽怪〉라는 제목의삽화에서는 중국인이 끌고 있는 마차에 탄 일본인이 청국인의 변발을 붙잡고 미끼를 끼운 낚싯대 앞에 드리우고 있는 상황을 묘사하고 있다.[389]

정치·사회상의 왜곡 전달

1894년 7월 27일 청일전쟁을 취재하기 위해 인천항으로 들어온 일본인종군기자들이 조선신보사에 모여 간친회 개최 후 기념으로 촬영했다. 사진 설명에는 '아산의 역役 종군기념 촬영'으로 되어 있으나 일본 군대를 따라 실제 전투가 벌어진 성환으로 갔다. 사진에서 의자에 앉아 있는다섯 사람 중 가장 왼쪽에 칼을 들고 있는 사람이 치즈카 레이수이遲塚麗水《유빈호지신문》), 그 바로 뒤에 넓은 창의 모자를 쓴 사람이 다카키도시타高木利太《오사카마이니치신문》), 다카키의 오른쪽 납작모자('토리우치')를 쓰고 있는 사람이 구로다 가시로黑田甲子郎《도쿄니치니치신문》, 두번째 줄에서 왼쪽 네 번째 검은 재킷을 입고 왼손에 가죽가방을 든 사람이 구보다 베이사이久保田米齋《고쿠민신문》)다.《요미우리신문》의 후지노후사지로藤野房次郎 등은 "(청일)전쟁이 일어나자 (왕궁) 문앞에서 경시청순사와 함께 기뻐 날뛰었다[雀躍]"고 기사를 썼다. 신문기자 연합본부를 결성한 사진의 주인공들은 사쿠라이 군노스케 등 위원 3명을 선거로 뽑고 6월 23일 인천항 거류지 28호에 본부를 설치하는 한편 전장으로 출발할 즈음 7월 9일 사카자키 시란을 대장으로 하는 별도의 정찰대원을 구성했다.

《도쿄아사히신문》의 야마모토 타다스케山本忠輔는 그가 보고 들은 것을 〈계림풍운록鷄林風雲錄〉이라는 제목으로 연재했다. 《오사카아사히신문》 경성특파원 니시무라 덴슈西村天囚의 〈관전일기〉, 《요미우리신문》 후지노 후사지로藤野房次郎의 〈입한기入韓記〉·〈북지나잡기北支那雜記〉, 《오사카마이니치신문》 특파원 다카키 도시타高木利太의 〈한정해설韓廷解說〉 등은 일본 내에서 유명한 연재기사였다고 한다.

일본인 종군기자들은 경쟁적인 '특종' 취재 과정에서 수많은 과장된 기록들을 남겨 일본인들의 조선에 대한 부정적 이미지를 창출하는 데 적지 않은 역할을 했다. 그 하나의 예로 《오사카아사히신문》 기자인 니시무라 도키스케의 조선 파견 과정을 보면 잘 알 수 있다. 《오사카아사히신문》은 청일 간의 전황이 확대됨에 따라 조선 통신원으로 인천에는 아오야마 고헤이, 서울 이북 전장에는 오가와 데이메이, 부산에는 아마노 아키라, 서울에는 니시무라 도키스케를 파견했다. 당시 니시무라는 "전쟁은 일시적이지만 조선의 독립 문제는 일조일석의 사업이 아니므로 마땅히 한경韓京에 머물러 정치풍속의 작은 것을 깊이 살핌으로써 후일의 재료로 삼고자 한다"며 자원 종군했다 한다.

서울에 온 니시무라는 조선어를 배우는 한편 일본과 조선의 주요 인사들을 방문하고 각지를 돌아다니며 활동했다. 그는 8월 31일부터 며칠 단위로 11월 8일까지 취재한 내용을 본사에 송고했다. 같은 신문사

일본전보통신사, 《신문총람: 일청전쟁 종군 신문기자 간친회》(1915년 간행).
1894년 7월 27일 청일전쟁을 취재하기 위해 인천항으로 들어온 일본인 종군 신문기자
들이 조선신보사에 모여 간친회 개최 후 기념으로 촬영한 것이다. 사진 설명에는 '아산
의 역役 종군기념 촬영'으로 되어 있으나 실제 전투는 성환에서 전개되어 일본 군대를
따라 모두 성환으로 갔다. 상단 오른쪽부터 사카자키 시란坂崎紫瀾(土陽新聞), 이와사키 ㅁ
ㅁ岩崎ㅁㅁ(神戸新聞), 이마니시 고타로今西恒太郎(自由新聞, 福岡日日新聞), 호리에 준기치堀江純
吉(京都日出新聞), 사쿠라이 군노스케柵瀬軍之佐(東京毎日新聞), 야마모토 타다스케山本忠輔(東
京朝日新聞), 아오야마 고헤이靑山好惠(朝鮮新報), 구로다 가시로黒田甲子郎(東京日日新聞) 순이
다. 아랫줄은 오른쪽부터 후지노 후사지로藤野房次郎(讀賣新聞), 야마모토 히데키山本秀樹
(万朝報), 구보다 베이사이久保田米齋(國民新聞), 미쓰나가 호시오光永星郎(日本電報通信), 사쿠
라다 분고櫻田文吾(日本新聞), 노마 고조우野間五造(沖繩新聞), 나라 사키하치로奈良崎八郎(福陵
新報), 유게타 세이이치宮削田精一(郵便報知新聞), 치즈카 레이수이遲塚麗水(郵便報知新聞), 다
카키 도시타高木利太(大阪毎日新聞).

기자 아오야마는 장기 종군하면서 각지 동학농민군의 동향 등을 본사에 송부했다. 아오야마는 특히 전봉준과의 회견 및 이후의 취조 기록 등을《아사히신문》특종으로 보도한 바 있다.[390]

일본 종군기자들은 동학농민군의 활동이 치열해지는 시점인 1894년 5월 무렵부터 이를 내란으로 규정하고, 이전의 민란과 달리 '혁명'의 기운을 띤 것으로 조선 관군으로는 진압하기 어렵기 때문에 일본 거류민 보호와 일본제국의 위신을 위해 군함 및 육군 파견은 정당한 권리라는 점을 강조했다.[391] 신문사 본사에서는 신속하고 상세한 보도를 위해 때에 따라서는 통신원을 추가로 특파하기도 했다. 기자들은 자칫 이러한 상황이 경시될 위험이 있다며 지속적인 관심을 둘 것은 물론, 갑신정변 직후 청국과 체결한 톈진조약을 근거로 군사를 출동시킬 것을 주장했다.[392] 일본 신문은 장래 '조선의 독립'이 필요하다는 일본 정부의 대한정책에서 조선 출동을 추진해야 하며, 동학당의 위세가 점점 커지자 조선 조정이 위태로운 상태에서 청국에 출병을 청구했다면 당연히 일본도 이에 대응해야 한다고 역설했다.[393]《고쿠민신문》은 사고社告 제목을 '조선!!! 동양의 위기!!!'[394]라며 느낌표를 3개씩이나 붙여 농민군의 활동은 동양의 큰 위기라고 과장했고,《지지신보》처럼 동학군에 의해 서울이 포위됐다는 잘못된 보도를 한 적도 있었다.[395]

일본 신문들은 경쟁적으로 조선의 내란 지역과 주요 전쟁터에 관한 상세 지도를 그린 삽화를 발매했다. 여기에는 고부를 비롯한 전라도와 충청도, 경상도 농민전쟁 발발 지역의 위치가 표시되어 있다.[396] 지도는 한눈에 전황을 파악할 수 있어 당시 실업가와 일반인들에게 도움이 될 것으로 보았다.[397] 한 신문은〈조선내란약지도朝鮮內亂略地圖〉란 제목으로 5단의 대형 조선전도에 주요 지명과 도로를 명기하고, 그중 농민전쟁이 일어난 전라도와 충청도 일부 지역은 '동당침략東黨侵略의 부符'라고 하여 사선으로 표시했다.[398] 조선의 민중반란은 지도뿐 아니라 일본인들에게 조선의 풍습·인물·지리 등에 대한 관심을 높이는 계기가 되었고, 그에 따라 동학당과 관련된 책이 다투어 발간되었다.[399]

이렇듯 일본의 각 언론은 정부 측의 입장을 적극 옹호했음에도 불구하고 당국의 지나친 보도통제는 본격적인 청일전쟁 이전부터 문제가 되기도 했다. 동학당 관련 내용을 호외로 게재한 것과 관련하여 6월 4일 당일부터 며칠간 《곳카이신문國會新聞》과 《도쿄아사히신문》은 '치안방해' 혐의로 발행정지 처분을 받았다.[400] 전쟁 직전, 《주가이쇼우교우신문》의 경우 상업신문임에도 불구하고 검열을 통과하지 못해 많은 지면의 군데군데가 글자 대신 기호가 적혀 있는 채 발간되기도 했다.[401]

각 신문에서는 전쟁과 일본군의 출동 및 철군 불가 등의 주장을 넘어서 조선의 내정에 대한 적극적인 간섭책을 제시했다. 예컨대 사설 등을 통해 조선 경영의 권리는 일본에 있으므로 일본이 주도적으로 "조선의 문명사업을 도와야 한다"는 주장이나 일본과 부산 간 해운을 확대하고, 서울―부산 간의 전신선을 확장 가설해야 한다거나, 조선 정부에 요구해 부산―서울 간 철도를 신속히 부설해야 하며 그 구체안으로 조선 정부는 일본의 외채를 모아야 한다거나, 심지어는 체포한 동학군을 서울―인천 간 철도공사에 고용해야 한다는 방안도 제시했다. 동학농민군이 서울에 들어오게 되면 한일 양국의 무역에 영향을 미쳐 일본이 타격을 받게 될 것이라는 경제적 측면의 언급도 신문 주요기사 중하나였다. 또한 한일 양국 간의 '잡혼雜婚'을 장려해야 한다거나, 흥선대원군을 일본으로 데려와야 한다는 주장 등도 제기했다. 전쟁 확산을 위해 일본 국내에서 50만 대군을 소집해야 하며, 일본 각지에서 의용대와 자원 전쟁협력자들이 속출하고 있음도 예시했다. 예컨대 야마구치현에서는 연령 20세의 신체 건장한 지원자를 모아 보우쵸의용대防長義勇隊를, 니가타현에서는 소년의용대를, 아이치현의 200여 명은 의용대를 조직하여 종군 선봉원을 허락받고자 했고, 교토부 다카키라는 자는 10원을 헌납하고, 효고현에서는 수십 명이 종군 지원서를 제출하고, 오사카 카이甲斐 등지에서는 여러 명의 장사가 종군 지원했다는 내용을 상세히 전하고 있다.[402]

당시 일본 언론에서는 청국과의 전쟁을 '문명과 야만의 전쟁'[403]으로 규정하여 즉각적인 전쟁을 주장했고, 조선은 이 호기를 이용해 폐정을 개혁하고 청국과의 관계를 단절하여 독립국의 실을 다하는 데 힘써야 할 것이라 주장했다.[404] 이를 놓치면 조선 정부는 반드시 '크게 후회할 날'[405]이 있을 것이라고 기사화했다.

다음은 조선의 정치 상황을 언급한 기사이다. 한 신문에서는 조선 내의 당파를 동학당[406]·개국당·중국당·러시아당[407]으로 나누어 다뤘다. 기사에서는 개국당 내에 일본파와 독립파가 있는데, 지금의 개국당은 독립파로서 일한동맹론자는 극소수에 불과하다고 했다. 한편 조선 내에서 중국인은 일본 국민보다 위대한 '대국 사람'으로 존칭을 받고 있으며, 중국당은 조선 국내의 일대 '공론公論'이라고 했다. 또한 러시아의 강대함을 빌려 조선의 안전을 꾀하는 사대주의를 지향하는 러시아당은 민 씨 척족 등이 이에 해당한다고 보도했다. 또 다른 신문에서는 조선 정부 내의 각 당파를 일본당·중국당·러시아당으로 구분하고 있다. 이에 따르면 일본당은 소위 개화당으로 대원군·김굉집(김홍집) 이하 수십 명이고, 중국당은 쇄국당으로 영의정 심순택 이하 수십 명, 러시아당은 러시아에 조선의 개화를 의뢰하는 파로 왕비와 민영준 이하 수십 명으로 보고 있다.[408]

《지지신보》는 조선 정부가 일본의 출병에 당황해 동학농민군이 진압되었다고 거짓으로 알린 것은 사려가 얕은 '어린애의 장난'으로, 이같은 허보로 인해 동학당에 대한 조선 정부의 소식은 믿을 수 없게 되었다고 주장했다.[409] 또한 조선 정부는 일본군의 개입을 막기 위해서 동학당의 수령을 참하고 난리를 진정시켰다는 통지를 각국 공사관에 돌린 바 있으나 믿을 만한 것이 못 되는 것이라면서, 일본은 1882년 제물포조약에 의해 출병의 권리가 있기 때문에 조선 정부의 책략에 휘말려 오판해서는 안 될 것이라 경계하기도 했다.[410]

그해 7월 일본군의 경복궁 점령과 왕궁 수비대 축출사건에 대해서는 일부 신문에서만 간략히 기사화하고 있다. 이는 조선의 국체를 유린한 대사건이었다. 그러나 《지지신보》 호외는 7월 23일 경성 경복궁 밖에서 양국 병사가 충돌하여 일본 기병 1명이 즉사하고 보병 2명이 부상했고, 한병은 즉사 17명, 부상 60여 명인데, 그 부상자는 일본군 적십자병원에서 요양 중이라고 하여 작은 '충돌' 과정에서 일어난 해프닝 정도로 취급하였다.[411] 《유빈호지신문》는 이를 '작은 싸움' 내지 '작은 경합'으로 조선군의 사상자는 기록하지 않고 단지 일본군 사상자가 3명이며 대포 15문, 소총 1,000정 이상을 노획했다는 사실만 강조했다. 사건이 일어난 지 10여 일 후에 《고쿠민신문》은 이를 '경성의 소전小戰 [경성화보]'이라는 제목으로 도성 내에서 일본군과 전투 과정에서 전사

하여 널브러져 있는 조선 군인의 시체와 총기류, 이를 쳐다보는 일본군을 그림으로 묘사했다.[412]

일본군의 경복궁 점령과 갑오개혁으로 권력에서 일시 축출된 왕후 민 씨의 근황에 대해서도 갖은 추측성 보도가 난무했다. 한 신문에서는 왕후가 남산으로 피신했다고 기사화했다.[413] 다른 신문에서는 타국인의 상상을 넘을 정도로 "오로지 방종을 자행한[專恣放縱]" 왕비를 조선 정부가 폐정개혁과 동시에 폐한 것은 '사실'이며,[414] 이는 대원군의 결심에 따라 이루어진 것으로 민 씨와 더불어 민영준 등 7명을 처벌하고 문벌에 의하지 않고 널리 인재를 등용할 것을 결정했다고 보도했다.[415] 7월 당시 대부분 신문에서는 이미 폐비를 기정사실화했다. 남산 혹은 영국 공사관으로 피신했다고 전해지는 폐비가 말라리아에 걸려 고열로 매우 고생하고 있으며,[416] 대원군을 만난 왕후가 소매를 잡고 눈물을 흘리면서 지난날의 횡포를 후회하고 "금후 첩의 몸뚱이를 잘라 세상에 말하세요"라고 하자 대원군이 쓴웃음을 지으며 이를 달랬다는[417] 소설 같은 창작 기사도 보인다. 8월에는 조선 정부를 도탄에 빠뜨리게 한 원인이 왕후에게 있으므로 반드시 먼저 왕후를 폐하여 서인으로 삼을 것을 주장하는 기사도 보인다.[418] 12월에 가면 왕후는 조선의 '개혁'을 집요하게 방해하며 '비도(동학농민군)'를 선동하여 음모를 꾸미고, 여러 외국 공사관, 영사관 등에 비밀리에 원병을 청하여 일본을 견제함과 동시에 개화당 제거를 도모하고 종종 유언을 날조하여 이간하는 등 '천박한 음모'를 획책하고 있다며 매우 우려스럽다는 기사도 있었다.[419] 당시 민 왕후가 흩어졌던 민 씨들을 서울로 불러들여 민 씨 일족의 부흥을 꾀하면서, 동학도들과 결탁해 동학당 수령 3~4인과 함께 몰래 서울로 들어

왔다는 소문도 보도했다.[420] 또한 민 왕후가 자객을 동원하여 복수를 꾀한다는 풍설이 떠돌기 때문에 일본 순사가 요로에서 개화당을 엄히 보호한다는 기사도 보인다.[421]

일반에 회자되던 흥선대원군과 동학농민군의 관련성도 자주 보도되는 기사 중 하나였다. 대원군이 동학당의 영수를 사면하고 그에게 서정개혁庶政改革의 실상을 상세하게 논하려 한다거나,[422] 대원군이 동학당에게 보냈다는 편지라며 청국 군대가 평양에서 대승하여 남진하면, 동학당은 청국군과 함께 서울의 왜군을 남북에서 협공하자는 내용이 담겼다고 보도한 바 있다.[423] 한편 동학군의 서울 잠입설도 주장했다. 한 신문에서는 대원군의 손자 이준용이 모두 동학당인 왕성 밖 부하 수십 명을 도성 안으로 소집했고,[424] 다른 신문에서는 조선 관리 중에 동학당 100인이 섞여 있는데 대원군은 이들로 하여금 서울 부근 3,000명의 동학당원과 연합하여 개화파 신내각을 타도하고 사대 당파로서 새롭게 내각을 조직하고자 음모했다고 보도했다. 이와 관련된 서류를 신내각원 중 한 명이 발견해 조선 조정이 크게 소요했다는 내용도 전하고 있다.[425] 〈노옹老雄, 점차 마각을 드러내다〉는 제목의 한 신문 삽화에는 흥선대원군이 발을 꼬고 앉아 있는데, 벽에 비친 그림자에는 말의 발이 드러나 있어 대원군이 정치적 음모를 도모하고 있음을 시사했다.[426]

일본 언론은 조선의 정치기구 중 특히 군국기무처에 적지 않은 관심을 보였다. 군국기무처는 갑오개화파의 비상내각 역할을 하던 곳으로 일본의 영향력 아래 많은 개혁 논의와 결정이 이루어진 기구였다. 각 신문은 일본의 대한정책은 '조선의 독립 부지獨立扶持'에 있다며 이를 해결할 기구로 '임시정부[假政府]'인 군국기무처의 활동을 자세히 다루었다. 그럼에도 개혁의 실효는 더딘 것으로 평가하였다.《요미우리신문》은 이를 "조선의 개혁은 관아의 문표와 민가의 표찰뿐"이라며 혹평했다.[427] 또한 "조선 정부는 어째서 (일본의) 전승을 세계에 자랑스러워하지 않는가"라는 사설도 실었다.[428] 《지지신보》는 개화파 내각에 의한 조선의 혁신까지 의심하면서,[429] 조선 정부가 박영효·서광범·서재필 등 '일류'의 사람들로서 '충군애국의 정'을 가진 '독립개명의 당파'를 등용하지 않고 소외시키는 이유를 묻고 있다.[430]

당시 조선인들의 모습 또한 매우 궁핍하고 불결한 것으로 묘사하고 있다. 조선의 쌀 생산지이자 이를 서울에 공급하는 전라·충청 지방의 소요와 물가 등귀에 따라 서울 시민의 궁고참상은 차마 보기 어렵고,[431] 충청도 아산 지방에서는 조선인이 일본군에게 식량을 애걸한다는 내용도 보도했다.[432] 또한 각국인들 다수가 거주하는 경인 지역에는 매음이 번창하여 화대가 높아졌다고 보도했다.[433] 일본군의 전쟁 수행을 돕는 인부 모집에 조선인들은 잘 응하지 않았고,[434] 어렵게 고용한 조선인들조차 수시로 도주했는데, 이들은 의복이 불결하며 절도를 저지르기 때문에 일본 측이 화물 운반 시 끊임없이 감시하지 않을 수 없었기에 인부로서의 효용성이 떨어진다고 평했다.[435] 몇몇 신문에서는 동학군의 활동으로 치안유지가 어려운 상황으로 서울과 지방에서 도적이 들끓고 있다고 주장했다. 예컨대 조선에 이전부터 도적이 횡행하여 양민이 고통받고 있었는데, 대낮에 흉기를 휴대하고 민가에 들어가 재물을 강탈하는 자가 늘어나고 있지만 정부는 어찌하지도 못하고 있고,[436] 동학 무리가 귀촌할 무렵에도 생활할 길이 없는 '무뢰배'들이 여행자를 약탈하고 있다는 것이다.[437] 그러나 동일 사건에 대한 엇갈린 보도 태도도 지적하지 않을 수 없다. 충청도 천안군에서 일본인 근로자 6명을 살해한 주체로 '한인'으로 보는 신문[438]이 있었는데, 언론 대다수는 객관적 사실 확인 없이 이들을 '동도東徒'로 몰았다.

이상에서 1894년 당시 주요 신문의 분석을 통해 청일전쟁을 일본의 '자위 행위'로 미화하면서 조선에 대한 우월감을 강조하는 원천이 이미 식민지 시기 이전부터 시작된 것임을 알 수 있다. 일본군 파견 뒤에는 일본 신문기자들의 과장된 위기의식 조장도 큰 역할을 했다고 보인다. 전장의 현지 르포와 취재 경쟁에서 만들어진 조선의 이미지는 언론 보도를 통해 실체적 진실의 기록처럼 자리를 잡았다. 이는 이후 등장하는 조선 멸시사관이나 황국사관·식민사관에 크게 기여했다. 임진왜란 정한론을 시작으로 조선에 대해 부정적인 인식을 만들어 왔던 일본은 청일전쟁을 결정적인 계기로 삼아 왜곡된 조선관을 구체적으로 확립한 것이다.

1894년 조선을 둘러싼 동아시아의 현실을 이해하기 위해서는 동학 농민전쟁과 그로 인해 발발한 청일전쟁을 이해하고 그 객관적 내용을 심화시키는 작업이 중요하다. 또한 조선 측 자료와 일본 외의 외국 자료 특히 중국 자료의 파악이 중요하다고 할 수 있는데 아직까지 주로 이용되는 자료는 《청계중일한관계사료淸季中日韓關係史料》와 《청광서조 중일교섭자료淸光緖朝中日交涉資料》 등에 불과하여 한계가 많다.

일본 신문 자료의 문제점을 주제별로 살피면 다음과 같이 정리할 수 있다. 첫째, 개별 특파원들의 전봉준 접견과 관련한 소위 '2차 봉기 추동설'이다. 우리 측 입장에서 이에 대한 적실성 해명은 매우 중요한 일이다. 특히 신문 자료에서 문제가 되는 것이지만 우미우라 아쓰야海浦篤

彌 등 몇 명의 일본인을 제외한다면 그들의 주장과 같이 일본 특파원들이 전봉준('전명숙'), '김봉집', '김봉균' 등을 실제로 접견했는지는 의문의 여지가 많다. 보도 경쟁과 판매부수 증가 때문에 왕래가 거의 없었음에도, 특파원들은 있었던 것처럼 날조하여 기술하는 것이 일반적인 추세였다. 또 특파원들의 주장과는 달리 농민군 관련 기록 자료에서는 그들의 활동 모습은 거의 확인할 수 없기 때문이다. 일본 신문의 보도 논조는 당시 외무대신 무쓰 무네미쓰의 일기인 《켄켄로쿠蹇蹇錄》에서도 지적되는 문제였다. 둘째, 위기의식 조성과 전쟁 권유의 사례이다. 신문들은 일본 정부의 과단성을 촉구하는 한편 병사 모집·양곡 비축·선박 징발 등 전쟁 준비의 초보적 절차까지 제시했다. 셋째, 자료의 허위성과 과장된 내용이다. 풍도 해전의 경우 일본 측이 먼저 포격을 받아 응전했다는 무수한 기록들이 있고, 낭인 집단인 텐유쿄우가 "이르는 곳마다 지방관의 환영을 받았다 한다"는 기사는 사실과 부합되지 않는 것이다. 이같이 자신들이 농민군에 큰 힘을 부여하여 전봉준 등 농민군이 자기들 입장을 따를 것이라는 과대망상에 빠진 사례가 적지 않다. 넷째, 소위 '조선의 문명진보'를 명분으로 한 일본의 국익과 관련한 내용이다. 모든 신문에서는 적극적인 농민군 토벌책이 있어야 할 것이라 주장하기까지 한다. 다섯째, 신문기사를 일본의 전쟁 수행 참고 자료로 활용토록 하는 사례이다. 여섯째, 일본 내부의 모순을 농민전쟁에 전가시키는 경우도 있다. 그러나 시점에 따라 같은 신문 내에서도 전혀 반대되는 기사를 싣는 등 논조가 일정하지 않은 경우도 적지 않았다.

3─한 일본인 종군기자가 본 청일전쟁과 조선: 니시무라 도키스케의 《갑오조선진》 분석

《갑오조선진甲午朝鮮陣》은 1894년 청일전쟁 진행 상황과 동학농민군의 동향, 조선 사정(특히 서울)을 취재하기 위해 조선에 온 오사카아사히신문사 기자 니시무라 도키스케의 취재수첩을 소책자로 정리한 것이다. 현《아사히신문》 오사카 본사인《오사카아사히신문》은 1889년 처음 발간되었다. 이 신문은 일본 정부와 미쓰이은행의 자금 지원을 받는 어용신문으로 청일전쟁 기간 최다 발행부수를 기록하기도 했다.

니시무라 도키스케는 1894년 8월 특파원으로 서울에서 활동하던 중 병을 얻어 그해 12월 28세의 젊은 나이로 요절했다. 이 자료는 그가 《아사히신문》 본사로 송신한 내용과 비망록을 한 권으로 편찬한 유저遺著인데 그의 형 니시무라 도키히코가 정리, 교정하여 1895년 12월 7일 오사카의 니신도인쇄부에서 출판한 것이다. 니시무라 도키히코, 일명 니시무라 덴슈西村天囚는 도쿄제국대학 고전과 출신 문학박사로 청일전쟁이 일어나자《오사카아사히신문》 경성 특파원으로 활동한 바 있다.

이 소책자의 체제를 보면 먼저 니시무라 도키스케의 생전 사진, 1894년 12월 8일 페테르부르크의 주러시아공사 니시 도쿠지로가 니시무라 도키히코에게 보낸 애도의 편지, 에히메현 지사 고마키 마사노리가 찬술한 〈니시무라 노리오 묘지명〉, 〈서문〉과 〈범례〉, 73쪽의《갑오조선진》 내용, 책을 받는 사람들에게 보내는 도키히코의 당부[439] 등 총 83쪽으로 구성되어 있다. 이들 중 특히 니시 도쿠지로는 1898년 4월 주일러시아공사 로만 로마노비치 로젠Роман Романович Розен과 대한제국의 내정간섭 유보 문제를 둘러싼 러일 간의 국제협약인 로젠-니시협정 체결로 잘 알려진 인물로, 한때 도키스케가 그에게 의탁한 바 있었기 때문에 특별히 애도문을 쓴 것으로 보인다.

니시무라 도키스케의 행적

에히메현 지사의 〈묘지명〉과 형 도키히코가 쓴 〈서문〉[440] 및 〈범례〉, 《동아선각지사기전 (하下)》(1936)에 의하면 니시무라 도키스케의 이름은 노리오德夫, 휘諱는 도키스케時輔이며 가고시마현 오스미노구니 쿠마게군 사람으로 1867년 9월 타네가무라에서 대대로 벼슬을 한 집안의 유복자로 태어났다. 장자 오도시土俊(니시무라 도키히코)는 16세에 도쿄로 유학했고, 두 살 아래인 도키스케는 고향에서 중학 졸업 후 도쿄로 와서 18세 때에 후일 러시아 특명전권공사가 되는 니시 요시노리(니시 도쿠지로)에게 의탁했다. 도키스케는 처음 공립학교, 이후 직공학교에서 조선학造船學을 배웠다. 그러나 뜻과 맞지 않아 다시 1890년 메이지법률학교 4년을 졸업하고 가고시마신문사에 들어가서 2년 동안 활동했다. 같은 기간, 형 도키히코는 《아사히신문》에 초빙되어 오사카에서 활약했다. 그러자 동생도 형을 따라 1892년 《아사히신문》에 들어가 일했다. 그러던 중 1894년 '조선국의 내란'(동학농민전쟁)과 '일청의 사事'(청일전쟁)가 일어났다.

일본과 청국이 선전포고를 하자 도키히코는 평양 제1군의 전투 관전차 인천을 거쳐 서울로 들어갔고[441] 도키스케는 시모노세키에 있으면서 형세를 탐색했다. 그러다 도키히코가 병이 생겨 귀국하는 도중 조선으로 들어오는 동생을 월미도에서 만났다. 도키히코는 그에게 전쟁이 오래갈 것이라며 서울에 머물면서 조선의 정치·풍속·인사 등을 두루 살필 것을 주문했다.

도키스케는 8월 31일부터 11월 8일까지 취재한 내용을 본사에 송고하던 중 졸지에 말라리아에 걸려 12월 3일 사망했다. 그의 장례식은 서울에서 현지 신문기자장으로 당일 치러졌다.[442] 오사카아사히신문사는 그가 나라를 위해 직분을 다하다가 죽었다고 추도하여 회사장으로 예를 갖추었고 12월 29일에 오사카 아베노 묘지에 장례를 지냈다. 니시무라 도키스케의 조선 생활은 1894년 8월 26일부터 12월 3일까지 총 100여 일에 불과했지만 수첩에는 적지 않은 새로운 내용을 남겼다.

서울 사정과 민심 동향

청일전쟁이 발발하자 《아사히신문》의 종군 허가를 받은 니시무라 도키스케는 동료 오가와 사다아키와 같이 조선으로 건너왔다.[443] 도키스케는 아사히신문사 부산 특파원 아마노 아키라가 객사로 쓰던 용두

니시무라 도키히코西村時彦(1865~1924)
청일전쟁 때는 동생 니시무라 도키스케와 함께 조선에서 종군기자로 활동하였다. 《오사카아사히신문》 주필을 하였고 이후에는 한학 연구로 유명하여 《일본송학사日本宋學史》 (1909)를 저술하였다.

산 인근의 경판정이라는 곳에 숙소를 정했다. 당시 용두산 주변은 일본인 거류지로 가구 수 1,000호, 인구 5,000명 정도였는데 도키스케가 처음 본 시가지 모습은 "아름답다고 할 만하지만 역시 불결한 감이 있는 작지만 번화한 곳"이었다. 이곳을 왕래하는 사람은 다수가 일본인으로 가옥 구조 또한 일본풍이었다. 당시 물가는 평시의 3~4배나 비쌌고, 얼음과 음료수는 물론 일용품도 부족했다 한다.

그런데 도키스케와 함께 조선에 들어온 인물로 후작 사이온지 긴모치西園寺公望[444] 일행도 있었다. 그는 메이지 천황의 사신으로 조선 국왕 위문차, 동행한 츠에마스 겐죠 법제국 장관은 현황 시찰차 조선을 방문했다. 사이온지는 10일간 서울 체류 예정이었는데, 일본 천황이 조선 국왕에게 보내는 옥과 선물을 휴대했고, 츠에마스는 부산 병참부의 징모에 응한 조선어 통역 30여 명을 대동했다. 사이온지 일행은 곧바로 다마가와마루로 바꿔 타고 인천으로 향했다. 도키스케 등도 같이 승선하고자 했지만 당국자 외에는 승선을 허락지 않아 뜻을 이룰 수 없었다.

이날 부산에서 도키스케가 청일전쟁과 관련하여 들은 풍설은 일본 해군이 두 차례에 걸친 웨이하이웨이 포격에서 대승리를 거둬 이미 체푸를 점령했고, 육군 중 일부가 웨이하이웨이에 상륙했다는 소식이었다. 일본인 50여 명이 상하이에서 청국 군대에 학살당했다는 정보도 있었고, 일본 해군이 풍도 부근에 근거지를 정하고, 용산 병영을 개성부로 옮긴 육군이 두 차례의 대결전을 치렀다는 소식도 있었다. 그러나 통신이 제대로 되지 않을 때이기에 그조차도 사실 여부를 판단할 수 없었다.

8월 27일 오후 4시 도키스케 일행은 다시 히고마루로 부산을 출발했고 다음 날 아침 풍도를 통과했다. 그는 풍도 인근에서 일본 및 러시아 군함이 서쪽으로 향하는 장면과 1척의 청국 군함도 보았다. 29일 정오 인천항에 입항했는데, 이곳에는 각국 군함 5~6척 외에 일본 운송선 2~3척이 정박하고 있었다.

여기서 그는 역사적 사실을 회고했다. 그는 부산–인천 간을 '번선파蕃船破'라고도 불렀던 '분로쿠文祿의 역役', 즉 임진왜란 때에 시마즈 요시히로, 고니시 유키나가 등이 명나라 군함 십수 척을 빼앗은 곳으로 기억했다. 일행은 상주 통신원 아오야마 고헤이의 안내를 받아 당일 인천을 출발, 오후 11시 쾌속증기선 부산호에 편승하여 서울로 들어갔다. 아오야마는 조선에 장기 주재하며 동학농민군의 동향 등을 본사에 송부하고 있었다. 특히 전봉준과의 회견 및 이후의 취조 기록 등을 특종으로 보도한 바 있다.[445] 그는 《아사히신문》 통신원을 사직한 후 인천에서 《조선신보》를 창간하고 《인천사정》이라는 책도 간행하는 등 활발하게 활동하다가 병을 얻어 25세로 사망했다.[446]

도키스케는 다음 날 8월 30일 오전 8시 용산에 도착해 남대문 밖 만리창을 거쳐 입경했다. 당시 만리창 주변에는 일본군이 야영하고 있었고 그들의 왕래도 빈번했다. 도키스케는 만리창 도로 양편의 집들에 대해 "가옥이라기보다는 차라리 작은 돼지우리라고 말하는 것이 맞을 정도로 불결하다"고 첫 인상을 남겼다.

서울로 들어온 이후 매일 한 차례씩 시가를 돌아보던 도키스케는 서울의 민정과 풍속을 깊이 살필 여유가 없었다고 하면서도 '시가의 불결함'과 '인민의 몽매함'을 강조했다. 또한 청일전쟁의 소용돌이 속에서 조선인들은 남대문 밖에 운집했고 일본 군인들도 속속 입경하는 등 시가지의 혼잡은 극에 달한 것으로 평가했다. 조선을 여행하는 데 세 가지 곤란한 점이 있다고 말했는데, 열악한 도로와 여관 및 화장실의 부재를 들고 있다.

그가 본 서울의 일반민들은 수시로 모여서 무엇인가를 우왕좌왕 논의하고 소문을 만드는 사람들이었다. 그의 기록에 의하면 조선인 대다수는 청일 간의 전투에서 일본의 승리를 믿지 않았다. 도키스케는 이에 대해 "하등 감각 없이 이를 관망한다"고 개탄했다. 그렇지만 조선인들은 전투 내용에는 큰 관심을 가지고 있었고 수시로 일본인에게 결과를 물었다. 9월 17일 평양 전투에서 일본군의 대첩 사실을 고시를 통해 알렸음에도 불구하고 조선인들은 "과연 그럴까?"라는 한마디 외에 특별히 이를 반기는 기색도 보이지 않는다고 했다. 그는 일본군이 평안도 의주를 함락하고 청국의 봉천부까지 공격해도 일반인들의 감정을 움직이기는 쉽지 않을 것으로 추정했다.

전쟁의 풍문을 계층별로 느끼는 감이 달랐다고 했는데 '하등 인민'들은 허황된 말이라 하고, '중등 인민'은 승패의 사실이 아직 판명되지 않았다고 말하고, 오직 '상등 사회'의 몇몇만이 믿는다는 것이다. 조선인들은 청국이 일본을 어린아이처럼 우습게 본다고 느끼고 있었다고 한다. 이와는 달리 평양 대승의 보도를 접한 일본 거류민들은 집집마다 국기를 걸고 축배를 들었고, 오토리 게이스케 공사가 서울 주둔 일본군인을 초대해 축하연을 연 사실을 기록했다.

평양 전투의 승리를 전환점으로 하여 일본인들의 전의와 여론은 매우 고양되었다. 일본영사관은 대첩 승리 사실을 한글로 쓴 방문을 남대문에 게시했다. 그러자 조선인이 이를 찢어 버리자 새로 써서 붙이고 순사를 두어 감시케 했음에도 다시 파손한 사건도 있었다. 다른 한 명이 옆에서 돌을 던져 순사에게 상처를 입히자 그곳에서 2명을 교사 혐의자로 포박했다. 그러자 조선 정부에서는 이들의 인도를 청구하여 결국 방면했다. 일본 측 입장만을 견지하던 그는 "한인의 망령된 상태가 왕왕 이와 같다"고 개탄했다.

한편 9월 18일 밤 9시경 남산과 북한산에서 수십 개의 횃불이 밝혀진 일이 있었다. 일본인들은 경악했고 혹자는 이를 '백성일규百姓一揆'447라 했는데, 일본 병사를 보내 정찰, 탐문했다. 병사는 조선인 10여 명이 횃불을 들고 산 가운데를 걸어다니는 것을 보고 그들 중 연장자 한 사람을 연행해 연고를 추궁했다. 그러자 조선 정부 관료로 추정되는 이 사람은 금일 '가을 제전秋祭'을 행하는 것이니 이상하게 생각할 것이 없다고 하여 곧바로 방면했다. 조선의 추석 관련 행사를 이해하지 못한 일본인들의 과민반응을 엿볼 수 있는 내용이다. 이 기간 조선 정부에서는 도성 내 중앙 3개소, 동서남북 사대문에 각 1개소의 경찰서를 설치하고 순사 200여 명을 배치했다.

경찰 문제에 대해서도 몇 가지 언급했는데, 조선의 내정개혁 중에서도 잘 진전된 사례로 평가했다. 즉 경무청에서 도성 내 5개소에 경무서를 두고 순사는 각 부서를 정해 순회를 시작하고 있었다. 또한 서울 사대문에 〈순사복무규율 순회규칙〉 및 위경죄違警罪와 같은 단속규칙을 게시했다. 복장은 일본 순사의 옷을 모방했고 일본식 훈련을 받아 경례를 비롯한 모든 것은 일본의 규칙을 따랐다. 그는 이를 '일한 절충'이라 표현했지만 순사들은 낮에만 순조롭게 순회할 수 있었고 야간에는 시민들이 빈번히 작은 돌을 던져 매우 어려운 지경이었다 한다.

한편 일본 정부는 전쟁특수를 타고 조선에 들어온 일본인 인부를 통제하기 위해 다케히사 가츠조우 경시 인솔하에 순사 100명을 특파했다. 이 순사들은 발도대를 조직했다는데 그 이유는 거류지 인부들과 더불어 여타 조선 파견 인부 중 "무지한 어리석은 백성"도 있어 그 단속이 곤란하기 때문일 것이라 추정했다.

당시 조선 정부 관리들의 급료 현황도 제시했다. 즉 대군·왕자는 350원, 적왕손·왕손·총리대신은 300원, 대신·찬성은 200원, 협판·경무사, 각 부아府衙·도헌都憲은 120원 내지 150원, 참의는 80원, 주사는

평양 전투 종군기자들.
정가운데 흰색 재킷을 입고 서 있는 사람이 니시무라 도키히코(《오사카아사히신문》). 맨 오른쪽이 치즈카 레이수이(《유번호지신문》), 그 옆에 앉아 있는 사람은 사카자키 시란(《도요우신문》), 맨 뒤 가운데 흰 모자를 쓴 사람이 미야케 세쓰레이(《니혼신문》). 왼쪽에서 두 번째로 가방을 어깨에 메고 있는 사람이 구로다 가시로(《도쿄니치니치신문》), 세 번째로 우산과 모자를 들고 있는 사람이 구보다 베이사이(《고쿠민신문》).

15원 내지 40원인데 시세에 따르면 1원元은 일본 1원圓에 상당하는 것이다.

조선의 통화와 물가 문제도 주목했다. 특히 한전韓錢의 유동성을 누차 거론했다. 청일전쟁 초기 과정에서 한전의 가치는 점차 하락했고 조선 인민들도 일본 통화를 신용하여 서울 내에서 서화 종이·먹 등을 사고 일본 은화[448]를 지불하면 받지 않는 자가 없었다고 한다. 조선인들은 일본 지폐와의 교환을 선호했는데 특히 개성 근처에서 일본 지폐의 신용은 컸다고 했다. 일본 지폐가 휴대에 편리하기 때문이라는 것이다. 물가는 그가 처음 서울에 들어왔을 때는 일시 하락했으나 일본 군대의 서울 진주 및 이어지는 북진과 더불어 다시 폭등했고 한전 가격 또한 등귀하는 추세였다고 한다. 은화와 지폐의 차이는 1원에 5전 내외이며, 청일전쟁 전에는 일본 돈 1원으로 한전 3관문을 교환했지만 근래 2관 500문을 내려가지 않고, 지금은 2관문 내외까지도 된다고 한다.

관보에 대해서도 언급했다. 얼마 전까지 조선은 조보라 하여 손으로 쓰던 것을 관보로 바꿨는데, 그 체제는 일본의 미농지 큰 종이를 두 번 잘라 그것을 가철하고 1호 활자 정도의 목제 활자를 사용하여 인쇄한 것이라 한다.

서울의 문화재 중에서 도키스케가 묘사한 것은 동관왕묘와 명동성당 외에는 별다른 것이 없다. 그는 9월 5일 일본어학교장 나가시마를 방문했고 교장 및 사이온지 긴모치의 수행원 사카이 유사부로·다니가키 가이치 등과 동대문 밖 동묘를 보러 갔다. 조선인 일본어학교 생도와 중국어학교 생도 3명이 마침 교장을 찾아온 관계로 동행을 권했다. 그러나 생도들은 모두 주저했다. 이는 일본인과 같이 성문 밖을 산보하면 다른 조선인들이 싫어하기 때문이었다 한다. 동묘 제1문에 들어가서는 학동들이 책 읽는 광경을 보았고, 제2문 입장 시에는 약간의 뇌물을 주기까지 했다. 관우가 모셔져 있는 대묘를 참배했는데 좌우 수행 병사 2명의 소상塑像 정면에 있는 관우상은 안광이 빛나 아름다웠다고 했다.

일행은 돌아오는 길에 남산정[449]에서 식사를 했는데 이때 도키스케가 동행했던 조선인 학생들과 몇 마디 대화를 나누었다. 그가 일본어학교 학생에게 "지금 전쟁에서 누가 승리할 것인가?"라 묻자 "처음부터 일본의 승리로 돌아갈 것이라는 여항의 풍설이 그렇다"고 답했다. 옆에 있던 중국어학교 학생은 실망하는 기색이었지만 그도 일본인에 호의를 표했다 한다. 도키스케는 "일본의 위광이 무엇보다도 경성 내에서 혁혁하다"면서 흐뭇해했다. 이 생도들 3인은 나이가 16세 정도 되는 홍안 미소년으로 2명은 결혼했고 다른 한 사람은 미혼이라는데 당시 미혼이었던 그는 조선의 조혼 풍습에 놀랐다. 남산정을 나와 일본 거류지를 통과하여 한 선교사의 안내로 "서구풍의 아름다운 누각이 공중에 우뚝 솟아 있는" 프랑스 천주교회당과 동쪽의 교회학교를 참관했다. 이는 지금의 명동성당 일대를 가리키는 것이다.

주요 정치가와 '조선 개혁'

도키스케는 박영효와 흥선대원군을 비롯한 조선 정치가들의 동향에 대해서도 기록했다. 특히 갑오개혁의 주요 인물인 법부협판 김학우金學羽 암살과 관련해서는 직접 사건 현장에 가서 조사한 것이 주목된다.

먼저 갑신정변 주도 후 일본에 망명했다가 갑오개화파 내각이 구성되자마자 무려 10년 만에 귀국한 박영효의 일자별 동정이다. 그는 도성

밖 용산에서 '근시대죄近侍待罪' 중인 박영효를 조선 정부에서 사면했다는 소식과 그가 일본공사관을 방문한 사실을 기록했다. 박영효는 국왕에게 글을 올려 벌을 청했지만 이는 조정의 몇몇 사람들에게만 돌려졌고 국왕에게는 전달하지 못했다고 한다. 박영효는 일본공사관에서 항상 불평을 토로하곤 했는데, 가까운 시일 내에 정부에서 그를 쓰게 될 것이라 추측했다.

얼마 후 박영효는 조선 개혁의 필요성을 강조하면서 국왕과 대원군을 알현했는데, 이때 대원군으로부터 일본 돈 2,000원에 해당하는 한전을 받았다 한다. 조선 정부가 9월 10일 기장현감 이준필을 처형한 사실도 언급했다. 그 이유는 박영효가 일본 군대를 인솔하여 궁궐로 들어가 개혁을 단행할 것이라고 정부에 무고했기 때문이라는 것이다. 박영효는 '항상 음험한 사람'이라는 세평이 있었다 한다.

흥선대원군에 대해서는 일본인들과의 정치적 교류, 동학농민군과의 관련성 등을 언급했다. 앞서 부산에서 만났던 후작 사이온지는 9월 6일 대원군을 객사로 초대하여 향응을 베풀었다. 밤에는 조선 정부의 대신, 차관들을 초대했는데 조선과 일본 양국의 국기와 전등을 문앞에 걸어 성대한 유흥 분위기를 더했다고 한다. 대원군은 답례차 다음 날 정오 연회를 열었다. 이 자리에는 오토리 공사, 우치다 영사, 츠에마스 법제, 다나카 겐자부로 의전담당관, 기타 조선인 여러 명이 참석했다.

대원군이 9월 28일 일본공사관 방문길에 조선인 순사 한 사람이 경례를 하지 않은 일이 있었다. 이를 문제 삼아 대원군은 경무사 이윤용의 직을 면하고 순사를 법무아문에 보내 구형했다. 한 순사의 단순한 실수에 대한 책임으로 경무사까지 처벌하는 것은 과중하다고 도키스케는 생각했다. 또 다른 사례를 보면 조선인 관리 4명이 도박을 하다가 그 중 2명이 체포되어 법무아문으로 보내졌고 아문에서는 이들을 유배형에 처했다. 그러자 대원군은 크게 분노해 이들을 방면하는 한편 포박한 경무관 및 재판 담당 법무관리를 참했다는 설이 있었다. 이에 도키스케는 조선인 관리를 통해 사실 여부를 물었고 사실이 아니라는 회답서를 받았다. 도박 혐의로 체포된 자는 3품 주임관 김동욱과 김기영이고 수배 중인 자는 천영호, 최호익이었다.

당시 일반에 회자되던 대원군과 동학농민군의 관계도 기록했다. 도키스케는 10월 10일 당시 군무아문 고문으로 있던 미국인 닌스테드의 관저를 방문했다가 30대 중반의 일본인 첩과 대화를 나눌 기회가 있었다. 그녀는 대원군이 '가짜동학당'과 일찍부터 도모하여 거사를 일으킬 것이라고 '주인'(닌스테드)이 말했다고 전했다. 또한 대원군은 궁성 내외에 동학도를 배회시키고 비밀리에 양식을 전달하는 한편 조선에서 가장 '독하고 사나운' 조선인 병사 100명 정도를 규합해 일이 있으면 하시라도 이들을 활용코자 한다고 했다.

10월 31일에는 흥선대원군이 입궐차 궁문 밖에 이르자 수백 명이 몰려와 그에게 도움을 호소한 일이 있었다. 대원군이 그중 한 사람을 불러 연유를 물었다. 그가 답하기를 "우리들은 충청도 홍주의 인민들인데 홍주목사 이승우가 지금 전라감사로 전임되는 것을 막아 달라"는 것이었다.[450] 이승우는 직무에 정성을 다해 인민들이 모두 따를 뿐 아니라, 동학당 토벌에 공이 있어 지금 홍주에는 동학도가 한 사람도 없다고 했다. 이는 실로 그의 공로이고 그가 전임한다면 인민은 안도할 수 없기 때문에 자신들이 특별히 상경하여 청원한다고 했다. 대원군은 이들을 타이르면서 만약 그만두지 않는다면 그들 중 3인을 포박하여 법무아문으로 보내겠다고 말했다.

도키스케는 군무아문 참의 김익승을 방문한 기록도 남겼다. 김익승은 일찍이 게이오의숙 및 영어학교에 유학하여 일본어에 능통했다. 이때 도키스케는 김익승에게 육군 조직과 향후 방침을 물었다. 그는 조선 고래의 육군의 규율 편제 등은 '공문도법空文徒法'에 불과하므로, 일본의 〈육군 규칙법례〉 등을 참조해 규칙조례를 만들어 지금 궁내성[451]에 상신했고 재가를 받아 실행 방침을 정할 것이라 답변했다. 그런데 도키스케는 군무아문의 한 작은 방에서 조선인 관리 7~8명이 모두 긴 담뱃대를 들고서 회의하고 있는 장면을 보았다. 이에 도키스케는 "한인은 민간에 있을 때는 나랏일을 논의하여 바야흐로 비분강개하지만 한번 관인이 되면 곧 활력을 잃고 고식姑息의 흐름에 빠지게 된다"고 평했다.

이외에도 그는 조선인 관리 학무아문 참판 박정양, 참의 고영희 등을 방문했지만 마침 부재중이었다. 일본어학교 생도 출신인 학무아문 주사 안영중[452]은 면회할 수 있었다. 또한 어윤중 일파가 안경수 등 '일본파'에 반대한다는 사실, '가짜동학당' 토벌에 힘쓴 전 충주목사 민영기의 유임을 지역민들이 청원한 사실, 김가진과 신임 일본공사 이노우에 가오루의 장시간 밀담 사실도 언급했다.

도키스케가 짧은 지면에 집중적으로 거론한 것은 법부협판 김학우 문제였다. 김학우는 일찍이 도쿄·오사카 등 일본 각지를 다녔고 도키스케와도 일본에서 상면한 바 있던 유력한 '일본당'이었다. 그는 9월 7일 김학우를 방문하여 조선의 개혁 사정을 물었다. 김학우는 법무아문은 일본의 사법성과 같이 사법재판 등을 담당하는 곳으로 집무 시간은 오전 9시부터 오후 5시까지이며 관리는 20여 명이며 새로 개정된 관제를 실시하여 착착 개혁의 실을 거두고 있었다 답변했다고 한다. 도키스케는 당시 서울의 죄수는 일일 평균 15인 내외로 이같이 적은 것은 '법률의 불완전'에 연유하는 것으로 파악했다. 그는 무릇 개혁이 결실을 보려면 사람들이 각자 이를 실행할 결심이 있어야 하는데 이보다는 '인심의 단결'을 요구하니 조선 정부가 하는 일이 종종 이와 같다고 평했다.

서울에서 김학우를 만난 지 두 달이 지난 무렵인 10월 31일 그가 자객에 의해 살해되는 사건이 발생했다. 도키스케는 다음 날 아침 일찍 김학우의 집을 방문하여 사건 현장을 볼 수 있었다. 그가 묘사한 살인 현장은 김학우 자택에서 세 번 굽어 들어가는 방이었는데, 김학우의 시신은 요에 싸여 병풍으로 둘러쳐져 있었다. 실내 곳곳에 피가 낭자하고 천장 여러 곳에도 칼자국이 보였다. 사건 당일 밤 김학우는 두 명의 손님과 같이 저녁 식사를 하고 있었는데 밤 8시 지날 무렵 조선인 10여 명이 그의 집을 방문했다. 그중 한 명이 현관에 와서 안내를 청했고, 이에 김학우가 누구냐고 묻자, "(자기는) 전장田庄을 지키는 사람인데 드릴 말씀이 있어서 왔습니다"라고 했다. 그가 땅에 엎드려 절을 마치자 문밖에 있던 다른 사람이 곧바로 실내로 들어가, 먼저 손님들을 칼로 베고 곧장 김학우를 살해했다. 자객은 사건 현장에 칼집, 손등, 우산 등을 흘리고 도주했다.[543] 도키스케는 김학우를 "한정韓政 개화당 중 제1류 인물"로 평가하면서 그의 죽음을 애석해했다.

김학우 살해사건에 대해 고종은 조칙을 내려 경무청에서 '흉인'을 속히 잡아들여 '어지러운 싹'을 끊으라고 했다. 도키스케는 자객을 사주한 자는 '사대파 사람'일 것으로 추정했다. 이 당시 개화파들은 어느 순간 암살될지도 모른다고 전전긍긍했다. 김가진 같은 사람은 장위영 대장 조희연의 집에서 잘 정도였다.

도키스케가 다시 확인해 정정한 바에 의하면 김학우가 살해될 때 현장에 있던 인물은 김건행·이의진·김항기였다. 김건행·이의진은 중상을 입고 김항기도 부상을 입었지만 자객을 유도했다는 혐의로 3인은 즉시 구류되어 취조를 받았다. 김학우가 칼에 찔린 흔적은 7~8군데로 자못 참상이 극에 달한다고 했다.[454] 일본 해군 대위 이구치가 현장을 임검했고, 경무청에서 계속 수사했음에도 사건의 실마리를 파악하지 못했다. 살인 교사자는 신정부에 반대하는 대원군이라는 소문이 돌았다. 당시 일본 외무대신 무쓰 무네미쓰도 이를 대원군과 정치개혁파의 "생사를 건 암투"로 평가했다.[455] 그러나 이는 추정에 불과하고 아직 사실로 믿기에는 증거가 충분치 않다고 단정했다. 도키스케는 조선에서 계속 암살사건이 벌어지고 있는데 칼로 살해한 것은 이번이 처음으로 김학우처럼 혁명을 하려면 두세 차례 암살 위험에 직면하게 되고, 이러한 문제를 해결하기 위해서는 '조선 혁명'을 빨리 앞당겨야 할 것이라고 결론 내렸다.

그는 조선의 정치기구 중에서 특히 군국기무처에 적지 않은 관심을 보였다. 그가 본 군국기무처[456]는 활력 있는 정치기구가 아니었다. 각부 대신들은 군국기무처 회의 후 일본공사관을 방문할 정도로 일본에 대한 종속성이 심했을 뿐 아니라 제대로 운영하지도 못했다. 군국기무처를 방문해 보니 건물은 퇴락하여 수리 중이었고 집무소로 생각되는 곳은 의자 1개, 책상 1개도 없는 형편으로 관리들은 앉아 있지만 사무는 아직 실마리도 제대로 풀어가지 못한다는 것이다. 얼마 전 대원군이 18

명의 대신과 협판을 소집했는데 참석자는 겨우 6인에 불과했고, 9월 7일 열린 군국기무처 회의에도 몇 명만 출석하여 유회되었다 한다. 이에 국왕은 결석자들을 명기하여 엄히 추고推考하라는 조칙을 내렸다.

대다수 일본인처럼 그 역시 일본의 대조선 정책의 큰 방침은 조선의 독립 유지에 있다고 보았다. 그는 조선 정부는 아직 청국에 대해 선전포고를 하지 않았고 조선인 스스로 자신들을 중립국 인민이라고 말했지만, 조선은 아직도 "구름 속에서 어지러이 가는 것"을 도모한다고 생각했다.

도키스케는 군국기무처 같은 다수가 모인 회의 조직은 의견이 분분하여 일치되기 어렵다고 보았다. 반면 회의 조직으로 종래 6아문은 국

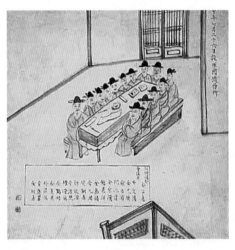

군국기무처 회의.
'갑오 7월 26일 군국기무소軍國機務所가 설치되었다.' 김홍집을 비롯하여 박정양, 김윤식, 유길준, 조희연, 김가진, 이윤용, 안경수, 권형진, 김학우 등이 회의원으로 기재되어 있다.

왕이 친히 임하고 대원군이 보좌하여 '만기萬機를 일결一決'할 수 있었지만, 중앙과 지방 정부가 서로 통하지 않기에 문제가 있다고 기록했다. 그는 조선은 내각도 새롭게 바뀌었지만 정부 내의 '민족閔族의 말파末派'는 여전히 노후한 관리를 지방관으로 임명하고 신내각 역시 예전과 별반 다름없기에 개혁의 실을 거두기는 어렵다고 보았다.

갑오개화파 내각에 대한 그의 불신은 이어진다. 이를 조선인 아무개가 일본인 유지를 방문하여 대화한 내용을 예로 들어 설명하고 있다. 이 조선인은 "지금 일본은 의병을 내어 우리나라의 독립을 도와서 뿌리박게 하여 실로 감격스러운데 어찌하여 신정부 사람들은 권력 쟁탈을 일삼고 조금도 국가의 이해를 돌아보지 않기가 이와 같으니 국가는 어찌할 것인가?"라 개탄했다. 그 유일한 해결책으로 신정부가 충청도의 전우田愚, 평안도의 박문일朴文一, 강원도의 유세남劉世南 3명을 발탁하여 개혁에 종사시킨다면 천하의 인심이 화합할 것이지만 세상일이 다 뜻대로 안 되어 유감이라 했다. 도키스케가 다른 조선인을 통해 그 3인을 확인해 본 결과 모두 '숨은 군자'라는 평이 있었다.

그는 진실로 조선은 '정신적 개혁'을 할 의사 없이 평양에서 청일전쟁의 승패 여하를 관망하고 있는 형국이라고 보았다. 또한 지금 청일전쟁은 수단이고 조선 독립이 주 내용이기 때문에 일본이 이를 옹호한다고 천명한 이상 전쟁 승패에 구애받지 말고 그 목적을 달성하는 데 노력하지 않으면 안 된다고 강조했다. 그럼에도 불구하고 조선 정부의 개혁은 이와 상반되기 때문에 결국 일본 정부가 책임져야 한다고 주장했다. 그는 지금의 일은 조선 한 나라의 존망 여하뿐 아니라 크게는 일본 국민의 의무이기에 일본의 정당원과 유지들은 조선에 들어와 그 실상을 보고 국내 여론을 환기시켜야 하며, 제국의회에서는 큰 방침을 강구하여 일을 그르치지 않도록 해야 한다고 역설했다.

한편 김굉집·김가진의 추천으로 장위정령관 우범선禹範善 등이 군국기무처 위원에 추가로 임명되었다는 사실을 기록했다. 박영효 일파로 알려져 있는 우범선은 9월 25일 〈건백서〉를 올려 정부에서 발탁해야 할 재야인사로 충청도 목천의 전우와 강원도 인제의 유세남 2명을 추천했다. 전우는 조선의 유명한 학자로 제자가 수천 명이고 유세남은 '대경제 대경륜'을 가진 자로 이미 20년 전 외국의 언어를 이해하고 일본과 청국을 유력하면서 천하의 대세를 깊이 인식한 조선의 현사賢士이므로 이들을 등용하면 조선의 부강을 기약할 수 있다고 제안했다. 도키스케는 이 두 사람 또한 박영효파일 것이라 추론했다.

책에는 우범선의 군국기무처 위원 임명 조칙과 우범선의 〈건백서〉 전문을 실었다. 후자는 그간의 자료에서는 확인되지 않았던 새로운 사실로 보인다. 도키스케는 우범선의 군국기무처 의원면직 상소문도 입수하여 그 전문을 게재했다. 그는 우범선을 온후하면서도 기개와 무게가 있는 식자로 이해하였다. 우범선은 그로부터 1년 후인 1895년 훈련대 제2대대장 시절 왕후 민 씨 살해사건 가담 혐의로 일본에 망명했는데, 이후 농학자 우장춘 박사의 아버지로 우리에게 잘 알려진 인물이다. 그는 1903년 일본에서 전 만민공동회 회장 고영근에게 암살된 후 시신은 현재 히로시마현 구레시吳市의 한 사찰에 안장되어 있다.

일본군과 청국군·조선 군인들

도키스케는 8월 30일 서울에 처음 들어오던 날 남대문에서 일본 군대의 빈번한 왕복을 보고 비로소 전쟁터에 들어온 느낌을 받았다고 한다. 이날 그는 일본군 부대를 방문했다. 이때 한 좌관佐官이 일본 도처에서 인심이 고양되어 바다와 육지에서의 전승을 축하하고 군자금 헌납자 등이 계속 이어진다고 말했다. 도키스케는 총선거가 내일모레로 임박해 있고, 임시의회에서는 국방비를 만장일치로 가결할 것 같지만, 평양의 청국 병사 축출이 지연될 것이라 예상했다. 또 모 사단장의 요구에 따라 서울의 일본군 사령부는 곧바로 방한防寒 도구를 만들어 개성부로 향했고, 노즈 미치츠라 제5사단장은 군대를 이끌고 북행했다. 이때 《아사히신문》 동료도 동행했다.

그는 얼마 전 일본 군대의 경상도 문경 영내 통과 시 문경부사 김식근이 이를 우대하고자 지역민들에게 고시 경고했다는 전문 10개 조항을 전재했다. 그 주요 내용은 다음과 같다.

혹 일본인에게 실례를 하지 말고 어리석은 백성들이 의심하여 스스로 소요하고 혹 산막에 있는 자와 결탁하는 자는 타일러서 금지시켜 민심을 안정케 할 것, 만약 논 주인이 함부로 거두는 폐와 작인作人이 억지로 감하는 폐가 있으면 일체 엄금할 것, 동도東徒가 민간에 침요하는 폐가 있으면 우선 타이르고 만약 제어할 수 없으면 각 동에서 미리 단속하고 만약 외딴 마을로 세력이 약하면 가까운 마을과 같은 마음으로 합의하여 끝까지 방어한다. 만약 한 사람이라도 두려워 피하거나 약속을 위반하면 반드시 엄한 율로써 다스릴 것, 전신주 파괴의 죄는 그 동네 사람들에게 돌릴 것이다.

문경부사 김식근에 대해서는 "조금 일견식을 가진 인망 있는" 사람으로 평했는데, 성환 전투와 평양 전투 이후 일부 지방관들은 그간의 소극적인 자세에서 일변하여 일본군의 승리 격문을 관내에 붙이고 그들을 위해 주민들을 동원하기까지 했다.

서울의 우편국 사정도 전했다. 이곳에서는 특히 근래 인부로 채용된 자들이 환전하여 일본으로 보내는 업무가 증가하고 군대가 교체됨에 따라 나날이 우편 사무도 증가한다는 것이다. 서울에서 보낸 군용 전신 수는 10월 1일부터 10일까지 하루 평균 200통이었다. 이것은 일본 국내의 보통 전신에 비하면 근소한 것 같지만 일본의 전보가 평균 3통 정도이고 군용 전신은 장문으로서 평균 15통인 것에 비하면 많은 편이며, 군용 전신소에는 기술자 1명이 주야로 교대하고, 지방에서는 두 사람이 사무를 보기 때문에 야전 우편 사무가 매우 바빴다고 한다.

한편 9월 3일 조선군과 같이 북진했던 공사관부 와타나베 소좌가 다음 날 임진강에 도착했다는 사실도 전했다. 그러나 매우 변덕스러운 기후 탓에 용산 야전병원에 입원한 자가 다수였다고 한다. 심한 자들 몇 명은 인천을 거쳐 일본으로 귀국했고, 그 교대로 신병들이 용산에 도착했다는 사실, 경부 간의 도로 정비를 위해 공병대가 부산에서 올라와 서울로 들어왔다는 소식도 들었다.

9월 13일 오후 5시에는 고토히토 친왕[457]이 전쟁 격려차 서울로 들어왔다. 이때 일본인 거류민 다수가 남대문 밖에 나가 환영했고, 친왕은 곧 남산 이동泥洞의 제3사단 사령부의 만찬에 장교들을 초대했다. 당시의 정황을 도키스케는 "관기官妓 유흥의 야회에 비해 용장하고 쾌활하다"고 평했다. 또한 수일 전 미국·프랑스·영국의 수병이 일본인 거류지를 방문한 후 일본 병사의 노고를 위로하고자 다수를 술집으로 불러 수차례 술을 권하자 병사들은 이유 없이 초대에 응할 수 없다는 뜻을 밝혔다고 한다.

용맹하고 질서 있는 일본군에 비해 청국군은 패잔병 문제와 군 지휘부의 불일치 등으로 군기가 문란하다고 했다. 그 구체적인 예로 패잔병 자룽떠를 들어 설명하고 있다. 자룽떠는 아산 전투 패전 후 도망하여 경기도 삭령 근방 이천에 머물고 있었는데 일본군 초병이 체포하여 얼마 전 서울로 보내 취조를 받게 한 자이다. 자룽떠의 진술에 따르면 산하이콴 정연군 중영의 오장인 그는 직예제독 예지차오의 부하로 화부와 취사를 맡은 비전투병이었다. 각영에 배치된 부대원 전체의 5분의 1은 병기를 휴대하지 않은 자들로 종군 지원자와 합쳐 대략 200명 정도였다. 각영의 급료는 1개월에 3냥 6전인데 이 중 각자 의식비를 감하고 나머지는 쌀로 대신해 매월 8전 5푼을 받았다. 또 상의 가격으로 2냥 4전, 하의 6전, 통상 피복비 1냥 6전, 군화비 6전을 지출하기 때문에 병사들의 실제 급료는 매우 적었다. 영관들은 사사로운 이익을 도모했고 의식비는 통상 시가의 배를 받았기 때문에 불평이 끊이지 않았다. 식료는 쌀과 소금에 절인 채소가 대부분이고 소·돼지·닭고기 등을 먹을 수 없었다. 이러한 거친 음식도 배부르게 먹을 수 없기 때문에 병사들은 수시로 들에 나가 야생 과일을 구해 허기진 배를 채웠고 그 결과 치질 등 병에 걸린 자가 매우 많았다 한다. 이는 일본 군대의 엄숙함에 비해 청국 병사의 규율 없음을 증명하기에 충분하다는 것이다.

처음 전투가 시작되었을 때 사령관 예지차오와 니에시청 두 사람 사이의 논의가 항상 일치하지 않았는데, 니에시청은 일본군과 싸움을 주장했고, 예지차오는 이를 피해 끝내 전쟁 전날에 부하 병사를 이끌고 도주했다 한다.[458] 따라서 성환 전투는 니에시청이 지휘하게 되었다. 이때 무비학당의 학생 약간이 그를 따라 싸우다가 사망했고 니에시청은 월봉산 앞에 있는 수풀에 군사를 매복시키고 직접 이를 지휘했다. 월봉산 부근의 전투는 극렬했는데 일본병 한 부대는 그 수풀 속으로 들어가 후방으로부터 수차례의 나팔 소리와 함께 나타났지만 청국 수비병은 홀연 진을 버리고 궤멸 도주했다. 일이 이에 이르자 청국 군사들은 위안스카이[459]를 원망하며 부하들을 돌보지 않고 장수들이 먼저 도망치는 것은 부당하다고 말했고 베이징 정부에 탄핵까지 했다. 청국 군사들은 평시에는 대장으로부터 가혹한 수탈을 받고 있다고 항상 한스럽게 말했고, 이 같은 박봉으로 누가 가족을 부양할 수 있을 것인가 했다. 이는 실로 청국군의 현실로 도키스케는 "입을 열면 먼저 돈의 다소를 논하고 조금도 국가적 관념 없는 청국 용병의 무절조한 것이 대략 이와 같다"고 개탄했다.

조선군에 대해서는 상반된 평가를 내렸다. 조선군은 도중에 도주할 우려가 있는 자도 있지만 능히 군율을 엄수하여 일본 사단본부와 같이 용감하게 북행함으로써 '일한동맹의 실實'을 거두고 있다고 평가했다. 그가 파악하는 조선 병사 중 가장 용감한 부대는 장위영병이었다. 장위영 부영관 이두호李斗鎬[460]는 이들 중 한 부대를 통솔하여 평양으로 향했다. 또한 일본군 장교 하사를 통해 일본식의 연습을 받고 있는 조선병은 200여 명으로 용맹하다고 평했다. 호령을 비롯한 군사 훈련은 전부 일본식이었고 이들 또한 능히 군율을 지켰다고 기록했다. 훈련의 목적은 후일 이들을 하사로 채용하여 여타 조선군의 모범을 보이는 데 있다고 했다.

일본과 관련 있는 조선 병사들에 대한 칭찬과는 달리 일반 병사들에 대한 그의 시각은 부정적이었다. 예컨대 "대궐 내의 조선병은 한가하면 삼삼오오 곳곳에서 항상 도박을 하고 문을 수비하는 일본 순사가 이들을 포박하려 하면 몸을 낮추고 머리를 조아려 묵인을 청하는 것이 잦다"는 것이었다.

동학농민군의 동향

니시무라 도키스케는 조선의 농민군을 동학당과 '가짜동학당'으로 구분했다. 이는 당시 일본인들의 일반적 정서와 일치하는 것으로 그 역시 대부분의 내용을 전해 들었기 때문에 정확한 기준에서 분류한 것으로 보기는 어렵다. 특히 적극적 행동을 보인 지방의 움직임은 대체로 '가짜동학당'으로 분류하였다. 그는 여러 지역의 농민군 동향을 기록했다.

먼저 함경도의 상황이다. 그는 원산에서 육로로 입경한 한 일본인으로부터 전해 들은 그곳 사정을 기록했다. 원산 근방에는 동학당이 많았는데 그가 길에서 만난 어떤 조선인이 필담 과정에서 자신 또한 '동도東徒'라고 고백했다는 것이다. 한편 원산─서울 간에 거주하는 조선인은 정직하고 의기도 풍부하여 일본 군대가 북상할 때 기쁘게 맞고 양식 운반을 주선했으며, 나아가 동학당에게 "지금 일본은 조선 독립을 돕기 위해 이같이 대군을 파견했다"는 뜻을 말했다고 한다.

동학도는 전라도 일원과 연해 각 도서에 많은데, 그 안에는 노름꾼과 노예도 있고 동학당원에 가탁하여 "난폭하게 행동하는 자도 있다"고 기술했다. 이들의 규율은 엄숙하고 호령도 능히 행했다고 한다. 통령으로 불리는 사람은 모두 8명으로 그중 수장 1명이 있어 동학도들이 진심으로 그에게 복종했다는데 얼마 전 입경했다는 설이 있다고 했다. 이들의 목적은 지방관의 학정을 바로잡는 데 있어 그 결과 전라도 각 지방관이 지방정치 개혁을 맹세하고 장부를 만들어 조인[461]하기도 하는 등 지금 정부의 개혁에는 동학도들도 자못 찬성을 표한다는 것이다.

경상도 감사가 영천군의 농민군 때문에 군수 홍용완의 죄를 청한 사실도 기록했다. 또한 경상감사 전보에 의하면 성주로 진입해 온 동학도 수백 명을 관리와 백성이 힘을 합해 막았지만 군사들이 난리를 피해 몰래 도망함으로써 결국 동학도들에게 지역을 잃었다고 한다. 정부에서는 성주목사 오영석을 파직하고 조익현을 후임으로 정했다. 그는 군사를 보내 그 '거괴巨魁'를 참한 후 내용을 상부에 보고하겠다고 장담했다. 송제松蹄 지방에서는 이름을 동학당에 가탁한 '폭도' 무리가 크게 일어나 "지방의 학정을 개혁한다"고 '뱃심 좋게' 말하지만 실은 강도짓을 하여 양민을 고통스럽게 하는 것이 많다고 했다. 이들은 양민 30여 명을 포박하고 있었는데 곧 진압했고, 양민들은 문경까지 데려와 풀어주었다 한다. 성주·동동洞東 읍은 농민군에 의해 불에 탔는데[462] 국왕은 피해자들에게 1만 냥을 하사하는 한편 동학당 봉기와 관련한 조칙을 반포하였는데 그 내용 전문도 의역 기재했다.

9월 25일 비보飛報에 의하면 근래 동학당이 서울 내외를 배회하고 오늘내일 사이에 폭동을 일으킬 것이기 때문에 현지 수비대는 척후를 보내 정찰시켰다 한다. 다음 날 아침 1개 소대를 송파진에 파견했다. 동학도는 "우리 당은 신정부를 좋아하지 않고 일본공사의 정책에 반대하는 고로 신정부를 타도하고 일본 거류지를 초토화시킬 것이다"라고 말했다는 것이다. 그러나 이는 소문에 불과했다. 일본군 수비대의 척후 정찰 결과, 동학도는 오지 않았고 빈민들의 시위운동만 있었다 한다. 한편 9월 28일 밤 동학도 3,000명이 서울로 들어와 다음 날 거사를 위한 격문을 날렸다는 설이 있었다. 이에 일본군은 또다시 수비병 척후를 보내 정찰을 하며 경계했다고 기록했다.

10월 6일 밤 12시 반 도키스케는 갑작스런 종소리를 듣고 놀랐다. 순사·병사들이 서울 시가지를 돌아다니며 "불이야!"라고 외치는 소리였다. 이에 밖을 보니 남대문 방향에서 불이 하늘로 솟구치더니 1시간 후 진정되었다. 동학당이 일본인 거류지를 불태우기 위한 것이 아닌가라는 말도 전해졌지만 그는 이를 믿을 수 없었다고 한다.

충청도에서는 전 주사 박세강[463]이 난을 일으켰는데 금강 변에 그 머리를 효수하여 백성들에게 경계했다는 사실도 기록하고 있다. 이 무렵 천안에서 일본인 6명이 '가짜동학당'에 의해 살해되었다는 내용이 집중 부각되었다.[464] 그 결과 만리창의 일본군 1개 소대가 충청도로 향했고 일본영사관에서도 하기와라 경부를 천안으로 파견해 조사했다. 일본인 6인은 모두 인부로서 과중한 노역을 견디다 못해 부산으로 도망가던 중 조선인에게 살해된 자들이었다. 시체는 토성산 부근에서 모두 화장하여 묘표를 세웠고 유품들은 일본 순사들이 가지고 돌아왔다.

일본군은 가해 혐의가 있다고 판단한 천안 거주 김치선·조명운을 체포하여 서울로 압송했다. 이들 역시 인부로서 남산 부근의 천구교 가설공사 중 검은 양복을 입은 일본인 6명이 와서 일본말로 무엇인가를 말했는데 언어가 통하지 않았다 한다. 그러자 일본인들이 몽둥이로 자신들을 구타하는 바람에 기절해 그 후의 일은 알지 못한다고 주장했다.

이 일로 취조를 받던 또 다른 조선인에 의하면 아산의 청국군 패잔병이 우두머리가 되어 인솔, 훈련하고 있는 충청도 각지 동학도의 수는 3만~4만이라고 하지만 실제는 300인 내외에 불과하다고 했다. 하기와라는 천안으로 가는 도중 수원 부근의 오산에서 동학도의 명사라는 홍경운을 체포하고 창과 병기 등을 노획했고, 동학농민군 정벌차 가던 일본군에게 인도했다.[465] 이 지역은 도처에서 동학도가 출몰하고 격문을 날렸지만 일본군이 진압하러 왔다는 말을 듣고 사방으로 흩어져 달아났다고 했다.

일본인의 입장이라는 한계가 있음에도 불구하고 니시무라 도키스케의 취재수첩을 통해 새로운 사실들을 알 수 있다. 이를 테면 당시 정국을 뒤흔들었던 군국기무처 의원에 대한 9월 1일 수문장 김기홍의 탄핵상소문 전문과 전 정언 이경호의 김가진·안경수·김학우·조희연·이윤용 등 '5흉'을 참하라는 상소문 전문도 게재했다. 이외에도 〈대조선·대일본 양국맹약〉, 오토리 공사의 조선 정부에 대한 '4개조 충고' 원문도 소개했다. 또한 신정부가 교동에 사범학교와 소학교 신설 및 수업을 개시한 내용을 언급하면서 신정부 조직 이래의 치적은 경찰제도와 학교 신설에 불과하다고 혹평한 점도 눈에 띈다.

희귀하지만 군인이 개인의 시각에서 쓴 청일전쟁 체험기가 몇 편 있다. 대표적인 것은 하마모토 리사부로濱本利三郎의 《일청전쟁종군비록》이다. 에히메현 마쓰야마심상중학교 교사였던 하마모토는 1894년 청일전쟁이 일어나자 일본군 5중대에 들어가 조선을 거쳐 중국 본토까지 진격하면서 체험한 전쟁을 '일청전쟁체험록'이라는 제목의 일기로 남겼고, 그의 딸이 이를 책자로 간행한 것이다.[466] 내용 대부분은 그가 주로 활동하던 만주 지역의 것이다.

기자의 기록으로는 사쿠라이 군노스케柵瀨軍之佐의 《조선시사》가 있다.[467] 사쿠라이는 《마이니치신문》 특파원으로 청일전쟁 취재 과정에서 보고 들은 조선의 여러 상황을 삽화와 함께 수필 형태로 정리했다. 그러나 상업용 도서로 1894년 8월 급하게 출간된 그의 기록은 전쟁이 본격화되기 직전까지의 서술이므로 당연히 구체적 내용을 담을 수 없었다. 여타의 기록도 실제 상황과 다르게 악의적 내용으로 일관한 것들이다. 그러나 니시무라 도키스케의 《갑오조선진》은 체험적 사실을 토대로 한 것이 적지 않기에 여타 기록들과는 차별성이 있다.

《갑오조선진》은 일본 기자가 서울에 거주하면서 직접 목격하거나 들은 것을 구체적으로 기록한 것이라는 데 의의가 있다. 그는 직접 확인한 원자료와 전해 들은 내용을 분명하게 구분해서 정리했는데, 정치·외교·군사 상황 등에 대해서는 자세하나 미시적인 내용은 많은 부분이 생략되어 있다. 그러나 니시무라 도키스케의 짧지만 꼼꼼한 취재 수첩을 통해 우리는 1894년 후반기 조선의 정치·사회상을 보다 입체적이고 종합적으로 그려 낼 수 있다.

3부

반성 없는 역사의 반복: 평양 전투와 평안도의 현실

1.
평양 전투 직전
청·일군의 동향

1 — 후발 청국군의 인력 동원·징발과 민원

청국군의 평양 도착

성환과 아산의 전투에서 패한 예지차오 등은 관동과 관북으로 우회, 퇴주하여 평양에서 합류했다. 경복궁에서 왕실 호위를 하다가 일본군에 무장해제당하고 쫓겨난 평양의 기영箕營 징상병徵上兵도 합류했다. 나머지 패잔병은 개별적으로 활동하든지 아니면 일부는 동학농민군의 진영에 투속했다. 고종은 자신이 발표한 정령은 왜인의 협박과 핍박에 말미암은 것으로 본인의 의지와는 아무런 관계도 없다는 뜻을 외무참의 민상호를 통해 청국에 전달한 바 있다. 성환과 아산 전투에서 청국의 패배에 충격 받은 조선 정부는 향후 예상되는 평양에서의 전투에 대해 초조해했다.

성환 전투 직후 조선 왕실은 비밀리에 청국군의 신속한 추가 파병을 요청했다. 이에 2차 청국군은 남만주 봉황성을 거쳐 압록강을 넘어 육로로 대거 추가 투입되었고 이들은 평양을 중심으로 주둔했다. 톈진에서 조선 정부의 입장을 전달하던 외아문의 이면상은 성수안화이에게 현 시국은 조선의 시급한 위기로 '밤을 새워 빨리 도와 평양을 구할 것'을 "천 번 애걸하고 만 번 바랍니다[千乞萬望]"라고 간청했다. 그는 "대개 기영병 양총대洋銃隊는 이번 봄 토비土匪(동학농민군) 및 왜란(일본군의 경복궁 점령)으로 상경 보위한 고로, 기영箕營은 병사로 지킬 수 없으니, 어찌할 것입니까?……만일 기영이 보존되지 못하면 화병華兵 또한 손을 쓸 수 없으니 바라건대 급히 의주로 전보하여 매우 속히 병사를 나아가게 하여 왜로 하여금 지역을 점령할 수 없도록 해야 할 것입니다"[1]라면서 청국군의 신속한 진주를 재차 청원했다. 평안감사 민병석은 경복궁 점령으로 민 씨 정권이 와해되자 그곳으로 피신한 전 선혜청 당상 민영준과 함께 톈진의 이면상에게 전보하여 "지금 만약 대진大陣이 속히 진격하면 반드시 만민이 한마음으로 토왜討倭할 것이다. 양호兩湖의 동학당이 창언倡言하여 화華에 복속되기를 바란다고 한다. 그러면서 한 곳에 머물기 몇 개월에 화병은 단지 평양에 주둔하고 왜병은 나날이 성하게 동쪽으로 향하고 있으니, 동학당 또한 재빠르게 틈을 보며 양측의 형세를 관망하고 있다"[2]면서 즉시 이 문서를 위안스카이가 열람할 수 있도록 보내 줄 것을 부탁했다.

그런데 여기서 동학농민군이 중국에 복속되기를 원했다고 언급한 것은 다른 어떤 기록에서도 확인하기 어려운 내용이다. 이는 위급한 상황에서 사실을 왜곡해 중국 측에 전달, 사태를 해결하고 정국을 만회하려던 의도로 보인다. 민영준도 위안스카이와 청국군의 의주 도착을 기다리면서 일각이 위급한 상황에서 리훙장에게 청하여 밤을 새워서라도 빨리 도착하도록 조치해 줄 것을 재차 전보로 애원했다.[3]

8월 4~9일 육로와 해로를 통해 차례로 평양에 들어와 주둔한 후발 청국군 4대 군은 웨이루쿠이衛汝貴의 성쯔군盛字軍, 마위쿤馬玉昆의 의군毅軍, 쭤바오구이左寶貴의 평군奉軍, 리성아豊升阿의 평톈奉天 성쯔연군盛字練軍과 지린연군吉林練軍이었다. 쭤바오구이 아래 장수로는 니에구이린聶桂林이 있었고, 이후 후발대로 온 장지캉江自康의 렌지영군仁字營軍이 합류했다. 쭤바오구이는 평양성 내의 이청, 마위쿤은 연광정, 웨이루쿠이는 대동관, 니에구이린은 향청에 거처했다. 이들이 거느리고 온 병사 2만여 명은 각기 외성의 함구문 밖과 창광산 근처에 진을 쳤다. 그런데 청국군이 논밭에 참호를 파놓고 사민士民의 담장과 가옥을 무너뜨리니 주민들이 돌아갈 곳이 없게 되었다. 원래 청국군이 평양으로 들어올 때 의주부터 평양에 이르는 여러 고을의 백성들이 도시락을 싸 들고 와 맞이하고 쌀과 소고기 등 양식이 떨어지지 않았

성수안화이盛宣懷(1844~1916).
장쑤성江苏省 우진武進의 전통관료 가문 출신으로 청일전쟁 기간에는 직예진해관도直隶津海关道 겸 직예진해관 감독直隶津海关监督 등을 맡아 외교·군사·운수·통신 등의 주요 사무를 지휘하였다. 리훙장의 '귀와 눈'으로 중요한 조력자였다.

다고 할 정도로 처음에는 우호적이었다고 한다. 그러나 특히 향마적餉馬賊과 고용된 사람들로 편성된 웨이루쿠이 부대는 오합지졸로 통솔이 되지 않았고, 그들이 지나는 곳은 노략질이 넘쳐나 백성들이 견딜 수 없었다는 것이다.[4] 당시 평양 사정을 구체적으로 서술한 기록으로 필명 패은당浿隱堂의 《서경패사초략西京稗史抄略》이 있다.[5] 여기서 패은당은 청일전쟁 당시 서영군사마西營軍司馬로 재직한 인물의 호로 1894년 친군서영군사마親軍西營軍司馬로 임명된 최문식崔文植으로 추정된다.[6] 이 《서경패사초략》은 최문식이 보고 느낀 1894년 평양 사정과 평양 전투 내용을 상세하게 기술한 비망록으로 조선 측 입장에서 청일전쟁 당시의 평양 지역 상황을 파악하는 데 가장 중요한 자료다.

그에 따르면 웨이루쿠이가 거느리고 온 병사는 산명장에 진을 치고 있었는데, 외촌으로 나가서 우마와 재화를 빼앗는 것이 강도보다 심했다. 그 결과 평양의 인심이 크게 동요했다. 의주부터 평양까지의 500리 거리 연도의 백성들 재산을 약탈한 것도 거의 다 웨이루쿠이 병사들이 저지른 짓이었다. 반면 좌左·마馬·섭聶 3군은 상대적으로 덜 심했던 것으로 기록되어 있다.

패은당에 따르면 평양성의 주민 대부분이 집을 버리고 떠나 3부部 및 내외 평삼방平三坊이 텅 비게 되자 인가에서 연기가 사라졌다. 총체적 피란 상황이 전개되었던 것이다.

청나라 병사가 한번 우리나라에 온 뒤부터 구원을 칭하면서 다소의 군량 및 마초 등의 물품을 지나가는 열읍에 전적으로 책임을 지웠다. 평양에 도착해서는 조금도 전진하려는 뜻이 없고, 온전히 오랫

동안 머물려는 계획만 일삼았다. 여러 날 동안 군향·마초·즙물을 모두 감영과 관청에 가혹하게 요구하니 감영·관청 또한 요청을 감당하기 위해서 항목대로 민간에 징색하고, 이교배吏校輩도 중간에서 일을 보면서 못된 버릇이 생겨났다. 역役에 역을 더하고, 거두는 것 외에 또 거두었다. 게다가 청나라 진영의 불량한 무리[勇丁]들이 사방으로 흩어져 약탈하므로 평양 일대는 열 집 중 아홉 집이 텅 비게[十家九空] 되었다.[7]

이에 더하여 7월 말 충청도 성환과 아산에서 패한 예지차오와 니에시청 부대 5,000명의 군사가 천신만고 끝에 8월 말 평양에 도착한 후 평양성 내의 민가를 빼앗아 거처했다.

평양에 도착한 이들의 공식적인 영접과 현지 징발은 평안감사 민병석을 통해 시행되었다. 민병석은 미곡 확보를 위해 평안도에 방곡령을 실시하는 한편 육로를 통해 관내로 계속 들어오는 청국군에 제공할 미량米粮과 우마를 징발하여 속히 보낼 것을 관하 각 부·현에 명령했다. 이에 안주의 경우 현감 등이 징집에 착수하자 많은 백성들이 도망갔다고 한다.[8] 그는 방어사를 통해 변경을 잘 살피도록 했고, 평안도 관내에 5가작통제 실시에 관한 관문關文을 하달했다.

청국군은 감사 민병석에게 미곡 5,000석을 수집하여 군대에 충당하라고 강요했다. 이에 민병석은 자신은 이미 파직되었으므로 후임자가 도착하면 요구하라고 했지만 받아들여지지 않았다.[9] 결국 민병석은 평안도 44개 읍에 전령하여 대읍은 1,000석, 소읍은 500석씩 납부하도록 했다.[10] 아울러 무기 징발을 독려하기 위해 군총軍銃을 소지한 포수를 남김없이 파송하고 혹 병환에 걸린 병정은 군총을 상납해 속히 송치하라고 명령했다. 또한 청국군이 요청한 대로 강계 포수 등 500명의 포군도 징모했고 위원과 벽동 양군의 포수를 순영으로 소집했다. 이와 별도로 별위사別衛士 100명을 두어 서영병과 함께 성을 지킬 계획이었다.[11] 그는 각처에서 장정 수백 명을 모으는 한편 비밀리에 초토사 홍계훈을 평양으로 불러들여 병사를 조련해 예지차오 군영에 보내도록 했다.[12]

물자 및 인력 징발

이 무렵 청국 공부상서 하이타부懷塔布 등은 조선 군무에 관한 6개 조항을 내걸고 청국군의 조선인 인부 동원책과 현지인의 군사 훈련 실시를 제안했다. 이들은 함경과 평안 양도의 남자들은 능히 400여 근 정도 되는 물건을 등으로 질 수 있을 정도로 강건하니 이들을 병정으로 삼는다면 중국에서 육로로 실어 오는 번거로움을 면할 수 있다고 했다. 그 방안으로 평양의 쥐바오구이 등에게 명령을 내려 신속히 그곳 장정을 모집하여 군사의 양식을 후하게 지급하고 여러 개의 영을 훈련하자고 주장했다. 이를 강조하는 이유는 그 나라의 백성이 그 강토를 지키게 하는 것이 외지에서 수천 명을 불러 모으는 것 못지않기 때문이라는 것이다.[13]

평양에 주둔한 왕시지王錫祉는 일본군의 경복궁 점령 이후 조선 국왕이 유폐되자 민심이 격분해 평안도는 의병을 일으킬 수 있을 것이라고 본국에 보고했다.[14] 산둥성 옌타이의 류시앙웡劉薌翁은 평안도는 민풍이 강하고 사나워서 능히 목숨을 바쳐 싸워 청국군을 도울 수 있을 것이라고 주장했다.[15] 반면 이부상서 종쉬린宗室麟은 "조선 국왕을 소환하고 우리 병사를 퇴각시키라"며 철수론을 주장하기도 했다.[16] 톈진의 위창위余昌宇는 "평양은 위태로운 모습이 가히 위기로, 이곳은 곧 삼한 三韓의 가장 중요 지역으로 만약 왜에게 점령당한다면 동삼성東三省은 이미 문호門戶를 잃은 것으로 단지 조선의 대세를 모두 잃어버리는 것뿐 아니라 동삼성은 어찌 능히 편히 잘 수 있으리오"[17]라며 평양의 위기는 곧 조선을 잃어버리는 것이자 랴오닝성·지린성·헤이룽장성, 즉 동북 3성의 위기로 연결되는 심각한 상황으로 인식했다.

8월 27일 의주부윤이 대고우代雇牛 2,400두와 12개 참站을 분설했는데, 이에 다시 전보하여 1,350두를 추가로 징발했다. 30일에는 의주부윤이 50리에 1참을 설치하고 매일 소 250두를 행관 각읍에서 대령할 것을 규칙과 격식으로 정했다. 청국 당국이 의주에 전운총국轉運總局을 설치하되 의주부터 평양에 이르는 연도에 12개 참을 설립하고 중국어가 통하는 국원을 둘 것, 소 3,000마리를 징발할 것을 요구한 것에 대한 조선 정부 측의 조치였다.[18]

평양 전투 직전 평안도 분위기와 징발 상황 등에 관해서는 당시 평양 지역 관리 김영식이라는 사람이 남긴 《사정일기沙亭日記》를 통해 보다 구체적으로 살필 수 있다.[19] 이 일기에 따르면 7월 말 청국군 1만여 명이 의주성에 주둔하고 안주와 평양에도 군대를 나누어 주둔하고 있었다(6월 26일 자). 또한 연이어 후발 청국군 1만여 명이 평양으로 들어오는 과정에서 연로 각 고을에서 온갖 폐단이 발생했는데, 특히 백성들의 소를 강제로 징발, 무기를 실어가자 인심이 소동하여 차마 보고 들을 수 없었다는 것이다(6월 27일 자. 이하 음력). 압록강 변 용천에서는 우·부사가 역참에 나가 특별사신과 마위쿤·웨이루쿠이 부대를 영접했는데, 운반용

소와 땔감 등을 감당할 수 없을 지경이었다 한다(7월 1일 자). 만부灣府(의주)에서는 관문을 보내 수로로 올려 보내는 청국군을 영접하기 위해 선박 20척을 준비하도록 했는데, 김영식은 그 요구에 매우 곤혹스러워했다(7월 10일 자). 그는 공무차 의주로 가는 길에 자신의 말과 마부를 지인 집으로 보내고 홀로 걸어갔는데, 이는 청국군의 우마 징발에 대한 회피책이었다(7월 12일 자).

김영식은 의주로 가다가 압록강 변 중국으로 통하는 대로인 청마령 넓은 들에 청군이 진을 치고 쌀을 산더미처럼 쌓아 둔 것을 목격하기도 했다. 그러나 청군이 지나가는 연로 각 고을에서 인부와 소를 모두 군수품 운반에 동원해 백성들이 전부 도피하여 떠돌게 되었으니 "세상일이 한탄스럽다"고 적었다(7월 14일 자). 그는 압록강 두포豆浦에 정박한 청국의 군량선 10여 척이 폐단을 일으키고 있다는 급보를 받고 별견別遣과 통사通事를 보내어 수습토록 했다(7월 19일 자). 청국군의 요구에 따라 용천의 장리將吏들이 인부와 소를 보내 달라고 청했으나 형편상 어려워 대응할 수 없었다 한다.

또한 6월 27일부터 청군이 하루도 빠짐없이 이곳을 지나갔는데, 연로의 각 고을에서는 인부와 소를 징발하여 그들의 짐을 실어 보내지 않을 수 없었다. 그 때문에 "백성들은 곤궁해지고 재산은 고갈되었으며, 소는 지치고 곡식은 거덜이 나서 고을마다 모두 텅 비었다"는 것이다(7월 21일 자). 앞의 두포에서와 같이 청국의 군량선 10척이 용천 포구에 정박하면서 진鎭에 들어와 토색질을 하자, 동헌으로 불러들여 타일러 보내기도 했다(8월 4일 자). 이상과 같이 평북 지역에 진주한 청국군의 작폐가 끊임없이 이어지자 김영식은 이를 금지하도록 해 달라고 의주감영에 보고하고 부윤에게 편지를 부치기도 했다(8월 5일 자).

그는 청국군의 토색을 금지해 달라는 사안으로 청국 진영의 '마 대인(마위쿤)'에게 보고하는 글을 미리 작성해 두기도 했다(8월 6일 자). 그날도 청국의 군량을 실은 선박이 지나가면서 토색질을 했다. 김영식의 편지에 대해 의주부윤은 3일 후 답장을 보내 통역과 뱃사람들이 폐단을 일으키는 일을 엄금하도록 조치했다는 내용과, 청군이 작간을 부리는 일을 금한다는 청군 진영의 〈고시〉 1통도 구하여 보냈다(8월 8일 자). 부윤은 일부 조선인의 농단과 청국군 작폐에 대해 양비론적 입장으로 애매하게 처리했던 것이다.

그러나 청국군의 징발은 실제로는 '약탈' 수준으로 자행되었다. 일본은 우메보시[梅干]와 미소[米噌] 등 재래 부식을 제외한 쌀과 콩 등 주식은 완전 현지 조달을 택했지만 청국군은 쌀보다 밀을 주식으로 하는 군사가 적지 않아 본국에서 일부 식량을 가져오긴 했다. 그러나 대부분은 현지 조달을 택했고 평안감사를 통해 조선의 지방관에게 명령하여 양식을 모았다.[20] 당시 청국 측 기록에서도 압록강 변 의주부터 평양까지 이어지는 "연도의 시가에서는 한 사람의 흔적도 찾을 수 없고, 밭 가운데 수수와 조도 각 군대의 말먹이로 다했고, 옷 궤짝과 가구·솥이 도로에 널려있다"[21]면서 가을 수확을 거둘 수 없게 되어 이들을 진휼하지 않으면 민심이 돌이킬 수 없게 된다며 8월 중순 평양 이북의 심각한 상황을 설명하고 있다.

의주는 청국군이 도착하기 전부터 연도의 주민들이 도피했기 때문에 청국군은 그들을 수행하던 순·병들에게 강제로 양곡과 기계를 등에 지어 운반시켰다. 이때 지시에 따르지 않은 순·병들을 때리니 이들도 모두 도망했다. 8월 22일 대규모 청국군 병력이 정주를 지났는데 성밖의 시방市房 수백 칸이 군화軍火로 불타 버렸고 관리와 주민은 도망하여 성이 비어 병재兵災 상황이 완연했다고 한다.[22]

청국군의 진주 이후 평양에는 심각한 양곡 부족 사태가 벌어졌고 양식을 징발당한 주민들은 곤궁하게 되었다. 그 결과 평안감사 민병석은 중국 톈진에 있는 이면상에게 "군량을 어찌 만들 수 없는가? 각 창고가 텅 비고 백성들의 식량이 군졸하니 매우 괴롭다"[23]면서 중국을 통해 무곡貿穀을 보내 달라고 청원했다. 그렇지만 이면상은 육로로 양식을 운반하는 것은 어렵다면서 해결 방법을 찾지 못했다.[24]

원산영사 우에노 센이치가 청국군 염탐을 위해 평안도 방면에 두 차례 파견한 영사의 한국어 교사 김경옥의 8월 11일 자 보고가 있다. 이에 따르면 청국군은 그들이 휴대해 온 미·두·맥·서류黍類와 평안감사가 징발한 곡식을 합쳐서 군량으로 공급했다. 그러나 식량이 충분하지 않자 청국의 인부가 평양과 부근 촌락에서 소와 돼지 등을 강탈하거나 혹은 병영에 팔아넘기는 모습이 포착되었다. 이로 인한 지역 주민의 곤란은 이루 말할 수가 없었고, 점차 도피하는 사람이 많아져 평양 안에 거주하는 사람은 겨우 3분의 1이라는 것이다.[25] 당시 매천 황현은 청국군의 평양 진주 이후 무질서한 상황과 세평을 다음과 같이 묘사했다.

그들의 병정들은 34영을 합하여 1만 5,000명이 있었으며, 여러 장수들은 통솔하는 원수가 없으므로 직위가 서로 같았고 호령도 한결같지 않아 군대의 대열에 기강이 없었다. 그리고 그들은 간음과 약탈을 자행했으므로 서도민들은 그들을 매우 원망하고 있어, 유식한

사람들은 그들이 패할 줄 알고 있었다.[26]

이는 지역민이 청국군에 대해 크게 실망하게 된 요인이었고 군령이 엄격한 일본군과 대비되는 모습으로 비추어졌다. 예컨대 야오시꽝姚錫光은 "4대 군이 조선 경내로 들어오는데, 조선 백성이 왕사가 도착하자 도로에서 환호하고 매우 더울 때라 다투어 차를 바치고 우리 군사에게 양식을 제공했다. 그러나 군사가 (지역민들을) 해치고 약탈하고 가구와 제기를 부수고 재물을 빼앗으며 장정을 사역하고 부녀를 노략했는데, (위)여귀의 군대가 가장 심하여 조선의 백성이 크게 실망했다"[27]고 보고했다. 의주에서 중국 본국에 보낸 비밀전보에 따르면 "성군盛軍(청국군)이 이르는 곳에 간음·약탈이 벌어지지 않은 곳이 없었다. 의주에서는 총을 쏘아 한민 1인이 죽어 군중의 분노를 유발했다. 정주에서는 또 6인을 쏘아 죽였고 의주부윤이 평안도에 전보하여 위 총통에게 조사를 청했으나 그대로 두고 돌아보지 않아 민심이 크게 변했으니 어찌할 것인가? 의毅·평奉 양군 기율이 비교적 엄했는데, 위군衛軍(성군)은 조금도 (뜻을) 두지 않으니 대국이 심히 걱정된다. 현재 한민은 우리 군을 피하기를 도적 피하는 것같이 하니 가히 한심스러운 일이다"[28]라고 하여 웨이루쿠이 부대로 인한 폐해가 가장 심각하다고 보고했다. 또 다른 기록에 의하면 위 총통은 군령이 엄하지 않고 또한 아랫사람을 가혹하게 다뤄 여러 장령과 용정勇丁이 모두 전투 의지를 상실했는데, 그 병은 하루만에 생긴 것이 아니라고 지적했다. 그러나 평군의 기병[奉帶旗兵]도 매우 정련되지 못했고 또한 소요가 있었다면서,[29] 이는 성군만의 문제가 아니라 평군을 포함해 군령이 정돈되지 못한 청국 군대의 고질적인 문제로 파악하였다. '경옹댁京翁宅'이라는 사람은 "평양은 병(청국군)이 박약하여 새로 많이 모집하더라도 이지러져 있어 가르치지 않고는 싸울 수 없다"[30]면서 병사들의 규율 문제를 지적하기도 했다.

병사들의 규율 문제에 대한 방지책이 전혀 없었던 것은 아니었다. 예컨대 리훙장은 평양 주재 각 통령에게 비밀리에 정찰원을 파견, 집을 불태우거나 강간 등을 자행한 병사를 사형에 처해 후환을 막으라고 특별히 지시했다.[31] 아산의 니에시청은 민간의 채소를 탈취한 병사의 귀를 잘라 경계했다.[32] 그의 부대는 기강이 강하여 조선 사람들의 민심을 얻었다. 그가 군대를 이끌고 전주에 갔을 때 동학농민군 우두머리가 찾아온 일이 있었다. 그는 농민군 대부분은 양민이고 관리들로부터 핍박을 받아 봉기를 일으킨 것으로 이해했다고 한다. 또한 전주의 피해민 구제를 위한 위로금을 전달하고 가옥 수리를 지시하여 난민들을 구제한 바 있다.[33]

평양에서 평군을 이끌던 쮜바오구이도 영내에 엄한 군규軍規를 고시한 바 있었다.[34] 평양 입성 직전에 그는 의주에서 지역민을 총살한 병사를 사형에 처하였다.[35] 후일 일본군이 쮜바오구이 영내에서 습득한 자료에 따르면, "① 부녀를 강간한 자는 관병은 물론 모두 군법으로 처벌한다, ② 백성의 재산을 찬탈한 자는 장교와 병사를 구분하지 않고 모두 군법으로 처벌한다"라고 되어 있다.[36] 평양에서도 청국군의 약탈로 시민들이 피신하자 장수가 4명을 효수함으로써 무리를 경계한 일도 있었다.[37] 위구르족으로 산둥성 페이청費城 행오行伍 출신인 쮜바오구이는 일찍이 젊은 시절 태평천국의 봉기를 진압하는 데 공을 세웠고, 이후에는 염군 토벌과 압록강의 목비木匪, 동변도의 금비金匪, 조양의 교비教匪

등을 진압하는 데 무훈을 세우는 등 백전노장이었다. 쬐바오구이는 평군이 청국에서 출발하기 직전 노상에서 판매하는 참외를 훔친 6인의 병사를 대오 앞에서 총살하는 등 군대의 기강을 잡아 흐트러진 대오를 정비하기도 했다.[38]

그런데 당시 군폐軍弊의 핵심 인물인 웨이루쿠이도 리훙장의 우려와 상황을 이해하고 있었다.[39] 청국군의 군기 문란은 베이징 정부의 지속적인 관심사로 8월 28일 총서總署에서도 행군 중 불법을 자행한 병사는 군법에 따르고, 백성들의 억울함이 없도록 법률과 기강을 엄히 할 것을 지시하기도 했다.[40] 그럼에도 청군 병사들의 폐해에 대해 평안도 각 지

쬐바오구이左寶貴(1837~1894).
산둥성 출신으로 회족回族이다. 빈한한 가정의 행오行伍로 시작하였으나 태평천국과 염군 진압에 공을 세웠고 청일전쟁 시에는 평군奉軍을 이끌었다. 군사를 절도있게 통솔하였고 사병과 먹고 자는 것을 같이했던 것으로 알려져 있다. 평양 현무문 전투에서 전사하였다.

역에서는 온갖 민원이 속출했다. 용서리의 정윤찬 등은 청군의 마필 때문에 보리·기장·밤·콩이 모두 유린되었다고 호소했다. 또한 박천군의 유국진과 이영서 등은 청국군이 칼을 휘두르며 우마와 돼지·닭, 미곡 등 재물을 모두 약탈하고 가옥을 파괴했다며 웨이루쿠이에게 호소했다. 의주부윤도 이미 징집한 소는 모두 도망하여 흩어졌고 청국 병사의 약탈로 징발을 기대할 수 없을 지경이 되었다고 청원서를 보냈다.[41] 의주-평양 간에는 상민商民과 지방관도 도피했고, 청군이 통과할 때 침략을 일삼고 부녀를 겁탈하고 또 민가를 태우거나 부숴 버리는 등 청국군의 행태는 리훙장에게까지 전달되었다.

그러한 행태로 인부와 우마를 구하기 어렵게 되고 식량 징발 또한 곤란하게 되어 전운轉運도 지체되었다. 리훙장은 평양에 주둔한 4명의 통령에게 군기를 엄히 정돈하고 상민의 어려운 상황을 위무하여 소란한 민심을 안정시켜 후환을 막도록 했다. 청국군의 엄정하지 못함으로 인해 심지어 '자진自盡'하는 주민들도 많았다 한다.[42] 평양의

웨이루쿠이衛汝貴(1836~1895).
안휘성 허페이合肥 출신으로 리훙장의 신임을 받아 청일전쟁 시에는 성쯔군盛字軍을 이끌었다. 그러나 성쯔군은 규율 면에서 최악이었고 평양 주둔 시에는 민가를 강제로 점거하고 파괴와 약탈을 일삼아 악명이 높았다. 평양 교외 선교리 전투에서는 일본군에게 심각한 피해를 입혔으나 평양성 전투에서는 패했다. 청일전쟁 직후 베이징에서 참수 처형되었다.

웨이루쿠이 자신도 청국군이 연로에서 소요하고 음략薩掠하여 6~7명이 죽게 되었고, 장수와 병사가 불화한다며 마치 남의 일처럼 톈진의 성수안화이에게 보고했다.[43] 조선인들에게 이는 같은 시기 평양에 들어온 마위쿤 부대의 '질서정연'함과는 대비되는 모습으로 비추어졌다.[44] 마위쿤 부대는 군기가 엄했으며 주민들도 그를 당나라 장군 설인귀와 명나라의 무관이자 정치인인 척계광에 비유할 정도로 호평했다.[45] 마위쿤은 일찍이 서북의 위구르족 봉기 진압에 참여했고 쮀충탕左宗棠 부대와 공동으로 러시아군의 침략을 저지한 바 있다. 그는 청일전쟁 직전에는 의군 통령으로 뤼순의 북양해군 기지를 방위하고 있었다.[46]

전쟁 준비와 동향

1894년 8월 17일 원산 전보국장이 원산 주재 일본영사 우에노 센이치에게 비밀리에 전보했다. 안주를 거쳐 평양에 들어온 1만여 명의 청국군이 감사를 핍박하여 미곡을 모으고 대동강 하류의 보산진保山鎮에

마위쿤馬玉昆(1837~1908).
안휘성 보저우亳州 멍청蒙城 출신으로 평양성 전투에서 일본군 혼성제9여단에 맞서 분전하였으나 패하였다. 1900년 의화단 봉기 시 니에시청을 대신하여 직예제독이 되어 8개국 연합군을 맞아 싸웠다.

2,000여 명을 파견해 일본 군함의 내습을 방어하기 위한 포대를 건축하고 있다는 것이었다.[47] 청국군은 대동강 남안에 반영구적인 보루를 설치하면서 보루 사이에 일련의 누벽을 구축했다. 북방의 모란대 및 을밀대 등지에는 견고한 방어성을 수축했는데 보루 및 배치는 다음과 같았다. 성 남쪽(15좌): 대동강의 우안으로부터 시작해서 대략 2,000미터의 누벽을 쌓아 남면 제일의 방어선을 만들었다. 벽의 높이는 대략 4미터로서 참호를 외방에 뚫고 누벽의 여러 곳에 두출부斗出部를 세워 방어 사격에 편리하게 했고 지뢰를 포설했다. 대동강 밖, 대동강 좌안(5좌): 즉 교두보로서 청군이 가장 힘을 쓴 곳이다. 성밖 북방 산상(4좌), 성내 북각北角 모란대(1좌), 성내 북각(2좌)에 합계 27좌의 보루를 신축했다.[48]

평양의 청국군은 병자가 다수 발생하고 군령도 일원화되지 않은 상태에서 일본군의 추격에 대비하면서 요새 구축 등 본격적으로 전투 준비에 나섰다. 한편 조선 정부는 일본 측 요구에 따라 조선군으로 하여금 일본군에 협력하게 했다. 일본은 장위영 영관 이두황의 인솔로 장위영 병사 중 1개 부대를 9월 3일 평양으로 향하게 했는데, 여기에 공사관 소속 무관 소좌 와타나베 데스타로를 동행시켰다.[49] 이에 이두황이 이끄는 장교 3명, 하사졸 50명, 역관 1명이 일본군 제5사단에 합류했다.[50]

평양 주민의 전시 준비 상황은 동원과 자발적 협력이 병존했다. 평양에서 42일 만에 축성한 요새는 17~50세 조선인 노역 동원의 결과물이었다. 보루마다 약 500명의 수비대 외에 360명의 조선인 인부가 견고한 요새를 축성했다.[51] 평안도 관찰사 민병석은 관내 조선군 2,000명을 모집하여 청국군 부대에 부속시켰고, 800명의 민병을 징집했다.

청국은 평양전신국 위원 왕취시王倅錫로 하여금 민병석과 협의해 대동강에 군교를 가설하고 그것을 방어하기 위해 각영에서 인부를 차출해 철야공사를 했다.[52] 그 결과 대동강 여섯 누각의 문밖에 배다리[舟橋]가 설치되었다. 배다리는 원래 그들이 처음 평양에 도착했을 때 대동문 밖 강변에 설치했는데, 성안 상인의 판자와 각 시전의 좌판을 몰수하여 만든 것이었다. 그런데 불과 며칠 후 물이 불어 무너지자, 또 성안 상인의 죽간 및 판자와 심지어 민가 대문까지 뜯어다 배다리 재료로 썼다. 전쟁이 임박하자 청국군은 성문의 방어를 더욱 강화해 심지어 물을 길어 올리는 길까지 사용하지 못하게 하는 등 주민들에게 막심한 피해를 주었다.[53]

또한 청국군은 개성 이남과 원산에 있는 일본군의 동태와 지세를 정

평양 을밀대.
모란대와 함께 평양 제1의 조망이라 불려진 을밀대는 임진왜란과 청일전쟁의 전쟁터로도 유명하다. 평양 전투 직전 청국군이 이곳에 요새를 수축했다.

찰하기 위해 의주·안주·정주의 각 해구海口에 수비병을 파견하고, 원산·황주·해주에는 정예병으로 구성된 정탐을 파견하는 등 일제히 공격을 준비하였다.[54] 북상하는 일본군 동향 탐문차 청국군은 원산에 출몰하기도 하고 대동강을 넘어 황해도 봉산 방면까지 진입하기도 했다. 정탐 결과 송성松城(개성) 이남은 1만여, 평산은 500여 명의 일본군이, 해주·철도·초도 등지에는 일본 군함 5척에 5,000여 명이 있는 것으로 추정했다.[55] 평양 전투 직전 무렵 의주에서는 한인 복장을 한 왜탐倭探 100여 명이 성밖에 몰래 굴을 팠고, 용천과 철산 연해에는 작은 선박으로 첩자가 들어온다는 등 유언비어가 사방으로 확산되어 지역 인심도 크게 동요했다.[56]

일본 육군대학교 교관이자 청일전쟁 전사 편찬에 종사했던 보병 대좌 혼다 진파치는 청일전쟁이 일어난 지 10여 년 지난 시점에서 전사를 분석했다. 그에 따르면 청국군이 우세한 병력을 보유하고 있었음에도 리훙장은 일본병을 과다하게 추산해 최초 계획인 공세를 단념하고 오로지 평양의 유지만을 염두에 두었다고 평했다. 원래 9월 4일 리훙장의 훈령에 의해 9월 7일부터 병사 약 8,000명으로 3종대를 만들어 황주로 남진하고 약 3,000명을 북진시켜 원산 방면에서 오는 일본군을 저지하고자 했다는 것이다. 그러나 직예제독 예지차오는 이 방책을 변경하여 부대를 이끌고 이틀 행군 후 평양으로 복귀했는데, 이러한 남하계획이 중도에서 기세가 꺾이게 된 것은 실로 청국군의 불행이었다고 결론을 내렸다.[57] 리훙장이 소극적으로나마 평양 주둔 청국군을 서울에서 북상하거나 함경도로 우회하는 일본군을 선제 공격할 것을 검토했으나 예지차오가 이를 변경해 평양에 머물면서 일본군에게 기회를 주게 되었고 결국 일본이 승리하게 되었다는 분석이다. 혼다는 전략상 평양을 군대의 제1선 집합지로 선정한 것을 청국군의 결정적 과오로 보았다.

2—일본군의 인력 동원과 현지 징발

북상 행군

일본군은 평양 전투를 위해 원산지대支隊와 삭령지대를 구성하고, 제5사단 병력과 함께 조일연합군을 편성해 북상했다. 보병 대좌 사토 타다시가 사령관인 원산지대는 제3사단 보병 제18연대, 기병 제3대대 제1소대, 포병 제3연대의 제1대대, 공병 제3대대(1중대 결), 위생대로 편성되었다. 타스미 나오후미 소장을 사령관으로 경기도 삭령에서 결성된 삭령지대는 보병 제12연대의 제1대대(제1중대 결), 제21연대의 제2대대(제8중대 결), 기병 제3중대의 1소대와 1분대, 포병 제1중대로 편성되었다.[58]

일본군은 평양 전투를 위해 8월 말까지 히로시마의 우지나항에 속속 도착했고, 이곳에서 군용선에 승선해 원산에 상륙한 후 서진하여 평안도 남동부의 양덕을 거쳐 평양으로 진군한다는 계획을 세웠다. 8월 29일 제18연대 제1대대의 이시다 소좌는 병력을 지휘하여 평양 방면으로 출발했다. 같은 날 효고·미카와·토오토우미·에치고·쓰미노에마루 등 6척에 실려 인천에 입항한 보병 2대대, 포병 1대대, 공병 1중대, 기병 1소대, 위생대로 편성된 혼성 1지대를 연대장 사토 타다시가 인솔하여, 영사관을 연대본부로 삼아 출발 준비를 했다. 그의 병력은 9월

1일 오전 9시 양덕을 향하여 진격했다.[59]

다른 한 팀은 이미 조선에 들어온 부대이거나 인천으로 들어온 부대로, 모두 서울을 지나 북상하여 개성·황주·중화를 거쳐 평양으로 진군할 계획이었다. 일본군의 평양행은 북진군 선발대가 8월 8일 서울을 출발하여 임진강을 건너 개성부에 들어가면서부터 시작되었다.[60] 평양 전투 취재를 준비하던 일본 종군기자들도 8월 24일 경성 일본공사관으로부터 종군패를 받고 4일 후인 28일 새벽 북진군에 합류했다.[61]

8월 31일을 기점으로 9월 15일 새벽 평양 전투 발발 시기까지 일본

아이치현愛知縣 토요하시 공원豊橋公園 내 보병 제18연대 터.
청일전쟁 시 원산지대 소속 부대로 활동했다.

군 개별 전투부대는 북상 행군을 본격화했다. 당시 원산지대는 4,700여 명, 삭령지대는 2,400여 명, 혼성제9여단은 3,600여 명, 제5사단 5,400여 명으로 도합 1만 6,000여 명의 병력이 평양 진공에 참여했다. 〈표 24〉는 부대별 행군계획을 표로 정리한 것이다.

제21연대 제2대대장 야마구치 게이조 소좌는 평양 전투를 위한 준비차 7월 5일 혼성여단 부관 포병 중위 미즈이 고토유키를 장단부로 파견했다. 이 정찰대는 서울부터 개성에 이르는 지형 및 도로 상태, 가호수, 청국군 출몰 상황, 군대 배치, 전신선 가설 상황 등을 정찰 후 용산으로 귀환하여 지도까지 작성해 보고했다. 이 정찰 결과 야마구치 대대장은 개성까지는 수운 이용을 단념하고 육로 운반을 위해 '강박적 수단'으로 "한인 및 조선 말을 사역해야 한다"고 제안했다.[62] 그런데 당시 교하군의 보고에 따르면 일본군 정찰대가 해당 지역에서 부녀들을 겁박하고 닭과 돼지를 약탈해 주민들이 도망하고 있다며 이런 참상을 일본공사에게 알려 훈령으로 막도록 촉구하기도 했다.[63]

이후 8월 6일 혼성제9여단은 1개 소대를 서울에서 평양과 개성을 향해 출발시켰고, 8월 8일 이치노에 효에 소좌가 이끄는 2개 중대도 그 뒤를 따르게 했다. 다음 날인 9일에는 야마구치 소좌가 3개 중대를 통솔해 개성 동북방인 삭령 지역으로 향했다. 이치노에 부대는 8월 12일 개성에 도착하면서부터 척후 활동을 개시했다.[64] 이 혼성여단 선발대의 북진 때 쓸 양식은 수로는 임진강을 이용해 이천점으로, 육로는 인마로 고양을 경유하여 이천점으로 보내 개성과 평산을 거쳐 평양까지 보내기로 계획했다. 인부는 상고常雇 또는 임시로 고용한 조선인 인부와 여기에 일본인 인부 약간을 투입해 편성했다.[65] 여기서 '상고'는 인천 일

<표 24> 일본군 각 부대의 평양행 행군계획

일자 / 단대團隊	원산지대	삭령지대	혼성여단	사단사령부	본대	
					제1단대	제2단대
8월 31일	일부 원산발發		평산 남천점 南川店(휴일)	경성	개성 (휴일)	경성
9월 1일	원산			고양군 高陽郡		고양군
9월 2일	일부 양덕陽德	신계 新溪		임진진 臨津鎭		임진진
9월 3일				개성 開城	사천군 舍川郡	개성
9월 4일	양덕		신점 新店		남천점 南川店	
9월 5일			검수역 劍水驛	금천 金川	신점新店	금천점
9월 6일	오류동 五柳洞	이수정점 梨水亭店	사인관 舍人館	남천점 南川店	검수역 劍水驛	남천점
9월 7일	일부 성천成川 평지원 平地院	수안군 遂安郡	황주 黃州	서흥부 瑞興府	사인관 舍人館	신점
9월 8일	석창고 石倉店	냉정동 冷井洞		봉산군 鳳山郡		검수역
9월 9일	성천군 成川郡	삼등三登	중화 中和	황주	유량두 柳梁頭	봉산군 鳳山郡
9월 10일						
9월 11일	동산리 東山里			녹사포綠沙浦 (간看 동파東坡)	녹사포 (간 동파)	황주
9월 12일	송교 松橋	강동현 江東縣	수만교 水灣橋	월강月江 (상원군祥原郡)	월강 (상원군)	마화리麻華里 (간 동파)
9월 13일		맥전포 麥田浦	수만교부터 적둔지점 赤屯地店	보산진保山鎭 (관장가串場街)	보산진 (관장가)	당동堂洞 (상원군祥原郡)
9월 14일	순안 順安	대지경동 大地境洞		신흥동新興洞 (맥전포麥田浦)	신흥동 (맥전포)	평양 (맥전포)
9월 15일	일부 순안 나머지 평양	평양	평양	평양	평양	(평양)

* 陸軍省大日記, 《第1軍 戰鬪詳報》〈9月 中旬 平壤附近에서 戰鬪詳報(第5師團)〉를 근거로 작성.

* 防衛省 防衛研究所, 陸軍一般史料, 《日淸戰役 平壤ノ戰鬪》, 1934, 附錄.

본인상업회의소가 주관하는 인력시장에서 상시 고용된 인부를 말한다.

일본군은 8월 29일 제3사단과 제5사단으로 제1군(사령관 대장 야마가타 아리토모)을 편성하면서 평양 전투와 북상을 본격화했다. 제5사단은 8월 31일 사단장 중장 노즈 미치츠라의 출동 명령에 의해 9월 1일 서울을 출발, 북진했다.[66] 이때 노즈는 사단의 나머지 부대를 서울에서 출발시켜 전진하기 시작하고, 삭령지대는 신계에 있으면서 삼등 및 곡산 방향을 정찰하고, 원산지대는 이미 1개 부대로 양덕을 점령했고, 9월 6일 혼성여단의 선두는 황주에 도착하여 청국군 기병 수십 기 및 보병 약간을 만나 격파했다는 내용을 부하들에게 알렸다.[67] 제10여단의 일부인 삭령지대를 보면, 지대장 타스미 나오후미는 9월 3일 황해도 신계에 도착하여, 곧바로 군의 전진에 필요한 양식을 징발하여 약 7일분을 나누어 휴대하도록 하고 조선인 인부와 운반 재료·태수駄獸(짐을 싣는 우마를 말함) 등을 징집하는 등 출발 준비를 마쳤다.[68] 이 부대는 9월 7일 수안군, 9일 삼등, 12일 강동현 등을 거쳐 9월 15일 평양에 진입했다. 제3사단의 일부인 원산지대는 8월 28일부터 30일에 사이에 원산에 상륙했는데, 지대장 사토 타다시는 9월 1일 원산을 출발하여 3일 양덕, 7일 금사동, 8일 성천, 11일 온정 부근에서 대동강을 도하해 사입장에 도착했다. 이어 13일 순안현, 14일 평양 북방 감북산에서 노영을 한 후 9월 15일 오전 5시 공격 명령을 내렸다.[69]

한편 육군 주력의 평양 방면 행군에 부응하여 일본 해군도 9월 5~6일을 기해 포함과 수뢰정을 대동강에 파견하여 철도鐵島 하류의 도진선渡津船을 철도 부근에 집중시켰다. 해군은 양식 운반선의 호위와, 육군의 평양 총공격 시 후방에서 조력하여 청국군을 쳐부수고 압록강 하류까지

진격해 적의 퇴로를 차단할 준비를 하고 있었다.[70]

북상하는 일본군은 개성의 전신국을 점령하고, 평양 방면으로 가는 전신도 차단하면서 전진했다. 일본 군대의 북진에 조선 정부는 미리 각 연도의 지방관에게 가급적 일본 군대에 편의를 제공할 것을 명했다. 일본군은 자신들에게 협조하지 않는 관내 각 군현의 지방관에 대한 인사권에 간여하여 교체하기도 했다. 9월 4일 혼성여단은 황해도 서흥부에 도착했다. 이때 청국군과 내통하면서 일본군의 징발에 응하지 않고 오히려 이를 방해하는 것을 독려한 혐의로 서흥부사 홍종연을 가두고 참모 나가오카 가이시가 직접 취조했다. 일본군 혼성여단 선발대와 동행하면서 취재하던 《유빈호지신문》 기자 치즈카 레이수이는 당일 일기에 다음과 같이 기록했다.

9월 4일 서흥. 우리 선발대는 결국 한 마리 소도 얻을 수 없었다. 관서의 큰 부에 소 한 마리 말 한 마리가 없고 또 염장도 없다. 대체로 부사 홍종연이 미리 근교의 여러 촌에 사람을 보내 왜병이 소와 말을 약탈할 것이니 일찍 끌고 멀리 시골로 숨겨 놓으라고 말함에 기인한 것이다. 그러나 그가 처첩 및 가재를 서흥부府를 떠나 5리(조선 리로는 50리, 즉 20킬로미터 정도—역자 주)의 촌에 숨겨 놓았고 부의 창고에 있던 쌀 50석도 가까운 촌으로 옮겼다는 것을 정찰로 알게 되었다. 장군이 부에 들어가 부사를 소환하여 먼저 대일본제국이 의를 위해 한국을 도와서 서게 하고 청국을 토벌하는 것을 알리면서 크게 순리에 거슬림을 타일렀다. 그가 깨우치지 않자 우마·미맥·염장의 징발에 응하지 않은 이유를 힐문했다. 그가 말하기를 소가 없음은 우역牛疫 때문에 그런 것이고 말은 촌사람이 멀리 데려갔다고 하여 그 언어가 자못 모호한 데다 끝까지 실토하지 않았다. 그를 일으켜 세워 힘이 센 사람이 달려와서 그를 땅에 내던지니 그는 아울러 엎어졌다. 그의 품안을 살펴보니 적에게 우리 군의 사정을 고하는 문서의 초고 여러 매를 숨기고 있었다. 이에 부청의 뒤 회나무에 묶어 놓고 읍의 이방 아무개를 불러 자백하게 했다. 홍의 머리를 풀어뜨리고 관모를 부수고 크게 몇 차례 호통을 치니 마침내 다시는 웃으면서 말하지 않았다.[71]

이 기간 혼성여단장 오시마 요시마사가 정찰대로 미리 파견한 평양 분견지대장 보병 소좌 이치노에 효에로부터 받은 전문에 따르면, 서흥과 봉산의 인민이 '불온'하고 8월 17일 황주에서는 일본군 기병 3기가 조선군 때문에 상해를 입었다 한다. 또한 황주 서쪽에 청국병 2,000명이 주둔하고 있는데, 당일인 18일에 서흥에 왔다는 소문도 있다고 했다. 혼성여단장은 이를 지역 관리들과 청국군이 비밀리에 연결된 것으로 파악했다. 이에 본국의 참모총장에게 전보하여, 서흥부사 홍종연이 신정부의 명령에 따르지 않고 일본 정부에 모욕을 주며 '한결같이 중국을 위해 진력하는' '완고한 지나당支那黨'이므로 그를 포박 징계하고 그를 대신할 사람을 뽑을 필요가 있다고 주장했다.[72] 홍종연의 취조 과정을 기록화로 남긴 구보다 베이센도 당시 상황을 묘사했다. 그는 홍종연이 오시마 소장을 방문하여 크게 비위를 맞추는 말을 했는데 나가오카 참모장이 그 자리에서 지난 며칠 동안 그의 행위를 힐문하자 모호하게 답했다고 한다. 그러나 이방이 부사의 비밀을 모두 폭로했기 때문에 참모장이 곧바로 병사들에게 명을 내려 홍종연을 옥에 가두는 한편 그 내용을 서울의 일본공사에게 전보하여 조선 정부에 죄인을 압송할 사자를 보내라고 제안했다는 것이다.[73] 홍종연은 제1군 사령관 야마가타 아리토모가 "맹약(《조일양국맹약》을 말함)을 위배하고 일본군을 모함했다" 하여 일본군 제5사단에 일시 구금되어 있다가 외부대신 김윤식의 항의로 풀려났지만 곧바로 조선 정부로부터 공식 파면되었다.

> 아뢰기를, 지금 황해감사 정현석이 올린 장계의 등보謄報를 보니, 서흥부사 홍종윤(홍종연의 오기)이 일본군 진영에 구금되었으며 아전과 백성들은 도망가서 흩어졌다고 했습니다. 비록 이 일이 어떻게 해서 발생했는지는 모르겠으나, 수치를 보인 것이 대단히 크므로 그대로 내버려 둘 수는 없습니다. 우선 그를 파면하고 관찰사가 "그 곡절을 다시 조사하여 보고하도록 하는 것이 어떠하겠습니까?"라고 하여, 윤허를 받았다.[74]

앞서 1부 2장에서 살핀 것처럼 일본군의 경복궁 점령 직후 홍종연은 외부독판과 총리대신에게 올린 서한에서 조선이 '자주국'임을 강조하고, 일본군의 서울 진출은 "참으로 백세를 두고 잊을 수 없는 것"으로 성토한 바 있었다.[75] 홍종연은 오시마 혼성여단장이 파악한 '한결같이 중국을 위해 진력하는' '완고한 지나당'의 모습과는 다른, 개명관료의 한 사람으로 보인다. 예컨대 그는 그해 7월 무렵 외무독판과 총리대신에게 다음의 서한을 올려 근대적 의회 설립을 주장한 바 있었다.

뭐니 뭐니 해도 모든 것은 조정이 인심을 잃은 것에서 연유하고 조

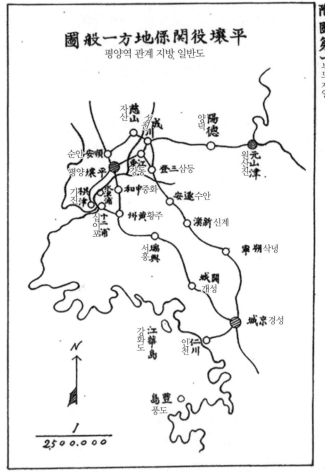

《일청전역日淸戰役 평양의 전투平壤ノ戰鬪》

1934, 방위성 방위연구소, 육군 일반사료, 부록. 인천과 서울, 원산에서 각기 평양으로 일본군이 출병하는 거점 지역에 관한 간략 지도.

정이 인심을 잃은 것은 말길[言路]을 열어놓지 않은 데서 연유하며 언로를 열지 못한 것은 인민들의 의논을 모으는 자리를 설치하여 올바른 말을 널리 받아들이지 못한 데 연유합니다.……정작 의원議院을 창시하라는 명만 내리면 국민의 호응이 따라 일어나, 추요芻蕘(초목樵牧)·암혈巖穴(은일隱逸) 할 것 없이 모두가 줄지어 나와 소견을 말할 것이니, 그중에서 편리하고 실리적인 것만을 골라 실제 정치에 반영한다면 얼마나 아름답고 좋은 일이겠습니까. 그러면 우로는 청과 화목하여 친밀한 우의를 지키고 좌로는 일본과 화친하여 부지런히 정성을 다하며 밖으로 구미·러시아 여러 나라와 무슨 뒷수습의 염려가 있겠습니까. 위아래가 같은 마음으로 낮에는 부지런하고 밤에는 조심하며, 비고非古 비금非今 비인非人 비아非我의 법으로 그 운명을 쇄신하면 백성을 교화하여 풍속을 완성하고 부국강병을 기약할 수 있을 것입니다. 이렇게 지극히 공정하게 하여 유구한 세월이 흐르면 천하의 으뜸 국가가 될 수도 있을 것인데, 어찌 자주독립국뿐이겠습니까.[76]

홍종연이 어떤 의도를 가지고 이를 건의한 것인지에 대해서는 알 수 없다. 아사히신문사 종군 특파원 니시무라 도키히코는 홍종연의 건의서를 읽고 "입한入韓 이래 처음으로 지사志士의 말을 들었다"면서 홍종연은 "조선 유수의 인물이자 조선 유수의 대문자大文字"(《도쿄아사히신문》, 〈입한일록入韓日錄〉, 1894년 7월 20일)라고 호평한 바 있다.[77] 그렇지만 그의 주장은 일본 측의 특별한 언급을 제하면 근대식 의회제의 경험을 갖지 못했던 당시뿐 아니라 정국의 변화 과정에서도 세상 사람들의 관심을 끌지 못했다. 그러나 이 문제는 곧바로 대한제국 시기에 들어서면서 중추원의 위상 및 역할과 관련하여 본격적으로 재연되었다. 또한 그의 입론은 위정척사보다는 국제주의자의 모습에 가까워 보인다. 그럼에도 일본군에 비협조적인 내용만을 문제 삼아, 시대를 보는 안목과 능력과는 달리 조선의 부국강병과 자주독립을 갈망하던 그를 청국과 내통하고 문명개화를 방해하는 고루한 비문명적인 인물로 둔갑시켜 버린 것이다. 10월의 파면 이후 그는 오랫동안 구금되어 있다가 1895년 5월에 석방되었다. 그 이후 역사 기록에서 홍종연의 발자취는 더 이상 찾아볼 수 없다.

비협조 관리의 교체

일본군 혼성여단 주력은 9월 6일 황해도 봉산에 도착했다. 그런데 사흘 전인 9월 3일에 청국군 72명이 이 지역 관아 창고에 있던 화약과 총탄 등을 봉쇄하고 총을 주민에게 나눠 주어 사격 연습을 시켰다. 또한 일본인 1인을 참하는 사람은 마제은 한 냥을 상으로 주기로 약속했다는 사실도 확인할 수 있었다. 이에 혼성여단장은 3명의 군인을 군수에게 보내 조선인들이 화승총과 칼을 휴대하는 것을 힐문하고서 민가에서 소장한 총을 거둬들이고 산에 숨긴 쌀 80포와 나머지 무기 등도 확보했다.[78] 이후 황주로 북상하여 청국군 동향을 엿보던 혼성여단 참모 나가오카 가이시는 황주부사도 힐책했다.

상원군에서는 청국군에 협조한 혐의를 들어 군수 이응국을 체포하고 그로부터 청국군의 동정을 탐문했다. 9월 9일 혼성여단 본대를 나누었는데, 부하를 인솔하고 상원으로 향하던 다나베 대위는 아산의 패잔병이 도주하다 상원군에 이르렀고, 예지차오가 며칠 동안 관청에 체류했던 사실을 확인했다. 당시 상원군수가 평안감사의 명을 받고 조 200포와 닭 약간을 징발하여 청국군에 보낸 것이 확실하다고 판단하고 군수를 지대 본부에 구치시켰다.[79] 갑오개화파 정부는 예지차오 등 패잔군이 강원도와 함경도를 지날 때 해당 지역의 지방관들이 의정부의 지시 없이 군량·마초·우마 등을 민간에 배당해 백성들을 소요케 하는 등 민폐를 끼쳤다는 사실을 거론하고, 강원 관찰사와 함경 관찰사를 추궁, 지방관들은 임시로 직무를 그대로 수행하도록 했다.[80]

이와는 달리 양덕현감의 경우 원산 일본영사가 공사에게 그의 유임을 상신하라고 조회한 일도 있었다.[81] "황해도 황주 이북 및 의주 연도의 각 지방관은 모두 이임하고 도피"했기 때문에 일본공사 오토리는 조선 정부에 후임을 시급히 파견할 것을 요구했다.[82] 반면 평양의 청국 진영에서는 황제의 명령이라면서 관찰사와 수령을 교체하지 못하도록 했고,

서흥부사 홍종연.
일본군에 체포된 후 의관이 불태워지고 목에 칼을 차고 심문을 받고 있다. 일본 종군기자들도 옆에서 거들고 있다(구보다 베이센 그림).

갑오개화파 정부의 신정新政 문부文簿도 발송치 말도록 했다.[83] 그 결과 신임 평안감사 김만식金晩植의 경우처럼 정부에서 새로 임명한 관서 지역 수령들은 부임할 수 없었다.

당시 평안감사 민병석은 갑오개화파 정부에 의해 해임된 상태였고 신임 감사로 외부대신 김윤식의 형이자 《한성순보》를 간행한 경험이 있던 친일인사 김만식이 임명되었다. 그러나 청국군이 평안도 일대를 점령한 상태에서 평양의 마 대인, 즉 마위쿤은 "이러한 때에 도백을 교체하는 것은 틀림없이 왜인들의 위협 때문이다"[84]라면서, 신임 감사의 부임을 막았다. 평양 주민들도 "이 감사(김만식을 말함)는 왜놈의 손에서 나왔기 때문에 우리의 감사로 삼을 수 없다"[85] 하고 받아들이지 않았다고 한다. 그 결과 중앙정부의 의지와는 달리 민병석이 여전히 감사 업무를 수행하면서 조정의 명령을 따르지 않고 청국군에 적극 협조하고 있었다.

김만식은 평양서윤으로 임명된 서병수와 함께 황해도 황주와 봉산 사이의 정방산성에 여러 날을 머물면서 대동강을 건너지 못하고 기회만 엿보고 있었고, 신임 병사 이용한도 중간에서 저지당해 부임하지 못하는 실정이었다.[86] 이러한 상황이었기 때문에 평안도에서는 "민병석은 청나라의 감사이며, 김만식은 일본의 감사[倭監司]"[87]로 불렸다. 황현에 따르면 민병석은 일찍이 대유학자 간재 전우의 문하생으로, 평안감영에 있을 때 자칭 학문을 강론한다면서 수시로 유학자가 쓰던 관과 겉옷 차림으로 유생을 불러 《중용》과 《대학》을 가르쳤는데, 하루도 빠짐없이 뇌물을 받았고, 성품이 나약하고 세상일에 어두워 무슨 일이든 세밀하게 살피지 못했으므로, 서도민들은 이런 그를 '강학적講學賊'이라고 불렀다고 한다. 김만식은 평양 전투가 끝난 후인 9월 26일에야 평양에 도착했으나 일본군 수뇌부가 선화당을 차지하고 있어 영유저사永柔邸舍를 처소로 정할 수밖에 없었다.[88]

평북 용천 관아에서 보내온 서울 소식 '정사축政事軸(정사에 관한 두루마리)'을 보면 평안도의 구정과 신정, 즉 일본군의 경복궁 점령과 갑오개혁으로 인한 청국과 일본의 권력 교체 과정에 대한 양국의 입장을 이해할 수 있다. 김영식에 의하면 관제와 의복제도 및 기타 장정章程은 한결같이 '왜제'를 따랐고 대관은 모두 개화관료들을 임명했다는 것이다. 그러나 "청군 진영에서는 황제의 명령이라고 하면서 도백과 수령을 교체하지 못하도록 하고, 청국 조정에서 결정하기 전에는 마음대로 임지를 이탈하지 못하도록 했으며, 신정을 일체 발송하지 말도록 했다"[89]면서 그 결과 감사의 거취가 기한이 없게 되었으니 한탄스럽다고 기록하였다. 일본군의 경복궁 점령 직후 반일 무장전투를 전개하던 평양 병정의 부대였던 서영西營도 결국 해체되었다.[90]

민병석閔丙奭(1858~1940).
충청도 회덕 출신. 청일전쟁 시기 평안도 관찰사였는데, 일본군이 평양성을 점령하자 도주하였다. 대한제국 시기 농상공부, 궁내부, 군부, 학부, 내부, 탁지부 대신 등 주요 직책을 역임하였다. 국권 피탈에 앞장선 대가로 일제강점 직후 일본 정부로부터 자작 작위를 받았다.

이러한 현상은 황해도에서도 마찬가지였다. 원래 이 지역은 김규홍金奎弘이 관찰사로 있었는데 7월 28일 신임 감사로 김춘희金春熙가 임명되었고 김규홍은 판의금 부사로 전임되었다. 그러나 중국 측에서 이를 거부하여 새로운 감사에게 인수印綬를 넘겨주지 말 것이며 만약 이를 어기면 군율로 처리하겠다고 명해 해임된 황해도 관찰사가 평양으로 퇴주하는 청국 병사들을 영접했다 한다.[91]

당시 일본 측의 파악에 의하면 황해도의 부사와 병사는 모두 청국군에 협조하여 서흥 이북의 인민들에게 병기를 주어 매일 훈련시켰고, 황해도 주민들도 모두 일본인을 흘겨보고 돌을 던지고 칼을 휘두르는 상황이었다.[92] 당시 《고쿠민신문》 기자의 종군 기록에 따르면 평양 전투 직후 뒤늦게 발견된 청국군 문서 중에는 황해도 병마절도사 이용관李容觀이 9월 3일 평양의 쭤바오구이에게, "서흥부로부터 왜병 1,000여 명이 어제 3일(9월 2일) 해당 부에 도착하여 지금 전진할 모양임을 보고드립니다. 이어 오늘내일 중에는 우리 주에 도착할 것입니다. 시급히 한 지대의 병사를 파견하여 고독한 성을 보호해 주실 것을 간절히 원합니다"[93]라는 내용의 서한을 보낸 사실을 밝히고 있다.

서북 지역의 이와 같은 상황에서 오시마가 이끄는 혼성여단은 봉산을 출발하여 9월 7일 황주에 입성했다. 이때 성안 사람은 모두 도망하여 길에는 한 사람도, 집에는 한 개의 물건도 없었다 한다.[94] 이용관이 그 휘하를 이끌고 진안문 밖에서 혼성여단을 맞이했고 여단 사령부를 절도사영에 마련했다.

또 다른 종군기자인 《주오신문》 특파원 가와사키 사부로川崎三郎(필명 가와사키 시산)에 따르면 이용관은 "처음에는 청군과 통하여 양식과 한전韓錢을 보내어 가장 힘을 다했고, 우리 군이 서흥에 이르자 또한 밀사로 글을 보내 속히 진군하기를 희망하는 뜻을 표했다"고 한다. 당일 혼성여단장 오시마는 그를 문책하지 않았지만 다음 날인 9월 8일 아침 나가오카 가이시 소좌에게 힐문케 했고 그 결과 이용관은 태마를 징발하고 한전을 모아 일본 화폐와 교환하고, 병기를 바치는 등 적극 협조했다고 한다.[95] 그러나 병마절도사가 이같이 일본군에 적극 협조했음에도 불구하고 평양 전투 직후 일본공사 오토리 게이스케는 외부대신 김윤식에게 공함公函(공적인 편지)을 보내 오시마 혼성여단이 황주로 진군할 때 병마절도사 이용관이 휘하 병대를 시켜 총격을 가한 일이 있다며 이를 엄히 경계할 것을 요청했다. 김윤식은 이를 받아들였다.[96] 실제로 9월 8일 저녁 무렵에 청국군과 함께 일본병에게 총을 쏜 조선군 병사 한 명을 체포한 일이 있었는데 심한 고문에도 그는 입을 열지 않았다고 한다. 일본군은 조선 관리로 하여금 성벽 근처의 채소밭으로 끌고 가게 해 처형했다.[97]

일본은 평양 전투 직전 인천부사 겸 인천항 감리통상사무 김상덕金商悳도 경질했다. 9월 3일 인천 이등영사 노세 다츠고로가 공사 오토리에게 "김상덕은 청국의 여러 사람과 은밀히 결탁하여 청국영사를 도와 일본 군대에 관계되는 크고 작은 일을 그들에게 밀보한 사실이 적지 않다"고 보고했다. 그는 인천이 일·청·한 삼국의 요충이며 경성으로 가는 요충지로 일본 군대를 위해서도 매우 중요한 곳이므로 이곳의 감리를 얻느냐 못 얻느냐 하는 것은 군대뿐 아니라 나아가 상업상 이익에까지 영향을 미친다고 주장했다. 그 결과 민 씨 척족의 대표 인물 민영준의 문하생 출신인 김상덕을 해고하고 감리는 개화당 중에서 선발하되 주사 한 사람만이라도 일본어를 아는 사람을 임용해 줄 것을 청원했다.[98] 이어 9월 10일 노세는 다시 공사에게 김상덕이 감리는 그만두더라도 감리를 감독하는 부사로 유임될 것이라는 소식을 전하면서 부사로도 유임되지 않도록 조선 당국자에게 권고하라고 상신했다.[99] 결국 인천부사 김상덕은 그로부터 한 달여 만에 스스로 내무아문에 신병으로 인한 체직을 청원하여 허락을 받는 형식적 절차를 거쳐 해임되었다.[100]

인마 징발의 실상

일본군의 경복궁 점령 다음 날인 7월 24일 인천 병참사령관 다케우치 세이사쿠는 김가진과 안경수를 만나 인마 징발 등 병참 보급에 관한 다음의 문안을 기안해 안경수로 하여금 이 내용을 대원군에게 알려 실행할 것을 요구한 바 있다.

> (조선 정부는) 향후 일본 군대가 필요로 하는 양식 및 인마 등을 우리의 요구에 응해 마땅히 그 필요한 것을 신속히 제공할 것이고, 각 지방관 또한 능히 이 뜻을 헤아려 힘껏 주선하여 편의를 주어야 할 것으로, 감히 위반하지 말아야 할 것입니다. 일본 군대가 구매하는 양식과 사용하는 인마는 반드시 넉넉히 그 가격을 지불할 것입니다. 지방관 및 인민은 감히 이 명령을 따르지 않으면 엄히 처벌할 것입니다.[101]

다케우치는 인마 징발에 조선 정부 측의 구체적인 협력을 구하는 동시에 일본 군대가 행군할 때 조선 정부가 관리[役부]를 붙여 군대와 같이 행진시키고, 연도에서 인마와 양식 징집에 주력해 줄 것을 요구했다. 그러면서 3명의 관리와 6명의 심부름꾼[下働]을 당일 즉시 일본 병참감에게 제공하라고 강박했다. 오시마 혼성여단장이 평양 분견지대장 이치노에 소좌에게 보낸 8월 10일 자 훈령에 따르면, "물자 공급은 연도 및 임지의 조선 관리에게 청구하는데 이에 관한 조선 정부의 공문을 귀관에게 송부하니 그 대가는 모두 일본 화폐로 지불할 것을 약속했고 또한 조선 관리 여럿을 귀관과 동행하게 했다"는 것이다.[102] 이와 같은 준비절차를 마치고 속전속결주의를 취한 일본은 8월 26일 〈양국맹약〉체결 이후 조선 군대를 평양 전투에 동원할 것과 인부와 식량 징발을 조선에 강요했다.

그러나 성환 전투 때와 마찬가지로 조선인의 반일 감정과 동원된 인부들의 도망은 계속되었다. 일본군 부대가 황해도 강령을 왕복하면서 해주 서쪽 취야장에 머물던 때 최윤학이라는 자가 일본군들에게 취사를 제공한 일로 동학농민군에게 살해당하고 가산도 모두 **빼앗긴** 일이 있었다.[103] 8월 경기도 장단에서는 일본군 군량 수송 명목으로 군의 좌수 남형철이 '군량을 실어 보내는 수레를 대신하는 돈[軍粮馱送流馬代錢]'이라 가칭하고 각 동 집강執綱을 비롯한 촌민을 수탈하고 각 면과 각 동에 강제로 징수하는 등 폐해를 일으켜 동민들이 원정原情을 올렸고, 그 결과 그는 다음 해 4월 경기감영을 거쳐 법부 고등재판소로 압송되었다.[104] 남형철은 8월 24일 혼성여단 사령부가 장단에 도착했을 때 특이하게도 일본 군대를 위한 인부 동원을 주선하는 등 자발적으로 적극 협력한 자였다. 여단장 오시마는 이에 즉석에서 그에게 10원을 주어 격려했고 또한 경성의 오토리 공사에게 서한을 보내 조선 정부가 포상하도

록 한 바 있다.[105]

평양 출동 일본군은 식량 부족으로 평양 전투 직전 상원에 전진할 무렵에 이르면 전군이 모두 굶주렸다.[106] 병참기관이 준비되어 있지 않았던 제5사단은 인마 징발도 물자 조달도 매우 어려웠다. 그로 인해 북진은 예상보다 며칠 지체될 수밖에 없었다. 백방으로 수단을 강구해 식량과 말먹이 수송에 노력했음에도 "겨우 기아를 면하는 데 불과할 정도였다"고 자평할 정도였다. 제3사단 사령부는 8월 28일 원산에 도착했는데 원산—평양 간 병참선로를 설비했으나 도로가 험준해 군수품 수송이 매우 곤란했다. 9월 9일 인천에 상륙한 후 곧바로 평양으로 출발한 후발 제1군 병참감부도 험악한 도로, 연도의 가옥과 주민의 희박함 등 비슷한 상황을 겪지 않을 수 없었다.[107]

특히 원산부터 양덕 이서 지역, 즉

가와사키 사부로, 《조선혁신책: 일명 일청개전론》(1894년 7월 발간) 표지.
가와사키 사부로川崎三郎(1864~1941)는 1893~1894년 '신문기자동맹'의 리더로서 이른바 대외경파의 일익을 담당하였다. 이 책에서 일본인 이민의 조선 이식론을 주장하였는데, 개전의 결과 청국 세력을 조선에서 축출한 후 구체제를 일신하기 위해 이왕가를 추방하고 조선의 명족名族 중에서 조선공朝鮮公을 선정하여 조선공국朝鮮公國을 만들고 이를 일본의 보호 아래에 두어 내정을 개혁하자는 방책을 제기하고 있다.

양덕–성천 간은 조선인 인부 및 태우駄牛를 사용했는데, 성천–평양 간은 조선인 인부가 도망해 부대의 전진에 차질이 생겼고 양식 공급도 "어려운 처지가 극에 달했다."[108] 결국 일본인 인부 800여 명을 긴급 투입해 양식을 공급할 수 있게 되었다 한다. 제3사단 병참감부는 몇 안 되는 일본인 인부와 구입한 소로 군량을 운반하게 되었다. 그런데 종군기자 가와사키 사부로에 따르면 양덕 이서 지역에서 병사들은 하루 양미 4홉만 받았고, 부족분은 밤과 콩 등을 현지에서 징발했는데 병사들 식량으로 충분하지 않았다. 평양 공격 당일인 9월 15일에도 제5사단 주력과 혼성여단·삭녕지대·원산지대는 모두 단 이틀분의 식량만을 소지했을 뿐이었다.[109] 또한 당시 일본 측은 조선인 인부의 임금으로 5~6리厘, 한전 3관문 내지 4관문(1원 50전 내지 2원)을 지불했는데, 그 부담 물량이 일본인 인부가 4 내지 5관목貫目(중량 단위) 정도 짊어지는 반면 조선인 인부는 두 배 이상인 십수 관목의 무게를 지고도 군대 행진을 따라갈 수 있어 "그것은 자못 우리[일본] 군이 편리한 바"라고 했다. 이는 고용 인부의 국가별 차별 사례이다.[110] 그러나 가와사키는 조선인 인부는 지시를 거부하고 감시인의 틈을 엿보아 짐을 버리고 도망하는 등 사역하기 매우 어렵다는 점도 강조하였다.[111]

후발대로 원산을 거쳐 서울로 들어온 보병 제22연대 군조軍曹 하마모토 리사부로도 일본군의 조선인 인부 모집의 어려움을 다음과 같이 일기에 적고 있다.

8월 8일 저녁 회양부에 도착. 모명某名은 무사히 도착했지만 양식은 속행되지 않았다. 피로 때문에 300여 마리 소가 무참하게 죽어 지금 겨우 남은 것은 100여 마리. 군부軍夫 2인에 미 4두斗(56킬로그램)를 할당했지만 피로 때문에 실제로는 2인에 대해 2두(28킬로그램)를 운반케 했다……한인을 고용하려고 해도 응하지 않는다. 강제적으로 고용하면 도중에 하물을 버리고 도망가 버렸다. 감독자인 하부관下副官 다쿠미 고타로도 만 가지 방책을 써 보았다. 인부를 엄혹하게 지휘하면 이구동성으로 "이렇게 괴로움을 겪게 할 바에는 한번 생각해 보고 목을 치세요"라고 말했다. 지금 하부관은 그들에게 군기의 엄정함을 알게 하려고 칼을 쥐고 한 인부의 목을 베었다. 다른 인부들은 놀라 부르르 떨면서도 짐을 지려는 자가 없었다. 의연히 길 옆에서 웅크리고 죽기만을 기다릴 뿐이었다. 야스만 신아이 대대장은 이 참담한 모습을 목격하고 큰 결단을 내려 인부를 위로하고 그 완력에 따라 필요 하물을 배당하고 다른 것들은 들판에 내버렸다.[112]

8월 17일 혼성여단장은 징발증을 부여하고 "가능하다면 온화한 수단으로" 부사와 현감 등을 충분히 보조하여 군량미와 군수품을 현지에서 징발하는 한편 "강박 수단을 써서" 징발한 인부와 우마는 감시인을 붙여 철저하게 관리하여 숨거나 도주하는 것을 방지하라고 지시했다.[113] 이와 관련하여 당시 서울과 인천의 일본인 거류민 수십 명이 "군대의 궁상을 좌시할 수 없다"며 인부 감독 등을 자원해 자국 군대의 행진을 도왔다고 한다.[114]

황해도 곡산부에서는 9월 5일 일본군 74명이 부청에 도착한 뒤 군량 준비를 여러 차례 독촉해 백미 20석, 콩 14석, 보리 5석, 밀 5석을 지역 백성들로부터 징발하여 지급했고, 백성들의 소 19두 및 관청 말 6

필도 그들에게 제공했다.[115] 황주를 거쳐 중화로 향하는 혼성여단 주력의 병참과 군량미도 운반과 보급이 미약했고 수백 명의 일본 인부가 전염병에 걸려 귀국함으로써 운반에도 큰 차질이 빚어졌다. 서흥 이후 평양 전진 때 역병으로 폐사한 소가 420두가 될 정도로 많았기 때문에 운반력도 감소되었다. 행진 도중 길가에서 징발을 해서 매일매일 변동의 폭이 매우 클 수밖에 없었다. 이와는 달리 삭령지대의 경우 가혹한 현지 징발을 원활히 수행하여 양식 공급에 큰 지장 없이 예정대로 행군할 수 있었다 한다.[116]

강제 징발 차원을 넘은 민가 침입과 강탈의 경우도 있었다. 일본군 어용선 우에키치마루가 임진강 정박 중 치중병 1등졸 하기와라 히사타로와 이 배의 적재하물 감독 미야모토 겐타로는 각기 군도와 일본도로 무장하고 하선해 인근 소재 주민 박원동의 집을 습격했다. 이들은 박원동에게 닭을 내어오라고 협박하는가 하면 호박 5개와 엽연초·담뱃대 등을 탈취하고 돼지 1마리를 칼로 찔러 죽인 일로 체포되어 군법회의에 넘겨졌다.[117]

일부 지역에서는 일본군의 토지사용료 미지급이 문제가 되었다. 예컨대 9월 부산을 통해 북상한 일본군은 경북 달성 사문沙門에 머물던 기간에 주민의 밭을 빌려 1두락마다 도조로 6냥씩, 즉 38두락에 228냥을 주기로 하고 대구사령부에서 증표를 만들어 주었다. 그런데 다음 해 1월까지도 지불하지 않아 주민들은 달성판관에게 소장을 올렸다. 그럼에도 불구하고 일본군사령부는 일본공사에게 전보했고, 공사는 다시 이를 조선정부에 조치토록 했다고 경북 관찰사에게 회신했다.[118]

3—중화 전투와 지역민의 반일운동

일본군 선발정찰대 파견과 전투

급기야 지역민의 반발은 일본군 협력자에 대한 폭행으로 이어졌고, 개성과 중화 사이의 일본군 기병은 주민의 치열한 저항과 방해로 서로 연락을 취하기 어려웠고 교체병력을 받을 수 없을 지경이었다.[119] 보병 중위 마치구치 쿠마스치는 오시마 혼성여단장의 명으로 이미 7월 5일 상인으로 변장해 13일 평양에 도착했다. 평양으로 출발하기 직전 그는 6월 30일 서울에서 고향 야마구치의 아버지에게 편지를 보냈다. 그 내용 중에, "조선은 들었던 것 이상 불결한 곳으로 가옥은 돼지우리 같고 사람들의 성질도 돼지와 유사하며 가옥이 밀집한 곳은 코를 막지 않으면 통행하기 어렵습니다"[120]라고 하는 등 조선에 매우 부정적인 이미지를 갖고 있었다.

그런데 서울의 일본공사관에서 파견한 도바시 중위, 히라다 중위 등 육군 사관士官도 평양의 상황을 시찰하고 있었다. 이들은 집을 빌려 거주하면서 과자 및 잡화상·매약상 등으로 위장 활동했다. 그러던 중 7월 20일 청국군 5영이 압록강을 건넌 사실을 여단장에게 보고하고자 전신국으로 가는 도중 주민 200여 명이 이들의 방을 습격하여 돌을 던지고 폭행하여 부상을 입고 중화로 피신했다.[121]

또 다른 기록에는 50~60여 명의 평양 주민에게 폭행당한 마치구치가 임시로 머물던 일본인 잡화상 이마이 나카지로의 가게로 되돌아왔는데 그들이 여전히 집을 둘러싸자 이에 맞서다가 통역인 사에키 고타로가 부상을 입었다 한다. 이에 마치구치는 전환국(전신교환국)에 가서 중군中軍에게 보호를 호소했고 그러자 주민들도 물러섰다는 것이다. 그러나 이들은 청국군이 순안까지 왔다는 소식을 전환국에서 듣고 대동강을 건너 중화로 도피했다고 한다.[122]

한편 개성 및 평양의 청국 전신국을 차압하라는 명을 받아 7월 23일 용산을 출발한 육군 기병 제5대대 기병 소위 다케우치 히데오 일행은 24일 개성부의 전신국을 접수하고 금천과 평산을 거쳐 북상했다.[123] 7월 30일 중화부에 도착한 다케우치는 여기서 마치구치 보병 중위와 합류한 후 중화를 근거지로 평양의 청국군 사정을 염탐하는 한편 평양 전신국 파괴를 시도했다. 당시 평양 관리의 기록은 다음과 같다.

> 7월 1일(음) 정오 무렵 8명의 일본인들이 각기 준마를 타고 대동강 동안에 와서 건너오기를 원한다면서 잠시 도대道台(관찰사)를 뵙고 봉함 서신 하나를 전할 것이 있다고 했다. 관찰부에서 그 간사하게 속이는 것을 우려하여 나루터를 엄히 경계하고 항척航隻(선박)을 깨끗이 하고 건너올 수 없도록 했다. 이에 3일 8명의 일본인은 물러가 중화군에 머물렀다.[124]

마치구치는 평양 주민들의 공격을 받아 중화로 퇴각했는데, 이를 "특히 사람들의 기풍이 악한 평양에 체재하면서 만 가지 어려움을 무릅쓰고 전방 적의 사정을 수색을 다했는데, 평양 토민의 박해"로 정찰 과정에서 부득이 퇴각했다고 했다. 이어 8월 5일 청병 2만이 평양에 도착했다는 첩보를 듣고 보고했고, 8월 9일 오후 6시경 먼저 은화와 한전의 교환을 중화부사에게 의뢰하기도 했다. 그러나 8월 10일 오전 4시 또다시 중화의 성안에서 봉기한 주민과 병사 20여 명이 화승총으로 마치구치 등 7명을 살해했다. 이때 마치구치와 함께 보병 제5대대 기병 소위 다케우치 히데오, 1등졸 아카자와 사이하치, 2등졸 니시 소우헤이·다하라 하치로, 통역 사에키 고타로·고바야시 하지메 등이 사망했다.[125]

당일 청국으로 타전된 평양발 전보에는 "중화에서 탐왜 8명을 참하고 1명을 체포"한 것으로 되어 있다.[126] 이 무렵 8월 12일 일본군 척후가 황주에 도착했다. 비밀탐정 가토 헤이자부로는 한인들의 풍문에 의하면 일본인 7명이 살해되었고 한인 1명이 탄환이 오금을 관통하고 귀가 잘린 후 체포되었다고 보고했다.

이와는 약간 다른 기록이 있다. 중화에 출장을 갔다 8월 16일에 귀경한 한 정찰 기병의 보고에 의하면 기병 소위 1명, 보병 중위 1명(마치구치 ○)을 포함한 9명의 척후가 8월 9일 새벽 중화에서 돌연 적병 200여 명의 배후습격을 받아 퇴각했다 한다. 이들 중 4명은 다행히 화를 면했지만 5명은 행방불명되었다. 그때 모 소위는 말에서 떨어져 탄환을 맞았고 또 마치구치 중위는 피하지 못했고, 정찰 기병 자신도 귀를 다쳤다고 보고했다. 당시 조선 정부에 도착한 사건 보고에 의하면 5명 중 3명은 죽었으며 2명은 생포되었고, 4명은 숨어서 되돌아갔다고 한다.[127] 그 결과 일본군 척후는 8월 14일 서흥으로 퇴각했다. 원산 주재 이등영사 우에노의 조선어 교사로 정탐차 평양에 파견된 김경옥의 보고에 따르면, "이달(8월) 초순 일본인 수 명이 용건이 있어서 민 감사(민병석)를 방문했지만 면회하지 못하고 부득이 귀로에 올라 중화에서 쉬고 있었습니다. 그런데 금세 청국군이 그 일을 듣고 기병을 몰아 4명을 포박하여 병영으로 끌고 가 총살했고 더욱이 가혹하게도 3일간 목을 시가에 효수했다고 합니다"[128]라고 되어 있다. 이 시기 또 다른 기록에는 이들 척후 기병을 체포한 청국군이 코에 구멍을 뚫어 끌고 다녔고 최후에는 사지를 절단하여 육살했다고 전해 들은 내용을 기재하였다.[129] 1895년 2월 9일 작성된 기병 제5대대 제1중대 2등졸 니시 소우헤이의 전사증명서에 의하면, "적의 급습을 받고 체포되어 우리의 정보를 실토하라고 신문당했지만 실토하지 않아 참수되었다"고 되어 있다. 이 사실은 평양 함락 후 후쿠시마 야스마사 중좌의 조사 시 적의 서류 중에 기재되어 있었다고 한다.[130]

청일전쟁 직후 작성된 〈니시 소우헤이 씨의 효수〉라는 제목의 기사에 따르면, "평양 함락 후 적의 군문을 살피니 '화병이 왜병을 중화에서 습격하여 7인을 죽이고 1인은 체포해 와서 규문하니 그 성명이 니시 소

'척후 귀신 다케우치가 중화에서 온 힘을 다해 싸우다[斥候鬼竹內於中和奮戰]'(다구치 베이사쿠 그림, 하코다테 시립도서관 소장본, 1894년 작성). 다구치 베이사쿠田口米作(1864~1903)는 판화가이자 니시키에 화가로 평양 전투, '충용忠勇 미담' 일본군의 뤼순과 진저우 점령 등 청일전쟁을 주제로 한 니시키에를 많이 그렸다.

우헤이였다. 아산의 일을 물었으나 사실을 실토하지 않아 곧 목을 베어 군문에 걸었다'고 운운"으로 되어 있다는 것이다. 이 내용에 부연해서 병사가 죽음을 두려워하지 않아 진정한 군인의 귀감이었다고 정리하고 있다.[131] 《도쿄니치니치신문》 종군 특파원 아라이 요시사부로新井由三郎 의 9월 10일 자 〈정청종군기征淸從軍記〉에 의하면 중화부 주렴정 주민들 이 청군과 교전 중 사망하여 버려진 히구치 중위 등 일본군 첩자들의 유해를 수습하여 매장해 준 사실이 확인된다. 아라이는 여단장이 "그 도탑고 친절한 마음[篤志]을 기리어 칭찬[賞讚]했다"고 덧붙였다.[132] 평양 전투를 위해 북상하던 혼성제9여단장은 중화를 지나던 9월 10일, 마치 구치 중위, 다케우치 소위와 병졸 3명, 통역 2명의 추도비를 제작하고 제문을 낭독했다.[133] 그런데 장문의 제문 내용에는 적탄에 맞아 사망한 후 시체가 오래 방치되어 있었다는 것만 거론했지 '참살'과 관련한 언 급은 전혀 없었음을 확인할 수 있다. 결국 니시의 '참수론'은 일본인들 의 적개심을 자극하기 위해 후쿠시마 야스마사가 조작했을 가능성이 농후하다.

중화中和 전투의 특징은 초기 전투가 일본군과 조선 민중의 전투라 는 데 있다. 평양과 중화에서 주민들이 격렬히 저항했기 때문에 여러 명의 척후가 사망했고 남은 일본군들은 황주 방향으로 후퇴하지 않을 수 없었다. 청일전쟁에 관한 일본 군부의 공식 기록으로 참모본부가 편 찬한 《명치 이십칠·팔년 일청전사》에서도 평양을 정찰 중이던 마치구 치 중위가 "한인이 그 위력을 빌려 공연히 일본인에게 반항했기 때문 에 중화로 물러가 그 임무를 계속했다"[134]고 정리했다. 이미 평양 전투 이전에 중화에서 진입하기 어려울 정도로 주민들의 거센 저항을 우려하였고 실제로도 일본군은 정찰대를 상실했다. 그러나 일본 측은 일본 통역관의 과실이 이를 초래한 것으로 축소 평가했다.[135]

이후 일본군과 청국군은 각기 황주성과 평양성을 근거지로 하면서 중화 지역을 최전선으로 하는 소규모 공방전을 계속했다. 당시 평양의 청국군 전위대는 대동강을 건너 중화·황주·봉산·서흥 지방까지 척후를 파견했다. 이 지역의 부사들도 청군과 통했고, 아래로는 서민에 이르기까지 청군을 돕는 사람들이 많았던 것으로 일본 측은 파악하였다.[136] 일본군은 봉산까지 진출하여 진을 친 후 황주로 진격했다. 평양을 향해 북진하던 일본군 혼성제9여단 정찰대가 8월 30일 금천군 금릉관에서 조선인이 청국군과 통해 화약을 운송하는 것을 적발하여 그중 1명을 살해하고 2명은 살려 준 일도 있었다.[137] 그 과정에서 황주와 중화 사이로 퇴각한 청국 기병과 보병이 9월 6일 황주 병영 남문 밖에 들어와 일본군 혼성여단 선두와 접전하기도 했다.[138] 기병 소위 다케우치 히데오의 고향인 미나미사이타마군 쿠로하마촌에서는 9월 23일 본군 징병위로의회 쿠로하마위원회 주최로 신죠지眞淨寺에서 장례의식을 거행했다. 여기에는 유족과 친족은 물론 현 지사·군장·감시구장·경찰서장, 본군 출신 중의원 의원과 현회 의원, 촌장 등 1,000여 명 이상이 참석했다.[139] 이렇듯 일본은 전사자에 대한 성대한 장례의식을 통해 자신들의 침략 행위를 국가와 지역사회 차원에서 정당화했다.

청국군과 일본군 정찰병 간에 참살이 이어졌다. 이때 조선인 복장을 하고 정탐하는 일본인을 잡기 위해 평양과 인근의 청국군 관할 지역에서는 보초를 두어 통과하는 사람을 일일이 조사하여 의심쩍은 사람은 군문으로 포박했다. 청국군은 일본군이 점차 압박해 옴에 따라 평양성

4문의 경계를 엄중히 하고 사람들의 출입을 수색했다. 이때 병으로 인해 대머리가 된 사람을 일본인으로 오인하여 잡아 가두었기 때문에 승려들은 모두 멀리 도망했다고 한다.[140] 이 지역에서 청국군은 조선인 복장을 하고 배회하던 일본인 1명을 체포하여 참살했는데, 6월 이후 참살된 일본인이 9명에 이른다고 한다.[141] 중화군 구현駒峴에서는 도강한 성군盛軍 초병과 의군毅軍이 상호 적으로 오인한 야간 격전으로 인해 50여 명의 사망자가 발생하고 평양으로 회군한 일도 있었다.[142]

비슷한 기간 황주에서도 청국군 간에 오해로 인한 전투가 발생했다. 조선 주재 청국 총영사관 직원 쉬인후이의 기록에 의하면, 음력 8월 상순 황주자사(목사의 오인)는 군량미 등을 충분히 갖추어 놓은 채 청군이 들어와 주기를 기다리고 있었는데, 일본군이 황주를 공격하려 한다는 소식을 듣고 평양의 예지차오에게 사람을 보내 신속히 군대를 보내 줄 것을 요청했다. 이에 총병 쭤바오구이는 출병하려 했으나 총통 예지차오가 이를 극력 저지했다. 쉬인후이는 예지차오가 평양이라고 하는 안락한 거처를 벗어나려 하지 않았기 때문이라고 단정했다. 이틀 후 '황주자사'가 다시 사람을 보내 부대 출동을 요구했으나 예[葉]는 여전히 거부했고 이때 쭤[左]가 단독으로 부대를 출동시켰다. 이를 알게 된 예가 쭤에게 공이 돌아갈 것을 시기하여 부대를 이끌고 쭤의 뒤를 따랐다. 그런 사실을 모르던 쭤는 한밤중까지 행군했고, 그 사이에 예의 부대에서 울린 신호용 북소리를 듣고 서로 오인해 맹렬한 전투가 시작되었다. 아침에 상황을 보니 사망자만 700여 명이어서, 황급히 시체를 매장하고 평양으로 철수했다는 것이다.[143] 이는 평양 주둔 청군과 황주의 조선군의 공조가 제대로 이루어지지 않았음을 보여 주는 것이다. 그 과정에서 청국군의 사기는 크게 저하되었다.

현지 주민의 저항

황해도 관찰사도 9월 7일 해주의 병영 남문 밖에서 청국군과 일본군이 접전한 후 청국군이 중화로 회군하고 일본군이 성내에 들어와 머문다는 사실을 장계로 정부에 올렸다. 그날 혼성여단 선발대인 이치노에 효에 소좌가 이끄는 전위부대는 원래 개성에 근거하면서 서흥과 평산까지 오갔는데 주민들의 저항으로 척후들은 청국군의 동정을 파악하기 어려웠다고 한다.[144]

이후 이치노에는 해주로 향하던 중 20여 명의 청국 평군 기병의 습격을 받아 40분 동안 응사했는데 청국군 기병 3명이 죽고 나머지는 조선 병사들과 함께 달아났다. 이후 일본군이 입성을 시도하자 그 과정에서 300여 명의 한병韓兵이 청국군과 연합하여 성벽 문에서 일제히 총을 쏘며 방어하다가 지탱하지 못하고 평양 방면으로 후퇴했다.[145] 당시 병영우후 이중철과 황주목사 이보인은 "난을 당해 도피하여 맡은 직무를 제대로 감당하지 못한 죄"[146]로 처벌받았다.

신임 평안감사 김만식은 평양 중군 이희식, 강동현감 민영순과 숙천부사 신덕균, 영변부사 임대준, 안주목사 김규승, 성천부사 심상만, 상원군수 이국응, 병영우후 김신묵과 대동찰방·자산부사 등 평양 전투 전후 청군에 협조하거나 관인을 버리고 임지에서 이탈하여 도망간 지방관의 파직 처벌을 청원하여 윤허를 받았다.[147] 이들 중 숙천부사 신덕균은 관서 선유사의 보고에 의하면 재임 시 재물을 탐내어 백성을 학대한 일로 옥에 갇혀 있었다 한다. 그가 군량미 500섬 값을 청나라 진영에서 받아 내고도 민간에게 지급하지 않은 돈이 1만 5,000냥이었다. 또한 백성 김롱·김성초를 비롯한 여러 사람에게 죄를 얽어 강제로 돈을 받아 내거나 하리下吏를 임명하면서 뇌물로 받은 돈이 1만 6,800냥이었다. 군량미를 사들인다는 핑계로 요민饒民 12명에게 강제로 빌린 돈이 4,800냥으로 모두 3만 6,600냥이었다는 것이다.[148]

이와 같은 평안도의 대대적인 지방관 파면은 일본에 적극 협력하는 인사로 재구성하기 위한 구실이자 제도적 장치 마련의 일환이었다. 예컨대 일본공사관은 양덕현감 박의병의 임기가 끝나 경무관으로 복직이 예정되어 있음에도 불구하고 그가 원산에서 평양으로 출동하는 일본 군대를 위해 진력했다는 점을 감안해 조선 정부에 그를 유임토록 조회하는 등 인사에 관여했다.[149] 이 시기 일본공사는 평양 이북의 지방관이 도피하여 빈자리는 조금도 미룰 수 없는 중대한 사안으로 이해했다. 그 결과 〈조일양국맹약〉의 제2조에 기재된 "일본국이 청나라에 대한 공격과 방어 전쟁을 담당할 것을 승인했으므로, 군량을 미리 마련하는 등 여러 가지 일을 돕고 편의를 제공하기에 힘을 아끼지 말아야 한다"는 취지에 부응할 것을 외부대신에게 요청했다.[150] 이는 압록강을 건너 청국으로 북진하는 일본군에 군량 등 편의를 제공하는 데 부사·군수·현감 등 지방관을 동원할 필요성이 절실한 상황에서 나온 것이었다. 일본군에 청국군의 경내 통과 사실을 보고하지 않았다는 이유로 ('일청병과경불보죄日淸兵過境不報罪') 황철연·서상욱·김준근 등 3인과 '일본 군영에 구속된 죄'('피구일진죄被拘日陣罪')로 오랜 기간 수감된 전 서흥부사 홍종연 등은 청일전쟁이 끝나고도 한참 후에야 석방되었다.[151]

이 기간 지방의 반일저항은 주로 징발에 반대하는 것이었다. 일본군

혼성제9여단장 오시마 요시마사의 중화 전투 추모.
'순국 용사의 묘.' 중화 전투에서 사망한 일본군 척후대를 추모
하는 목비를 세우고 추도문을 읽고 있다. 오시마 요시마사는 야
마구치현 번사 출신으로 이후 육군 대장까지 승진하였는데 전
일본 총리대신 아베 신조阿部晉三의 고조부이기도 하다.

이 북진하는 시점부터 저항은 더 적극적으로 전개되어 일본군 병참부를 습격하기도 했다. 또한 사태의 추이를 관망하고 있던 서상철 등 일부 의병세력의 봉기도 이끌어 냈다. 그러나 이후 전개된 평양 전투에서는 이두황이 이끄는 조선의 장위영병과 평안감사 민병석 휘하의 위수병이 일본군과 청국군 양편에 각기 참여하였다.

주민들의 반일저항은 다방면에서 지속되었다. 8월 중순에는 평안도 관찰사와 황해도 관찰사가 청군을 위한 미곡 매입을 의뢰하고 모으는 중이라는 혼성여단 참모장의 보고가 있었다. 8월 말 오토리 공사가 평양에 밀정으로 밀파한 이규진의 보고에 따르면, "서흥부 이북의 조선인은 모두 청군에 가담했고, 일본인을 잡아들이는 자에게는 한 사람당 2,500관의 상금을 내걸어 수렵인은 소총을 손에 들고, 다른 사람들은 모두 작업을 폐하고 각자 손에 무엇인가를 들고 길을 막고 있어, 마치 청군에게 일본인을 끌고 가는 것을 직업으로 삼고 있는 것과 같다"라면서, "청군보다 중화·황주 부근의 조선인이 더 위험하다"고 부연했다. 같은 기간 개성 지역 조선인 대부분은 일본군이 북상하자 피신했으나 일부는 국왕을 되찾기 위해 당을 모은다는 현지 일본인의 보고도 있었다. 9월 11일에는 일본군 선행대가 황주 부근에서 청국 기병 20여 명을 격퇴하고 입성하는 과정에서 조선군의 사격을 받은 사실도 당시 일본 군대의 여러 기록에서 확인할 수 있다.[152]

평양 전투 이틀 전인 9월 13일 순안 지역에서는 청국군과의 국지전에서 패한 사실 때문에 일본군 부대의 분위기도 격앙된 상태였다. 그들은 청국군과 내통했다며 조선인 통역 한 명을 공개 처단했다. 당시 원산지대 보병 오장 사카키바라 스미타로가 평양 방면으로 진군하는 도

중 겪은 일화를 다음과 같이 회고했다.

9월 13일. 순안으로 향하기 위해 숙영지를 나왔다. 여기서 점차 전투가 시작된 것이다. 이 전투가 시작되기 전에 한인 통역을 순안으로 보내 적병이 있나 없나를 시찰케 했다. 통역은 돌아와서 '순안에 적이 없음'이라고 보고했다. 그래서 우리 기병 7기를 척후로 순안에 보냈다. 그런데 이 척후는 적의 포위를 받아 말 1두를 빼앗기고 또한 1명은 부상하여 잠시 후 그곳에서 철수하여 연대로 되돌아왔다. 거기서 아무래도 통역이 의심스럽다고 말하기에 엄중히 취조했더니 예상과 같이 적의 간첩인 자로 판명되었다. 이에 바로 그를 꽁꽁 묶고 도망할 수 없게 감시했다.

9월 14일 오전 3시경, 이 통역은 포승줄을 끊고 도망치려 했다. 그때 보초로 파수꾼을 하고 있던 사람은 1등졸 이쿠라 젠지로였다. 통역이 도망하는 것을 본 이쿠라는 2~3정丁(1정은 60보-역자 주) 정도 쫓아가서 드디어 그를 잡아 다시 묶으려고 했다. 통역은 괴로운 나머지 이쿠라의 손가락을 물고 잘랐다. 이쿠라는 이에 굴하지 않고 묶어버렸다. 사토 연대장은 이쿠라의 용감한 행동을 상찬했다.

그날 오전 8시, 연대장은 연대를 집합시켰다. 이때 연대의 중앙 앞에 어젯밤 포박한 한인 통역을 끌어냈다. 사토 대좌는 이쿠라의 공에 감동하여, "군도를 빌려줄 테니 통역을 죽여라"라고 명했다. 이쿠라는 "저는 군도로 (머리를) 자를 수 없으니, 이 총검으로 찌르게 해주십시오"라고 연대장에게 원했다. 연대장이 이를 허락했다. 연대 장졸 전원이 침을 삼키며 보고 있는 그 광경은 엄숙했다. 이쿠라 1등졸은 연대장의 군도를 거절하고, "그러면 이것으로"라고, 갑자기 총검을 장착한 총을 자세 잡고, "몸통!" 용감한 기합과 함께 예리한 총검으로 찔렀다. 총검은 "꾹" 하고 통역의 명치 부근의 앞가슴을 찔렀다. "음!" 하고 말하는 고통스러운 신음과 함께 그는 순식간에 넘어졌다. 피가 세차게 흘러나와 부근을 붉게 물들였다. 맑고 깨끗한 출진의 혈제血祭라고 말하며 이를 보고 있던 일동이 기뻐했다.[153]

조선인 통역의 피가 솟구치고 처절하게 죽어 가는 절박하고 잔인한 상황을 보고도 "맑고 깨끗한 출진의 혈제라고 말하며 이를 보고 있던 일동이 기뻐했다"는 마지막 구절은 당시 도덕 불감증과 생명 경시가 일상적으로 만연된 일본군 전체의 일반적 이해 방식이었음을 생생하게 증언해 주고 있다. 폭력과 살인이 그들에게는 하나의 '축제'였을 뿐이다.

2.
평양 전투의
내용과 평가

1 — 선교리·모란대·현무문 전투

선교리 전투

청국군 4대 군은 7월 말부터 평양에 병력을 집중적으로 증가시키기 시작, 8월 4~9일까지 웨이루쿠이와 마위쿤·쥐바오구이·리성아 등의 부대가 차례로 평양에 집결해 총 1만 3,526명이 되었다.[154] 이들은 평양 외곽에 포진하여 보루와 포대를 설치하는 등 대대적인 진지 공사를 진행했다. 또 대동강 좌안에도 교두보를 구축하고 정찰병을 중화에 파견하는 등 전투 준비에 박차를 가했다. 그 과정에서 8월 청국 기·보병이 중화에서 일본군 척후를 습격해 과반을 살상하는 등 소규모 공방전을 벌이면서 팽팽하게 대치했다. 평양에 집중한 청국병은 아산에서 합류해 온 패잔병과 일부 조선군, 지방 포수 등과 합세하여 방어전을 준비하면서 일부는 함경도 원산으로 진출해 일본인 거류지와 군대를 습격하기도 했다.

반면 일본군은 대동강 가운데 양각도 주민 30여 명을 통해 평양과 그 부근의 청국군 동정을 탐지했다. 그사이 혼성여단은 9월 12일 중화를 출발하여 평양 대동강 대안의 선교리 건너 지점에서 청국군 일부 병력과 소규모 전투를 치렀다. 이후 전투가 개시되는 9월 15일 이전 일본군은 부대별로 거점을 나누어 다음의 위치에서 대규모 전투를 준비했다. 원산지대(사이토 대좌 인솔): 강동교점, 삭령지대(다치미 소장 인솔): 대지경동 및 원현, 혼성여단(오시마 소장 인솔): 수만교 및 적둔 지점, 사단본대(노즈 중장 인솔): 사천·신흥동 및 삼흑동.[155] 일본군은 이로써 모든 준비를 마치고 공격 명령을 기다렸다.

선교리 전투와 모란대·현무문 전투가 평양의 3대 전투이다. 이 중 대동강 남안의 선교리 전투는 청국군이 완승하고 일본군이 패한 것으로,[156] 당시 청국 측이 주장하던 '선승후패' 중 '선승' 단계에 해당한다. 선교리 전투는 청국군 2,200여 명, 일본군 3,600여 명이 참여한, 평양 포위전 중 육박전을 포함한 가장 격렬하고 가장 오랜 시간의 전투로 기록된다. 이 전투에서 일본군 전사자는 장교 6명, 하사졸 134명 총 140명이었고, 부상자는 장교 17명, 하사졸 270명 등 총 287명이었다. 이때 혼성여단장 오시마 요시마사도 가슴을 관통하는 총상을 입었다.[157] 니시지마 연대장, 나가타 포병대대장, 모리 보병대대장 외 중대장 3명의 장교가 부상을 입는 등 일본군은 매우 큰 타격을 받았다. 그 결과 평양성 공격을 준비한 혼성여단과 5사단 본대, 원산·삭령지대는 전진을 포기하고 숙영지로 되돌아갈 수밖에 없었다.

오시마 혼성제9여단장은 대동강변 선교리 일본군 전사자 유골 매장지 옆에 '오호 우리 여단 장교 이하 140명 충분전사의 묘'라는 글을 쓰고 추모사를 새겼다. 혼성여단의 전위로 후일 육군 대장이 되는 소좌 이치노에 효에는 당시 상황을 다음과 같이 회상했다.

9월 15일 선교리에 이르렀는데, 하안에 강대한 교두보 2개가 있고, 적이 굳게 지키고 있었다. 우리 병사는 육박전으로도 탈취할 수 없었다. 이어 제3중대를 증파했다. 싸움은 더욱 치열해졌다. 나는 제4중대를 정면의 각면보角面堡 내에 배치해 미리 준비했고, 3중대로서 제1교두보를 마주했다. 마치노 대위, 이마이 중위가 전사하고 쿠와키 대위, 큐만 소위가 부상을 입었다. 하사 이하 사상자는 57명에 이르렀다. 오후 3시 구선舊線(이전의 전선戰線)으로 물러날 것을 명했다. 사상 및 유기물을 처분하고 돌아왔다. 이후 여단장의 명에 의해 다시 이전의 노영지에 도착했다.[158]

이치노에 역시 선교리 전투를 평양 포위전 중 가장 격렬한 전투이자 일본군이 고전한 전투로 기록하였다. 처음에 삭령지대는 선교리 도선장에서 청국군 1개 중대와 전투를 개시하여 보병 2명을 참살했다. 반면 기병 승마 1두가 사살되었고 2두는 경상을 입었다. 그러나 중앙대 본대는 비석동 남단의 삼림으로 이동 시 대동강 우안 쪽으로부터 청군의 포격을 받아 많은 인원이 죽거나 부상을 입었다. 이후 청국군의 맹렬한 포격이 이어지고 보루로부터 사격을 받게 되자 일본군 포병도 청군에 접근해 응사했다.[159] 혼성여단 임시위생대 보고에 따르면 이 전투에서 부상당한 일본군은 모두 근처 인가에 모아 놓았지만 급히 옮길 수 없어서 운반병과 간호장·소·인부뿐 아니라 신문기자·마부·병사들까지 동원하여 붕대소(간단한 의료 설비를 갖추고 부상병을 치료해 주는 말단 보건기관)까지 운송했다고 한다.[160]

당시 선교리 전투를 주도한 청국 장수는 웨이루쿠이였다. 그는 직접 부대를 이끌고 대동강을 건너 일본군을 격파했다. 일본군 사상자가 427명이나 발생한 이 전투는 청일전쟁 지상전 중 청국군이 가장 잘 싸운

전투가 끝난 후 선교리 모습.
선교리는 평양성 대동강 건너편에 있는 지역으로 평양 전투 시작과 함께 대규모 전투가 진행되는 과정에서 주민들은 피란하였고 민가들도 병화를 입어 복구하기 어려울 정도로 참혹하게 파괴되었다.

전투이자 일본군이 고전한 전투로 꼽힌다.

그러나 평양에서 퇴수하자는 예지차오의 평양 후퇴론과 평군 대장 쭤바오구이의 주전론이 맞서 의견의 일치를 보지 못했다. 예지차오는 장수들에게 "적들은 승리를 타서 크게 이르렀고 선봉이 정예하다. 우리 군은 탄약을 받지 못했고 지세에도 익숙하지 못하니 각기 대오를 정비하여 잠시 퇴각함만 못하니, 정예를 만들고 비축하여 후일을 도모하자"고 주장했다. 이 당시 여러 의견이 반반이었는데, 쭤바오구이는 "조정이 기기를 설비하고 군병을 양성하는 데 오래도록 금전 수백만을 쓴 것은 바로 오늘을 위한 것인데, 만약 싸우지 않고 후퇴하면 어찌 조선을 대하고 국가에 보답할 것인가?"[161]라면서 성패를 떠난 결사항전을 주장했다. 당시 평양 군사마의 또 다른 기록에 따르면, 이날 북성北城에서 웨이루쿠이가 크게 패하고서 영명사永明寺에서 돌아왔는데 여러 장수와 상의하여 식량과 말먹이, 그리고 탄환이 모두 바닥났다며 의주로 후퇴하고자 했다. 이때 쭤바오구이가 "우리들 모두는 황제의 명을 받들어 조선을 돕기 위해 왔다"며 그들을 크게 질책했다 한다.[162] 후일 도쿄 메이지 신궁의 회화관이 준공되어, 메이지 천황의 공적을 올릴 때 청일전쟁의 대표적 전황으로 이 선교리 전투가 선정되었다.[163]

평양성 전투

이같이 청국군 수뇌부의 의견이 통일되지 않은 상황에서, 본격적인 전투인 모란대와 현무문 전투에서는 일본군이 승리하게 된다. 휘하 병력이 적었던 평군 대장 쭤바오구이를 비롯하여 청국군 장졸은 전력을 다했지만 2,000여 명이 전사했다. 쭤바오구이의 고향인 산둥성 페이시안

費县의 《비현지費县志》 〈좌보귀전左寶貴傳〉에 의하면 쭤바오구이는 군대를 다스리는 데 엄격했고 문사를 중용하며 뛰어난 병사를 사랑했다고 한다. 그의 사망 후 선비들이 그의 유애遺愛를 기려 사당을 건립하고 봄과 가을에 제사를 지냈다.[164] 쭤바오구이의 전사 소식을 들은 광서제는 9월 23일 애도 조서를 내리고 소충사昭忠祠에서 제사하게 하고 '충장忠壯' 시호를 하사했다.

당시 쭤바오구이 휘하 좌영마대관대左營馬隊管帶 도사都司 쉬위성徐玉生은 량지엔춘楊建春·량지엔성楊建勝 등과 함께 평양에서 전사한 쭤바오구이의 유해를 수습하여 퇴각했다. 그러던 중 일본군과 전투 과정에서 이들 모두 살해되었고 쭤바오구이의 유해도 잃어버렸다. 이후 압록강을 넘어 중국 관내로 퇴주하기 직전 예지차오는 쉬위성 등이 순국했음에도 불구하고 오히려 평양 실함의 원인을 평군 탓으로 돌리며 량지엔춘, 쉬위성, 량지엔성 등이 먼저 성을 버리고 탈주했다고 허위 보고했다.[165]

쭤바오구이가 전사한 상황에서 마위쿤이 맞서 싸울 것을 주장했음에도 예지차오는 퇴각 의지를 굽히지 않았다. 예지차오·웨이루쿠이·리성아를 비롯한 절대 다수의 장령將領들은 평양을 포기할 것을 주장했다.[166] 그러던 중 하라다 주키치 등 일본군 특공대가 현무문을 열자 예지차오는 평안감사 민병석과 상의해 하오 4시 정도에 서영西營 초장哨長을 시켜 일본군 진영에 강화의 뜻을 담은 서한을 보낸다. 원산지대장 사토 타다시 대좌가 이를 접수했는데, 문건에는 "평안도 감사 민병석이 대일본국 영병관領兵官 휘하에 보내는 글: 지금 화병華兵은 이미 물러나 싸움을 멈출 것을 원하니 만국공법에 따라 싸움을 그칠 것입니다. 엎드려 교시를 보

〈**평양전투요도**平壤戰鬪要圖〉.

일본 방위성 방위연구소, 육군 일반사료, 1934, 부록. 1894년 9월 15일 평양
전투 당시의 평양 일대의 주요 지역 및 군사 배치 등이 지도에 표기되어 있다.

선교리의 '일청 전역 충혼비'.
평양 교외의 선교리 전투에서는 청국군만 아니라 일본군도 많이 전사하였다. 일제강점기 일본군은 이 지역에 화강암으로 충혼비를 세웠다. "청일전쟁 격전지로 유명한 선교리에서 해당 지역 번영회 주최로 9월 15일 선교리 기념비 경내에서 초혼제를 거행"(《조선신보》, 1927년 9월 15일 자).

청일전쟁 당시 청국 측에서 그린 평양 전투 기록화.
'달밤에 고려 평양성에서 크게 싸우다[月夜大戰高麗平壤城]'. '8월 16일(음) 밤 왜병이 3개 조로 나누어 습격하여 우리 군 또한 3개 조로 나누어 적을 막았다. 양군이 야간에 전투하였는데 오직 왜놈만 부상자가 매우 많았다.' 숭산도인(?~?)이 그린 것으로 대영도서관에 소장되어 있다. 평양 성내에서 한밤중에 이르기까지 치열한 격전 끝에 청국군이 대승을 거둔 것으로 되어 있다.

낼 것을 기다리며, 즉시 백기를 걸어 보이니 절대로 총을 쏘지 마십시오 답서를 기다립니다"467라고 씌어 있었다. 이어 청군은 현무문·칠성문·정해문·대동문 등에도 백기를 걸어 항복 의사를 표명했다.168 직예제독 예지차오는 그날 밤 평양을 탈출했고, 마위쿤 역시 예지차오가 철수 명령을 내렸다는 말을 듣고 퇴각했다.169

당시 평양성 내 청국군 패주 상황은 평양 군사마가 매우 구체적으로 묘사하고 있다. 이에 따르면 청국 병사들은 안주·병현·창광산 등 세 갈래 길로 나뉘어 모두 군장·기계·치중 및 금은전백金銀錢帛을 버리고 맨손으로 도주했다. 마침 큰비가 내려 습한 숲에서 진흙탕을 밟아 넘어지는 등 아비규환의 상황이었고, 강을 건너다가 익사한 자가 10명 중 5~6명이었다 한다. 게다가 일본군이 보통普通·평직坪稷·당전糖田 및 요해처 여러 곳에 매복하여 청국군이 물을 건널 때를 기다리고 있다가 포환을 난사하여 죽은 병사가 수를 셀 수 없었다. 그 결과 보통강 하류 및 당동·포동·대치령·경창문 밖·유제 등지에서는 시체가 서로 포개져 있었다. 미처 야간에 도주하지 못한 청국군은 모두 평양성 내외의 빈집과 가까운 밭, 풀숲 사이에 숨었다가, 8월 16일 일본군 입성 후 잠복자의 수색 과정에서 사로잡혔다.

군사마는 청군 포로가 묶여 있는 형상을 보면서 "다시 지난날 민간에 함부로 노략질하는 기상을 볼 수 없어 가히 한번 웃으면서도 경계했다"고 회상했다. 사방으로 널리 흩어진 청국 군사들은 평양 서면 대보방大寶坊·금여대金呂垈·반석班石·덕[부]산德[斧]山·서제산西祭山·재경방在京坊과 한천·영유·순안·숙천 등지에서 민가에 들어가 식량을 강요했고 그들의 위협과 겁박에 민가는 모두 물·양식과 짚신을 제공했다. 그들은 북상하면서 온갖 살림살이와 우마·의복 등의 물건을 빼앗아 갔다. 그러던 중 순안대로 및 용왕龍王·수구水口 등으로 도망한 자들은 일본군 복병을 만나 다치거나 죽었다는 것이다.[170]

황현이 소문으로 들은 청국군 장수들의 전투 전후의 모습은 다음과 같다. 쮀바오구이는 복부에 탄환을 맞았으며, 예지차오는 급히 백기를 내걸고 정전을 청하다 병대를 지휘하여 후퇴했고, 웨이루쿠이는 은전 8만 냥을 도용하고 먼저 도주했다. 니에시청은 상처를 입고 병사들과 행방을 잃어버렸으나, 마위쿤만은 이후 압록강 동쪽에서 치열한 전투 후 승리를 거두고 일본군 대포를 빼앗아 병사 하나도 낙오 없이 귀환했다는 것이다. 일부 사실의 착오가 보이지만 대체로 쮀바오구이·마위쿤의 용맹스러움과 대비되는 다른 여러 장수의 나약함이 투영되어 있다.

일본군 삭령지대는 오전 9시 이후 오후 4시경까지 지구전을 수행했고 원산지대도 오후 5시까지 청국군과 공방전을 전개했다. 시바타柴田 소위가 이끄는 1소대와 제21연대 1소대는 기자묘 근방 전투에서 자못 고전했다고 한다. 그날 청국군 200여 명이 기자릉의 울창한 숲을 이용해 일본군의 우익 쪽으로 돌진하자 제1, 4, 5중대가 응전했고, 일시 청국군 일부가 성벽을 타고 돌진해 왔다가 여러 부대의 공격을 받고 퇴각한 것으로 되어 있다.[171] 원산지대, 즉 보병 제18연대 제8중대에 배속되어 평양 전투를 취재 중이던《주고쿠신문》특파원 시모야마 구마키는 기자묘 부근에서 청국군의 총탄을 맞고 사망했다.[172] 실제로 일본군은 초기 전투에서 크게 고전했다. 혼성제9여단 야전포병 제5연대 제3대대 제5중대 소속 장교가 일기에 기록한 상황을 보자.

평양 칠성문.
'평양 명소 칠성문(청일전쟁 옛 전장).' 평양 와키자카상점 발행 풍속사진첩에
수록되어 있다.

9월 15일. 이때 우리 병사는 여름바지를 입고 있었는데 유혈이 흐르면 흰옷도 붉게 되어 붉은 모직바지를 입은 것과 같았다.……오전 11시. 적은 항상 빈번히 발포해도 우리 병대는 탄약이 모자랐기 때문에 이에 응사할 수 없었다.……이미 오후 2시경에 이르러 구 진지로 퇴각하라는 명이 있어 소대는 각개 퇴각했다. 이때 제6중대는 우리 원호의 명을 받아 왕성하게 적의 보루를 향해 발포해도 적은 연발 기관포를 사용하여 퇴각하는 우리 병대를 향해 빈번히 화력을 발사했다. 오후 3시 중 비석동의 진지로 퇴각을 마쳤고, 또한 토기점 진지 퇴각의 명이 있었다.[173]

그러던 중 오후 4시경 청국군이 삭령지대 앞에 나타나고 오후 5시

평양 기자릉.
평양 기림리에 있는 기자箕子의 능으로 고려 숙종 때 처음 축조한
것이다. 이 일대에서도 청국군과 일본군이 치열한 전투를 하였다.

경에는 원산지대에 백기를 든 조선인이 나타났다. 당시 일본군 주력은 총탄을 모두 소진하고 있었는데 때마침 평양성 내에서 청국군 스스로 백기를 펄럭이며 평양을 탈출하여 의주 방면으로 퇴주했던 것이다. 9월 16일 새벽, 제5사단 주력의 각 부대를 시작으로 삭령지대와 원산지대는 모란대를 거쳐 현무문을 통해 평양성 안으로 진입했다.[174] 이때 주민들의 피란으로 3아문 및 각 관청, 각 시전과 대소 민가가 모두 텅 비었는데, 5사단장 노즈 중장은 선화당에, 원산지대장 사이토 대좌는 단군전에, 삭령지대장 타스미 소장은 숭인전에, 혼성여단장 오시마 소장은 서영西營에 거처했다. 기타 각 관청 및 숭령전·서묘·무열사·대동관 같은 사우와 민가에는 모두 일본 군인들이 흩어져 거처했고, 대동관은 운량소로 정해졌다.

그런데 장위영 영관 이두황이 남긴 관련 기록을 보면 일본군 제5사단을 수행한 장위영병은 평양 전투에 직접 참여하지는 않고 소나무산 작은 언덕에서 관전만 한 것으로 보인다. 이 회고 기록의 필자는 당시 전투에서 청국군 3,000여 명이 전사했고 평양은 물론 동으로는 중화부, 서로는 순안군에 이르는 100여 리에서 죽은 인마가 부패하여 그 악취가 10여 일 동안 진동했다 한다. 평양으로 출병했던 장위영 부대는 그로부터 10여 일 후 호서와 호남의 동학농민군 토벌의 군령을 받고 서울로 되돌아오게 된다.[175]

전투 결과

한편 평양 전투의 청국군 전사자는 전투 과정이 아니라 패주하다 죽은 자가 대다수였다. 스스로 물에 빠져 자살하는 자도 많았지만, 도망 중

노상에서 습격을 받거나 수색 과정에서 일본군에 살해된 자만도 1,500여 명이었다. 나머지는 체포된 후 병사·총살·참살 등으로 사망했다.[176] 실제 전투만 보면 평양성 전투에서 청국군은 230명이 사망하고, 15명이 부상했고 사마死馬는 227두, 상마傷馬는 23두였다. 포로는 모두 679명에 불과했는데, 청국군 487명, 부상병 120여 명, 조선인 12명, 부상자 3명, 포로 사망자 57명이었다. 포로 사망자는 대부분 포로가 된 후 저항하다 참수됐다.[177] 이 외에 평양에서 안주로 도주하는 사이 노상에서 창질創疾 때문에 사망한 자도 매우 많았다.[178]

청국군 사망자는 일본군이 입성한 지 5~6일 지나 인부를 시켜 매장했다.[179] 평양 전투 당시 참혹한 병란으로 평양성 전체가 잿더미로 변했고, 선화당 밑에 시체가 즐비했는데 일본군을 피해 있다가 포격으로 희생된 이들이었다. 그 시체들을 성밖으로 끌어내어 모두 불에 태웠으나

일본 측이 그린 평양 전투 승리 화보.
제목은 '조선 평양성이 함락되다. 우리 병사가 크게 승리하였다. 제3사단 일부가 평양 배후를 공격하다'이다.

평양 전투 이후의 민가 참상(구보다 베이센 그림).
폐허가 된 주택가에 우마 사체가 널브러져 있고 이를 개가 뜯어먹고 있
는 장면을 묘사한 것이다.

스즈키 츠네노리의 《평양대격전실견록》에 수록된 전사자 화장 장면.

열흘 동안 태워도 다 타지 않았다 한다.[180] 서양인 선교사의 일기에서 알 수 있듯이, 평양의 여러 전쟁터에서 청국군 시체 일부는 땅 위에 노출되어 있거나 흙을 약간 그 위에 뿌린 정도여서 지독한 악취가 나는 등 참상은 "말로 표현할 수 없을 정도"였다.[181]

그럼에도 종군화가 구보다 베이센은 "제5사단은 평양에서 사망한 적장 쮜바오구이 이하 장교 사졸의 시체를 각 신분에 따라 후하게 매장하고 묘표까지 세워 주었다. "오호라! 죽은 자는 매장하고 포로는 잘 거두어 주니 어질고도 의롭구나"[182]라며 실제와는 달리 기록하고 있다. 《후소신문》 특파원 스즈키 츠네노리鈴木經勳도 1894년 11월 《평양대격전실견록》이라는 책자를 발간했다. 이 책에는 그가 평양 전투 현장에서 그린 여러 가지 사실화도 실려 있다. 그중 평양의 일본군이 청병 포로를 사역해 전사자의 유해를 화장하는 장면을 담은 그림이 있다.[183] 그러나 그림은 화장이라기보다는 시체를 덤불로 덮고 불태우는 모습에 가깝게 묘사되어 있다.

평양 전투에서 일본군은 전사 162명, 부상 407명, 생사불명 40명으로 총 609명의 사상자가 발생했다.

⟨표 25⟩ 평양 전투 시 일본군 사상자 통계(단위: 명)

사상	계급	인원	계
전사	사관	8	162
	하사졸	154	
부상	장교	26	407
	하사졸	378	
	잡졸雜卒	3	
생사불명	하사졸	40	40

* 陸軍省, ⟨9월 18일 平壤 野津 師團長으로부터 다음의 보고가 있었다. 平壤 攻擊 때의 死傷統計表⟩.

〈표 26〉은 전투 지역별로 일본군 사상자를 정리한 것이다. 그런데 이 표에는 조선의 경우 동학농민군과의 전투 과정에서의 사망자나 부상자, 타이완의 경우 민중봉기 관련 사상자는 제외되어 있다. 청일전쟁 중 초기 상황인 성환과 평양 등 조선에서의 전투는 청국 본토인 남만주

〈표 26〉 전투 지역별 일본군 사상자 총 내역(단위: 명)

구분		조선	청국	타이완	총계
참여 인원		20,309	236,128	73,510	329,947
사망		221	454	151	826
상해		565	2,590	538	3,693
계		786	3,044	689	4,519
참여 인원 천분비	사망	10.88	1.92	2.05	2.5
	상해	27.82	10.97	7.32	11.19
	계	38.7	12.89	9.37	13.69

* 陸軍省 編,《日淸戰爭統計集 : 明治二十七八年戰役統計(上卷 2)》, 第7編, 衛生, 1902, 811~812쪽 을 근거로 작성.

와 산둥이 11배 이상, 타이완이 3.5배 이상인 것에 비하면 출동 병력이 적었음을 알 수 있다. 반면 사망자와 부상자는 비율상으로 보면 출병 인원 대비 사망자는 평균치의 4.3배, 부상자도 2.8배 이상에 달했다.

　　이후 1895년 3월 일본군 야전위생 장관부 보고를 보면 사상자는 크게 증가했음을 알 수 있다. 그 기록에 따르면, 중국 관내까지 포함하는 청일전쟁 전 과정에서 일본군 부상자는 1,101명으로 성환 54명, 평양 524명 등 117명이 증가했다. 사망자는 863명으로 전사 333명 중 성환 33명, 평양 178명, 중화 5명, 상사傷死 51명, 병사 471명, 불려사망不慮

死亡 8명으로 집계되어 평양에서 사망한 인원도 16명 증가했다.[184] 여기서 특이한 점은 질병 등으로 인한 사망자가 전사자보다 더 많다는 사실이다. 일본군 사망자의 70퍼센트는 실로 병사였다. 이미 그해 6월부터 일본 국내에서는 이질 환자가 계속 발생했고 7월과 8월 이후부터는 일본 전국 각지에 만연하는 형세였다. 그 결과 점차 다수의 군대가 주둔하고 있던 히로시마에는 7월 5일 시립 피병원避病院이 개설되었다.[185]

　1894~1895년 청일전쟁 중 전쟁터에서 발생한 각 사단의 이질 환자 총수는 입원 환자를 포함해서 1만 681명으로 전체 군인의 약 8.6퍼센트에 달했다. 이질로 인한 사망자 수는 1,157명으로 사망률은 12.7퍼센트를 넘었고, 총 병사자의 약 8.73퍼센트였다. 이질 환자의 수는 무기에 의한 부상자 수보다 3배 반 이상 많았고, 이질 사망자 수 역시 무기로 인한 사망자의 7.5배를 넘었다. 평균 치료일은 조선이 17일, 청국이 21일, 타이완이 19일이었다. 환자 발생 지역별로 보면 조선 5,204명, 청국 2,508명, 타이완 2,989명으로 조선이 가장 많았고 청국이 가장 적었다. 이질 환자는 여름과 가을에 가장 많이 발생했는데, 조선에서는 1894년 9월 10일 환자가 1,400명 내지 2,500명 이상이었고, 청국과 타이완은 1895년 9월 10일에 가장 정점에 있었다.[186]

　그런데 히야마 유키오檜山幸夫는 1894년 6월~1895년 12월 기간 전쟁 지역 입원 환자 총 11만 5,419명 중에 조선에서 이질에 걸린 환자가 전체의 9.7퍼센트인 1만 1,164명이 된다는 분석 자료를 제시했다. 그 때문에 일본인들에게 조잡한 가옥과 불결하고 가난하다는 강렬한 조선멸시관이 만들어졌고 그러한 멸시관은 청국과 대비해 더 강화된 것이라고 주장했다.[187] 히야마는 조선의 위생 문제만을 크게 강조하면서 일본 병사들의 사활이 걸린 질병의 원인이 조선의 불결한 위생 문제에 있었던 것으로 이해하려는 듯하다. 실제로 병사들은 조선과 청국의 열악한 위생환경 때문에 전염병에 감염되어 고생하는 것으로 생각했다. 그러나 일본군의 식량 부족에 따른 영양 결핍, 비타민 결핍, 오랜 기간의 노지 야영생활, 죽음에 대한 공포감, 장기간 행군의 피로, 이문화에 대한 부적응 등은 간과하고 있다. 또한 같은 기간 일본에서도 창궐했던 것처럼 이질은 주로 하절기에 유행하던 질병으로, 일본군 주력이 1894년 가을 이후 청국 관내로 진입하여 봄부터 추석 이후까지 조선에 주둔함에 따라 이곳에서의 발병률이 상대적으로 높게 나타난 것으로 보인다.

최근의 한 실증적 연구에 따르면 일본군 주둔 지역의 분뇨에 의한 오염으로 이질균이 전파되기 쉬운 환경이 형성되었고 후발대는 선발대가 오염시킨 촌락을 활용했기 때문에 이질 환자가 속출했다고 한다. 따라서 이질의 유행은 병사 개인의 건강 상태뿐 아니라 오염된 물의 음용과 군대 주둔지의 오염이라고 하는 세 가지 요인에 의한 것이다. 요컨대 전쟁 지역에서의 감염병 유행 현상은 단순히 일본군이 조선반도 본래 환경의 영향을 일방적으로 받은 것만 아니라 일본군과 환경의 상호관계가 작용한 것이다.[188] 한편 일본군의 평양 전진 때 태·우마의 전염역병이 발생하여 병참부에서 폐사한 수도 420두에 달했다.[189] 일본 육군성 의무국의 공식 기록(1907)에 따르면 청일전쟁 당시 일본군 중 각기병 환자는 모두 4만 1,431명으로 전 입원 환자의 4분의 1을 점했고, 전사자 977명에 비해 각기로 인한 사망자는 4,064명으로 치사율도 10퍼센트 정도로 높았다고 한다.[190]

그럼에도 당시 군의이자 야전위생 장관인 이시쿠로 타다노리石黑忠

憑는 청일전쟁 종군자 가족들에게 부상자와 병자 등 환자들의 상태에 대해 다음과 같이 보고했다. 조선에는 이질·티푸스, 기타 전염병이 많았고 특히 낮과 밤의 힘든 근로에 비하면 환자의 발생은 그에 비례하지 않았다는 것이다. 그 이유는 조선과 중국이 기후·음식·주거·습관이 대체로 일본과 비슷했기 때문에 의외로 해가 적었고 따라서 병자가 죽는 비율도 100인 병자에 사망자는 2.9명의 비율에 불과하다고 주장했다. 이시쿠로는 사망자는 소수였고 병자와 부상자 다수가 건강을 되찾아 모두 가족을 상견할 날도 멀지 않았다고 전망했다.[191] 이 보고는 '대외용'으로 실제와는 많은 차이를 보이고 있다.

〈표 27〉은 청일전쟁 시기 조선에서의 일본군 입원 환자의 병류별 현황 조사 내용이다. 환자의 수로 보면 이질→위장병→각기→장티푸스→동상→급성위장 가답아加答兒→말라리아→총상→성병 순이었다. 사망자별로 보면 이질→장티푸스→각기→총상→폐렴→위장병→말라리아→급성위장 가답아→동상 순이었다. 이 중 가답아는 '카타르 catarrh'의 음역어로 점막 세포에 염증이 생겨 다량의 점액이 분비되는 상태를 말한다. 질환자 중에서 환자 수와 사망비율이 높은 것은 이질이었고 위장병은 환자는 많았지만 사망률은 낮았고, 폐렴은 환자는 적지만 사망자 비율은 가장 높았다. 특이하게 동상 환자가 전체 5위였고 사망도 28명이나 되었다. 총상은 유일하게 전투 과정에서 입은 상병류로 다른 질병에 비하면 환자가 적은 편이지만 사망률은 이질 다음으로 높았다. 이질과 장티푸스·말라리아는 위생, 각기와 위장병은 영양 상태의 불균형에 따라 발생한 질병이었다.

〈표 28〉은 사단별 환자를 출정 지역별, 환자 병별과 상태를 구분하

여 작성한 것이다. 조선에서의 환자 발생은 전쟁 전 지역 17만 2,511명 중 2만 2,610명으로 13퍼센트 비율을 점하고 있다. 이 중 사망자는 296명으로 총 사망자 중 13퍼센트 정도이다. 이는 전체 환자 수에 비례한다. 그러나 특이한 점은 전귀轉歸자(일본 국내로 되돌아간 자를 말함)를 보면 후유증 환자 1,971명 중 조선 지역이 625명으로 전체의 31.5퍼센트로 압도적 비율을 차지한다. 타이완을 포함한 청국의 경우 조선에서는 발생한 바 없던 콜레라까지 창궐했다. 1894년 12월 다롄만에서 처음 발생한 콜레라는 펑후다오澎湖島까지 유행하여 8,411명의 환자가 발생해 5,000명 이상이 사망했다. 주로 제2군 및 제4사단, 근위사단이 피해를 입었다. 소규모 환자를 제외하면 총 4회에 걸쳐 유행한 콜레라는 청일전쟁 기간 단일 질병으로는 최다 환자를 기록했다.[192]

평양 전투 현장을 둘러본 이사벨라 비숍도 일본군들이 발진티푸스로 참혹한 피해를 입어 군인 공동묘지에 비견될 정도로 무덤들이 길게 늘어섰다는 기록을 남겼다. 그는 일본군들이 청국군 사망자들을 제대로 묻지 않은 데 대한 '무시무시한 저주'가 뒤따른 것으로 비유하고 있다.[193] 당시 청국군도 질병에 시달렸던 것으로 보인다. 여러 통령들이 바오딩푸의 성수안화이에게 보낸 8월 29일 자 보고에 따르면 평양의 청국군은 10에 3~4명이 혹서 열기와 냉수 음용으로 인해 곽란·관절염·비한脾寒(학질/말라리아)·치질 등의 병을 앓았다.[194] 음식 위생과 그로 인한 질병의 유행으로 부대의 전투력이 약화될 수밖에 없었다. 청일전쟁이 '질병과의 전쟁'[195]이기도 함을 여실히 보여 준다.

<표 27> 조선에서의 일본군 입원 환자 종류별 현황(단위: 명)

병류 구환 舊患		환자			전귀轉歸				
		신환 新患	계	치료	사망	전송	사고	후유	
전신병	두창		5	5	5				
	마진		5	5	5				
	장티푸스	323	606	929	109	239	520	54	7
	말라리아	134	639	773	309	31	340	83	10
	이질	237	4,920	5,157	1,210	590	3,179	153	25
	유행성 감기	11	31	42	10		12	6	14
	각기	150	851	1,001	111	74	720	33	63
	갈병	1	14	15	6	1	7	1	
	기타	102	229	331	85	7	198	33	
	계	958	7,300	8,258	1,850	942	4,976	363	127
신경계병	정신병	2	7	9	1		7	1	
	기타	31	109	140	43	10	69	16	2
	계	33	116	149	44	10	76	17	2
호흡기병	폐렴	24	91	115	19	38	47	7	4
	폐결핵	5	26	31	2	6	21		2
	흉막염	59	134	193	27	8	142	8	8
	기타	253	340	593	156	48	293	86	10
	계	341	591	932	204	100	503	101	24
순환기병		28	78	106	27	5	65	7	2
영양기병	급성위장 가답아	84	712	796	304	29	355	102	6
	위장병	187	939	1,126	333	33	562	164	34
	간, 폐, 복막염	22	55	77	19	12	43	3	
	기타	55	144	199	73	1	104	20	1
	계	348	1,850	2,198	729	75	1,064	289	41
비뇨기 및 생식기병		28	105	133	27	17	74	7	7
화류병(성병)		134	285	419	91	2	299	25	1
눈병	전염성 눈병	4	7	11	3		7	1	
	비전염성 눈병	61	129	190	55		121	12	2
	계	65	136	201	58		128	13	2

병류 구환 舊患		환자			전귀轉歸				
		신환 新患	계	치료	사망	전송	사고	후유	
이병耳病		1	5	6			4	2	
외피병	개선疥癬	2	16	18	8		10		
	ㅁㅁ 및 결조직병	19	129	148	76	1	65	6	
	기타	34	134	168	65	1	89	11	2
	계	55	279	334	149	2	164	17	2
운동기병	골, 골막, 관절병	11	29	40	9	2	24	4	1
	근, 건, 점액단병	52	75	127	40		69	16	2
	기타		2	2	15			2	
	계	63	106	169	49	2	93	22	3
외상 및 불려不慮	마제상馬蹄傷	6	62	68	29		35	4	
	화상靴傷	3	54	57	41		14	2	
	피하좌상皮下挫傷, 열상裂傷	51	83	134	56	1	48	27	2
	좌상 및 열상	7	31	38	18		14	6	
	총창銃創	75	574	649	84	52	507	6	
	포창砲創	3	37	40	3	1	36		
	절창切創	2	31	33	15		17	1	
	자창刺創	2	37	39	20	2	16	1	
	폭상爆傷		1	1			1		
	골절	10	21	31	5		24		2
	염좌 탈구	32	80	112	33		66	12	1
	열상熱傷	11	36	47	16	1	27	2	1
	동상	600	230	830	213	28	462	126	1
	기타	4	11	15	4		10	1	
	계	806	1,288	2,094	537	85	1,277	188	7
기타	자살		4	4		4			
총계		2,860	12,143	15,003	3,766	1,244	8,724	1,051	218

* 陸軍省 編,《日清戰爭統計集 : 明治二十七八年戰役統計(上卷 2)》, 第7編, 衛生, 1902, 779~782쪽
을 근거로 작성.

<표 28> 출전부대 출전 중 지역별 환자

구분		조선	청국	대만	총계
환자	구환	549	695	104	1,348
	신환	22,061	83,299	65,804	171,164
	계	22,610	83,994	65,908	172,511
전귀	치료	11,942	38,955	30,150	81,047
	사망	296	1,069	974	2,339
	전송	8,773	41,390	32,703	82,866
	사고	947	2,170	1,145	4,282
	후유	625	410	936	1,971

* 陸軍省 編,《日淸戰爭統計集 : 明治二十七·八年戰役統計(上卷 2)》, 第7編. 衛生, 1902, 740쪽을 근거로 작성.

한편, 일본군은 평양 전투 시 양식 수송의 어려움으로 크게 고통을 겪었다. 예컨대 일본인 인부 중 병환으로 해고된 자가 과다했고 무뢰배들의 단속도 매우 어려웠다. 또한 태마 1두 적재량을 인부 3인이 지는 것을 4인이 지는 것으로 개정하여 인부가 심각하게 부족했고, 태·우마 구입도 용이하지 않았다. 조선인 인부는 전방의 수송에 응하는 자가 적지 않았지만 기율이 없고 도주하는 자도 많았다고 한다. 태·우마에 부속된 안장 및 두격망구頭格網具는 나약하여 군수품의 수송에 맞지 않았다. 비 때문에 군량과 말먹이가 비에 젖는 것을 막을 수 없었다. 죽는 소가 많았기 때문에 운반력 감소도 우려되는 상황이었다.[196] 청일전쟁 연구 권위자인 후지무라 미치오도 평양 전투 당시 일본군의 작전에는 병력 집중과 보급 능력 등에서 많은 문제가 있었기 때문에 실력으로 승리했다기보다는 청국의 결함에 의한 승리였다고 평한 바 있다.[197] 평양 전투 패배 후 9월 17일 황해 해전에서 일본 해군은 또다시 승리했다. 이때 청국 함대는 전투력의 거의 30퍼센트를 상실하고 전의를 상실하게 된다.[198]

2—청국군 패주 후의 상황

'평양 제노사이드Pyongyang Genocide'

평양 전투 이후 일본군의 대규모 조선 출병과 북상에 대해 당시 서울에서 관리로 있던 김약제는 "일본 배가 셀 수 없이 바닷가에 이어져 있고, 그 병사들은 황해도와 평안도의 2개 도, 강원도와 황해도 및 평안도의 근읍近邑, 경기 연로의 여러 곳에 퍼져 있었다"[199]고 서술했다. 반면 필자 미상의 또 다른 기록은 패주 청국군의 모습을 다음과 같이 표현했다.

> 8월 16일 일본군이 기성箕城(평양)으로 진입하자, 성은 텅 비어 있었다. 이에 일본군이 영부營府에 거점을 정하고 병사를 풀어 뒤쫓자, 청나라 군대는 드디어 다시 압록강을 건넜다. 청나라 군대는 기강이 없었으며 그들이 지나는 여러 고을을 침탈했다. 그 때문에 평북의 여러 고을은 의주까지 백성들이 자취를 감추어 열 집 가운데 아홉 집은 비어 있었다. 일본군이 봉황성까지 뒤쫓자, 청나라 군대는 한편으로 싸우고 한편으로는 달아났다. 일본군 역시 부상자가 많았으나, 청군을 추격한 자들이 매우 많았다.[200]

당시 평양은 인구 2만여 명의 도시였다. 그러니 청국군 1만 5,000여 명의 군량과 군수 등을 대기는 쉽지 않았을 것이다. 이인직의 신소설 《혈의 누》에도 평양 전투의 피란 상황 묘사가 매우 생생하다. 이를 통해 성 안팎 주민들이 겪은 고통을 이해할 수 있다.

본래 평양성 중에 사는 사람들이 청인의 작폐에 견디지 못하여 산골로 피난 간 사람이 많더니, 산중에서는 청인 군사를 만나면 호랑이 본 것 같고 원수 만난 것 같다. 어찌하여 그렇게 감정이 사나우냐 할 지경이면, 청인의 군사가 산에 가서 젊은 부녀를 보면 겁탈하고, 돈이 있으면 빼앗아 가고, 제게 쓸데없는 물건이라도 놀부의 심사같이 장난하니, 산에 피난 간 사람은 난리를 한층 더 겪는다. 그러므로 산에 피난 갔던 사람이 평양성으로 도로 피난 온 사람도 많이 있었더라……성 중에는 울음 천지요, 성 밖에는 송장 천지요, 산에는 피난꾼 천지라. 어미가 자식 부르는 소리, 서방이 계집 부르는 소리, 계집이 서방 부르는 소리, 이렇게 사람 찾는 소리뿐이라. 어린아이를 내버리고 저 혼자 달아나는 사람도 있고, 두 내외 손을 맞붙들고 마주 찾는 사람도 있더니…….[201]

이인직은 "고래 싸움에 새우 등 터지듯이, 우리나라 사람들이 남의 나라 싸움에 이렇게 참혹한 일을 당하는가.……무죄히 죄를 받는 것도 우리나라 사람이요, 무죄히 목숨을 지키지 못하는 것도 우리나라 사람이라, 이것은 하늘이 지으신 일이런가, 사람이 지은 일이런가"라고 부연했다. 일본 유학생 출신이자 러일전쟁 기간 일본군의 통역으로 일하고 일진회 기관지 《국민신보》 주필 등의 경력으로 볼 때 신소설 집필 당시 이인직은 일본에 완전히 경도되어 있었다. 때문에 어느 정도 과장된 표현이 있었을 것임은 감안해서 봐야 할 것이다.

황현은 시체를 나르는 데만 열흘이 걸렸고, 이해 겨울은 유난히 따뜻했는데 그 썩는 냄새가 평양성 안에 가득하여 10리 밖에서도 코를 막았다고 기록했다.[202] 외무아문 대신 김윤식의 일기에 따르면 평양 전투 과정에서 청나라 병사들 대부분이 포로가 되거나 사살되어 한 사람도 면한 자가 없었는데, 조선 군대 3,000명도 그 가운데에 있어 그 말을 듣는 순간 매우 참담했다고 한다.[203] 을사늑약 이후 평안도 지역에서 의병 활동을 했고 이후 러시아에서 사회주의 운동가로 활약하던 강보국(이인섭)은 1894년 청일전쟁 당시 일곱 살로 평양에서 살다가 부모와 함께 맹산으로 피란하여 그곳에서 생활하다가 평양으로 다시 돌아왔다.[204] 평양 성내에서 객주업을 하던 방사겸 가족도 전쟁을 견딜 수 없어 강동군으로 피란을 가서 4년여를 보내다 되돌아왔다.[205]

1895년 11월 조선 북부를 방문한 이사벨라 비숍은 평양에 거주하던 선교사 사무엘 모펫Samuel A. Moffett(馬布三悅)의 도움으로 평양 전투 현장을 돌아보았다. 내용은 그의 한국 기행문인 《한국과 그 이웃나라들 *Korea and her Neighbours*》(1897)을 통해 생생하게 살필 수 있다. 이에 따르면, 8만 인구를 가진 번창했던 평양은 쇠락하여 1만 5,000명의 주민만 남아 있었다 한다. 또한 가옥의 5분의 4는 무너졌고 부서진 벽과 파편들, 마루·굴뚝·지붕과 벽들이 상상할 수 없을 정도로 뒤죽박죽 섞여 흙더미들로 뒤덮여 있었고 폐허들은 새까맣게 탄 채로 형체 없이 끔찍하게 드러나 있었다. 그런데 이 모든 잔해는 '적들에 의한 것이 아니라 조선의 독립과 재건을 위해 싸운다는 사람들에 의한 것'이라고 지적하였다. 주민이 대부분 도망한 후 이곳에 들어온 일본군은 기둥과 목조물을 부수고 지붕을 땔감으로 사용했으며 마루 위에 불을 피우고 그대로 방치해 집이 타버리기도 했다. 그들은 피란민들이 남겨 둔 재산을 약탈했으며 선교사 모펫의 집에서도 700달러어치를 가져가 그의 하인이 항의했음에도 불구하고 아무 소용이 없었다. 이러한 상황에서 조선에서 가장 번성했던 도시와 재산은 다 파괴되었다는 것이다.[206]

비숍은 평양 전투를 "전투라기보다는 대량학살이었다"고 규정했다.

평양 전투 직후의 폐허 상황을 묘사한 신문 삽화.
제목은 '평양 화보(8) 평양시가 전후의 광경'《도쿄니치니치신문》, 1894년 10월 26일 자)이다.

훈련받은 청국 최정예 군대는 사라졌고 나머지 도망친 병사들은 수백 마리의 마소와 함께 학살되었는데, 그 광경을 목격한 모펫도 "도저히 말로 표현할 수조차 없을 정도의 참사"라고 전했다. 수백 구의 검게 탄 시체들이 길가에 널려 있었고 도랑도 사람과 동물의 시체로 가득 차 있었다. 들에는 시체와 함께 버려진 소총·구식 총·종이우산·부채·코트·모자·벨트·칼집·탄약통·소맷자락 등이 흩어져 있었고 몇몇 부상자들은 버려진 민가에서 뒹굴다가 질식해 죽었고 몇몇 사람들은 고통에서 벗어나려 자살을 한 듯했다. 이들은 뜨거운 태양 아래 검게 변색되어

청일전쟁 직후 말을 타고 조선 전역을 돌아보는 비숍(1831~1904).
그는 세계 각지를 여행하였고 페르시아, 티베트, 중국, 일본, 조선, 연해주 여행기 등 많은 저서를 남겼다. 두 차례에 걸친 조선 답사 시에는 고종을 알현하고 동학농민군 봉기와 청일전쟁을 겪기도 하였다.

썩고 있었는데, 비숍이 전장을 둘러봤을 때까지도 두개골·갈빗대가 달려 있는 척추, 팔과 손, 모자·벨트와 칼집이 달려 있는 척추 뼈를 볼 수 있었다. 또한 모란대의 나뭇가지들에는 그때까지도 총탄이 박혀 있었고 많은 나무들도 총탄에 쪼개져 성한 가지가 하나도 남아 있지 않았다. 조선 문명의 창시자로 알려진 기자의 묘도 치열한 전투 과정에서 목조기둥은 총탄과 포탄에 구멍이 뚫리고 부서졌고 전투가 끝난 뒤 일본 부상병들을 눕혀 피웅덩이를 이루었던 마루에는 기다랗고 검은 얼룩이 남아 있었다는 것이다.[207]

량치차오와 청국 정부의 패인 분석

실제 평양 전투 당시의 상황을 반추해 보면, 평양성의 담장은 높고 넓으며 형세도 험하여 방어하기에 좋고 청국군의 양식은 족히 한 달 정도의 여유가 있었으며 무기와 탄약도 부족하지 않았다. 따라서 일본군을 방어하기에 충분했다. 그럼에도 예지차오는 적과 싸우려는 의지가 없이 겁을 먹고 황급하게 철퇴를 감행했고 결국 전투는 완패했다. 반면 일본군의 경우 앞에서도 지적한 바와 같이 평양 출병 부대 전원이 보급과 병참의 미비로 크게 곤경을 겪고 있었다. 일본인들도 후일 지적하고 있는 바처럼 만약 전투가 이틀 이상 계속되었더라면 일본군은 탄약과 양식 공급이 어려워 포위공격전은 실패하고 퇴각할 수밖에 없었을 것이다.

이 시기 중국의 저명한 계몽사상가 량치차오도 평양 전투 패전의 원인을 분석하면서 일본군이 당시 군량미 상황이 열악하고 지쳐 있었으므로 청국군이 정면 공격을 했더라면 분명히 승리했을 것이라고 가정했다. 그는 리훙장이 상황을 오판해 수비 관련 내용만 명령했고 공격계획은 전혀 없었다며 아쉬워했다.[208] 리훙장은 이른바 '만국공례萬國公例'에 따라 소규모 부대를 조선에 증파하여 청국이 약하지 않다는 모습을 보여 주는 정도의 군사·외교 정책을 견지했고, 이는 결국 실패로 귀결되었다.[209]

그런데 최근 중국의 연구에 의하면 이 시기 리훙장 위에는 군기처－독판군무처督辦軍務處－광서제－자희태후(서태후) 등 '층층 가옥'이 있어서, 자신의 의지를 소신 있게 펼치기 어려웠다는 견해도 있다.[210] 그런 분위기에서 평양 전투 대패 이후 리훙장은 형세와 국면이 자신에게 불리하게 돌아간다는 것을 간파하고 열강의 조정을 청하는 방향으로 가게 되었다고 한다.[211]

나아가 량치차오는 청국군이 패한 이유를 다음과 같이 구체적으로 분석하였다. 첫 번째는 방어전에 치중했다는 것이다. 즉, 평양의 강고한 요새에 의지해 일본군을 막아 낼 수 있다고 생각하여 리훙장은 방어와 수비 관련 내용만 하달하고 공격할 계획은 전혀 없었는데, 이런 잘못된 명령으로 사태는 더욱 악화되었다고 판단했다. 두 번째는 지휘관의 문제였다. 조선에 들어온 장군 대부분은 1860~1870년대 농민봉기 진압으로 공을 세운 자들로 근대적 군사 지식과 기술이 없었다. 그중 가장 심한 자는 웨이루쿠이로 그가 군량을 가로채고 전장에서 도망쳤다는 점을 지적했다. 예지차오 또한 거짓 승전 보고를 올려 황제로부터 포상을 받기까지 했다는 것이다. 이와 관련하여 여러 명의 지휘관, 즉 같은 권한을 가진 사령관이 6명이나 되어 총괄하는 사람이 없었기 때문에 부대 규율이 흐트러져서 합동작전을 펼칠 수 없었다는 문제점을 지적했다. 세 번째 요인은 타국의 중재에 의지한 것이다. 량치차오는 일본이 후퇴하지 않겠다며 전투 의지를 보였음에도 불구하고 청국군이 기선을 잡지 못하고 다른 나라의 중재에 의지할 생각만 하면서 시간을 지체했다는 점을 강조했다. 특히 청국 육군은 일본 해군의 적수가 되지 못했다고 주장했다.[212] 청일전쟁 당시 청국군 지휘관의 평균 나이는 61.2세로 최고령은 74세의 쑹칭宋慶, 최연소는 58세의 웨이루쿠이였다. 반면 일본군은 여단장 이상 평균 연령이 48.8세로 청국보다 훨씬 젊었다. 최고령인 야마가타 아리토모가 56세, 최연소는 44세의 하세가와 요시미치長谷川好道와 오시마 요시마사였다.[213]

당시 회양진 총병 판완사이潘萬纔는 성수안화이에게 보낸 편지에서 평양전의 패배와 청국군의 퇴각을 '조선을 모두 잃은 것[全失][214]으로

일본군의 평양성 함락도에 보이는 일본 인부의 전리품 운반(그림 왼쪽).
평양 성안이 불타는 상황에서 군인들은 청국군을 체포, 살육하였고 인부들은 청국군 깃발과 비단 등 약탈한 전리품을 나르고 있다.

표현하였고, 성수안화이도 '조선의 모든 지경地境은 우리[청국] 것이 아니다'라고 답신했다. 또 한편에서는 '바람만 스쳐도 무너지는[望風而潰]' 나약한 청국 병사, 특히 예지차오의 악병鄂兵(후베이성湖北省 출신 병사를 말함—필자 주)을 조선인들은 비웃고 희롱하여 '오리알 병사[鴨卵兵]'라고 불렀다고 자평했다.[215] '오리알 병사'는 당시 중국 속어로 해석하면 '빵점 병사'라는 뜻인데, 부패하고 무능하며 전투 시에는 적에게 겁먹는 청국군에 대한 경멸적인 호칭이다. 평양 전투 이후 조선인들의 청국인 멸시 풍조도 만연했다. 쉬인후이의 기록에 의하면 조선의 여인과 아이들까지도 청국인과 마주치면, '청나라 개놈[淸國狗者]'이라고 불렀고, 일본인들도 청국인을 만나면 손으로 목을 치는 흉내를 내면서 "모두 칼 아래 귀신으로 만들어 버리겠다"며 조롱했다 한다.[216]

조선의 병사들은 예지차오 군이 퇴각 당시 "섭사葉師의 뼈를 찌름[날골刺骨]을 한스럽게 생각했다"한다.[217] 반면 평양의 '혈전'에서 '승리'한 것이자 의주로 간 것을 '후퇴하지 않았다'고 주장한 예지차오 등은 향후 전개될 중국 관내 랴오둥반도의 패전을 전혀 예상하지 않았다. 패주 청국군은 9월 17일 안주 도착 후 그때까지도 본국 지원병의 출동을 기대하면서 조만간 승리할 것이라는 낙관적 분위기가 팽배해 있었다.[218]

이곳에서 예지차오는 평양성에서의 탈주는 죽은 쭤바오구이 군영의 부장 량지엔춘·쉬위성 등의 소행으로, 살아남은 수번 량지엔성을 잡아들여 군령을 적용해야 한다고 전보했다.[219] 9월 20일 마위쿤·리성아·니에구이린 부대가, 21일에는 예지차오·니에시청·웨이루쿠이 부대가 의주에 도착했다. 평안감사 민병석도 9월 15일 일본군이 평양에 들이닥치자 관복도 갖추지 못할 정도로 황급히 빠져나와 퇴주하는 청

국군을 따라 압록강 변 용천 관아로 도망쳤다.[220]

　예지차오는 퇴주 과정임에도 불구하고 왜병 격퇴자는 3만 냥, 포 1대 탈취자는 1,000냥, 포로 생포는 60냥, 수급을 취한 자는 30냥 등을 상금으로 지불했다고 북양대신 리홍장에게 전보했다. 이에 각 병용이 '합력혈전'하여 마위쿤 부대는 일본군 포 7대를 탈취하고 200여 명의 목을 베고 7명을 생포했다고 보고했다. 또 웨이루쿠이는 부대를 정돈하여 왜군을 물리쳤는데 이때 1,000여 명을 살해했다고 허위로 보고했다.[221] 리홍장과 청국 조정은 이를 그대로 믿었다. 리홍장은 자희태후로 하여금 예지차오 등에게 포상금을 내릴 것을 청원하여 20만 냥을 받아냈다. 그러나 예지차오가 얼마 후인 9월 21일에 이르러서부터 "조사하니 각 군의 상망傷亡이 매우 많습니다. 군장軍裝이 완전하지 못하고 탄약도 모두 소진했습니다"[222]라며 비로소 문제의 심각성을 리홍장에게 보고하면서부터 청국군의 패주 소식이 알려지기 시작했다.

　이 기간 스촨 제독 쑹칭宋慶, 뤼순 제독 리우성시우劉盛休를 비롯한 명군銘軍 15영, 다롄 장군 이크탕가依克唐阿의 9영 등이 압록강 대안의 주롄청에 속속 집결하는 상황이었다. 그렇지만 평양의 군사는 이미 퇴주했고, 산천이 험준한 방어 적지인 안주에서 전투를 지속하자는 니에시청의 의견에 예지차오가 응하지 않았다. 결국 평양에서 퇴각한 청국군은 9월 26일 의주에서 압록강을 건너 주롄청까지 후퇴함으로써 조선 내에는 한 명의 청국 병사도 없게 되었고 지원군도 모두 퇴각하여 더 이상의 전투를 기대할 수 없는 상황이 되었다.[223] 예지차오는 '도망가는 장군逃跑將軍'이라는 별명으로 조롱 대상이 되었다. 압록강 우안으로 퇴각한 예지차오와 웨이루쿠이는 선행 부대인 니에시청·마리성馬麗生의

군과 합쳤다.

그런데 청군은 국경을 넘어가는 과정에서 지휘계통이 허물어지자 지나가는 연도에서 약탈을 일삼아 청국 장수의 표현 그대로 "궤멸한 병사가 도로를 소요케 해 인민의 질고는 차마 말할 수 없다"[224]고 했다. 예컨대 평양 전투 직후 일본군에 포로가 된 한 청국 군관의 당시 상황 묘사에 따르면, "물에 뛰어들어 스스로 익사하고 칼로 자결했으며 심지어 돌을 찾아 머리를 내려쳤고 수풀 속으로 들어가 목을 매달았다. 시체가 들에 널려 있고 핏물이 도랑을 이루니 참혹한 것을 감히 말로 표현할 수 없다"[225]는 것이다. 청국군을 추격, 북진 중이던 혼성제9여단 소속 장교도 10월 8일 자 일기에 "길가의 가옥이 불타 버린 것이 많은데 이는 적의 패병이 악의로써 불을 놓고 퇴각한 것"[226]이라 적었다.

청국 정부에서는 육·해군의 9월 15~16일 평양 전투와 9월 17일 황해 해전의 연이은 대패 후 리홍장에게도 최종적인 책임을 물었다. 평양 함락 다음 날인 9월 17일 제당파의 영수 호부상서 웡통허는 "합비는 일들이 그르친 후 부득이한 것이었지 그르친 것[貽誤]은 아니었다"면서 리홍장을 공격했다. 여기서 '합비'는 리홍장의 고향인 안후이성 성도 '허페이', 즉 리홍장을 지칭하는 것이다. 웡통허는 장쑤성 창수시常熟市 출신으로 리홍장을 '합비'로 부른 것처럼 당시 일반인들은 그를 '상숙'으로 불렀다. 황해 해전 직후 웡통허는 "압록 일선이 가히 위험한즉, 보하이渤海 또한 가히 위험하다"고 말했다. 그 결과 그는 9월 21일 동북 3성의 병사들을 조발하여 급히 대량대大糧台를 설치하고 대원과 경리를 파견해 압록강 연안에 포대를 설치하자며 국경 방어선 구축을 주장했다.[227]

일본군 제1군 사령부 편성과 북상

평양 전투 직전인 9월 12일, 제1군 사령관 육군 대장 야마가타 아리토모와 육군 중장 가쓰라 타로桂太郎 등 일본군 수뇌부는 인천에 상륙하여 조계의 다이부스호텔에 투숙했다. 일본군이 제1군을 편성한 목적은 조선의 육로를 통해 청국 동북 지방으로 진격하기 위해서였다. 야마가타 등은 9월 14일 인천을 출발해 15일 서울에 도착했다. 이날 고종은 안경수를 칙사로 삼아 야마가타 일행의 내한을 위문했고, 외부협판 김가진은 조일동맹군에 관한 내용으로 담화했다.

야마가타 일행은 다음 날 16일 이른 아침 고양을 향해 출발, 18일 임진강을 건너 장단에 도착했다. 야마가타가 9월 25일 평양에 도착하면서 제1군 산하의 주요 지휘관과 각 부대가 모두 이곳에 모이게 되었다.[228] 제1군의 일부는 9월 24일 평양을 출발하여 10월 17일 의주에 도착했다. 제5여단장 소장 오사코 나오하루大迫尙敏는 10월 4일 평양을 출발했고, 10월 6일 야마가타가 이끄는 제1군 사령부는 노즈 중장, 가쓰라 중장 및 참모장 오가와 마타지小川又次 소장과 함께 평양을 출발했고, 같은 날 혼성제9여단장 소장 오시마 부대는 후발대로 후위를 담당하면서 출발했다.

또 다른 후발 북진군의 경로는 야마가타 일행과 약간 달리하여 인천에서 군함으로 평안도 기진포에 도착한 후 육로로 용천·의주를 거쳐 압록강을 넘어 청국 주롄청九連城으로 가는 여정이었다. 일본군의 북상 과정에서 기진포와 의주 등지에는 임시 특별시장이 개설되어 음식과 술 등 다양한 물품을 병참부 주변에서 병사와 인부들에게 판매했다.[229] 혼성제9여단 장교가 1894년 9월 20일 자 일기에서 "쌀은 늘 변함없이 지나미支那米였다"[230]라고 표현한 것처럼 일본군은 평양 전투에서 노획한 청국군 군량미로 부족한 식량 문제를 해결했다.

평양 전투 직후부터 시작된 일본군 북진에 갑오개화파 정부는 적극 협조했고, 선유사 권형진을 평안도 지역에 파견하여 전쟁 수행 협조와 민심 수습을 도모했다. 평양에 도착한 권형진은 대동문에 다음과 같은 방문을 게시했다.

보아라. 지금 일본 군대가 우리가 수백 년 동안 난폭한 이웃으로 인해 곤란을 겪는 것에 번민하여 이웃나라에 대한 호의로 크게 병사를 들어……우리 독립을 비보神保할 형세로 일본은 이에 거동했다. 모두 우리를 위해 힘을 쓴 것인즉, 오직 우리 민인 또한 일본 군대를 위해 노력하지 않으면 안 된다. 병사들 양식의 운반부터 숙사·물자 공급 등의 일에 이르기까지 그 요구하는 바를 들어야……그러나 무식준맹無識蠢氓하여 그 속뜻을 알지 못하고 운반할 때에 소를 이끌고 도주하거나 혹은 짐을 내려놓고 황급하게 피하니, 이 어찌 사람이 의기의 길에 보답하는 것인가? 일본은 기율이 엄명하고 조금도 우리나라에 간섭하지 않아서 성상께서 이미 통촉하여 나를 선유사로 파견한 것이고 또한 일본이 민인을 고용하여 부리는 것이다. 그런즉, 그 노력에 보답하라. 만약 물건을 구하면, 즉 그 가격을 보상할 것이고, 우리 민인을 우연히 만나서 혹이나 무도불신無道不信 등의 일이 있으면 율로써 엄히 금하고 있다. 만약 이 같은 폐를 일본군이 미치게 하면, 곧장 와서 관에 호소하라. 마땅히 일본 대진大陣에 말해서 하나하나 찾아 주고 징계할 것이다. 이를 잘 알 것이다.[231]

청국의 수백 년 압제를 벗어나게 해준 일본군에게 현지 주민들은 물심양면으로 협조해야 하며, 일본군은 주민들을 해치지 않을 것이므로 걱정하지 말라는 내용의 포고문이었다. 권형진은 이후 평양을 출발하여 북진하는 일본군의 인마와 미곡 징발에 협조했다. 제1군 사령관 야마가타 아리토모는 일본공사 이노우에 가오루에게 늦가을로 접어드는 상황에서 말먹이 보충과 방한용 땔감 조달이 필요하므로 조선 정부를 통해 선유사 권형진에게 특별한 직권을 부여하고 충분히 효력을 발휘

제1군 병참사령부 군인과 조선 정부의 위문사들(평북 의주).
이노우에 공사의 권고로 조선 정부는 일본 군대를 위로하기 위해 군부대신 조희연 등을 칙사로 중국 관내 전투 지역에 파견하였다. 이들의 파견은 일본 군대가 백전백승하는 여세를 몰아 청나라 영역으로 깊숙이 들어가 청나라 군대를 격파하여 항거할 수 없는 진상을 직접 보게 하려는 의도에서 추진된 것이었다. 위문사들이 압록강을 건너기 직전에 찍은 것이다.

할 수 있도록 요청할 것을 조회했다. 야마가타는 선유사 수행원인 권기수도 징발에 진력한 바 있으므로 그에게도 상당한 직권을 주라고 덧붙였다.[232] 며칠 후 야마가타는 조선 정부의 선유사 소환 전보 명령을 탐지하고 이노우에게 현재 '대징발' 중으로 권형진이 의주를 떠나면 지장이 크므로 계속 체류시키도록 조선 정부에 조회토록 했다.[233] 조선 정부는 권형진을 반접관伴接官으로, 전 사과 김응옥을 반접종사관으로 임명하여 이제는 현지 주민들의 질서 확립을 위한 선유사가 아닌 관서에 주둔한 일본군의 전쟁 수행을 위한 협조에 전담토록 했다.[234] 이후 권형진은 인부와 우마 모집, 군수품 징발 등에 관해 지역민을 효유하면서 일본군 제1군의 평양 도착 이후 이듬해까지도 일본 군대를 따라다녔다. 1895년 2월 12일에는 안주에 가서 다음 날 제1군 병참감부와 일본 지폐의 통용, 조선인 인부의 응역應役과 군수품 절도자의 징계 등에 관한 협조를 논의했다.[235] 반접종사관 김응옥을 권기수로 교체했는데, 1895년 2월 25일 제1군 병참감부는 이노우에 공사에게 "반접종사관 권기수. 이 자는 반접사 권형진에 종속되어 유감없이 일본어로 통역 임무에 응해 주야로 침식을 하지 않고 우리 병참소 업무를 용이하게 하여 그 공적이 자못 크다고 인정한다"고 통첩했다. 또한 의주부 동위원면 거주 문학진사 김용제도 인부 모집에 적극적이었는데, "제1군이 평양 도착 이래 군대를 따라 성심성의로 시종하여 일본군의 편의를 도모하고 군수품 징매, 인부 징발 등 병참 업무를 용이하게 하는 등 그 협력한 공적이 자못 크다"고 했다.[236]

3—전쟁특수와 모험상인

평양 전투와 황해 해전의 연승 결과 일본 모험상인Merchant Adventurers 들이 대거 조선으로 건너왔다. 이때 일부 조선인도 전쟁특수를 누렸다. 평양 전투 무렵부터 일본의 영세 상인들은 군대를 따라 육로와 해로를 경유해 경쟁적으로 평양에 진출했다. 그런데 당시 일본영사관이 파악한 바에 의하면 이들은 서울과 인천 등에서 구전을 취하는 것을 업으로 삼던 자 또는 잡화상이거나, 정상적인 상업 행위를 목적으로 온 것이 아니라 일확천금을 노린 '모험사리冒險射利의 무리'로 영업 경험이 없는 자들도 많았다 한다. 이들은 급박한 전시에 원활한 보급을 기대할 수 없는 형세를 틈타 일시 피란한 주민의 빈집을 무단으로 점령하여 점포를 개설하고 일본 군인과 군속에게 술·연초·사탕·피복·방한구 등을 판매했다. 주로 오쿠라구미·무카이야마텐向山店·리키타케텐力武店 등에 소속된 군납 상인인 이들은 식용 소와 양미 조달 등에 종사했다. 그렇지만 영업세와 공공비도 납부하지 않아 '화외化外의 천민天民', 즉 '교화의 범위에서 벗어나는 하늘이 낸 백성'으로 표현되었다. 병참부 외에는 특별한 단속도 받지 않았다.

당시 일부 상인이 군량미 운반 사역으로 '뜻밖의 수입'을 얻기도 한 것으로 보아 모험상인과 인부는 명확히 구분되지 않았던 것으로 보인다. 그런데 일본에서도 '하등 인민'으로 표현되었던 일본인 군수품 운반 인부까지도 조선인을 멸시, 냉대하는 풍조가 있었다. 일본 모험상인과 인부들의 불법적인 행위와 그로 인한 폐해에 대해 지역민들은 지방관에 호소하는 것보다는 현지 주둔 병참부에 직접 호소하여 처분을 구하

는 일도 적지 않았다.[237]

비숍이 두 번째로 방문했을 때 평양은 요란스러울 정도로 많은 건물이 세워지고 헐렸는데, 일본 상인들이 집터를 사들여서 한국식 가게를 일본식 건물로 개조하는 상황을 목격할 수 있었다. 그곳에는 일본 상품들이 잘 진열되어 있었고, 특히 각양각색의 등유가 "특허를 뻔뻔히 위반한 채"로 진열되어 있었다는 것이다.[238] 전쟁특수 현상으로 갑자기 부를 얻은 조선인의 구매력이 증가하는 경우도 있었고, 부산의 일부 조선인 객주는 나가사키 지역으로부터 카네킨[金巾(옥양목)] 주문을 한 만큼 공급받을 수 없었다 한다.[239] 그러나 이는 일부 부상富商에 국한된 경우이다.

한편 평양 전투 직전인 9월 9일 참모총장 타루히토 친왕은 육군 대신 오야마 이와오에게 조선 내에서의 일본인 행상단 설립 문제에 관한 조회를 보냈다. 이 문서에서 그는 금일 조선 국민의 수용품을 일본에서 수출하는 것, 또 일본인들이 조선 내지에서 행상하는 것은 국가 경제는 물론 일본 군대를 위해서도 크게 이익이 된다고 주장했다. 그 이유로 군대에서 한전韓錢 휴대가 어려운 상황이라 일본 화폐를 조선에서 통용시키는 길을 열어야 하는데, 행상들을 조선에 보내 일본 화폐를 사용 교환하게 하면 조선인들이 자연히 일본 화폐를 신용하게 된다는 것이다. 그렇게 되면 일본 군대는 번거로운 상황을 해결하게 되고 한편으로는 조선인들의 수용품을 공급하여 그들에게 이익을 줌으로써 일본과 친하게 될 것이기에 이번 기회에 일본 국민을 조선으로 보내 행상할 수 있게 보호하도록 지시했다.[240] 실제로 이는 효력이 있어 청일전쟁이 끝날 무렵이면 계림장업단鷄林奬業團·한성흥업단漢城興業團이라는 일본인 행상 조직이 설립되는 토대가 되었다.

평양 전투 직후 육군성의 요청과 육군차관 고다마 겐타로兒玉源太郎의 소개로 오사카 상인 오카자키 에이미즈로·이오이 쵸헤이 등은 집단으로 한전 교환과 화물 수송 등에 관해 협의했다. 이들은 자신들의 경험에 따르면 일본 상인이 외국무역에서 항상 실패한 것은 자국 상인 간에 소소한 경쟁을 하는 데에 연유한다고 주장했다. 그러므로 "일한 무역을 확장하여 제국의 상리商利를 증진시킬 좋은 기회를 맞이했는데, 이때 그들 상인 간에 여러 가지 전철을 답습하면 국가의 이익을 감손시키는 것이 적지 않으므로" 육군성의 소개로 서로 제휴하여 조선 무역에 일치하여 종사할 것을 협의하고, 아래와 같은 내용을 요청했다.

一. 자력資力을 충분히 만들 것.
一. 일시의 기리奇利를 손에 넣지 않을 것.
一. 정실正實하게 이 업을 성취할 것을 결의할 것.
一. 우리나라 상인 서로 간에 경쟁하지 않을 것.
一. 영구한 상리商利를 목적으로 할 것.
一. 해외무역을 경영하는 능력이 있을 것.[241]

결국 청일전쟁을 기회로 삼아 독점적 특권을 요구한 것인데, 이오이 쵸헤이는 10월 26일 다시 고다마에게 청원하여 각 개항장에 설치한 지점에서 화물의 대가로 한전을 많이 확보할 수 있을 것이라고 주장했다.[242] 그는 별지 명령서를 작성해 제출했는데, 뒤에서 살필 모리나가의 명령서 안과 대체로 비슷하다. 오카자키 에이미즈로도 이와 유사한 내용으로 청원했고, 오사카의 실업가 오카하시 지스케도 한국에 옥양목 및 기타 잡화를 수출해 한전을 확보해 군대의 필요에 응하겠다는 청원서를 제출했다.

한편 그즈음인 10월 25일 서울로 들어온 신임 주한공사 이노우에 가오루는 다음 날인 26일 외아문(통리교섭통상사무아문)을 방문하고 이어 왕궁에 들어가 국왕을 알현하고 국서를 봉정했다. 이때 그는 사이토 슈이치로·야스히로 반이치로·구사카베 산쿠로 등 15명의 수행원을 대동했는데 여기에는 일본인 실업가들도 포함되어 있었다. 이들은 여러 날 인천에 머물면서 상황商況을 살피다가 공사와 함께 입궐한 것이었다.[243]

일본 상인에 대한 특권은 조선의 각 개항장으로 옥양목·목면·성냥 및 기타 상품을 실어 운반하는 선박의 특별허가 기간 연장으로 나타났다. 관선과 상선의 출입세와 톤세 지불액의 차이를 염두에 둔 일본은 민간 화물이라도 군사용 수송선에 탑재하면 톤세도 지불하지 않고 해관 관리의 감독도 면할 수 있던 점을 기회로 삼았다.[244] 이에 육군성 산하에 반관적半官的 성격의 일한무역상사를 설립하여 주로 조선으로의 화물 수송과 한전 매수를 담당케 했다. 그런데 이는 후쿠오카 출신 상인 모리나가 히사요시守永久吉가 육군대신에게 올린 청원을 받아들인 것이었다. 모리나가는 그해 10월 10일 일본 군대가 조선으로 이동할 때 한전이 부족해 곤란하다면서 한전을 확보하기 위해 일본 본토로부터 화물을 수송·판매하여 군대의 수요에 충당할 것을 제안했다. 그 구체적인 방안으로 그는 '화물은 고베·우지나 혹은 모지에서 어용선 편에 탑재하고, 조선 파견 중에는 군 사단·병참감독부 또는 부대장 및 영사관 등의 보호를 받고, 할 수 있는 한 스스로 음식을 마련한다. 그럴 수 없을 때는 가장 가까운 육군 관청에서 제공받고 화물을 판매하고 확보한 한전은 육군 관청에서 시가로 교환할 것' 등을 제시했다.[245]

일한무역상사에 대한 육군성의 명령서에 따르면, 화물 발송은 고베·우지나·시모노세키항으로, 송달은 인천·부산·원산항으로 한정하였다. 화물의 중량·품종·하송 기타 이입, 짐을 싣거나 부릴 때는 병참부원의 지휘에 따르고, 운송 비용은 따로 부담하지만 시의에 따라 히로시마—우지나 간은 군용철도로서 무임 운송을 허용했다. 화물 취급을 위해 2명에 한해 취급원의 무임 승선을 허용했다. 육군성은 이송 화물의 손해에 대해 그 원인 여하를 묻고, 일체 책임을 지고 운송 시 상당한 주의를 기울이도록 했고 거명된 여러 항구의 창고 또는 적하장의 화물 사용료를 징수케 했다. 반면 일한무역상사는 조선에서 확보한 한전을 육군성과는 시가로 거래하고 구매 청구에 응하도록 했다. 대금은 매주賣主의 청구에 임해 판매한 곳 또는 고베와 오사카에서 지불토록 했다. 다만 육군성은 일한무역상사가 부당한 행위를 할 때에는 허가를 취소할 수 있었다. 또한 이 명령에 의해 화물 운송에 종사하는 인원·성명 및 사용인감은 미리 육군성·운반통신부 및 소속 각 병참감부에 신고해야 하고 만약 변경 시에는 새로 제출하게 했다.[246] 모리나가는 11월 5일 점원의 성명과 역할을 별지로 제출했다.

이 특권은 1894년 11월 1일부터 12월 말까지 2개월 기한으로 조선 정부로부터 허가받은 것이었다. 이는 외무상 무쓰 무네미쓰의 훈령을 받은 일본공사관 스기무라 후카시가 외부대신 김윤식에게 보낸 공함 문서에 따른 것이었다. 스기무라는 일본과 조선이 맺은 〈조일양국맹약〉 제2조의 취지에 따라 일본 정부 소유의 관선에 양포洋布를 탑재하고 조선의 각 항구에 들어갈 수 있도록 요구했다.[247] 그런데 그해 8월 26일 조인된 〈양국맹약〉 제2조는 "일본은 청나라에 대해 공수의 전쟁을 맡고 조선은 일본군의 진퇴와 그 양식 준비를 위하여 가능한 한 편의를 제공한다"라고 되어 있어 인부와 식량 징발에 초점을 둔 것으로 서양 포목 수입과는 전혀 관계가 없는 조항이었다. 그럼에도 일본 정부는 일본 상인의 경제적 입장을 대변하여 급박한 전시 상황에서 주도권을 상실한 조선 정부에 이를 관철시켰던 것이다. 여기에 더해서 공사 이노우에는 외부대신 김윤식에게 조회하여 1895년 2월 28일까지 2개월 더 연장하여 종전 그대로 양포를 탑재할 권리를 확보했다. 이 내용은 각 개항장 해관에 전달되었다.[247] 여기에 더해 운수통신 장관 데라우치 마사다케의 건의를 받아들여 이노우에는 일본 육군이 조선에서 빌린 운송선으로 조선의 각 항구에서 상품을 수입하고 미곡 등 조선의 산물 및 외국 물품을 다른 항구 또는 청국 내의 일본군 점령지로 수출할 수 있도록 권리를 확대했다.

이미 평양 전투 직전인 그해 9월 오쿠라 기하치로 같은 정상政商들은 군용 배낭 제작에 필요한 조선의 우피를 구입하기 위해 조선으로 건너와 군용선에 탑재하는 방안을 출원하였고 평양 전투 당일인 9월 15일 허가를 받은 바 있었다.[249] 이후 지방 장시와 포구까지 진출한 이들은 적극적인 영리 활동으로 의병의 공격을 받기도 했다. 부산의 일본영사가 파악한 풍설 등에 의하면 1894년 3월 6일 부산항 일한무역상사 대리인 에토 히사요시는 경상남도 일대를 돌아다니던 중 진주 팔장포에서 '폭도'를 만나 상품을 탈취당하고 변장 도피한 일이 있었다 한다.[250] 이후 일한무역상사는 러일전쟁 시기까지도 소소하게 활동을 지속했다.

한편 평양 전투 승리를 계기로 일한통상협회가 창립되었다. 창립 및 발간 취지문에서 "정청征淸 연승의 결과로서 동방 일출의 나라 국민은 동아 대승리국의 인민으로서 세계에서 환영받고 있다. 그래서 지금 그 제2착 걸음인 세계무역의 표면에 약진해 나아가서 장차 만국 승전의 대승리자로서 갈채를 받을 운명으로 향하고 있다. 미래의 상전商戰 승리자로서 갈채를 받을 우리는……일의대수一衣帶水(한 줄기의 띠처럼 좁은 냇물이나 강물 하나를 사이에 둔 것과 같이 매우 가까운 거리에 있는 것을 비유하는 말)의 한청 양국으로부터 시작하는 것이 무릇 순서이다"라고 설립 목적을 밝혔다. 협회 규약의 '제1관 목적 및 사업'을 보면 본부 사무소는 도쿄와 오사카에, 지부는 경성·인천·부산에 두었다. 일한통상협회는 조선 각 항구의 무역, 행상의 실태, 공업·광업·어업·농업·금융·운수·교통 등 모든 사업을 총망라한 현황·장래 및 그 방법을 연구하고 조사 사업을 수행할 것을 기약했다. 또한 조선의 중요 지역에 상품 진열소를 설치할 예정이었다.[251]

이 일한통상협회의 창립 계기에 대해 발기인 중 한 사람인 요시다 분죠는 다음과 같이 설명하고 있다.

그 실마리를 삼고자 하던 때는 바야흐로 마침 계림의 동학당이 봉기하여 팔도의 인심이 흉흉하고, 다음으로 형세는 다시 변하여 일청의 전쟁으로 변하자 여러 곳에서 팽배한 적개심을 몰아 하나의 먹이[一哺]를 토하고 한 번 씻는 것을 줄여 이로써 봉공의 정성을 들여, 다시 일한 통상을 되돌아볼 여지가 없지 않아……준비는 점차 정돈되었

고, 연이어 9월 15일 즉, 평양 함락의 당일로써 본회 설립의 일을 발표했다.[252]

즉 동학농민전쟁을 계기로 청일전쟁이 발발하자 비로소 협회 조직을 준비하게 되었고 평양 전투에서 일본군이 승리한 1894년 9월 15일에 본격적으로 협회 설립을 개시했다는 것이다. 일본 조야에서는 동학농민군의 활동이 조선 무역에 크나큰 장애를 주는 것으로 인식하고 있었다. 그들은 당시 조선인들이 상당한 구매력이 있음에도 불구하고 그것이 확대되지 않은 이유는 동학당의 폭동을 두려워한 사람들이 도회지에 나오지 않고 일본 상인들도 내지로 들어갈 수 없기 때문이라며 조선 무역은 동학당을 소탕한 후에야 실행될 수 있을 것으로 전망했다.[253]

평양 전투 이후 요시다는 10월 1일 본회 사무소를 도쿄시 시바구 이사라고마치에 설치했고, 간사이 사무소를 오사카시 니시구 토사보리에 설치했다. 회원 모집 결과 1895년 3월 초순에 이르면 420여 명으로 증가했다. 그는 다시 4월 15일, 조선으로 건너가 5월 1일 경성지부를 진고개 일본 거류지에 설치했고, 5월 20일 인천 일본인 거류지에 지부를 설치했다.[254] 8월 9일에는 전 조선공사 오토리 게이스케를 회장으로 추대했다. 8월 24일 은행집회소에서 제1회 평의원회를 열어 회장 오토리를 시작으로 은행재벌 시부사와 에이이치澁澤榮一, 중의원 의원 와타나베 히로모토渡邊洪基, 실업가 사쿠마 데이이치佐久間貞一 등의 각 평의원이 회의를 열어 협회 규칙을 검토하고, 경비 예산 및 의연금 모집 착수 등에 관한 여러 사안을 결의했다. 평의원에는 일본의 대표적인 실업가 오쿠라 기하치로도 있었다. 9월 중순에는 부산지부도 설치했다. 이 시기 일본 내에서 풍미하던 국수주의 단체 겐요샤玄洋社 류의 아시아주의에 바탕한 이 협회는 1896년에 이르면 기존의 본부와 지부 외에 나고야·사카이·요코하마·나다 등지까지 지부를 확대했다.[255]

원래 청일전쟁 개전 보도에 도쿄 증권가의 주식들은 폭락했다. 〈표 29〉는 당시 일본 대표 주식들의 등락 상황을 잘 보여 준다. 여기서 '카네보[종방鐘紡]'는 '(주)카네가후치방적鐘淵紡績'을, '토카부[동주東株]'는 도쿄주식거래소, 즉 현재의 도쿄증권거래소 자체 주식의 약칭이다.

〈표 29〉 1894년 5월과 8월 일본 증권거래소의 주가 등락 상황(단위: 엔円)

일자/구분	탄광	마철馬鐵	우선郵船	카네보鐘紡	토카부東株
5월 1일	79,00	133,00	68,30	60,00	298,00
8월 16일	58,20	86.50	52,00	33,60	159,00

* 緒方勝次, 《戰爭と株式》, 新日本社, 1937, 7쪽 참조.

그러다가 10월 25일 일본군 제1군이 압록강을 넘어 안둥현과 주롄청을 약취했다는 호외가 이어지자 시장이 열광하고 모든 주식이 폭등했다. 11월 3일 천장절에 "대고산 시가를 불태우고 취득물품이 산과 같음"이라는 보도에 토카부는 11월 5일 월요일에 226원으로 올랐고, 1895년 12월 2일 820원으로 이전에 없던 신고가를 경신했다. 8월 16일에 비하면 5.16배나 상승한 것이다. 이에 비례해서 '일본은행 물가지수'도 1894년 126에서 1895년 140, 1896년 174로 증가하였다.[256]

이러한 분위기 속에서 1894년 10월 12일 오사카상업회의소 회두 우키다 게이조는 회의소를 대표해 히로시마 대본영을 방문해서 궁내부 대신에게 일본군의 연전연승을 축하하고 국위 현양을 위해 회의소원

일동도 분투, 노력하겠다는 의지를 표명했다.[257] 이 회의소는 11월 29일에 열리는 총회에서 조선 무역 실지 시찰원 파견과 예산 관련 사항을 협의하기로 했다. 2개월에 걸쳐 2명의 시찰원 파견 비용으로 600엔을 책정했고, 조선국 풍토·주민, 자본과 인력, 농공업·상업·금융·운수업, 이민, 일본인과 청국인·외국인 활동 등을 시찰하기로 했다.[258] 이후 전황이 일본 측에 더욱 유리해지자 그해 12월 오사카상업회의소에서는 일청한日淸韓 무역조사위원 설치를 논의하고 시모노세키조약 체결 직후인 1895년 4월 초 10명의 위원을 중심으로 하는 일청한무역조사위원회를 설립했다.[259] 〈표 30〉은 청일전쟁 전후 일본과 청국 무역상의 조선에서의 거래액과 비율이다. 청일전쟁 이후 청국 상인의 대조선 무역이 정체를 보인 것과는 달리 일본 상인의 무역 거래액은 비약적으로 증가하는 추세임을 알 수 있다. 1894년을 기점으로 1895년 이후로는 일본인 행상자도 급속히 증가했다. 〈표 31〉은 1892년부터 1896년까지 5개년간의 일본인 조선 진출 행상의 수이다.

이러한 정세에 편승하여 일본은 1895년 12월 조선 내 상권 확장과 청국 상인에 대한 우위권 확보의 일환으로 4~5명 단위의 행상 조직 설

〈표 30〉 조선에서 일본과 청국 무역상의 거래액 규모

연도	수출입액(원圓)		점유비율(퍼센트)	
	일상日商	청상淸商	일상	청상
1893	1,422,986	1,668,491	32	38
1894	3,088,010	1,894,822	48	30
1895	4,427,751	1,740,469	64	25

* 大島淸, 《日本恐慌史論(上): 明治時代の恐慌》, 東京大學出版會, 1957, 112쪽.

〈표 31〉 일본인 조선 행상자 수(1892~1896)(단위: 명)

연도	행상자 수	증가 수(전년도 대비)
1892	39	
1893	88	49
1894	93	5
1895	385	292
1896	600	215

* 日韓通商協會, 《日韓通商協會報告》, 제22호(1897. 6)에 의해 작성.

치를 기도했다.[260] 그 결과 1896년 인천 거주 일본 상인의 연합체인 인천상업회의소 지원 아래 계림장업단과 같은 전업적 행상단체를 조직, 지부를 결성하여 활동할 수 있었다.[261]

"(일본의) 이익선의 안전과 진보를 기한다"는 목표로 칼과 육혈포 등을 소지하고 지방 각처를 순력하면서 무장행상단으로 활동했던 계림장업단은 인천 본부 외에 경성·평양·개성·강경·부산·진남포·원산·대구·목포 등 주요 도시에 지부를 두었다. 1898년 1월 당시 회원 수는 인천 본부에 798명, 전국 지부에 1,380명 도합 2,178명이었다.[262] 계림장업단은 인천항 주재 일본영사가 인가했고, 본국 농상무성으로부터 1만 원의 보조금을 받아 활동했다. 그런데 이들은 정상적인 상업 활동을 한 경험이 있는 자들이라기보다는 그 대다수가 조선에서 일확천금을 꿈꾸는 몰락상인·빈농·잡업층, 기타 무일푼의 유랑민 출신으로 자질상 큰 문제가 있었다.

한편 시모노세키조약 이후 일본 정부는 1895년부터 1898년까지 청국으로부터 3억 6천여 만 엔의 배상금을 받게 되는데, 이는 2억 엔 정도였던 전쟁 비용의 1.8배에 달했다. 당시 일본의 1년 국민총생산은 2억 8천만 엔 정도였고, 세입예산액은 겨우 9,114만 엔에 불과하여 전비는 보통 예산의 2배 이상의 거액이었다. 배상금은 이후 군비 확장비, 제철소 설립, 철도의 건설·개량 7개년계획, 전화 교환 사업 확장, 타이완 특별사업, 북해도 척식 사업 등에 집중 사용되었다.[263]

〈표 32〉 청일전쟁 기간 일본이 받은 배상금 내역(단위: 원)

구분	군비 배상금	랴오둥 환부 보상금	웨이하이웨이 수비비 상각금	총계
청국 고평은 庫平銀(냥兩)	2억	3천만	150만	2억 3,150만
영화英貨 환산액 (파운드)	3,290만	493만 5천	24만 6천	3,808만 1천
일화日貨 환산액 (엔円)	3억 1,107만 3천	4,490만 7천	238만	3억 5,836만

*《明治大正財政史》제2권, 1926, 224~225쪽; 小野一一郎, 〈日淸戰爭賠償金の領收と幣制改革〉,《經濟論叢》94권 제3호, 京都大學 經濟學會, 1964, 33쪽을 참조하여 작성.

3.
평양과
평안도의 현실

1 ── '전시 대징발'

물가 폭등과 한전 시가 앙등

청일전쟁 기간 서울 만리창 부근에는 주보酒保(임시 주점과 매점 형태를
갖춘 병영 안의 매점) 영업장이 5~6개 있었는데 모두 부대의 막영과 같
았다. 주보는 전쟁 지역 장병들의 일용필수품 구매에 편의를 주기 위해
설치된 것이었다. 여기서는 오사카산 밤강정, 구마모토산 조선 김, 아
사히맥주, 오키나와산 아와모리泡盛(소주 일종), 기타 과자와 성냥 등 일
용품을 가게 앞에 펼쳐 놓고 병사들의 수요에 응했다. 제5사단의 병사
가 주둔할 무렵에는 가게당 하루 수입이 30원에서 100원 정도였다고
한다.[264]

　　그런데 성환과 풍도의 전투가 시작되면서 물가는 폭등하기 시작했

다. 8월 23일 인천 주재 일본영사 노세 다츠고로의 보고에 따르면, 인천항 무역은 7월 이후 거의 중단되고 화물 위체료爲替料도 수입품 감소와 기타 이유로 등귀하여 종전 10일간 90전에서 2배로 증가했다. 송금 수수료는 인천－오사카 간의 경우 100엔에 90전이었는데, 20전이 추가되었다. 수입물품은 중국 상인의 귀국 이래 옥양목과 한냉사 등의 가격이 2배 이상 급등했다. 일본에서의 수입품도 마찬가지였다. 또한 일본과 인천 간 정기와 임시 항로로 2개 기선과 범선 4척이 운행되었는데, 전쟁 이후 히고마루 1척이 매달 1회로 줄어들었다. 그 결과 상품은 물론 일용품도 부족하여 물가 상승을 막을 수 없었다. 1근에 8전 내외 하던 '텐쿠아루天光' 사탕이 17전, 10근에 70전 하던 밀가루 1포대가 1원 20전으로, 1통[罐]에 1엔 20전 하던 석유가 2엔 50전, 석탄 1톤이 6엔 50전에서 15엔으로 7월 전에 비하면 거의 2배로 뛰었다. 조선인이 출하하는 쌀과 콩·팥 등 곡물과 소고기·계란·어물·야채도 값이 2배로 뛰었다. 이 중 야채의 경우 종래 청국인이 염가로 판매했지만 그들이 귀국한 후 가을부터 부족하게 되었다. 또한 미곡은 전라도 경계인 금강 일대에 동학도 봉기 재연 소식이 있자 이 지방에서 시장에 출하하는 쌀이 끊기고 서울과 인천 부근의 미곡도 부족했다.[265]

청국군의 평안도와 평양 진주 이후 현금 사용이 급증하면서 전시 물가 폭등과 한전 시가의 앙등으로 평양 주민은 고통받고 있었다.[266] 청일전쟁에 종군했던 서양화가 아사이 주淺井忠의 종군일기에 따르면 평양 전투 바로 직후인 9월 18일 인천의 물가는 비교적 싼 숙박비를 제하면 목욕비는 3전, 이발은 15전, 사탕 1근 60전, 빵 반 근은 10전인데 대체로 이는 평상시의 5배나 되는 가격이었다.[267] 《오사카아사히신문》 종군기자 니시무라 도키스케의 10월 15일 자 송고문에는 전쟁 직전 일본 1원이 한전 3관문에 해당했는데 최근까지 2관 500문을 내려가지 않다가 지금은 2관문 내외이고, 물가도 한전과 동일한 비율로 변동했다고 한다.[268] 조선에서의 전운이 잦아드는 그해 말에 이르면 서울뿐 아니라 각 지방에서도 시장이 열리고 상인들이 다니기 시작했으나 한번 오른 물가는 내려가지 않았다.[269]

청일전쟁 전 기간 동안 인부의 임금 체불과 한전 부족 문제는 일본 정부의 만성적인 고민거리였다. 외무대신 무쓰는 9월 9일 공사 오토리에게 당시 어려움의 하나로 부산과 경성 간 일본군 북진 시 동원된 조선인 노무자의 임금 지불 문제를 거론했다. 그는 임금 체불이 최근에 이르러 민중봉기의 한 원인이 되었음을 지적하면서 더 이상의 체불은 허용될 수 없다고 판단했다. 그렇지만 현지 일본군은 한전이 없고 일본

아사이 주淺井忠(1856~1907).
도쿄 출생의 서양화가로 청일전쟁에 종군했다. 1898년 도쿄미술학교 교수를 거쳐 1900년 프랑스에 유학했다. 1902년 교토고등공예학교 교수가 되었고 간사이關西미술원 초대 원장으로 활약하였다. 《종정화고從征畫稿(일청전쟁 종군일기)》(1895)를 남겼다.

지폐가 통용에 도움되지 않는 상황에서 일본 측이 취할 수 있는 최선의 방법은 조선인들에게 일본 은화를 받도록 강요하는 길밖에 없다고 토로했다. 이에 외무대신 무쓰는 부산과 인천에 있는 일본은행에서 각각 5,000원씩 소액 은화를 송금하고, 전시 징발은 "매우 정당한 매력이 없으면 양해받지 못할 것"이라며 징발의 부작용을 우려했다.[270]

전투 현장을 총지휘하던 제1군 사령관 야마가타 아리토모는 외무대신의 의견 일부를 받아들였다. 그는 병참부로 하여금 인부 모집에 융통성을 기하고 철저히 준비할 것과 일본 은화를 통용하는 데 지장 없게 하라면서도 이를 거절하는 조선인들을 엄히 벌하라는 강제 수수조항을 두게 했다. 이에 평양의 고무라 서기관은 야마가타의 명을 토대로 10월 8일 오토리 공사에게 다음과 같은 사항을 요청했다.

야마가타 대장으로부터 각하께 다음과 같이 전보를 치라는 취지의 명령을 받았습니다. 우리 군대는 인부 부족과 한전 결핍 때문에 한 걸음도 전진할 수 없어 매우 곤란을 겪고 있습니다. 따라서 조선 정부에 엄하게 말하여 다음 4개 조항을 평양감사에게 전훈電訓하여 속히 결행하도록 조처해 주시기 바랍니다.

1. 평양과 그 이북 각 병참부에 인부 1,500명씩을 제공하게 할 것.
2. 인부 모집에 응한 자는 그 수에 따라 조세의 일부 또는 전부를 면제해 줄 것.
3. 일본 은화를 조선 은화처럼 조세 납부나 인민 상호의 거래상 지장이 없게 통용시키고 거부하는 자는 엄형에 처할 것.
4. 조선 인부의 모집 또는 감독에 관계하는 관리로서 그 임전賃錢의

일부를 사유하는 자는 엄중히 형벌에 처할 것.[271]

평양 승전 후 조일 공수동맹안을 통한 내정간섭도 강화되었다. 이 동맹안의 표면적 내용은 청국과 싸우는 데 명분을 둔 양국의 군사동맹이었지만 실제로는 동학농민군 토벌에 중점을 둔 것이었다. 그 결과 장위영 중대장 이두황이 인솔하는 조선인 부대는 일본군 사단사령부와 행동을 같이하게 된다.[272]

이 시기 일본군의 징발 대상은 정미·나락·대맥·조·팥·대두·소두·우마·돼지·닭·계란·간장·기름·무 등으로, 대부분 조선의 생필품들이었다.[273] 하마모토 리사부로의 기록에 따르면, 8월 5일 덕원만 원산진에 도착한 그의 부대는 8월 8일 회양에서 재차 징발대를 선발했는데, '재차 징발대 선발'이라는 기록으로 보아 5일과 7일 이틀 사이에도 징발이 이루어졌던 듯하다. 8월 9일에는 보병 중위 고이데 리타로와 하마모토는 징발 명령을 받고 즉각 병졸 1명, 통역 1명, 군부 1명을 동원해 징발에 나섰다. 이 부대는 8~9일 회양부, 10일 오목리, 11일 금성현, 12일 신점, 13일 유정리, 14일 송우리, 15일 경성 아현동에 도착했는데, 오목리부터 송우리 사이에 있는 각 노영지에서 무슨 일이 있어도 양미·부식품·장작 등을 징발하라는 임무를 부여받았다.[274] 그러나 인구가 희박하고 일본군의 이동이 빈번한 이 지역에서의 징발은 쉽지 않았다. 큰 부락과 작은 부락을 막론하고 모은 쌀은 겨우 3~4표俵(1표는 5두 5승입 카入[섬]) 정도였고, 주민들도 입을 모아 2~3년 흉년이 계속되어 미곡은 거의 없다고 했다. 그럼에도 "적국도 아닌데 가택수색을 하지 않을 수 없었다"고 하마모토는 술회했다. 그들은 미곡 외에 오이·호박 등도 수

하마모토 리사부로가 그린 조선의 초가.

그가 쓴 전쟁 체험일기 《일청전쟁종군비록》에 수록되어 있다. 소설가 나쓰메 소세키夏目漱石와 한때 마쓰야마심상중학교에서 교사생활을 함께했던 하마모 토는 청일전쟁이 발발하자 소집령에 따라 일본군 5중대에 배속되어 조선과 중국 본토까지 진격하였다.

백 개 징발했다.[275]

도처의 주민이 도망하고 인가가 텅 빈 상태에서도 순안 주둔 제5사단의 경우 매일 2, 3개 조로 편성한 군리軍吏를 각 촌으로 보내 군량미로 쌀과 조·콩 기타 잡곡을 확보할 수 있었다. 이때 쌀은 1석에 8원, 피[稗]는 3원, 소맥 6원, 콩(대두)값으로 3원 20~30전을 지불했다. 그러나 안주 이북은 인가의 태반이 소각되어 징발의 효과를 거둘 수 없어서 혼성여단 소속 군리들을 파견해 백마산 부근 논의 벼를 수확해 정미하는 자구책을 강구하기도 했다.[276] 그런데 5사단 감독장의 '온화 징발'이라는 표현이 주목된다. 당시 제1군 관리부 부관 대위였던 시바카츠 사부로의 회고에 따르면 타스미의 삭령지대에서 평양 이북으로 파견한 모 부대의 특무조장은 농가에 의뢰하여 미곡을 절구로 정미한 후 되가져 가기도 했다.[277] 병참의 심각한 문제를 노출하고 있었던 것이다.

징발의 여러 사례

〈표 33〉은 일본군 제1군 제3사단 야전대의 잔여 및 후비보병 제6연대 중위 야마오카 킨죠山岡金臧와 같은 제3사단 야전기병대 1등졸 운노 류키치海野鉚吉의 종군일기를 토대로 조선에서의 일정을 정리해 본 것이다.

야마오카는 8월 26일 여단사령부로부터 조선국 출정을 위해 29일부터 철도로 히로시마에 가게 될 것이라는 통보를 받게 된다. 그가 속한 제6연대는 이후 9월 1일 혼성여단이 히로시마에서 보내온 아산 및 성환의 분포품을 열람하고 장교 회집소에서 하나하나 설명을 들었다. 당일 히로시마의 우지나를 출발한 부대는 운송선 다카사고마루로 9월 5일 원산에 도착한다.[278] 한편 시즈오카현 마가리카네 출신 운노는 8월 4일

충원령이 내려지자 이날 전시 편성에 소속되었다. 그는 9월 5일 조선 원산진으로 출발한다는 명령을 받았고, 9월 7일 오전 7시 고베에서 난에 쓰마루로 출발하여 오후 5시 시모노세키에, 다음 날인 9월 8일 오후 8시 부산항에 도착했다.[279]

이들의 일기에서 징발과 관련한 내용과 몇 가지 특징을 간추리면 다음과 같다. 먼저 장교인 야마오카 중위의 기록을 보자. 그가 상륙한 원산에서는 '구멍 뚫린 동전'인 한전을 사용하여 물품을 구매하는데 조선 화폐 1문은 일본 돈 3리厘에 해당했다. 원래 1문 1리 정도지만 일본군 상륙 때문에 급등했다는 것이다. 야마오카가 소속한 부대가 양덕에 도착하자 주민들은 모두 산으로 도피했고 '일본당'에 속하는 원산진 경무서장, 즉 경무관 출신인 부사가 이를 만류했다. 그런데 원창이라는 곳에 노영할 때 이곳에도 주보가 설치되었는데 여기서 타케란 사케武蘭酒 2병, 빵과 '라무네'(일본 청량음료) 등은 가격이 일본 본토의 2배 이상으로, 그는 현지 "부정 상인의 폭리는 군대의 준독蠢毒이 된다"고 지적했다. 제3사단의 규정에 의하면 주보의 물품 판매가격은 최대 원가의 3할 이상을 추가하여 정가로 정하도록 했다.[280] 그러나 이는 문서상 명분에 불과했고 전장에서는 실제로 준수되지 못했다.

성천으로 가는 주변 지역의 인심은 매우 나빠 일본인 인부들에게 돌을 던지는 등 저항이 있었는데, 2,000명을 헤아리는 성천부 주민이 모두 산에 숨어 민가는 텅 비었다고 한다. 성천에 도착한 일본군은 부의 남문에 '우리 군은 평양을 빼앗고 청군은 대패했다'라는 내용의 액자를 걸어 놓았다. 부대가 평양으로 향하는 도중인 수동壽洞에서는 마을 주민이 가옥에 방화하는 것을 목격했는데, 이것은 조선인들이 약탈하고 죄

〈표 33〉 야마오카 킨죠 중위 및 1등졸 운노 류키치의 조선 내 일정(1894)

구분	9월 5일	9월 6일	9월 7일	9월 8일	9월 9일	9월 11~12일
야마오카 킨죠 山岡金藏	원산 입항	원산 체재				덕원부
운노 류키치 海野卯吉	우지나항 승선		시모노세키 도착	부산 도착	원산 도착	

9월 15일	9월 16일	9월 17일	9월 18일	9월 19일	9월 20일	9월 21일
양덕 도착		양덕 출발, 원창 노영	성천행 출발		성천부 도착	
양덕 도착	양덕 출발		장암점 도착	성천부 도착		음현 (대동강 하안) 도착

9월 22일	9월 24일	9월 26일	9월 27일	9월 28일	9월 30일	10월 1일
	원현 노영				원현 체재	
평양 도착, 음현 노영	평양 복귀	순안 도착	숙천 도착	안주 도착	태천 도착	구성 도착

10월 2일	10월 3일	10월 5일	10월 6일	10월 7일	10월 9일	10월 10일
		안주 도착			안주 체재	
소삭주 도착	삭주 도착		북창 도착	압록강 하안	식송진 도착	식송진 출발

10월 14일	10월 15일	10월 17일	10월 19일	10월 24일	10월 25일	10월 31일
박천군 도착	운산 도착	구성부 체재	정자리점 숙영		압록강 총공격	안동현 체재
수구진 도착	수구진 체재			압록강 총공격 준비	압록강 총공격	

상을 덮기 위해 고의로 불을 놓고 일본병의 소행으로 위장한 것이라고 했다. 다음 날 9월 30일, 평양 인근 원현에서는 청군으로부터 노획한 미곡 7,000여 표를 분배하여 취식했는데, 겨와 모래가 섞여 있었고 깨끗하지도 않아 맛이 없을 뿐더러 창자와 위를 해칠 것이라 우려했다.

평양을 지나 10월 9일 안주에 도착했을 때는 이질이 크게 유행하여 50~60명의 환자가 발생했다. 실제로 당시 평양과 안주 사이에는 우마의 유행병 때문에 10월 28일 당시 제6여단의 총 612두 중 이미 108두가 폐사해 504두만 남게 되었고 진군에 차질이 있었다고 한다.[281] 이곳에서 그들은 100문(일본 돈으로는 25전)으로 닭 33마리를 샀고 잉어와 채소를 구해 소금에 절였다. 여전히 양식을 현지 조달했음을 알 수 있다. 그러나 부대에서 받은 부식물은 된장과 다시마뿐이었다. 이들이 일본미를 받은 것은 10월 12일부터이니 12일 정도는 노획미를 먹은 것이었다. 여러 날 머물던 이 지역에서는 양식 운반 문제로 병졸까지도 운반부 역할을 해야 했다. 10월 14일 안주를 출발하여 박천군으로 향하는 과정에서도 양식 운반은 매우 곤란했다고 야마오카는 적고 있다. 당시는 가을임에도 불구하고 병졸들은 여름옷을 착용하고 있었다.

또 다른 종군 기록 사례인 가토 세이이치加藤誠一가 가족에게 보낸 편지를 보면, 일본군의 인천 상륙-개성-황주-평양-안주-의주-안동(현 중국 단동) 등으로의 전진과 지역 사정을 전하고 있다. 여기서는 특히 안주에서의 기록이 자세하다. 예컨대 조선인 인부의 양식 운반과 1일 1엔씩의 임금 지급, 일본군의 부족한 장유醬油의 현지 징발, 조선 정부의 소고기 지원과 관련한 사실 등을 알 수 있다.[282]

10월 17일 구성부를 지날 때는 지역에 병든 사람들이 많아 그들의 집만 제외하고는 모두 인부로 강제 징발했다. 10월 19일 정자리점 숙영 시에 부대의 부식물은 겨우 구운 소금뿐이었다고 한다.[283] 드디어 10월 25일 압록강 전투에서 그가 속해 있던 부대의 토라야마·이치카와 중위는 궤주하는 청국군을 추격해 사살했고, 또 노모토 소위의 1대는 청국

군을 독립가옥으로 몰아붙여 주위를 포위하고 불을 놓아 모두 죽였다고 기록했다.[284]

일본군이 적을 불태워 죽인 또 다른 사례는 같은 기간 동학농민군 토벌 병사의 일기에서도 확인된다. 시고쿠 지역 도쿠시마현 아와군 출신 후비보병 제19대대 제1중대 상등병 ○○○○[285]가 1894년 7월 23일부터 1895년 2월 27일까지 쓴 종군 기록이다. 이 자료는 홋카이도대학 이노우에 가츠오井上勝生 명예교수가 발굴 후 탈초 정본화하여《명치 이십칠년 일청교전 종군일지》라는 제목으로 최근 소개했다.[286] 동학농민군 토벌을 위해 출동한 최전선 부대의 작전 상황과 개인의 소회를 매일 기록한 것으로 앞부분에는 경기도 이천, 충청도 가흥·청풍에서 농민군 섬멸 작전을 실행하여 그들을 포박 또는 총살하고 거점 촌락을 불태워 버린 사실 등을 적고 있다. 일본군의 잔인한 살해 행위에 일기를 쓴 상등병까지도 비애감에 빠졌다고 하는데, 이 기록에서 전라남도에서만 '소살燒殺'이 모두 7건이 확인된다. 그 내용은 〈표 34〉와 같다.

다음은 기병대 사병인 1등졸 운노 류키치의 기록이다. 그의 여정에 관한 구체적인 내용은 부산항을 거쳐 원산항으로 들어오는 9월 9일부터 시작된다. 당일 오후 12시 원산에 도착한 야전기병 제3대대는 10일 8시부터 인마의 양륙에 착수하여 정오 12시에 모두 완료했다. 이곳에서 며칠간 체류하던 부대는 9월 15일 오후부터 용덕 방향으로 이동하기 시작했다. 운노의 일기에는 '용덕'으로 되어 있지만 '양덕'으로 판단된다. 여기서부터는 앞의 야마오카 부대와 대체로 일정이 비슷하다. 이 지역은 원래 500호였으나 일본 군대를 피해 대부분 도주하고 숨어서 남아 있는 사람은 아주 적었다고 한다. 그의 중대는 사원에서 사영舍營

일시	지역	원문 내용
1894년 12월 31일	전남 곡성현	"이날 밤 동학 10명을 나포하여 돌아왔다. 한인에게 명령해 태워 죽였다."
1895년 1월 2일	전남 옥과현	"밤이 되자 한인이 동학도 5명을 나포해 왔다. 고문을 한 뒤에 총살하고 사체는 불태웠다."
1895년 1월 8일	전남 장흥부	"우리 부대는 서남쪽으로 적을 추격하여 타살한 자가 48명, 생포한 부상자가 10명이었다. 이어서 일몰 시간이 되어 양 부대 모두 개선하여 숙소로 돌아온 뒤 생포한 자를 고문한 뒤에 불태워 죽였다."
1895년 1월 11일	전남 장흥부	"이날은 적을 엄중히 수색하여 통행하는 남자는 모두 체포하여 국문했다. 그 가운데 한인 1명을 통영병이 붙잡았는데 저항했으므로 한병韓兵이 화가 나 짚에 불을 붙여 그 남자를 붙잡아 그 속에 던졌다. 옷에 불이 붙자 낭패하여 3정丁 정도 달리다 쓰러진 것을 총을 쏴 죽였다. 보고 있던 사람들 중에 웃지 않는 자가 없었다."
	장흥 죽청동	"(오후 5시) 이 마을에 도착하자 이전의 동도 16명을 끌어내 고문을 하고 그 가운데 8명은 방면하고 나머지 8명은 총살해 사체를 태워 버렸다."
1895년 1월 12일	장흥 대흥면	"본대는 해안을 따라 전진해 잔적 11명을 체포해 죽였다. 이 밖에 3명은 몸과 옷에 불이 붙은 상태로 도주했는데 3~4정의 거리에서 마침내 바다에 뛰어들어 죽었다."
1895년 1월 17일	전남 강진현	"이곳에 도착하자 전에 포획한 다리에 (총상을 입은) 최동崔童을 져 나르던 한인이 3명 있었는데 마을 사람이 바로 다가와 한 명의 한인 인부를 아무런 형편을 보지 않고 가차 없이 구타하고 솔잎에 불을 붙여 태워 죽였다. 이때 우리 군대의 고용된 자를 죽였으므로 이곳 인민을 붙잡아 국문했더니 답하기를 그 인부는 원래 장흥 부근의 자로서 지난번에 이 읍에 동도의 일원으로 와서 이같이 많은 민가를 불태운 자라고 했다."

하고 말은 부근의 밭에 묶어 두었다. 다음 날 파읍破邑에 도착하여 노영했는데, '파읍'이라는 것으로 보아 청국군으로 인한 참화를 입은 지역

으로 보인다. 이날은 양식이 부족하여 쌀과 팥을 섞어 먹었고, 부식은 겨우 우메보시 2알로 충당했다. 이러한 상황은 그다음 날도 다르지 않았다.

9월 18일 장암점에 도착한 일행은 주민이 도주한 빈집에서 사영했는데, 병사 각자가 돈을 내어 주민들로부터 조와 피를 구입해 와 말의 기갈을 해결할 수 있었다. 이날 밤 선발대로부터 평양 함락의 보고를 듣게 되었다. 다음 날 성천부에 도착했는데 운노는 그곳의 가옥 수를 500~600호 정도로 추산했다. 이는 2,000여 호로 추산한 야마오카와는 큰 차이가 있다. 그는 이곳은 평시에는 자못 비옥한 토지이지만 작금은 토민이 모두 도망하여 남아 있는 자가 적다고 했다. 이날도 "먹을 것 부족은 날이 갈수록 더욱 심했고" 9월 21일 대동강 하안 음현에 도착했을 때도 식사는 쌀 3홉, 좁쌀 3홉의 혼반混飯이었으며 겨우 호박 1개로 중대 140여 명이 죽을 끓여 먹었다고 했다. 말먹이는 조·피 등을 징발해 해결했지만 그 양은 매우 적었다. 일행은 드디어 9월 22일 평양 시내에 도착하여 여단에 합류했으나 이질이 크게 유행하여 24일까지 며칠간 음현에서 노영할 수밖에 없었다. 평양으로 되돌아온 후 26일 적정을 살피기 위해 순안으로 전진했는데 이곳 병참부로부터 양식을 제공받았다. 이날은 "다행히" 쌀밥이 나왔지만 반찬은 '부패한 우메보시 2알'로 어려움이 극에 달했다 한다.

9월 28일 안주에 도착하였고 다음 날 출발하면서 인마를 징발했다. 9월 30일 오후 태천에 도착했는데 촌민 100여 명이 나와 환영했다. 사찰 경내에 숙소를 정해 준 부사(실은 군수임)는 사람들을 시켜 말먹이를 가져오게 하고 저녁밥은 한인 요리로 '갑종甲種 급양給養'했다. 운노는 이처럼 지방관의 적극적인 협조를 받은 일은 "한국에 들어온 이래 처음"이라고 감격했다. 10월 1일 구성에 도착해서도 태천에서와 같이 주민들로부터 대우를 받았는데, 들리는 바에 의하면 조선 국왕의 훈령에 따라 일본 군대를 매우 후하게 대우하는 것이라고 했다. 그러나 다음 날 겨우 40호에 불과한 소삭주에 도착하자마자 다시 이전처럼 양식 징발에 어려움을 겪었다.

10월 3일 삭주부에 도착했는데 전날의 태천·구성과는 달리 주민들이 사영지, 말 묶는 장 및 양식 징발 등에 협력하지 않고 전부 적의를

일본군의 조선 초가 점령 숙박(구보다 베이센 그림).
지역 주민이 물을 길어 오고 징발한 미곡과 돼지, 닭, 배추 등 채소로 취사 준비 중인 모습이다.

가지고 있는 것으로 보였다. 그런데 통역이 이곳 주민 수십 명이 급사를 통해 창성부사의 비밀명령을 받고 있다는 사실을 은밀히 듣게 되었다고 보고했다. 이에 중좌는 삭주부사를 가둬 추궁하면서 밤새도록 경계를 엄히 했다. 운노는 이를 '국문'·'난문亂問' 등으로 표현하고 있는데 고문을 하며 매우 혹독하게 심문했음을 알 수 있다. 10월 6일 30여 호인 북창에 도착해서는 쌀이 부족해 조밥을 먹었다. 다음 날 압록강 하안에서는 인부와 말을 징발했고, 전날과 같이 쌀 부족으로 조를 섞어 굶주림을 겨우 면할 수 있었다.

10월 9일 식송진에 도착해 부잣집에 일시 머물게 되었는데, 집주인이 제공한 음식의 맛이 뛰어나고 청결해 한반도에 건너온 이래 여러 날의 노고를 잊게 해주었다. 그러나 다음 날 삼림에서 노영할 때에는 말먹이가 부족해 매우 곤란했다. 10월 14일 수구진에 도착해서는 밤에 추위가 닥쳐 해진 모포 1매로 제대로 잘 수 없었다. 다음 날도 병사들을 모아서 양식 징발에 나섰다. 압록강 총공격 전날인 10월 24일 매우 배가 고팠지만 다른 먹을거리가 없어 옥수수로 일시 허기를 해결했다.[287] 이런 상태에서 10월 25일 압록강 전투가 시작되었던 것이다.

일본군 야전기병 제3대대 제2중대 제2소대로 조선에 후발대로 들어와 북상을 한 구노 진타로久野甚太郎의 종군일지는 조선으로 오는 과정과 조선에서 경유한 지역을 다음과 같이 기록하고 있다.

히로시마(9/2)→우지나항(9/4)→고금도만(9/8)→인천(9/12)→상륙(9/13)→경성(9/14)→고양(9/16)→이천(9/17)→장단(9/18)→개성(9/19)→금천(9/21)→남천(9/22)→서흥(9/23)→검선(9/24)→봉산

(9/25)→황주(9/26)→유양원(9/29)→중화(10/2)→평양(10/3)→순안
(10/4)→숙천(10/5)→안주(10/6)→박천(10/10)→군우(10/15)→구성
(10/16)→안창리(10/18)→마산당(10/19)→음창 체기초遞騎哨(10/20)
→산어리(10/21)→의주(10/23)→압록강 총공격(10/25)→도하, 청국
주렌청 점령(10/26)[288]

그가 속한 부대는 9월 16일 서울을 출발, 평양으로 향했는데 당일
고양군에 도착하여 숙영할 무렵, 평양 전투와 황해 해전에서의 일본군
승리 소식을 듣게 되었다. 그날의 감회에 대해 그는 "평양의 함락과 해
전의 승리 소식에 군사령관 이하 박수를 치고 더불어 '대일본제국 만
세'를 제창하며 전승을 축하했다. 9월 19일 개성에 도착했는데, 일본 군
대의 주보에서 판매하는 일본주·양주·과자·담배, 기타 일용품 값이
시가의 3배 정도여서 병사들은 밤을 따서 먹었다"고 기록했다.[289]

구노 진타로의 일지에는 황해도와 평안도 지역의 황폐상과 일본군
부대의 징발 과정을 살필 수 있는 내용이 많다. 부대가 황해도 지역을
통과할 때인 9월 23일 노영 또는 촌락 숙영을 한 서흥부는 그가 파악하
기에 400~500호의 큰 촌락이었지만 주민은 청국군 때문에 과반수가
탈출했고, 검선에는 민가가 250~260호나 되었지만 전쟁을 피해 피란
해 거주자가 적었다. 이곳에는 일본군 병참부가 없어서 징발로 부족분
을 보충했다. 조선 인민이 보유한 조·보리·지초[藁芝] 외에 부식으로 가
지·호박·오이를 징발했고, 병사들은 하천에 들어가 민물게·노어·붕
어 등을 잡아 와서 먹었다. 다음 날 도착한 봉산도 전쟁 때문에 촌락 주
민의 과반수가 피란을 가 빈집이 많았는데, 채소와 된장·소금도 없었

고 물도 부족해 병사들의 굶주림이 극심했다고 기록하고 있다. 그다음 날 병참사령부와 야전병원이 있는 황주에 도착했지만 이곳 역시 피란을 떠나 남아 있는 주민이 적었다. 주민 중 일부는 떡과 과자 등을 만들어 마을 여러 곳에 가게를 열고 경쟁적으로 판매하기도 했다.

구노의 기병대대는 10월 2일에 평안도의 중화 부근을 지났다. 이 지역은 민가 400~500호 정도로 청일 양국이 교전한 중요 작전지였기 때문에 주민은 태반이 도망했고 민가에서 징발한 중국 쌀은 돌이 많아 먹기 괴로웠다. 10월 3일 도착한 평양도 마찬가지로 주민들 대부분은 피란을 떠났고 남아 있는 주민 중 일부는 드물게 일본 군대에 협력하기도 했다. 다음 날에는 순안에 도착했다. 이 지역 역시 전쟁으로 주민이 도망하여 10호 중 2호 정도만 거주했지만 여기서도 조선미를 징발했다.

10월 10일 박천에 도착했다. 안주부터 소관관은 인가 700여 호로 전쟁으로 인해 주민은 거의 살지 않았다. 숙영한 민가 300여 호도 주민의 태반은 도주했지만 더러 주민이 살고 있는 촌락도 있었다. 구성에서는 일본미·조선미를 주식으로, 부식물은 한 사람당 우메보시 3~4개를, 말먹이로는 조선 보리를 지급받았는데, 돌이 많이 섞여 있었다.[290] 일본군의 병참 기본 방침은 현지 징발이라는 명분 아래 약탈을 일상화했고 결국 많은 병사의 영양실조와 아사·병사를 초래했다. 청일전쟁은 질병과의 전쟁이었을 뿐만 아니라 굶주림과의 전쟁이기도 했던 것이다. 그로부터 10년 후인 러일전쟁 시기에 이르면 총 참가 병력 108만 8,000명 중 병들거나 부상당한 자는 35만 2,700여 명으로, 각기병의 경우 21만 1,600여 명으로 급증했다. 이는 군대라고 하는 국가기구의 태만과 부패의 결과였고 메이지 정부 이래 일본 군대의 특징이었다.[291]

일본군은 징발과 병참을 원활히 하기 위해 조선 재래의 향촌 지배 조직을 이용하여 동원 가능한 인원과 물자를 파악하는 경우도 있었다. 1894년 11월 15일 진남포에 상륙한 육군 공병 중위 마츠이 쿠라노스케松井庫之助는 황 아무개라는 존위尊位, 즉 촌장을 불러 지역 사정을 탐문했다. 존위가 전하는 말에 따르면 진남포는 민가 200여 호가 농업과 어업에 종사하는데 인부는 곧바로 40~50인을 모을 수 있었다고 한다. 6척인 작은 배로는 10석 내지 20석을 선적할 수 있는데, 큰 배는 파손되어 사용할 수 없었고 근처 촌에도 여러 척의 배가 기진포에 징집되어 있었다. 촌락 안에 음용에 적합한 우물은 7개이고, 북쪽 약 1,500미터 거리에 용천涌川이 2곳, 서쪽에도 1곳이 있었다. 마츠이는 다음 날 통역과 주민 1명을 가까운 촌에 파견하여 부선艀船을 억류, 징집하는 한편 존위를 시켜 목공으로 하여금 소나무 숲을 벌채하고 석공에게는 석재를 채취시키고 남포에 방파제를 구축케 했다.[292] 북송 인부 외에도 현지 작업 인부도 다방면에 대대적으로 동원했음을 알 수 있다. 그는 이후에도 지역 사정을 파악하고 인부를 징발하는 데 존위를 크게 활용했다.

되돌려받지 못한 군용수표

그해 9월 영남에서는 일본군이 군표를 지불하고 토지를 수용하는 사례가 확인된다.

영백嶺伯이 전보함. 금 8월 일병이 본읍 사문沙門에 막사를 지음. 거주민의 밭 매 두락 도가賭價 6냥씩 출금차 대구사령부에서 표를 만들어 나누어주어 합 38두락 가전 228냥이다. 지금에 이르러서는 지급하지 않는다. 민장民狀이 이르는 고로 사령부에 통보하니 이 문제는 이전 일 공사에게 전보했고 귀 정부의 조치에 따를 것이라 한다.[293]

그러나 이 표는 정식 발매된 군용수표라기보다는 일종의 약속어음 형태의 보증서로 보이는데, 지역 병참사령부에서 그마저도 교환해 주지 않아 민원으로 남게 되었다.

징발 미상환의 대표적 사례는 평양부 중화군 윤두병의 경우다. 그는 일본 군대의 신표를 받고 한전 15만 냥을 혼성제9여단이 북진할 때 군수용으로 제공했으나 이후 일본 측은 돌려주지 않았다. 윤두병과 그 동생 윤두칠은 전쟁이 끝난 후 1895년 11월부터 돈으로 상환받고자 일본 공사관에 가서 호소했으나 공사관은 한국 외부를 통해 먼저 확인해 올 것을 요구했다. 당시 윤두칠은 중화군에 거주하는 진사(26세)로 되어 있는데, 소장에서 그는 형을 '두희'와 '두병'으로 달리 기록하고 있다. 윤두병의 호소는 다음과 같다.

본인이 갑오년(1894) 8월에 엽전 15만 냥을 묻어 놓고 온 집안 식구가 산으로 들어갔는데, 그 후 일본 병참에서 엽전 매장지를 알아차리고 병사를 보내 싣고 가 군수용으로 썼으며, 일본인 가이 료타로가 신표를 작성하여 후일의 증거로 삼고, 그 마을 두민頭民에게 주어 본인에게 전달했습니다. 을미년(1895) 11월에 본인이 이 표를 가지고 돈을 찾기 위해 가이 료타로에게 갔더니 그 사람이 말하기를, '이 돈은 군수 공용에 쓴 관계로 이미 우리 정부에 이 사실을 전달하여 상환해 줄 것을 요청했고, 현재 우리 정부가 주한일본공사관에 훈령했으니 즉시 상환하여 청산될 것이다'라고 운운했습니다. 또한 본인이 곧 일본공사관에 가서 호소하니, 공사관에서 요컨대 우리 외부에서 확실한 증거가 되도록 진실로 인정하는 적절한 조치가 있어야 한다고 말했습니다. 엎드려 삼가 바라오니 이런 사정을 살펴보고 일본공사관에 조회하시어 이 돈을 찾는 데 덕을 베풀어 주시기 바랍니다.[294]

이에 외부대신 이완용은 일본군의 신표와 문건을 사실로 인정하고 그것을 문건으로 갖추어 일본공사관에 조회하면서 15만 냥의 신속한 반환을 촉구했다. 일본 정부가 윤 씨 형제와 채무권리 관계가 있음은 1896년 7월 10일 육군대신 오야마 이와오가 외무대신 사이온지 긴모치에게 보낸 공문의 제목과 내용에서도 확인된다.[295] 윤 씨 형제가 주장한 징발액은 815관 150문으로 당시 거래비율 4할로 일본 지폐로 환산하면 326원 6전에 해당하는 액수였고 오야마도 이를 인정하여 사이온지에게 '배상'을 조회했던 것이다.

그러나 이후 일본 정부는 청일전쟁 당시 중화는 청국 군대가 숙영하고 부랑민들도 많이 약탈을 행한 것이 확실할 뿐더러 윤두병이 매장한 한전 15만 냥도 몇 사람이 약탈했을 개연성이 있다는 등 애매한 궤변으로 점철하면서 차일피일 반환을 미루었다. 결국 그로부터 10여 년이 지난 1903년까지도 사실관계가 명료하지 않아 상환할 이유가 없다며 거절한 사건이었다.[296]

2 — 지역별 황폐상과 후유증

경기 북부·황해도·평안도 상황

평양을 포함한 북부 지역, 즉 정주·의주·평양·안주·성천·진남포의 평안남·북도와 황해도 황주를 포함한 각 지역의 황폐상과 후유증은 러시아 재무성 편《한국지*КОРЕИ*》(1900)에 자세히 적혀 있다. 이 자료에 따르면 평양 북부의 정주는 집들이 알아볼 수 없도록 부서졌고, 의주는 청국군의 약탈과 방화로 3,000호 가옥 중 2,000호 이하만 남게 되었다 한다. 평양은 6만여 명의 주민이 전쟁 시 1만 5천 명으로, 안주는 3,000호가 300호로 10분의 1 규모로 줄어들었다. 성천은 650호의 가옥이 250호로, 순안은 600호의 가옥이 60호로, 황해도 황주의 주민은 3만 명이 6,000명으로 줄어들었다는 것이다.[297]

한편 서울 일본영사관 서기생 오키 야스노스케의 현지 조사 보고에 의하면 경기 북부와 황해도·평안도의 피란민 현황과 호수와 인구 감소, 경제적 파급과 후유증 등을 주요 도시별로 이해할 수 있다. 그가 조사한 25개 지역은 경기도의 고양·파주·장단·개성, 황해도의 금천·평산·서흥·봉산·황주·장연, 평안도의 중화·평양·순안·숙천·안주·박천·가산·정주·선천·철산·용천·의주·곽산·삼화·용강 등지였다. 이 지역들의 호구와 인구는 전쟁으로 인해 이전의 3분의 1로 줄어들었다. 그는 도저히 복구할 수 없을 정도라 하면서 전쟁의 후유증과 그것이 지역에 미치는 경제적 파급력을 다음과 같이 지적했다.

작년 4~5월 청병이 육로로 평양에 들어온 이래 연로의 주민은 거의 도망하여 적게는 4~5리, 멀리는 10여 리 산간벽지에 침복했고, 나머지는 청병이 패주의 귀로 곳곳에 방화한 것도 적지 않았기 때문에 주민은 한층 사는 곳에 미혹하여 오직 생명의 안전만을 노심초사하고 있습니다. 그런 고로 작년 이래 상거래 매매는 없었고 다만 우리 군대 북진 후에 각 지방에 병참부가 설치되어 지방관과 함께 주민 진무에 진력하여 왕왕 귀가하는 자가 있지만 제가 순회할 당시는 평양시에는 귀가하는 자는 3분의 1도 채워지지 못했습니다.……도망하여 숨은 인민은 귀가하는 것보다 다른 사업을 일으킬 수도 없는 한 현재 상태로는 도저히 상업이 성대할 가능성이 없을 것으로 생각됩니다.[298]

오키는 이 중 장연·철산·용천·의주·곽산·삼화·용강군을 제외한 경기 4, 황해 5, 평안 10 등 총 19개 군의 지역 상황을 상세히 소개하고 있다. 〈표 35〉는 그 내용을 간략히 정리한 것이다.

예컨대 오키는 경기도의 경우 고양은 일시 피란 후 모두 귀가했지만, 장단에서는 주민이 종종 일본인을 방해했다 한다. 반면《도쿄니치니치신문》기자의 종군 기록에 의하면 혼성여단의 북상 시 일본 병사의 약탈 행위도 확인된다. 8월 19일 혼성여단 임시치중대 치중병 1등졸 하기노 규타로는 수부 미야모토 겐타로와 공모하여 군도와 일본도를 차고 임진강 가에 있는 박원진의 집에 난입했다. 이들은 호박 5개와 엽연초를 탈취하고 군도로 돼지 1마리를 찔러 죽인 일로 체포되었고 8월 27일 개성부에서 열린 군법회의에서 도형徒刑 13년에 처해졌다.[299]

황해도 서흥은 부사가 청국의 승리를 장담했고, 황주 지역 병마사는 일본군 병참부에 냉담하게 대하고 있으며 주민도 일본을 경애하지 않는 분위기가 강했다. 오키와 비슷한 기간 이사벨라 버드 비숍은 인구 5,000명의 서흥을 지나면서 다음과 같은 생각을 술회했다.

> 여기까지 이르는 동안 관아가 있는 동네는 관리의 악영향 때문에 항상 다른 곳보다 더 비참했다. 크고 훌륭했던 관아 건물은 거의 폐허가 됐고 다른 모든 사원이 그렇듯이 '가장 신성한 스승'의 명판 앞에서 희생양을 바치던 유교 사원 또한 폐허가 되었다.[300]

황주 상황에 대해 비숍은, "황주는 최근의 전쟁으로 황폐해진 지역 중 첫 번째로 보았던 곳으로 잊히지 않는다. 황주에서 직접 전투가 벌어지지는 않았다. 하지만 전쟁의 여파로 어림잡아 3만 정도의 인구를 가진 번창했던 황주는 인구 5,000~6,000의 마을로 쇠락했고 그곳의 번성함도 파괴되었다"[301]고 기술했다. 그는 일본군들이 야영을 위해 문과 창문들을 불태워 지붕과 벽만 덩그러니 세워져 있고 집에는 창문이 부서지고 벽에는 벽지만 펄럭이는 광경이 가장 슬펐던 모습이라고 했다. 황주 북부의 "파괴된 마을, 버려진 평야, 나무가 모두 불에 타 버린 채 헐벗은 산비탈"을 지나가면서도 마음이 매우 음울했다고 한다.

오키에 따르면 평안도 순안은 원래 1,371호, 인구 5,000명 정도였으나 가옥이 전부 소실되어 100호 내외만 남았고, 박천은 피란과 청국 병사들의 방화로 100호만 남았다 한다. 가산의 315호도 3분의 2가 소실되어 106호만 남아 인민은 도탄에 빠졌고, 신천은 촌락이 불타고 인민의 7할이 피란 후 돌아오지 않아 10분의 7은 경작할 수 없는 상황이었다 한다. 도로의 인민은 모두 물건을 지고 멀리 외곽으로 몸을 숨겼고 특히 부녀자들은 산중 또는 벽촌에 무리를 이루어 피란 가는 모양이었다. 오키는 그중에서도 평양·황주·순안·중화 부근의 피해가 가장 심해, 이 지역 사방 7~8리[조선 리 70~80리]는 모든 물건을 약탈당해 실로 닭과 개 하나 없을 정도로 비참한 지경에 빠졌다고 한다. 그때까지도 피란에서 돌아오지 않은 사람들이 많아 상업도 번성할 수 없었고, 돌아오는 사람들도 있었지만 평양 이북은 3분의 1도 안 되었다. 그 결과 이 지방의 1895년 춘작春作은 예년에 비해 반에 미치지 못한다고 보았던 것이다.

청일전쟁 기간 후비보병 제3연대 소속 육군 일등군의 와타나베 시게츠나의 《정청기행征清紀行》이라는 제목의 회고록을 통해서도 평양 전

청일전쟁 직후 폐허가 된 평양의 현무문과 모란대.
1910년대 평양 와키자카상점脇坂商店 발행 풍속사진첩에 수록되어 있다.

〈표 34〉 청일전쟁 직후 경기 북부·황해도·평안남·북도 지역 상황

지명		지역 상황
경기도	고양	작년 7~8월은 일시 지방에 피란했지만 지금은 모두 되돌아옴. 병참부가 인기가 좋기 때문에 일본인에 대해서는 정중. 지금은 병참부의 화물이 없어 임전지불이 없는 것을 세민細民은 투덜거리고 있음.
	파주	작년 말 도망한 인민도 지금 모두 귀향. 처음에는 두려워했던 일본인을 근래는 매우 후대하고 또한 신용하는 것이 예상 밖임. 중국인에 대해서는 변함없이 '대국인 대국인'이라 부름.
	장단	통로 근방은 작년 이래 우리 군대에 대해 감정이 매우 좋았지만 지방은 그렇지 않아 때때로 일본인에게 방해를 주는 것이 있다고 함. 중앙정부의 개혁에 대해서는 한결같이 고통스러워하는 감이 있음. 부사가 처음에 신중하게 정부 변경을 알리지 않은 것 같음.
	개성	원래 이 지역은 일본인이 인기가 없었지만 병참부 설치 이후 일본 군인에 대해서는 매우 호의를 표함. 이는 우리 군대가 수호하기 때문에 동학당이 내습할 수 없음에 한층 호의를 표하는 것임. 우리 군인과 인민 사이에는 한 차례의 분쟁도 야기하지 않음. 또한 일청전쟁에 대해 인민들은 어떠한 감정도 없음.
황해도	금천	대개 인민은 질박하고 솔직하며 일본인에 대한 감정은 나쁘지도 좋지도 않음. 작년 이래 일어난 일은 모두 알 수 없지만, 다만 우리 병참사령부가 있어서 동학당의 해가 없었던 것을 기뻐할 뿐임.
	평산	작년 이래 동학당 때문에 인민이 짊어지고 도망함. 민병을 세우고 인민과 같이 그 진멸에 종사함에 동학당의 원한을 크게 사서 몇 차례 본부 습격을 기도한 것이 알려짐. 이에 인민은 한층 우리 병참부를 의뢰하고 그 명이라고 하면 어떤 일이라도 시행할 모양. 이 지방에는 일본어를 이해하는 어린이가 많아 보통 음식·숙박 등의 말을 알지 못하는 자가 없음. 시골은 모두 불타 버려 평산과 총수蔥秀 사이 두세 촌락을 제한 다른 곳은 흔적을 남기지 않음.
	서흥	작년 이래 동도東徒 때문에 사람들은 피란하여 아직 귀향하지 않은 자도 많아 봄철인 지금 매우 곤란하다고 함. 때문에 일반 인민은 우리 병참부를 좋아하지도 거리끼지도 않음. 부사는 지극히 냉담한 모양이기 때문에 인민들도 불평을 호소하는 자가 있다고 함. 모여서 전쟁을 이야기하면 중국은 대국이기 때문에 일본은 도저히 끝내 승리할 수 없다고 부사 스스로 말한 바 있음.
	봉산	동학당이 가장 유의하는 곳으로 검수역부터 봉산에 이르는 촌락은 모두 잿더미가 됨. 다만 검수와 봉산에는 우리 병참부가 있어 동학 비도도 폭력을 제멋대로 할 수 없었음. 종종 간첩을 풀고, 1~2천 명으로 두 차례 공격해도 뜻을 이룰 수 없었음. 당 지역 인민도 병참부를 믿고 민병을 조직하고 사령부의 명을 준수하는 모양임. 일전 수천의 동학당도 12~13명의 병사로써 격퇴하여 우리 군인의 용기를 보여 주었기 때문에 한층 이에 복종하는 마음이 더함.
	황주	작년 일청군 북방의 충돌은 이 지역에서 시작되었고 소실된 가옥과 재산 또한 적지 않음. 그 위에 청병의 약탈 주구를 피하기 위해 도망간 후 아직 되돌아오지 않은 사람도 절반 이상. 병마사는 작년 청군에게 양식과 숙사 등을 주선했던 일로 우리 장교의 힐책을 받은 바 있기 때문에 병참부에 대해 냉담함. 인민도 다른 지방처럼 일본인을 경애하지 않고 일청전쟁은 청군의 전승을 기약한다는 서흥부사와 동일한 어조임.

지명		지역 상황
평안도	중화	이곳은 일청전쟁 때 인부 등으로 종사하는 자도 있음. 실제 목격한 자도 적지 않기 때문에 인민들은 우리 군인의 용맹강의함이 청국군에 비할 바 아니라고 믿어 의심치 않음. 이에 경복하는 마음이 두텁고 인기도 매우 좋음. 다만 개혁 사업은 관민 모두 몽상하는 바로 아직 한 가지도 시행되지 못함.
	평양	작년 2월 이래 중국인이 일찍이 도래하여 해빙과 더불어 성밖 각처에 포대와 보루를 구축. 이때부터 거주민은 점차 화물을 짊어지고, 청국 병사는 수로 양로로 평양에 들어와 약탈하지 않는 곳이 없고 폭압을 가해 도망하는 자가 많음. 일시 부녀자는 전 성에서 흔적이 사라졌는데, 특히 이들에 대한 폭행이 적지 않음. 청군 때문에 횡탈되어 가서 지금 그 생사를 알지 못하는 수가 많기 때문에 원성으로 소란스러움. 그 후 병참부 설치. 인민의 신용을 얻어 어떤 일이 있으면 병참부에 호소하는 모양. 일본에 대한 감정은 이전과는 비교가 되지 않을 만큼 큰 차이가 있음.
	순안	작년 일본군의 평양 공격 시 이곳에 1개 중대가 머물러 있음. 그전부터 청국 병사의 약탈이 이 지방에도 미쳐 재산은 물론 밭의 작물까지 모두 탈취해 감. 게다가 곳곳에서 병화를 입어 지금 남아 있는 것이 100호 내외임.
	숙천	순안과 큰 차이가 없음.
	안주	지금 근무 중인 병사兵使는 우리 군과 같이 북진했던 선유사였기 때문에 우리 병참부를 위해 많이 협력함. 따라서 인민의 일본인에 대한 감정은 매우 좋음.
	박천	작년에 청병이 들어온 이래 호상豪商 등은 전사田舍로 피란하여 아직 돌아오지 않았고, 병분兵焚 때문에 지금 남은 집은 100호에 불과. 자금을 대는 사람[은주銀主]도 도망했고 농민도 돌아오지 않음. 또한 인심도 아직 안정되지 않았기 때문에 금리는 높다고 함.
	가산	가호의 경우 3분의 2는 작년 이래 소실되어 인민은 도탄에 괴로워하는바, 인민은 청군을 꺼리고 우리 군을 친밀하게 느낌. 병참부에서 화물 운송 때문에 일시 성했던 것은 매일 5천 인의 한인부를 필요로 해서 1회 1엔 정도의 노임을 지급. 매우 인기 있었고 우리나라 사람을 환대. 중앙정부의 개혁은 마이동풍의 몽상이 된 바임.
	정주	가산과 같음. 일본인에 대한 감정은 매우 좋음.
	선천	연도의 작은 촌락은 거의 다 불타 버리고 본부도 100호 내외 소실. 연로 인민의 70퍼센트는 아직 귀향하지 않아 경작에 착수할 수 없는 것이 10분의 7을 점함. 일본인에 대한 주민의 감정은 지극히 온화함. 관과 민의 알력 결과 병참부도 처분에 괴로운 일이 왕왕 있다고 함.
	의주	귀향하는 인민은 타 지방에 비해 비율이 높음. 만사가 자리가 잡히는 것으로 보임. 이는 필경 작년 이래 우리 병참부 화물 운송의 성시는 물론 다른 병참부가 무사하여 금일도 이 지역은 안둥현 주렌청에 보내는 화물이 항상 끊이지 않음. 때문에 계속해서 매일 500 내지 1,000인의 인부를 필요로 하여 병참부 앞에는 항상 한인이 모여 있음. 따라서 일본인에 대한 감정은 매우 좋다고 함.

* 출처:《通商彙纂》,〈朝鮮國北部巡廻視察復命書〉(明治 28年 6月 25日付 在京城領事館報告). 1895년 5월 30일 작성된 이 자료는 경성 주재 일본영사관에서 외무성에〈在京城大木書記生朝鮮國北部視察報告〉(一等領事 內田定槌→外務次官 林董)라는 제목의 문서로 보고한 것으로《통상휘찬》에는 '복명서'로 재수록되었다.

투의 참상을 일부 엿볼 수 있다.[302] 1894년 12월 21일 대동강 녹사포에 도착한 그는 이후 평양 성내의 관제묘와 기자묘 등을 돌아본 후, 모란대의 격전지와 만수대의 일본군 장교 전사자의 묘를 방문했다. 그가 속한 부대는 12월 25일 평양을 떠나 의주로 향했는데, 청국군의 시체 중 일부가 개와 새의 먹이가 되고 도로에서 멀리 떨어져 있는 산간 음지에 시체가 방치되어 있는 것을 목격했다. 청천강을 건너는 12월 28일 자 기록에서 와타나베는, "청국군이 퇴거 시에 방화하여 200여 호의 민가가 거의 4~5호를 남기고 초토화되어 실로 가련하다. 지금까지 지나온 시정촌이 다소의 병화를 입었지만 이와 같은 참상은 없었다"[303]고 술회했다. 동아동문회 간사 쓰네야 세이후쿠恒屋盛服도 청일전쟁 직후 상황 보고에서, 전쟁터가 된 정주와 선천은 이후 일본 대병이 통과하자 인민이 모두 피란했고, 그 대신 병참사령부 소재의 시읍 도처에 나무로 만든 사령관의 송덕비가 없는 곳이 없다고 기록하고 있다.[304]

패잔 청국군의 음행과 노략

이러한 현상은 당시 중국 측 기록에서도 확인된다. 의주의 싱빈杏賓 보고에 따르면, "금일 의주부터 진주鎭州에 이르기까지 연도의 시장과 마을은 한 사람의 흔적도 찾을 수 없고, 밭 가운데 수수와 조도 각 군대의 말먹이로 다 없어졌고, 옷상자와 가구·솥이 도로에 널려 있다"[305]며 민심이 되돌릴 수 없는 지경에 이르렀다고 했다. 이어 정주는 "성밖의 시방市房 수백 칸이 군화軍火로 불타 버렸고 관민은 도망하여 성이 비었으니 완연한 병재兵災 형상"[306]이었다고 했다. 당시 조선 측 자료에서도 평양 이북부터 의주까지의 여러 고을은 백성들이 자취를 감추어 '십실구공' 의 형세라 기록하고 있다.[307] 9월 22일 패주하던 예지차오는 의주에서 리훙장에게 전보하여, 일본군이 세 갈래 길로 의주를 향하고 있는데 연로의 조선 백성들은 모두 왜에 붙어 그들에게 밥을 제공하고 있으나 청군이 안주 지역을 지날 때 한민은 모두 성을 닫고 외면했다고 보고했다. 의주부윤 또한 땔감도 제공하지 않았다 한다.[308]

평양 전투 전후 청국군 행위에 대한 베이징 정부 당국의 자체 검열과 평가를 통해서도 당시 상황을 자세히 알 수 있다. 이후 여러 어사의 전황 파악 조사와 진단, 정부 건의 등을 통해 웨이루쿠이와 예지차오 등의 부대 지휘관으로서의 결격 문제와 평양 주둔 청국군의 약탈 및 이에 대한 단죄 처벌 등을 구체적으로 논의하게 된다. 어사 카오시에청高燮曾은 예지차오와 웨이루쿠이의 죄를 논하면서 특히 웨이루쿠이에 대해서는 다음과 같이 상주했다.

평일 사졸을 능히 지휘하지 못하여 무리의 정서가 원망하고 또한 (그의) 부하로 왜에 항복한 자가 반이고, 무너지고 흩어진 자가 반입니다. 평양에 있을 때 소요를 방자하게 일으켜 한민韓民의 마음을 잃었습니다. 적에 임해 싸우지 않고 도주하여 군율과 크게 관련이 있습니다.……웨이루쿠이는 국위를 크게 떨어뜨렸고 사기도 손상시켰습니다.[309]

수군隨軍 막료의 보고에 의하면 줘바오구이 군이 평양에서 패할 때 군심이 크게 어지러워 각 병용이 사방으로 흩어져 도망하였는데, "이때 조선인들의 우마·동기銅器·의물衣物을 약탈하여 텅 비었으니 가볍게 볼 수 없다. 심지어 서로 간에 숨기거나 빼앗은 것이 손가락으로 일일이 헤아릴 수 없다"[310]는 것이다. 어사 첸치장陳其璋도 다음과 같이 상주하면서, 전형典刑으로 다스릴 것을 주장했다.

> 웨이루쿠이 군은 조선에 들어와 이르는 곳마다 노략·간음하지 않은 곳이 없었습니다. 조선을 구호하는 군으로서 도리어 조선을 유린했기에 이것이 곧 조선 사람들을 격하게 해서 왜에게 이용되는 바가 되었습니다. 그 후 의주로 도주했는데, 의주 사람들이 성을 막고 받아들이지 않았으니 두려움이 심했고 또한 원한이 깊었기 때문이었습니다.[311]

호료급사戶科給事 홍량洪良도 "웨이루쿠이 군이 조선에 왔을 때 음행하고 약탈하지 않은 연도가 없었습니다. 전쟁이 막 시작될 무렵에는 먼저 병사를 이끌고 도망하는 바람에 40여 명이 모두 바람 앞에 무너졌습니다. 쥐바오구이 홀로 군대로 맞았으나 이어가지 못하고 전사했습니다. 예지차오는 아산에서 평양에 이르기까지 이르는 곳마다 소요했고, 평양에 도착하자 주고회酒高會(성대한 술자리)를 베풀어 스스로 갱생을 축하하며 기생을 두고 즐거워했습니다"[312]며 이들의 처벌을 주장했다. 어사 안웨이쥔安維峻도 이들의 음행·약탈과 비겁함에 관해 회한했다.

> 웨이루쿠이의 사졸은 오래전부터 마음이 떠났는데도, 이때 평양에 주둔할 때 제멋대로 지역을 통치하였고, 사졸 또한 대개 민간의 집을 점거하고 음행을 좋아하고 약탈하지 않는 곳이 없었습니다.……

예지차오는 듣건대 아산에서 퇴군하여, 한결같이 전공이 없이⋯⋯
이번에도 패배했는데, 말하기를 그 몸이 사졸보다 먼저 도망하여 형
편이 어긋나게 되었고, 다시 군대를 이룰 수 없었습니다.[313]

의주에서 일본군이 몰려드는 상황에서 앞서 성환 전투를 과장해서
보고한 것을 함께 문제 삼아 예지차오와 웨이루쿠이의 군사 통수권을
박탈하고 이를 니에시청이 관장해야 한다는 건의가 이어졌다.[314] 형부
에서는 웨이루쿠이의 죄상으로, 적에 임해 물러서서 전군이 무너져 흩
어지고, 군량을 많이 빼돌렸고, 병사를 풀어 약탈을 감쌌다는 세 가지
를 보고했다.[315] 이러한 의견을 토대로 광서제는 리훙장에게 예지차오
와 웨이루쿠이의 군직을 박탈, 즉 파면하고 군기를 엄격하게 하라고 전
달했다.[316]

후일 교육자이자 혁명가가 되는 차이위안페이蔡元培도 젊은 시절 자
신의 일기에 다음과 같이 적고 있다. "10월 5일. 무신 웨이루쿠이는 죽
어도 그의 죄를 덮을 수 없다. 나라 사람들은 예지차오와 수사제독 딩
루창을 모두 죽여야 한다고 말한다. 평양 전투에서 우리 군은 기율이
없었고 멋대로 수색하고 붙잡아 주민들은 왜를 그리워했다. 왜군이 이
르렀을 때 예지차오와 웨이루쿠이 등은 기생을 끼고 잠들었으며 창졸
간에 압록강을 넘어 숨었다. 아둔하여 주롄청을 잃었으니 기회를 잃고
왜구를 방치한 죄가 크다."[317]

웨이루쿠이는 리훙장과 같은 안후이성 허페이 출신으로 그가 이끌
던 성군은 평양 주둔군 중 가장 큰 부대였다. 청국 형부는 웨이루쿠이
가 평양을 지원할 때, "체류하여 나아가지 않고 진군 명령을 따르지 않

아서 군기를 실수失守한 죄"를 저질렀고, "평양 보위전에서 아군을 지원하지 못하여 성채가 함락된 죄"를 지은 것으로 판정하고 참수를 권고했다. 이에 따라 전쟁이 끝나기도 전인 1895년 1월 16일 베이징의 차이시커우菜市口에서 '군사를 잃고 나라를 욕되게 했다'[318]는 죄명으로 공개 처형되었다. 반면 성환 전투부터 평양 전투에 이르기까지 패전에 더 큰 책임이 있던 같은 허페이 출신인 직예제독 예지차오는 청일전쟁이 종결된 다음 해인 1896년 베이징으로 압송되었으나 사형 유예로 간신히 살아남았다. 1900년 석방되어 귀향 직후인 1901년 63세로 병사했다. 이들과는 달리 니에시청은 이후 직예제독·방호경사防護京師 등 중임을 맡다가 1900년 의화단사건 시 8개국 연합군에 맞서 톈진을 방어하다가 전사했다.

일본군의 일탈과 지역민의 질고

전쟁의 후유증은 지속되었다. 서울과 경기 일원을 제하면 조세 징수 자체가 가능한 것이 아니었다. 그러므로 당해 연도의 세입은 세출을 감당할 수 없게 되었다. 황해도의 경우 해주의 병영은 전쟁으로 말미암아 불타 버린 가호가 132호, 완파된 것이 52호이고 나머지 손상된 것은 이루 셀 수 없을 정도로, 인민들이 돌아갈 곳을 정하지 못하고 방황하고 있다며 탁지부에서 방도를 세워 줄 것을 요구했다.[319] 또한 금천·평산·서흥·봉산·황주는 일본 군대 왕래 후 백성들이 피란을 떠나 수확을 포기했고, 수안·곡산·신계·토산은 수확기를 놓쳤다고 이듬해 1월 황해 감사가 이들 9읍을 특별재난 관리 지역으로 지정해 줄 것을 요청하여 국왕의 윤허를 받았다.[320]

평안도에서는 전쟁 이후로 정배 죄인이 모두 도주했고 유배안, 즉 '도류안徒流案'도 모두 잃어버렸다. 원래 도내 각읍 정배 죄인들의 도류안은 매년 7월 10일에 문서를 작성하여 중앙에 보고하는 것이 법례였다. 그러나 청일전쟁으로 이 지역의 도망 죄인은 잡지 못했고 문헌이 없어 이듬해인 1895년 7월에 이르기까지도 평양감영에서는 도류안도 만들어 올릴 수 없었다.[321] 의주부의 경우도 후유증이 2년 후까지 계속되어 1896년 2월 장시에 대해 징세하고 그 액수를 우선 보고하라는 탁지부 훈령이 있지만 1894년 병화와 1895년 여름 역병으로 도저히 장세場稅를 다시 설행하기 어려우니 점차 징세해 줄 것을 요청하는 질품서를 탁지부에 올려 승낙받기도 했다.[322] 또한 평안도 관찰사는 1894년 이래 객병客兵으로 평양부의 행정 사무와 민정이 모두 어렵고 상납조上納條 각 군 미납분 중 현재 납부한 것은 불과 10군 중에 2~3군에 불과하여 관리 월봉도 부족하다고 호소했다. 그 결과 아직까지도 장삿길이 열리지 않아 태가집총駄價執摠(태가를 결총結摠에 넣는 일)을 할 수 없으니 어찌해야 할 것인지를 질품했다. 이에 탁지부에서는 길이 천 리라 서울로 직접 싣고 오는 것은 불가능하니 신설한 상인에게 태가를 넉넉히 주어 수납, 즉 외획外劃으로 처리하라고 지령했다.[323]

그런데 당시 대부분 기록은 평양 진출 일본 군대는 질서정연했다고 되어 있다. 평양 전투 직전 북진 일본군의 모습은 청국군을 원수처럼 여기던 지역민의 인식과는 대비되는 모습을 보여 준 것은 사실이었다. 황현은 평양 전투 과정에서 청일 양국 군에 대한 평양 주민들의 인식을 아래와 같이 설명하고 있다.

평양 전투가 전개될 때 일병들은 모든 군수품을 자국에서 운반하고 심지어 땔나무까지도 자국에서 운반해 사용했으며, 그들은 가는 곳마다 물까지도 사서 마셨다. 그들의 군령은 이와 같이 엄숙하여 우리나라 백성들은 그들에게 병사라는 것을 느낄 수도 없었기 때문에, 그들의 길잡이가 되는 것을 매우 기쁘게 생각하였다.

그러나 청병은 음행과 약탈을 자행하여 날마다 뇌물을 요구하므로 공청과 민가를 막론하고 모두 곤경에 빠져 그들을 원수처럼 여겼다. 심지어는 그들이 평양에서 포위되었을 때 가산을 다 바쳐 일병을 인도한 사람이 있었는가 하면, 청군이 패전하여 도주할 때 백성들은 그들이 숨어 있는 곳을 다 가르쳐 주었으므로 포위망을 벗어난 청병이 드물었다.[324]

그러나 황현의 기술과는 달리 평양 전투 과정에서 일본군 제5사단의 민가를 태우는 화공이 있었음을 알 수 있다. 예컨대 노즈 사단장의 중앙 부대에 속한 오쿠야마 소좌는 9월 15일 평양에서 청국군과 그 '주변의 민가에 불을 놓고' 오후 2시경에는 "1대의 보병이 진격하여 불을 적[청국군]의 보루에 놓고 일시 후퇴하여 그 방면의 공격은 훌륭하게 그 목적을 달성했다"고 하여 화공에 성공했음을 강조하고 있다. 오쿠야마는 다시 대동강의 양각도를 건너가 웨이루쿠이 부대의 보루를 함락하고 '민가에 불을 지르고 공격'했다.[325]

일본인 역부들의 약탈도 극심했다. 평양 전투 당일인 9월 15일부터 일본인 인부 중 일본도를 소지하고 있는 자들로 발도대를 조직하여 경계했다는 사실은 일본군 공식 기록에 나타난 사실이다.[326] 다음의 그림

'일본인 인부들의 행렬도'를 통해서도 실제로 인부 중 오십장 등은 긴 칼을 휴대하고 있었음을 알 수 있다.

당시 조선 측 기록도 이와 다르지 않았다. 평양 군사마에 따르면, 이들은 "성의 안팎 민가에 어지러이 흩어져 청국인을 수색하고 체포했는데 크고 작은 돈과 재물은 가는 곳마다 취했고 또한 각 시사市肆의 집물과 관청의 전폐錢幣도 용정勇丁이 빼앗아 가지 않는 것이 없었다"고 한다.[327]

평양 주둔 일본군의 약탈 행위에 대해 "병졸 중에 한인의 가옥에 들어가 약탈과 유사한 행위를 하는 자가 있음을 들음. 이후 발견되는 대

평산 일본군 병참지부의 곡물 징발 모습(《고쿠민신문》, 1894년 11월 2일 자).
'평산부 병참지부(베이센 종군 화보). 병사가 짐소駄牛를 타고 곡물을 근향近鄕에서 징발하고 있다'라는 제목으로 기사가 실렸다.

로 도적의 소이로 처분할 것"이라는 9월 19일 자 〈사단회보〉와 제3사단의 '일일명령'에 금전을 소지하지 않고 한인에게 음식을 취하는 자와 무전으로 음식을 취하는 인부, 각 숙영지에서 민가의 밭에 취사장을 만드는 일, 길가의 콩을 말에게 먹이는 일 등을 주의하도록 했다. 앞의 내용에서 '약탈과 유사한 행위'라고 말했지만 '약탈'을 용인하기 싫은 군수뇌부의 비유적 표현에 불과한 것이다. 또한 9월 말경에 이르면 근처로 피란했던 주민들이 일부 돌아오고 있음에도 불구하고 평양 주둔 일본군의 주민 가택 무단점거가 지속되자 제1군 사령관 야마가타가 조치할 것을 명령한 바 있었다. 때로는 민가 지붕의 짚을 등료로 사용하는 경우도 있었다.[308]

보병 제2연대 및 기병 제1중대의 경우 한다 소좌의 지휘 아래 '추격지대'를 만들어 영유현으로 파견했는데, 이 지대는 청국군 패잔병 여러 명을 참살했다.[309] 당시 《도쿄아사히신문》 종군기자 요코자와 지로橫澤次郎는 평양성 함락 당일 다수 조선인이 일본군의 총을 맞고 죽었는데, 그 이유는 청국군이 퇴주 과정에서 주민의 옷을 빼앗아 입고 반대로 그들의 옷을 주민들에게 입혀 결국 청국군과 헷갈렸기 때문이라고 분석했다.[330] 그 결과 9월 24일 일본군사령부에서 방문을 붙여 기율의 정숙과 망령되게 침학하는 폐가 없도록 엄하게 단속했다.[331]

일본군은 큰 문제가 아닌 일에 주민을 살해하기도 했다. 충청도 연풍현감 서상학의 첩정은 다음과 같다. 음력 9월 1일 김명길이 장을 보고 돌아오던 중 좁은 길에서 한 일본 군인과 마주쳤는데 먼저 양보하지 않는다며 군인이 총을 쏘려고 하자 동행한 이치선이 총자루를 붙잡고 설득했지만 듣지 않았다. 일본군이 다시 칼을 빼어들자 이치선은 겁을

일본인 인부들의 행렬도(육군성, 《부대역사연대: 치중병 제5대대사》,
메이지 27년 8월 7일). 그림 기마 뒤편 오른쪽이 칼을 찬 오십장. 일본인
인부는 동그란 갓을 쓰고 노란 옷을 입었고 'OO 구미組'라고 염색된
겉옷과 타이즈 바지를 입고 짚신을 신고 있다.

먹고 도주했고 일본군은 3차례 총을 쏘아 김명길이 그 자리에서 즉사했다. 이에 주민들이 일본군 병참소에 호소했으나 사령관은 출타 중이고 일본 군법에는 '대상지률代償之律(변상에 관한 법률을 말함)'이 없으며 총을 쏜 일본군도 어디로 갔는지 알 수 없다는 답변만 들었다.[332]

또한 무고한 양민에게 죄를 씌워 가두는 일도 적지 않아 여러 차례 민원을 야기했다. 예컨대 11월 19일~20일 양일간 경기도 광주부 장항에 사는 연노성 등 9명을 체포하여 이천 병참사령부에 송치, 취조한 일이 있었다.[333] 이후 이들은 일본영사관을 거쳐 법무아문으로 송치되어 조사를 마쳤는데 모두 농민들로 별다른 범과가 없었던 것으로 판명되어 풀려났다. 그럼에도 일본공사관은 문서를 보내, "해당 범인들은 우리 일본 진영에서 잡아 보냈으므로 한 차례 모여서 신문하지 않을 수 없다"라며 일본 측에서 재심문하고자 하니 이들을 다시 법무아문으로 호송하라고 요구한 일도 있었다.[334] 법무아문에서도 이들이 실로 죄를 저지른 것이 없음을 익히 알고 있음에도 불구하고 일본공사관 측의 부당한 요구를 들어줄 수밖에 없었다.

한편 황해도 봉화부 한영화·한달중 형제와 이동식 등 9명도 동학농민군이 아님에도 일본군에게 그 도당으로 몰려 일본영사관에 구류되었다. 법무아문 재판소로 이송 후 신문한 결과 도당이 아니었음이 판명되었다. 법무아문에서는 일본군이 한영화에게 빼앗은 돈과 이동식의 소 한 마리를 엄히 조사하여 찾아주도록 특별히 관문을 보내 처결했다.[335] 이 중 한영화 형제와 이봉준은 1895년 3월 2일 일본영사 우치다 사다츠지 입회 아래 법무아문 권설재판소에서 아래와 같이 무죄판결을 받았다. 청일전쟁 이후 보호국화 과정에서 조선의 독자적인 사법 주권이 침해되는 사례들이다.

> 황해도 봉산 초구방 거주. 농업에 종사하는 평민.
> 피고 한달중 나이 33세
> 피고 한영화 나이 38세
> 피고 이봉준 나이 45세
> 위에 기재된 자는 황해도 봉산에서 동학당에 들어가 지방의 안녕을
> 해친다고 하여 체포해서 본 아문에 보냈기에 해당 재판소에서 특별
> 히 심문을 했더니, 피고들이 동학당에 들어가 지방의 안녕을 해친
> 증빙이 분명치 아니했다.
> 위의 이유로 피고 한달중·한영화·이봉준은 죄가 없으니 풀어 줄 것.[336]

평양 전투 시기 평양 시민의 반일 저항은 석전石戰과 육박전[박치기]
으로 표출되었다. 예컨대 평양의 관속 이하 민인들은 작은 돌을 산처럼
쌓아 놓고 일본 군사의 진입에 대비했고, 대동강을 거슬러 들어오는 신
임 관찰사와 각 군 수령의 부임을 막았다.[337] 당시 소문에 따르면 평양
사람들은 "임금의 칙서가 없음을 관계하지 않고 평안도 지역 일대에는
왜놈들을 씨도 없이 모두 무찔러 없애야 합니다"라면서 곧바로 돌멩이
로 맞서 싸웠다. 또한 평안도 사람들은 돌멩이를 문에 매달아 놓고 출
입 때마다 이마를 부딪혀 단련하여 후일의 싸움을 준비했고, 본래부터
남에게 지는 것을 생각하지 않으며 죽음도 두려워하지 않아 싸우면 반
드시 이길 것으로 생각한다는 것이었다.[338] 앞서 살펴본 황현과는 완전
히 다른 시각에서 기록하고 있다.

일본군이 압록강으로 북진하는 시점에 이르면 평양 부근 주민의 가옥에 들어가 약탈하는 일군 병졸이 있었고, 민가를 불법 점령하거나 빈초가의 지붕에 덮인 짚을 연료로 사용하는 사례도 있었다. 실제로 10월에 가면 평양 시가에는 원인 모를 방화가 빈발했고 그 결과 일본군 병참부 양향부장은 인부들을 각 창고 불침번으로 세우고 교대로 경계토록 했다.[339] 이는 평양 주민들의 조직적인 반일 저항으로 판단된다. 비슷한 기간 평양 인근의 삼등현에서는 일본인 주보 4명이 살해당했고,[340] 황해도 재령군 해창 지역에서는 일본 군수미곡 수집상 2명이 주민들의 습격으로 살해된 사건도 있었다.[341] 평양 전투 직후 일본 정청군이 만수대에 일본군 애도비를 건설했는데, 청일전쟁이 종료된 후인 1897년까지도 애도비 주위에 있는 목책은 주민들이 수차례 뽑아 버려 일본 측이 관찰사에게 조회하여 보수케 한 일도 있었다.[342]

서울에서도 일본인들이 평양 전투 승리를 알리는 방문을 거리에 나붙이자 시민들이 이를 찢어 버리기도 했다.[343] 당시 일본 신문기사에 따르면 일본공사관 관원이 평양 전투의 '대승' 소식을 서울의 종로 등지에 써 붙였으나 "두세 명의 한인은 '이 개새끼[한국어로: 원주]'라고 하며 찢어 버려" 다시 붙이고 호위까지 세웠으나 또 찢어 버렸기 때문에 "가차 없이 포박하려고 했지만 무수한 한인이 무리를 이루어 방해했기 때문에 일시 몹시 소란스러웠다"는 것이다.[344] 일본영사관에서도 한글로 쓴 승전보를 남대문에 붙이자 주민이 찢어 버렸다. 이에 새로 써서 붙이고 순사를 보내 정찰케 했지만 다시 찢고 도망했다. 이때 길에 있던 조선인 여러 명도 순사와 초병에게 돌을 던지거나 몽둥이로 난타하는 일까지 발생했고,[345] 일본 순사가 4~5명을 잡아간 일도 있었다.[346] 일본

공사관 측은 이를 대원군의 종손자 이준용의 사주를 받은 것으로 단정하였다.[347] 야간에는 남대문 방향에서 한 시간 정도 불길이 크게 솟다가 잦아들었는데, 혹자는 이를 동학당이 일본인 거류지를 불태우는 것이라고 전했다고 한다.[348]

병참부의 촌락 및 가택 수색

평양 병참사령부의 보고에 의하면 1894년 10월 이후부터 이듬해 1월에 이르기까지 은화 운반 도중 분실이 잦았는데, 그 분실액이 평양-순안 간에는 4,000냥, 가산-정주 간 4,000냥, 중화-평양 간 4,000냥이었고, 절도 액수는 안주 52원, 기진 300냥, 대동구 243원, 용천 350원이었다고 한다. 이에 남포를 통과하는 일본인과 조선인 인부에게 주의할 것과 경성·인천·원산·부산의 각 영사관에 전보를 띄워 전장에서 각 지역으로 돌아오는 두 나라 인부에게 주의할 것을 당부했다.[349]

12월 21일 숙천 북방에서는 120~140명으로 추산되는 주민이 불시에 돌을 던져 조선인 운반 인부들을 방해하고 되돌아간 일이 있었던 것으로 보고되었다.[350] 그런데 여기서 '무뢰한'으로 표현된 주민들은 몇몇 개인이 아니라 100명 이상이 되는 사실로 미루어, 조선인 인부들을 방해한 것으로 표현되어 있지만 일본군 병참 활동에 대한 민란 수준의 집단적 저항으로 판단된다. 숙천과 같은 날 가산 병참사령부에서도 화물 운반 방해 혐의가 있는 태천 거주 '김리야우슈'를 체포했으나 포박을 풀고 도망하여 수색 중이었다.[351] 같은 달 31일에는 평양부터 운천교에 이르는 연도 20리 거리에서 군용전신선 절단사건이 발생하자 평양 병참사령부는 피해 현장 주위의 여러 촌락까지도 샅샅이 수색했다. 또한 촌민을 불러 모아 가해자를 밀고하면 후한 상을 준다며 평양 병참부에 상신하라고 이장들을 회유하기도 했다.[352] 그럼에도 혐의점을 발견할 수 없게 되자 결국 가해자는 다른 곳에서 온 '동학당의 적도'로 추단하여 결말을 지었다.

〈표 36〉은 제1군 병참감부에서 조사한 1894년 10월~1895년 2월 평안도 지역별 수색·압수 현황을 종합하여 작성한 것이다.

전쟁 기간 일본군은 조선인들에게까지 엄한 전시 군율을 적용했다. 또한 인부와 지역민의 가벼운 절도 행위도 임금 지불 중지, 헌병과 순사를 통한 가택 수색과 장형杖刑·유형·노역형은 물론 일본군 부관 입회 아래 조선인 관리를 통한 참수형 집행이라는 매우 가혹한 처분으로 처리했다. 가령, 평안도 한동 출신 군부軍夫 노성포는 모포 36매를 절취한 행위로, 서울 삼청동 출신 서한봉은 방한복 운반 도중 버선 331족을 절취하여 일본 상인에게 매매한 행위로 참수형에 처해졌다. 그 내용을 간략히 정리하면 〈표 37〉과 같다.

이 중 노성포와 서한봉은 평안감사가 사형 집행 후 10일간 효수 처분하기로 하여[353] 1895년 1월 16일 평양과 양관暘關(평양 관문) 밖에서 병참부 부관 다케나카 대위 입회하에 조선 관리가 형을 집행했다. 이들 외에 김흥석 등 3명과 이소사 등 상인 5명을 '절도범으로 그 정이 가볍지 않고 장물 고의 매매 혹은 장물을 맡은 범인'으로 평안감사에게 보내 처분을 요구했다. 미즈노는 한인은 물론 일본 인부에 이르기까지 경계를 엄히 하고 사형을 집행한 결과 수습한 물건을 신고하는 자도 있게 되었다면서, 경찰 사무에 더욱 노력한다면 폐해가 현저히 줄어들 것이라는 의견을 제시했다. 한편 선천 병참사령관의 보고에 의하면 선천

⟨표 36⟩ 평안도 각 지역 장물 발견 개견표
(1894년 10월 8일~1895년 2월 7일)

품목/사령부	평양	순안	숙천	안주	가산	정주	선천	차련관	양책관	소관관	의주	용천	합계
정미			2두斗	3석石	1.6석	2두	1두 외 약간		1석39		1석	1석2	8석6 9외 약간
보리						7.5석	5.1석		6두		7석		20석 2외 약간
방한외투	두건1					두건1			두건2				4
모포	110			11		72	약간	16	21				230외 약간
진면 眞綿							3곤綑외 약간						3곤 외 약간
유반 襦袢	7					38	4외 약간		12				61외 약간
고하 袴下						1	2		4				7
수대 手袋									2척隻				2척
복권 腹卷	약간					17							17외 약간
배부낭 背負囊							6						6
수식 手拭	40			2		30							72
화하 靴下	357					2	16		26				401
족대 足袋						8외 약간	1		8				17외 약간
손수건	7												7
족권 足卷	약간					7			10				17외 약간
모피							1						1
붕대 繃帶							약간						약간
백목면	약간					14.6장丈 외 약간							14.6장 외 약간

품목/ 사령부	평양	순안	숙천	안주	가산	정주	선천	차련 관	양책 관	소주 관	의주	용천	합계
법피 法被						2							2
복인 服引									1				1
군모 軍帽							2						2
총부혁 銃負革							2						2
결양혁 結楊革							1						1
연관 煙管							1						1
단화 短靴							1						1
설화 雪靴				2		4			1				7
반운 飯運									1				1
권총 拳銃						1							1
마량낭 馬糧囊						1							1
하차 荷車						1	1						2
탄낭 彈囊									31발				31발
대상 大箱						1							1
납촉 蠟燭					약간	40	12						52 약간
괘지 罫紙						약간							약간
성냥						15							15
묵즙 墨汁						2병							2병
빈병							2						2
반지 半紙	5束												5속

558

품목/ 사령부	평양	순안	숙천	안주	가산	정주	선천	차련 관	양책 관	소주 관	의주	용천	합계
마 麻				약간									약간
동유지 桐油紙				1									1
냄비 鍋	1												1
말린밥 [糒]				약간		138대袋 외 1상箱	3대袋						141대 외 1상 약간
비스켓	1상		약간			1상 외 약간	약간						2상 외 약간
밤 栗	5두												5두
수어 水魚											약간		약간
선어절 鮮魚節						3	1		1				5
염어 鹽魚						1곤 외 5	약간		21				1곤 26외 약간
통조림						20	174		9				203
오징어						6	20						26
장유액 醬油液						2개	2상						2개 2상
포도주						2병瓶							2병
미소 [味噌]						4준樽							4준
간표 곤포 干瓢昆 布							1표		간표 干瓢 약간				1표 외 약간
잡품	약간					327외 약간	약간						327 외 약간
동고 冬袴	2												2
빈깡통									5				5

＊陸軍省大日記, 〈陣中日誌, 제1군 병참감부〉, 메이지 28년 2월 9일.

부 산면 신풍리의 이문경 등 2인이 1월 23일 오후 4시 선천부사 이병선이 임석한 가운데 "성대한 식으로" 참수형에 처해졌고, 절도에 가담한 남교리의 황 아무개는 미성년자여서 '사1등死一等'이 감해졌다.[354]

정주 병참지부장 사토 소위는 1895년 1월 19일 전보에서 "생각건대 각 병참사령부에 이 같은 무리가 많아서 지금 헌병 수비병 등을 본도 밖 몇 리의 지역까지 파견하고 가옥 수색하여 분실품을 되돌려받기를 도모하는 것이 가합니다. 범인은 그 가볍고 무거움에 따라 사형 혹은 혹열한 처형을 그곳 조선 관아에 청구하여 폐의 근원을 끊는 데 힘쓸 것입니다"[355]라 하여 군수품 절도자를 가혹하게 처분할 것을 강조했다. 양책관 병참지부장의 훈시에 따라 이날 헌병이 여러 촌락을 정찰하여 모포 34매 외 327점을 발견하고 범인도 체포·구류했다. 정주의 대대적인 2차 가택 수색과 취조는 21일부터 26일까지 진행되었다.

〈표 37〉 군수품 절도자의 인적 사항과 행위, 처분 결과

이름	직업	거주지	행위 내용	처분
노성포	농민	평안도 한동	군부 20장으로 부하 김흥석과 함께 모포 36매를 절취하여 여인숙 등에 예치	참형
서한봉	농민	서울 삼청동	방한복 운반 도중 백모사제白毛紗製 버선 331족을 절취하여 일본 상인에게 매각	참형
김흥석	농민	평안도 강동	노성포의 부하 인부로 종범 역할	3년 충역充役
이군석	상인	평안도 신주점	성명 미상 한인의 장물 모포 1매를 맡음	10월 충역
김영본	농민	평안도 강동	노성포 절취 모포가 장물임을 알고도 보관	12월 충역
현소사	떡장사	평양부	성명 미상의 한인이 맡겨놓은 모포 28장 중 1매를 이소사에게 매각하고 27장을 보관	감사에게 인계

이름	직업	거주지	행위 내용	처분
이소사	떡장사	평양부	현소사로부터 모포 1매를 40문에 매수	위와 같음
안명수	상인	평양부	가택수색 시 모포 2매 발견. 성명 미상의 한인이 맡겨 둔 것이라 진술	엄중 처분 요구
최중현	객주客主	평양부	가택수색 시 반지半紙 5속束, 붕대용 백목면 45절切 발견. 절도범으로 인정	위와 같음
이녀	상인	평양부	대동문 통행 시 보자기에서 장물로 판단되는 융고絨袴(모직 바지) 2족, 유반襦絆(저고리 줄) 7매, 고하袴下 1족 발견	상당한 처분 요구
김이도		경기도 인천	인부로 모포·유반 등 절도	중장형 重杖刑 70
고감룡		경기도 인천	인부로 모포 등 절취	중장형 50
이수경		경기도 인천	인부로 모포 등 절취	중장형 50
김관아		평안도 구성	인부로 모포 등 절취	장형 15
김명복		평안 자화원	인부로 모포 등 절취	장형 15
나재곤		평안도 용천	인부로 모포 등 절취	질병 미결
이경호		평안도 선천	물품 절도	장형 35
이○○의 모		평안도 선천	물품 절도	장형 25
손지상	십장	평안도 선천	식염 14상자, 말린 쌀 1두 4승 8홉 절취	?
우정순	십장	평안도 선천	위와 같음	?
이문경		선천 산면	방한 외투 5매, 미 2가마[俵] 절취	참형
안덕윤		선천 산면	군용 수레[小車] 12량 절취	참형
황○○		선천 남교리	이문경·안덕윤과 공범	사1등死一等

* 이 표는 다음 자료를 근거로 작성한 것이다. 육군성, 〈旗箏浦의 野砲 安州에 到着〉, 제1군병참
사령부, 메이지 28년 1월 25일 및 〈軍需品 竊取者 搜索 및 處分 方 祥報〉(平發 제229호), 메이지
28년 1월 19일, 평양 병참사령관 水野勝毅→제1군 병참감 鹽屋方國; 〈柠子窩綫의 5사령부 大
孤山에 집합〉, 메이지 28년 1월 26일, 선천宣川 병참사령부 양책관良策舘 병참지부; 육군성,
〈2, 23, 陣中日誌〉, 메이지 28년 2월.

〈표 38〉은 1월 28일 제1군병참헌병 정주지부 육군헌병 2등 군조 나카호리 나가쿠라의 보고 내용이다. 21일 헌병 상등병 아카자 쇼헤이에게 인부 3명 및 통역을 붙여 부의 시장을 수색하여 물건을 발견하고 박이호·이노인·한치수의 처, 이암평 등을 체포했다.[356] 22일에는 정주 부근 각 촌락을 수색하고 설최운·김여승·김계형·오윤범·김명(정)찬 등을 취조한 후 목사에게 인도하고 김계형·김명찬 2명에 대해서는 중형을 구형케 했는데, 이날 김명찬 관계자인 차도태를 병참사령부 경내에서 체포했다. 1월 22일 곽산군 이길형이 습득한 정미 2가마를 치중감시병의 지사에 따라 가져왔다. 24일에는 곽산 파견 치중1등졸이 절도 혐의자로 강약흥·강채찬 부자를 체포하고 적모포 16매를 습득했는데, 취조 결과 채찬은 죄가 없어 방면하고 아버지 약흥만 구금했다. 25일에는 유치 중인 김정찬·차도태·최응섭·이학련·박이호·장용석·설최운·강약흥 등을 취조한 후 해당 주의 목사에게 인도했다. 강약흥에 대해 중형을 구형하고 도주 중인 김성진 외 1명은 김여승의 진술에 따라 절도를 범한 사실이 명백하므로 체포 후 중형을 구형케 했다. 도주 중인 김왕금·김성진·강우주·강정엽 등도 체포하여 처형할 것을 요구했는데, 이들 중 김왕금에 대해서는 사형 구형을 의뢰했다.

1895년 1월 19일 선천 병참사령관 보병 대위 우에다는 선천 동쪽의 촌락을 이틀 동안 수색하고 21일 그 내용을 제1군 병참감부에 보고했다. 이는 지역민들의 저항에 대한 조치에서 비롯된 것이었다. 몰수 품목은 대략 31종이었고, 정원세 등 성명이 분명한 14명을 모두 선천부사에게 조회했다. 그 내용은 다음의 〈표 39〉와 같다. 선천 병참사령관 다이쿠 타로 소좌는 군수품 절도범을 참형에 처하고 미성년자인 1명은

일자	지역	대상	압수품	비고
1월 21일	정주	남문 밖 박이호	포도주 2명, 묵즙墨汁 2병	가택수색
		이 씨 노인	대맥 5두 정도 1가마, 권총 1정, 소고기통조림[牛肉罐詰] 2개, 오식午拭 2근筋, 마량대馬糧嚢 1개	가택수색
			족대고포足袋菰包 1개	길에서 습득
		남문 밖 맹인	대맥 5두 정도 1가마	가택수색
		남문 밖 한치수 처	대맥 3두 8표俵, 미소[味噌] 2준樽	가택수색
		남문 밖 작은 빈집	목면 1상자	가택수색
		사령부 취사장 서측 공터	적모포 7매, 청모포 2매	
1월 22일	곽산	이길형	정미 2가마	습득
	정주	설최운	송어[鱒] 3마리	가택수색
1월 24일	곽산	안의安儀 강약흥	적모포 16매	가택수색
1월 26일	정주	이희섭 김순세 신길중 한중호	하차荷車 4량	압수

*《陸軍省大日記》, 〈陣中日誌, 제1군 병참감부〉, 메이지 28년 2월 1일을 토대로 작성.

유형에 처할 것을 부사에게 요구했다.

선천 병참사령부 양책관지부는 선천부터 소관관에 이르는 연도 및 연도 밖 가옥을 수색하여 군수품 장물을 발견하고 1월 21일 제1군 병참 감부에 보고했다. 선천과 마찬가지로 겨울 저고리 바지 1벌, 대맥·백미 각 3되, 모포 3매를 비롯하여 아주 미미한 것이었다.[357] 일본 인부를 폭행 후 도주한 한인 수색차 성천 방면으로 파견했던 순찰은 1월 26일 돌아오면서 군용모포 10매를 발견하고 가지고 온 일도 있었다.[358] 〈표 40〉은 물품 절취에 대한 안주 병참사령부의 조선인 적발과 징계 내용이다.

〈표 39〉 선천 부근 촌락 가옥 수색 몰수 품목표(선천 병참사령부, 1895년 1월 20일)

품목	수량	절취자명	주소	비고
청모포	1매	정원세	선천 교서리	
적모포	1매	고성기	상동	
동고하冬袴下	1매			
방한防寒 모사화毛絲靴	4족	김윤철	선천 교동리	
소하차小荷車	1량	정해룡	상동	
결양혁結楊革	1조條			
쓰루메	1파把			
병졸약모 兵卒略帽	1개			
대맥大麥	4표俵	미상	미상	수색 시 도주
백미	5승升			
천황포려부 淺黃布呂敷	1매	안명찬	선천 교남리	천황포려부는 분해 조제한 것
화하靴下	3족			
통관筒管	1본本			
빈병	2본			
가물치[鰹節]	1본			
차금구車金具	1개			
반랍泮蠟	60본			
대맥大麥	1포	문수돌	선천 교북리	말린 밥은 1/3 감減
말린밥[糒]	1상			
태저승장단 太苧繩長短	3			
염마츠鹽マス	1표			
장 6척 목면木綿	10조條	김덕호	송현리 부동	목면은 오사카 니시나리군西成郡 보국의회報國義會 헌정
청모포	1매			
군대용 동유반冬襦絆	1매			
장 6척 목면	20조	계금석	상동	오사카 니시나리군 보국의회 헌정

품목	수량	절취자명	주소	비고
진면眞綿 2뭉음 외에 조금 사용한 것	2괄括	계원경	상동	목면은 오사카 니시나리군 보국의회 헌정
장 6척 목면	2곤梱			
곤포梱包	91곤			
방한용 외투	1매	원양섭	일봉리	
나백미糯白米	3승	오재순	신부면 안상리 길 위	
백미	1두	김윤보	신부면 백현리	
비스켓	약간			
해선海鮮	1본			
간약干鰯	2승			
청모포	1매		양지동 산중에서	
백미	8승			
맥麥	1포			
간어干魚	1포包			
소고기통조림 牛罐詰	7개			
간표干瓢	1괄			
비스켓	약간			
맥麥	5승			
간량干亮	1광			
청모포	1매		양지동 남방 산중에서	
소고기통조림 [牛罐詰]	7개		군산면 백학동 모가某家	노부老婦로 판명됨
군화軍靴	1족	박만도	군산면 대촌	

* 육군성, 〈旅軍浦의 野砲 安州에 到着〉, 제1군병참사령부, 메이지 28년 1월 25일 및 〈軍需品 竊取者 搜索 및 處分 方 詳報〉(平發 제229호), 메이지 28년 1월 23일 선천 병참사령관 보병대위 上田→의주 제1군 병참감부를 근거로 작성.

〈표 40〉 안주 조선인의 물품 절취와 징계 현황(1894년 10월 1일~1895년 1월 6일)

연월일	내용	인원	처분
1894년 10월 20일	밤[栗] 소량 절취	1명	3일 고역苦役
10월 25일	땔감[薪] 소량 절취	2명	1일간 무임 고역
11월 10일	밤 소량 절취	1명	2일간 주박杜縛 징계
11월 13일	소금[鹽], 어물[魚] 1마리 절취	3명	1일간 무임 고역
11월 18일	사당砂糖 소량 절취	1명	2일간 주박 징계
12월 2일	여객旅客 유반鍮絆 절취	1명(아동)	1일간 고역
12월 10일	헌신[古靴] 1족 습취	1명(아동)	1일간 고역
12월 22일	생선 1마리 절취	1명	2일간 고역
1895년 1월 3일	쌀 소량 절취 미수	1명	1일간 고역

* 1895년 1월 7일 조사.

해당 병참사령부는 당사자의 신원을 조사해서 극심한 빈곤으로 인한 것으로 판단했다. 그럼에도 이 같은 생계형 절도에 대해서도 강력하게 처벌했다. 심지어 헌신 한 짝을 습득한 아동도 하루 동안의 고역으로 징계했다.

3—청국군 포로와 조선인 참살 사례

평양 전투 포로 참수

그런데 평양성에서 일본군에게 잡힌 560여 명의 포로 중에는 조선인 12명이 포함되어 있었다. 일본군 기록에 따르면 이들은 '포로가 된 후 저항했기 때문에 살해'되거나 '도망을 기도하다 참살되었다'고 되어 있다.[359] 《도쿄아사히신문》 종군기자 요코자와 지로는 10월 3일 제5사단

사령부 조사를 인용, 포로 인원 중 중국인은 489인 중 병사 3인, 부상 119인, 부상 후 사망 26인, 도주했다가 참살은 47인이며, 조선인 포로 11인 중에는 부상 4인, 부상 후 사망 1인, 도주했다가 1인은 참살되었다고 기록하고 있다.[360] 외신(《뉴욕헤럴드New-York Herald》)도 참살 내용을 상세히 보도했다.

> 평양 전투는 격렬했고 또한 다수의 청병을 참살······평양 시가의 광경은 매우 처참······청인과 한인의 엎어진 시체 및 우마와 돈견의 엎어진 시체의 수가 수천 정도로 모두 핏빛 속에 쌓여 있고 분분한 악취는 사람의 코를 찌르기를 몇 리. 널려진 상황은 머리칼이 솔잎같이 된다.[361]

한편 이 기간 작성된 '폭행한 청국군을 참수하는 그림(〈暴行淸兵ヲ斬首スル圖〉)' 상단의 해설에 의하면 평양 전투 시 체포된 청국 부상병 포로들이 적십자병원에 난입하여 부상자를 살해하고 경호하는 순사에게 폭언을 가하는가 하면 그들의 칼을 빼앗아 베는 등의 행위를 했다고 기록되어 있다. 이에 격노한 일본 군대가 탈옥했던 포로 38명을 수백 명의 포로 면전에서 집단으로 목을 베어 처형한 사실적인 그림과 내용 설명이 확인된다. 그러나 이 그림 해설을 제외하면 청국군 포로가 병원의 부상자를 살해했다는 다른 기록은 찾아볼 수 없다.

9월 16일 평양 전투에서 700여 명의 청국군이 포로로 억류되었는데, 이들 중 일부가 탈주하는 사건이 일어났다. 당시 히로시마 출신 보병 제11연대 상등병 하라다 츠루지는 13명의 병사와 6명의 순사가 청군 포로의 감시 임무를 맡았다고 일지에 기록했다. 그런데 그는 9월 17일 자 일지에 "어제부터 포로를 감시. 오후 10시경 청군 포로가 순사가 휴대한 칼을 빼앗아 순사의 머리에 상처 내고 도망하는 것을 나는 총검으로 쓰러뜨림. 그 외에 강행한 자 총 38명의 목을 자르고 동일 12시 교대로 돌아옴"[362]이라고 기록하여 자신이 직접 포로를 참수한 상황을 생생하게 묘사하고 있다. 평양의 포로 참살 내용은 혼성제9여단 제5연대 소속 장교도 9월 19일 자 일기에, "포로 500인 내 저항하는 자 38명을 참살함. 또 적십자사에 들어가 부상자를 구호한 자 300인"[363]이라고 기록했다.

《유빈호지신문》 종군기자 치즈카 레이수이는 평양 전투 취재 중인 9월 16일 자 종군일기에 청국군 포로 참형을 목격한 사실과 광란의 '살인 세리머니'를 생생하게 묘사하였다.

들려오는 소식에 의하면 사단본부에 억류되어 있는 포로가 탈주를 기도하여 이빨로 포박을 풀고 일제히 소리를 지르고 (일본) 순사의 칼을 빼앗아 그를 베어 낭자함이 자못 극에 달했다. 마침 만찬 중이던 장사들이 모두 젓가락을 던지고 자리에서 일어나 칼을 들고 포로를 가두어 둔 담장의 작은 문으로 달려가 칼을 휘둘러 탈출하려던 자를 베고 베었다.……주모자 40여 명을 포박하여 그들을 다른 포로 앞에 끌어내어 곧바로 군령으로 그들의 목을 베었다. 우리들은 달려갔지만 40여 인의 반은 베었고 나머지 무리는 슬피 울면서 목숨을 빌었다.……무릇 머리를 베어 칼을 한번 내리면 '짝' 소리를 내며 머리가 땅에 떨어져 땅이 울리고 (피가) 세차게 솟아 나와 달리는 머리가 없는 사람은 날아올라서 무릎으로 걸어 넘어지고 넘어질 때, 두 줄기 피가 하늘로 치솟기가 두 자[尺] 정도였기에 자줏빛 연기와 같았다. 이미 참수될 것을 알았던 자들은 모두 땅에 엎드려 펑펑 눈물을 흘렸다.[364]

《후소신문》 특파원 스즈키 츠네노리도 평양 전투에서 투항한 청국군이 도주를 기도하다 참형에 처해지는 광경을 그림으로 묘사했다. 그런데 그의 글에는 이때 그들을 심의한 사람(심의관)이 후쿠시마 중좌였다고 기록되어 있다.[365] 후쿠시마 야스마사福島安正는 1887년 육군 소좌로서 베를린 일본공사관에 주재하면서 공사 사이온지 긴모치와 함께 정보를 분석하는 업무를 수행했는데, 러시아의 시베리아 횡단철도 부

'폭행한 청국군을 참수하는 그림'.
미국 보스턴미술관 및 일본 와세다대학 도서관에 소장되어 있는 이 그림은 1894년 10월 우키요에 화가 고다이메五代目 우타가와 구니마사歌川國政가 그렸고 오우카세이櫻花生가 해설했다.

설 정보를 보고한 바 있다.[366] 후쿠시마는 1893년 중좌로 승진한 후 1894년 6월 경성 일본공사관의 무관을 거쳐 8월 제1군 참모로 청일전쟁에 출정했다. 앞쪽의 '참수도'에 포로 옆 의자에 앉아 오른팔을 들어 지시하고 있는 자로 판단된다. 그는 이후 육군 대장까지 승진했다.

이 시기는 군대뿐 아니라 참살을 무용담 정도로 취급하는 분위기가 만연했다. 자국 내에서는 너무나 평범했던 그들이 왜 악마가 되었는가? 그것은 사무라이의 전통이 아직 남아 잔인한 행동을 하면 남자다운 것으로 생각하는 경향이 컸기 때문이었던 것으로 보인다. 예컨대 후쿠시마 중좌는 소속 연대를 확인할 수 없는 한 일본인 인부의 사례를 다음과 같이 전하고 있다. 그는 9월 15일 평양 진입 도중 우연히 만난 청국 기병을 말에서 떨어뜨린 후 가지고 있던 나이프로 참살했고, 그 후 같은 방법으로 모두 3명의 청국군을 살해했다는 것이다.[367] 《니혼신문》 기자 사쿠라다 분고가 화가 마츠우라 교쿠호에게 보낸 "안내한 탄노 에이조 씨는 평양의 싸움에서 3인, 모반을 기도하여 죽을죄를 진 10인, 도합 13인의 목을 단번에 베고자 일품 센다이의 명도 쿠니캉國かん으로……"[368]라는 내용의 편지에서도 평양 점령과 포로 참살이 흥분조로 기술되어 있다.

일본 측은 이러한 참살 무용담과 함께 청국군 부상병에 대한 '따뜻한 간호'를 집중적으로 부각시키고 있다. 평양의 야전위생 장관 이시쿠로 타다노리의 의뢰를 받은 후쿠시마 야스마사 중좌는 청국군 포로 부상자를 모아 먼저 중국어로 적십자조약의 취지를 설명하고 다음과 같이 훈시했다.

우리 군대는 너희 부상자 또는 적개심을 가진 포로에 대해 귀중한 군량을 나누어 먹이고 귀중한 약물을 나누어 치료하고 있다.……우리 일본인들은 대일본 황제·황후 양 폐하의 깊은 인혜仁惠를 항상 마음에 새기고 있다. 너희 나라의 격언에 이른바 '덕으로써 원수에 보답하라'는 말처럼 너희들은 마음 편히 치료를 받아라. 우리 대일본국 천황·황후 양 폐하의 인혜에 감사히 여겨라.[369]

일본이 자랑했던 평양 전투에서 부상당한 병사 염희정閻喜亭의 사례

평양 야전병원에서 일본군이 부상한 청국군을 치료하는 선전 사진. 촬영을 의식한 듯 표정이 자연스럽지 않다.《유빈호지신문》 종군기자 치즈카 레이수이는 이 사진을 설명하면서, 청군은 사망한 일본군에게까지 잔혹한 행동을 했지만 용협勇俠인자한 일본 군대는 적병을 애휼하여 그들에게 재생의 은혜를 베풀었고 부모처럼 보살폈다고 주장했다(遲塚麗水,《激戰中の平壤》(下卷), 春陽堂, 1895, 10~11쪽).

를 보자. 그는 일본군으로부터는 관대한 대우를 받았고 일본적십자사를 통해서는 주도면밀한 구료 간호를 받아 그 감사한 마음을 연필로 써서 제출했다. '포로가 글을 작성하여 은혜에 감사함'이라는 제목의 '정청미담征淸美談' 기사 내용에 따르면 음력 8월 16일 평양의 들판에서 상처를 입고 뼈만 앙상한 채 죽어 가던 그를 일본의 대의원에 입원시켜 진맥 후 약을 투여하고 쌀죽과 우유로 기혈을 보하여 10여 일 후 병마를 뿌리칠 수 있게 되었다고 한다. 염희정은 《논어》를 인용, '다시 태어나는 은전再造之恩'으로 회생한 것에 대해 자공이 "만일 백성에게 은혜를 널리 베풀어 많은 사람을 구제한다면 어떻겠습니까?"라고 묻자 공자께서 "요순도 이 점에 있어서는 오히려 부족하게 여기셨을 것이다"라고 했다면서 이를 '천고의 아름다운 일'과 '만고의 준승準繩(지켜야 할 법도)'으로 묘사했다. 국경을 초월해서 인술을 베푸는 공자의 사상을 실천하는 것으로 표현되었는데, 그는 이 내용을 본국의 자매에게 편지로 보내 일본의 '인자仁慈'에 감읍했다고 전했다는 것이다.[370]

그러나 자국 병사들의 부상 및 질환도 제대로 치료하기 어려운 현실에서 이는 일본이 전시 국제공법과 인도주의 정신을 잘 준수하고 있다는 대외 선전효과를 노리기 위해 날조한 것으로 판단된다. '정청미담'에 '5품 정대頂戴'의 직급만 표현된 염희정 개인의 행적을 일본과 중국 측의 공식 기록에서는 찾아볼 수 없기 때문이다.

참살의 일상화

청일전쟁 시발점인 1894년 7월 23일 일본군의 경복궁 점령 당시부터 병사들의 참살은 선례가 있었다. 그해 10월의 '전공미담'에 따르면 9월

15일 평양 선교리에서 전사한 가고시마 출신 제5사단 제11연대 육군 보병 중위 이마이 켄은 "오시마 요시마사의 혼성여단에 소속되어 서울에 주둔하던 중 1894년 7월 23일 오토리 게이스케 공사가 경복궁 입궐 시 중대 병사를 이끌고 그를 호위하던 길에 조선 병사가 길을 막고 입성을 거부하자 중위는 크게 꾸짖고 칼을 뽑아 한 사람을 참살하고 부하를 지휘하여 일거에 그를 격퇴시켰다"[371]고 기록되어 있다.

종군화가 아사이 주의 9월 27일 자 일기에 따르면, "평양. 내응한 한인을 잡아 옴. 이 죄에 걸맞게 대동문에 효수……이날 밤 참사자를 봄"[372]이라고 씌어 있다. 평양 전투 직후 처절한 응징과 잔인한 보복이 이루어지는 시점이었기에 화가도 차마 목이 잘린 시신이 성문에 내걸린 끔찍한 장면은 그림에 담지 못하고 글만 남긴 것으로 보인다.

평양 전투 이후에는 동학농민군 토벌 또는 북진 일본군의 병참 운송 및 이른바 '치안 방해' 등과 관련한 조선인 살해가 이어진다. 그 과정에서 일본군은

일본군 제1군 사령관 대장 야마가타 아리토모山縣有朋(1838~1922). 조슈번 야마구치 출신의 군인이자 정치가. 메이지유신에 공을 세웠고 일본 육군을 창설하고 의회제도에 의한 최초의 총리를 역임하였다. 청일전쟁 때는 육군 대신 겸 제1군 사령관으로 조선에 파견되었으나 병세 악화로 중도 귀국하였다.

직접 처형하거나 아니면 조선군과 관리에게 이첩하여 처형케 하기도 했다. 일본군 제1군 사령관 야마가타 아리토모는 10월 1일 "특히 전선 電線을 방해하는 자는 엄중하게 처벌하라. 또는 어쩔 수 없을 때는 군대에서 곧바로 처리하라"는 명령을 내렸다. 황주에서 전신주가 부러지고 전신선이 절취되는 사건이 있었는데, 황해도 병마절도사가 십이포에서 이미 체포한 주민 1명을 참수하고 1명은 곤장에 처한 일이 있었다.

후발로 북상하던 보병 제22연대 군조 하마모토 리사부로도 황주에서의 10월 12일 자 일기에 "전선을 절단하고 청국군과 내통한 한인의 수급을 노상에 효수해 널리 보여 주고 있다"[373]는 기록을 남겼다. 그는 10월 15일 평양의 보루로 가던 중 한 민가에서 청국 장교가 목매어 죽은 것을 보고 마음속으로 묵도했다 한다.[374] 10월 21일부터 25일 사이 안주의 민가 729호를 방화한 혐의로 문용운과 오계성을 현장에서 체포해 병참부에 인도했는데, 이들 중 문용운은 현무문 밖 대동강에서 참수되었다.

그럼에도 동일한 사건이 연속되자 제1군공병부장은 11월 4일 군사령관에게 해당 전선이 통과하는 부·현·촌락은 구역을 정하여 그 보존 책임을 분담시키겠다고 보고했다. 전선에 해를 가하는 자가 있으면 그에 해당하는 부·현·촌락은 그 사실을 알든 모르든 과료금을 내게 하거나, 혹은 방해자를 생포하여 조선의 지방관 혹은 일본군에게 인계하는 자에게는 약간의 상금을 지급하자는 의견을 상신했다. 그러면서 전선에 방해를 가하는 자는 그 손해의 다소를 논하지 않고 모두 조선 정부가 사형에 처할 것을 제안했다. 이는 조선 정부에 전달되어 11월 6일 영유 주민 황찬수는 신천에서 전신선을 절단했다는 혐의로 체포되어

일본 장교의 입회 아래 현무문 밖에서 참수됐다.[375]

앞선 10월 27일 평양 병참부에서 순안으로 운반하던 군용금 일본 은화 4,000엔을 탈취한 평양 병참사령부 역부 원정학은 11월 30일 의주 병참감 시오야 카타쿠니塩屋方国의 처형처분 통지를 받은 평안감사에 의해 12월 1일 평양 보통문 밖에서 사형당했다.[376] 일본군이 압록강을 건너 마이산·주렌청·사하자 등을 탈취한 직후 의주부에서는 청국인과 몰래 군정을 통했다는 이유로 주민 이유항을 성밖에서 효수했다.[377] 남만주로 들어간 일본군은 단둥현에 민정청을 설치하고 고무라 쥬타로小村壽太郎를 민정청장에 임명했다. 고무라는 임지로 떠나면서 "제군은 왕자王者의 병사로서 내외에 부끄럽지 않게 언행을 지키지 않으면 안 된다. 또한 무리한 징발과 비전투원의 학대 등은 전시 공법에서 허용하지 않기 때문에 반드시 삼가야만 한다"[378]라면서 시종 군인들의 횡포를 경계한 바 있다.

전신선 절단 행위자에 대한 처단은 전쟁이 종결되어 가는 다음 해 초까지도 지속되었다. 일본공사는 1895년 3월 외무아문에 조회하여 경기도 장단에서 전신주 2대가 넘어져 훼손된 사건을 문제 삼았다. 그는 일본 군대가 지금 범인을 조선 정부 측에 인도하는데 해당 지방관에게 빈틈없이 방호하게 할 것이며 범인을 법무아문에 넘겨 무겁게 처벌하여 "못된 짓을 본받는 것을 단속하라"고 요청했다.[379]

그런데 당시 일본의 또 다른 기록에 따르면, "평양 함락 직전 우리 척후병으로 청군에 포로가 된 자들에게 능욕을 가해 무참하게 콧구멍에 끈을 꿰뚫어 끌고 다니고, 최후에는 사지를 절단하여 육살戮殺했다"[380]고 되어 있는데, 그것은 인도주의적인 포로 처리에 관한 브뤼셀 결의사항에 위반되는 것이었다. 혼성제9여단 제5연대 소속 장교도 평양 전투 당일과 다음 날인 9월 16일과 17일 자 일기에서 일본군의 시체를 본 소 감을 기록하고 있다. "머리를 자르고 좌우 두 손을 잘라 단지 몸통만 남 기고 있다", "참수된 자 또한 눈과 코의 구별 없이 하나로 나뉘어 잘린 것으로 보인다."[381] 일본군의 적개심 강화의 모티브와 '배청' 쇼비니즘 의 정서적 강조가 보이는 내용이다.

그런데 위에서 말한 '브뤼셀 결의사항'은 1874년의 '브뤼셀 선언 Brussels Declaration'을 말하는 것이다. 선언의 제11조 '호전적인 전투원과 비전투원으로 인정되어야 할 사람'에서는 "전장의 군대는 전투원과 비 전투원으로 구성될 수 있다. 적에게 붙잡힌 경우, 양측은 전쟁 포로의 권리를 향유해야 한다", 제23조 '전쟁 포로'에서는 "전쟁 포로는 합법적 이고 무장해제된 적이다. 그들은 적대적인 정부의 힘이 미치는 곳에 있 지만, 그들을 사로잡은 개인이나 군대의 힘이 미치는 곳에는 없다. 그들 은 인도적으로 대우받아야 한다. 어떠한 불복종 행위도 필요한 정도의 심각한 조치를 채택하는 것을 정당화된다. 무기를 제외한 모든 개인 소 지품은 재산으로 유지된다"라고 규정했다.[382] 이 내용은 1874년 8월 27 일 벨기에 브뤼셀에서 유럽 15개국 대표들이 모인 회의에서 러시아 국 제법학자 표도르 마르텐스Мартенс, Фёдор Фёдорович가 권고하고 러시 아 정부가 제출한 국제협약 초안 중 일부이다. 이 회의에서는 〈전쟁법과 관습에 관한 국제선언 과제Project of an International Declaration concerning the Laws and Customs of War〉 초안을 검토했는데 참가국의 비준을 받지 는 못했다.

《공법회통公法會通》 제610장에도 "여러 포로들이 탈주를 모의하고 혹은 적국 관원을 모해하면 엄히 징벌을 가할 수 있다. 그 정절情節의 가볍고 무거운 것이 비록 죽여야 할 바라도 이 또한 과하면 안 된다"[383]라고 되어 있어 탈주 포로일지라도 그 처형에는 매우 신중해야 할 것을 강조하고 있다.

육군대신 오야마 이와오도 개전 직후, "문명의 나라들에는 적과 자기 편의 구별 없이 부상자·병자를 구하는 것을 평시에 약속하여, 소위 제네바조약(적십자조약을 말함–필자 주)으로 우리나라에서도 메이지 19년(1886) 6월 이 조약에 가맹하여 우리 군인은 이 조약에 의해 적의 부상자·병자에 대해 사랑과 공경을 더할 의무가 있다는 것을 항상 가르

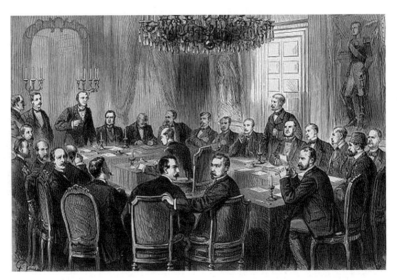

브뤼셀 회의Brussels Conference, 1874.
1874년 7월 27일 유럽 15개국 대표들이 브뤼셀에서 만나 러시아 정부가 제출한 전쟁법과 관습에 관한 국제협정 초안을 검토했다. 총회는 초안을 약간 수정하여 채택했다.

육군대신 오야마 이와오大山巖(1842~1916).
가고시마 출신 사쓰마번의 영수인 사이고 다카모리西鄕隆盛의 사촌동생으로, 조슈번의 야마가
타 아리토모와 더불어 메이지 시기 일본 육군의 대표 인사다. 청일전쟁 시기에는 제2군 사령관
으로서 중국 관내로 출정하였고 뤼순과 웨이하이웨이 전투에서 승리하였다.

침을 받고 있어……문명의 공법에 의해 상병자를 구호하고 항복한 자와 포로를 애무하여 인애의 마음으로서 대할 것이다"[384]라고 훈시했고 이 내용은 인쇄되어 일본군 전 장병에게 배포되었다. 8월 6일 육군대신 명의로 출정하는 각 사단장에 대해 이 훈시를 재차 하달하여, 병상자 구호와 포로 보호에 '제네바조약'이라는 국제법을 준수하고 실행할 것을 명했다.[385]

그러나 다음 사실들을 보면 이는 언설에 그친 것으로 볼 수밖에 없다. 황해 해전 직후인 9월 25일 일본 황실은 제2군 사령관에 오야마 이와오를 임명하고 뤼순반도 점령을 명했다. 이에 따라 11월 7일 화웬커우花園口에 상륙한 일본군은 다롄만을 지나 '동양 제1의 요새'로 불린 뤼순으로 남하했다. 일본군의 랴오둥 진출 초기부터 일본군 군부(역부)에 의한 약탈과 강간 사건이 수시로 발생하여 제2군 사령관이 감독 강화에 주의를 촉구한 일도 있었다. 그러나 일본의 반성은 없었고, 조선 땅에서의 참살에 이어 중국에서도 11월 21일부터 4일간 일본군 보병 제2연대와 제15연대 제3대대가 무려 1만 8,000에서 2만여 명에 달하는 병사와 시민을 잔학하게 살해한 뤼순대학살을 자행했다. 이는 앞선 평양에서의 행태를 보면 충분히 예견된 사건이었다. 1970년대까지 생존한 피해자들의 회고에 따르면 무기를 버리고 저항하지 않는 청국 병사를 살해했고, 백발의 노파, 임산부, 10세 소녀마저 강간하여 그중 18세 소녀가 목매어 자살한 일도 있었다 한다. 뤼순부터 진저우金州에 이르는 지역에서도 무차별 학살을 자행했다.

중국인에게 뤼순대학살은 결코 잊을 수 없는 사건이었다. 그럼에도 외무대신 무쓰 무네미쓰는 서구 각국의 신문기자들에게 다음과 같은 궁색한 변명을 했다.

1. 청국병은 제복을 찢어 버리고 도망했다.
2. 뤼순에서 살해된 평복을 입은 자는 대부분 변장한 병사들이다.
3. 주민은 교전 전에 떠났다.
4. 소수의 잔류자는 총을 쏘며 항전했기 때문에 명령을 내려 그같이 행동했다.
5. 일본군은 일본병 포로의 잘린 시체를 눈으로 보고 크게 격앙되었다.
6. 원래 그대로 일본군은 군율을 준수했다.
7. 뤼순 함락 시 체포된 355명 전후의 청국인 포로는 후하게 우대하여 2~3일 내에 도쿄로 연행했다.

당시 후쿠자와 유키치도 《지지신보》에 〈뤼순의 학살은 터무니없는[無稽] 떠도는 소문[流言]이다〉라는 논설을 게재하여 사실 자체를 완전히 부인했다.

우리 뤼순의 대승에 대해 외국인 중에는 그 살육이 많다는 것을 듣고 왕왕 말을 만드는 자가 있다.……승리를 틈타 중국인들을 도륙한다는 한 가지 일은 세상으로부터 욕을 면할 수 없다. 이 참혹한 최후의 거동은 모두 전승의 명예를 말살하기에 족하다는 논평으로 한탄스럽다.……혹은 도망하는 한두 시민 중에는 그 가족들이 유탄을 맞아 살상당하는 자도 있고……뤼순 시가의 죽은 자 중에는 무고한 인민이 다수 있다는 것은 모두 상상하여 말한 것이다.……인민을 살육

했다고 말하는 것은 우리들은 그 터무니없음을 경계함과 동시에 금
후에도 거짓말을 하는 경우에는 고려 없이 살육을 행해 조금도 차이
없다는 것을 감히 단언하는 바이다.[386]

무쓰 외상으로부터 연락을 받은 총리 이토 히로부미도 "책임을 추
궁하는 것은 위험이 많고 득책이 아니므로 어디까지나 불문에 부치고,
오직 변명의 방편을 찾는 수밖에 없다"고 지시한 바 있다. 1894년 11월
21일 뤼순 함락 이후 자행된 뤼순대학살을 전후로 한 시기에 일본군은
조선 각지의 동학농민군을 대량으로 학살한 경험이 있었다. 또한 타이
완 민중도 무차별 살해했다. 전혀 반성이 없던 일본의 행동은 그로부터
43년 후인 1937년 12월 난징대학살로 이어진다. 일본군은 전투 중 상
대방에게 행한 비인도적 행위에 대해 진지하게 고려한 흔적은 전혀 보
이지 않는다. 실제 일본의 역사적 경험에서는 대수롭지 않은 전시의 일
상으로 처리되었다. 일본에서의 참수형은 살인죄 등에 해당하는 형벌

'참수의 순서'(《지지신보》, 1894년 11월 4일 자).
청국 광서제·공친왕恭親王·리훙장·딩루창·쑹칭·예지차오·웨이루쿠이·마위쿤·니에
시청·팡보첸方伯謙 순으로, 죄명은 '겁나怯懦로 인해 일을 그르친 죄로 참에 처함'이라는
것이다.

<표 41> 조선 내 전쟁터에서의 청국군 포로 현황

체포지	계급	총원	억류수용 전		억류지 수용	억류수용 후		송환
			사망	도주		사망	도주	
성환 아산	하사 이하	3			3			3
평양	장교(상당관)	15			15			15
	하사 이하	541	3		538	15		523
	불명	60	59		1	1		
풍도만	장교(상당관)	6			6			6
	하사 이하	78	1		77	5		72

* 陸軍省 編,《日淸戰爭統計集 : 明治二十七八年戰役統計(上卷 2)》, 1902, 第21編. 俘虜, 1073쪽.

로, 그것도 1879년을 마지막으로 자국 내에서는 법적으로 소멸되었다. 그러한 문제보다는 성환·아산과 마찬가지로 평양성의 전공과 '신화', 전리품(노획물)만 크게 부각시켰다.

〈표 41〉은 일본 육군성에서 청일전쟁 기간 조선 내 전투지에서 체포된 청국군 포로의 지역별, 계급별 인원과 처리 현황을 작성한 것이다. 이에 의하면 성환과 아산 전투에서는 3명, 풍도 해전에서는 84명, 평양 전투에서는 566명을 체포했다. 내용 설명에 의하면 일본 육·해군에 포로가 된 자, 투항한 자 및 병상자로서 구호를 받은 자 등을 포함, 평양에서 사망자 59인 중 47인은 각기 반항하여 총살된 자를 포함한 것이라고 기록되어 있다. '불명'으로 표현된 60명 중 살아남은 자는 결국 단한 명도 없었다. 그런데 포로 처형은 조선에서 행해진 것만은 아니었다. 이어지는 또 다른 표에는 만주 뉴장성牛莊城에서 체포된 청국군 중 13명의 사망자 중에는 반항하다 총살당한 자를 포함했고 하이청海城에서도 하사 이하 사망자 90인 중 반항 때문에 총살된 13인을 포함하고 있

다고 되어 있다.[387]

청일전쟁 8년 후인 1902년 작성된 이 '일청전역 통계'에서는 평양의 47명 이하 포로 처형이 모두 '총살'로 기록되어 있다. 그러나 이 기록을 제외하면 당시 상황을 목격하고 기록한 모든 문서 자료와 종군일기, 상황을 묘사한 삽화 등에서는 총이 보이지 않았고 칼로 목을 벤 것으로만 되어 있다. 예컨대 1895년 3월 25일 뉴장牛莊에서 일본군 제3사단 기병 제3대대 제2중대 제4소대 일등졸 니시무라 마츠지로는 친구에게 보낸 편지에 "최근 전투로 매사 소심한 소생이 한층 대담하게 되어 한두 사람을 목 베어 죽이는 것이 마치 평일에 이[虱]를 잡는 것 같은 마음"[388]이라고 적고 있다. 그럼에도 위와 같이 공식 정리한 것은 후일 여러 나라로부터 야만적 행위를 비난받을 것을 우려한 일본군 수뇌부가 '참수'를 '총살'로 분식한 것으로 판단할 수밖에 없다.

또 다른 일본 육군성 '통계'에 의하면 청일전쟁 기간 조선에서 행해져 군법회의에 회부되어 처단된 범죄 행위 중 3일 이상 도망 51명, 타인의 소유물 절취 38건, 가옥 건축물 밖에서 물건 절취 6건, 사기 또는 재물 갈취 8건, 과실로 가옥 방화 7건의 '경죄'와 남을 구타하여 사망에 이르게 함 2건, 강도치상 1건, 남을 협박하거나 폭행을 가해 재물을 강취 3건을 '중형'으로 크게 구분 처리하고 있다.[389] 그러나 그것도 전쟁 과정에서 두려워할 정도로 남들을 협박한 것[공갈]과 가옥 방화를 '가벼운 죄(경죄)'로 처리한 것은 물론 일본군의 범죄 행위가 실제와는 달리 대다수는 은폐되었고 매우 축소되었음을 여실히 알 수 있다.

4.
북진 물자와
노동 인력

1―수송과 병참

인원 편성과 수송

평양 전투 이후에도 일본군은 북쪽으로 진출하기 위해 물자와 노동력이
필요했다. 전시 대본영은 제1군 사령관에게 대동강 이남 및 부산에 이르
는 모든 병참선로는 대본영 직할로 두고 이를 남부 병참선로로 칭할 것
을 명했다. 아울러 인천에 병참감부를 둘 것, 조선에 가설하는 군용전선
관구를 개정하여 평양 이남은 대본영 직할로, 평양 이북에 설치하는 것
은 제1군에 속한다고 명령했다. 제1군 사령관의 명령을 받은 병참총감
가와카미 소로쿠는 9월 28일 중로 병참감에게 인천을 시점으로 서울부
터 평양에 이르는 각 지역에 병참지를 설치하라는 명령을 하달했다. 이
때 제시한 각 병참 지역과 인원 편성 등에 관한 배치는 〈표 42〉와 같다.

<表 42> 인천-대동강 간 병참지 배치표

지역	부서	병참부원	군리부원	군의부원	병참병원	비고
용산	병참사령부	장교 2 마졸馬卒 2 하사 3 수졸輸卒 4	군리軍吏 1 하사 1		2등 군의 1 고의雇醫 3 약제사 1 간호수 3 간병인 5	
고양	수비대장 겸임					
파주	병참사령부	장교 1 마졸 1 하사 3 수졸 4	하사 1	군의 1 간호수 3		임진강 도강 호위병 도선 준비
장단	수비대장 겸임					
개성	병참사령부	장교 1 마졸 1 하사 3 수졸 4	군리 1 하사 1			
금천	병참사령부	장교 2 마졸 2 하사 3 수졸 4	군리 1 하사 1	군의 1 간호수 3		
홀수	수비대장 겸임					
서흥	병참사령부	장교 1 마졸 1 하사 3 수졸 4	군리 1 하사 1	군의 1 간호수 3		
검수	수비대장 겸임					
봉산	수비대장 겸임					
황주	병참사령부	장교 1 마졸 1 하사 3 수졸 4		군의 1 간호수 3		
중화	병참사령부	장교 2 마졸 2 하사 3 수졸 4	군리 1 하사 1			

* 防衛研究所,〈中路兵站監ヘ命令案〉, 海軍省-海陸命令 M27-1-1, 明治 27年 9月 28日, 兵站總監 川上操六.

병참총감은 인천 외 지역에 시의에 따라 창고를 설치하고 배치 형태는 다소 변경해도 무방하지만 그에 관해서는 직접 보고토록 명령했다. 병참총감의 지시에 따라 각 병참지의 인원도 확정되었다. 대부분 지역에서는 원안을 받아들여 그대로 편제하였지만 일부 지역은 약간 수정해서 편성했다. 10월 5일 자 보고에 따르면 모든 지역에서 마졸이 생략되어 있고 개성과 서흥·중화는 수졸 4명이 각기 빠진 것을 제하면 나머지는 원안 그대로 반영하고 있음을 알 수 있다.[390] 그런데 이 보고서는 청일전쟁 〈전사 편찬 준비서류 '병참 전' 을종 제6호〉로 마졸의 경우 조선인으로 편성되기 때문에 서류에서는 제외한 것으로 보인다.

한편 제1군 병참감부 황해도 봉산지부의 보고에 따르면 말먹이 부족으로 민간에서 7석을 징발했고 9월 23일과 24일에도 징발을 위해 병사를 파견했다. 현지 군인들의 부식물은 통조림뿐으로 절임도 부족해 병사들의 불평이 심했다.[391] 중화의 병참사령부도 제3사단의 양식은 정미, 즉 쌀뿐으로 나머지는 "할 수 있는 한 목하 징발 중"이라고 한다.[392] 제1군 사령관은 압록강으로 전진하던 중 군량과 말먹이 운반에 차질이 빚어지자 일부 군대의 전진을 일시 중지시키기도 했다.

야마가타는 이런 상황에 대해 조선 정부의 책임과 노력이 부족했기 때문이고 이는 '동맹군'의 취지에도 부합하지 않는다고 주장했다. 이에 그는 10월 6일 서울의 오토리 공사에게 연도 각지 병참사령부에서 인부 1,500명, 우마 1,000두를 군수물자 운반용으로 동원할 것을 조선 정부에 엄중히 통고토록 촉구했다.[393] 또한 평양의 고무라 쥬타로 외무 서기관을 통해 인부와 우마 징발에 조선 정부의 적극적인 협조를 구해 병참의 수요를 충족시키고 일본군 통과 지역에서 부족한 한전을 대신해

일본 은화를 통용 배포하라는 전보를 발송했다.[394]

실제 북진군의 병참 운반은 총체적인 난맥상을 보였다. 제5사단 및 제3사단 북진군은 장교 이하 모두 2일분의 양식만 휴대하고 출발했다. 해군은 청천강 및 정주 부근의 해안을 향해 기선으로 양식을 운송할 계획을 추진했지만, 10월 8일 참모총장은 "실로 운반의 곤란함은 상상 밖이다"라면서 군량 및 군수품 부족과 치중의 곤란함을 토로했다.[395] 인부 징발의 어려움으로 인해 혼성 제9여단도 각대의 병졸들까지 양식 운반에 동원할 수밖에 없었다.[396] 《오사카마이니치신문》 종군기자 다카키 도시타도 평양으로 향하는 배에 탄환을 적재할 때 인부가 없어 병참 참모장 나가오카 가이시가 신문기자들에게 탄환을 옮길 것을 명령해 선적한 일을 술회한 바 있다.[397]

후일 육군 중장이 되는 제1군 병참감부 부관 대위 시라이 지로는 당시 병참의 곤경을 다음과 같이 술회했다

전양적殿様的 인부(존귀한 인부라는 뜻—역자 주). 일청전쟁. 특히 조선 국내 전진에서 양말糧秣의 추송追送, 즉 병참 업무의 곤란함은 주지하는 것이지만 그 가장 현저한 예는 메이지 27년 9월 하순부터 10월에 걸친, 즉 평양 점령 후의 제1군 북진 때이다. 당시 제5사단의 타치미 여단은 단독으로 앞서서 추격을 맡았는데 약간의 휴대품 외에는 청국 병사가 황량하게 남기고 간 지역의 재물 덕분에 다행히 계속 전진할 수 있었다. 그렇지만 다른 제5사단의 나머지 부대 및 제3사단은 일체 후방으로부터 보급을 받을 수 없었고, 게다가 여러 제대梯隊도 그러했다.[398]

병사들의 식량과 말먹이 수송을 담당한 조선인 인부에 대해서 그는 당시 조선은 표면적으로는 일본에 협력하여, 즉 일본과 조선이 연합해 청국을 토벌한다고 했지만, 군대의 役役을 서는 자가 전무했다고 한다. 그 대신 인부의 징집에 응하되 주로 후방 근무에 참여하겠다고 해 정부 대관을 비롯 관리들이 고심 끝에 인부를 보냈는데, 소수의 우마 외에는 모두 개개인이 등에 지고서는 그 수송력이 매우 미약할 수밖에 없었다는 것이다. 결국 제1군 사령부가 평양을 출발하여 숙천에 도착했을 때 제1제단梯團은 하루분의 식량도 얻을 수 없어 이동을 중지해야 했다. 군 사령관 이하 병참부의 무능에 대한 병사들의 분노는 한층 정도를 넘어서게 되었는데,[399] 이때의 경험은 다음의 러일전쟁에 크게 활용할 수 있었다.

병참지 상황

제1군 병참감 소장 시오야 카타쿠니塩屋方国는 1894년 10월 21일 평양의 병참참모장 가토 야스히사加藤泰久에게 북진군을 위한 병참 전반의 상황에 관한 보고를 한 바 있다.[400] 이를 보면 평양과 북방 각 병참지 상황을 종합적으로 이해할 수 있다.

- 수송력: 평양에서 매일 매일 북방 병참지로 발송하는 쌀과 보리는 도합 400~500석으로 부식물까지 포함하여 운반에 소요되는 인부는 4,000명 정도다. 평양에서 청국군으로부터 노획한 우차 20~30량과 100두 내외의 태마가 있었다. 조선인 인부는 평양에서는 신임 감사 김만식의 전령에 따라 매일 집합하여 이들을 모두

이용하면 하루 5,000명, 순안·숙천·안주 등지에서는 3,000명 내외를 징집할 수 있었다. 그러나 평양-의주 간 10여 곳의 북방 병참지는 아직 수송력 평균에 이르지 못해 멀리 부산·인천 등지에서 온 인부와 태마, 현지에서 매입한 태우, 기타 차량 등을 보낼 계획이었다. 이미 북방으로 송출한 인부는 2,000명, 하차荷車는 791량, 우 747두, 태마 400두였고, 평양에서 매일 매일 400~500명의 인부를 송출하고자 했다. 차량은 청국의 우차 및 마차를 하물 우차로 개조하여 3면 10량으로 했고, 주민의 '소를 빼앗아' 평양-순안 간에서 사용하기 시작했는데 2두의 차량 한 대에 85표를 적재하여 60리 여정을 2일간 왕복하게 했다.

● 미맥과 잡곡: 병참부에서는 쌀을 매수하기 위해 황해도와 평안도에 사람을 파견하여 감사의 전령으로 부사 또는 군수가 인민들이 저장하고 있는 곡물을 팔 것을 독려하고 있지만 결과는 만족할 만하지 못했다. 평양을 중심으로 100~150리 이내에서 10월 말부터 12월 중순까지 백미는 무릇 1만 석을 매수해야만 했다. 그 외에 현재까지 모아 놓은 쌀은 인천의 일본 상인들로부터 이미 매수한 것과 11월 말일을 기해 매수하기로 계약한 1만 석이 있었다. 이상을 합해 2만 석을 얻어야 최상이라는 것이다. 그 가격은 1석에 11엔 50전 내지 12엔 90전인데, 원래 가격은 8~9엔이지만 인부의 임금 지불 때문에 가격이 오른 것이었다. 판매하는 대맥이 적어 대용품으로 대두 및 호밀[당맥唐麥]을 다수 얻을 수 있었다. 대두는 1석 4엔 80전, 보리는 4엔 20전으로 매수하여 이미 보낸 것이 1,000석 이상이었는데, 대두는 말에게 끓여 주었다.

- 부식물: 현지에서 구매할 수 있는 산물은 채소와 무 2종류로, 다량의 무를 사서 땅속에 저장하여 이곳에 있는 수비대 기타 인부에게 공급할 계획이었다. 그 외에 일본 상인이 보낸 건어물이 있었지만 매우 소량이었다. 이 지역에서 비교적 쉽게 확보할 수 있는 콩과 소금으로 미소[味噌]를 양조했는데, 그 결과가 좋아 겨울 야영 기간에 일본 본토에서 수송해 오는 부식물을 줄일 수 있을 것으로 전망했다.
- 통화 문제: 평양에서 매일 수천 명 조선인 인부의 임금은 거의 은화로 지불했는데, 각 병참지가 동일하지 않아 3분의 1 내지 4분의 1은 한전으로 교환할 수밖에 없었다. 그러나 그 수요는 각 지역에서 하루 수천 관문에 달하지만 다 해결할 수 없어 한전 교환이 항상 문제가 되었다. 지폐는 일본 군인의 봉급과 일본 상인들과의 계산에만 사용되었다.

당시 병참참모장 나가오카 가이시도 북상 과정에서 조선인 인부에게 지급해야 할 임금의 부족함을 회고한 바 있다. 평양 전투 이후 임금은 쌀 1표를 10리 운반 시에 한전 10전을 지불했는데, 조금 힘이 센 조선 사람들은 3표를 지고 하루 60리를 운반하여 그 결과 한 사람에게 매일 1원 80전의 거액을 지출했다고 한다. 그러나 그들은 겨울이 되면 집에서 나오지 않아 '인부의 수집狩集', 즉 '사냥'을 할 수 없게 되었다는 것이다. 그 결과 식량과 탄약 수송에 지장을 가져왔기 때문에 군 작전에까지 영향을 미치게 되었다고 보았다. 이에 그는 "조선인 인부는 여름과 겨울 1벌의 옷만 가지고 있었기 때문에 겨울을 눈앞에 두고 동복을 미리 가지고 있는 자는 아마도 한 사람도 없을 것이다. 그렇다면 인천으로부터 백금건白金巾을 가지고 와서 그것을 팔면 임금을 상쇄할 수 있다"는 계략을 세웠다. 그 결과 백금건·연초와 기타 특설된 일용품 판매소에 조선인 인부들이 앞다투어 쇄도하여 한전 흡수책이 실효를 거두게 되었다는 것이다.[401]

제1군 병참감독부장은 10월 1일 부로 조선인 인부의 임금을 정하여 용산·금천·평산·서흥·황주·중화·보산·기진·해주 및 조포助浦 사령부 및 지부에 통지했다. 그 내용은 인천상업회의소에서 조직한 인부 및 태마 비용은 9월 말경부터 지폐 혹은 은화로 지불한다는 취지로 방문을 붙인 것이었다. 방문에는 10월 1일 이후 사령부에서 현재 사용하는 인원에 대해 인부 1일 금 80전, 태마는 마정馬丁을 붙여 1두 1일에 금 2엔 10전을 지불하고, 군량과 말먹이는 관급으로 처리한다고 적혀 있다. 히로시마의 야전감독 장관은 임금 지불을 위해 병참감독부장에게 10전·20전의 소은화 10만 엔 정도를 송부

나가오카 가이시長岡外史(1858~1933).
메이지~다이쇼 시기 군인이자 정치가. 청일전쟁 시에는 보병 소좌로 혼성여단장 오시마 요시마사의 참모를, 러일전쟁 시에는 육군 소장으로 대본영 참모차장으로 활약하였다. 1924년 야마구치에서 중의원 의원에 당선되었다.

할 것을 요청했다.[402] 이 시기 평양 사정을 상세히 기록한 《서경패사초략》에는 그런 상황을 다음과 같이 서술하고 있다.

역부는 육로 매 10리에 엽전 1냥을 고임으로 정하여 신실하게 지급했다. 평양부터 의주까지 군량과 말먹이 등을 실은 행렬은 끊임없이 이어졌고, 이에 역부는 수십만 명을 헤아린다. 8월부터 금후 12월까지 매달 매일 고전雇錢에 드는 원은圓銀 지출은 그 수량을 헤아리기 어렵다. 비록 옛날 당 태종의 위세와 수 양제의 세력이 있더라도 이에 빗댈 바가 못 된다. 또한 군량 전운은 의주 밖에는 100여만 석을 평양 중성의 청석교와 서교에 쌓아 두고 시초柴草와 화목을 언덕처럼 쌓아 놓은 것이 거의 10여 곳이나 된다.

비슷한 내용은 《갑오신속甲午新續》《평양지平壤誌》 권지하卷之下[6六])에서도 "후하게 품삯을 준 용정은 많이들 그 역으로 달려갔고 그 대가는 은전으로 계산해 주었다. 9월 20일에 이르러 진영의 대장이 병사를 거두어 의주로 향할 때 군량 운반의 절차는 역부를 불러 육상에서 화륜선으로 선적하는 것이 이와 같았다"고 기록하고 있다. 평양 전투 이후 일본군 주력의 북진을 위해 엽전과 은화로 인부의 고용 비용 지불과 태마의 준비 상황을 묘사한 것이다. 그러나 10월 10일 안주 병참사령관 다이쿠 타로大供太郞는 병참감독부장에게, 한인 인부들이 많이 도주했는데, 이는 돈이 부족해 발생한 것으로 하루 지불액 약 400원을 기준으로 5일분인 은화 2,000원을 15일경까지 반드시 보내야만 한다고 보고했다.[403] 즉, 인부 도피의 원인은 병참부의 임금 지불 준비금 부족에 있다는 것이다.

압록강 도하 무렵에 이르면 일본군은 매일 연인원 2,000~3,000여 명의 조선인 인부들을 사역시켰고 이런 추세는 1895년 2월 초까지 계속 유지되었다. 9월 말, 병참감부에서는 이들 인부에게 1일 80전, 태마와 마정은 합해 2원 10전씩 지급했다. 그런데 이 기간 역시 이전과 마찬가지로 조선인 인부의 동맹파업[404]과 탈주가 이어졌다. 이는 생명의 위협을 느끼던 이전의 상황과는 달리 예산과 처우 등으로 인한 것이었다. 가장 큰 이유는 당시 안주의 일본군 군수 실무 담당자가 제1군 병참 감독부장에게 보고한 내용 그대로 '돈의 부족'에 연유한 것이었다.[405] 이에 병참감에서는 북진 일본군에 부속된 조선인 인부의 임금액을 절반으로 삭감하였고,[406] 그 결과 12월 의주–순안 간 500여 명을 비롯한 조선인 인부들의 대규모 탈주가 이어졌다.

2―임금과 인력

임금 지급체계의 혼선

청일전쟁 동안 조선인 인부에 대한 임금 지급체계는 일정하지 않았던 것으로 보인다. 예컨대 병참감의 인가를 받은 10월 20일 평양–안주 간의 수송 사례를 보면, 평양에서 조선인 인부 500인, 십인장 50인, 백인장 5인, 계 555인을 구성하여 이 인원을 5개 조로 나누어 각 조당 111인으로 구성했다. 이들의 임금은 평양에서 안주까지의 일본 리 17리를 1리당 20전씩 총 3엔 40전으로 정했다. 이는 왕복 비용을 계산에 포함한 것이다. 임금은 평양 출발 때에 1인당 금 50전을 지급하고 나머지는 되돌아와서 지불하는 방식이었다.[407] 그러나 비슷한 기간인 10월 26일 평북 정주의 경우를 보면 현지 병참사령부는 "한인 1일 사용에는 리수 里數에 관계없이 60전을 지급함. 만약 하루 이상 시간으로 리수를 한정 하여 사용할 경우에는 1리 20전의 비율로 지불함"[408]으로 규정하고 있 다. 하루 상한액을 60전으로 정하고 되돌아오는 상황을 포함하여 날짜 를 연장할 경우도 동일 비율로 정한 것인데, 납득할 만한 일정한 기준 없이 상황에 따라 지불하는 방식이다. 그간 하루 8시간 기준으로 시간 당 10전으로 총 80전을 받던 것에서 60전으로 삭감한 것이다. 즉 그동 안 유지하던 일급제에서 일본 리 1리(조선 리 10리)에 10전으로 하는 거 리병산제로 바뀐 것이었고, 초과근무 규정도 찾아볼 수 없는 기만적 임 금체계였다.

이렇게 된 원인은 일본군의 지불준비금 부족이었다. 안주 병참사령 관은 11월 2일 병참감독부장에게 현재 한전이 고갈되어 오늘 임금을 지불하면 모두 없어지므로 급히 부쳐 줄 것을 청했다. 당시는 북진 병 력이 늘어남에 따라 수송력도 나날이 증가하여 병참부에 따라서는 하 루 3,000명 이상의 조선인 인부가 소집되기 때문에 3,000엔 이상을 지 출해야 했다. 더불어 미곡 매수 비용도 적지 않게 요구했다. 철산에서도 봉급과 기타 지출을 위해 부족분 4,000엔을 청구했다.[409] 같은 기간 기 진 병참사령부에서는 조선인에게 지불하기 위해 은화 3분의 2를 건네 준 바람에 수많은 조선 선박 임대료 및 인부의 임금을 도저히 지불할 수 없으니 병참감독부의 현 재고 내에서 조금이라도 건네주고, 은화도 가급적이면 빨리 보내 달라고 요청했다.[410]

11월 5일 평양 병참감부에는 조선인 인부 3,000명, 우 100두로 운반력에 지장이 없었지만, 선천은 운반력이 부족하여 인부 1,500명, 우 100두를 편성해 보냈다.[411] 가산과 정주부도 운반이 정체되어 일본공사관 일등서기관 스기무라 후카시는 외부대신 김윤식에게 평안감사를 신속히 현지에 파견하여 인부 모집에 진력을 다해 주도록 요구했다.[412] 안주는 11월 10일 이래 인부가 매일 증가하여 3,400명에 달하고 은화 수요도 증가하여 은화 2만 엔, 한전 2,000관문 및 다수의 지폐를 보내 달라고 청구했다.[413] 비용 고갈 결과 평양의 사카다 감독부장은 11월 9일부로 현지 조선인 인부들에게 양식 지급을 폐지했고 순안 이북으로 가는 인부들에게도 양식을 지급하지 않기로 결정했다.[414] 이는 결국 무료 식사 제공을 폐지하고 자부담으로 전환하거나 유료화하는 것이었다. 이에 11월 15일 제1군 병참참모장 가토 야스히사는 순안·숙천·안주·가산·선천·양책관·소관관 소재 각 병참사령관에게 다음과 같이 훈령했다.

1. 목하 병참부 최대의 임무는 수십 일이 경과하면 하천 결빙, 수운 두절의 우려가 있기 때문에 가장 이른 시일 내에 몇 달치 군량과 말먹이를 북방에 저장하는 것임. 또 육상 운송은 비록 극한의 엄동 사이로 혹은 일시 운반을 정지시키는 것에 이른다는 것도 계측하기 어려움.

2. 일고日雇 조선인의 식사를 관급으로 하는 것은 폐기하는 데 힘쓸 것.

3. 각 병참부에 우선 일본 인부 200인을 새롭게 보낼 것. 이 인부는

힘을 집합하여 분할산란分割散亂함이 없기를 요함.……1만 인부와
차 6,000량을 각 병참지에 분배하여 운반에 종사시킴에 따라 목
하 적당한 임금을 급여함. 한인부는 점차 감각시키기에 이를 것.
4. 한인부의 급료는 사정이 허락하는 한 감각할 것. (이하 생략)[415]

이 훈령의 골자는 조선인 인부의 관급 식사 폐지와 임금 삭감에 있었
다. 후자인 임금 삭감 문제는 곧바로 11월 24일부 〈군참감 제123호〉로
지급체계를 바꾸는 것으로 결론을 보게 되었다. 내용은 그간 하루 최고
임금 60전, 일본 리 1리 왕복 20전, 우마 하루 1엔 20전을 당일부터 하
루 최고 임금 50전, 일본 리 1리 왕복 15전, 우마 하루 1엔의 전반적인
감액이었다. 이때 만들어진 〈한인부 및 우마 임전규정〉은 다음과 같다.

1. 인부 1명 1일 사용 임금 50전(한전 250문)
2. 태마 1두 1일 사용 임금 1엔(한전 500문)
3. 우 1두 1일 사용 임금 1엔(한전 500문)
4. 리정里程을 셈하여 사용하는 건. 인부는 1리 금 10전, 우마는 금
   20전으로 함.
5. 돌아오는 길의 후송품을 짊어지는 건은 제4항의 반액으로 함.
6. 아무개 구미(모조某組)에서 한인으로 조직하여 상고常雇로 연일 사
   용하는 것은 최초 계약 여하에 구애되지 않음. 하루 임금 80전으
   로 정하고 음식은 스스로 마련한다. 다만 음식을 스스로 마련할
   수 없어 그것을 관급으로 할 경우가 있으면 식비 금 30전을 감하
   여 지급한다.

7. 아무개 구미에서 조직한 태마를 상고하여 연일 사용하는 것은 1
일 금 1엔 60전으로 정하고 음식 및 사료는 스스로 마련한다. 다
만 음식 및 사료를 스스로 마련할 수 없어 그것을 관급으로 하는
건은 금 60전을 감하여 지급한다.

8. 제1차 내지 제3차는 만약 그 사용이 당일에 그치면 하루 임금의
반액을 지급함.

9. 전항과 같이 규정했을지라도 과도한 사용에 제공하는 건은 약간
할증하여 임금을 지급할 수 있음.

10. 인우마人馬牛의 임금을 한전으로 지급할 때 환산은 엽전 20할로
정함.[416]

이 규정의 내용을 살피면, 1리에 10전의 인부 임금도 귀로에는 반액
인 5전으로 감액했고, 상고常雇(일시가 아닌 상시 고용 인부를 말함)도 식
비를 자부담시켜 식사를 제공하는 경우 80전에서 식비 30전을 감해 50
전을 지불토록 했다. 태마 상고도 식비와 사료를 자부담시키는 것으로
하여 비용을 최소화했다. 또한 하루만 고용하는 형태는 통상 인부들의
반액인 25전을 지불했다. 9조에는 노동 강도가 과할 경우 성과급을 줄
수 있는 것처럼 규정했지만 실제 적용하기 애매한 '문서상'의 표현에
불과했던 것으로 보인다.

11월 29일 제1군 병참감독부장은 각 병참지에 이 규정대로 협의할
것을 지시했다. 이 임금 개정 내용은 일부 수정되었는데, 평양 부관에
게 통첩하여 평안감사에게도 전해 각 병참부 소재 지역에 전달토록 했
다. 인부 임금 지급 내역에 관한 세부 내역 전문은 다음과 같다.

1. 한인부 및 태·우마 임금은 부담량 1개 9~8관목貫目(2두표斗俵)에 부쳐 1리 금 10전 이내로 한다. 다만 미 3두표 혹은 그와 같은 양 이상의 하물은 상당한 임금을 적절히 올리는 것은 허한다. 또 환자 운반 인부에게는 2할 이내로 올릴 수 있다.
2. 한인부 및 태·우마 1일 고용 임금은 1인당 금 50전, 우마 1두당 금 1엔 30전 이내로 한다.
3. 인부 20인 이상에 1인의 조장을 두고 그 임금 1리 금 15전, 1일 금 70전 이내로 한다.
4. 임금은 은화로 지불한다. 다만 할 수 있으면 1인당 한전 30문 이내로 지불하는 것은 무방하다.
5. 중국 지방에서 사용하는 한인부 및 태·우마는 제1항의 임금을 1리 금 15전 이내로 한다.[417]

이 같은 인부 임금과 우마 임대 비용의 감액 결과 2,000여 명의 상고 한인부 외에는 평안감사의 모집에 응하는 자가 겨우 200명에 불과했다.[418] 평양부터 순안까지 5리의 임금도 75전으로 삭감되어 24일부터 이틀간은 응하는 자가 없었는데 3일 차가 되어 응모자가 다수 있었고 4일 차에 이르러서야 이전 상황으로 되돌아왔다고 한다. 평양부터 정주에 이르기까지 지역별 하루 임금 지불고는 11월 20일 현재 평양 2만 6,100엔, 만경대 2,000엔, 기진 350엔, 순안 9,600엔, 숙천 7,200엔, 안주 6,200엔, 가산 6,700엔, 정주 3,400엔이었다. 그런데 같은 달 26일 평안감사가 평양 일대와 만경대에서 모집한 한인부 1,700인을 사용하려 했지만 임금 삭감 결과 1,000인 정도는 되돌아가는 등 임시 고용에 응하려고 하지 않았다.[419] 가산에서도 한전 부족으로 당일부터 부득이 지불을 중지했고 기산에서는 11월 29일 부로 군수품 운반을 중지하고 한전 도착을 기다리기로 예정했다.[420]

그러나 다시 12월 5일 전시 대본영 마쓰모토 감독은 평양 사카다 감독부장에게 전보하여 인부의 임금 지급체계에 대한 답을 주었다. 그 핵심 내용은 평양 이북 각 사령부에서 그간 1리 10전, 귀로 5전을 지급하던 방식과는 달리 이때부터 1리 10전을 지급하는데 귀로에는 지급하지 않기로 한다는 것이다.[421] 결국 1리당 5전을 삭감한 것이었다. 이는 일본군 측에서도 인정했던 것처럼 처음과 비교하면 임금이 '반감'된 것이었다. 이에 일시 안정을 보이던 인부 모집도 재차 임금 감액 결정으로 응역자가 감소하여 운반에 큰 차질이 빚어졌다. 그에 대한 임시방편으로 병참감독부는 인천상업회의소에서 파견한 상고 인부를 계약을 통해 지속적으로 사용하는 방안을 적극 모색하게 되었다. 이들에게는 일반 인부와 마찬가지로 1리 10전의 비율로 지급하는 안 등을 제시했다.[422] 그러나 당장 계약서조차 마련하지 못하고 근본적인 대책이 없는 상태에서 큰 성과를 보지 못했던 것으로 판단된다. 그런 상황에서 전쟁물자의 북송을 위한 인부와 우마 징발은 지속되었다. 〈표 43〉과 〈표 44〉는 1894년 12월부터 1895년 1월까지 평안도 일부 지역에서의 인마 고용 현황을 정리한 것이다.

이 중 특징적인 내용을 보면, 12월 7일 평양에서 의주로 보낸 군량과 마초는 순안 병참사령부로 송부되었다. 그런데 전날인 12월 6일 세이부구미 한인부가 순안에서 운송 도중 염어 1자루를 분실한 일이 발생했다. 이에 범인을 색출하여 단속하고 백인장 1명을 3일간, 일반 인

〈표 43〉 제1군 병참감부 양향부 의주지부 인마 고용 현황

(1894년 12월 8~15일)

월 일	일본인 인부(명)	조선인 인부(명)	마필(두)
12월 8일	3,691	11	623
12월 9일	4,645	34	748
12월 10일	5,002	21	702
12월 11일	4,426		681
12월 12일	4,116		714
12월 13일	4,164	9	757
12월 14일	3,744	13	749
12월 15일	5,183	9	766

* 〈메이지 27년 12월 5일지 12월 16일 陣中日誌 제1군병참 양향부 의주지부〉를 토대로 작성.

〈표 44〉 제1군 병참양향부 평양지부 인마 고용 현황

(1894년 12월 7일~1895년 1월 10일)

월 일	조선인 인부(명)	태마(두)	일본인 인부(명)	마필(두)
12월 7일	4,404	18	2,733	162
12월 8일	2,973		3,933	114
12월 9일	2,827	18	3,623	85
12월 10일	3,971		1,492	78
12월 11일	3,478	18	3,458	51
12월 12일	2,796		1,500	66
12월 13일	2,641	18	3,661	68
12월 14일	3,349		3,328	58
12월 15일	4,003	18	3,240	72
12월 16일	3,153		1,899	53
12월 17일	3,623	18	3,189	75
12월 18일	4,883		2,635	13

월 일	조선인 인부(명)	태마(두)	일본인 인부(명)	마필(두)
12월 19일	4,717	18	1,854	114
12월 20일	3,024		1,727	64
12월 21일	4,135	18	5,450	62
12월 22일	4,755		1,317	54
12월 23일	3,666		2,234	215
12월 24일	1,952		3,494	53
12월 25일	2,135	18	1,356	48
12월 26일	2,105		1,318	392
12월 27일	1,497		3,340	636
12월 28일	1,470		2,059	396
12월 29일	2,307		1,981	87
12월 30일	2,850		1,825	811
12월 31일	2,362		1,225	970
1월 2일	4,277			
1월 3일	4,477			
1월 5일	3,805			
1월 7일	6,918			
1월 8일	12,952			
1월 9일	7,344			
1월 10일	5,285			

* 1894년 12월 7~31일은 〈메이지 27년 12월 7일~28년 2월 24일 陣中日誌 제1군 병참양향부 평양지부〉, 1895년 1월 2~10일은 〈陣中日誌, 제1군 병참감부〉, 1월 14일을 토대로 작성.

부 1명은 1일간 임금 지불을 중지했다. 또한 당일 평양지부는 제1군 병참감부로부터 "근래 각 조합 인부 중 탈주자가 자못 많다.……만약 이를 묵과할 시는 지금의 군율로 죄인을 사형私刑하지 않으면 안 되고 각 관은 이를 엄수하여 태만하지 말 것이며 통역 등을 고용할 때에도 반드시 본관에게 인가를 청할 것"이라는 명령을 하달받았다. 그럼에도 이틀 후인 12월 9일 인부 500인이 탈주했는데, 그 원인은 강우 때문이며 화물에는 이상 없다고 기록되어 있다. 12월 16일에는 최학서를 일급 1원 30전으로 평양지부 통역으로 고용했다. 12월 28일 밤에는 인천상업회의소의 나라자키구미 소속 인부 이마니시 스에키치가 도망하는 사건도 발생했다. 한편 1895년 1월의 기록에는 일본인 인부와 태마·마필은 기재되어 있지 않고, 1월 4일과 6일은 조사가 누락되어 있다. 1월 8일 경우 조선인 인부 동원이 처음으로 1만 명을 상회하는 기록을 보이고 있다. 당시 일본 측 기록에 의하면 청일전쟁 전 기간 중 일본인 역부 15만 3,974명 외에 조선과 청국·타이완 현지에서 고용된 인부는 연인원 1,211만여 명에 달하였다.[423]

일본인 인부들의 패행

그런데 일본 인부들은 본국에서 열등 대우를 받은 것과는 달리 조선에서는 전도된 선민의식에 사로잡혀 여러 가지 행패를 부려 심각한 사회 문제가 되었다. 전쟁에 임노동자로 참여한 일본인 역부들이 거칠게 한인을 능욕하는 일이 비일비재했다. 그로 인해 일본의 명예가 크게 손상될 것을 우려한 혼성여단장은 8월 5일 예하 각 부대에 이들을 엄히 단속하라는 훈령을 내리기까지 했다.[424] 한 신문기사는 "전과가 없는 자는 적었고 잘 곳이 없는 자가 많았다. 각양각색의 인부 때문에 제국 군대의 위엄을 만에 하나라도 손상할 우려가 절박했다"[425]고 적고 있다.

8월 10일 자 제5사단 중로 병참 감독본부의 훈령은 다음과 같다. 각 부대 소속 인부 중 질병 또는 기타 이유로 해고되어 귀환을 명 받은 자들 중에 조선 사람들에게 난폭하게 행동하는 이들이 많다는 것이다. 이들은 인가에 침입해 음식물을 강탈하고 혹은 채소와 과일을 약취하는 등의 행태로 해당 지역의 영사관으로부터 통고가 잇따랐다. 중로 병참 감독본부에서는 이는 일본제국의 체면을 손상시키고, 조선인의 신용을 해치며, 군 전반의 이해에 예측할 수 없는 영향을 미치는 것이기 때문에 고시를 내려 단속을 엄히 하는 한편 혹 위반하는 자가 있으면 엄중히 처분할 것을 기약한 바 있다.[426] 기율을 위반한 인부들에게 일종의 '비국민론'을 제기하여 엄히 다스릴 것을 천명한 것이다.

그러나 이날의 고시는 잘 지켜지지 않은 듯하다. 제5사단 중로 병참 감독본부는 그로부터 6일 후인 8월 16일 다시 인부들에게 다음 조항을 고시하고 이를 범하는 자는 엄벌에 처할 것을 재차 강조했다.

— 품행을 신중히 하고, 욕하고 술을 마시고 과도한 도박 등 경솔하고 거칠고 난폭한 거동을 하지 말 것.

— 복장을 바르게 하여 여하한 경우와 발가벗고 수영하는 것은 물론 훈도시[股引] 등을 입지 않고 집 밖을 나가지 말 것.

— 한인은 물론 기타 공중에 대해 언행은 모두 친절, 정중하게 할 것.

— 청국인이 비록 거류지에서 거주하거나 또는 무기를 소지하고 우리에 저항하는 자에 대해서는 전 항과 마찬가지로 할 것.

— 함부로 인가 및 경작지에 들어가 방해 등을 하지 말 것.

— 모든 일본제국의 면목과 관계되는 소행으로 해야 함.[427]

같은 기간인 8월 31일 제5여단장 소장 오사코 나오하루도 역부 등을 엄중히 지도하고 교육시킬 것을 훈시한 바 있다.[428] 이미 성환 전투 직후부터 일본인 역부의 폐해는 드러나고 있었다. 혼성여단장은 8월 5일 여단 각 단원에게 훈령을 내렸다. 그 내용은 인부들이 거칠고 횡포하게 날뛰어 한인들을 능욕하는 풍이 있어 엄히 검속할 필요가 있고, 이는 나아가 일본 군대의 명예를 해칠 우려가 있다는 것이다.[429] 대구 부근에서 일본 병사와 군부가 민가에 침입하고 부녀 앞에서 발가벗은 채로 목욕을 하는 등의 일로 부인들이 산과 근교로 도망한 일이 있다는 9월 6일 자 《후소신문》 특파원 스즈키 츠네노리의 보고도 있다.[430] 같은 신문 9월 8일 자에서 스즈키는 조선으로 간 군부가 "한인의 금전과 물품을 빼앗으며 또 당당하게 부녀를 욕보이는" 행동으로 인해 엄히 감독하자는 주장을 할 정도로 많은 문제를 남기고 있었던 것으로 이해하고 있다. 여비를 탕진한 오사카 출신 종군인부가 귀국길에 소지하고 있던 진우직陣羽織 등 다수의 노획품을 팔다가 행정 당국에 압수되기도 했다.[431]

일본인 인부와 조선인 인부 사이의 분쟁도 있었다. 대구에서는 조선인 여럿이 일본 인부에게 돌을 던져 통역 1명, 인부 1명이 부상을 입었다.[432] 그런데 상황을 제압하기 어렵게 되자 해당 지역 병참부 호위병이 진압에 나서 한인 1명은 때려죽이고, 1명은 포박하여 감사와 부사에게도 조회했다는 것이다. 이날 5사단 중로 병참 감독본부에서는 사건의 원인과 전말을 조사해 상세히 보고할 것을 지시했다. 한편 인부들에게도, "우리나라[일본] 사람이 주머니 밖에 칼을 휴대하거나 호신도를 휴대하는 것은 금하는 바이지만 주머니에 또는 보자기 등으로 감싸기를 요한다"[433]라고 훈령하여 군인이 아닌 자들에게까지도 암암리에 무장을 주문한 사실도 알 수 있다. 그런 점으로 볼 때, 군대 역부는 "후방의 병참부뿐 아니라 직접 전투에 직면한 야전사단에도 종군하고, 자위를 위해 도검과 피스톨을 휴대하는 군부의 비정규 전투자"[434]라는 지적은 타당성이 있다. 그런데 일본에서 원래 도검과 무기 휴대는 봉건시대에는 사무라이까지만 허용된 것으로 농민 이하의 계급에서는 엄격히 금지 압수됐다. 이 점에서 농민층과 부랑자들이 중심이 된 역부들이 도검을 착용한 것은 자국 내에서는 불가능했던 것으로 이국인들에 대한 전도된 우월의식의 발현으로도 볼 수 있다.

이에 다음 날 우마야하라 소좌는 누군지 알 수 없는 일본 인부가 한인 인부를 구타했고 이에 한인들이 격앙되어 사건이 일어난 것이라고 병참총감에게 보고했다. 병참 감독부에서는 일본 인부를 엄중히 조사 처분하고 감사와 담판한 결과까지 서면으로 보고할 것을 다시 지시했다.[435]

대구에서의 한일 인부 간 싸움 전말의 대요는 다음과 같다. 당일 오전 9시경 한인 인부가 일본 인부에게 활을 겨누고 돌을 던져 양측 간에 한바탕 싸움이 일어났다. 그런데 일반적인 수단으로 진압할 수 없게 되자 사령관의 명령에 따라 호위병이 사격을 해서 한인 1명이 즉사하고 4명은 부상당했고 1명은 체포되었다. 일본인은 통역 1명과 인부 1명이 부상했다. 이후에 한인을 잡아들이고 활 1자루와 화살 9개를 병참감부에 유치해 두었다는 내용이다.[436] 그런데 호위병이 때려죽였다던 처음 보고가 총격으로 인한 사망으로 바뀌었다. 사격을 가한 일본 군인을 체포했다거나 싸움 상대였던 일본 인부를 어떻게 처리했다는 내용은 언급조차 되지 않아 일방적으로 조선인에게만 적용한 매우 불평등한 일방적인 조치였다. 그로부터 한참 후 일본 내에서도 전쟁 시 규율 없는 인부들의 "폭상暴狀은 숨겨지고 단지 용장활발勇壯活潑한 단면만 전해진다"[437]는 비판도 있었다.

일본인 인부가 도망하는 사례도 있었다. 예컨대 〈인부의 정선을 요함〉이라는 제목의 8월 23일 자 《후소신문》은 "조선에 파견된 인부 중 신체가 여리고 약한 사람이 있어 조선에 도착한 후 며칠 노동을 한 후 홀연히 질병을 만들거나 혹은 탈주하는 자가 있기 때문에 금후 한국에 파견하는 인부는 한층 인선을 요해야 할 것"[438]이라고 보도한 바 있다. 비슷한 기간인 9월 11일에는 충청도 천안에서도 오기히로구미의 마츠모토 요시조와 같은 히로시마 출신 야마구치 요네키치, 가메 쇼타로 및 나가이 리사부로와 이름을 알 수 없는 2명을 포함한 총 6명의 일본인이 살해당한 일이 있었다. 천안 읍내 남산 아래에서 도로와 교량을 수축하던 동민들이 이들 일본인과 시비가 붙었는데, 그 과정에서 일본인 1명이 장도를 빼어들고 조명운과 김치선의 등을 찔러 상해를 입혔다. 이에 동민들이 크게 분노하여 달아나는 일본인을 쫓아가서 돌팔매질 등으로 살해했던 것이다. 그 결과 경성 일본영사관 경부 오기하라 히데지로 등이 천안으로 파견되어 조명운과 김치선을 붙잡아 서울로 압송했다. 그런데 마쓰모토 등은 동학군에 살해당한 것으로 본국 외무성에 보고되었다.

당시 이를 취재한 종군기자 니시무라 도키스케의 보고에 의하면 이들은 일본군 제5사단 감독부에 소속된 '상고' 인부로 그 노역을 감당하지 못하고 부대에서 도망하여 시비 도중 '가짜동학당'에 피해를 입은 것이라 했는데 뒷부분은 사실과 다르다.[439] 일본 측은 처음부터 이 사건을 동학농민군과 연결시키고자 했다. 오기하라가 서울로 돌아오는 도중 오산에서 동학접주 홍경운을 체포 압송하여 연관성을 탐문한 것이다. 그러나 확인된 것은 없어[440] 그는 1895년 9월 20일 무죄방면되었다. 이들이 부대에서 도망쳤다는 것도 칼과 몽둥이로 무장하고 집단적으로 폐를 끼치다가 지역 주민들에게 살해당한 것을 은폐하기 위해 거짓으로 표현한 것일 수도 있다.[441] 일본영사관의 취조를 받고 법무아문 권설재판소로 넘겨진 조명운·김치선은 교형 판결을 받았다가, "처음에 해를 당한 일본인이 도발했기 때문에 죄를 지은 사정은 충분히 헤아려 줄 만하다"는 이유로 1등급 감형되어 1895년 4월 장형 100대와 3,000리 유배형이 내려졌다.[442]

전쟁 수행 과정에서 일본인 인부로 인한 폐해도 적지 않았다. 평양에는 구보구미·오쿠라구미·아이치구미·아리마구미·다무라구미·구마모토구미·쿠리야구미·키타지마구미를 비롯해 일본 전국 각지에서 소속을 달리하는 인부들이 파견되었는데 이들은 조선에 들어오자마자 많은 문제를 일으켰다. 이에 제1군 사령관 야마가타 아리토모는 10월 22일 의주에서 제3사단장과 제5사단장에게 다음과 같이 훈시하여 군인과 군속·역부에게 전달토록 했다.

오직 가장 두려운 바는 곧 우리 군에 속한 역부인데, 그들은 한결같이 교육을 받은 자가 아니고 또 규율에 익숙한 자도 아니다. 단지 임금을 목적으로 종군하는 것에 지나지 않고……이는 참으로 군대에 누가 되어……그 어지러운 행동은, 즉 우리 군대의 수치이자 또한 우리 국가의 치욕이다. ……가옥을 불태워 버리고 재물을 위협하여 약탈하고 부녀를 부끄럽고 욕되게 하는 역부가 있으면 이를 엄벌에 처할 것은 물론이고 이를 감시하는 임무를 맡은 자도 똑같이 이에 대한 책임을 져야 한다.[443]

평양 전투를 참관한 상등병 호리에 쇼우카도 비슷한 기간 자신의 기록에[444] 개성 서문 밖에서 군율을 위반한 일본인 인부 1명이 총살로 엄형에 처해진 사실을 남겼다. 그의 기록만으로는 그 구체적인 원인은 알 수 없지만 호리에는 남의 나라에서 일본인의 명예를 더럽혔기 때문에 인부가 처형된 후에도 분노가 풀리지 않는다고 흥분하고 있다. 실제 당시 각 부대에 소속된 일본 인부들은 빈집의 창호와 문짝 등을 뜯어 가고 혹은 가옥을 파훼하는 자도 적지 않았다 한다. 이에 제1군 병참감은 11월 2일 일일명령 제96호로 인부 단속에 관한 〈금령〉을 각 병참부에 내려 향후 이와 같은 일을 저지르는 자는 누구라도 관계없이 인치하여 헌병에 넘기거나 순라병에 인도하여 엄벌에 처할 것임을 선포했다.[445] 노동 현장에서 일본인들이 조선인 인부를 구타하는 일도 적지 않았던 것으로 보인다.

11월 16일 맑음. 이날 선박이 계속 나아가서 오후 3시경 무사히 조선국 ○○에 도착했다. 그런데 이곳은 우리나라 운수통신부가 있는 곳으로 배에서 하물을 하역하는 것은 실로 힘들었다. 일본 인부도 많고 마찬가지로 조선인은 특히 많아 우리나라에 사역하는 자도 있었다. 그들의 얼굴을 구분짓기 위해 개별로 표시를 하고 일본인 또

608

한 '로토카ろとか' 자가 써진 몽둥이로 때리면서 재촉하는 바 있었다. 그 모습은 실로 차마 볼 수 없는 일이다.[446]

위의 글은 일미생사회사日米生絲會社 이사 로쿠가와 간지로의 유묵에 첨부되어 있는 것으로, 청일전쟁 종군 중에 일본인이 조선인을 학대하는 모습을 목격하고 기록한 것이다. 인천의 경우 조선인 인부를 구별하기 위해 적색 면포의 띠와 나무 패찰에 성명과 번호를 기입해 각자 휴대하게 했다.[447] 그러나 로쿠가와에 의하면 일반인들과 인부를 구별하기 위해 조선인 인부의 얼굴에 색칠을 했고 몽둥이로 때려서 일본인으로서도 "차마 볼 수 없는" 상태였다. 인부를 식별하기 위해 얼굴에 색칠하는 사례는 이후 러일전쟁 시기의 기록에서도 확인된다. 미국인 종군기자 잭 런던은 일본군이 평양에서 북상하던 시기 붉은색 또는 보라색 점을 왼쪽 뺨에 칠한 인부들을 동원한 사실을 언급하고 있다.[448]

그런데 1894년 11월 진남포의 경우, 당시 일본인 인부들은 모두 일본도를 소지하고 있었다. 이에 이들을 감독하던 공병 중위 마츠이 쿠라노스케는 그것을 거둬 자신의 거실에 안치했다. 그러나 평안도 방면의 주민들이 일본 인부들의 숙소에 투석하는 등 불온한 경향을 보이자 백인장이 그에게 와서 일본도를 되돌려 줄 것을 요청했으나 허락하지 않았고, 다시 죽창을 준비하겠다는 청원도 용인하지 않았다 한다.[449] 중국 관내로 출병한 제2군의 경우 부대에 소속된 인부에 의한 약탈·강간·살인 사건이 빈발하자 군 당국은 군사령부 법률고문 아리가 나가오의 자문을 받아 1894년 11월 10일 〈비전투자의 병기[戎器] 휴대 금지규정〉을 제정하여 단속하기도 했다.

아리가에 의하면 자신이 군사령부를 따라 화옌커우에 도착하니 일본군 인부가 삼삼오오 무리를 지어 민가에 난입해 값나가는 물품을 찾는 것을 보았는데, 이들 인부가 모두 도검을 차고 있었다는 것이다. 그는 한 무리의 인부가 칼을 뽑아 문앞의 나무를 자르는 등 폭압적인 모습을 보인 후 그 집으로 들어가는 것을 목격했다. 아리가는 인부의 법률적 자격은 청부인의 손을 거쳐 군대에 고용된 자로 군속 자격을 구비

잭 런던Jack London(1876~1916)이 촬영한 러일전쟁 시기 조선의 피란민 가족.
《강철군화 *The Iron Heel*》(1907)로 잘 알려진 잭 런던은 러일전쟁 시기에 일시 《샌프란시스코 이그재미너*San Francisco Examiner*》지 종군기자로서 대한제국에 들어와 일본 육군과 함께 이동하여 압록강 전투를 참관한 바 있다. 이 사진은 청일전쟁 10년 후의 것이지만 당시 피란민의 처지를 상상해 볼 수 있을 것이다.

하고 육군 형법의 관할에 속하는 것으로 규정했다. 또한 이들은 전투에 참여하지 않고 치중병의 운반력 외에 군수품의 운반 및 취사 등에 사역하고 운반 도중에는 호송지휘관인 하사를 따르며, 다수가 습격을 받는 특별한 경우 외에는 자가방어의 도구가 필요하지 않았다는 것이다.[450]

당시 일본 육군은 병사와 군부를 엄격히 구분했다고 하지만, 군부들이 칼을 차고 군복을 입는 등 무장했기 때문에 열강에게는 '비정규군'으로 보여 전시 국제법 위반으로 규탄받을 가능성도 있었다.[451] 제2군 사령관 오야마 이와오 명의로 발표된 〈병기 휴대 금지규정〉의 골자는 육군 형법을 엄중히 집행하여 인부의 난행을 경계하고 그들의 무기 휴대를 금하는 것이었다.

1. 종자·마정馬丁·인부 무리는 일체 병기(도검·시코즈에[仕込杖: 칼이 든 지팡이] 류)를 휴대하는 것을 불허한다.

2. 전 항의 무리가 현재 휴대한 병기는 11월 12일 중에 모두 그 고용 인부 조장 혹은 인부두人夫頭에게 제출한다.

3. 고용 인부 조장 혹은 인부두는 11월 12일 중에 병기를 취합하여 성명서에 목록을 모두 첨부하고 소속 군·사단·혼성여단 사령부 또는 병참감부에 제출한다.

4. 전 항의 병기는 군·사단·혼성여단 사령부 또는 병참감부로부터 적당할 때 본국으로 돌려보낸다. 만약 역무에서 특별히 필요할 때는 군사령부로부터 내어줄 수 있다.

5. 11월 12일 이후 허가 없이 병기를 휴대할 때는 고용 인부 조장 혹은 인부두에 대해 명령 위반의 처분을 하고 그 외에 본인을 엄중

히 처분한다. 다만 병기는 몰수한다.[452]

실제로 11월 21일 중국 관내 진저우성 공방전에서는 일본군 수비대에 합류한 인부들이 소총과 일본도를 휴대하고, 내습한 청국군 8,000여 명에 맞선 기록도 보인다.[453] 같은 기간 진저우·뤼순 지방 선발대로서 진저우성 남쪽 수두이툰蘇隊屯에 주둔한 기병 부관 이나가키 사부로의 편지에 따르면, 군역 인부 중에는 고주雇主(고용주)의 부주의로 인해 단벌옷인 자도 있어 추위를 이길 수 없기 때문에 병자가 많았으며 그들이 민가에서 의류와 모혁毛革(털가죽) 같은 것을 약탈하는 것도 무리가 아니었다고 했다.[454] 이 기록을 보면 초겨울에 이르기까지도 방한구를 갖추지 못한 일본인 인부들이 대규모 약탈을 공공연히 자행했으며 이들의 소속 부대가 사실을 알고 있음에도 단속하지 않고 오히려 방조했음을 여실히 알 수 있다.

일본인으로 병참사령부에 고용된 자가 살해되기도 했다. 오쿠라구미 고용인 아라키 마츠헤이는 11월 28일 병참감독부의 명에 따라 목탄 등을 구입하기 위해 조선인 2명을 대동하고 황해도 풍천 지방에 갔다가 다음 날인 29일 '조선 폭민'에게 살해된 것으로 보고되었다.[455] 이에 12월 23일 병참총감부는 풍천부 서기관을 소환하여 사건의 시말을 듣고 공병대위 오츠카에게 아라키를 살해한 자를 병참감독부에 인도하고, 풍천부사가 직접 감독부로 와서 사죄할 것을 훈령했다. 이 조회에 따라 부사 안병두가 12월 28일 병참감부에 내방하여 사죄하고 신속한 범인 체포와 인도를 약속하기까지 했다.[456] 이듬해 1월 22일 함경도 원산에서도 병참사령부의 여권을 소지한 후쿠야마 도라헤이 외 9명의 일

본인 인부가 화승총 등을 소지한 주민 15명의 습격을 받고 소지품을 탈취당했다.[457]

청일전쟁 시기 《도쿄니치니치신문》 기자였던 오카모토 키도우岡本綺堂는 그로부터 40년이 지난 후 당시 일본인 군부에 대해 다음과 같이 회상했다.

전투 지역에서는 전투원 외의 인부는 많이 사역하지 않으면 안 되기 때문에 오쿠라구미 등의 하청을 받아 전투 지역으로 가는 군부를 모집하자 앞에서 말한 실업자나 인력거부나 막일꾼과 날품팔이 무리가 속속 모여들었다. 그 당시 막일꾼이나 인력거부는 하루 수입이 30전에 불과한데 군부가 되면 1원 내지 1원 50전의 일급을 받을 수 있다고 하기 때문에 모두 다투어 응모했다.……그 당시의 군부는 도처에서 소문의 씨가 되었다. 50인 또는 100인을 한 조로 하여 그 조들은 50인장이나 100인장이라고 말하는 자가 통솔하는 것으로 되어 있다. 그 조장은 주로 토목청부업자의 부하로 어설프게 위세를 부렸다.……게다가 이 군부는 대개 성적이 좋지 않았다. 어느 정도 막일꾼과 날품팔이 무리가 섞여 있기 때문에 엄중한 군율의 망을 빠져나가 술을 마시고 도박을 하고 싸움을 했다. 그중에는 약탈을 하는 자도 있어 군대에서도 그 단속에 고생했던 것 같다. 그 경험을 거울삼아 그 후의 러일전쟁에는 군부를 일체 채용하지 않았다. 군부의 임무는 치중수졸輜重輸卒이 근무하는 것으로 되었다. 러일전쟁이 시작되었을 때 이번에도 군부가 되어 다시 한번 돈을 벌겠다고 만반의 준비를 하고 기다리고 있던 패거리들은 군부 불용이라는 것을 듣고

다롄大連 수앙타이거우双台沟에서 동사한 20여 명의 일본인 군부들.
제2군 제1사단 식량 수송부대 소속 군부 마루키 리키조丸木力臟가 그
렸다(1894년 11월 22일 자 일기의 그림으로, 제목은 '극한에 끊임없이 얼어
죽는 군부'로 되어 있다).

낙담했다더라.[458]

이상과 같은 수많은 사례가 있음에도 불구하고 일본인 인부들이 조선인 인부들에게 폭력을 행사한 기록이 보이지 않는다고 단정한 일부 연구는 단언컨대 재고의 여지가 있다.[459]

원정군에 부속되어 있던 인부 중 질병 등으로 해고되어 일본으로 되돌아온 후 히로시마 혹은 그 근방에서 방황하는 자가 많았다. 치료 시기를 놓친 그들이 폐질에 걸리거나 혹은 전염병 등을 발생시킬 우려까지 있었다 한다. 이에 일본에서는 민간의 유지들이 발의하여 해용군부구호회解傭軍夫救護會를 조직하고 헌금을 내어 각 전쟁 지역에서 병든 군부를 구제하기로 결의한 바 있었다.[460] 반면 정부 차원에서는 이들을 군인과는 달리 금전을 추구하는 단순 근로자로 취급해 별다른 후속 대책은 없었던 것으로 보인다.

3—압록강 전투와 조선인 인부의 도강

9월 하순 이후 의주에 도착한 일본군 제1군 사령관 야마가타는 10월 25일부로 가교대로 하여금 의주부 서북방 압록강에 가교를 완성할 것을 명령하였고, 이는 곧 실행되었다. 일본군이 가교로 압록강을 넘어 비로소 청국 관내로 진입하고 10월 26일 주롄청을 점령하면서 조선에서의 전쟁은 종식되었다. 이제 한반도를 벗어나 만주가 전장이 되었고 그에 따라 전투도 새로운 국면을 맞이하였다. 전쟁이 확대됨에 따라 이에 비례해서 병참의 수량과 인력 동원의 규모도 커진 것이다. 그러나 이에 대한 준비가 충분하지 않았던 일본군은 만주 지역의 전투에까지 조선의 물자와 인력을 동원했다.

조선인 인부는 일본인 인부와 함께 일본군에 부속되어 압록강을 넘어 중국 안둥현과 여러 지역에서 양곡과 물자 수송에 동원되었다. 육군 포병 소좌로 압록강 전투에 참여했던 오시아게 모리조는 10월 30일 일기에, "후방에서 양곡을 취하여 전방인 청국 안둥현으로 전송했다. 같은 날 매일 2,000~3,000명의 한인 인부를 사역하여 뒤에서 모집하고 또 앞으로 보내기를 매우 바쁘게 하여 성황을 이루었다.……대체로 황군의 운이 우세하니 한인 인부의 위풍도 한결같다. 운반하는 일에 이익을 얻는 것도 큼에 따라 이 무렵 은화는 1원 화폐만으로 1역에 1원인 고율로 은으로 지출했다. 대체로 지폐는 그들이 신용하지 않고 또 그들은 서로 신용도 없어 지불할 수 없었다"[461]라고 적고 있다. 오시아게의 이 기록을 통해 조선인 인부의 중국 관내 동원은 일본군이 처음 압록강을 넘어가기 시작할 무렵부터 시작되고 있었음을 알 수 있다. 당일의 인원도 2,000~3,000명 정도였으며 임금은 1인당 1원씩 은화로 지불했다는 것이다.

그런데 당시 오시아게에 따르면 11월 3일 천장절에 병참감 시오야 소장이 의주 통군정에서 야회를 베풀고 일본군 장교 60여 명에게 술과 음식을 제공한 사실을 알 수 있다. 이때 의주부에 사는 관기를 찾아내 이 자리에서 술을 권하게 했다. 그 관기는 청병의 횡포에 혼이 나서 백마산성으로 피란하였던 바 일본병도 두려워하여 응하지 않지만 부사가 보증하여 겨우 술자리에 나왔다고 했다. 오시아게는 이곳에서 처음 조선 관기를 보았는데, "옷을 빼앗겨 어린 사내 복장을 했으니 가련하다"고 술회했다. 11월 6일에는 다시 부사의 초대로 병참감 이하 여러 명이 부사의 집에서 관기 5명과 술을 마시면서 수시壽詩를 노래했다고 한다.[462]

같은 기간 야전위생 장관 이시쿠로는 11월 3일 자 일기에 다음과 같이 기록했다. 기산으로 향하는 일본군 양식 운반에 한인이 계속 무리를 지어 도로가 백색이 되었는데, 이때 일본인 인부를 섞어 감독했다. 한인 인부 10인 혹은 20인에 일본인 인부 1인을 배당하여 그들로 하여금 몽둥이 또는 채찍으로 독책督責하는 것을 보았다. 이는 앞서 본 일미생사회사 이사 로쿠가와 칸지로가 본 사실과 일치한다. 이시쿠로 역시 통상 일본인 인부 2명이 운반하는 것을 한국인 인부 1명이 용이하게 운반하고 있다고 적고 있다.[463] 이처럼 가혹한 노동 행태와 국가적 차별은 여전했던 것이다.

12월 8일 의주에는 그 이전에 도착한 인부 3,729명과 새로 도착한 1만 명을 포함하여 1만 3,729명이 압록강 도하를 준비했는데, 이들은 오는 속속 대고산으로 보내졌다. 제5사단이 봉황성 방면으로 향하면서 제3병참사령부에서 중국 관내 주민을 운반부로 징집했고, 주렌청과 안둥현 방면은 평안도 각지에서 징발한 인부를 의주 병참사령부에서 대오를 편성하여 보냈다.[464] 조선인 인부를 모집하여 압록강 대안의 중국 방면으로까지 보내게 된 것은 '적지'에서 인부와 차량 징발이 곤란할 것을 예상한 데 따른 조치였다.[465]

주렌청과 안둥현에 도착한 조선인 인부에게는 양식과 각종 군수품 운반부로서의 역할 외에 일본군이 현지에서 청국군으로부터 노획하여 군 포병부에 보관하던 병기를 귀로 시 의주로 수송 집하하는 임무가 주어졌다. 여기에는 봉황성 방면에서의 전리품까지 포함되어 있었다. 일본군은 노획한 병기를 임시 보관할 창고를 특설했고 이듬해 봄 해빙 후 운송선을 통해 본국으로 보내기로 계획했다.[466] 평안도 지역의 인부 징발 추세는 해를 넘겨 다음 해 1월과 2월에도 계속되었다. 예컨대 용강과 강서에서는 병참사령관이 현령들과 담판해 운반 인마 건에 대해 편의를 제공해 주기를 바란다고 요구했다. 아울러 전선 철로 방해 행위에 대해 엄중히 경고하는 방문을 관내에 유시토록 요청했다.[467] 가산에서는 인부 징발이 200~300명에도 미치지 못하자 나가오카 참모장이 부사와 반접종사관 권기수를 소환하여 질책하고 다음 날부터는 반드시 2,000명을 내놓도록 명령하기도 했다.[468]

압록강을 넘는 주롄청 병참사령부의 의주 한인부 조선인 인부 고용은 1895년 2월 4일까지 지속되었고, 이날부터는 소관관에서 새로운 인부를 보내기로 했다. 2월 7일부터는 안둥현 수암의 일본군 환자 수송에도 조선인 인부를 동원했다.[469] 안둥현 환자수송부장은 인산−창령 간을 왕복하며 환자를 수송하는 일을 소관관에서 파견한 조선인 인부에게 시켰고 창령 이후는 중국인 인부로 교체토록 했다. 이들에게는 하루 70전의 임금을 지급했다. 임금이 국내에 비해 다소 오른 것은 "중국 지방에서 사용하는 한인부 및 태·우마는 제1항의 "임금을 1리 금 15전 이내로 한다"는 1894년 12월 17일 의주 병참감부의 규정을 적용한 것으로 보인다. 소관관 병참사령관은 인부 동원을 위해 "원래 군용 수송은 조선 정부의 의무에 속하는 일인 고로 인부들은 특별히 구분하지 말고 조선 관리에게 엄히 살피고 단속시키는 것이 가하다"면서 이를 위해 부사와 관리 모두를 사령부로 소환했다.[470] 1895년 2월과 3월에도 소관관을 통한 안둥현·대고산·주롄청 등 압록강 대안 남만주 방면의 조선인 인부는 계속 동원되었다. 의주에서 선발된 한어 통역 25인은 압록강을 도하하여 중국 관내에서 일본군을 수행했다.[471] 이 기간 일급 1엔에 조선인 양성익·김택룡 등이 중국어 통역으로 고용되었고, 여행권 없이 대고산 일대를 배회한 원산 출신 김치삼과 장선학이 일본군 헌병에 체포되어 의주로 압송된 일도 있었다.[472]

대고산大孤山의 일본군과 조선·청국의 인부들.
성환과 평양 전투 등 청일전쟁 초전에서 연전연승한 일본군은 남만주와 산둥반도 일대로 전선을 확대하였는데 이때도 조선인 인부를 동원하였다. 사진 오른편 전면과 왼편 후면에는 청국인 인부가, 중간의 일본군 뒤편에 조선인 인부가 보인다.

그런데 1895년 3월 5일부로 대고산과 주롄청 방면의 기록에서는 '한인부'라는 표현은 사라지고 '인부'로만 기입되어 있는데, 이는 세간의 평가와 국제적 이목을 고려한 것으로 보인다. 3월 15일 병참 의주 지부에서 한인부를 징집했지만 모두 도주하고 응하지 않아 군리가 병참사령부에 출두하여 협의했다고 한다.[473] 4월 5일에는 상인 나카지마 에이조의 청원을 받아들여 의주의 한선 정박장에 묶어 두었던 선박 5 척을 빌려 안동현에 갔다 왔고, 4월 6일에는 주롄청행 인부 1,250명과

조선의 축하 사신 군부대신 조희연 일행의 진저우金州 일본군 위문.
일본공사 이노우에 가오루는 1895년 3월 제1, 제2군 사령관에게, "이 위문사 일행에게는 우리 군대의 병영 포진의 실상과 눈 덮인 들판에서 야영하는 모습, 야전병원의 배치, 점령지의 대민 행정 상황 등을 상세하게 보여 주어 우리 군대가 백전백승한다는 것을 다 알 수 있도록 조치하여 주기 바랍니다"라고 조회하였다.

안둥현행 한선 3척, 4월 7일에는 나카지마가 빌린 한선 4척과 사령부에서 징집한 2척, 4월 8일에는 안둥현에 한선 1척, 4월 9일에는 주렌청 및 이호포행으로 소관관에서 동원한 인부 1,762인과 안둥현에 수운 한선 11척을 보냈다.

같은 해 4월 17일 시모노세키조약 체결로 청국과 일본은 일본의 승리를 공식적으로 인정하고 청일전쟁은 끝났다. 조선 정부가 청국으로 보내는 인부 징집을 공식적으로 정지한 것은 그해 3월 중순 평안감사의 전보를 통해 알 수 있다.

> 의주부의 반접하는 일을 끝냈고, 물의를 빚은 육지 운송을 청나라 땅에 바닷길로 옮기게 해서 인부의 차출을 정지시켰으며 백성에게 농작을 권면하니 여러 읍이 편안하게 쉴 만합니다. 백성을 위한 일로 매우 다행스럽습니다. 어제 15일에 임소로 돌아왔습니다.[474]

평안감사 김만식은 의주에서 일본 군대를 영접하고 군수품 수송과 인부 차출을 끝마치고 평양으로 되돌아온 사실을 중앙정부에 보고했다. 그는 그간의 육지 운송은 '물의'를 빚었고 이를 해운으로 전환시킴에 따라 인부로 차출되었던 농민들이 비로소 농토로 돌아올 수 있게 되어 다행스럽다고 했다. 그러나 실제 이와는 달리 시모노세키 강화조약 직전인 4월 12일까지도 주렌청으로 보내는 인부 1,081인과 안둥현행 선박 10척 등 조선인 인부와 조선 선박은 계속 동원되고 있었다.[475] 같은 해 5월 17일 참모장 나가오카 가이시는 남만주 대고산에서 이노우에 가오루 공사에게 "조선 정부에서 당 부서에 파견했던 권기수는 용무가 끝났으므로 귀국시키기로 했음"이라고 보고했다.[476] 반접종사관 권기수가 철수하기까지 조선인과 물자는 남만주 방면으로 계속 동원되고 있었던 것이다.

맺음말을 대신하여

'유원지의'와 '내자불거'의 상생 네트워크

청일전쟁은 동아시아 삼국의 운명을 갈라 놓은 중요한 사건이었다. 이 시기 삼국 사이의 접촉점과 나아가는 길은 너무나 달랐다. 청국은 전쟁에 대한 철저한 준비가 없었고, 서구 제국주의 국가가 아닌 동양 국가들 내에서의 패배에 대해서는 전혀 고려한 바가 없었다. 전쟁에 임해서도 주전론자와 주화론자로 양분되어 의견이 일치되지 않았고 제당帝黨과 후당后黨 간에 공격을 일삼았다. 전쟁 초반 '보호속방'과 '항왜원조抗倭援朝'의 입장에서 조선에 대한 '상국'임을 과시하고 막연히 승리를 낙관했던 청국군은 열세에 몰리자 내적 통합 시스템이 무너지면서 좌고우면하고 구명도생에 급급하여 급기야 방기와 약탈로 방향을 전환했다. '늙은 대국' 중국은 이미 아편전쟁과 태평천국 혁명운동부터 '중화제국'의 회생 기회가 소멸되는 모습이 표면화되었다. 30년간 양무운동의 성과도 이 전쟁으로 타격을 입었다. 이는 청일전쟁의 참패와 그로부터 5년 후 의화단운동을 구실로 한 서구와 일본 등 8개국 연합군의 수도 베이징 함락으로 이어졌고, 청국 멸망과 내부의 반성, 민족적 각성과 함께 민국民國 성립의 직접 원인으로 작용했다.[1]

'신생국' 일본은 청일전쟁 기간 기동성·병력 수송·정보전 등 전략과 전술에서 청국을 압도했다. 전쟁의 역사적·인적·공간적 경험은 그로부터 10년 후 러일전쟁 도발로 이어졌다. 일본의 제국주의 군사체제와 천황제의 근간은 청일전쟁으로부터 결정된 것으로 이후 아시아태평양전쟁에 이르기까지 일본은 군사적 제국주의의 길을 견지했다. 그러나 일본군은 전승의 환희에 도취한 나머지 서양에 자랑하던 문명과 규율을 과시하는 데 그치지 않고, 전투에서 패한 청국군과 일반 조선 인민에게 가혹한 '참수형'을 집행하기도 했다. 집단적 대규모 참살과 극단적 국가주의로 점철된 반성 없는 역사는 청일전쟁 기간 랴오둥반도 뤼순대학살의 비극을 초래했다. 1894년 11월 뤼순대학살을 전후로 한 시기에 일본군은 조선 각지에서 동학농민군을 대량으로 학살한 경험이 있었다. 또한 타이완 민중도 무차별 살해했다. 무고한 인명의 살상에 대해 전혀 반성이 없었던 일본의 행동은 그로부터 43년 후인 1937년 12월 난징대학살로 이어진다.

동학농민군 토벌을 위해 조선에 출병한 청국군의 경우 성환 전투와 평양 전투 기간뿐 아니라 조선에 파병할 때부터 압록강을 넘어 중국 관내로 도주할 때까지 시종 많은 문제점이 있었음은 더 이상 설명의 여지가 없다. 그렇지만 조선 파견 청국군의 핵심 지휘관 역할을 하던 태원진 총병 니에시청의 행보와 청국군의 조선 난파선 구조 내용을 보면 조금 다른 해석도 가능하지 않을까 한다. 예컨대 동학농민군의 동태 파악을 위해 아산에서 기병 60명을 이끌고 전주에 파견된 니에시청은 '비도(동학농민군)는 대다수가 양민으로 관의 핍박으로 일어난 것'으로 이해하고 있었다. 그가 은전銀錢 1,806원元을 내어 전주부 내의 화재를 입은 조선인들에게 가호당 2원씩 나누어주어 가옥을 수선하고 생업에 도움이 되도록 한 사실이 확인된다.[2] 또한 영접사 이중하의 기록에 따르면, 음5월 12일 충청도 덕산 앞바다에서 조선의 미곡 운반선 한 척이 풍랑으로 부서지고 배 안에 있던 윤구서 등 선원 5명이 바다에 빠진 사건이 있었다. 이때 아산 주둔 청국군은 작은 화륜선을 보내 모두 구조했다. 또한 이들에게 각각 은전 6원씩 주어 구호하여 아산에 함께 도착했는데, 직예제독 예지차오도 구조된 조선 선원들에게 30석의 휼급미를 내어 각자 생활에 보태도록 했다.[3] 이 같은 예는 유사한 다른 사례가 없는 몇 가지 경우에 불과하지만 적어도 평화 문제로 해석할 수 있는 발전 전망의 단초는 보인다.

조선 사람의 입장에서 보면 청일전쟁은 분명 '남의 전쟁'이었다. 전쟁의 소용돌이에서 비껴 있던 경상도 문경 지역에서는 출동한 일본군을 구경하러 온 사람들이 1만여 명이나 되었다는데, 이들은 "오늘날의 난리는 과연 별 난리라고 할 만하다. 난리를 구경하러 온 사람들이 있는가 하면 몸을 팔아 남 대신 전장에 나가는 사람들도 있으니 참으로 우스운 일이다"[4]라고 말했다 한다. 청일전쟁 주요 전투 지역이었던 평양 선교리 출신으로 친일 미국인 언론가 스티븐스를 살해한 독립운동가 장인환張仁煥도 평양에서 청일전쟁을 직접 체험했고, 청일 양군이 싸우는 것을 보고, 이는 우리나라의 국세가 약하기 때문에 외국 군대가 함부로 들어와서 전쟁하는 것이라고 생각하고, 기울어져 가는 국가의 운명을 바로잡는 데 헌신하기로 결심했다고 한다.[5] 전쟁의 소용돌이에 있던 평양 인근의 강서 출신 계몽사상가이자 독립운동가인 도산 안창호도 "일본과 청국이 싸우려면 자기 나라에서 싸울 것이지 왜 우리나라에 와서 싸우나?"라 반문하면서, 청일전쟁을 목격한 순간부터 일생을 '애국사업'에 몸 바치게 되었다고 한다.[6] 이렇듯 동시기 조선인들의 기억에 청일전쟁은 '일본이 조선을 침략한 전쟁'으로 남아 있다.

아산 지역과 관련하여 청일군의 진주와 전투로 인한 물자와 지역민의 동원과 피해상, 그로 인한 이산離散, 군대의 징발과 약탈 등과 관련한 자료는 매우 부족하다. 이 지역에서 전개된 해상전·지상전과 관련한 패잔병의 사후처리 문제도 하나의 새로운 주제가 될 수 있을 것이다. 조선의 지배권을 둘러싼 전투 과정에서 호전적 애국주의Jingoism와 야만적 행위로 점철된 일본·청국과는 달리 아산을 비롯한 내포 일대의 지방관과 주민들은 인본주의Humanism를 보였다. 풍도 해전 과정에서 익사 직전에 있거나 표류하던 고승호와 광을호의 청국군 생존자를 대우하는 '유원지의柔遠之義'를 실천하고 있었는데, 성환 전투에서 청국군과 일본군 전사자 모두를 예장禮葬했던 점은 이를 반영하는 것이다.

당시 경복궁이 일본군에 점령된 상태에서도 충청도 관찰사는 성환 전투에서 전사한 청국군과 일본군 모두를 예장 처리하라고 해당 지역의 군수에게 당부한 일이 있었다. 사망한 군인의 해골이 드러나는 상황에 관찰사는 감영의 아전을 보내어 읍의 장리將吏 입회 아래 전사자를 조사하고 청국군과 일본병을 두 가지 무덤으로 나누어 만들어, 혹시라도 섞이는 폐단이 없도록 했다. 또한 각기 무덤 옆에 단을 설치하고 표를 세워 살필 수 있는 근거로 삼고, 그 전말을 책을 만들어 자세히 보고토록 지시했던 것이다.

이번 싸움이 벌어진 후 다친 군사들의 수효는 반드시 많을 것이다. 해골이 드러나고 있으니 어찌 불쌍하지 않겠는가? 이 때문에 어쩔 수 없이 수습하여 덮어 두지 않을 수 없다. 그래서 영교營校를 이곳에 내려보낸다. 읍에서는 또한 장리를 정하여 함께 입회토록 보내서 그들로 하여금 묻힌 곳을 살펴서 조사하도록 하라. 중국군과 일본병을 자세히 살펴서 두 가지 무덤으로 나누어 만들어, 혹시라도 섞이는 폐단이 없도록 하라. 각기 무덤 옆에 단을 설치하고 표를 세워서 살필 수 있는 근거로 삼을 것이며, 무덤에 들어간 것들은 사실에 따라 책을 만들어서 보고하라.[7]

성환 전투 패전 후 청국군의 후퇴 과정에서 그들에게 공주에서 살해당한 프랑스인 신부도 프랑스공사관에서도 감동할 정도로 서울로 운구하고 매장하는 데 극진한 예를 갖추었다. 예지차오가 평양으로 퇴각 시 천안에 맡겨 둔 군자금도 보관하다가 돌려주게 했다. 그는 다급한 도주 과정에서 천안에서 군자금으로 사용할 은전과 옷상자를 맡겨 둔 일이 있었다. 이에 관찰사는 해당 지방관에게 감결甘結을 내려 원래의 수량과 일일이 대조하여 살피고 착실하게 맡아 두었다가 나중에 찾아갈 때를 기다리도록 지시한 바 있다. 전리품을 약탈, 전시하고 일부는 개인에게 분배한 일본 군대와 내각과는 대조적인 모습이다. 당시 예지차오가 의뢰한 은은 원보은元寶銀 748정錠으로 1정은 우리 돈으로 환산하면 435냥에 해당하는 것으로 총 32만 5,380냥의 거액이었다.[8]

방금 도착한 청국 제독 섭지초가 옮겨 조회한 내용을 요약하면, '군대를 퇴각하느라 바쁠 무렵에 한전과 옷상자를 천안에 맡겨 둔 것을 거두어 잘 보관하도록 타일러서 이후 가져갈 수 있도록 하고, 한전의 수효와 옷상자와 나머지 건수는 옮겨 조회한 내용에 의하여 뒤에 기록한다'라고 했다. 이에 베껴 써서 감결을 보내므로, 여기에 적은 건수에 의거하여 일일이 대조하여 살피고 아울러 한전과 더불어 착실하게 맡아서 지키도록 하여 나중에 찾아갈 때를 기다려라. 혹시라도 소홀히 하여 억지를 부리는 일이 없도록 하며, 먼저 책으로 만들어서 보고하여 살피는 데 근거로 삼음이 마땅하다.[9]

패잔 청국군과 동학농민군의 결합도 주목된다. 실제로 당시 청군 패잔병이 동학농민군에 의탁하는 경우는 정부 측 기록에서도 확인된다.[10] 조선 정부는 동학농민군 진압을 위해 청국 군대의 출동을 애걸했고 흥선대원군은 평양에 들어온 청국 장수에게 밀사를 파견하기도 했다. 그러나 동학농민군은 아산과 성환에 주둔하다 일본군이 기습하자 논산으로 패퇴한 청국군을 일시 수용하여 전주에서부터 장성까지 동행한 바 있었다. 당시 북접 농민군 지휘부에 있던 오지영의 기록에 의하면 청국 패잔병 500명이 논산의 북접 농민군 주력에 들어와 거두어 줄 것을 애원했다 한다. 이때 동학군 진중에서는 조선 정부 측의 청구로 자신들을 박멸하기 위해 온 자들이지만 일본군과 싸워 패하고 돌아갈 곳이 없는 처지를 '불쌍히 여겨' '내자불거來者不拒'의 입장에서 이들을 군중에 받아들이게 되었다는 것이다.[11] 동학농민군과 일시 합친 패잔 청국군 일부는 논산에서 전주까지 같이 가다가 장성 노령蘆嶺 아래에서 헤어지게 되었다 한다.[12] 오지영은 그 부대가 니에시청이 인솔하던 패잔병이라 했는데, 실제 동선은 차이가 크다. 또한 평양으로 후퇴 중 강원도 원주에 도착하자 관리가 부상 사졸을 '보호'하여 '병졸이 모두 감읍'[13]했다고 니에시청 자신이 기록하고 있다. 8월 10일 평안도 중화의 전투에서 사망 후 청국군이 고랑에 유기한 일본인 통역 2명의 유해도 지역 주민들이 수습 후 매장했다.[14]

그러나 일본의 경우는 이와 비슷한 예를 보기 어렵다. 풍도 해전의 고승호 침몰 시에 일본 해군은 물에 빠진 영국인만 선별 구제하고 청국군에게는 총격을 가했으며,[15] 일본 육군은 전투력을 상실한 패잔 청국군 및 청국인 잔류자를 수색·살해하고, 부상 포로 및 군수품 절도자들을 참수하기도 했다. 조선 주재 공사 오토리 게이스케는 성환 전투 직후 패잔한 청국 병사들에게 함경도와 강원도 지방관들이 "가능한 한 모든 도움을 주어 청나라로 보내도록" 지방민들에게 지시 공문을 발행했다는 첩보를 접하고, 이것이 사실이라면 조선 정부에 강경하게 항의하여 공문을 취소시키고 해당 지방관을 징계 처분하도록 촉구했다.[16]

성환 전투 직후 일본군이 현지에서 미처 도피하지 못한 중국 상인을 살해했다는 풍문이 여러 곳에서 있었다. 예컨대 당시 중국 상인으로 10명 중 3명 정도는 성환 전투 직전에 이르기까지 외도外道로 가서 장사를 했는데, 화상華商 10명이 충청도 장마로라는 곳에서 일본군을 만나 재물을 빼앗기고 모두 살해되었고, 조선 선박을 따라간 또 다른 상인 8명도 아산에서 도피 중 일본군에게 살해되었고, 다른 상인 9명은 인천에서 화물을 싣고 안산으로 가던 중 일본 병선을 만나 화물은 모두 빼앗기고 사람들은 모두 살해되었다는 등등이다.[17]

평양 전투 직후인 9월 29일 제5사단 병참감부는 이전 아산에서 도망한 저우구이바이周桂伯라는 중국인이 안동부에 들어와 조선인 박선지의 집에 있다가 조령 방면으로 향하니 포박, 체포하라고 지시한 바 있다.[18] 충청도 괴산군수 박용석의 첩보에 따르면 음력 9월 6일 일본군 17명이 청상淸商 순포巡捕라 말하며 읍내 청국인 거주지를 수색하자 청국인들이 기미를 알고 도주한 일이 있었다고 한다. 일본군은 관아에 들이닥쳐 청국인의 거처를 묻고 이를 모른다는 군수를 구타하고 칼을 휘둘렀다. 이때 일본군은 그를 호위하던 관리들까지도 포박하여 충청감사의 항의를 받았다. 음력 9월 9일에는 일본 육군 보병 대위가 보은군 읍내에 들어와 청국 상인 4명을 결박하여 상주 낙동포로 향해 갔다는 보고가 연이었다.[19]

음력 10월 6일 신임 일본공사 이노우에 가오루는 조선 정부에 편지를 보내 남부 병참감과 일본군이 충청도 아산과 면천의 각 지역 순찰 시 예산에 숨어 있던 청국인 상황을 직접 가서 조사했고, 정산현에도 청국인 30명이 숨어 있다는 소식을 알렸다. 공사는 이들 중 일부가 공주 관아에 들어가 수령을 협박하고 흉기를 빼앗아 전라도로 도망했는데도 단속하지 않으면 '지방의 해'가 되고, 양국 간 체결한 '동맹의 취지'에도 어긋나므로 반드시 잡아들여야 한다고 주장했다.[20] 그 결과 후비보병 제19대대는 11월 10일 별도로 특별부대를 태안으로 보내 청국인 13명을 사로잡았는데, "청국 군함 28척이 일본 군함을 모두 부수어버리고 인천에 왔다. 혹은 일본군을 대파했다. 조선은 청국의 속국이다"라는 등 '하는 말과 거동이 하도 괘씸하다'는 것이 그 이유였다는 것이다.[21] 평양 전투가 끝난 지 한참 지난 11월 상황이었다.

청일전쟁이 종결되는 1895년 4월 시모노세키조약 체결 직전에 이르기까지도 조선 내에서 청국인 체포는 지속되었다. 동학농민군 토벌을 위해 전라도와 충청도·경상도 방면으로 출동했던 일본군 후비보병 제19대대는 임무를 마치고 그해 2월 28일 용산으로 복귀했다. 그런데 돌아오는 과정에서 그들은 영산현에서 중국인 14명을 포박하여 일본 공사관에 호송한 일이 있었다. 이들이 상인이라 칭하며 각 시장을 돌아다니며 중국 군함 18척이 인천을 공략하러 왔다거나 왜군은 패주했고 근일 중국의 대군이 조선에 온다는 풍설로 백성들을 선동했다는 이유였다.[22]

청일전쟁 전 기간에 걸쳐 일본군 지휘관과 병졸은 물론이고 종군인부와 종군기자들까지도 청국군과 지역 주민을 무차별 살해하는 데 전혀 주저함이 없었다. 일본인 인부는 자국인들에게는 하등 인민으로 차별받던 존재였지만 조선에 들어온 이후에는 다른 일본인들과 마찬가지로 그릇된 선민의식을 가지고 조선인의 재물 약탈과 구타, 부녀자 강간 등 민폐의 주역이 되었다. 이들 중 일부는 군부의 묵인 아래 총과 일본도 등으로 무장하고서 청국군과 조선인 살해에도 참여하는 등 전투병의 역할도 대행하였다. 한편 종군기자들은 객관적이고 정확한 사실 보도보다는 언론인의 윤리와 책임을 상실하고 제국주의의 나팔수로서 '문명과 야만'이라는 도식을 적용한 인국모멸隣國侮蔑의 배외적인 충군애국주의로 시종일관했다.

그러나 이 같은 패러다임이 현실적으로 맞지 않았음은 자신들이 행동으로 직접 증명했다. 다수의 종군기자들은 사건을 직접 목격했음에도 불구하고 진실에 눈을 감고 시종일관 허위와 왜곡 보도를 일삼고 이를 본국에 전달하고 있었던 것이다. 대부분의 기자들은 군대와 완전한 일체감을 가지고 일본 군국주의의 첨병 역할을 했다. 결국 청일전쟁 시기 조선에 들어온 일본군은 무력 점령군이었고 일본인들 대다수도 '약탈자' 그 이상도 그 이하도 아니었다.

청일전쟁 동안 조선인들은 '남의 전쟁[客擾]'에 동원되어 협력하면서도 한편으로는 저항을 했고 물리적·정신적 고통을 감내해야 했기에 청국과 일본에 대해서는 당연히 부정적인 인식이 팽만했다. 충청도 청풍의 한 유생은 자신의 무력감을 "이 세상을 당하여 청나라 사람과 왜놈들은 창을 메고 동도東徒는 내란을 일으켜 천하가 어지럽고 인심이 두렵고 불안하여 말 한마디도 감히 입 밖에 내지 못하고 한걸음도 감히 함부로 나아가지 못하는 실정"[23]이라고 표현했다. 서울에서 관리를 하던 김약제는 동학농민전쟁을 '남요南擾'로, 청일전쟁을 '왜요倭擾'로 규정했다.[24] 그는 갑오년 당시는 예컨대 "서울은 일본인이 성에 가득하고, 황해도에는 민중 소요가 다시 일어나 도백道伯(감사)이 잡혀 가서 무리들과 함께 죽었다고 했다. 평안도는 청국 군대가 패배하여 도주할 때 저지른 폐단이 비할 데가 없어 읍들이 거의 비게 되었고, 강원도에도 동학이 일어났으며, 경상도에도 동도東道의 난리가 일어났다"[25]고 했다. 소요는 함경도만을 제외한 전국적 현상이었던 것이다. 그럼에도 청국과 일본의 전투장이 되었던 해당 지역 주민들은 '유원지의柔遠之義'를, 동학농민군은 '내자불거來者不拒'의 인도주의 정신을 보이고 있었다.

유원지의는 "(국적 여하를 막론하고) 먼 곳에서 온 사람을 따뜻하게 대접한 후 되돌려보낸다"는 조선의 전통적 손님 접대 방식으로 서양인과 중국인들이 조선에 표류할 때마다 적용한 바 있었고, 고종 조 초반 흥선대원군 집정기에 평안감사 박규수 등이 실행한 바 있다. 마찬가지로 조선인들도 풍랑으로 부득이 중국에 표류할 수밖에 없었을 때 같은 이유로 돌아올 수 있었다. 즉 유원지의는 동아시아 상생의 네트워크였다.[26] 내자불거는 《맹자》의 인생철학을 반영한 "무릇 가는 사람은 붙들지 말고 오는 사람은 누구든 막지 않는다去者不追 來者不拒"는 인본주의 원리에 따라, 청국군의 진압 대상인 동학농민군이 스스로 표명한 '상화相和'의 방식이었다. 요컨대 1894~1895년 청일전쟁 기간 조선의 민중들은 이방인들의 폭력으로 강요된 통제와 동원이라는 차별과 배제의 현실에서도 타자를 대하는 방법에서 열린 태도open arms를 견지하고 있었다. 농민군들은 일찍이 동학에서 표명한 양반과 상놈의 차별 없이 있는 사람과 없는 사람이 서로 베풀고 돕는 나눔과 배려의 정신인 '유무상자有無相資'[27]와 가난하고 생활이 어려운 사람이 서로 보살피는 '빈궁상휼貧窮相恤'[28]을 기꺼이 실현하고 있었다. 인명존중 사상인 '사람이 세상에서 가장 귀하다'는 〈무장포고문茂長布告文〉의 서두 외에도 정부군과 싸우는 과정에서도 '배우고 실천하는 근본' 강령으로 "곤궁한 자는 구제한다, 배고픈 자는 음식을 준다, 가난한 자는 진휼한다, 아픈 자는 약을 준다"[29]고 규정하고 있다. 동학농민군 접주 유광화는 동생에게 보낸 편지에서 "나라가 환란에 처하면 백성도 근심해야 한다"라고 주장하였다. '죽고 사는 것은 천명'이라는 결의를 다졌던 그 또한 형장의 이슬로 사라졌다. 공존을 위한 힘없는 자들의 포용, 그것은 같은 기간 전투력을 상실한 패잔 동학농민군과 청국군 잔류자와 상인들을 수색·살해·집단처형했던 일본군의 행위와는 크게 대비되는, 진정한 의미의 휴머니즘이었다.

주

서설

[1] 이는 일본 근대사 전공 오차노미즈여자대학お茶の水女子大學 고카제 히데마사小風秀雅 교수의 감수와 배우 다카하시 히데키高橋英樹의 진행으로 이루어진 강좌다.

[2] 사카이 히로미, 〈일본 역사교육 속의 청일전쟁과 조선: 중학교 역사 교과서를 중심으로〉, 《한국독립운동사연구》 50, 2015, 248~250쪽.

[3] 《한국일보》, 2014년 4월 4일 자.

[4] 《人民日报》, 2014년 8월 20일 자, 〈纪念甲午战争120周年: 必須有强大的实力〉.

[5] *History of the United States Army Forces in Korea*, Part Ⅰ CHAPTER Ⅱ. KOREA PRIOR TO THE JAPANESE SURRENDER. The Struggle for Korea.

[6] 王柄耀, 《中日战辑》 전 6권, 1895; 蔡尔康, 《中东战纪本末》 전 8권, 1896; 易鼎顺, 《盾墨拾余》 전 14권, 1896; 姚锡光, 《东方兵事纪略》 전 5권, 1897 등.

[7] 田保橋潔, 《近代日支鮮關係の研究》, 京城帝國大學 法文學部, 1930; 田保橋潔, 《近代日鮮關係の研究》 上·下, 朝鮮總督府 中樞院, 1940; 田保橋潔, 《日清戰役外交史の研究》, 刀江書院, 1951.

[8] 信夫淸三郎, 《日清戰爭: その政治的·外交的觀察》, 福田書房, 1934; 信夫淸三郎, 《陸奧外交: 日清戰爭の外交史的研究》, 叢文閣, 1935.

9 王钟麒, 《中日战争》, 商务印书馆, 1930; 《中日战争摄影集》, 上海良友图书印刷有限公司, 1931; 王芸生, 《六十年來中國与日本》, 大公報社, 1932; 王信忠, 《中日甲午战争之外交背景》, 清华大学, 1937; 《中日战争之始末与教训》, 重庆青年书店, 1938; 《甲午之战》, 重庆正中书局, 1938; 《中日血债》, 重庆北新书局, 1938; 《甲午中东战事之回溯及余评》, 中央陆军军官学校, 1943; 吴敬恒, 《中日战争》, 商务印书馆, 1945; 王仲廉, 《甲午战前日本挑战史》, 南京书店, 1947.

10 井上清, 《日本の軍國主義: 軍國主義と帝國主義》, 現代評論社, 1965.

11 中塚明, 《日清戦争の研究》, 青木書店, 1968.

12 이 사료집은 모두 304만 자로 전체 내용을 3부로 나누었다. 제1부 종술综述에는 《东方兵事纪略》(姚锡光), 《盾墨拾余》(易顺鼎), 《津门奉使纪闻》(曹和济), 《中东战纪本末》(蔡尔康) 등이, 제2부는 전쟁 이전의 문헌 자료로 주요 내용은 《清光绪朝中日交涉史料》, 《李文忠公全书》(李鸿章), 《适可斋记言记行》(马建忠), 《翁文恭公日记》(翁同和), 《云养集》(朝鲜, 金允植), 《朝鲜京城事变始末书》, 《井上特派全权大使复命书》, 《伊藤特派全权大使复命书》, 《赫德等关于朝鲜事情书翰》 등이다. 제3부는 전후 문헌 자료로 《光绪朝中日交涉史料》와 《李文忠公全书》 외에 《刘忠诚公遗集》(刘坤一), 《翁松禅致张蔷庵手书》, 《袁世凯等致李鸿藻禀牍》, 《普天忠愤集》(孔广德), 《冤海述闻》 등이 주요 내용이다.

13 戚其章, 《中日甲午战争史论丛书》, 1983; 《甲午战争史》, 1990; 《甲午战争国际关系史》, 1994; 《国际法视角下的甲午战争》, 2001; 《甲午战争与近代中国和世界》, 1995.

14 《甲午中日海战史》, 黑龙江人民出版社, 1981; 《甲午中日陆战史》, 黑龙江人民出版社, 1984; 《甲午中日战争人物传》, 黑龙江人民出版社, 1984; 孙克复, 《甲午中日战争史论集》, 辽宁大学科研处, 1984; 孙克复, 《甲午中日战争外交史》, 辽宁大学出版社, 1989; 关捷, 《甲午国耻丛书》, 中央民族大学出版社, 1997; 王芸生, 《六十年来中国与日本》, 三联书店, 1979; 王晓秋, 《近代中日启示录》, 北京出版社, 1987; 关捷·志超, 《沉沦与抗争: 甲午中日战争》, 文物出版社, 1991; 戴逸·杨东梁·华立, 《甲午战争与东亚政治》, 中国社会科学出版社, 1994; 丛笑难, 《甲午战争百年祭》, 华夏出版社, 1994; 刘玉明·戚俊杰, 《甲午风云》, 中国大百科全书出版社, 1998; 双传学·李信, 《甲午悲歌》, 江苏人民出版社, 1998; 陈英, 〈聂士成与中日甲午战争〉, 《安徽史学》 2002年 第3期 등이 주목되는 연구이다. 이외 학술논문집으로는, 戚其章 主编, 《中日甲午战争史论丛》, 山东教育出版社,

1983; 孙克复 主編, 《甲午中日战争史论集》, 辽宁大学出版社, 1984; 戚其章 主編, 《甲午战争九十周年纪念论文集》, 齐鲁书社, 1986; 戚其章・王如绘 主編, 《甲午战争与近代中国和世界: 甲午战争100周年国际学术讨论会文集》, 人民出版社, 1995; 戚俊杰・刘玉明 主編, 《北洋海军研究》, 天津古籍出版社, 1999 등이 있다.

[15] http://news.cntv.cn/special/kzsl70zn/index.shtml.

[16] 藤村道生, 《日清戦争: 東アジア近代史の転換点》, 岩波新書, 1973; 中塚明, 《歴史の偽造をただす: 戦史から消された日本軍の朝鮮王宮占領》, 高文研, 1997.

[17] 高橋秀直, 《日清戦争への道》, 東京創元社, 1995; 檜山幸夫, 《近代日本の形成と日清戦争: 戦争の社会史》, 雄山閣, 2001.

[18] 檜山幸夫, 《日清戦争: 秘藏寫眞が明かす眞實》, 講談社, 1997.

[19] 斎藤聖二, 《日清戦争の軍事戰略》, 芙蓉書房, 2003.

[20] 大石一男, 《条約改正交渉史(1887~1894)》, 思文閣, 2008.

[21] 東アジア近代史學會 編, 《日清戦争と東アジア世界の変容》 上・下, ゆまに書房, 1997.

[22] 大谷正, 《近代日本の対外宣伝》, 研文出版, 1994; 秦郁彦, 〈旅順虐殺事件: 南京虐殺と対比しつつ〉, 《日清戦争と東アジア世界の変容》 下, ゆまに書房, 1997; 郭铁桩, 《旅顺大屠杀研究》, 社会科学文献出版社, 2004.

[23] 小野秀雄, 《日本新聞發達史》, 大阪毎日新聞社・東京日日新聞社, 1922.

[24] 鈴木健二, 《戰爭と新聞》, 毎日新聞社, 1995.

[25] 大谷正, 《兵士と軍夫の日清戦争: 戦場からの手紙をよむ》, 有志舎, 2006; 大谷正・原田敬一 편, 《日清戦争の社會史》, フォーラム. A, 1994.

[26] 春原昭彦, 〈日清戦争と從軍記者〉, 《新聞研究》 630号, 2004.

[27] 櫻井義之, 〈朝鮮に於ける邦字新聞の發刊: 青山好恵とその事業〉, 《明治と朝鮮》, 龍溪書舍, 1995.

[28] 大谷正, 〈忘れられたジャ・ナリスト・史論家・アジア主義者川崎三郎〉, 《專修史學》 29, 1998.

[29] 西田勝, 〈《陣中日記》: 戦爭の惨たらしさと朝鮮人の不屈な抵抗〉, 《近代日本の戦爭と文學》, 法政大學出版局, 2007.

[30] 松村啓一, 〈新聞特派員の日清戦争報道: 京都《日出新聞》特派員堀江松華の記事をめぐ

って〉, 《季刊)戦争責任研究》 77, 2012.

31 井上祐子, 《日清・日露戦争と寫眞報道: 戰場を驅ける寫眞師たち》, 吉川弘文館, 2012.

32 大谷正・福井純子 編, 《描かれた日清戦争: 久保田米僊《日清戰鬪畵報》》, 創元社, 2015.

33 渡邊桂子, 〈日清戦争と新聞記者への從軍許可〉, 《歴史評論》 vol. 811, 2017.

34 渡邊滋, 〈黑田甲子郎の人生: 新聞記者・政治家秘書・伝記作家などとして(1~5)〉, 《日本
古書通信》 85(8~12), 2020.

35 大濱徹也, 《庶民のみた日清・日露戦争: 帝國への歩み》, 刀水書房, 2004; 大濱徹也, 《天
皇の軍隊》, 講談社, 2015.

36 原田敬一, 《日清・日露戦争》, 岩波書店, 2007; 原田敬一, 《日清戦争》, 吉川弘文館,
2008; 大江志乃夫, 《東アジア史としての日清戦争》, 立風書房, 1998.

37 森山茂德, 《近代日韓關係史研究》, 東京大學出版會, 1987; 池山弘, 〈愛知縣に於ける日
清戦争從軍の軍役夫〉, 《四日市大學論集》 18권 1호, 2005; 宮內彩希, 〈日清戦争におけ
る朝鮮人人夫の動員〉, 《日本植民地研究》 22, 日本植民地研究會, 2010; 延廣壽一, 《日
清戦争における日本陸軍の兵站》, 神戶學院大學 博士論文, 2011; 延廣壽一, 〈日清戦争
と朝鮮民衆: 電線架設支隊長の日記から見た抵抗活動〉, 《日本史研究》 584, 2011; 有山
輝雄, 《情報覇權と帝國日本(III): 東アジア電信網と朝鮮通信支配》, 吉川弘文館, 2016.

38 朴宗根, 《日清戦争と朝鮮》, 青木書店, 1982; 朴英宰 譯, 《清日戰爭과 朝鮮: 外侵과 抵
抗》, 一潮閣, 1989.

39 韓國精神文化研究院 編, 《清日戰爭을 前後한 韓國과 列强》 중, 崔文衡의 〈列强의 對韓
政策과 韓末의 情況: 특히 1882~1894年의 美・英・露의 態度를 中心으로〉, 柳永益의
〈清日戰爭中 日本의 對韓侵略政策: 井上馨公使의 朝鮮保護國化 企圖를 中心으로〉, 權
錫奉의 〈清日戰爭 이후의 韓淸關係研究(1894~1898)〉, 1984; 최덕수, 〈청일전쟁과 동아
시아의 세력변동〉, 《역사비평》 가을호, 1994; 崔碩莞, 《日清戦争への道程》, 吉川弘文
館, 1997; 박영재, 〈청일전쟁〉, 《한국사》 40, 국사편찬위원회, 2000.

40 조재곤, 〈청일전쟁에 대한 동학농민군의 인식과 동향〉, 《1894년 농민전쟁연구》 4, 역
사비평사, 1994; 조재곤, 〈청일전쟁과 1894년 농민전쟁〉, 《한국사》 40, 국사편찬위원
회, 2000.

41 中塚明・井上勝生・朴孟洙, 《東学農民戦争と日本: もう一つの日清戦争》, 高文研, 2013;

井上勝生, 〈東學黨討伐隊兵士の從軍日誌:《日清交戰從軍日誌》德島縣阿波郡〉, 《人文學報》111, 京都大學 人文科學研究所, 2018.

[42] 姜孝淑, 〈청일전쟁기 일본군의 조선병참부: 황해·평안도 지역을 중심으로〉, 《한국근현대사연구》51, 2009.

[43] 홍동현, 〈1894년 일본 언론의 동학 농민전쟁 인식:《時事新報》와《國民新聞》을 중심으로〉, 《역사문제연구》24, 2010.

[44] 최석완, 〈청일전쟁 개전 시기의《동경일일신문東京日日新聞》〉, 《日本學》38, 2014.

[45] 조재곤, 〈청일전쟁 시기 일본 주요언론에 보이는 '조선 이미지'〉, 《한국 근대국가 수립과 한일관계》, 경인문화사, 2010.

[46] 조재곤, 〈한 일본인 종군기자가 본 1894년 청일전쟁과 조선: 니시무라 도키스케의 갑오조선진甲午朝鮮陣 분석〉, 《軍史》66, 2008.

[47] 조재곤, 〈청일전쟁의 새로운 이해: 한국 내에서 전개된 상황을 중심으로〉, 《한국근현대사연구》74, 2015.

[48] 조재곤, 〈1894년 일본군의 조선왕궁(경복궁) 점령에 대한 재검토〉, 《서울과 역사》94, 2016.

[49] 조재곤, 〈청국군의 아산 출병과 내포 지역의 동원〉, 《충남의 동학농민혁명과 역사적 의의》, 2020년 11월 2일 충남역사문화연구원 학술포럼 발표문.

[50] 조재곤, 〈1894년 7월 일본군의 경복궁 점령에 대한 반향〉, 《한국근현대사연구》96, 2021.

1부 은폐와 진실: 일본군의 왕궁 점령과 '보호국' 구상

[1] 무쓰 무네미쓰, 김승일 역, 《건건록蹇蹇錄》, 범우사, 1993, 153쪽.

[2] 參謀本部 編, 《明治二十七·八年日清戰史(1)》, 東京印刷株式會社, 1904, 125쪽.

[3] 田保橋潔, 《近代日鮮關係の研究》(下), 朝鮮總督府 中樞院, 1940, 439쪽.

[4] 朴宗根, 《日淸戰爭と朝鮮》, 靑木書店, 1982(朴英宰 역, 《淸日戰爭과 朝鮮: 外侵과 抵抗》, 一潮閣, 1989, 54~62쪽).

[5] 檜山幸夫, 〈七·二三京城事件と日韓外交〉, 《韓》 no. 115, 東京韓國研究院, 1989, 82쪽.

6 原朗,《日淸·日露戰爭をどう見るか: 近代日本と朝鮮半島·中國》, NHK出版社, 2014.

7 高橋秀直,《日淸戰爭への道》, 東京創元社, 1995, 442~443쪽.

8 高橋秀直, 앞의 책, 527쪽.

9 藤村道生, 허남린 역,《청일전쟁》, 도서출판 소화, 1997, 118쪽.

10 中塚明,《歷史の僞造をおただす》, 高文研, 1997(박맹수 역,《1894년 경복궁을 점령하라》, 푸른역사, 2002, 59~88쪽).

11 原田敬一,《日淸戰爭》, 吉川弘文館, 2008, 36~39쪽.

12 朴宗根, 앞의 책, 48~49쪽.

13 조재곤,〈청일전쟁의 새로운 이해: 한국 내에서 전개된 상황을 중심으로〉,《한국근현대사연구》74, 2015, 43~45쪽 참조.

14 德富蘇峯,《陸軍大將 川上操六》, 第一公論社, 1942, 126~127쪽.

15 元帥 上原勇作 傳記刊行會 編,《元帥上原勇作傳(上)》, 1938, 162쪽.

16 《蹇蹇錄》, 48쪽.

17 《陸軍省大日記》,〈陸軍省戰役日記〉〈內閣訓令, 在京城帝國全權公使 및 其他와의 交涉에 관한 訓令〉, 1894년 6월.

18 《蹇蹇錄》, 65쪽.

19 《蹇蹇錄》, 68쪽.

20 由井正臣 校注,《後は昔の記 他(林董回顧錄)》, 平凡社, 1982, 75쪽.

21 《後は昔の記 他(林董回顧錄)》, 76쪽.

22 《後は昔の記 他(林董回顧錄)》, 257쪽.

23 杉村濬,《明治廿七·八年在韓苦心錄(1894~1895)》, 勇喜社, 1932(한상일 역,《서울에 남겨 둔 꿈》, 건국대학교출판부, 1993, 87쪽).

24 《陸軍大將 川上操六》, 126쪽.

25 《陸軍大將 川上操六》, 126쪽.

26 피터 듀스, 金容德 역,《日本近代史》, 지식산업사, 1983, 125쪽.

27 《陸軍大將 川上操六》, 126~127쪽.

28 伊香俊哉,《近代日本と戰爭違法化體制: 第一次世界大戰から日中戰爭へ》, 吉川弘文館, 2002, 81~83쪽.

29 坂部護郎, 《戰爭秘錄 將軍長岡外史》, 二見書房, 1941, 17쪽.

30 《陸軍大將 川上操六》, 127쪽.

31 《陸軍大將 川上操六》, 132쪽.

32 《後は昔の記 他(林董回顧錄)》, 78쪽.

33 藤村道生, 앞의 책, 7쪽.

34 《東京朝日新聞》, 1934년 3월 13일 자.

35 《元帥上原勇作傳(上)》, 162쪽.

36 《元帥上原勇作傳(上)》, 163~166쪽.

37 大本營 文書, 〈我 陸軍의 派遣團體 및 平壤 以後의 我 戰鬪略記(1)〉, 明治 27년 6월 6일
~7월 20일.

38 金文子, 《朝鮮王妃殺害と日本人》, 高文硏, 2009, 350~352쪽.

39 《蹇蹇錄》, 141~142쪽.

40 東條英敎, 《征淸用兵 隔壁聽談》, 1897, 35쪽(방위성 방위연구소 소장 자료). 육군대학 1기
수석졸업생으로 육군 소좌이자 대본영 참모 도조 히데노리는 아시아태평양전쟁 시기
총리이자 패전 이후 전범으로 처형된 도조 히데키東條英機의 아버지다(나카츠카 아키라,
한혜인 역, 〈청일전쟁을 둘러싼 기억〉, 《또 하나의 청일전쟁: 동학농민전쟁과 일본》, 모시는사람들
2014, 30쪽; 쿠로노 타에루, 최종호 역, 《참모본부와 육군대학교》, 논형, 2015, 68~69쪽).

41 田保橋潔, 앞의 책, 429쪽.

42 《蹇蹇錄》, 141~142쪽.

43 《蹇蹇錄》, 142쪽.

44 〈备倭往来电报钞存; 漢城 杏宾 (21日 来电)〉, 秦皇岛(陸旭麓 外, 《甲午中日战争(上册): 盛
宣怀档案资料选辑之三》(上海人民出版社, 1980).

45 原田敬一, 〈混成第9旅團の日淸戰爭(1): 新出史料の《從軍日誌》に基づいて〉, 《歷史學部
論集》(佛敎大學) 創刊號, 2011, 31·34쪽.

46 竹内正策, 《韓地從征日記》(竹内正策古文硏究會, 2017, 107쪽).

47 방위연구소 자료, 〈(秘) 混成旅團報告 제16호, 7월 23일〉, 混成旅團長 大島義昌→參謀
總長 熾仁親王(明治 27년 7월 24일 발, 8월 1일 착).

48 海軍省, 〈京城の景況(2)〉(明治 27년 7월 18일~明治 29년 2월 16일) 중 〈續報(60): 日韓兵ノ衝

突〉, 在京城 新納 少佐 報告.

49 《日淸戰爭》 제5편 제13장 제3초안, 39쪽(후쿠시마 현립도서관 소장 문서).

50 일본 외무성 육해군성 문서, 《征淸海戰史 卷二(起因)》, 1951, 37쪽.

51 《日案》(七), 明治 20년 7월 2일 및 7월 10일. 至.77724.

52 長岡外史, 《新日本の鹿島立》, 小林川流堂, 1920, 69~73쪽.

53 《大阪每日新聞》, 1894년 7월 29일.

54 〈朝·日兵間의 銃擊戰問責과 日兵의 宮門把守强行言明〉, 《駐韓日本公使館記錄》, 1894
년 7월 23일.

55 〈위 件 및 用武說의 反駁과 宮門把守兵 撤退約束의 즉각 履行要求〉, 《駐韓日本公使館
記錄》, 甲午 6월 22일(7월 24일).

56 《明治廿七·八年在韓苦心錄(1894~1895)》, 131쪽.

57 〈刑曹參議 李南珪 上疏〉, 《東匪討錄》, 1894.

58 한국교회사연구소 편, 《뮈텔 주교의 일기(1)》, 1894년 7월 23일, 253쪽.

59 F. A. 맥켄지, 申福龍 역, 《大韓帝國의 悲劇: The Tragedy of Korea》, 探求堂, 1981, 63쪽.

60 Oliver R. Avison, "Memories of Life in Korea"(박형우 편역, 《(올리버 R 에비슨이 지켜본) 근
대 한국 42년(1893~1935)》下, 청년의사, 2010, 75쪽).

61 필자 미상, 《甲午實記》, 甲午 6월 21일.

62 鄭喬, 《大韓季年史》, 1894년 6월.

63 그로부터 10년 후 러일전쟁 시기 일본공사 하야시 곤스케의 입장 표명도 1894년 왕궁
점령의 학습을 바탕으로 한 것이다. "일본병이 입국하여도 백성들에게 해로움이 없을
것이며, 궁궐을 침범하지 않도록 이 일도 담보하옵나이다." 〈韓國皇室과 國土保全을
保障하겠다는 林 公使의 上奏文〉, 《駐韓日本公使館記錄》, 明治 37년 2월 8일.

64 방위연구소 자료, 〈(秘) 混成旅團報告 제16호, 7월 23일〉, 혼성여단장 大島義昌→참모
총장 熾仁親王(明治 27년 7월 24일 발, 8월 1일 착); 〈朝鮮政府로부터 압수한 兵器에 대한
의견상신 통보〉, 《駐韓日本公使館記錄》, 혼성여단장 大島義昌→참모총장 熾仁親王,
明治 27년 8월 16일.

65 방위연구소 자료, 報三(41) 〈大院君의 入闕, 日韓兵의 衝突〉, 7월 24일 재경성 新納 해
군소좌 보고.

66 〈內務衙門訓示〉,〈九道五都各邑〉 제66조, 開國 504年 3月 初 10日 大臣 錦陵尉 朴泳孝.

67 鄭求福,《韓國軍制史: 近世朝鮮後期篇》, 陸軍本部, 1977, 345쪽.

68 〈宮闕內駐屯 日兵의 光化門 밖 철수 의사 照會〉,《駐韓日本公使館記錄》, 1894년 8월 21일(特命全權公使 大鳥圭介→外務大臣 金允植).

69 〈大闕 內 日本軍隊 撤收의 件〉,《駐韓日本公使館記錄》, 1894년 8월 31일(特命全權公使 大鳥圭介→外務大臣 陸奧宗光).

70 〈宮闕護衛 日兵과 朝鮮兵 交替節次 協議〉,《駐韓日本公使館記錄》, 1894년 8월 23일(大鳥 特命全權公使→師團長 陸軍中將 子爵 野津道貫).

71 〈朝鮮王宮 守衛規則〉[왕궁 호위 기타(12543)](날짜, 수발신 미상),《駐韓日本公使館記錄》.

72 朴周大,〈二十一日 事變追錄〉,《羅巖隨錄》, 1894.

73 《日省錄》, 고종 31년(1894) 6월 24일.

74 방위연구소 문서,〈조선 육군부 내에서 현시의 개황 및 그것에 대한 방안〉, 明治 27년 9월 20일(육군포병소좌 渡邊鐵太郎).

75 《朝鮮新報》, 1894년 7월 23일.

76 조재곤, 앞의 논문, 46~48쪽 참고.

77 이때 21연대 2대대 6중대 예비 1등졸 다가미 이와기치가 일본군 최초의 '전사자'로 기록되었다(博文館 편,《日淸戰爭實記》 2, 1894년 10월 18일). 그는 야스쿠니 신사에 봉안되었는데 여기서도 '전사자'로 취급되었다. 靖國神社 編,《靖國忠魂誌(第一卷)》, 靖國神社 社務所, 1936, 650쪽.

78 齋藤源太郎,《征淸戰功美談》, 開進社(栃木), 1894, 19~20쪽.

79 〈陣中日誌, 第1軍 兵站監部〉,《陸軍省大日記》, 1894년 7월 25일.

80 앞의 주 61 참조.

81 鄭喬,《大韓季年史》, 1894년 6월.

82 《明治廿七·八年在韓苦心錄(1894~1895)》, 124쪽.

83 《明治廿七·八年在韓苦心錄(1894~1895)》, 130~131쪽.

84 《甲午新續》,《平壤誌》 卷之下(六)[국립중앙도서관 고문서, 古 2772-4-147]. 이 문서는 발행 연도 미상이나 을사乙巳 추계秋季 평양군수 이승재李承載의 서문으로 보아 1905년 가을 이후에 작성한 것으로 추정된다.

85 황현, 김종익 역, 《오하기문梧下記聞》, 역사비평사, 1994, 146·150~151쪽.

86 Inclosure 1 in No.428, Private Letter addressed to Mr. O'Conor, Seoul, July 24, 1894(Park Il-Keun, 1984 "Anglo-American and Chinese diplomatic materials relating to Korea(1887~1897)": 《近代韓國關係 英美中外交資料集》, Institute of Chinese Studies, v. 2, Pusan National University, pp. 276~277).

87 필자 미상, 《記聞錄》, (1894) 6월 27일 자.

88 〈事變後大闕內ノ模樣, 內政改革ノ進行竝外交上ノ變更ノ件〉, 《日本外交文書》, 7월 27일, 大鳥→陸奧.

89 이헌주, 〈고종 친정기의 군사근대화정책과 친군영 체제〉, 《한국군사사 9(근·현대 I)》, 육군본부, 2012, 208~213쪽.

90 그러나 박종근은 《매천야록》을 근거로 안경수는 사전에 연락된 것이 아니라 왕궁에서 난 총성을 듣고 궁으로 들어갔고 전투 중지 명령을 전달했다고 주장하고 있다(朴宗根, 앞의 책, 63쪽).

91 《高宗實錄》, 고종 31년(1894) 6월 21일.

92 《承政院日記》, 고종 31년(1894) 6월 21일.

93 《新日本の鹿島立》, 73·79쪽.

94 《承政院日記》, 고종 31년(1894) 6월 22일.

95 매티 윌콕스 노블, 손현선 역, 《매티 노블의 조선 회상》, 좋은씨앗, 2010, 88~89쪽.

96 〈傷卒擧火〉, 《皇城新聞》, 1901년 8월 5일 자; 《各司謄錄》(근대편), 平理院裁判長 其永祖→議政府贊政法部大臣 申箕善 閣下 大臣 協辦, 光武 五年 八月 十四日 接受 光武 五年 八月 日 第八百六十四號.

97 《訓令照會存案》, 1901년 8월 23일, 내장원경 임시서리 이용익→의정부 찬정 법부대신 신기선.

98 제노네 볼피첼리, 유영분 역, 《구한말 러시아 외교관의 눈으로 본 청일전쟁》, 살림, 2009, 122~123쪽.

99 中塚明, 《歷史の僞造をただす》, 高文硏, 1997; 金文子, 《朝鮮王妃殺害と日本人》, 高文硏, 2009.

100 《金若濟日記》, 甲午 5월 17일; 6월 1일.

101 金允植, 《沔陽行遣日記》, 甲午 6월 12일.

102 《東京日日新聞》, 1894년 7월 17일.

103 金在洪, 《嶺上日記》, 甲午 5월.

104 防衛研究所 資料, 〈明治 27年 6月 19日부터 6月 27日까지. 明治 27年 7月 3日〉, 〈我兵 入京에 부쳐 韓廷 및 京城內 模樣 探報〉, 6월 30일 大鳥圭介→陸奧宗光.

105 〈第1軍 兵站監部 陣中日記〉, 〈兵站景況特別報告〉, 《陸軍省大日記》, 7월 5일 부 竹內正策→병참총감 川上操六; 遠藤芳信, 《近代日本の戰爭計劃の成立: 近代日本陸軍動員計劃策定史研究》, 櫻井書店, 2015, 821~822쪽.

106 〈致北洋大臣李鴻章傳〉, 光緒 20年 5月 15日(國家淸史編纂委員會, 《袁世凱全集》(第3卷, 河南大學出版社, 2010, 370쪽).

107 "한성漢城 행빈첨杏賓籤. 또. 밀密. 왜는 군대를 풀어 성문과 시가를 배회하여 수사하는 것이 매우 심하다.······도망갈 수 없으니 마땅히 어떻게 해야 할 것인가? 빨리 회답을 줄 것을 빈다"(陸旭麓 外, 《甲午中日戰爭(上冊), 盛宣怀檔案資料選輯之三》, 上海人民出版社, 1980, 〈6월 17일 來傳〉[7월 19일]).

108 《盛宣怀懷檔案資料選輯之三》, 〈6월 21일 來傳〉[7월 23일].

109 許寅輝, 〈客韓筆记〉, 甲午 6月 16日(1906年 長沙 刻本).

110 〈客韓筆记〉, 甲午 6月 20日.

111 李重夏, 〈南征日記〉, 甲午 6월 21일.

112 《尹定求日記》, 국립중앙도서관 소장 고문서. 甲午年 6월 21일, 25일 자.

113 遲塚金太郞[麗水生], 《陣中日記》, 春陽堂(東京), 1894, 67~68쪽.

114 《大阪每日新聞》, 1894년 7월 29일.

115 李範奭, 《經亂錄》, 甲午.

116 李容穆, 《白石書牘》 14, 甲午 5월 29일.

117 《독립신문》, 1897년 8월 26일.

118 《皇城新聞》, 1899년 6월 21일 論說.

119 《明治廿七·八年在韓苦心錄(1894~1895)》, 130·196쪽.

120 菊池謙讓, 《朝鮮王國》, 民友社, 1896, 433쪽.

121 〈니콜라이 파블로비치 귀하〉, РГИА(러시아국립역사문서보관소), ф.560, оп.28, д.24, л

л.331-334об. 1895년 카를 베베르가 니콜라이 파블로비치에게 보내는 보고서.

122 〈洪熙致盛宣怀函〉(1894년 7월 4일),《盛宣怀档案資料選輯之三》, 天津.

123 外務省 外交史料館, 〈京城豊島成歡牙山ニ於ケル戰鬪報告〉 중 〈7月25日 以後ノ景況 特別報告〉, 7월 30일 병참감 竹內正策→병참총감 川上操六.

124 《明治廿七·八年在韓苦心錄(1894~1895)》, 134쪽.

125 防衛硏究所, 〈京城の景況(2)〉, 海軍省, 報三(63) 〈大院君 入闕, 日韓兵ノ衝突〉 27년 7월 24일.

126 〈七月二十三日事變前後ニ執リシ方針ノ大略竝ビニ將來ニ向テノ鄙見上申ノ件〉(8월 4 일, 大鳥→陸奧),《日本外交文書》.

127 〈劉永慶, 楊士俊, 胡學陶致李毓森函(7월 30일)〉,《盛宣怀档案資料選輯之三》, 天津; 〈淸 國人 動靜 等 仁川港 狀況報告〉 1894년 7월 24일,《駐韓日本公使館記錄》, 仁川 二等 領事→大鳥圭介.

128 兪春根, 〈客韓筆記를 통해 본 淸日戰爭과 許寅輝〉,《中央史論》26, 2007, 174~175쪽.

129 洪健,《洪陽紀事》, 6월 23일.

130 李復榮,《南遊隨錄》, 6월 25일.

131 李容珪,《略史》.

132 李冕宰,《甲午日記》, 甲午年 6월.

133 《甲午日記》, 甲午年 7월 2일.

134 金在洪,《嶺上日記》, 甲午 7월.

135 邊萬基,《鳳南日記》, 11월 26일.

136 崔鳳吉,《歲藏年錄》, 6월 21일.

137 朴周大,《羅巖隨錄》, 6月 21日 事變追錄.

138 필자 미상,《避亂錄》, 일자 미상(동학농민혁명참여자명예회복심의위원회,《동학농민혁명국 역총서》[4], 2008, 312·315·325·362·381쪽 참조).

139 金允植,《沔陽行遣日記》, 甲午 5월 4일.

140 《沔陽行遣日記》, 甲午 6월 25일.

141 《避亂錄》, 384쪽.

142 〈23日 來傳〉(7월 25일),《盛宣怀档案資料選輯之三》.

143 〈朝鮮國北部巡廻視察復命書〉(明治 28年 6月 25日附 在京城領事館報告),《通商彙纂》.

144 최보영, 〈청일전쟁기(1894~1896) 주한일본영사의 영사보고와 '첩보' 활용〉,《동국사학》69, 2020, 256쪽.

145 필자 미상,《甲午實記》, 일자 미상.

146 金永植,《沙亭日記》, 甲午 7월 21~22일.

147 《沙亭日記》, 甲午 8월 27일.

148 《沙亭日記》, 甲午 8월 26일.

149 《泗陽行遣日記》, 6월 26일.

150 《泗陽行遣日記》, 6월 24일.

151 李丹石,《時聞記》.

152 《承政院日記》, 1894년 7월 24일.

153 《盛宣怀檔案資料選輯之三》,〈李晃相致盛宣怀函[四]〉(1894년 7월 말), 天津.

154 菊池謙讓,《近代朝鮮史》下, 鷄鳴社, 1939, 293쪽.

155 《東京朝日新聞》, 1894년 7월 25일.

156 《東京日日新聞》, 1894년 7월 9일 및 7월 20일;《大阪每日新聞》, 1894년 7월 11일.

157 조경달, 박맹수 역,《이단의 민중 반란: 동학과 갑오농민전쟁 그리고 조선 민중의 내셔널리즘》, 역사비평사, 2008, 344쪽.

158 《承政院日記》, 1894년 7월 24일.

159 閔建鎬, 문순요 역,《海隱日錄》(Ⅲ), 1894년 6월 28일 계유, 부산근대역사관사료총서(3), 2010, 770쪽.

160 朴周大,《羅巖隨錄》, 6月 21日 事變追錄.

161 〈通諭〉, 甲午 八月. 한문으로 된 이 문서의 원문은 천도교 중앙총부 소장본이다.

162 《大阪每日新聞》, 1894년 8월 7일.

163 西村時輔,《甲午朝鮮陣》, 日進堂印刷部(大阪), 1895, 10~11쪽.

164 《駐韓日本公使館記錄》,〈朝鮮事變後 善後方案에 관한 上申〉 1894년 7월 25일, 特命全權公使 大鳥圭介→外務大臣 陸奥宗光.

165 《明治廿七・八年在韓苦心錄(1894~1895)》, 151쪽.

166 〈騷擾에 대비한 朝鮮軍의 무장해제와 그에 따르는 민심의 동요 및 수습책 건의〉,《駐

韓日本公使館記錄》, 1894년 7월 27일 陸奧 大臣.

167 外交史料館, 〈帝國軍隊 入京 以來 京城居住 韓人 等 商業衰退 細民 戶口……帝國公使
가 上申한 그 貧民 賑恤의 件〉 (明治 27年 7月 25日~明治 28年 11月 7日) 중 〈京城內 貧民
救助 顚末 報告〉(9월 23일 이등영사 內田定槌→공사 大鳥圭介).

168 《明治廿七·八年在韓苦心錄(1894~1895)》, 152쪽.

169 〈京奇[서울에서 보낸 기별]〉, 《隨錄》, 京都大 河合文庫 소장 자료.

170 《甲午朝鮮陣》, 20~21쪽.

171 〈內務衙門訓示〉〈九道五都各邑〉, 開國 504年 3月 初10日 大臣 錦陵尉 朴泳孝.

172 《官報》, 建陽 元年 9月 4日.

173 서울특별시사편찬위원회 편, 《國譯 漢城府來去文(上)》[서울史料叢書 第六], 1996,
161~162쪽.

174 新知識出版社, 《中日戰爭》(2), 淸光緒朝中日交涉史料, (1116) 〈北洋大臣來傳 二〉, 6月
初9日.

175 〈李晃相致盛宣怀函[四]〉, 《盛宣怀檔案資料選輯之三》, 1894년 7월 말, 天津. 이면상은
1894년 7월 하순 이후 서상교를 이어 중국 주재 상무위원[駐津督理]으로 임명되었다.

176 〈李晃相和盛宣怀筆談〉, 《盛宣怀檔案資料選輯之三》, 8월 초순, 天津.

177 〈7月 20日〉(國家淸史編纂委員會 編, 《李鴻章全集》 24: 電報 4, 安徽敎育出版社, 2008).

178 田保橋潔, 《日淸戰役外交史의 硏究》, 東洋文庫, 1965, 334쪽 참고.

179 〈七月 二十八日字 大院君 李昰應의 箕伯 前 親書〉, 《駐韓日本公使館記錄》, 1894년 12
월 4일, 特命全權公使 井上→外務大臣 陸奧.

180 許寅輝, 《客韓筆記》(張彦周 編, 《近代史料筆記叢刊》, 中華書局, 2007), 甲午 6月 28日.

181 伊藤博文, 《秘書類纂 朝鮮交涉資料》 下, 秘書類纂刊行會, 1936, 641쪽.

182 《蹇蹇錄》, 160쪽.

183 〈大院君과 李埈鎔의 陰謀에 關한 顚末〉, 《駐韓日本公使館記錄》, 1895년 5월 9일, 特
命全權公使→外務大臣.

184 《駐韓日本公使館記錄》, 위와 같음.

185 《甲午斥邪錄》, 〈8月 16日 庚申〉.

186 《梧下記聞》 3필, 갑오 9월.

187 《隨錄》,〈京奇〉.

188 尹兢周,《顧堂集》,〈斥倭兼辭使啣疏〉.

189 尹兢周,《顧堂集》,〈再疏〉.

190 필자 미상,《甲午實記》, 甲午 6월 19일.

191 《承政院日記》, 1894년 7월 27일.

192 〈위 件 및 用武說의 反駁과 宮門把守兵 撤退約束의 즉각 履行要求〉,《駐韓日本公使館記錄》, 甲午 6월 22일(7월 24일).

193 〈守門將金箕泓上疏〉,《羅巖隨錄》.

194 《承政院日記》, 1894년 9월 9일; 1900년 5월 25일.

195 〈前校理柳冕鎬上疏〉,《羅巖隨錄》, 8월 초9일.

196 《承政院日記》, 1894년 10월 3일.

197 황현, 김종익 역,《오하기문梧下記聞》, 역사비평사, 1994, 167~170쪽에서 재인용.

198 黃玹,《梅泉野錄》제2권, 갑오 이전.

199 《駐韓日本公使館記錄》一. 通常報告 附雜件, (17) [閔泳駿과 李晜相問答 등에 관한 件].

200 《旅團報告》, 158~164쪽;《朝日新聞》, 1894년 7월 20일(朴宗根, 앞의 책, 194쪽에서 재인용).

201 《勉菴先生文集》제16권 雜著,〈일본 정부에 보냄〉, 丙午年, 윤4월 7일.

202 《艮齋先生文集別編(卷之一)》,〈雜著〉, 怵言.

203 李偰,〈論倭寇仍辭司諫疏〉,《復菴私集》, 1894년 6월 15일.

204 李偰,〈請勿背中國斥絶倭寇疏〉,《復菴私集》, 1894년 6월 20일.

205 〈安東亂民巨魁 徐相轍의 檄文入手 送付〉,《駐韓日本公使館記錄》, 재부산 총영사 室田義文→공사 大鳥圭介, 1894년 9월 28일.

206 外交史料館,《韓國各地暴動雜件》, 發 제50호,〈平安道 祥原郡에서 發生한 暴徒 蜂起의 件〉, 1895年 10월 5日, 특명전권공사 三浦梧樓→외무대신 임시대리 문부대신 西園寺公望.

207 李昭應,〈右鎮東營檄文〉, 乙未 11월 21일.

208 金亨鎭,〈檄告八道列邑〉,《路程略記》, 1895년 12월.

209 外交史料館,《韓國ニ於テ暴徒蜂起ニ關シ在同國公使及領事ヨリ報告一件》, 機密 제3

호, 〈江原道 春川府 暴民蜂起의 件〉, 1896년 2월 8일, 원산 이등영사 上野專一→외무 차관 原敬.

210 《韓國二於テ暴徒蜂起二關シ在同國公使及領事ヨリ報告一件》, 公 제66호, 〈晉州 暴民 鄭漢鎔의 上疏 및 探情記 入手 件〉, 1896년 3월 25일, 부산 일등영사 加藤增雄→외무 차관 原敬.

211 〈二. 本省往報告〉〈(4)內地 暴徒 情況 등 보고〉, 《駐韓日本公使館記錄》, 1896년 7월 10 일, 特命全權公使 原敬→外務大臣 侯爵 西園寺公望.

212 〈前 都事 李宗烈 上疏〉, 《聚語》.

213 外交史料館, 《韓國二於テ暴徒蜂起二關シ在同國公使及領事ヨリ報告一件》, 電受 제96 호, 〈居留日本人 保護措置의 件〉, 1896년 2월 20일, 小村 공사→西園寺 외무대신.

214 〈洪州義兵將 閔宗植의 취조 문서〉 참조.

215 《東京日日新聞》, 1894년 8월 5일.

216 洪性讚, 〈1894년 執綱所期 設包下의 鄕村事情〉, 《東方學志》 39, 1983, 70~72쪽.

217 申榮祐, 〈1894년 영남 예천의 농민군과 보수집강소〉, 《東方學志》 44, 1984.

218 "충청도뿐만 아니라 전라도도 다시, 각 도에서도 모두 구舊 7월 1일로 봉기했다"(《大阪 每日新聞》, 明治 27년 8월 20일).

219 〈충청도 黃山地方 東學黨 재발상황 문취서 별지보고〉, 《駐韓日本公使館記錄》, 1894 년 8월 16일.

220 〈忠淸道 黃山의 東學黨 再發 등에 관한 別紙報告〉, 《駐韓日本公使館記錄》, 1894년 8 월 10일.

221 〈東學黨事件에 대한 會審顚末 具報〉, 《駐韓日本公使館記錄》, 재경성 일등영사 內田定 槌→특명전권공사 伯爵 井上馨, 1895년 9월 2일 別紙 제2호(1~3), 〈東學黨 接主 張斗 在가 發表한 回章〉(갑오 7월 9일); 外交史料館, 〈東學黨會審顚末〉, 1895년 9월 20일.

222 黃玹, 《梧下記聞》 2필, 7월 15일.

223 1894년 11월 14일, 〈東學黨의 眞相(5)〉, 《二六新報》.

224 鄭昌烈, 《甲午農民戰爭研究: 全琫準의 思想과 行動을 중심으로》, 연세대 박사학위 논 문, 1991, 236~237쪽.

225 〈東學黨大巨魁生擒(2월 18일 京城發)〉, 《二六新報》, 1895년 3월 5일.

226 《隨錄》, 甲午 7月 17日, 〈茂朱執綱所〉.

227 〈兩湖倡義領袖全琫準謹百拜上書于湖西巡相閣下〉, 《黃海道東學黨征討略記》.

228 〈고시경군여영병이교시민〉, 《宣諭榜文幷東徒上書所志謄書》.

229 〈東學黨巨魁宣告文〉.

230 《全琫準供招》, 〈개국 504년 2월 9일 東徒罪人 全琫準 初招 問目〉.

231 《全琫準供招》, 〈2차 심문과 진술〉, 乙未 2月 11日(陰).

232 《全琫準供招》, 〈3차 심문과 진술〉, 乙未 2月 19日(陰) 및 《全琫準供招》, 〈4차 심문과 진술〉, 乙未 3月 7日(陰).

233 杉田聰, 《福澤諭吉 朝鮮·中國·台灣論集: '國權擴張' '脫亞'の果て》, 明石書店, 2010, 186~188·191~192쪽.

234 후쿠자와 유키치, 허호 역, 《후쿠자와 유키치 자서전》, 이산, 2013, 364쪽.

235 《戰爭秘錄 將軍長岡外史》, 17쪽.

236 《明治廿七·八年在韓苦心錄(1894~1895)》, 91쪽.

237 《蹇蹇錄》, 14~15쪽.

238 《舊韓國外交文書》 9, 淸案 2, 고종 31년 음 4월 30일(光緒 20년 4월 30일)[袁世凱→統理交涉通商事務 趙秉稷]; 《統理交涉通商事務衙門日記》, 고종 31년 5월 1일.

239 〈牙山縣淸國軍兵駐紮時錢用下成冊〉, 甲午五月初一日以朝二十九日至, 自六月初一日以初五日至, 六月初六日以初十日至, 六月十一日以十五日至(규장각도서, 奎. 17175, 17177, 17178, 17179); 〈牙山縣淸國軍兵駐紮時馬太用下成冊〉, 五月初三日朝至十五日夕, 自十六日朝至二十九日夕, 六月初一日以初五日至, 六月初六日以初十日至(규장각도서, 奎. 17180, 17181, 17182, 17184); 〈牙山縣大同米中留待船格等粮米上下成冊〉, 光緒 20年 6月 日 牙山縣(규장각도서, 奎. 17183).

240 參謀本部, 《明治 二十七·八年 日淸戰爭》(1), 東京印刷株式會社, 1904, 117쪽.

241 朴宗根, 앞의 책, 76~77쪽.

242 《蹇蹇錄》, 岩波書店, 1940, 121쪽.

243 《蹇蹇錄》, 104쪽.

244 〈右政府照會於袁館〉, 《東匪討錄》.

245 《統理交涉通商事務衙門日記》, 고종 31년 5월 1일.

246 〈淸兵의 出兵 및 募兵 (1)〉, 明治 27年 6月 5日~7月 5日, 井上 海軍少佐, 神尾 少佐(防衛省 防衛研究所, 〈明治27·8年 戰史編纂準備書類 第四十八: 大本營〉).

247 〈日本出兵에 관한 風說과 咸鏡道 北部 淸國軍 分駐說〉(1894년 7월 1일 元山 二等領事 上野專一→公使 大鳥圭介), 《駐韓日本公使館記錄》).

248 戚其章, 《甲午戰爭史》, 上海人民出版社, 2005, 15~16쪽.

249 聶士成, 《東征日記》, 갑오 6월 5일(中國近代史資料叢刊, 1956 《中日戰爭》 6권, 中國史學會 主編).

250 《東匪討錄》, 〈五月十三日 內署〉.

251 《東匪討錄》, 〈袁陣所請諸條〉.

252 金允植, 《沔陽行遣日記》, 5월 4일.

253 《東匪討錄》, 〈袁陣所請諸條〉.

254 《東匪討錄》, 〈初二日 錦伯〉.

255 《東匪討錄》, 〈初七日 錦伯〉.

256 天野壽之助, 《牙山戰史》, 日淸戰蹟記念碑建設期成會, 1936, 10~11쪽.

257 〈朝鮮派遣 淸軍의 狀況(2)〉, 明治 27年 6月 19日~7月 2日, 井上 海軍少佐, 新納 海軍少佐 報壹(49) 明治 27年 6月 27日.

258 《兩湖電記》, 5월 초7일.

259 外務省, 〈淸國ノ部(分割 2)〉, 明治 27年 6月 4日~7月 21日.

260 李鐥永, 《錦藩集略》, 別報, 홍주, 청주에 내림[洪州, 淸州].

261 防衛研究所, 〈牙山附近支那兵狀況偵察報告附記〉, 〈출발에 앞서 행할 여러 가지 준비〉, 明治 27년 7월 12일, 육군 보병 중위 有吉雅一.

262 《隨錄》, 〈六月 初六日〉.

263 《東匪討錄》, 〈二十四日 完伯電〉 및 〈同日 迎接官電〉.

264 《錦藩集略》, 6월 14일.

265 〈所志 甲午 六月〉(한국학중앙연구원, 《古文書集成 89: 牙山 船橋 長興任氏篇》, 2008, 49쪽).

266 洪健, 《洪陽紀事》, 二十四日.

267 李重夏, 《南征日記》, 5월 초3일.

268 《南征日記》, 5월 초4일.

269 《南征日記》, 5월 초5일.

270 《南征日記》, 초6일.

271 《南征日記》, 5월 초7일.

272 《南征日記》, 초8일.

273 《南征日記》, 5월 초9일.

274 《南征日記》, 5월 초10일.

275 天野壽之助, 《牙山戰史》, 1936, 日淸戰蹟記念碑建設期成會, 49쪽.

276 《統理交涉通商事務衙門日記》, 甲午五月一日.

277 《南征日記》, 5월 12일.

278 《南征日記》, 5월 13일.

279 《南征日記》, 5월 16일.

280 《南征日記》, 5월 19일.

281 《南征日記》, 5월 20일.

282 《南征日記》, 5월 22일.

283 《南征日記》, 5월 24일.

284 《南征日記》, 5월 25~27일.

285 《南征日記》, 6월 13일, 6월 16일.

286 《南征日記》, 6월 24~25일; 《錦藩集略》, 別啓, 6월 26일.

287 黃玹, 《梅泉野錄》, 고종 31년 甲午, 〈성환역의 청일전투〉.

288 日本國會圖書館 憲政資料室 伊藤博文 關係文書 1, 書類の部 429, 〈韓國動亂陸師二連
隊增派ノ御沙汰書〉, 明治 27年 6月.

289 《舊韓國外交文書》 9, 淸案 2, 고종 31년 음 4월 30일(光緒 20년 4월 30일)[袁世凱→統理
交涉通商事務 趙秉稷]; 《統理交涉通商事務衙門日記》, 고종 31년 5월 1일.

290 《明治二七·八役陣中日記》, 1894년 6月 7日(日本國會圖書館 憲政資料室 野津道貫 關係文
書, 28-1).

291 堀雅昭, 《寺內正毅と近代陸軍》, 弦書房, 2019, 102쪽.

292 長船友則, 《宇品線92年の軌跡》, ネコ·パブリッシング, 2012, 5쪽.

293 史蹟名勝天然記念物保存協會廣島支部 編, 《(史蹟)明治二十七·八年戰役廣島大本營》,

1935, 5쪽.

294 森松俊夫, 《大本營》, 敎育社, 1981, 15·75~82쪽.

295 田健治郎傳記編纂會, 《田健治郎傳》, 1932, 80쪽.

296 《田健治郎傳》, 81쪽. 동일 내용은 有山輝雄, 앞의 책, 125~128쪽 참조.

297 延廣壽一, 앞의 논문, 151쪽.

298 大谷正, 〈憲政資料室所藏田健治郎關係文書中の伊東已代治書簡について: 日淸戰爭期の情報·宣傳活動に關する一史料〉, 《專修史學》 28, 1997, 58쪽.

299 大澤博明, 《陸軍參謀 川上操六: 日淸戰爭の作戰指導者》, 吉川弘文館, 2019, 53~54쪽.

300 大澤博明, 앞의 책, 65~66쪽.

301 小林茂 編, 《近代日本の海外地圖情報收集と初期外邦圖》, 大阪大學出版會, 2017, 155~156쪽.

302 原田敬一, 앞의 논문, 2011, 36쪽.

303 兵站總監部, 《陣中日誌》, 7月.

304 押上森藏, 《押上森藏經歷》, 裵太中央印刷所(岐阜縣), 1926, 110쪽.

305 〈牙山附近支那兵狀況偵察報告附記〉, 〈行軍計劃書 附錄〉(大本營-日淸戰役雜-M27-15-127), 陸軍步兵中尉 有吉雅一→大島義昌(1894년 7월 12일).

306 《甲午朝鮮陣》, 3~4쪽.

307 〈牙山附近支那兵狀況偵察報告附記〉·〈行軍計劃書 附錄〉, 陸軍步兵中尉 有吉雅一→大島義昌(1894년 7월 12일).

308 〈明治 27年 混成第9旅團 戰鬪始末及雜件〉(7월 28일, 보병 제11연대장 西島助義) 중 《陸軍省大日記》, 〈實驗한 意見〉(보병 제11연대 제11중대).

309 〈報告(2)〉(工兵 第1小隊), 《陸軍省大日記》.

310 參謀本部 編, 《明治二十七八年日淸戰史》 제8권, 東京印刷株式會社, 1904, 89쪽.

311 〈陣中日誌〉, 《陸軍省大日記》, 第1軍 兵站監部, 1894년 7월 25일.

312 〈第1軍 戰鬪詳報〉, 〈7월 25일부터 8월 5일까지 牙山方面 行軍景況〉, 《陸軍省大日記》, 8월 9일 臨時山砲大隊長 永田龜→司令官 大島義昌.

313 《押上森藏經歷》, 111쪽.

314 〈陣中日誌〉,《陸軍省大日記》, 第1軍 兵站監部, 1894년 7월 28일, 30일.

315 〈混成旅團報告 第18號(2)〉, 明治 27년 7월 27일, 大島義昌→熾仁親王.

316 松村啓一, 〈新聞特派員の日清戰爭報道: 京都《日出新聞》特派員堀江松華の記事をめ
ぐって〉,《戰爭責任研究》77號, 2012, 18쪽.

317 《東京日日新聞》, 1894년 8월 9일.

318 〈報告(2)〉(工兵 第1小隊),《陸軍省大日記》.

319 〈第1軍 戰鬪詳報〉, 〈8월 8일 押上 輜重司令官이 大島 旅團長에게 報告〉,《陸軍省大日
記》.

320 陸軍省, 〈明治 27년 7월 29일 野戰電信隊 報告〉, 明治 27년 8월 10일, 海老原 工兵中
尉.

321 防衛硏究所 資料, 〈混成旅團報告 第21號 混成旅團戰鬪詳報〉, 8월 12일.

322 〈李毓森致盛宣懷函(1894년 7월 6일). 漢城〉(陸旭麓 外,《甲午中日戰爭(下冊), 盛宣懷檔案資料
選輯之三》, 上海人民出版社, 1982).

323 〈復葉提督〉, 光緖 20년 6월 18일(國家淸史編纂委員會 編,《李鴻章全集》24, 2008: 電報 4, 安
徽敎育出版社, 148쪽).

324 《錦藩集略》, 6월 27일[六月二十七日].

325 《洪陽記事》, 24일[7월 26일].

326 延廣壽一, 앞의 논문, 45쪽.

327 陸軍省 編,《日淸戰爭統計集 : 明治二十七·八年戰役統計(下卷 2)》, 第14編, 〈糧秣〉,
1902, 621쪽.

328 山村健, 앞의 논문, 2003, 122쪽.

329 〈陣中日誌〉,《陸軍省大日記》, 第1軍 兵站監部, 1894년 7월 24일.

330 〈陣中日誌〉,《陸軍省大日記》, 第1軍 兵站監部, 1894년 7월 25일.

331 成歡戰蹟保存會,《成歡戰記》, 三秀舍, 1919, 71쪽.

332 《時事新報》, 1894년 7월 31일.

333 〈陣中日誌〉,《陸軍省大日記》, 第1軍 兵站監部, 1894년 7월 24일.

334 竹內正策,《韓地從征日記》, 113쪽.

335 高麗大學校 亞細亞問題硏究所 編,《舊韓國外交關係附屬文書》五《統署日記》三[高麗大

學校出版部, 1973, 358쪽].

336 日本 國立公文書館 資料, 〈野外勤務令ヲ定ム〉(明治 24年 12月 12日), 218~219쪽[公文類
聚 第十五編 明治二十四年 第二十七卷 軍事七 陸軍七].

337 延廣壽一, 앞의 논문, 55쪽.

338 黃玹, 《梧下記聞(二筆)》, 170쪽.

339 《戰爭秘錄) 將軍 長岡外史》, 35쪽.

340 《成歡戰記》, 62~64쪽.

341 山田大應 編, 《(連夜說敎) 松崎大尉》, 其中堂書店, 1894, 38쪽.

342 《戰爭秘錄) 將軍 長岡外史》, 36~37쪽.

343 《成歡戰記》, 72~77쪽; 《新日本の鹿島立》, 105~110쪽.

344 〈陣中日誌〉, 《陸軍省大日記》, 第1軍 兵站監部, 1894년 7월 25일.

345 博文館 編, 《日淸戰爭實記》 제9편, 1895, 106쪽.

346 延廣壽一, 앞의 논문, 51~53쪽.

347 遠藤芳信, 《近代日本の戰爭計劃の成立: 近代日本陸軍動員計劃策定史硏究》, 櫻井書
店, 2015, 811쪽.

348 遠藤芳信, 앞의 책, 814쪽.

349 遠藤芳信, 앞의 책, 817~818쪽.

350 兵站總監部, 〈陣中日誌〉, 7月, 1894년 7월 1일.

351 竹內正策, 《韓地從征日記》, 30쪽.

352 外務省 記錄局, 〈日淸韓交涉事件ニ際シ軍事上ノ設計ニ關スル韓國政府ノ協議雜件〉,
부산 총영사→외무대신, 7월 8일 자 보고.

353 遠藤芳信, 앞의 책, 822~824쪽.

354 〈勞務者 雇傭問題에 대한 件〉 2, 《駐韓日本公使館記錄》, 1894년 7월 11일 能勢 領事.

355 今伏波, 《軍人おもかけ》, 百華書院, 1903, 132~137쪽.

356 兵站總監部, 〈陣中日誌〉, 7月, 1894년 7월 5일.

357 藤井茂太, 《兩戰役回顧談》, 凸版印刷株式會社 本所分工場, 1936, 195~196쪽.

358 藤井茂太, 앞의 책, 198~199쪽.

359 藤井茂太, 앞의 책, 202~221쪽 참조.

360 《統理交涉通商事務衙門日記》, 고종 31년 7월 7일.

361 兵站總監部, 〈陣中日誌〉, 7月, 1894년 7월 17일.

362 兵站總監部, 〈陣中日誌〉, 7月, 1894년 7월 23일.

363 外務省 外交史料館, 〈京城豊島成歡牙山ニ於ケル戰鬪報告〉 중 〈7月25日 以後ノ景況 特別報告〉, 7月 30일 龍山에서 兵站監 竹内正策→兵站總監 川上操六.

364 兵站總監部, 〈陣中日誌〉, 7月, 1894년 7월 28일.

365 有賀長雄, 《保護國論》, 早稻田大學出版部, 1906, 224쪽.

366 加藤房藏, 《保護国経営之模範 埃及》, 京華日報社, 1905, 211쪽.

367 大山梓 編, 《山県有朋意見書》(明治百年史叢書 16), 原書房, 1966, 201~203쪽 참조.

368 《高宗實錄》, 高宗 31年 7月 20日.

369 《明治廿七·八年在韓苦心錄(1894~1895)》, 146쪽.

370 《時事新報》, 明治 27年 6月 17日.

371 酒田正敏, 《近代日本における対外硬運動の研究》, 東京大学出版会, 1978; 小林瑞乃, 〈日清戦争期の対外硬派: 政治改革と戦争支持はどう語られたのか〉, 《青山学院女子短期大学総合文化研究所年報》 제18호, 2011 참조.

372 《時事新報》, 明治 27年 6月 26日.

373 外務省 外交史料館, 〈韓國內政改革ニ關スル交涉雜件〉 제11권 6, 明治 27年 8月 1日 ~8月 31日 중 기밀 제173호, 〈朝鮮政府와의 假條約 締結件〉, 1894년 8월 25일, 특명 전권공사 大鳥圭介→외무대신 陸奥宗光.

374 〈鐵道 부설과 電線 가설 및 新港開場 要求가 困難한 件〉, 《駐韓日本公使館記錄》, 1894 년 7월 18일, 特命全權公使 大鳥圭介→外務大臣 陸奥宗光.

375 防衛省 防衛研究所, 《參謀本部大日記》, 〈參日第33号第2〉, 明治 27年 10月 9日.

376 有山輝雄, 《情報覇權と帝國日本(Ⅲ): 東アジア電信網と朝鮮通信支配》, 吉川弘文館, 2016, 160~164쪽.

377 《各司謄錄》(近代編), 《農商工部來去文》, 외부대신 이완용→농상공부대신 조병직, 건양 원년 7월 18일.

378 〈木浦·鎭南浦 開港 및 平壤開市에 관한 건〉, 《駐韓日本公使館記錄》, 1897년 7월 14일, 加藤 辨理公使→伯爵 大隈 外務大臣.

379 〈朝鮮國沿岸에서 淸國海軍 掃蕩을 위한 臨時 海軍根據地 設置의 件〉, 《駐韓日本公使館記錄》, 1894년 8월 25일(外務大臣 陸奧宗光→在朝鮮 特命全權公使 大鳥圭介).

380 《東京日日新聞》, 明治 27年 9月 12日.

381 《明治廿七·八年在韓苦心錄(1894~1895)》, 148쪽.

382 〈朝日兩國盟約 調印의 件〉, 1894년 8월 27일, 《駐韓日本公使館記錄》, 特命全權大使 大鳥圭介→外務大臣 陸奧宗光.

383 中塚明, 《日淸戰爭の研究》, 靑木書店, 1968, 177쪽.

384 《明治廿七·八年在韓苦心錄(1894~1895)》, 133~134쪽.

385 京城府 編, 《京城府史》(一), 1934, 598~599쪽.

386 梅溪昇, 〈日淸開戰前後における隱れたる諸事實について: 軍艦筑波の行動を中心として〉, 《鷹陵史學》 19, 1994, 202쪽.

387 日本國會圖書館 憲政資料室, 《大山巖關係文書》48-10, 〈陸軍の朝鮮政府に對する方針〉(森山茂德, 〈日淸戰爭時の日本軍部の對韓政策〉, 《獨協法學》 43, 1996, 182~183쪽에서 재인용).

388 森山茂德, 앞의 논문, 185~186, 191, 196쪽.

389 兵站總監部, 〈陣中日誌〉, 7月, 1894년 7월 17일.

390 兵站總監部, 〈陣中日誌〉, 7月, 1894년 7월 23일.

391 고려대학교 아세아문제연구소 편, 《舊韓國外交文書》[日案(2)], 1965, 1894년 10월 22일.

392 〈次官으로부터 韓船吸收를 위한 商品輸出 命令의 件〉, 《陸軍省大日記》, 明治 28년 2월.

393 РГИА(러시아국립역사문서보관소), 〈니콜라이 파블로비치 귀하〉, ф.560,оп.28.д.24.л л.331~334об. 1895년 카를 베베르가 니콜라이 파블로비치에게 보내는 보고서.

394 柳英武, 《東アジアにおける近代條約關係の成立》, 龍溪書舍, 2015, 79~84쪽.

395 《官報》, 개국 503년(1894) 7월 11일.

396 外務省 通商局, 〈京城ニ於ケル貨幣流通ノ狀況〉, 《通商彙纂》, 明治 27년 12월 8일 부 在京城領事館報告.

397 都冕會, 〈갑오개혁 이후 화폐제도의 문란과 그 영향(1894~1905)〉, 《韓國史論》 21, 1997, 388, 397~398쪽.

398 〈軍需品購入及ヒ人員雇傭等ニ使用スル貨幣ヲ得ルノ困難〉, 《駐韓日本公使館記錄》, 1894년 9월 8일. 特命全權大使 大鳥圭介→外務大臣 陸奧宗光.

399 이사벨라 버드 비숍, 이인화 역, 《한국과 그 이웃나라들》, 도서출판 살림, 2001, 351쪽.

400 姜德相, 〈甲午改革における新式貨幣發行章程の硏究〉, 《朝鮮史硏究會論文集》 3, 1967, 109쪽.

401 〈陣中日誌, 第1軍 兵站監部〉, 《陸軍省大日記》, 1894년 7월 30일.

402 姜孝淑, 〈청일전쟁기 일본군의 조선병참부: 황해·평안도 지역을 중심으로〉, 《한국근현대사연구》 51, 2009, 160쪽.

403 〈野津師團長一行의 陸路上京과 日本貨幣 通用의 件〉 1, 《駐韓日本公使館記錄》, 1894년 8월 10일, 大鳥 公使→室田 總領事.

404 〈陣中日誌, 第5師團 中路兵站監督本部〉, 《陸軍省大日記》, 1894년 8월 10일.

405 成歡戰蹟保存會, 《成歡戰記》, 三秀舍, 1919, 58~59쪽.

406 〈陣中日誌, 第5師團 中路兵站監督本部〉, 《陸軍省大日記》, 1894년 8월 11일.

407 〈陣中日誌, 第5師團 中路兵站監督本部〉, 《陸軍省大日記》, 1894년 8월 17일.

408 〈陣中日誌, 第5師團 中路兵站監督本部〉, 《陸軍省大日記》, 1894년 8월 24일.

409 〈朝鮮 勞務者의 賃金支拂에 관한 建議〉, 《駐韓日本公使館記錄》, 1894년 9월 9일(陸奧大臣).

410 〈陣中日誌, 第5師團 中路兵站監督本部〉, 《陸軍省大日記》, 1894년 9월 12일.

411 《蹇蹇錄》, 162~164쪽.

412 外務省 外交史料館, 〈對韓政策ニ關シ意見上申之件〉, 《韓国内政改革ニ關スル交涉雜件(第一卷)》, 明治 27년 6월 26일, 在京城 二等領事 内田定槌→外務大臣 陸奧宗光.

413 史蹟名勝天然記念物保存協會廣島支部, 《明治二十七八年戰役廣島大本營》, 1935, 1~13쪽.

414 日本國會圖書館, 特69-151, 《征淸詔勅集》(출판사항 불명), 8~9쪽.

415 《蹇蹇錄》, 161쪽.

416 《蹇蹇錄》, 176쪽.

417 外務省 外交史料館, 〈平壤戰鬪報告〉(9월 19일 부산항 영사→외무차관 林董), 明治 27년 9월 17일~9월 26일, 大本營/廣島 川上 中將/부산전신국장.

418 德島縣 編輯 發行, 《阿波戰時記》(上), 1895, 58쪽.

419 鈴木經勳, 《平壤大激戰實見錄》, 博文社, 1894, 14~15쪽.

420 鈴木經勳, 앞의 책, 25쪽.

421 《蹇蹇錄》, 179쪽.

422 〈朝鮮國內政에 관하여 적당한 간섭이 필요하다는 훈령〉, 《駐韓日本公使館記錄》, 1894
년 9월 18일, 外務大臣 子爵 陸奧宗光→在朝鮮 特命全權公使 大鳥圭介.

423 《明治廿七·八年在韓苦心錄(1894~1895)》, 183쪽.

424 《明治廿七·八年在韓苦心錄(1894~1895)》, 190~191쪽.

425 《蹇蹇錄》, 160쪽.

426 〈向背를 정하지 못하는 朝鮮高位層 태도 추궁과 在韓日公館 稟電節次〉, 《駐韓日本公
使館記錄》, 1894년 10월 29일, 陸奧 外務大臣→井上 特命全權公使.

427 《錦營來札》, 1894년 9월 9일.

428 海軍省, 〈明治 27年 11月 14日 電報 東學黨ノ件〉, 明治 27년 11월 16일, 인천 伊藤 중
좌→川上 병참총감.

429 〈冬至節 誓告 時 大赦令 發布 聖意를 만류하려는 日本公使의 서신〉, 《駐韓日本公使館
記錄》, 양력 12월 20일 伯爵 井上馨→外部大臣, 宮內府大臣.

430 〈위 文件에 대한 回答〉, 《駐韓日本公使館記錄》, 음력 11월 25일(12월 21일) 李載冕.

431 〈朝鮮에 관한 井上公使의 意見書 寫本 廻付〉, 《駐韓日本公使館記錄》, 1895년 7월 2일
西園寺 外務大臣代理.

432 이사벨라 버드 비숍, 앞의 책, 389쪽.

433 〈韓日密約協議 再開와 密約案 交換件〉, 《駐韓日本公使館記錄》, 1904년 2월 13일.

434 國會圖書館 立法調查局, 《舊韓末條約彙纂》 上, 東亞出版社, 1964, 65~69쪽.

435 《舊韓末條約彙纂》 上, 70~73쪽.

436 러일전쟁 직후부터 통감부에 이르기까지 '시정개선'을 명분으로 한 일제의 식민지화
정책에 대한 상세한 분석은 權泰檍, 〈1904~1910년 일제의 한국 침략 구상과 '시정개
선'〉, 《韓國史論》 31, 1994 참조.

437 〈對韓方針竝ニ對韓施設綱領決定ノ件〉, 《日本外交文書》 제37권 제1책, 明治 37년 5월
31일.

438 權泰檍, 〈統監府시기 日帝의 對韓農業施策〉, 《露日戰爭前後 日本의 韓國侵略》, 一潮閣, 1996 참조.

439 崔永禧, 〈韓日議定書에 關하여〉, 《史學硏究》 20, 1968, 253~254쪽.

440 〈日淸平和 후의 對韓方針을 정하는 일에 대한 內申〉, 《駐韓日本公使館記錄》, 機密 第33號 1895년 4월 8일, 특명전권공사 井上馨→외무대신 陸奧宗光.

441 日本國會圖書館 憲政資料室, 《井上馨關係文書》 第59冊, 日淸戰爭 676-2, 〈韓国後対策上奏書〉, 明治 27年 11月 7日.

442 《電報新聞》, 明治 37年 3月 4日.

443 有山輝雄, 앞의 책, 315쪽.

444 外務省 資料, 〈韓國通信事務帝國政府に委任一件〉, 明治 38년 4월 1일, 小村 외무대신→林 공사.

445 高嶋雅明, 《朝鮮における植民地金融史の硏究》, 大原新生社, 1978; 吳斗煥, 〈韓國開港期의 貨幣制度 및 流通에 관한 硏究〉, 서울대 박사학위 논문, 1984; 都冕會, 앞의 논문; 金才淳, 〈露日戰爭 직후 일제의 화폐금융정책과 조선 상인층의 대응〉, 《韓國史硏究》 69, 1990; 이윤상, 〈1894~1910년 재정제도와 운영의 변화〉, 서울대 박사학위 논문, 1996.

446 〈일본정부의 對韓 施政 방침 훈령 示達 건〉, 《駐韓日本公使館記錄》, 1904년 7월 8일, 外務大臣 小村壽太郎→特命全權公使 林權助.

447 〈目賀田 氏에 대한 內訓 사본 송부의 件〉, 《駐韓日本公使館記錄》, 1904년 9월 10일, 외무대신 小村壽太郎→특명전권공사 林權助.

448 〈典圜局을 廢止하는 件〉, 《官報》, 광무 9년 11월 30일.

449 吳斗煥, 앞의 논문, 252쪽.

450 京城商業會議所, 《韓國幣制改革ニ關スル情願書》, 1905년 11월 13일; 〈商業會議所에서 財政顧問 目賀田氏에게 請願한 全文〉, 《大韓每日申報》, 1906년 1월 12일~13일, 16일~17일 자.

451 "10. 하등 충당할 돈이 없는데도 불구하고 성질이 좋지 못한 대한제국 관리에게 돈을 주어 한국민에게 아무것도 알리지 않고 제일은행권을 발행한 것"《독립운동사자료》 6, 제1회 피고인 신문조서.

452 宇野俊一, 〈日淸戰爭〉, 《講座日本史》 6(日本帝國主義の形成), 東京大學出版會, 1970, 62쪽.

453 松下芳男, 《日淸戰爭 前後》(近代日本歷史: 第5冊), 白揚社, 1939, 289~309쪽. 이 용어는 삼국간섭 이후 평론가 미야케 세쓰레이三宅雪嶺가 자신의 심정을 중국 고사를 인용해 잡지 《日本》에서 언급한 것으로 당시 일본 내의 유행어가 되었다(河田宏, 《日淸戰爭は義戰にあらず》, 彩流社, 2016, 228쪽).

454 러일전쟁 이후 고문정치와 통감부 시기 보호국체제의 성립에 대해서는 森山茂德, 《近代日韓關係史硏究: 朝鮮植民地化と國際關係》, 東京大學出版會, 1987; 海野福寿, 《韓國併合》, 岩波書店, 1995; 서영희, 〈日帝의 한국 保護國化와 統監府의 통치권 수립과정〉, 《韓國文化》 18, 1996; 森山茂德·原田環 編, 《大韓帝國の保護と併合》, 東京大學出版會, 2013 참조.

455 有賀長雄, 앞의 책, 136~149쪽.

2부 야만의 전쟁과 휴머니즘: 풍도 해전·성환 전투

1 戚其章, 앞의 책, 38쪽.

2 《朝鮮國京畿道南陽泊地畧測圖》(규장각 고문서, 奎 25,332).

3 陳悅, 《碧血千秋: 北洋海軍甲午戰史》, 吉林大學出版社, 2008, 24~25쪽; 후지무라 미치오, 허남린 역, 《청일전쟁》, 소화, 1997, 131쪽.

4 《蹇蹇錄》, 144~145쪽.

5 戚其章, 앞의 책, 40~41쪽.

6 田保橋潔, 《近代日鮮關係の硏究(下)》, 朝鮮總督府 中樞院, 1940, 620쪽; 戚其章, 《國際法時角下的甲午戰爭》, 北京人民出版社, 2001, 290쪽.

7 〈一. 備倭往來電報鈔存, 6월 17일 去電(7월 19일)〉(陸旭麓 外, 《甲午中日戰爭(上冊)》, 盛宣懷檔案資料選輯之三, 上海人民出版社, 1980].

8 戚其章, 《國際法時角下的甲午戰爭》, 296~297쪽.

9 박영준, 《풍도》, 가람기획, 1999, 63~64쪽.

10 《日淸戰爭實記》 제6편, 〈俘虜の處分〉, 51쪽.

[11] 田保橋潔, 《近代日鮮關係の硏究》 下, 朝鮮總督府 中樞院, 1940, 620~621쪽. 책에서 다 보하시 키요시는 '원해기문冤海紀聞'으로 적고 있으나 '원해술문冤海述聞'이 맞으므로 정정했다. 淸 王炳耀 撰, 《中日战辑》(六卷) 附錄 〈冤海述聞〉, 光绪二十一年(沈雲龍 主編, 《近代中國史料叢刊》(第一輯, 文海出版社 수록), 1989.

[12] 《時事新報》, 1894년 7월 27일.

[13] 〈朝鮮問題에 관한 日本側의 提議 撤回의 件〉, 《駐韓日本公使館記錄》, 1894년 7월 28일.

[14] 有賀長雄, 《日淸戰役國際法論》, 日本陸軍大學校, 1896, 35쪽.

[15] 戚其章, 《國際法時角下的甲午戰爭》, 291쪽.

[16] 《駐韓日本公使館記錄》, 〈淸運送船 高陞號 격침과 便乘한 獨逸人 한네켄 氏의 筆記寫本 入手〉, 1894년 7월 28일.

[17] 후지무라 미치오, 《청일전쟁》, 132쪽.

[18] 《蹇蹇錄》, 149~150쪽.

[19] 《蹇蹇錄》, 147쪽; 戚其章, 앞의 책, 292쪽.

[20] 戚其章, 앞의 책, 298~309쪽.

[21] 田保橋潔, 앞의 책, 624쪽.

[22] 《蹇蹇錄》, 145쪽.

[23] 川崎三郎(紫山), 《日淸戰史》 卷1, 博文館, 1897, 286~287쪽.

[24] 誉田甚八, 《日淸戰史講究錄》, 偕行社, 1911, 3쪽.

[25] 孙克复·奚捷, 《甲午中日海战史》, 黑龙江人民出版社, 1980, 103~104쪽.

[26] 〈朝鮮國沿岸에서 淸國海軍 掃蕩을 위한 臨時 海軍根據地 設置의 件〉, 《駐韓日本公使館記錄》, 1894년 8월 25일(外務大臣 陸奧宗光 → 在朝鮮 特命全權公使 大鳥圭介).

[27] 《隨錄》, 〈六月初三日〉. 그런데 이 기록의 날짜는 착오가 있는 듯하다.

[28] 《金若濟日記》, 6월 28일.

[29] 閔建鎬, 문순요 역, 《海隱日錄》(Ⅲ), 부산근대역사관사료총서(3), 2010, 7월 3일.

[30] 《各司謄錄》 京畿道篇 1, 京畿道 關草 5(甲午 6월 27일, 경기감영→의정부).

[31] 海軍省, 〈第6節 高陞號 乘組 淸兵의 殘留兵〉, 7월 30일 在京城 新納少佐 報告.

[32] 《錦藩集略》, 6월 25일, 別啓.

[33] 《錦藩集略》, 7월 초3일, 別啓.

34 海軍省, 〈제7호 征淸海戰史稿本 권5⑵〉.

35 〈陣中日誌〉, 《陸軍省大日記》, 第1軍 兵站監部, 1894년 7월 31일.

36 〈8월 10일 野戰電信隊 報告 牙山으로부터 出發 以來 歸着 頃 報告〉, 8월 10일 海老原 工兵中尉.

37 原田敬一, 〈混成第9旅團의 日淸戰爭⑵: 新出史料의 〈從軍日誌〉에 基づいて〉, 《歷史學部 論集》(2012年 3月, 佛敎大學) 2號, 2012, 72쪽.

38 陸軍省, 〈明治 27年 混成 第9旅團 戰鬪始末 및 雜件〉, 步兵第11聯隊長 西島助義.

39 李重夏, 《南征日記》.

40 聶士成, 《東征日記》, 6월 27일.

41 孙克复・关捷, 《甲午中日战争人物传》, 黑龙江人民出版社, 1894, 112쪽.

42 聶士成, 《東征日記》.

43 海軍省, 〈金州에서 入手한 文書 抄譯〉(無名→提督 葉志超, 8월 28일), 明治 27년 12월 13일.

44 聶士成, 《東征日記》.

45 陸軍省, 〈混成旅團報告 第20號〉, 7월 30일 大島義昌.

46 聶士成, 《東征日記》.

47 천안시지편집위원회, 《天安市史(上)》, 천안합동인쇄공사, 1997, 271쪽.

48 《天安市史(上)》, 271쪽.

49 外務省, 〈전투상보 豊辺 기병중대장〉, 7월 29일 아산 豊辺 기병중대장.

50 陸軍省, 〈9월 15일 龍山混成旅團長 大島義昌發 參謀總長 熾仁親王, 成歡驛 戰鬪의 戰死傷者 名簿〉, 明治 27년 8월 15일.

51 〈8, 13 留守 제5사단 7월 29일 成歡의 役에서 死傷者 一覽表〉, 《陸軍省大日記》, 留守 제5사단 參謀長 三上晉太郞.

52 《成歡戰記》, 89~90쪽.

53 양계초, 박희성・문세나 역, 《이홍장 평전》, 프리스마, 2013, 175~176쪽.

54 聶士成, 《東征日記》.

55 戚其章, 〈翁同龢与甲午和戰之爭〉(常熟市 人民政府・中國史學會 編, 《甲午戰爭与翁同龢》, 中國人民大學出版社, 1994, 55쪽).

56 頤念,〈翁同龢与帝后黨關係研究〉(常熟市 人民政府·中國史學會 編,《甲午戰爭与翁同龢》, 中國 人民大學出版社, 1994, 143쪽).

57 《翁文恭公日記》 제33책, 58쪽(孫克复·关捷,《甲午中日战争人物传》, 黑龙江人民出版社, 1984, 46쪽).

58 鄭龍威,〈甲午戰爭中的翁同龢与張謇:《張謇日記 [甲午年] 箋注》節錄〉(常熟市 人民政府· 中國史學會 編,《甲午戰爭与翁同龢》, 中國人民大學出版社, 1994, 257쪽).

59 鄭龍威, 앞의 논문, 260~261쪽 참조.

60 孫克复,〈翁同龢与甲午戰爭〉(常熟市 人民政府·中國史學會 編,《甲午戰爭与翁同龢》, 中國人民 大學出版社, 1994, 37쪽).

61 《梅泉野錄》, 高宗 31年 甲午.

62 《明治廿七·八年在韓苦心錄(1894~1895)》, 135쪽.

63 《蹇蹇錄》, 131쪽.

64 戚其章, 앞의 책, 72~73쪽.

65 《申報》,〈攘日議〉, 1894년 7월 9일.

66 陸軍省,〈明治 27년 7월 29일 야전상보 보병 제11연대, 보병 제21연대〉, 7월 29일.

67 《牙山縣大陣駐札時各邑移來稅太成冊》, 開國 503年 7月 牙山縣(규장각도서, 奎 17184-1).

68 《統理交涉通商事務衙門日記》, 고종 31년 7월 초4일.

69 《統理交涉通商事務衙門日記》, 고종 31년 7월 초9일.

70 〈7월 초1일(8월 1일) 中堂 去電〉(陸旭麓 外,《甲午中日戰爭(上冊): 盛宣懷檔案資料選輯之三》, 上 海人民出版社, 1980).

71 〈초2일 去電(8월 2일)〉(《甲午中日戰爭(上冊): 盛宣懷檔案資料選輯之三》).

72 〈초3일 去電(8월 3일)〉(《甲午中日戰爭(上冊): 盛宣懷檔案資料選輯之三》).

73 〈6월 28일 去電(7월 30일)〉(《甲午中日戰爭(下冊): 盛宣懷檔案資料選輯之三》). 그러나 이 계획 은 풍도 해전의 패배로 논의로만 그치게 되었다.

74 〈초7일(8월 7일) 去電. 平壤 薇蕭〉(《甲午中日戰爭(上冊): 盛宣懷檔案資料選輯之三》).

75 〈內閣奉上諭成歡地方作戰出力人員著分別獎恤以資鼓勵〉(광서 20년 7월 28일)(戚其章 主 編, 中國近代史資料叢刊 續編,《中日戰爭(第1冊)》, 中華書局, 1986, 150쪽).

76 〈초2일 去電(8월 2일)〉(《甲午中日戰爭(上冊): 盛宣懷檔案資料選輯之三》).

77 〈5월 5일(李鴻章→葉志超)〉, 〈6월 6일(李鴻章→葉志超)〉, 〈6월 9일(李鴻章→葉志超·聶士成)〉, 《國家淸史編纂委員會 編, 《李鴻章全集》 24: 電報 4, 安徽敎育出版社, 2008).

78 "烟劉蓻翁. 한국의 官民과 연락하니 또 최촉 성행. 평안도 민풍이 강하고 사나워서 능히 목숨을 바쳐 싸움을 도울 수 있을 것이다". 〈초9일 去電(8월 9일)〉(《甲午中日戰爭(上冊): 盛宣懷檔案資料選輯之三)》).

79 〈초6일 來電(8월 6일)〉(《甲午中日戰爭(上冊): 盛宣懷檔案資料選輯之三)》).

80 〈초7일 去電(8월 7일)〉(《甲午中日戰爭(上冊): 盛宣懷檔案資料選輯之三)》).

81 〈編修張百熙奏朝鮮軍情宜據實際報驗圖呈覽片〉(광서 20년 7월 8일)(戚其章 主編, 中國近代史料叢刊 續編, 《中日戰爭(第1冊)》, 中華書局, 1986, 64쪽).

82 翁万戈 編, 翁以钧 校订, 《翁同龢日记(第六卷)》, 中西书局, 2011, 2,760~2,761쪽.

83 〈混成旅團報告 제22호〉, 明治 27년 8월 6일 혼성여단장 대도의창→참모총장 치인친왕.

84 《日淸戰史講究錄》, 13~14쪽.

85 孙克复 主編, 《甲午中日战争史论集》, 辽宁大学出版社, 1984, 29~30쪽.

86 中國史學會 主編, 《中日戰爭》(1), 中國近代史料叢刊, 新知識出版社, 1956, 姚錫光, 〈東方兵事紀略〉 援朝篇 第二.

87 《錦藩集略》, 7월 초 2일.

88 黃玹, 〈성환역의 청일전투〉, 《梅泉野錄》, 고종 31년 甲午(1894).

89 《錦藩集略》, 7월 초3일.

90 필자 미상, 《避難錄》.

91 《국역 윤치호 영문 일기》(2), 1895년 3월 11일.

92 外務省, 〈경성, 풍도, 성환, 아산에서의 전투 보고〉, 明治 27년 7월 26일~8월 15일, 8월 15일 경성 이등영사 內田定槌→외무차관 林董.

93 《錦藩集略》, 7월 초3일.

94 李範奭, 《經亂錄》, 甲午.

95 金允植, 《沔陽行遣日記》, 7월 1일.

96 《錦藩集略》, 7월 초3일; 7월 초5일.

97 《錦藩集略》, 별보, 공주·전의·목천·온양에 내림[公州全義木川溫陽].

98 《錦藩集略》, 별보, 연기·청주·청안·음성·충주 등에 내림[燕岐淸州淸安陰城忠州].

99 李冕宰,《甲午日記》, 甲午年 秋7月.

100 李丹石,《時聞記》.

101 《甲午日記》, 甲午年 秋 7月.

102 黃玹, 〈성환역의 청일전투〉,《梅泉野錄》, 고종 31년 甲午(1894).

103 朴周大,《羅巖隨錄》.

104 車相瓚, 〈七才 때 目擊한 日淸戰爭〉,《四海公論》, 1938년 7월호, 31쪽.

105 戚其章, 앞의 책, 71쪽.

106 車相瓚, 앞의 글, 29~31쪽.

107 《公文編案》, 奎.18154, 黃海道觀察使 閔泳喆→度支部, 1897년 3월 11일.

108 黃玹, 〈성환역의 청일전투〉,《梅泉野錄》 고종 31년 甲午(1894).

109 《啓草存案》, 甲午 七月 二十一日;《承政院日記》, 同日 條.

110 《統理交涉通商事務衙門日記》, 고종 31년 7월 19일;《駐韓日本公使館記錄》, 〈淸國軍 支援을 위한 地方官의 公文書 件〉, 1894년 8월 16일 발신, 1894년 8월 17일 수신, 陸 奧 大臣.

111 《錦營來札》(金允植→金弘集), 1894년 8월 11일, 9월 12일, 10월 4일, 12월 14일; 〈8월 1 일(李鴻章→葉志超)〉, 〈8월 3일(葉志超→李鴻章)〉, 〈8월 26일(李鴻章→九連城 葉提督)〉《李 鴻章全集》 24: 電報 4).

112 《韓國近代史資料集成》 16권, 프랑스 외무부 문서 6 조선Ⅵ [87] 〈공주 인근에서 조조 신부가 청국군에게 피살〉, 1894년 8월 16일.

113 《韓國近代史資料集成》 16권, 프랑스 외무부 문서 6 조선Ⅵ [96] 〈조조 신부 사망관련 문서 송부〉, #별첨 1. 조조 신부 피살사건에 관련하여 조선 대목이 르페브르 씨에게 보낸 보고서 사본(1894. 9. 7), 1894년 10월 8일.

114 《錦營來札》, 1894년 8월 11일 김윤식→김홍집.

115 《錦營來札》, 1894년 9월 12일 김윤식→김홍집.

116 《錦營來札》, 1894년 10월 4일 김윤식→김홍집.

117 《韓國近代史資料集成》 16권, 프랑스 외무부 문서 6 조선Ⅵ [96] 〈조조 신부 사망 관련 문서 송부〉, #별첨 2. 외아문 독판이 개국 503년 7월 15일(1894년 8월 15일) 르페브르 씨에게 보낸 공문의 번역본, #별첨 3. 외아문 독판이 르페브르 씨에게 1894년 9월 21

일 보낸 공문 번역본, 1894년 10월 8일.

118 《韓國近代史資料集成》16권, 프랑스 외무부 문서 6 조선Ⅵ [86] 〈조조 신부 살해사건 관련 보고서 발송〉, 1894년 10월 25일.

119 《韓國近代史資料集成》17권, 프랑스 외무부 문서 7 조선Ⅵ [5] 〈조선 선교회가 피살된 조조 신부의 청국배상금 배분을 요청〉, 1895년 2월 8일.

120 《錦營來札》, 1894년 12월 14일 김윤식→김홍집.

121 《韓國近代史資料集成》17권, 프랑스 외무부 문서 7 조선Ⅵ [13] 〈공주에서 피살된 조조 신부 유해의 서울 이송 및 장례〉, 1895년 5월 10일.

122 《錦藩集略》, 7월 25일.

123 〈史部尚書 宗室麟 등 상주〉, 1894년 8월 17일(中國近代史資料叢刊 續編, 《中日戰爭[第1冊]》, 中華書局, 1986, 90쪽).

124 《仁川港案》제2책, 丙申 4월 26일. 奎.17863-2.

125 《仁川港案》제3책, 丙申 3월 10일.

126 〈被害韓人 遺族에의 金錢 恤給의 件〉, 《駐韓日本公使館記錄》, 1894년 8월 24일(特命全權公使 大鳥圭介→外務大臣 陸奧宗光).

127 《統理交涉通商事務衙門日記》, 고종 31년 7월 15일.

128 《統理交涉通商事務衙門日記》, 고종 31년 7월 20일.

129 陸軍省 編, 〈軍中 군법회의 처단 인원 죄명 범죄지 별〉, 《日淸戰爭統計集: 明治二十七·八年戰役統計(下卷 2)》, 1902, 837~839쪽.

130 廣島縣廳, 《廣島臨戰地日誌》, 日新舍, 1899, 12~19쪽.

131 〈陸軍省戰役日記〉〈參謀本部より守備隊中行李駄馬を召集せざる件〉, 《陸軍省大日記》, 1894년 8월 16일.

132 〈陸軍省戰役日記〉〈官房으로부터 雇入人夫의 契約書 寫入用의 件〉, 《陸軍省大日記》, 馬關 병참 겸 정박장 사령관→육군성 부관, 1894년 8월 24일. [제6사단]

133 池山弘, 〈愛知縣に於ける日淸戰爭從軍の軍役夫〉, 《四日市大學論集》18권 1호, 2005, 6·17~18쪽.

134 池山弘, 앞의 논문, 26쪽.

135 池山弘, 〈第二師団(仙台衛戍)に於ける日清戦争従軍軍役夫の募集: 岩手県庁文書の分

析〉, 《四日市大學論集》21권 1호, 2008, 17~22, 31~32쪽.

136 原田敬一, 〈軍隊と日淸戰爭の風景: 文學と歷史學の接點〉, 《鷹陵史學》19, 1994, 225쪽.

137 難波正一 編, 《朝鮮從軍渡航案內: 附 渡韓人夫手續及心得書》, 日進堂活版所, 1894, 6 쪽.

138 大谷正, 《兵士と軍夫の日淸戰爭: 戰場からの手紙をよむ》, 有志舍, 2006, 56쪽.

139 藤岡佑紀, 〈日露戰爭の軍役夫: 日露戰爭時の軍役夫備役規定と軍夫熱を中心に〉, 《駿 台史學》161, 2017, 6~7쪽.

140 《朝鮮從軍渡航案內: 附 渡韓人夫手續及心得書》, 7~8쪽.

141 藤岡佑紀, 〈日淸戰爭の '軍夫' に關する一考察: 日淸戰爭後の軍夫騷擾から〉, 《東アジ ア近代史》제21호, 2017, 124쪽.

142 原田敬一, 〈軍夫の日淸戰爭〉, 《日淸戰爭と東アジア世界の變容》(下), ゆまに書房, 1997, 458쪽; 大谷正, 《兵士と軍夫の日淸戰爭: 戰場からの手紙をよむ》, 有志舍, 2006, 71쪽.

143 統理交涉通商事務衙門, 《日案(四), 乙酉六月十五日, 奎. 17724.

144 大倉財團硏究會 編, 《大倉財閥の硏究: 大倉と大陸》, 近藤出版社, 1982, 63~65쪽.

145 金泰中, 〈舊韓國時代 日本 土建請負業者의 活動에 관한 硏究〉, 《硏究論文集》14(경남 대 공업기술연구소), 1996, 112쪽.

146 河田宏, 《日淸戰爭は義戰にあらず》, 彩流社, 2016, 150쪽.

147 太田道太郎, 《軍夫紛擾顚末》, 忠愛社(東京), 1895, 2~3쪽.

148 《軍夫紛擾顚末》, 5쪽.

149 《日淸戰史》, 제1권, 96쪽.

150 原田敬一, 〈軍夫の日淸戰爭〉, 《日淸戰爭と東アジア世界の變容》(下), ゆまに書房, 1997; 大谷正, 《兵士と軍夫の日淸戰爭: 戰場からの手紙をよむ》, 有志舍, 2006; 山村 健, 〈日淸戰爭期韓國の對日兵站協力〉, 《戰史硏究年報》6, 防衛硏究所, 2003; 宮內彩 希, 〈日淸戰爭における朝鮮人人夫の動員〉, 《日本植民地硏究》22, 日本植民地硏究會, 2010.

151 松井庫之助, 〈韓山遼水(日淸戰役從軍回顧)〉(軍事討究會 編, 《戰陣叢話》 제3집, 1928, 9쪽).

152 〈陣中日誌, 第5師團 中路兵站監督本部〉, 《陸軍省大日記》, 1894년 8월 3일.

153 閔建鎬, 문순요 역, 《海隱日錄》(Ⅲ), 부산근대역사관사료총서(3), 2010, 7월 3일, 773~774쪽.

154 閔建鎬, 《海隱日錄》(Ⅲ), 7월 6일, 775쪽.

155 〈陣中日誌, 第5師團 中路兵站監督本部〉, 《陸軍省大日記》, 1894년 8월 12일, 14일.

156 〈陣中日誌, 第5師團 中路兵站監督本部〉, 《陸軍省大日記》, 1894년 8월 23일.

157 〈陣中日誌, 第5師團 中路兵站監督本部〉, 《陸軍省大日記》, 1894년 8월 19일.

158 〈陣中日誌, 第5師團 中路兵站監督本部〉, 《陸軍省大日記》, 1894년 8월 19일, 20일.

159 兵站摠監部, 〈陣中日誌〉, 8월 13일.

160 延廣壽一, 〈日淸爭と朝鮮民衆: 電線架設支隊長の日記から見た抵抗活動〉, 《日本史研究》 584, 2011, 21쪽.

161 〈陣中日誌, 第5師團 中路兵站監督本部〉, 《陸軍省大日記》, 1894년 9월 2일.

162 〈陣中日誌, 第5師團 中路兵站監督本部〉, 《陸軍省大日記》, 1894년 8월 21일.

163 〈제5사단 현재 인마 수 표, 한인 인부 사용 기타 경황, 도로 및 행진의 상황〉, 《陸軍省大日記》, 1894년 8월 21일, 제5사단 감독부장 吉田公宗.

164 《錦藩集略》, 7월 26일, 8월 초 3일.

165 〈陣中日誌, 第5師團 中路兵站監督本部〉, 《陸軍省大日記》, 1894년 8월 22일.

166 〈陣中日誌, 第5師團 中路兵站監督本部〉, 《陸軍省大日記》, 1894년 8월 25일.

167 博文館 編, 〈竹內中佐の兵站談〉, 《日淸戰爭實記》 第11編, 1894년 12월, 86~87쪽.

168 〈陣中日誌〉, 《陸軍省大日記》, 兵站總監部, 8월 11일.

169 〈軍需品 購買調達費의 韓貨代替使用 交涉訓令〉, 《駐韓日本公使館記錄》, 1894년 8월 15일(外務大臣 陸奧宗光→在京城 特命全權公使 大鳥圭介).

170 日本大藏省 編, 《明治大正財政史》 제1권, 財政經濟學會, 1940, 134~135쪽.

171 〈陣中日誌〉, 《陸軍省大日記》, 兵站總監部, 8월 11일.

172 今村忠男, 《軍票論》, 商工行政社, 1941, 3~4쪽.

173 日本大藏省 編, 《明治大正財政史》 제20권, 財政經濟學會, 1939, 672~679쪽.

174 〈野津 師團長一行의 陸路上京과 日本貨幣 통용의 件〉 1, 《駐韓日本公使館記錄》, 1894년 8월 10일(大鳥 公使→室田 總領事).

175 〈軍需品 購買調達費의 韓貨代替使用 交涉訓令〉, 《駐韓日本公使館記錄》, 1894년 8월

15일(外務大臣 陸奧宗光→在京城 特命全權公使 大鳥圭介), 〈別紙〉 '朝錢代用證券發行手續' 및 '大朝鮮國貨幣代用證券發行令'.

176 陸軍省, 〈經理局 朝鮮國 通用 韓錢鑄造의 件〉, 明治 27년 9월 10일(經理局長).

177 《駐韓日本公使館記錄》〈朝鮮 勞務者의 賃金支拂에 關한 建議〉, 1894년 9월 9일(陸奧大臣).

178 "일본 은화를 조선 은화와 마찬가지로 조세 납부나 인민 상호의 거래상 지장 없도록 통용시키고, 만약 거부하는 자는 엄형에 처할 것." 《駐韓日本公使館記錄》, 〈行軍 中 朝鮮政府에 協調要請 件〉, 1894년 10월 8일(小村 서기관→大鳥 공사).

179 日本大藏省 編, 《明治大正財政史》 제15권, 財政經濟學會, 1938, 700쪽.

180 今村忠男, 《軍票論》, 商工行政社, 1941, 9~10쪽; 寺田近雄, 《日本의 軍票》, アド·ユニ, 1987, 25쪽.

181 〈陣中日誌, 第5師團 中路兵站監督本部〉, 《陸軍省大日記》, 1894년 8월 16일.

182 〈야전감독장관 일본 화폐 통용의 일에 붙여 보고〉(8. 24, 야전감독장관 野田豁通), 《陸軍省大日記》.

183 〈陣中日誌, 第5師團 中路兵站監督本部〉, 《陸軍省大日記》, 1894년 9월 1일.

184 寺田近雄, 《日本의 軍票》, アド·ユニ, 1987, 24쪽; 小林英夫, 《日本軍政下のアジア: '大東亞共榮圈'と軍票》, 岩波書店, 1993, 4~5, 21~22쪽.

185 陸軍省, 〈歡迎手續〉, 明治 27년 8월 5일.

186 《成歡戰記》, 106쪽; 原田敬一, 앞의 논문, 77쪽.

187 外務省, 〈京城, 豊島, 成歡, 牙山에서의 戰鬪報告〉, 明治 27년 7월 26일~8월 15일.

188 竹內正策, 《韓地從征日記》, 171쪽.

189 陸軍省, 〈明治 27年 混成 제9旅團 戰鬪始末 및 雜件〉, 보병 제11연대장 西島助義(8월 9일 임시산포병대대장 永田龜→大島義昌). 그런데 일본군 고위 장교가 전리품의 '약탈'과 '탈취'라는 표현을 쓴 것이 특이하다.

190 《東京日日新聞》, 1894년 8월 5일.

191 金允植, 《沔陽行遣日記》, 1894년 7월 초6일.

192 遠藤速太, 《支那征討實錄(前篇)》, 金櫻堂, 1894, 170~173쪽.

193 菊池謙讓, 《近代朝鮮史》(下), 鷄鳴社, 1939, 306쪽.

194 〈7月 31日 兵站監に与ふる訓令 成歡付近にて得たる戰利品は七原まで軍隊を以て後送す 大島旅団長〉, 《陸軍省大日記》.

195 〈7月 31日 兵站監に与ふる訓令 牙山に於て得たる諸戰利品は白石浦にて韓船借上げ積込み置き歩兵支隊の護衛を付す予定なり 大島旅団長〉, 《陸軍省大日記》.

196 〈陣中日誌〉, 《陸軍省大日記》, 第1軍 兵站監部, 1894년 7월 30일.

197 垣田純朗, 《日清軍記》, 民友社, 1894, 94쪽.

198 李圭泰, 《先鋒陣上巡撫使書附雜記》, 갑오년 10월 22일 순무사 신정희에게 올리는 편지[上巡撫使申正熙書甲午十月二十二日].

199 李圭泰, 《先鋒陣上巡撫使書附雜記》, 순무사에게 올리는 편지[上巡撫使書].

200 《成歡戰記》, 48쪽.

201 陸軍省, 〈歡迎手續〉, 明治 27년 8월 5일.

202 原田敬一, 앞의 논문, 2012, 78쪽.

203 博文館 編, 〈戰利品の陳列〉, 《日清戰爭實記》 제6편, 1895, 49~51쪽.

204 三好守雄, 《支那征伐演說》, 學友館, 1894, 60쪽.

205 木下直之, 《戰爭という見世物: 日清戰爭祝捷大會潛入記》, ミネルヴァ書房, 2013, 186쪽.

206 〈日清の戰爭は文野の戰爭なり〉, 《時事新報》, 1894년 7월 29일.

207 井ヶ田良治·山岡高志, 〈征清戰袍餘滴(一): 山岡金藏中尉日清戰爭從軍日誌〉, 《社會科學》 75호, 2005, 46쪽.

208 陸軍省, 〈戰利品回附方法 願하는 件〉, 27년 9월 22일, 宮城縣 知事 勝間田稔→陸軍次官 兒玉原太郎.

209 陸軍省, 〈戰利品回附方法 願하는 件〉, 27년 9월 26일, 靖國神社 宮司 賀茂水穗→陸軍省 副官 山内長人.

210 博文館 編, 〈戰利品の陳列〉, 《日清戰爭實記》 제6편, 1895, 47~48쪽; 陸軍省, 〈靖國神社로부터 分捕品 縱覽 差計의 件〉, 明治 27년 9월 8일, 高級 부장.

211 《成歡戰記》, 54쪽.

212 古庄正, 〈兵にとって日清戰爭とは何であったのか: ある軍醫の 陣中日誌 を手がかりとして〉(文化センター アリラン, 《日清戰爭·甲午農民戰爭100年の歷史的意味》, 1994, 18~20

쪽).

213 《讀賣新聞》, 1894년 8월 9일.

214 岡崎一, 〈当時の日記から見た日清戦争〉, 《人文學報》 514-10, 首都大學, 2018, 23~24
쪽.

215 《甲午日錄》, 明治 1~12월, 231(岡崎一, 앞의 논문, 27쪽).

216 岡崎一, 앞의 논문, 28쪽.

217 木下直之, 《戰爭という見世物: 日淸戰爭祝捷大會潛入記》, 2013, ミネルヴァ書房, 23
쪽.

218 《成歡戰記》, 92~94쪽. 그런데 당시 하나의 영자관은 보통 관리, 두 개는 고위 관리,
세 개는 공신들에게 내리는 특별하사품으로, 나가오카가 습득한 것은 니에시청의 것
이 아닌 일반관리의 것으로 보인다.

219 安達謙蔵, 《安達謙蔵自敍傳》, 新樹社, 1960, 37~38쪽.

220 〈陸軍省戰役日記〉, 〈警視廳으로부터 分捕品의 뜻(義)에 부쳐 問議 件〉, 《陸軍省大日
記》, 1895년 1월, 경시총감 園田安賢→육군차관 兒玉源太郎(1894년 12월 14일).

221 제1조: 일청전역에 관해 육군에서 노획한 전리품을 정리하기 위해 다음의 위원을
둔다.

위원장 장관將官 1인

위원 좌·위관佐·尉官 또는 동등관 약간

서기 육군속 약간

제2조: 전리품은 그것을 나누어 병비품兵備品 및 통상물품으로 하여 그 군용에 맞는
것은 병비품으로 하고 그 군용에 맞는 것은 통상물품으로 한다.

제3조: 병비품은 그 용도에 따라 육군 관아의 보관에 속하고 통상물품은 육군기지의
관아에서 사용 필요가 있는 것을 제하고 그 외에는 기념을 위해 이를 제실帝室에 바치
고 만약 기타 공중이 마음대로 볼 수 있게 제공하여 진열장 혹은 신사神社 불여佛閣에
나누어 진열하고 영구히 그것을 보존한다. 또한 이상의 항목에 해당하는 것은 이를 매
각할 수 없다.

위원은 위 항목의 구분에 따라 품목 수량을 조사한다.

제4조: 위원장은 위원을 지휘하여 제2조, 제3조에 기초한 전리품의 정리를 심의하고

육군 관아의 보관에 속하는 것은 안을 만들어 육군대신의 지휘를 청하고 나머지는 적당히 처분하고 보고한다.

제5조: 제3조에 관한 운반을 할 때 필요한 비용은 임시군사비의 지불에 속한다.

國立公文書館, 公文類聚·第十九編·明治二十八年·第二十三卷·軍事一·陸軍一 중 〈陸軍戰利品整理의 件〉(明治 28년 8월 10일, 陸軍大臣·海軍大臣).

222 천안시지편집위원회, 《天安市史(上)》, 천안합동인쇄공사, 1997, 271쪽.

223 西川宏, 《ラッパ手の最後: 戰爭のなかの民衆》, 靑木書店, 1984; 中內敏夫, 《軍國美談と敎科書》, 岩波書店, 1988; 후지무라 미치오藤村道生, 허남린 역, 《청일전쟁》, 소화, 1997, 146쪽.

224 《東京日日新聞》, 1894년 8월 9일 자.

225 竹亭主人(福良竹亭), 〈日淸戰爭時代の從軍記者〉, 《上方》 81, 創元社(大阪), 1937, 20쪽; 岡本光三, 《日本戰爭外史 從軍記者》, 新聞時代社, 1965 , 212~214쪽.

226 竹下源之介, 《太平洋探險家 鈴木經勳》, 大日本海洋圖書出版社, 1943, 227쪽.

227 柵瀬軍之佐, 《見聞記錄)朝鮮時事》, 春陽堂, 1894, 15~16쪽; 遲塚金太郎, 《陣中日記》, 春陽堂, 1894, 5~6, 18, 80쪽; 鈴木經勳, 〈日淸戰爭從軍記: 記者團成歡臺を占據〉, 《明治大正史談》 제7호, 1937, 15~16쪽; 黑龍會, 《東亞先覺志士記傳(下卷)》, 原書房, 1966, 364~365쪽.

228 後醍院良正, 《西村天囚伝》 上卷, 朝日新聞社編修室, 1967, 237쪽.

229 《大阪每日新聞》, 1894년 6월 29일 및 6월 30일 자.

230 《廣島臨戰地日誌》, 36쪽.

231 博文館 編, 〈喇叭卒 木口小平〉, 《日淸戰爭實記》, 1895, 40, 41~42쪽.

232 古賀牧人 編, 《近代日本戰爭史事典》, 光陽出版社, 2006, 73쪽.

233 相島龜三郎, 《尋常小學修身書(例語原據)》, 寶文館, 1912, 13~14쪽.

234 西川宏, 《ラッパ手の最後: 戰爭のなかの民衆》, 靑木書店, 1984, 146~147쪽.

235 이에 대한 상세한 내용은 樋口覺, 《日淸戰爭異聞: 萩原朔太郎か描いた戰爭》, 靑土社, 2008 참조.

236 《大阪每日新報》, 1937년 8월 25일; 〈現存せる原田十吉翁〉, 《上方》 81, 創元社(大阪), 1937, 36쪽.

237 최인택, 〈평양 명승 사진그림엽서 '현무문'에 얽힌 전쟁영웅담: 청일전쟁 평양 전투 영웅 하라다 주키치의 표상과 기억〉,《일본문화연구》71, 2019, 421~449쪽.

238 《幼年雜誌 號外, 征淸畵談》, 明治 27년 11월 30일 발행, 100~101쪽.

239 澱江畔人, 〈日淸戰役時代の軍歌槪觀〉,《上方》81, 創元社(大阪), 1937, 34~35쪽.

240 堀內敬三,《日本の軍歌》, 日本音樂雜誌, 1944, 85~87쪽.

241 《東京日日新聞》附錄, 1894년 9월 20일.

242 柳澤英樹,《寶生九郎傳》, わんや書店, 1944, 76쪽.

243 치모토 히데키, 최종길 역,《천황제의 침략 책임과 전후 책임》, 경북대출판부, 2017, 43쪽에서 재인용.

244 스즈키 마사유키, 유교열 역,《근대 일본의 천황제》, 이산, 2005, 49~50쪽.

245 하라 아키라, 김연옥 역,《청일·러일전쟁 어떻게 볼 것인가》, 살림, 2015, 87쪽.

246 荒畑寒村,《寒村自傳》(上), 筑摩書房, 1941, 25쪽.

247 行川富之助 編,《義勇奉公 少年龜鑑》, 弘文社(茨城縣), 1895, 23~25쪽.

248 上山和雄 편,《帝都と軍隊: 地域と民衆の視點から》, 日本經濟評論社, 2002, 246쪽.

249 上山和雄 편, 앞의 책, 239쪽.

250 上山和雄 편, 앞의 책, 241쪽.

251 林博史·原田敬一·山本和重 편,《軍隊と地域社會を問う(地域社會編)》, 吉川弘文館, 2015, 100~101쪽.

252 大濱徹也,《庶民のみた日淸日·日露戰爭: 帝國への步み》, 刀水書房, 2004, 55쪽.

253 細淵淸貴,《日淸戰爭從軍日記に關する硏究: 兵士の'眼差し'を視座にして》, 神戶學院 大學 博士論文, 2011, 25~26쪽.

254 《海南新聞》, 1894년 8월 9일 자.

255 《海南新聞》, 1894년 8월 9일 자.

256 德島縣 編輯 發行,《阿波戰時記》(上), 1895, 16~17쪽.

257 橫澤次郎,《征淸從軍錄》, 朝日新聞社, 1895, 1쪽.

258 이에 비해 후일 아시아태평양전쟁 시기《아사히신문》특파원 무노 다케지武野武治는 일본군을 찬양하는 기사를 썼다는 점을 반성하면서 퇴사 이후 반전 평화를 호소해 전혀 다른 모습을 보이기도 했다.

259 이 글에서는 다음과 같은 9개 신문 논조 분석에 집중했다.《東京朝日新聞》·《東京日日新聞》·《郵便報知新聞》·《時事新報》·《讀賣新聞》·《國民新聞》 등 6개의 중앙 주요 신문, 경제지인《中外商業新報》, 대본영 및 일본군 출동 지역 현지 신문인《海南新聞》(愛媛縣)·《福岡日日新聞》(福岡縣)이다. 이들 신문의 논설과 보도 내용을 통해 앞서 제기한 문제를 살펴볼 것이다.

260 《郵便報知新聞》, 1894년 3월 30일.

261 松本正純,《金玉均傳》, 厚生堂(東京), 1894, 14~17쪽.

262 《讀賣新聞》, 1894년 3월 30일;《讀賣新聞》, 1894년 4월 2일.

263 《讀賣新聞》, 1894년 4월 7일;《海南新聞》, 1894년 4월 8일;《讀賣新聞》, 1894년 4월 13일.

264 《讀賣新聞》, 1894년 3월 31일;《海南新聞》, 1894년 4월 6일.

265 《國民新聞》, 1894년 4월 8일;《讀賣新聞》, 1894년 4월 16일;《時事新報》, 1894년 4월 29일.

266 《時事新報》, 1894년 4월 20일;《國民新聞》, 1894년 4월 29일;《郵便報知新聞》, 1894년 5월 5일.

267 《時事新報》, 1894년 4월 24일.

268 《讀賣新聞》, 1894년 4월 28일;《讀賣新聞》, 1894년 4월 29일.

269 《時事新報》, 1894년 5월 22일.

270 《時事新報》, 1894년 4월 13일.

271 《時事新報》, 1894년 4월 19일.

272 《時事新報》, 1894년 4월 26일.

273 《時事新報》, 1894년 4월 18일;《中外商業新報》, 1894년 5월 16일.

274 《時事新報》, 1894년 5월 26일;《時事新報》, 1894년 6월 7일 호외;《中外商業新報》, 1894년 6월 10일.

275 《郵便報知新聞》, 1894년 7월 10일.

276 《時事新報》, 1895년 2월 17일.

277 小金井權三郎, 〈金氏の位牌を未亡人に送る〉(葛生玄晫,《金玉均》, 民友社, 1916, 50~59쪽).

278 《時事新報》, 1894년 5월 15일; 1894년 5월 16일.

[279] 《海南新聞》, 1894년 5월 19일.

[280] 《時事新報》, 1894년 5월 22일.

[281] 《時事新報》, 1894년 5월 24일.

[282] 《國民新聞》, 1894년 7월 26일.

[283] 《時事新報》, 1894년 5월 24일.

[284] 《海南新聞》, 1894년 5월 27일.

[285] 《讀賣新聞》, 1894년 6월 10일;《中外商業新報》, 1894년 6월 12일.

[286] 《時事新報》, 1894년 5월 26일.

[287] 《時事新報》, 1894년 6월 8일.

[288] 《福岡日日新聞》, 1894년 6월 9일.

[289] 《時事新報》, 1894년 5월 24일.

[290] 《讀賣新聞》, 1894년 6월 25일;《時事新報》, 1894년 6월 27일;《福岡日日新聞》, 1894
년 6월 30일.

[291] 《郵便報知新聞》, 1894년 5월 30일;《福岡日日新聞》, 1894년 6월 3일.

[292] 《讀賣新聞》, 1894년 6월 23일.

[293] 《福岡日日新聞》, 1894년 6월 3일.

[294] 《讀賣新聞》, 1894년 6월 8일.

[295] 《讀賣新聞》, 1894년 6월 9일.

[296] 《時事新報》, 1894년 6월 1일;《時事新報》, 1894년 6월 3일.

[297] 《海南新聞》, 1894년 6월 1일.

[298] 《國民新聞》, 1894년 6월 11일.

[299] 《時事新報》, 1894년 6월 3일;《時事新報》, 1894년 6월 9일.

[300] 《時事新報》, 1894년 10월 21일.

[301] 《時事新報》, 1894년 5월 30일.

[302] 《時事新報》 1894년 5월 30일;《讀賣新聞》, 1894년 5월 30일.

[303] 《國民新聞》, 1894년 5월 27일.

[304] 《讀賣新聞》, 1894년 6월 4일;《讀賣新聞》, 1894년 6월 5일;《時事新報》, 1894년 6월 8
일.

305 《福岡日日新聞》, 1894년 6월 12일.

306 《國民新聞》, 1894년 6월 15일.

307 《郵便報知新聞》, 1894년 6월 7일; 《郵便報知新聞》, 1894년 6월 9일; 《時事新報》, 1894
년 6월 8일; 《讀賣新聞》, 1894년 6월 12일.

308 《時事新報》, 1894년 6월 8일.

309 《時事新報》, 1894년 6월 9일; 《讀賣新聞》, 1894년 6월 9일.

310 《時事新報》, 1894년 6월 8일.

311 《讀賣新聞》, 1894년 6월 10일; 《國民新聞》, 1894년 6월 10일.

312 《時事新報》, 1894년 6월 10일 호외.

313 《讀賣新聞》, 1894년 6월 15일.

314 《國民新聞》, 1894년 6월 11일.

315 《福岡日日新聞》, 1894년 6월 19일; 《國民新聞》, 1894년 6월 22일.

316 《讀賣新聞》, 1894년 6월 24일; 《讀賣新聞》, 1894년 7월 1일, 《國民新聞》, 1894년 7월
1일.

317 《東京日日新聞》, 1894년 8월 5일.

318 《郵便報知新聞》, 1894년 9월 4일.

319 《東京朝日新聞》, 1894년 9월 16일.

320 《海南新聞》, 1894년 9월 9일.

321 《福岡日日新聞》, 1894년 10월 13일; 《讀賣新聞》, 1894년 12월 11일.

322 《東京朝日新聞》, 1894년 10월 23일; 《中外商業新報》, 1894년 11월 2일.

323 《東京朝日新聞》, 1894년 10월 9일.

324 《東京朝日新聞》, 1894년 10월 7일; 《郵便報知新聞》, 1894년 10월 7일.

325 《東京朝日新聞》, 1894년 11월 1일.

326 《讀賣新聞》, 1894년 6월 2일.

327 《讀賣新聞》, 1894년 9월 13일; 《郵便報知新聞》, 1894년 9월 15일; 《東京朝日新聞》,
1894년 10월 6일; 《郵便報知新聞》, 1894년 10월 7일; 《海南新聞》, 1894년 10월 9일;
《東京朝日新聞》, 1894년 12월 20일; 《東京朝日新聞》, 1894년 12월 25일.

328 《讀賣新聞》, 1894년 8월 29일; 《國民新聞》, 1894년 8월 29일.

329 《東京日日新聞》, 1894년 10월 30일; 《郵便報知新聞》, 1894년 11월 1일.

330 《讀賣新聞》, 1894년 11월 2일.

331 《讀賣新聞》, 1894년 10월 5일; 《東京朝日新聞》, 1894년 10월 5일; 《郵便報知新聞》, 1894년 10월 5일; 《國民新聞》, 1894년 10월 5일.

332 《國民新聞》, 1894년 11월 17일; 《東京朝日新聞》, 1894년 11월 17일.

333 《國民新聞》, 1894년 11월 30일.

334 《東京朝日新聞》, 1895년 2월 17일; 《東京朝日新聞》, 1895년 2월 26일.

335 《東京朝日新聞》, 1895년 3월 5일.

336 《時事新報》, 1894년 5월 16일.

337 《海南新聞》, 1894년 6월 1일; 《時事新報》, 1894년 6월 12일.

338 《國民新聞》, 1894년 6월 13일.

339 《郵便報知新聞》, 1894년 6월 11일; 《海南新聞》, 1894년 6월 12일.

340 《國民新聞》, 1894년 6월 9일.

341 《時事新報》, 1894년 6월 24일 호외.

342 《東京日日新聞》, 1894년 7월 5일.

343 《讀賣新聞》, 1894년 7월 23일.

344 《時事新報》, 1894년 8월 5일; 《時事新報》, 1894년 11월 20일.

345 《時事新報》, 1894년 8월 7일.

346 《讀賣新聞》, 1894년 7월 16일.

347 《時事新報》, 1894년 7월 17일.

348 《時事新報》, 1894년 6월 7일 호외.

349 《時事新報》, 1894년 6월 8일; 《福岡日日新聞》, 1894년 6월 12일.

350 《時事新報》, 1894년 6월 7일 호외; 《國民新聞》, 1894년 6월 9일.

351 《讀賣新聞》, 1894년 6월 24일.

352 《中外商業新報》, 1894년 6월 20일.

353 《郵便報知新聞》, 1894년 12월 8일; 《郵便報知新聞》, 1894년 12월 9일.

354 《時事新報》, 1894년 7월 3일.

355 《時事新報》, 1894년 7월 8일; 《時事新報》, 1894년 7월 25일.

356 《時事新報》, 1894년 6월 14일; 《郵便報知新聞》, 1894년 7월 18일; 《郵便報知新聞》, 1894년 6월 30일; 《郵便報知新聞》, 1894년 10월 18일.

357 《郵便報知新聞》, 1894년 7월 4일.

358 《時事新報》, 1894년 9월 22일.

359 《郵便報知新聞》, 1894년 7월 10일.

360 《國民新聞》, 1894년 10월 2일.

361 《讀賣新聞》, 1894년 8월 11일; 《時事新報》, 1894년 8월 17일.

362 《國民新聞》, 1894년 7월 13일; 《讀賣新聞》, 1894년 7월 24일.

363 《時事新報》, 1894년 7월 12일; 《時事新報》, 1894년 7월 18일; 《時事新報》, 1894년 8월 5일.

364 《福岡日日新聞》, 1894년 8월 30일.

365 《國民新聞》, 1894년 8월 22일.

366 《時事新報》, 1894년 8월 25일; 《國民新聞》, 1894년 8월 16일; 《郵便報知新聞》, 1894년 12월 5일.

367 《郵便報知新聞》, 1894년 7월 10일.

368 《時事新報》, 1894년 7월 23일 호외.

369 《時事新報》, 1894년 8월 1일.

370 《時事新報》, 1894년 12월 14일.

371 《郵便報知新聞》, 1894년 12월 18일.

372 《國民新聞》, 1894년 5월 30일; 《國民新聞》, 1894년 5월 31일.

373 《時事新報》, 1894년 6월 19일.

374 《二六新報》, 1894년 12월 7일.

375 《國民新聞》, 1894년 10월 2일; 《國民新聞》, 1894년 9월 19일; 《國民新聞》, 1894년 10월 4일.

376 《東京日日新聞》, 1894년 10월 17일.

377 《讀賣新聞》, 1894년 11월 25일.

378 《郵便報知新聞》, 1894년 12월 22일.

379 《東京日日新聞》, 1894년 6월 27일; 《郵便報知新聞》, 1894년 7월 24일.

380 《讀賣新聞》, 1894년 7월 10일.

381 《國民新聞》, 1894년 8월 22일.

382 《國民新聞》, 1894년 8월 28일.

383 《國民新聞》, 1894년 9월 7일.

384 《時事新報》, 1894년 8월 26일.

385 《時事新報》, 1894년 8월 28일.

386 《時事新報》, 1894년 9월 4일.

387 《讀賣新聞》, 1894년 7월 9일.

388 《時事新報》, 1894년 8월 8일.

389 《時事新報》, 1894년 8월 18일.

390 강창일, 〈갑오농민전쟁 자료발굴: 전봉준 회견기 및 취조 기록〉, 《사회와 사상》 창간호, 1988, 256~257쪽.

391 《福岡日日新聞》, 1894년 5월 25일; 《讀賣新聞》, 1894년 6월 7일.

392 《郵便報知新聞》, 1894년 6월 1일; 《時事新報》, 1894년 6월 5일; 《東京日日新聞》, 1894년 6월 6일; 《福岡日日新聞》, 1894년 6월 7일.

393 《郵便報知新聞》, 1894년 6월 6일.

394 《國民新聞》, 1894년 6월 11일.

395 《時事新報》, 1894년 6월 9일.

396 《國民新聞》, 1894년 6월 5일; 1894년 6월 9일.

397 《國民新聞》, 1894년 6월 12일.

398 《郵便報知新聞》, 1894년 6월 12일.

399 《國民新聞》, 1894년 6월 19일.

400 《郵便報知新聞》, 1894년 6월 7일 부록; 6월 8일.

401 《中外商業新報》, 1894년 7월 12일; 8월 2일.

402 《讀賣新聞》, 1894년 7월 9일.

403 《時事新報》, 1894년 7월 29일.

404 《時事新報》, 1894년 7월 20일.

405 《時事新報》, 1894년 7월 21일.

406 《國民新聞》, 1894년 2월 14일.

407 《國民新聞》, 1894년 2월 21일.

408 《讀賣新聞》, 1894년 7월 22일.

409 《時事新報》, 1894년 6월 13일.

410 《時事新報》, 1894년 6월 16일.

411 《時事新報》, 1894년 7월 27일 호외.

412 《國民新聞》, 1894년 8월 3일.

413 《郵便報知新聞》, 1894년 7월 27일.

414 《時事新報》, 1894년 7월 30일.

415 《時事新報》, 1894년 7월 31일.

416 《讀賣新聞》, 1894년 8월 1일.

417 《時事新報》, 1894년 8월 2일.

418 《時事新報》, 1894년 8월 2일.

419 《時事新報》, 1894년 12월 16일.

420 《郵便報知新聞》, 1894년 12월 21일.

421 《讀賣新聞》, 1894년 12월 25일.

422 《時事新報》, 1894년 9월 9일.

423 《時事新報》, 1894년 10월 11일.

424 《東京日日新聞》, 1894년 10월 11일.

425 《郵便報知新聞》, 1894년 10월 11일.

426 《時事新報》, 1894년 11월 17일.

427 《讀賣新聞》, 1894년 9월 23일.

428 《讀賣新聞》, 1894년 10월 9일.

429 《時事新報》, 1894년 11월 3일.

430 《時事新報》, 1894년 11월 9일.

431 《時事新報》, 1894년 8월 1일.

432 《郵便報知新聞》, 1894년 9월 9일.

433 이때 "창녀는 망국의 한을 모르고 강가에 가서 오히려 후정화(뒤뜰 정원의 꽃이란 노래)

를 부르네[娼女不知亡國恨 臨江尙唱後庭花]"라는 말이 있었다 한다.《中外商業新報》,
1894년 9월 11일. 이는 함경도 민요〈수심가〉에 나오는 구절이다.

[434] 《東京日日新聞》, 1894년 7월 5일.

[435] 《郵便報知新聞》, 1894년 10월 28일.

[436] 《讀賣新聞》, 1894년 6월 14일.

[437] 《東京日日新聞》, 1894년 7월 24일.

[438] 《郵便報知新聞》, 1894년 10월 3일.

[439] "明治 28년 12월 7일 大阪 日進堂에서 인쇄를 마침에 따라 1周年祭 기념으로서 亡弟
생전에 교류하고자 했던 諸君에게 보내니 모두 집에 소장하시기 바랍니다. 鹿兒島縣
士族 大阪府 西成郡 曾根崎村 2610번지에 寄留하는 西村時彦".

[440] 이는 다른 기록에도 전재되었다. 西村天囚,〈甲午朝鮮陣の序〉,《日淸戰爭實記》50, 博
文館, 1896.

[441] 그는 1894년 청일전쟁 및 조선 사정과 관련하여《入韓日錄》,《觀戰日記》등을 남겼다.

[442] 朝日新聞社編修室,《上野理一傳》, 朝日新聞社, 1959, 461~462쪽.

[443] 西村時輔가《아사히신문》의 특파 통신원으로 임명된 사실은 1894년 9월 13일 자《大
阪朝日新聞》사고에 실렸다.

[444] 언론인이자 정치가로 활약했다. 1870년 프랑스 소르본대학에서 수학했고, 1894년 이
토 내각의 문부과학상 이후 추밀원 의장, 총리 등을 역임했다. 1919년 파리강화회의
에는 수석 전권위원으로 참석했다.

[445] 강창일,〈갑오농민전쟁 자료발굴: 전봉준 회견기 및 취조 기록〉,《사회와 사상》창간
호, 1988, 256~257쪽.

[446] 葛生能久, 앞의 책, 596쪽.

[447] 일규—揆는 '봉기'를 말하는 것이다.

[448] 1894년 7월 청일전쟁 과정에서 일본은〈신식화폐 발행장정〉을 공포하여 일본 은화를
조선 내에서 유통시킬 수 있는 법적 근거를 마련했다.

[449] 중구 필동 남산 기슭에 조선 말기 세도정치가 조만영이 세운 '노인정'을 말한다. 1894
년 6월 8일 일본공사 오토리와 신정희를 비롯한 조선의 대신들이 오토리가 제시한 5
개 조항의 '조선개혁안'을 강압적인 분위기 속에서 가결했던 곳으로 유명하다. 후일

조선총독부 소유가 되었다.

450 평양 전투 이후 조선 정부에서는 온건책을 견지하던 전라감사 김학진을 파면하고 농민군 토벌에 강성 입장을 취하던 홍주목사 이승우를 일시 그 자리에 임명한 바 있다.

451 궁내부를 말한다.

452 안기중安沂中이 맞다. 개화 인사로 분류되는 그는 이후 1895년 내부참서관, 안성군수, 1898년 독립협회 회원을 한 바 있다.

453 그 내용은 《東京朝日新聞》, 1894년 11월 10일 자에 전재되어 있다.

454 《東京朝日新聞》, 1894년 11월 13일.

455 陸奧宗光, 《蹇蹇錄》, 1896(김승일 역, 범우사, 1994, 159쪽).

456 그는 '군국기무소'라 했다.

457 청일전쟁과 러일전쟁에 참전하고 쇼와 천황 시기까지 활약한 군인이다. 일본 황족이며 육군 원수에까지 올랐다.

458 예지차오는 부하 병사 다수를 이끌고 관동과 관북으로 우회 퇴주했고(《甲午實記》, 《東學亂記錄》上, 59쪽), 흩어졌던 청국군은 평안감사 민병석의 원조로 평양에서 합류했다.

459 군인이자 정치가로 1884년 북양대신 리훙장의 명으로 조선에 들어와 총리교섭통상사의 직책으로 조선의 내정과 외교를 조정했다. 청일전쟁 직전 청국으로 도주했으며 이후 1900년 의화단을 진압했고, 1913년 중국 초대 대통령으로 취임했다. 이후 야심을 품고 1916년 스스로 황제를 칭한 바 있다.

460 죽산부사인 이두황李斗璜의 오기이다.

461 동학농민군 총대장 전봉준과 전라감사 김학진의 '관민상화官民相和'를 말하는 듯하다.

462 이는 10월 초순 농민군의 성주읍 공세 과정에서 나온 대규모의 민가 방화사건이었다.

463 당시 박동진과 더불어 동학도와 밀통한 혐의로 충청감사 박제순이 그를 처형했다.

464 이 시기 일본공사관 기록에 의하면 천안의 일본인 살해와 삼남 지역 농민군의 북상 준비 등으로 이 지역은 세금 징수가 불가능했기 때문에 일본군은 원활한 수세를 위해 1개 중대와 30명의 순사를 파견하여 조선 정부군에 협조케 했다고 한다.

465 이는 인천 남부사령관 伊藤祐義에 의해서도 확인된다. 〈洪敬雲押送要請〉, 《駐韓日本公使館記錄》發 제72호, 1894년 10월 30일.

466 濱本利三郎 著, 地主愛子 編, 《日淸戰爭從軍秘錄》, 靑春出版社(東京), 1972.

467 栅瀬軍之佐, 《(見聞記錄) 朝鮮時事》, 春陽堂, 1894.

3부 반성 없는 역사의 반복: 평양 전투와 평안도의 현실

1 〈二. 朝鮮商署函電錄存〉, 〈李晃相致盛宣懷函[一]〉(1894년 7월 말). 天津; 〈李晃相和盛宣懷筆談〉(8월 1일). 天津(《甲午中日戰爭(上册), 盛宣懷檔案資料選輯之三》).

2 〈二. 朝鮮商署函電錄存〉, 〈閔泳駿,閔丙奭致李晃相電[二通]〉(8월 6일). 平壤(《甲午中日戰爭

3 〈二. 朝鮮商署函電錄存〉, 7월 13일 來電(8월 13일)(《甲午中日戰爭(上册), 盛宣懷檔案資料選輯之三》).

4 필자 미상, 〈甲午實記〉, 갑오년 12월.

5 1903년 작성된 일본 도요분코東洋文庫 소장본인 이 책은 1941년 시데하라 다이라幣原坦 기증으로 되어있다. 도쿄제국대학 사학과 출신인 시데하라는 통감부 시기 학부 참여관이자 고문 역할을 하던 자로 이 문서를 입수하여 일본으로 반출한 것으로 판단된다.

6 국사편찬위원회 편, 《大韓帝國官員履歷書》 13책, 1972, 346쪽.

7 浿隱堂, 《西京稗史抄略》, 開國 512年[1903] 甲午 7月 4日(日本 東洋文庫 소장본).

8 〈평양감사 閔丙奭의 筋令件〉, 《駐韓日本公使館記錄》, 원산 이등영사 上野專一→大鳥圭介, 1894년 8월 15일.

9 〈원산항 전보국장의 密告에 관한 보고〉, 《駐韓日本公使館記錄》, 上野專一→大鳥圭介, 1894년 8월 17일.

10 〈평양지방 청국군에 관한 탐정 보고〉, 《駐韓日本公使館記錄》, 원산 이등영사 上野專一→공사 大鳥圭介, 1894년 8월 22일.

11 《甲午新續》, 7월 25일(《平壤誌》 卷之下[六], 국립중앙도서관 고문서, 古 2772-4-147).

12 방위성 방위연구소 문서, 《8월 14일 渡邊鐵太郎(8월 21일 착)》; 〈二. 朝鮮商署函電錄存〉, 8월 초7일(9월 6일) 去電.

13 〈工部尙書懷塔布等據呈代奏端方敬陳朝鮮軍務六條折〉(광서 20년 6월 23일)(戚其章 主編, 中國近代史資料叢刊 續編, 《中日戰爭(第1册)》, 中華書局, 1986, 35쪽).

14 〈二. 倭韓軍務要電鈔存〉, 28일(7월 30일) 去電(《甲午中日戰爭(上册), 盛宣懷檔案資料選輯之

三》).

15 〈二. 倭韓軍務要電鈔存〉, 초 9일(8월 9일) 去電(《甲午中日戰爭(上冊), 盛宣懷檔案資料選輯之
三》).

16 〈吏部尙書麟書等據呈代奏編修丁立鈞討日立條折〉(광서 20년 7월 3일)(戚其章 主編, 中國近
代史資料叢刊 續編, 《中日戰爭(第1冊)》, 中華書局, 1986, 47쪽).

17 〈四. 倭韓軍務要電鈔存〉, 〈一. 函稿 余昌宇致盛宣懷函〉(8월 27일) 天津(《甲午中日戰爭(上
冊), 盛宣懷檔案資料選輯之三》).

18 〈二. 倭韓軍務要電鈔存〉, 27일 來電(8월 27일), 30일 來電(8월 30일), 초1일 來電(8월 31일)
(《甲午中日戰爭(上冊), 盛宣懷檔案資料選輯之三》).

19 金永植, 《沙亭日記》(1884~1924).

20 〈朝擾第28号〉, 《陸軍省大日記》, 8월 14일 渡邊鐵太郎(8월 21일 착).

21 〈三. 倭韓軍務要電鈔存〉, 23일 來電(8월 23일)(《甲午中日戰爭(上冊), 盛宣懷檔案資料選輯之
三》).

22 〈三. 倭韓軍務要電鈔存〉, 26일 來電(8월 26일)(《甲午中日戰爭(上冊), 盛宣懷檔案資料選輯之
三》).

23 〈二. 朝鮮商署函電錄存〉, 〈李晃相致盛宣懷函[一]〉(1894년 7월 말). 天津(《甲午中日戰爭(上
冊), 盛宣懷檔案資料選輯之三》).

24 〈二. 朝鮮商署函電錄存〉, 〈閔丙奭致李晃相電[三通]〉(1894년 7월 29일), 平壤; 〈四. 倭韓軍
務要電鈔存〉, 〈李晃相 筆談〉(8월 하순) 盛宣懷와 筆談(《甲午中日戰爭(上冊), 盛宣懷檔案資料
選輯之三》).

25 〈평양지방 청국군에 관한 탐정 보고〉(원산 이등영사 上野專一→공사 大鳥圭介, 8월 22일),
《駐韓日本公使館記錄》.

26 《梅泉野錄》, 고종 31년 갑오(1894).

27 姚錫光, 《東方兵事紀略》 중 援朝篇 第二, 19쪽.

28 〈備倭往來電報鈔存〉, 8월 16일 來電(《甲午中日戰爭(上冊), 盛宣懷檔案資料選輯之三》).

29 〈三. 倭韓軍務要電鈔存〉, 21일 來電(8월 21일)(《甲午中日戰爭(上冊), 盛宣懷檔案資料選輯之
三》).

30 〈二. 朝鮮商署函電錄存〉, 8월 초10일(9월 9일)(《甲午中日戰爭(上冊), 盛宣懷檔案資料選輯之

三》).

31 〈7월 29일, 李鴻章→平壤 豐, 衛, 左, 馬 統領〉(國家淸史編纂委員會 編, 《李鴻章全集》 24: 電報 4, 安徽敎育出版社, 2008).

32 聶士成, 《東征日記》, 5월 24일.

33 謝俊美, 〈淸日戰爭時 조선투입 淸軍의 동원과 朝鮮 내에서의 전투상황〉, 《淸日戰爭의 再照明》, 한림대학교 아시아문화연구소, 1996, 134~135쪽.

34 海軍省, 〈九連城 및 安東縣에서 押收한 文書 摘譯〉 중 〈淸軍의 軍規와 告示〉.

35 陳悅 校註, 《中日甲午战争紀要: 中國海軍稀見史料》, 山東畵報出版社, 2017, 93~94쪽.

36 博文館 編, 〈淸軍의 軍規와 告示〉, 《日淸戰爭實記》 제7편, 1895, 103쪽.

37 〈朝擾第28号; 8월 14일 渡邊鐵太郎(8월 21일 착)〉, 《陸軍省大日記》.

38 香原一勢, 〈左宝貴將軍: 日淸戰爭における滿洲軍將軍〉, 《日本歷史》 通卷 第189號, 1964, 46~48쪽.

39 海軍省, 〈九連城 및 安東縣에서 押收한 文書 摘譯〉 중 〈雜件〉, 8월 2일(衛汝貴→衛映波).

40 〈總署爲保護各地僑民敎士致黑龍江將軍咨文〉(광서 20년 8월 12일)(戚其章 主編, 中國近代史資料叢刊 續編, 《中日戰爭(第1冊)》, 中華書局, 1986, 213쪽).

41 海軍省, 〈九連城 및 安東縣에서 押收한 文書 摘譯〉, 〈雜件〉.

42 〈備倭往來電報鈔存〉, 8월 14일 來電(《甲午中日戰爭(上冊), 盛宣懷檔案資料選輯之三》).

43 〈四. 倭韓軍務要電鈔存〉, 衛如貴致盛宣懷函(9월 2일), 平壤(《甲午中日戰爭(上冊), 盛宣懷檔案資料選輯之三》).

44 필자 미상, 《甲午實記》, 갑오년 12월.

45 《亳州新聞》, 〈马玉昆传奇〉, 2013년 10월 25일 자.

46 孙克复·关捷, 《甲午中日战争人物传》, 黑龙江人民出版社, 1984, 86쪽.

47 방위연구소 자료, 경성 野津 중장, 《駐韓日本公使館記錄》, 〈원산항 전보국장의 密告에 관한 보고〉(1894년 8월 17일 上野專一→大鳥圭介).

48 川崎三郞, 《日淸戰史》 권2, 博文館, 1897, 69~70쪽.

49 《甲午朝鮮陣》, 10, 22쪽.

50 參謀本部 編, 《明治二十七,八年日淸戰史》(제2권), 東京印刷株式會社, 1904, 200쪽.

51 제노네 볼피첼리, 유영분 역, 《구한말 러시아 외교관의 눈으로 본 청일전쟁》, 살림,

2009, 192~193쪽.

52 《日淸戰史》 권2, 68쪽.

53 《西京稗史抄略》, 8월 초10일.

54 〈報七(49) 8월 18일 督院 中堂의 密電〉.

55 〈三. 倭韓軍務要電鈔存〉, 20일 來電(8월 20일)(《甲午中日戰爭(上冊), 盛宣懷檔案資料選輯之三》).

56 〈四. 倭韓軍務要電鈔存〉, 8월 15일(9월 14일)(《甲午中日戰爭(上冊), 盛宣懷檔案資料選輯之三》).

57 《日淸戰史講究錄》, 25~26쪽.

58 博文館 編, 《日淸戰爭實記》 제7편, 〈平壤陷落史〉, 1895, 26~27쪽.

59 《駐韓日本公使館記錄》, 〈日本軍 陽德으로 진군〉, 1894년 9월 3일(在元山 二等領事 上野專一→特命全權公使 大鳥圭介).

60 遲塚金太郎, 《陣中日記》, 春陽堂, 1894, 138쪽.

61 遲塚金太郎, 앞의 책, 141~142쪽.

62 〈臨津江 附近 地形偵察 步兵 第21聯隊 第2大隊長 山口圭臧〉, 《陸軍省大日記》, 明治 27년 7월 9일.

63 《統理交涉通商事務衙門日記》, 고종 31년 7월 초5일.

64 山村健, 〈日淸戰爭期韓國の對日兵站協力〉, 《戰史硏究年報》 6, 防衛硏究所, 2003, 128쪽.

65 〈陣中日誌, 제1군 병참감부〉, 《陸軍省大日記》, 明治 27년 9월 27일.

66 〈電貳(41)〉 9월 2일, 재경성 渡邊 포병 소좌.

67 방위연구소, 〈제5사단 전투보고 경성에서 사단명령 他〉.

68 土屋新之助, 《立見大將傳》, 東京印刷株式會社, 1928, 156쪽.

69 佐藤淸勝, 《佐藤正傳》, 軍人館印刷所, 1936, 36~37쪽.

70 海軍省, 〈平壤の應援より(1)〉, 8월 29일~9월 17일.

71 遲塚金太郎(麗水生), 《陣中日記》, 春陽堂, 1894, 158~159쪽. 치즈카는 자신의 명의로 이듬해인 1895년 1월 도쿄 순요도 春陽堂에서 《激戰中平壤》(上·下卷)의 화보 및 전투 경과 시찰 기록을 책으로 발간했다.

72 육군성, 〈8월 18일 혼성여단 보고 제33호 평양으로부터 온 한인에 의하면 중화 및 황주에 지나병이 있어〉, 明治 27년 8월 18일, 혼성여단장 대도의창→치인친왕; 石原貞堅, 《繪本日淸戰爭實記》, 前野活版所(大阪), 1894, 55~56쪽.

73 久保田米僊, 《日淸戰鬪畫報》(第三編), 大倉書店, 1894, 4쪽.

74 《統理交涉通商事務衙門日記》, 고종 31년 9월 12일; 《啓草存案》, 1894년 9월 12일.

75 《旅團報告》, 158~164쪽; 《東京朝日新聞》, 1894년 7월 20일.

76 〈閔泳駿과 李晃相 問答 등에 관한 件〉, 《駐韓日本公使館記錄》, 월일 미상.

77 後醍院良正, 《西村天囚伝》(上卷), 朝日新聞社編修室, 1967, 231쪽.

78 《日淸戰史》 권2, 95쪽.

79 博文館 編, 《日淸戰爭實記》 제7편, 〈平壤陷落史〉, 1895, 30~31, 39쪽(《日淸戰爭實記》 제4편에 나가오카 참모의 홍종연 국문 시말, 제5편에 황주부사 힐책 내용이 수록되어 있다).

80 《啓草存案》, 1894년 7월 21일.

81 〈陽德縣監 朴義秉의 임명에 관한 협조요청〉, 《駐韓日本公使館記錄》, 10월 9일(元山 上野 領事→京城 大鳥 公使).

82 朴宗根, 앞의 책, 197쪽.

83 《南征日記》, 8월 16일.

84 金永植, 《沙亭日記》, 7월 21일.

85 李晃宰, 《甲午日記》, 7월 25일.

86 《高宗實錄》, 1894년 8월 19일 자; 《甲午新續》, 7월 25일.

87 황현, 《매천야록》, 고종 31년 갑오(1894).

88 《西京稗史抄略》, 8월 27일.

89 《沙亭日記》, 갑오 8월 16일.

90 《甲午新續》, 《平壤誌》 卷之下(六), 9월 12일.

91 〈8월 25일 東京 외무대신 앞 野津 사단장과 협의한 8월 24일 왕궁으로부터 우리 병 철회 이래 韓兵이 이를 대신함〉, 《陸軍省大日記》, 明治 27년 8월 16일, 혼성여단장 대도의창→참모총장 치인친왕.

92 遲塚金太郎, 앞의 책, 142쪽.

93 垣田純朗, 《日淸軍記》, 民友社, 1894, 19~20쪽.

94 遲塚金太郎, 앞의 책, 164쪽.

95 《日淸戰史》 권2, 95~96쪽.

96 《統理交涉通商事務衙門日記》, 고종 31년 8월 20일·21일; 《舊韓國外交文書》 3 〈日案〉 #3,138, 고종 31년 8월 19일; 《舊韓國外交文書》 3 〈日案〉 #3,145, 고종 31년 8월 21일.

97 遲塚金太郎, 앞의 책, 165~166쪽.

98 〈仁川港 朝鮮官史의 동정과 의견 상신〉, 《駐韓日本公使館記錄》, 1894년 9월 3일, 在 仁川 二等領事 能勢辰五郎→在京城 特命全權公使 大鳥圭介.

99 〈仁川府使兼監理인 金商悳의 경질에 관한 具報〉, 《駐韓日本公使館記錄》, 1894년 9월 10일, 在仁川 二等領事 能勢辰五郎→特命全權公使 大鳥圭介.

100 《承政院日記》, 고종 31년 9월 12일.

101 竹內正策, 竹內正和 編, 《韓地從征日記》, 竹內正策古文硏究會(家藏版, 東京), 2017, 116 쪽.

102 陸軍省, 〈混成旅團報告〉, 〈從明治二十七年六月至同年九月混成第九旅團第五師團報 告〉.

103 《黃海道東學黨征討略記》, 〈大日本 陸軍步兵少尉 鈴木彰 講話〉.

104 《司法稟報》, 〈경기감영에 보내는 관문〉, 4월 20일(1895).

105 遠藤丸亭, 《支那征討實錄(后篇)》, 金櫻堂, 1894, 3~4쪽.

106 《日淸戰爭實記》 제7편, 45쪽.

107 陸軍省 編, 《日淸戰爭統計集: 明治二十七·八年戰役統計(上卷 1)》, 1902, 503~504쪽.

108 海軍省, 〈明治 27년 9월 12일 報告 平壤偵察報告〉.

109 防衛省 防衛硏究所, 陸軍一般史料, 《日淸戰役 平壤ノ戰鬪》, 1934, 13쪽.

110 이런 사실에도 불구하고 미야우치는 "노동량에 관해 일본인 인부와 비교할 수 없기 때문에 노동 자체가 가혹한 것이었던가를 판단하는 것은 불가능하다"고 주장하고 있 다. 宮內彩希, 〈日淸戰爭における朝鮮人人夫の動員〉, 《日本植民地硏究》 22, 日本植民 地硏究會, 2010, 62쪽.

111 《日淸戰史》 권2, 207~208, 211쪽.

112 浜本利三郎, 地主愛子 編, 《日淸戰爭從軍秘錄》, 靑春出版社, 1972, 37쪽. 하마모토는 에히메현 심상마쓰야마중학교 교직에 있다가 청일전쟁 시기 마쓰야마松山 보병 제22

연대 제5중대의 군조로 입영했다. 히로시마—시모노세키—원산—서울—평양을 거쳐 압록강 전투에 참여한 후 중국 관내 전투에 참여했다. 당시 일기체 형식의 전문 기록을 남겼는데 그의 딸 지누시 아이코가 활자로 복간했다.

[113] 陸軍省, 〈8월 18일 混成旅團報告 제33호, 平壤으로부터 온 韓人에 의하면 中和 및 黃州에 支那兵이 있어〉, 8월 18일 混成旅團長 大道義昌→熾仁親王.

[114] 《京城府史》(一), 603쪽.

[115] 《公文編案》 1 〈황해도 곡산에서 일본군이 징발한 물품은 중앙에 납부할 公錢에서 공제할 일〉, 甲午 10월 18일.

[116] 〈혼성여단전투상보, 軍需運送難易 실황 구분 보고〉, 《陸軍省大日記》, 《제1군 전투상보》.

[117] 《東京日日新聞》, 1894년 9월 9일.

[118] 《札移電存案》, 甲午 12월 17일.

[119] 〈혼성여단 보고 제24호, 8월 8일〉 8월 19일 착, 혼성여단장 大島義昌→熾仁親王.

[120] 坂本善重, 《征淸逸話 忠魂帖》, 春陽堂, 1895, 68~69쪽.

[121] 海軍省, 〈我 陸軍의 派遣團體 및 平壤 以後의 我 戰鬪略記(2)〉, 明治 27년 7월 21일~9월 19일, 大島 소장/부산 柴 중위/ 新納 해군 소좌.

[122] 《日淸戰史》 권2, 41~42쪽.

[123] 垣田純朗, 《日淸軍記》, 民友社, 1894, 106~107쪽. 이 책은 국민신문사 종군기자와 특파원의 청일전쟁 기록으로 같은 신문사 종군화가 구보다 베이센의 흑백 삽화가 많이 첨부되어 있다.

[124] 《西京稗史抄略》(갑오 7월 1일), 1903.

[125] 陸軍省, 〈混成旅團 殘務報告〉, 大道義昌→熾仁親王, 明治 27년 8월; 帝國在鄕軍人會 中和分會, 《明治二十七,八年朱泉亭附近戰鬪ニ關スル記》, 脇坂印刷所, 1932, 4~12쪽.

[126] 〈三. 電報〉, 7월 10일 來電(《甲午中日戰爭(上冊): 盛宣懷檔案資料選輯之三》).

[127] 〈安原少佐報告 8月27日中和に出張したる偵察騎兵歸京報告〉, 《陸軍省大日記》, 《明治 27年 海軍省報告其二》.

[128] 〈평양지방 청국군에 관한 탐정 보고〉, 《駐韓日本公使館記錄》, 원산 이등영사 上野專一→공사 大鳥圭介, 1894년 8월 22일.

129 《日淸戰爭實記》제6편, 〈俘虜の處分〉, 52쪽.

130 德島縣 編輯 發行, 《阿波戰時記》(下), 1895, 53~54쪽. 평양 전투에 참가한 나가오카 가이시 대좌가 기억하는 청국군 기록은 다음과 같이 되어있다. "한 왜병을 중화에서 포박해 왔다. 며칠간 신문했는데 한마디도 토설하지 않았다. 그에게 종이와 붓을 주니 곧 써서 말하기를 '대일본군인 전원장平田原壯平'이라며 다시 말하지 않았고 드디어 절명했다." 長岡外史, 《新日本の鹿島立》, 小林川流堂, 1920, 186쪽.

131 岡野竹堂[英太郎], 《出師美談》, 松榮堂, 1895, 12쪽; 揚武將軍, 《日淸戰爭 平壤之役》, 金松堂, 1894, 50쪽.

132 《東京日日新聞》, 1894년 9월 30일.

133 遠藤丸亭, 《支那征討實錄(后篇)》, 金櫻堂, 1894, 60~61쪽.

134 《明治二十七八年日淸戰史》(제2권), 2~3쪽.

135 帝國在鄕軍人會中和分會, 《明治二十七,八年朱泉亭附近戰鬪ニ關スル記》, 脇坂印刷所, 1932, 12쪽.

136 《日淸戰史》 권2, 49쪽.

137 原田敬一, 앞의 논문, 2012, 82쪽.

138 《甲午實記》, 갑오 음8월 22일, 海伯 狀啓; 방위연구소, 〈第5師團 戰鬪報告 京城에서 師團命令 他〉.

139 《埼玉縣報》 第50号, 1894년 9월 28일.

140 《甲午新續》, 《平壤誌》 卷之下(六), 8월 1일(양 8월 31일).

141 〈평양지방 청국군에 관한 탐정 보고〉, 《駐韓日本公使館記錄》, 원산 이등영사 上野專一→공사 대조규개, 8월 22일; 해군성, 〈明治 27년 9월 12일 보고/평양정찰보고〉.

142 《甲午新續》, 《平壤誌》 卷之下(六), 8월 1일(양 8월 31일).

143 許寅輝, 《客韓筆記》, 142~143쪽; 兪春根, 〈客韓筆記를 통해 본 淸日戰爭과 許寅輝〉, 《中央史論》 26, 2007, 136~137쪽.

144 垣田純朗, 앞의 책, 115쪽.

145 久保田米僊, 《日淸戰鬪畫報》(第三編), 大倉書店, 1894, 4쪽; 川崎三郎, 《日淸戰史》 권2, 博文館, 1897, 50쪽; 原田敬一, 앞의 논문, 2012, 83~84쪽.

146 필자 미상, 《甲午實記》, 8월 22일.

147 《啓草存案》, 9월 10일[九月初十日]; 朴周大, 《羅巖隨錄》, 〈新式節目〉(9월).

148 《司法稟報》, 〈평안감영[箕營]에 보내는 관문〉, 乙未 3월 18일, 11호.

149 《駐韓日本公使館記錄》, 〈陽德縣監 朴義秉의 임명에 관한 협조 요청〉, 1894년 10월 9
일(元山 上野 領事→京城 大鳥 公使).

150 《統理交涉通商事務衙門日記》, 고종 31년 9월 10일; 〈平壤以北 各守宰에 관한 件〉, 《駐
韓日本公使館記錄》, 양력 10월 8일 大鳥圭介 頓首.

151 《官報》(1895년 8월 1일), 〈彙報 司法罪人放秩〉(續官報 第一百六號).

152 姜孝淑, 〈황해·평안도의 제2차 동학농민전쟁〉, 《한국근현대사연구》 47, 2008,
120~123쪽 참조.

153 步兵第十八聯隊 編, 〈元山枝隊思出〉(步兵伍長 榊原隅太郎), 《步兵第十八聯隊從軍銘感
錄》, 藤田印刷所(愛知縣 豊橋市), 1933, 100~101쪽.

154 戚其章, 앞의 책, 82~84쪽.

155 〈我陸軍의 派遣團體 및 平壤 以後의 我 戰鬪略記(3)〉, 〈平壤攻擊〉, 9월 1~3일 參謀總
長 熾仁親王.

156 小原正忠, 《一戶將軍》, 帝國在鄕軍人會本部, 1932, 48쪽.

157 防衛省 防衛研究所 所藏資料, 《日清戰役 平壤ノ戰鬪》, 1934, 39쪽.

158 《一戶將軍》, 48쪽.

159 육군성/제5사단, 〈제5사단 전투보고〉, 明治 27년 7월~12월 중순, 〈9월 15일 삭령지대
사상표〉.

160 《日清戰爭實記》 제8편, 〈平壤役混成旅團衛生隊の報告〉, 51~52쪽.

161 奕迖善, 《楚囚逸史》(戚其章, 앞의 책, 85쪽에서 재인용).

162 《甲午新續》, 《平壤誌》 卷之下(六), 8월 16일(양 9월 15일).

163 《戰爭秘錄)將軍 長岡外史》, 73, 75쪽.

164 奕捷 外, 《甲午中日战争全史: 第5卷 思潮篇》, 吉林人民出版社, 2005, 313쪽.

165 〈北洋大臣李鴻章奏, 臨降脫逃官弁清予嚴拿正法電〉, 光緒 20년 8월 23일; 〈軍機處寄
北洋大臣李鴻章上諭〉, 光緒 20년 8월 24일.

166 奕捷 外, 《甲午中日战争全史: 第2卷 戰爭篇[上]》, 吉林人民出版社, 2005, 403쪽.

167 陸軍省, 〈第5師團戰鬪報告 9월 15일 元山支隊戰鬪詳報〉.

168 戚其章, 앞의 책, 108쪽.

169 姚錫光, 〈東方兵事紀略〉 중 〈援朝篇 第二〉, 23쪽.

170 《甲午新續》, 《平壤誌》 卷之下(六), 8월 16~17일.

171 육군성/제5사단, 〈제5사단전투보고〉, 明治 27년 7~12월 중순, 〈행군계획표〉.

172 谷頭辰兒, 《日本帝國軍人名譽鑑(上卷)》, 盛文館, 1895, 38~39쪽.

173 原田敬一, 〈混成第9旅團の日淸戰爭(3): 新出史料の〈從軍日誌〉に基づいて〉, 《歷史學部論集》 第3號, 佛敎大學, 2013, 48~49쪽에서 재인용.

174 原田敬一, 《日淸戰爭》, 吉川弘文館, 2008, 119~120쪽.

175 倉田逸次郎, 〈觀戰十絶〉, 《故雪岳李斗璜翁追懷錄》, 발행자 불명(국립중앙도서관 소장 자료), 1929, 1~5쪽.

176 奕述善, 《楚囚逸史》(戚其章, 앞의 책, 85쪽 참조); 陸軍省, 〈9월 18일 平壤 野津師團長으로부터 다음의 보고가 있었다. 平壤 攻擊 때의 死傷統計表〉.

177 陸軍省, 〈左寶貴는 죽었다. 生擒 550인 도착〉, 9월 19일 발 24일 도착, 上田 참모장→兒玉 차관.

178 〈我陸軍의 派遣團體 및 平壤 以後의 我 戰鬪略記(3)〉 〈청군 사상 및 포로 인원〉, 9월 1일~9월 3일 參謀總長 熾仁親王.

179 《甲午新續》, 7월 25일 《平壤誌》 卷之下[六].

180 黃玹, 《梅泉野錄》, 고종 31년 갑오(1894). 5. 청국군의 평양 패전.

181 셔우드 홀, 김동열 역, 《닥터 홀의 조선 회상》, 좋은씨앗, 2003, 167쪽.

182 久保田米僊, 《日淸戰鬪畵報》(第四編), 大倉書店, 1894, 6쪽.

183 鈴木經勳, 《平壤大激戰實見錄》, 博文社, 1894, 26쪽.

184 陸軍省, 〈出征陸軍戰鬪力損害表〉, 野戰衛生長官部, 明治 28년 3월 1일.

185 《廣島臨戰地日誌》, 41, 74쪽.

186 下瀨謙太郎, 〈明治二十七八年日淸戰役ト日本軍隊及内地ニ於ケル赤痢〉, 《日本内科學會會誌》 第2回, 1912, 105~116쪽.

187 檜山幸夫, 〈日淸戰爭と日本〉, 《日淸戰爭と東アジア世界の変容》(上), ゆまに書房, 1997, 392쪽.

188 加藤眞生, 〈日淸戰爭における環境變動と赤痢流行〉, 《歷史學硏究》 1019, 2022, 1~

17쪽.

189 《日淸戰史》 권2, 207쪽.

190 內田正夫, 〈日淸·日露戰爭と脚氣〉, 《東西南北》(和光大學總合文化硏究所年報), 2007, 146쪽.

191 《日淸戰爭實記》 제8편, 〈從軍者の家族に告ぐ(承前)〉, 79~80쪽.

192 加藤眞生, 〈日淸戰爭におけるコレラ流行と防疫問題〉, 《日本史硏究》 689, 2020, 3~4쪽.

193 이사벨라 버드 비숍, 이인화 역, 《한국과 그 이웃나라들》, 살림, 2001, 364쪽.

194 〈三. 倭韓軍務要電鈔存〉, 29日 來電(《甲午中日戰爭(上冊): 盛宣懷檔案資料選輯之三》).

195 大江志乃夫, 《日淸戰爭の軍事史的硏究》, 岩波書店, 1976, 169쪽.

196 육군성/제5사단, 〈제5사단전투보고〉, 明治 27년 7월~12월 중순.

197 후지무라 미치오藤村道生, 허남린 역, 《청일전쟁》, 小花, 1997, 154쪽.

198 후지무라 미치오, 앞의 책, 155~156쪽.

199 《金若濟日記》, 9월 4일.

200 《甲午實記》, 12월.

201 李人稙, 《血의 淚》 上, 廣學書鋪, 1907. 3.

202 黃玹, 《梧下記聞》 (2필), 188쪽.

203 金允植, 《沔陽行遣日記》, 갑오년 8월 18일.

204 독립기념관 한국독립운동사연구소, 〈독립운동가 자료: 김관수 의병대〉 참조.

205 독립기념관 한국독립운동사연구소 편, 《한국독립운동사 자료총서 제21집: 방사겸 평생 일기》, 2006, 168쪽.

206 이사벨라 버드 비숍, 앞의 책, 358~359쪽.

207 이사벨라 버드 비숍, 앞의 책, 363~364쪽.

208 梁啓超, 《(四海回眸)李鴻章》, 陝西師範大學出版社(西安), 2008, 48~49쪽.

209 劉功成, 《李鴻章與甲午戰爭》, 大連出版社, 1994, 14쪽.

210 翁飞, 〈李鴻章该为甲午惨败负多大责任〉, 《甲午镜鉴》, 上海远东出版社, 2014, 178쪽.

211 張海鵬, 〈甲午戰爭與中日關係: 戰爭爆發120年后的反思與檢討〉, 《甲午戰爭與東亞歷史進程: 紀念甲午戰爭 120周年 國際學術討究會 上冊[2014. 9. 17]》, 9쪽.

212 양계초, 박희성·문세나 역, 《이홍장 평전》, 프리스마, 2013, 177~179쪽, 183~186쪽.

213 蔣丰, 《甲午战争的千条细节》, 東方出版社, 2014, 177~178쪽.

214 〈潘萬纔致盛宣懷函(9월 24일)〉, 秦皇島 및 〈盛宣懷致潘萬纔函(9월 24일)〉, 天津(陸旭麓 外, 《甲午中日戰爭(下冊): 盛宣懷檔案資料選輯之三》, 上海人民出版社, 1982).

215 易順鼎, 《遁墨拾餘》 《魂北魂東雜記(卷5)》(中國史學會 主編 中國近代史資料叢刊, 《中日戰爭》 1, 新知識出版社, 1956, 109쪽).

216 許寅輝, 《客韓筆記》, 560쪽; 俞春根, 〈客韓筆記를 통해 본 淸日戰爭과 許寅輝〉, 《中央 史論》 26, 2007, 153~154쪽.

217 蔡爾康 등 編, 《中東戰記本末(選錄)》 중 〈朝警記 四. 平壤之戰(권4)〉, 176쪽.

218 〈葉志超致吳育仁函(9월 23일)〉, 義州(《甲午中日戰爭(上冊): 盛宣懷檔案資料選輯之三》).

219 〈北洋大臣李鴻章奏臨降脫逃官弁請予嚴拿正法電〉(광서 20년 8월 23일)(戚其章 主編, 中國 近代史資料叢刊 續編, 《中日戰爭(第1冊)》, 中華書局, 1986, 250쪽).

220 "주령의 편지가 왔는데, 감사가 용천부로 와 어제 중도에 함께 용천 관아로 갔다고 했 다. 감사는 몸을 빼어 도망 나와 의복이 전혀 없으니 이곳에서 옷을 보내라고 했다." 金永植, 《沙亭日記》, 29일[二十九日].

221 〈北洋大臣李鴻章奏中日平壤戰況及我軍傷亡撤退等情形電〉(광서 20년 8월 21일)(戚其章 主編, 中國近代史資料叢刊 續編, 《中日戰爭(第1冊)》, 中華書局, 1986, 237~238쪽).

222 〈北洋大臣李鴻章奏各軍傷亡太多軍需缺乏請于義州休整電〉(광서 20년 8월 22일)(戚其章 主編, 中國近代史資料叢刊 續編, 《中日戰爭(第1冊)》, 中華書局, 1986, 245쪽).

223 易順鼎, 《遁墨拾餘》, 《魂北魂東雜記(卷5)》(中國史學會 主編 中國近代史資料叢刊, 《中日戰爭》 1, 新知識出版社, 1956, 110쪽); 《中國全史 朝鮮傳》, 《淸史稿》 권 526, 〈朝鮮列傳〉 제313; 金天翮 撰, 《皖志列傳稿》 卷7, 利蘇印書社(蘇州), 1936, 44쪽.

224 〈9월 27일 劉盛休〉(從明治27年11月至明治27年12月 秘密 日淸朝事件 諸情報綴, 〈金州에서 押 收せし 文書の抄訳〉), 《陸軍省大日記》.

225 中國近代史資料叢刊 續編, 《中日戰爭》 6, 中華書局, 1993, 182~183쪽.

226 原田敬一, 앞의 논문, 2013, 59쪽.

227 湯志鈞, 〈翁同龢与帝黨〉(常熟市 人民政府/中國史學會 編, 《甲午戰爭与翁同龢》, 中國人民大學 出版社, 1994, 128쪽).

228 橫澤次郎, 《征清從軍錄》, 東京·大阪朝日新聞社, 1895, 3~8쪽; 廣島縣廳, 《廣島臨戰地日誌》, 日新舍, 1899, 283~284쪽.

229 函南逸人(西島良爾), 《從軍漫錄》, 淸語講習會友會(大阪), 1901, 6쪽.

230 原田敬一, 앞의 논문, 2013, 53쪽.

231 石原貞堅, 《繪本海洋島激戰實記》, 大阪前野活版所, 1895, 53쪽.

232 〈義州에 있는 宣諭使 權瀅鎭의 職權에 관한 件〉(1894년 11월 5일 大將 山縣→公使 井上), 《駐韓日本公使館記錄》.

233 〈義州에 있는 宣諭使 權瀅鎭 留任 件〉(1894년 11월 9일 山縣→井上), 《駐韓日本公使館記錄》.

234 《啓草存案》, 11월 1일[十一月初一日].

235 〈陣中日誌, 제1군 병참감부〉, 《陸軍省大日記》, 1895년 2월 13일.

236 육군성, 〈2. 25. 陣中日誌〉, 육군성/제1병참감부. 조선국 개국 504년 2월 宣諭使伴接官 權瀅鎭→兵站監部.

237 〈朝鮮國平壤地方在留本邦人ノ情況視察復命書〉, 《通商彙纂》, 明治 28년 12월 14일부 재경성영사관 보고.

238 이사벨라 버드 비숍, 앞의 책, 359~360쪽.

239 〈韓人購買力の增加〉, 《日淸戰爭實記》 6, 104쪽.

240 〈臨發 제553호〉, 《陸軍省大日記》, 1894년 9월 9일, 참모총장 熾仁親王→육군대신 大山巖.

241 〈甲號〉, 《陸軍省大日記》, 1894년 10월 3일 若宮 商工局長→山田 大阪府 知事.

242 〈願書〉, 《陸軍省大日記》, 대판시 서구 南堀江上通 5정목 118번지 朝鮮貿易商 五百井長平, 1894년 10월 26일 五百井長平→大山巖 대리 兒玉源太郎.

243 《甲午朝鮮陣》, 65쪽.

244 〈親展送 제82호〉, 《陸軍省大日記》, 1894년 10월 9일, 육오종광→아오원태랑.

245 〈조선지 내에서 한전 결핍에 부쳐 화물을 판매하여 한전을 흡수하는 뜻의 청원〉, 《陸軍省大日記》, 1894년 10월 10일 복강현 풍전국 小倉 京町 42번지 守永久吉→육군대신 대산암.

246 〈命令書案〉, 《陸軍省大日記》, 明治 27년 11월 1일 육군대신 대산암(서향종도) 대리 육

군차관 아옥원태랑.

247 고려대학교 아세아문제연구소 편,《舊韓國外交文書》[日案(2)], 1965, 1894년 10월 22일.

248 〈次官으로부터 韓船吸收를 위한 商品輸出 命令의 件〉,《陸軍省大日記》, 明治 28년 2월.

249 〈陸軍軍隊用 背囊原皮를 陸軍借上船에 便載하는 件〉,《陸軍省大日記》, 1894년 12월
7일.

250 海軍省,〈內外報告, 朝鮮國晋州地方暴民의 動靜에 關하는 件〉, 明治 29년 3월 27일, 外務
大臣 臨時署理 西園寺公望;《駐韓日本公使館記錄》,〈慶南 南部地方의 暴徒에 의한 被
害狀況 報告〉, 1896년 3월 17일, 在釜山 一等領事 加藤增雄→辨理公使 小村壽太郎.

251 日韓通商協會,《日韓通商協會報告》제1호(1895. 9), 1~4쪽.

252 《日韓通商協會報告》제1호, 125쪽.

253 〈朝鮮貿易에 關하는 注意〉,《日淸戰爭實記》제6편, 95쪽.

254 《日韓通商協會報告》제2호(1895. 10), 93~94쪽.

255 《日韓通商協會報告》제7호(1896. 3), 77~89쪽.

256 中村力臧,《戰後株式: 大上場必來論》, 株式時代社, 1937, 169, 180~181쪽.

257 大阪商工會議所 編,《大阪商工會議所史》, 精興社, 1941, 66~67쪽.

258 《大阪每日新聞》, 1894년 11월 28일.

259 《大阪商工會議所史》, 72~73쪽.

260 《日韓通商協會報告》제6호(1896. 2).

261 《日韓通商協會報告》제22호(1897. 6). 계림장업단의 구체적 활동에 대해서는 韓哲昊,
〈鷄林奬業團(1896~1898)의 조직과 활동〉,《史學研究》55·56 합집, 1998 참조.

262 《仁川府史》, 1934, 1047쪽.

263 野澤秀信,《戰後의 經濟動向》, 太陽閣, 1937, 53~54, 61~66쪽 참조.

264 《甲午朝鮮陣》, 47~48쪽.

265 西森武城,《日淸交戰實記》, 今古堂活版所(東京), 1894, 101~107쪽.

266 리홍장은 이를 '百物이 騰貴한다'고 표현했다(〈北洋大臣李鴻章奏朝鮮錢價過昂軍餉云折請
說法運籌折〉(광서 20년 8월 5일)(戚其章 主編, 中國近代史資料叢刊 續編,《中日戰爭(第1冊)》, 中
華書局, 1986, 194쪽).

267 淺井忠,《從征畵稿(日淸戰爭從軍日記)》, 春陽堂, 1895, 9쪽.

268 《甲午朝鮮陣》, 59쪽.

269 《金若濟日記》, 12월 10일.

270 〈朝鮮 勞務者의 賃金支拂에 관한 建議〉, 《駐韓日本公使館記錄》, 1894년 9월 9일 陸奧 大臣.

271 〈行軍中 朝鮮政府에 협조 요청 件〉, 《駐韓日本公使館記錄》, 10월 9일 書記官 小村→ 公使 大鳥.

272 《京城府史》, 599쪽.

273 姜孝淑, 앞의 논문, 153쪽.

274 浜本利三郎, 地主愛子 편, 《日清戰爭從軍秘錄》, 靑春出版社, 1972, 38~39쪽.

275 浜本利三郎, 앞의 책, 41쪽.

276 〈平壤以北粮食供給의 景況〉, 《日清戰爭實記》 제9편, 43쪽.

277 軍事討究會 編, 《戰陣叢話》(제6집), 육군중장 柴勝三郎, 〈日清戰役耳湖浦揚㐀地開港の 思出〉, 1931, 50쪽.

278 井ヶ田良治·山岡高志, 〈征清戰袍餘滴(一): 山岡金臧中尉日清戰爭從軍日誌〉, 《社會科 學》 75호, 2005, 44~48쪽.

279 海野鉚吉, 《征清從軍日誌》, 函右社, 1895, 2~3쪽.

280 防衛省 防衛硏究所 資料, 《雜錄》, 第三師團(大本營, 明治 二十七八年).

281 〈第1軍兵站監督部陣中日誌〉, 《陸軍省大日記》, 1894년 10월 28일, 平壤 坂田 監督→ 安州 中村 監督.

282 大橋俊雄 編, 《若き日の父の手紙: 日清戰爭時の加藤誠一》, 名古屋(家藏版), 1994.

283 이상 井ヶ田良治·山岡高志, 〈征清戰袍餘滴(一): 山岡金臧中尉日清戰爭從軍日誌〉, 《社 會科學》 75호, 2005, 44~68쪽 참조.

284 井ヶ田良治·山岡高志, 〈征清戰袍餘滴(二): 山岡金臧中尉日清戰爭從軍日誌〉, 《社會科 學》 76호, 2006, 144~145쪽.

285 필자는 상등병의 실명을 알고 있지만 일기를 제공한 후손의 뜻을 받아들여 이 책에서 는 밝히지 않았음을 양해 바란다.

286 井上勝生, 〈東學黨討伐隊兵士の從軍日誌: 《日清交戰從軍日誌》 德島縣阿波郡〉, 《人文 學報》 111, 京都大學 人文科學硏究所, 2018.

287 이상 海野鉚吉,《征淸從軍日誌》, 函右社, 1895, 3~15쪽 참조.

288 久野甚太郎,《日淸戰爭從軍日誌》, 近代文藝社, 1995, 11~27쪽.

289 久野甚太郎, 앞의 책, 16~17쪽.

290 久野甚太郎, 앞의 책, 18~24쪽.

291 內田正夫,〈日淸·日露戰爭と脚氣〉,《東西南北》, 和光大學總合文化硏究所年報, 2007, 147·155쪽.

292 軍事討究會 編,《戰陣叢話》제6집, 육군 중장 松井庫之助,〈韓山遼水(日淸戰役從軍回顧錄)〉, 1931, 30~32쪽.

293 《札移電存案》, 1894년 12월 17일,

294 〈平壤府 中和郡 古 生陽坊 一里居 進士 尹斗七〉,《外部訴狀》제1책, 윤두칠→외부대신, 建陽 원년 2월;〈平壤 中和郡에 사는 尹斗炳이 묻어둔 돈 반환 요구〉(1896년 3월 18일 이완용).

295 外務省,〈朝鮮人 尹斗七로부터 徵發한 韓錢에 대한 賠償의 件〉, 明治 29년 5월 25일 ~7월 14일.

296 〈平安南道 中和郡居 進士 尹斗七〉,《外部訴狀》제3책, 윤두칠→외부대신, 光武 3년 8월;《駐韓日本公使館記錄》,〈日淸戰爭 당시 日本 軍隊에서 사용한 尹斗柄 所有 錢 償還에 관한 件〉(1903년 8월 25일, 외무대신 小村壽太郎→특명전권공사 林權助).

297 《(국역)韓國誌》, 207~215쪽 참조.

298 〈朝鮮國北部巡廻視察復命書〉(明治 28年 6月 25日付 在京城領事館報告),《通商彙纂》.

299 遠藤丸亭,《支那征討實錄(后篇)》, 金櫻堂, 1894, 4~7쪽.

300 이사벨라 버드 비숍, 앞의 책, 349쪽.

301 이사벨라 버드 비숍, 앞의 책, 355쪽.

302 이에 대해서는 大谷正,〈ある軍醫の日淸戰爭體驗と對淸國觀: 渡邊重綱《征淸紀行》を讀む〉,《專修法學論集》96, 2006 참조.

303 渡邊重綱,《征淸紀行》, 白關書屋, 1896, 27~28쪽.

304 外務省 外交史料館,〈東亞同文會 幹事 恒屋盛服 韓國視察報告一件〉(6類 諸外国内政, 1項 亜細亜).

305 〈倭韓軍務要電鈔存〉, 23일 來電(陸旭麓 外,《甲午中日戰爭(上冊): 盛宣懷檔案資料選輯

之三〉, 上海人民出版社, 1980.

306 〈倭韓軍務要電鈔存〉, 26일 來電(陸旭麓 外, 《甲午中日戰爭(上冊): 盛宣懷檔案資料選輯
之三〉, 上海人民出版社, 1980.

307 《甲午實記》, 일자 미상.

308 〈電報〉 二(顾廷龙, 叶亚廉 主編, 《李鴻章全集(第2冊)》, 上海人民出版社, 1986, 1018쪽).

309 〈御史高燮曾奏請將首先潰逃之衛汝貴葉志超分別治罪片〉(광서 20년 9월 7일)(戚其章 主
編, 中國近代史資料叢刊 續編, 《中日戰爭(第1冊)》, 中華書局, 1986, 308쪽).

310 〈隨軍幕僚報告淸軍在朝毫無紀律統帥不敢迎戰及敗降逃跑稟〉(광서 20년 9월 8일)(戚其章
主編, 中國近代史資料叢刊 續編, 《中日戰爭(第1冊)》, 中華書局, 1986, 314~315쪽).

311 〈御史陳其璋奏請將丁汝昌衛汝貴孫顯寅三人立置典刑片〉(광서 20년 9월 10일)(戚其章 主
編, 中國近代史資料叢刊 續編, 《中日戰爭(第1冊)》, 中華書局, 1986, 327쪽).

312 〈戶科給事中洪良棄奏陳軍務四條折〉(광서 20년 9월 10일)(戚其章 主編, 中國近代史資料叢刊
續編, 《中日戰爭(第1冊)》, 中華書局, 1986, 331~332쪽).

313 〈御史安維峻奏請將臨降脫逃之衛汝貴立正典刑折〉(광서 20년 9월 10일)(戚其章 主編, 中國
近代史資料叢刊 續編, 《中日戰爭(第1冊)》, 中華書局, 1986, 334쪽).

314 翁万戈 編, 翁以钧 校订, 《翁同龢日记(第六卷)》, 中西书局, 2011, 2,760~2,761쪽.

315 《光緖朝東華錄》, 광서 20년 12월, 225~227쪽; 戚其章, 《甲午戰爭史》, 上海人民出版
社, 2005, 116쪽.

316 〈傳諭北洋大臣李鴻章將葉志超先行革職〉(광서 20년 10월 23일)(戚其章 主編, 中國近代史資
料叢刊 續編, 《中日戰爭(第1冊)》, 中華書局, 1986, 582쪽).

317 王世儒 編, 《蔡元培日記(上)》, 北京大學出版社, 2010, 25쪽.

318 〈衛汝貴傳〉(戚其章 主編, 中國近代史資料叢刊 續編, 《中日戰爭(第12冊)》, 中華書局, 1986, 434
쪽).

319 《公文編案》, 奎.18154, 1894년 11월 11일 황해 병영→탁지아문.

320 〈7도 按撫營과 5都에 보내는 관문〉, 《司法稟報》, 乙未 [2월] 17일.

321 〈平壤에서 보내온 첩보〉, 《司法稟報》, 1895년 7월 29일.

322 《公文編案》, 奎.18154, 1896년 2월 24일 의주부→탁지부.

323 《公文編案》, 奎.18154, 1896년 2월 24일 의주부 관찰사→탁지부.

324 黃玹, 《梅泉野錄》, 고종 31년 갑오(1894년), 〈5. 청국군의 평양 패전〉.

325 渡邊幾治郎, 《日淸戰爭時代(大日本國民史 第9卷)》, 太陽閣, 1937, 196·201쪽.

326 〈9월 중순 평양 부근에서 전투상보(제5사단)〉, 《陸軍省大日記》, 《제1군 전투상보》.

327 《西京稗史抄略》, 음8월 17일. 이 자료에는 '용정'으로 되어있어 일반 인부와는 구분한 듯하다.

328 姜孝淑, 〈황해·평안도의 제2차 동학농민전쟁〉, 《한국근현대사연구》 47, 2008, 124~125, 127쪽 참조.

329 〈9월 중순 평양 부근에서 전투상보(제5사단)〉, 《陸軍省大日記》, 《제1군 전투상보》.

330 橫澤次郞, 《征淸從軍錄》, 東京·大阪朝日新聞社, 1895, 15~16쪽.

331 《甲午新續》, 《平壤誌》 卷之下(六), 8월 25일.

332 《統理交涉通商事務衙門日記》, 고종 31년 9월 18일 및 9월 20일.

333 《駐韓日本公使館記錄》, 〈延魯成 외 8명 送致와 利川兵站部調書 送付〉, 1894년 11월 27일.

334 〈광주판관(廣判)에게 보내는 관문〉, 《司法稟報》, 을미 3월 8일, 제2호.

335 〈鳳山에 보내는 관문〉, 《司法稟報》, 을미 3월 4일, 제1호.

336 法部 編, 《東學關聯判決宣告書》 第1號 〈判決宣告書原本 韓達仲 等 3名〉, 을미년 3월 2일.

337 《隨錄》.

338 李冕宰, 《甲午日記》, 7월 25일. 이 글에서 이면재는 평안도민의 전통적인 기질과 상무정신을 강조했다.

339 〈陣中日誌, 제1군 병참감부〉, 《陸軍省大日記》, 1894년 10월 30일.

340 《統理交涉通商事務衙門日記》, 고종 31년 10월 4일.

341 《統理交涉通商事務衙門日記》, 고종 31년 11월 3일.

342 〈朝鮮國平壤雜事〉, 《通商彙纂》, 明治 30年 2月 20日附 在仁川領事館報告. 일본군은 1894년 12월 의주 통군정에 전망사졸戰亡士卒의 비를 설치하려다 이곳이 선조대왕이 거동하던 곳으로 함부로 허가할 수 없으니 다른 곳에 설치하라는 조선 정부의 조회에 따른 제1군 사령관 야마가타 아리토모의 지시로 수문동으로 이설하였다. 이후 평양 만수산에 추가로 전망사졸 묘지를 조성하면서 두 곳의 부지 매입비로 탁지부에 100

원을 지불하였다(《統理交涉通商事務衙門日記》, 고종 31년 11월 7일, 11월 10일, 고종 32년 5
월 3일, 5월 9일).

343 金允植, 《沔陽行遣日記》, 갑오년 8월 18일.

344 《郵便報知新聞》, 1894년 9월 28일, 《東京朝日新聞》, 1894년 9월 29일.

345 《甲午朝鮮陣》, 31~33쪽.

346 〈陸海戰大勝と朝鮮人民〉, 《日淸戰爭實記》 제6편, 101쪽.

347 《明治廿七・八年在韓苦心錄(1894~1895)》, 191쪽.

348 《甲午朝鮮陣》, 49쪽.

349 陸軍省, 〈1. 6. 은화 분실이 많아 범인 나포 방법을 각지에 조회함〉, 明治 28년 1월 6일.

350 방위연구소, 〈肅川兵站司令官 松本正彦 發 無賴漢에 의한 運搬妨害〉, 숙천 병참사령
관 송본정언→육군성/제1군 병참감부. 1894년 12월 22일.

351 〈陣中日誌, 제1군 병참감부〉, 《陸軍省大日記》, 明治 27년 12월 21일.

352 〈陣中日誌, 제1군 병참감부〉, 《陸軍省大日記》, 明治 28년 1월 12일.

353 〈陣中日誌, 제1군 병참감부〉, 《陸軍省大日記》, 明治 28년 1월 14일,

354 〈陣中日誌, 제1군 병참감부〉, 《陸軍省大日記》, 明治 28년 1월 26일,

355 〈陣中日誌, 제1군 병참감부〉, 《陸軍省大日記》, 明治 28년 1월 19일.

356 〈陣中日誌, 제1군 병참감부〉, 《陸軍省大日記》, 明治 28년 2월 1일.

357 〈陣中日誌, 제1군 병참감부〉, 《陸軍省大日記》, 明治 28년 1월 22일,

358 육군성, 〈2. 5. 陣中日誌〉, 明治 28년 1월 27일, 육군 헌병 1등 군조 天野章.

359 〈청군 사상 및 포로 인원〉; 〈平壤陷落史〉, 《日淸戰爭實記》 8편, 19쪽. 비슷한 내용은
당시 다른 일본군 기록에서도 확인된다(육군성, 〈左寶貴는 죽었다. 生擒 550인 도착〉, 9월
19일 발 24일 도착, 上田 참모장→兒玉 차관).

360 橫澤次郎, 《征淸從軍錄》, 東京・大阪 朝日新聞社, 1895, 24~25쪽.

361 博文館 編, 《日淸戰爭實記》 8편 〈平壤陷落史〉, 1895, 28쪽.

362 原田良造 所藏, 《原田鶴次日淸戰爭從軍日記》, 1894년 9월 17일 자(檜山幸夫, 《日淸戰
爭: 秘藏寫眞が明かす眞實》, 講談社, 1997, 114쪽에서 재인용).

363 原田敬一, 앞의 논문, 2013, 53쪽.

364 遲塚金太郎, 앞의 책, 211쪽.

365 鈴木經勳, 앞의 책, 25쪽.

366 후쿠시마는 1892년 일본 귀국길에 홀로 말을 타고 시베리아를 횡단했는데, 폴란드를 거쳐 러시아의 페테르부르크·예카테린부르크부터 이르쿠츠크를 거쳐 동시베리아까지 1년 4개월 동안 실지 조사를 완료했다. 이 여행이 '시베리아 단기횡단單騎橫斷'으로, 후일 그는 '단기장군'으로 불려졌다.

367 《大阪每日新聞》, 1894년 10월 3일 자.

368 《東北新聞》, 1894년 10월 9일 자(大谷正, 《兵士と軍夫の日淸戰爭: 戰場からの手紙をよむ》, 有志舍, 2006, 82쪽에서 재인용).

369 防衛省 防衛研究所 所藏資料, 《日淸戰役 平壤ノ戰鬪》, 1934, 42~43쪽.

370 上野羊我 編, 《教育勅語 征淸美談》, 吉岡支店/同文館, 1896, 66~71쪽.

371 齋藤源太郎, 《征淸戰功美談》, 開進社(栃木), 1894, 19~20쪽.

372 淺井忠, 《從征畵稿(日淸戰爭從軍日記)》, 春陽堂, 17쪽.

373 濱本利三郎, 《日淸戰爭從軍秘錄》, 69쪽.

374 濱本利三郎, 앞의 책, 72쪽.

375 姜孝淑, 앞의 논문, 《한국근현대사연구》47, 2008, 129 · 132~133쪽.

376 〈陣中日誌, 제1군 병참감부〉, 《陸軍省大日記》, 1894년 11월 30일; 〈陣中日誌, 제1군 병참감부〉, 《陸軍省大日記》, 12월 1일, 의주 제1군 병참감부→ 平壤 坂田 감독.

377 《統理交涉通商事務衙門日記》, 고종 31년 10월 17일.

378 小松綠, 《明治外交祕話》, 原書房, 1976, 103쪽.

379 〈外務衙門에 보내는 관문〉, 《司法稟報》, 3월 19일(1895), 2호.

380 博文館 編, 〈俘虜の處分〉, 《日淸戰爭實記》6, 1895, 52쪽.

381 原田敬一, 앞의 논문, 2013, 51~52쪽.

382 Source : The International Committee of the Red Cross(http://www.icrc.org).

383 〈論寬待敵國兵民例〉, 《公法會通》(地) 卷七, 建陽 元年 5月 9日 學部刊行, 199쪽.

384 大本營野戰衛生長官部, 〈明治27·8年戰役陸軍衛生記事摘要〉, 1898, 818~820쪽.

385 喜多義人, 〈'文明の戰爭'としての日淸戰爭〉(黑澤文貴·河合利修 編, 《日本赤十字社と人道援助》, 東京大學出版會, 2009, 66쪽).

386 《時事新報》, 1894년 12월 14일.

387 陸軍省 編, 《日清戰爭統計集: 明治二十七·八年戰役統計(上卷 2)》, 第21編 俘虜, 1902,
1074·1076쪽.

388 檜山幸夫, 〈日清戰爭と日本〉, 《日清戰爭と東アジア世界の変容》(上), ゆまに書房,
1997, 396쪽에서 재인용.

389 陸軍省 編, 《日清戰爭統計集 : 明治二十七·八年戰役統計(下卷 2)》, 軍中 군법회의 처단
인원 죄명 범죄지별, 1902, 837~839쪽.

390 〈南部兵站線路一覽表〉, 《陸軍省大日記》, 1894년 10월 5일.

391 〈陣中日誌, 제1군 병참감부〉, 《陸軍省大日記》, 1894년 9월 24일, 제1군 병참감독부
검수병참지부.

392 〈陣中日誌, 제1군 병참감부〉, 《陸軍省大日記》, 1894년 9월 25일, 병참감독부 중화병
참사령부.

393 〈鴨綠江으로 行軍 중 朝鮮政府에의 협조요청의 件〉, 《駐韓日本公使館記錄》, 1894년
10월 6일, 山縣 大將→大鳥 公使.

394 〈行軍中 朝鮮政府에 협조요청 件〉, 《駐韓日本公使館記錄》, 1894년 10월 9일 書記官
小村→公使 大鳥.

395 海軍省, 〈陸參 제24호 明治 27년 10월 8일 전보 제5사단, 제3사단의 건〉, 10월 8일,
참모총장→산현 대장.

396 原田敬一, 앞의 논문, 2013, 58쪽.

397 〈日清戰爭に從軍した時の話, 大阪每日 專務 高木利太氏談〉(《綜合ヂヤーナリズム講座》
第1卷, 內外社[東京], 1930, 37~38쪽).

398 軍事討究會 編, 《戰陣叢話》(제2집). 육군 중장 白井二郎, 〈日清戰役に於ける二三の思
出〉, 1927, 247쪽.

399 〈日清戰役に於ける二三の思出〉, 247~248쪽.

400 〈陣中日誌, 제1군 병참감부〉, 《陸軍省大日記》, 1894년 11월 7일, 野田 野戰監督長官
→坂田 兵站監督部長.

401 《戰爭秘錄)將軍 長岡外史》, 79~80쪽.

402 〈陣中日誌, 제1군 병참감부〉, 《陸軍省大日記》, 1894년 10월 1일, 10월 2일.

403 육군성·병참감부, 〈제1군 병참감독부 陣中日誌 10월〉, 明治 27년 10월 29일. 肅川兵

站司令部.

404 《押上森藏經歷》, 118쪽.

405 안주에서는 하루 약 400원의 은화를 지불했다. 육군성·병참감부, 〈제1군 병참감독부 陣中日誌 10월〉, 明治 27년 10월 29일. 肅川兵站司令部.

406 육군성, 〈평양 의주 간에서 운수의 경황〉, 明治 27년 12월 17일, 의주 鹽屋 병참감→ 川上 병참총감.

407 〈陣中日誌, 제1군 병참감부〉, 《陸軍省大日記》, 1894년 10월 20일, 坂田 3等 監督→仁 川 岡 軍吏.

408 〈陣中日誌, 제1군 병참감부〉, 《陸軍省大日記》, 1894년 10월 25일, 定州兵站司令部→ 兵站監督部長.

409 〈陣中日誌, 제1군 병참감부〉, 《陸軍省大日記》, 1894년 11월 2일, 兵站監督部長→安 州兵站司令部.

410 〈陣中日誌, 제1군 병참감부〉, 《陸軍省大日記》, 1894년 10월 5일, 兵站監督部→旗津 兵站司令部,

411 〈陣中日誌, 제1군 병참감부〉, 《陸軍省大日記》, 1894년 11월 9일, 兵站監督部 坂田 監督 部長→良策館支司令官.

412 〈嘉山·定州·宣川府 朝鮮人夫에 關한 件〉(1894년 11월 6일, 井上公使→山縣大將), 《駐 韓日本公使館記錄》.

413 〈陣中日誌, 제1군 병참감부〉, 《陸軍省大日記》, 1894년 11월 14일.

414 〈陣中日誌, 제1군 병참감부〉, 《陸軍省大日記》, 1894년 11월 9일, 平壤 坂田監督部長 →所串館 荒木兵站司令官.

415 〈陣中日誌, 제1군 병참감부〉, 《陸軍省大日記》, 1894년 11월 15일, 第1軍 兵站參謀長 加藤泰久.

416 〈陣中日誌, 제1군 병참감부〉, 《陸軍省大日記》, 1894년 11월 30일, 第1軍 兵站監 支部.

417 〈陣中日誌, 제1군 병참감부〉, 《陸軍省大日記》, 1894년 12월 17일, 義州兵站監部→平 壤 副官.

418 〈陣中日誌, 제1군 병참감부〉, 《陸軍省大日記》, 1894년 11월 24일, 坂田監督部長→順 安·肅川·安州司令官.

419 〈陣中日誌, 제1군 병참감부〉, 《陸軍省大日記》, 1894년 11월 26일/27일, 義州 金澤監督→坂田 監督.

420 〈陣中日誌, 제1군 병참감부〉, 《陸軍省大日記》, 1894년 11월 28일, 兵站監督部→嘉山 小宮山 少佐; 兵站監督部→屮山 河野 司令官.

421 〈陣中日誌, 제1군 병참감부〉, 《陸軍省大日記》, 1894년 12월 5일, 大本營 松本 監督→平壤 坂田 監督.

422 〈陣中日誌, 제1군 병참감부〉, 《陸軍省大日記》, 1894년 12월 21일, 12월 23일.

423 《明治二十七八年日清戰史》第1卷, 74쪽.

424 〈混成旅團 報告 제24호, 8월 8일〉, 混成旅團長 大島義昌→熾仁親王.

425 《東京日日新聞》, 1894년 8월 9일.

426 〈陣中日誌, 第5師團 中路兵站監督本部〉, 《陸軍省大日記》, 1894년 8월 10일.

427 〈陣中日誌, 第5師團 中路兵站監督本部〉, 《陸軍省大日記》, 1894년 8월 16일.

428 井ヶ田良治・山岡高志, 〈征淸戰袍餘滴(一): 山岡金藏中尉日淸戰爭從軍日誌〉, 《社會科學》75호, 2005, 44쪽.

429 〈混成旅團 報告 第24號, 8월 8일〉, 8월 19일 착. 혼성여단장 대도의창→치인친왕.

430 大谷正, 《兵士と軍夫の日淸戰爭: 戰場からの手紙をよむ》, 有志舍, 2006, 73쪽.

431 〈從軍人夫歸還旅費に盡き分捕品売らんとするものあり〉, 《陸軍省大日記》, 1895년 1월 31일, 香川縣知事→大本營.

432 《統理交涉通商事務衙門日記》, 고종 31년 8월 22일.

433 〈陣中日誌, 第5師團 中路兵站監督本部〉, 《陸軍省大日記》, 1894년 9월 4일.

434 田中利行 編, 《戰爭犯罪の構造: 日本軍はなぜ民間人を殺したのか》, 大月書店, 2007, 13쪽.

435 〈陣中日誌, 第5師團 中路兵站監督本部〉, 《陸軍省大日記》, 1894년 9월 5일.

436 〈陣中日誌, 第5師團 中路兵站監督本部〉, 《陸軍省大日記》, 1894년 9월 9일.

437 謙田澤一郎, 《朝鮮新話》, 創元社, 1952, 225쪽.

438 《扶桑新聞》, 明治 27년 8월 23일.

439 《甲午朝鮮陣》, 65~67쪽.

440 〈洪敬雲押送要請〉, 《駐韓日本公使館記錄》, 1894년 10월 30일, 특명전권공사 井上馨

→남부병참감 伊藤祐義.

441 陸軍省, 〈외무성으로부터 조선 충청도에서 살해된 자 족보 조사의 건〉, 明治 28년 8월 1일; 육군성, 〈작년 9월 조선국에서 본방인 6명 살해되었던 건〉, 28년 6월 17일, 외무차관 原敬.

442 〈第33號 判決宣告書原本 趙明雲 等 2名〉, 開國 504년 3月 法務衙門 權設裁判所.

443 參謀本部 編, 《明治二十七八年日淸戰史》 第二卷, 1904, 附錄 第二十九, 第一軍司令官 陸軍大將伯爵山縣有朋ノ訓示.

444 堀工松華, 《征淸餘談 上等兵 松華庵作》, 駸夕堂(京都), 1895, 133~134쪽.

445 〈陣中日誌, 제1군 병참감부〉, 《陸軍省大日記》, 明治 27년 11월 2일.

446 六川豊吉 編, 《志らぬ旅路》(六川勘治郎追悼錄), [上田市立図書館·花月文庫(발행연도 미상)].

447 〈陣中日誌, 제1군 병참감부〉, 《陸軍省大日記》, 明治 27년 9월 15일, 인천영사 능세진 오랑→부산총영사 실전의문.

448 잭 런던, 윤미기 역, 《잭 런던의 조선 사람 엿보기: 1904년 러일전쟁 종군기》, 한울, 2011, 607쪽; 조재곤, 《전쟁과 인간 그리고 '평화': 러일전쟁과 한국사회》, 일조각, 2017, 114쪽 참고.

449 軍事討究會 編, 《戰陣叢話》 제6집, 육군중장 松井庫之助, 〈韓山遼水(日淸戰役從軍回顧錄)〉, 1931, 36~37쪽.

450 有賀長雄, 《日淸戰役國際法論》, 陸軍大學校, 1896, 67~70쪽.

451 秋田茂·桃木至朗 編, 《グローバルヒストリーと帝國》, 大阪大學出版會, 2013, 234쪽.

452 有賀長雄, 앞의 책, 71~72쪽.

453 博文館 編, 《日淸戰爭實記》 제20편, 〈野田野戰監督長官日記〉, 1895.

454 博文館 編, 《日淸戰爭實記》 제14편, 〈稻垣騎兵副官の書翰〉, 1895, 99쪽.

455 〈大倉組手代荒木松平黃海道地方に於て暴民の爲に殺害せられ候〉, 《陸軍省大日記》, 明治 27년 12월 24일.

456 〈大倉組手代荒木松平黃海道地方に於て暴民の爲に殺害せられ候〉, 《陸軍省大日記》, 明治 27년 12월 23일 및 12월 28일.

457 陸軍省, 〈旗津浦의 野砲 安州에 到着〉, 제1군 병참사령부, 明治 28년 1월 25일.

458 岡本綺堂, 〈四十餘年前〉, 《思ひ出草: 隨筆》, 相模書房, 1937, 17~19쪽.

459 宮內彩希, 앞의 논문, 64쪽.

460 博文館 編, 〈海內彙報〉, 《日清戰爭實記》 제20편, 1895, 119쪽.

461 《押上森藏經歷》, 120쪽.

462 《押上森藏經歷》, 120~121쪽.

463 博文館 編, 《日清戰爭實記》 제21편, 〈石黑野戰衛生長官旅の記〉, 1895.

464 〈雜, 병참 全, 乙種 제6호〉, 《陸軍省大日記》, 12월 8일. 의주 長田 보병 소좌 보고 제1호.

465 軍事討究會 編, 《戰陣叢話》 제2집, 육군중장 白井二郎, 〈日清戰役に於ける二三の思出〉, 1927, 251쪽.

466 〈雜, 병참 全, 乙種 제6호〉, 《陸軍省大日記》, 12월 10일. 의주 長田 보병소좌 보고 제2호; 방위연구소, 〈明治 27년 12월 10일 보고 제2호, 分捕兵器 後送의 건〉, 1894년 12월 10일, 長岡 步兵少佐→兵站總監 川上操六.

467 〈陣中日誌, 제1군 병참감부〉, 《陸軍省大日記》, 明治 28년 1월 26일.

468 〈陣中日誌, 제1군 병참감부〉, 《陸軍省大日記》, 明治 28년 2월 1일.

469 〈陣中日誌, 제1군 병참감부〉, 《陸軍省大日記》, 明治 28년 2월 4일 및 2월 7일.

470 〈陣中日誌, 제1군 병참감부〉, 《陸軍省大日記》, 明治 28년 2월 10일.

471 《統理交涉通商事務衙門日記》, 고종 32년 정월 30일.

472 〈陣中日誌, 제1군 병참감부 土城子兵站司令部〉, 《陸軍省大日記》, 明治 28년 3월 21일.

473 〈陣中日誌, 제1군병참양향부 의주지부〉, 《陸軍省大日記》, 明治 28년 3월 5일 및 15일.

474 《札移電存案》, 1895년 2월 17일.

475 〈陣中日誌, 제1군병참양향부 의주지부〉, 《陸軍省大日記》, 明治 28년 4월 12일.

476 〈朝鮮政府 파견원의 귀국 조치〉, 《駐韓日本公使館記錄》, 1895년 5월 18일, 참모장 長岡→공사 井上.

맺음말을 대신하여

[1] 량치차오는《무술정변기戊戌政變記》에 "우리나라[중국] 4천 년의 오랜 꿈(大梦)을 환기시킨 것은 실로 갑오甲午의 일역一役으로부터 시작되었다"고 적고 있다.

[2] 聶士成,《東征日記》, 6월 6일;《隨錄》, 6월 초 6일.

[3] 李重夏,《南征日記》, 13일.

[4]《甲午日記》, 7월 13일.

[5] 출처: 한국민족문화대백과사전.

[6] 〈도산 안창호 가신 지 30돌〉,《京鄕新聞》, 1968년 3월 9일 자.

[7] 〈직산겸임에게 내림[稷山兼任]〉,《錦藩集略》.

[8]《公文編案》 19책, 1895년 9월 26일, 충주관찰사→탁지부대신.

[9] 〈천안에 내림[天安]〉,《錦藩集略》, 別報.

[10] "청나라 군사 중에 패하여 돌아가지 못한 자가 동도東徒에 붙어 그 세력이 대단하여"(《錦營來札》, 1894년 9월 12일, 김윤식→김홍집).

[11] 吳知泳,《東學史》, 1938(1984년 大光文化社 복간본, 153쪽).

[12]《東學史》, 179쪽.

[13] 聶士成,《東征日記》, 7월 8일.

[14] 遠藤丸亭,《支那征討實錄(後篇)》, 金櫻堂, 1894, 62쪽.

[15] 藤村道生, 앞의 책, 132쪽.

[16] 〈淸國軍 支援을 위한 地方官의 공문서 件〉,《駐韓日本公使館記錄》, 1894년 8월 16일 발신, 8월 17일 수신, 陸奧 大臣.

[17] 〈關于日軍在朝鮮殺害華商的報告(1894년 8월)〉(陸旭麓 외,《甲午中日戰爭(上冊), 盛宣懷檔案資料選輯之三》, 上海人民出版社, 1980).

[18] 〈陣中日誌〉,《陸軍省大日記》, 제5사단 중로병참감독본부, 1894년 9월 29일.

[19]《統理交涉通商事務衙門日記》, 고종 31년 9월 16일 및 9월 18일.

[20] 〈10월 초 10일 일본공사의 편지〉,《札移電存案》.

[21] 〈東學黨征討略記〉(南少佐의 講話, 1895년 5월),《駐韓日本公使館記錄》.

[22]《大阪每日新聞》, 1895년 3월 3일.

23 李冕宰, 《甲午日記》, 甲午 7월 26일. 이면재는 자신의 처지를 '곡식을 축내는 좀벌레'
　와 '불난 집의 들보에 사는 제비'에 비유했다.

24 《金若濟日記》, 5월 17일.

25 《金若濟日記》, 11월 20일.

26 박원호, 《崔溥 漂海錄 譯註》, 고려대학교출판부, 2006 참조.

27 《東學排斥通文》, 癸亥 12月 初1日.

28 〈通諭十條〉, 《東學道宗繹史》, 辛卯 正月 十五日.

29 〈十二條戒軍號〉, 《東匪討錄》, 甲午 4月 21日.

찾아보기

조선인들의 청일전쟁
-전쟁과 휴머니즘

2024년 2월 12일 초판 1쇄 인쇄
2024년 2월 16일 초판 1쇄 발행

글쓴이	조재곤
펴낸이	박혜숙
디자인	이보용 김진
펴낸곳	도서출판 푸른역사

　우) 03044 서울시 종로구 자하문로8길 13

　전화: 02)720－8921(편집부) 02)720－8920(영업부)

　팩스: 02)720－9887

　전자우편: 2013history@naver.com

　등록: 1997년 2월 14일 제13–483호

ⓒ 조재곤, 2024

ISBN 979-11-5612-270-8 93900

• 잘못 만들어진 책은 교환해드립니다.